CONTROLLING-PRAXIS

Herausgegeben von Prof. Dr. Péter Horváth
und Prof. Dr. Thomas Reichmann

Ökologieorientiertes Controlling

Konzeption eines Systems zur ökologieorientierten Steuerung und empirische Validierung

von

Dr. Edeltraud Günther

Verlag Franz Vahlen München

Die Deutsche Bibliothek – CIP-Einheitsaufnahme

Günther, Edeltraud:
Ökologieorientiertes Controlling : Konzeption eines Systems zur ökologieorientierten Steuerung und empirische Validierung / von Edeltraud Günther. – München : Vahlen, 1994
(Controlling-Praxis)
ISBN 3-8006-1825-7

ISBN 3 8006 1825 7

Satz: DTP-Vorlagen des Autors
Druck und Bindung: C.H. Beck'sche Buchdruckerei, Nördlingen

Vorwort

Die Erhaltung der Schöpfung entwickelt sich angesichts der globalen Umweltprobleme zunehmend zu einer existentiellen Herausforderung für die Menschheit. In der betriebswirtschaftlichen Forschung spielte das Thema "Ökologieorientierung" lange Zeit eher eine untergeordnete Rolle. Es dominierte die Sichtweise, Umweltschutz sei in erster Linie als Aufgabe der Politik zu verwirklichen. Bei der Umweltqualität handle es sich um ein Kollektivgut, für das es keine kaufkräftige, am Markt artikulierte Nachfrage gebe.

Inzwischen gibt es eine Fülle von Einzelbeiträgen zu Fragen des Umweltschutzes im Rahmen der Betriebswirtschaft. Die Chance einer ökologieorientierten Unternehmenssteuerung liegt in einer Zusammenschau dieser Aspekte. Deshalb wurde im Rahmen dieser Arbeit ein umfassendes Konzept zur ökologieorientierten Steuerung entwickelt, das alle relevanten Teilbereiche des betrieblichen Controlling enthält und diese hinsichtlich ihres Ökologiebezugs diskutiert.

Die Erarbeitung theoretischer Zusammenhänge wurde mit Hilfe einer empirischen Untersuchung einem Realitätstest unterzogen. Hierzu wurde eine Unternehmensbefragung zum Thema "Unternehmenspolitik und Umweltschutz" durchgeführt. Dabei wurden im November 1991 bundesweit (alte Bundesländer) 1167 Unternehmen zu den Wechselwirkungen von Unternehmenspolitik und Umweltschutz befragt. Die Erhebungsphase wurde Ende Mai 1992 abgeschlossen. Von den 1167 angesprochenen Unternehmen antworteten 513 (Antwortquote: 44,0%). Davon sandten 483 Unternehmen bearbeitete und auswertbare Fragebögen zurück (Rücklaufquote: 41,4%). Für die konstruktive Zusammenarbeit im Rahmen dieses Forschungsprojekts möchte ich Herrn Prof. Dr. Adolf G. Coenenberg sowie Herrn Prof. Dr. Heinz-Georg Baum und Herrn Dipl.oec. Robert Wittmann ganz herzlich danken.

Die vorliegende Arbeit wurde im Sommersemester 1993 vom Fachbereich Wirtschafts- und Sozialwissenschaften der Universität Augsburg als Dissertation angenommen.

An dieser Stelle möchte ich einigen Personen ganz herzlich für die Begleitung dieser Arbeit danken: Herrn Prof. Dr. Adolf G. Coenenberg gilt mein Dank für die Übernahme des Erstgutachtens, für die Diskussionen während der Entstehung der

Arbeit sowie für die Unterstützung der empirischen Studie. Auch die interessante und abwechslungsreiche Zeit am Lehrstuhl möchte ich nicht unerwähnt lassen. Herrn Dr. Dr. habil. Bernd Wagner möchte ich für die Übernahme des Zweitgutachtens sowie seine ständige Gesprächsbereitschaft danken. Durch seine praktischen Erfahrungen konnte er mir viele wertvolle Anregungen für die Arbeit geben. Herrn Prof. Dr. Martin Stengel danke ich für seine Bereitschaft, den Vorsitz der Prüfungskommission zu übernehmen. Sein Engagement für die Integration der Umweltökonomie in die wirtschafts- und sozialwissenschaftliche Ausbildung machte mir die Notwendigkeit der Forschung auf diesem Gebiet bewußt. Herrn Prof. Dr. Péter Horváth und Herrn Prof. Dr. Thomas Reichmann danke ich dafür, daß diese Arbeit in der Reihe "Controlling-Praxis" des Vahlen-Verlages erscheint. Herrn Dieter Sobotka vom Vahlen-Verlag danke ich für die kooperative Zusammenarbeit.

Entscheidend für die Entstehung einer solchen Arbeit ist auch das tägliche Arbeitsumfeld. Daß dieses durch freundschaftlichen Umgang miteinander und Teamgeist geprägt war, verdanke ich meinen Lehrstuhlkollegen Dr. Christian Bridts, Dr. Thomas M. Fischer, Dipl.Kff. Susanne Gröner, Dr. Axel Haller, Dipl.Kfm. Frank Henes, Dipl.Kfm. Stefan Jakoby, Dr. Helga Jung, Dipl.Kfm. Kai-Uwe Marten, Dipl.Kfm. Egon Morper und Dipl.Kfm. Jochen Schmitz.

Darüber hinaus möchten ich einigen Personen danken, die zum Gelingen dieser Arbeit beigetragen haben: Herr Dipl.Kfm. Wolfgang Schlander, Herr Dipl.Kfm. Jochen Schmitz sowie Herr cand.oec. Markus Strigl haben das umfangreiche Datenmaterial sorgfältig erfaßt. Herr Dipl.oec. Robert Wittmann vom Bayerischen Institut für Abfallforschung hat die Arbeit durch viele fachliche Diskussionen und eine sehr konstruktive und motivierende Zusammenarbeit begleitet. Frau Heike Heidenreich, M.A. hat die Arbeit mit großem Engagement und sprachwissenschaftlichem Verständnis Korrektur gelesen. Mein Ehemann und Kollege Dr. Thomas Günther hat die Entstehung dieser Arbeit stets unterstützt und gefördert. Seine Gelassenheit und Zuversicht gaben mir viel Kraft für mein Forschungsprojekt.

Meinen Eltern möchte ich für die stetige Begleitung auf dem Weg meiner Ausbildung danken. Zusammen mit meinen Schwiegereltern haben sie diesen Weg und damit diese Arbeit entscheidend gefördert.

Inhaltsverzeichnis

Abbildungsverzeichnis

Abkürzungsverzeichnis

A.S.I.E.G.E.	Association Suisse pour l'Intégration de l'Ecologie dans la Gestion d'Entreprises
Abb.	Abbildung
AeK	Äquivalenzkoeffizient
Art.	Artikel
B.A.U.M	Bundesdeutscher Arbeitskreis für umweltbewußtes Management
BDI	Bundesverband der Deutschen Industrie
BGBl.	Bundesgesetzblatt
BIfA	Bayerisches Institut für Abfallforschung
BJU	Bundesverband Junger Unternehmer
BK	Beseitigungskosten
BSB	Biologischer Sauerstoffbedarf
BT-Dr.	Bundestagsdrucksache
BUWAL	Bundesamt für Umwelt, Wald und Landschaft
bzw.	beziehungsweise
CAEC	Computer Aided Environmental Controlling
CAM	Computer Aided Manufacturing
CAR	Computer Aided Recycling
CEFIC	European Chemical Industry Federation
CEQ	Council on Environmental Quality
CO_2	Kohlendioxid
CSB	Chemischer Sauerstoffbedarf
d. h.	das heißt
DIN	Deutsche Industrienorm
Diss.	Dissertation
DM	Deutsche Mark
e. V.	eingetragener Verein
ECOSOC	United Nations Economic and Social Council
EDV	Elektronische Datenverarbeitung
EG	Europäische Gemeinschaft
EPA	Environmental Protection Agency
EWG	Europäische Wirtschaftsgemeinschaft
F&E	Forschung und Entwicklung
f.	folgende
FCKW	Fluorkohlenwasserstoff
ff.	fortfolgende
μg	Mikrogramm
FÖB	Forschungsinformationsdienst Ökologisch orientierte Betriebswirtschaftslehre
GdCH	Gesellschaft deutscher Chemiker
GDCh	Gesellschaft Deutscher Chemiker
GE	Geldeinheiten
GmbH	Gesellschaft mit beschränkter Haftung
GWh	Gigawattstunden
Habil.	Habilitationsschrift
Hrsg.	Herausgeber
i. S.	im Sinne
i. w. S.	im weiteren Sinne
ICC	International Chamber of Commerce
IE	Industrial Engineering
IFO	Institut für Wirtschaftsforschung
IHK	Industrie- und Handelskammer
IIUG	Internationales Institut für Umwelt und Gesellschaft
IO	Industrielle Organisation
IÖW	Institut für Ökologische Wirtschaftsforschung

Jg.	Jahrgang
JIT	Just in Time
k. A.	keine Angaben
kg	Kilogramm
KWh	Kilowattstunden
lat.	lateinisch
LKW	Lastkraftwagen
MAK	Maximale Arbeitsplatzkonzentration
mg	Milligramm
MIK	Maximale Immissionskonzentration
min	Minimum
Mio.	Millionen
MITI	Ministry of International Trade and Industry
mol	Molekulargewicht
Mrd.	Milliarden
NE	Nicht-Eisenmetalle
No.	Number
Nr.	Nummer
Ö.B.U.	Schweizerische Vereinigung für ökologisch bewußte Unternehmensführung
O.V.	Ohne Verfasser
o. Jg.	ohne Jahrgang
obj.	objektiviert
OECD	Organization for Economic Corporation and Development
OFW	Organisationsforum Wirtschaftskongreß
ökol.bez.	ökologiebezogen
ökol.or.	ökologieorientiert
Pf	Pfennig
PR	Public Relations
PVC	Polyvinylchlorid
RE	Recheneinheiten
REFA	Reichsausschuß für Arbeitszeitermittlung, seit 1948 Verband für Arbeitsstudien
S.	Seite
SKE	Steinkohleeinheiten
SO_2	Schwefeldioxid
sog.	sogenannte
SOS	System der ökologieorientierten Steuerung
SO_x	Schwefeloxide
Sp.	Spalte
subj.	subjektiv
t	Tonnen
TA	Technische Anleitung
TDM	Tausend Deutsche Mark
u.a.	und andere
UNO	United Nations Organization
UPI	Umwelt- und Prognoseinstitut Heidelberg
USA	United States of America
USW	Universitätsseminar der Wirtschaft
VCI	Verband der Chemischen Industrie
VDE	Verband Deutscher Elektrotechniker
VDEW	Vereinigung Deutscher Elektrizitätswerke
VDI	Verein Deutscher Ingenieure
vgl.	vergleiche
VK	Vermeidungskosten
Vol.	Volume
WEC	World Energy Conference
z. B.	zum Beispiel
z. T.	zum Teil

Verzeichnis der verwendeten Gesetze und Verordnungen

AbfG	Gesetz über die Vermeidung und Entsorgung von Abfällen (Abfallgesetz)
AbfRestÜberwV	Verordnung über das Einsammeln und Befördern sowie über die Überwachung von Abfällen und Reststoffen (Abfall- und Reststoffüberwachungs-Verordnung)
AbfVerbrV	Verordnung über die grenzüberschreitende Verbringung von Abfällen (Abfallverbringungs-Verordnung)
AbwAG	Gesetz über Abgaben für das Einleiten von Abwasser in Gewässer (Abwasserabgabengesetz)
AktG	Aktiengesetz
BImSchG	Gesetz zum Schutz vor schädlichen Umwelteinwirkungen durch Luftverunreinigungen, Geräusche, Erschütterungen und ähnliche Vorgänge (Bundes-Immissionsschutzgesetz)
BImSchV	Verordnung zur Durchführung des Bundes-Immissionsschutzgesetzes
ChemG	Gesetz zum Schutz vor gefährlichen Stoffen (Chemikaliengesetz)
DDT-Gesetz	Gesetz über den Verkehr mit DDT (DDT-Gesetz)
EStG	Einkommensteuergesetz
HGB	Handelsgesetzbuch
OWiG	Gesetz über Ordnungswidrigkeiten
ProdHaftG	Produkthaftungsgesetz
StGB	Strafgesetzbuch
TA Luft	Technische Anleitung Luft
UmweltHG	Umwelthaftungsgesetz
UStatG	Gesetz über Umweltstatistiken
UStiftG	Gesetz zur Errichtung einer Stiftung "Deutsche Bundesstiftung Umwelt" (Umweltstiftungsgesetz)
UVPG	Gesetz über die Umweltverträglichkeitsprüfung
VerpackV	Verpackungsverordnung
WHG	Gesetz zur Ordnung des Wasserhaushalts (Wasserhaushaltsgesetz)

1. Die Notwendigkeit ökologieorientierter Unternehmensführung

In der Literatur zum Thema Ökologie wird sehr häufig die Forderung nach der **Integration ökologischer Aspekte in die Unternehmensführung** laut[1]. Dies kann auf die zunehmende Gefährdung des ökologischen Umfeldes und die in diesem Zusammenhang verstärkte Sensibilisierung aller Gesellschaftsgruppen zurückgeführt werden. Berichte nationaler und internationaler Organisationen, wie "Die Grenzen des Wachstums" des Club of Rome, das Wachstumsmodell der UNO oder "Global 2000 - Der Bericht an den Präsidenten" des Council of Environmental Quality der USA[2] haben das Bewußtsein der Öffentlichkeit geschärft und die zunehmende Bedeutung der ökologischen Problematik für die Gesellschaft unterstrichen. Das Umweltbewußtsein in der Gesellschaft durchlief hierbei mehrere Entwicklungsstufen[3]. Daß diese Fragestellung auch Eingang in die wissenschaftliche Diskussion gefunden hat, kann nach GUTENBERG damit begründet werden, daß wissenschaftliche Aufgaben dann entstehen, "wenn Dinge sich allein aus der praktischen Perspektive heraus nicht mehr überblicken lassen"[4].

Um die Bedeutung der Ökologieorientierung für die Unternehmensführung verstehen zu können, muß der Unterschied zwischen dem Naturhaushalt, einer **Kreislaufwirtschaft**[5], und dem Wirtschaftssystem, einer **Durchflußwirtschaft**, aufgezeigt werden[6]: In einem Bio-Ökosystem als Wirkungsgefüge von Populationen

---

1) Vgl. für viele SENN, J.F. (1986), S. 58, 145, 158 f.; WINTER, G. (1987), S. 24; STEGER, U. (1988), S. 132; DYLLICK, T. (1989), S. 12; FOLLMANN, R. (1989), S. 111; MEFFERT, H. / KIRCHGEORG, M. (1989), S. 6.

2) Vgl. "Die Grenzen des Wachstums" des CLUB OF ROME bei MEADOWS, D. u. a. (1972) sowie "Die neuen Grenzen des Wachstums" von MEADOWS, D. u. a. (1992), zum Weltmodell der UNO vgl. LEONTIEFF, W. u. a. (1977) und zu "Global 2000 - Der Bericht an den Präsidenten" vgl. COUNCIL ON ENVIRONMENTAL QUALITY (CEQ) (Hrsg.) (1980).

3) Vgl. SCHMID, U. (1989), S. 42-68 und MICHAEL, B. M. (1990), S. 38.

4) GUTENBERG, E. (1953), S. 338. Zu den Konsequenzen begrenzter Ressourcen für Wissenschaft und Wirtschaft vgl. INSTITUT FÜR ÖKOLOGIE UND UNTERNEHMENSFÜHRUNG e. V. AN DER EUROPEAN BUSINESS SCHOOL / INSTITUT FÜR WIRTSCHAFT UND GESELLSCHAFT BONN e. V. (Hrsg.) (1988).

5) Auch wenn oft ausschließlich auf den Kreislaufcharakter der Natur abgestellt wird, so kommen insbesondere bei höherentwickelten Subsystemen durchaus lineare Entwicklungen vor; vgl. RÖMER, G. (1990), S. 3.

6) Für diese Dualität werden auch die Begriffe eines Bio-Ökosystems und eines Techno-Ökosystems verwendet; vgl. STREBEL, H. (1990), S. 699. ZAHN / SCHMID sprechen von der zyklischen Ökologie ("Spaceship Earth") und der nicht-zyklischen Ökonomie ("Cowboy Economy"); vgl. ZAHN, E. / SCHMID, U. (1992), S. 45.

und deren abiotischer Umwelt mit Produzenten, Konsumenten und Destruenten[7] ist der Stoffkreislauf geschlossen. Die für den Aufbau von Organismen und die Destruktion der Abfälle und toten Organismen benötigte Energie wird ausschließlich aus dem Sonnenlicht gewonnen, von Pflanzen durch Photosynthese gebunden und in der Nahrungskette, allerdings mit einem Wirkungsgrad kleiner eins, weitergegeben. Auf dieses Ökosystem hat der Mensch gestaltend und mit Hilfe entwickelter Technologien eingewirkt und so ein Techno-Ökosystem geschaffen. Im Unterschied zum natürlichen Kreislaufsystem vollziehen sich die Prozesse unserer Versorgung mit Gütern und Leistungen in einer Durchflußwirtschaft. Die ökologische Umwelt[8] dient als Lieferant von Material und Energie und als Aufnahmemedium für unerwünschten Output, d. h. **Kondukte** der betrieblichen Produktion[9].

Der Naturhaushalt hat somit für die Wirtschaft drei **Hauptfunktionen**: Versorgungs-, Träger- und Regelungsfunktion[10]. Im Rahmen der **Versorgungsfunktion** liefert die Natur Ressourcen in Form von Material und Energie, die meist über verschiedene Ver- und Bearbeitungsstufen in den Konsum gelangen. Die **Träger-**

---

7) Vgl. z. B. BRENKEN, D. (1988), S. 21 ff.: Produzenten (Pflanzen) stellen aus anorganischen Grundstoffen mittels Photosynthese körpereigene organische Substanzen und Sauerstoff her, Konsumenten ernähren sich von Produzenten (Pflanzenfresser) oder Konsumenten (Fleischfresser), Destruenten sind Mikroorganismen, die tote Organismen und Exkremente wieder in anorganische Stoffe zersetzen.

8) **"Ökologische Umwelt"** kann definiert werden als Gesamtheit aller natürlichen Gegebenheiten, die menschliches Leben bedingen und bestimmen. Der Begriff wurde erstmals von ERNST HAECKEL 1866 verwendet; dabei war Ökologie eine biologische Disziplin, die die Wechselwirkungen zwischen den Organismen und deren Umwelt beschrieb; vgl. SIEBERT, H. (1978), S. 4; STREIT, B. (1980), S. 1 und WEIGMANN, G. (1985), S. 13 f.. Da die Ökologie den Teil der Umwelt darstellt, der hier betrachtet werden soll, wird fortan dieser Begriff gewählt. Ausnahmen stellen Begriffe wie Umweltbewußtsein, Umweltinvestitionen oder umweltverträglich dar, die als Wortverbindungen in den allgemeinen Sprachgebrauch Eingang gefunden haben und sich auf den ökologischen Teil der Umwelt beziehen. Zum Begriff der "Umwelt" als Rechtsbegriff und zu deren Verwendung in verschiedenen Gesetzen vgl. DEMPFLE, U. / MÜGGENBORG, H.-J. (1987). "Umwelt" als Begriff existiert seit Beginn des 19. Jahrhunderts, der Begriff entstand aus der Poesie; Vgl. SCHWALBE, H.G. (1973), S. 190 ff.; FÖRSTER, U. (1974), S. 41.

9) Der Begriff **"Kondukt"** wird in Anlehnung an das "Produkt" gewählt, wobei Produkte erwünschten Output darstellen, Kondukte hingegen **zusammen mit** (lat. cum = mit) diesen entstehen, ohne erwünscht zu sein. Sie umfassen sowohl feste Substanzen (Rückstände) als auch flüssige und gasförmige. DYCKHOFF spricht in diesem Zusammenhang von Bei- und Übelprodukten; vgl. DYCKHOFF, H. (1991), S. 291; in der ehemaligen DDR war der Terminus Abprodukte üblich; vgl. GARBE, E. (1992), S. 17. Kondukte stellen zugleich Materie und freiwerdende oder gespeicherte Energie dar, die ineinander übergeführt werden können.

10) Vgl. SIEBERT, H. (1976), S. 2; FREY, B.S. (1985), S. 15; DER RAT DER SACHVERSTÄNDIGEN FÜR UMWELTFRAGEN (1987), S. 40 f.; GROTHE-SENF, A. (1989), S. 21.; KIRCHGEORG, M. (1990), S. 3 f. und HÖH, H. (1991), der eine Erweiterung um die Informationsfunktion vornimmt.

funktion[11] sorgt für die Wiederaufnahme der im Produktions- und Konsumprozeß entstandenen Rückstände und Abfallstoffe. Die **Regelungsfunktion** schließlich dient der notwendigen Aufrechterhaltung des ökologischen Gleichgewichts[12]. Die Problematik äußert sich also auf zweierlei Weise: im Raubbau an den nicht regenerierbaren Ressourcen und in der Verunreinigung der ökologischen Umwelt[13]. Nun ist zu untersuchen, ob und inwieweit auf die Ökologie ausgerichtete Aspekte bereits in die Unternehmensführung Eingang gefunden haben.

1.1. Zusammenhang zwischen ökonomischer und ökologischer Knappheit

Da es Aufgabe eines Unternehmens ist, über den Einsatz von Produktionsfaktoren, die als knapp betrachtet werden, zu entscheiden, ist dieses Kriterium hinsichtlich ökologischer Güter zu untersuchen[14]. Von **Knappheit** spricht man dann, wenn an einem bestimmten Ort zu einer bestimmten Zeit Bedürfnisse und Wünsche auf ein Gut oder eine Dienstleistung gerichtet sind, deren Umfang die Möglichkeiten vollständiger Erfüllung übersteigt; einer unbegrenzten Menge von Bedürfnissen steht eine begrenzte Anzahl von Ressourcen gegenüber, so daß unter konkurrierenden Verwendungsmöglichkeiten die zu wählen ist, die die höchste Bedürfnisbefriedigung ermöglicht[15]. Die **Rivalität** zwischen den Nachfragern des Gutes mit einem Grenznutzen > 0 führt zu einer Preisbildung über den Allokationsmechanismus des Marktes[16]. Mit dieser **Bewertung** und der Bezahlung der Güter und Dienstleistungen ist der Erwerb von Eigentum verbunden. Dieses wiederum ermöglicht den **Ausschluß** anderer von der Nutzung[17]. Die Kriterien

---

11) Die zunehmende Bedeutung dieser Trägerfunktion wird bei der Betrachtung der Daten zur Entwicklung des Abfallaufkommens offensichtlich: von 82,7 Mio. t (1980) wuchs die Abfallmenge über 86,1 Mio. t (1984) auf 99,5 Mio. t (1987). Vgl. STATISTISCHES BUNDESAMT (Hrsg.) (1990), S. 614.

12) Vgl. FREIMANN, J. (1990), S. 12.

13) Vgl. SEICHT, G. (1988), S. 47; Schon in den 70er Jahren wurden - wohl bedingt durch Ölkrisen - Schätzungen der bekannten und wirtschaftlich ausbeutbaren Ressourcen durchgeführt, vgl. McKELVEY, V.E. (1973).

14) Da die Knappheit von Gütern die Basis betrieblicher Entscheidungen darstellt, ist zu untersuchen, inwieweit die Belastung der ökologischen Umwelt damit zusammenhängt, daß die Existenz sog. freier Güter zu einer Fehlallokation führte, die das Entstehen externer Effekte mit sich brachte. Die Untersuchung dieser Wirkungskette kann möglicherweise zur Transparenz des Zusammenhangs von Unternehmensführung und Ökologie beitragen. Vgl. LANGE, C. (1978), S. 27 ff. und STREBEL, H. (1980), S. 42.

15) Unter Knappheit versteht man also die Diskrepanz zwischen Bedürfnissen und den zu ihrer Befriedigung geeigneten Gütern, die - sofern das Ausschlußprinzip gilt - Anlaß zu wirtschaftlichem Handeln geben. Zu unterscheiden von der Knappheit ist die Seltenheit, die ausdrückt, daß ein Gut unabhängig von der Nachfrage nur in geringem Umfang vorhanden ist. Vgl. HELMSTÄDTER, E. (1979), S. 3 f.; WOLL, A. (1992). Teilweise wird Seltenheit auch als absolute Knappheit bezeichnet; vgl. HÜPEN, R. (1983), S. 8 ff..

16) Vgl. SCHUMANN, J. (1984), S. 1 f..

17) Vgl. WICKE, L. (1991), S. 41.

Knappheit, Rivalität, Bewertbarkeit und Ausschlußprinzip charakterisieren **private Güter**, an denen einzelne Wirtschaftssubjekte Eigentumsrechte erwerben können. **Ökonomische Knappheit** kann also definiert werden als Funktion von monetär bewertetem Angebot und monetär bewerteter Nachfrage.

Um die Frage nach der Bewertbarkeit von **Umweltgütern** und deren Nutzung umfassend beantworten zu können, ist zu prüfen, ob es sich hierbei um private oder öffentliche Güter handelt[18]: In der Vergangenheit waren viele Umweltgüter nicht knapp, wodurch eine Verwendungsbeschränkung entfiel und für die Nutzer keine Kosten entstanden. Durch die Überbeanspruchung wurden sie gesamtwirtschaftlich knapp, einzelwirtschaftlich allerdings weiterhin als freie Güter behandelt[19].

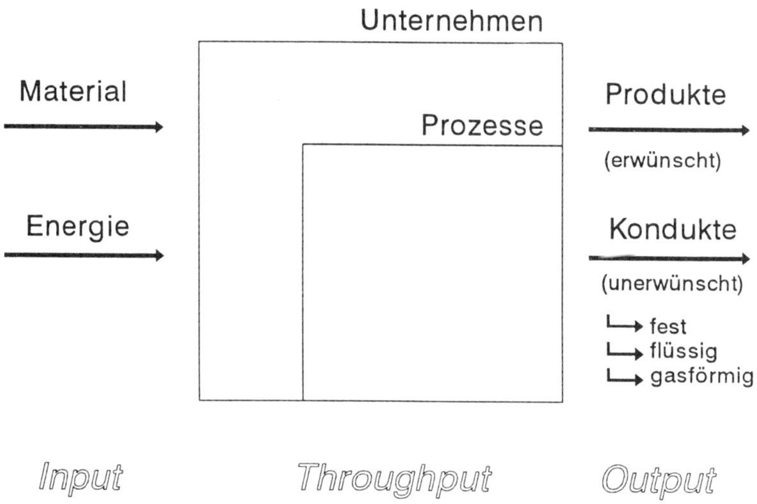

Abb. 1.1.: Beziehungen zwischen Unternehmen und ökologischer Umwelt

Die klassische Betriebswirtschaftslehre berücksichtigt die ökologische Umwelt nur als Lieferant natürlicher Ressourcen und stützt ihre Entscheidungsfindung vorwiegend auf gegebene oder geschätzte Marktpreise[20]. Die Beanspruchung natürlicher Ressourcen als Inputfaktor der Produktion wird also durch Faktorpreise bewertet, wobei fraglich ist, ob dabei die tatsächlichen Belastungen und die Knappheit der

18) Vgl. im folgenden PROSI, G. (1989), S. 572 ff..

19) Als erstes ökologisch relevantes Gut wurde der Boden, der früher aals Gemeineigentum gemeinsam genutzt wurde (Allmende), knapp und es entstanden Bodennutzungsrechte.

20) So basieren die Wertansätze in der externen Rechnungslegung auf den historischen Anschaffungskosten bereinigt um Abschreibungen, wobei jährlich ein Vergleich mit den am Markt maßgeblichen beizulegenden Werten zu erfolgen hat; vgl. COENENBERG, A.G. (1992a), S. 82 ff.. Die Kostenrechnung bezieht in ihre Überlegungen zukünftige Marktpreise in Form von Wiederbeschaffungskosten ein. In der Investitionsrechnung finden sowohl gegebene Marktpreise (Höhe der Anfangsinvestition) als auch geplante Preise (laufende Betriebskosten und Einnahmen) Niederschlag.

Rohstoffe berücksichtigt werden. Als Aufnahmemedium für Kondukte wird die ökologische Umwelt weitgehend kostenfrei in Anspruch genommen. Deren begrenzte Aufnahme- und Absorptionsfähigkeit für den unerwünschten Output wirkt sich aber wiederum auf den Preis der ökologischen Umwelt als Inputfaktor aus, indem z. B. Wasser aufbereitet werden muß, um einen gewünschten Reinheitsgrad zu erlangen[21)].

Die Entnahme von Stoffen aus der Natur und die Aufnahme der Kondukte durch die Natur sind unabhängig von ihrer derzeitigen ökonomischen Bewertung für das gesamte Ökosystem als **ökologisch knapp** zu betrachten[22)]. Dabei können zwei Arten von ökologischer Knappheit unterschieden werden:

- o **die Ratenknappheit und**
- o **die Kumulativknappheit**[23)].

Ratenknappheit bedeutet, daß eine Schädigung des Gesamtsystems eintritt, wenn eine kritischen Rate der Entnahme (z. B. des Ressourcenverbrauchs) bzw. der Aufnahme (z. B. der Luftbelastung) überschritten wird. Dies bedeutet, daß bestimmte Mengen durchaus keine Schädigung des Gesamtsystems verursachen (man denke dabei an die natürliche "Belastung" der Umwelt durch CO_2[24)]), eine Überschreitung - vor allem längerfristig - allerdings zu Störungen des ökologischen Gleichgewichts führen kann. **Kumulativknappheit** bedeutet, daß die Ressource bzw. das Aufnahmemedium nach einer endlichen Zahl von Nutzungen erschöpft ist, z. B. die Erdölvorkommen oder die Aufnahmekapazität einer Deponie. **Ökologische Knappheit** ist also gekennzeichnet durch eine bestimmte als kritisch anzusehende Nutzungsgrenze einer Ressource bzw. eines Pollutionsmediums (Tragfähigkeit, Leistungsgrenze) sowie durch das Ausmaß der Gesamtheit aller Nutzungen. Im allgemeinen kann dann von einer ökologischen Knappheit gesprochen werden, wenn das Ausmaß der Nutzung sich der Grenze - wenn auch in einem noch tolerierbaren Ausmaß - bereits genähert hat. Die physikalische Ursache dieses Problems ist mit dem **zweiten Hauptsatz der Thermodynamik** zu erklären[25)]. Dieser besagt, daß Energien von sich aus immer nur von warmen zu kalten Körpern fließen und Energie nicht ohne Auswirkungen auf die ökologische Um-

---

21) Vgl. SCHMIDTCHEN, D. (1980), S. 339.
22) Vgl. SIEBERT, H. (1979), S. 2 ff.; TERHART, K. (1986a), S. 402 und STREBEL, H. (1990), S. 708 f..
23) Vgl. MÜLLER-WENK, R. (1978), S. 37 f..
24) Vgl. BAYERISCHE MOTORENWERKE (BMW) (Hrsg.) (1991), S. 18.
25) Vgl. GEORGESCU-ROEGEN, N. (1976).

welt in Arbeit oder Rohstoffe umzuwandeln ist. Folglich nimmt mit jeder Stufe der Weiterverarbeitung die verfügbare Energie ab und somit die Entropie[26] zu.

Ein Vergleich der beiden Knappheitsbegriffe zeigt, daß zwar durchaus eine gewisse Schnittmenge vorhanden ist[27], die ökologische Knappheit aber viel umfassender als die ökonomische ist, da sie auch nicht bewertete bzw. bewertbare Komponenten einbezieht[28]. Sie umfaßt allerdings nicht die Ressourcen mit immateriellem Charakter, die auch Bestandteil der ökonomischen Knappheit sind[29].

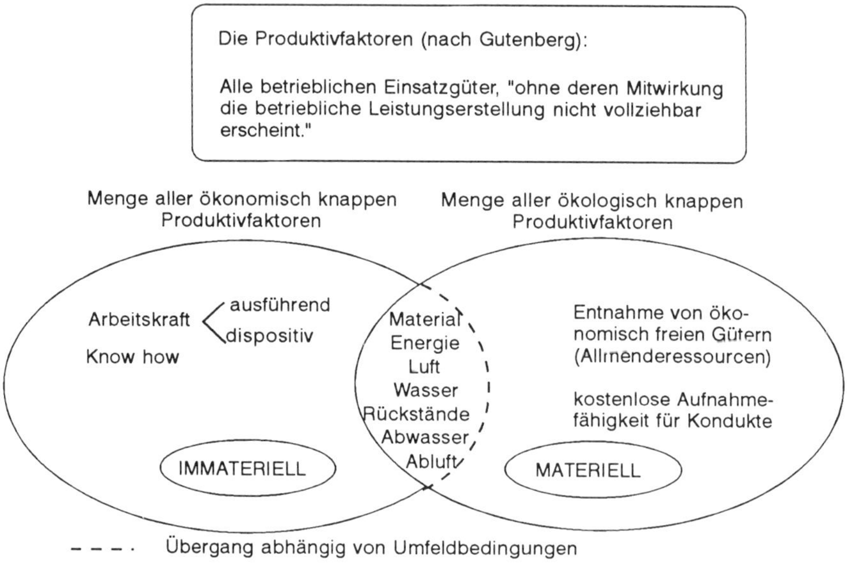

Abb. 1.2.: Ökonomische und ökologische Knappheit

Wenn ökonomische Indikatoren noch hohe Reserven vortäuschen, werden ökologische Knappheitssignale nicht erkannt, wodurch die Nutzung auf weiterhin zu ho-

26) Die **Entropie** steht für den Grad der Unordnung eines Systems. Ein Zustand hoher Entropie kann nur unter Zuführung von Energie auf eine Stufe niedrigerer Entropie überführt werden; vgl. STREBEL, H. (1990), S. 705; WEILAND, R. (1992), S. 458 ff.. Das Gesetz der Entropie wurde von ANGRIST und HEPLER für den Energiebereich entwickelt; GEORGESCU-ROEGEN übertrug es auf die Materie; vgl. ANGRIST, S.W. / HEPLER, L.G. (1967) und GEORGESCU-ROEGEN, N. (1971).

27) Vgl. die Definition von Produktivfaktoren bei GUTENBERG, E. (1983), S. 3, der darunter alle betrieblichen Einsatzfaktoren versteht, "ohne deren Mitwirkung betriebliche Leistungserstellung nicht vollziehbar erscheint". Vgl. die Diskussion bei STEVEN, M. (1991a) zur Umwelt als Produktionsfaktor.

28) Vgl. SEIDEL, E. (1992). Ressourcen, für die ein Ausschluß der Nutzung nicht möglich ist, nennt SIEBERT Allmenderessourcen; vgl. SIEBERT, H. (1983), S. 269.

29) Vgl. BETGE, P. (1988), S. 518 und FRESE, E. / KLOOCK, J. (1989), S. 2.

hem Niveau betrieben wird[30]. Wenn sich die Nutzung, die von der Höhe des Marktpreises abhängig ist, der kritischen Grenze nähert, spricht man - wie dargestellt - von **Knappheit**[31], wird diese Grenze kurzfristig überschritten von einer **Krise**, bei einer langfristigen Überschreitung von einer ökologischen **Katastrophe**[32]. Durch eine Überbeanspruchung der natürlichen Ressourcen entstehen negative Effekte, die Lebewesen berühren, die mit dem Vorgang in keinerlei Zusammenhang stehen. Somit sind die gesamtgesellschaftlichen Kosten des volkswirtschaftlichen Werteverzehrs größer als die in einzelwirtschaftliche Entscheidungen eingehenden Kosten[33].

1.2. Ursachen der ökologischen Situation

Die Entwicklung hin zu einer zunehmenden Gefährung der ökologischen Umwelt, wird im allgemeinen auf drei Ursachen zurückgeführt:

1) auf das Bevölkerungswachstum,
2) auf den technischen Fortschritt und
3) auf den jüdisch-christlichen Glauben.

Zum einen wird argumentiert, daß ein eindeutiger Zusammenhang zwischen **Bevölkerungswachstum** und Umweltsituation besteht[34], da die nicht erneuerbaren Ressourcen nicht ausreichen, um mehrere Milliarden Menschen zu ernähren[35]. Teilweise werden zur Lösung des Problems Luxussteuern auf Windeln und andere Babyartikel bzw. das Streichen der Hungerhilfe bei Überbevölkerung und im Extremfall sogar "Reproduktionslizenzen" gefordert. Ob diese Vorschläge geeignet sind, das Problem zu lösen, ist fraglich. Vielmehr scheint eine integrierte Betrachtung aller die Gesamtsituation bestimmenden Faktoren geboten.

Technischer Fortschritt als Ursache der ökologischen Problematik wird vor allem in der Diskussion über die Situation in den industrialisierten Ländern genannt[36]. Durch Produktion und Konsum von hochspezialisierten Güter werden zunehmend

---

30) FREIMANN stellt der Menge aller ökologisch gebotenen Handlungen die Menge der einzelwirtschaftlich vernünftigen Handlungen gegenüber; vgl. FREIMANN, J. (1990), S. 7.

31) Hierbei liegt eine Belastbarkeit vor, die gerade noch kompensiert werden kann; vgl. BICK, H. (1985), S. 43.

32) Vgl. BRENKEN, D. (1988), S. 22.

33) Vgl. COASE, R.H. (1960); SEICHT, G. (1988), S. 48 f.; SEIDEL, E. / MENN, H. (1988), S. 16 ff. und STREBEL, H. (1990), S. 707.

34) Vgl. MESAROWIC, M. / PESTEL, E. (1974), S. 70 ff.; HERMANN, J. (1990), S. 97; SCHÖPS, J. (1993), S. 144 ff. und die Studie von LEISINGER, K. (1993).

35) MILL weist schon 1848 auf den stationären Zustand am Ende des Fortschritts hin. Dieser erfordert eine "bessere Verteilung, und ein unentbehrliches Mittel hierzu ist eine straffe Einschränkung der Bevölkerungszunahme"; MILL, J.S. (1979), S. 19.

36) Vgl. ELKINGTON, J. / BURKE, T. (1989), S. 21 ff..

mehr Ressourcen verbraucht[37]. Während bzw. am Ende der Konsumphase entstehen allerdings auch mehr Abfall, Abwasser oder Abluft als bei den Erzeugnissen, die durch hochspezialisierte Güter ersetzt wurden. Da nicht alle Volkswirtschaften in die Betrachtung einbezogen werden, stellt diese Argumentation eine verkürzte Betrachtung dar, zumal die Ökologiethematik in einem weltweiten Zusammenhang steht und deshalb auch in diesem Gesamtzusammenhang zu analysieren ist. Unbestreitbar sind allerdings die Auswirkungen, die von einem technologiegestützten Wachstum ausgehen können. Sie sind örtlich kaum begrenzt, hoch komplex und meist irreversibel[38].

Autoren, die die Problematik auf den **jüdisch-christlichen Glauben** zurückführen[39], nehmen auf den ersten Schöpfungsbericht Bezug, in dem der Mensch den Auftrag erhält, sich die Erde untertan zu machen und über die Tiere zu herrschen (1. Mose 1, 28). Diese Stelle ist allerdings im Gesamtzusammenhang des Schöpfungswillens Gottes zu sehen, der im zweiten Schöpfungsbericht um die Pflicht zur Bebauung und Bewahrung (1. Mose 2, 15) erweitert wird[40]. Dabei sind das Verständnis der damaligen Zeit und der biblische Kontext zu beachten, nach dem der Mensch als integrierender Bestandteil der ganzen Schöpfung zu sehen ist, d. h. seine Position als Mitgeschöpf (in der Differenz zum Schöpfer) die entscheidende Rolle spielt. Eine Selbstbegrenzung des Menschen ist hier von vornherein mitgesetzt. Der Schöpfungsbericht kann also zu keinem Zeitpunkt der nachbiblischen Zeit als unmittelbare Handlungsanweisung verstanden werden. Der Auftrag an den Menschen, die Schöpfung zu beherrschen und zu bewahren, ist kein Widerspruch, da Herrschaft gleichzeitig Verantwortung für die Untergebenen bedeutet[41]. Wird nun die Ursache für die ökologische Knappheit oder Krise im Christentum gesehen, so kann dies nicht auf den Schöpfungsauftrag, sondern nur auf seine Fehlinterpretation bzw. verkürzte Darstellung zurückgeführt werden. Vielmehr "besteht die Berechtigung, daß der Brückenschlag zwischen Ökologie und Religion auch zu einer erweiterten Perspektive für eine aufgeklärte Theologie führt, die den Menschen heute eine echte Orientierungshilfe bietet"[42].

---

37) Vgl. z. B. die Untersuchungen von D'ARGE, R.C. (1971) oder von VESTER, F. (1990). Vgl. auch HERMANN, J. (1990), S. 98.
38) Vgl. STEGER, U. / ANTES, R. (1991), S. 15 f..
39) Vgl. WEBER, M. (1934); WHITE, L. (1970); AMERY, C. (1972); COBB, J.B. (1972).
40) Vgl. die Ausführungen zum Zusammenhang von ökologischer Krise und Christentum in KREIKEBAUM, H. (1988), S. 65 ff..
41) Vgl. DÜRR, H. (1989), S. 7.
42) SERVATIUS, H.G. (1992), S. 114; vgl. auch die dort zitierte Literatur.

1.3. Theoretischer Bezugsrahmen und Fortgang der Untersuchung

Zielsetzung dieser Arbeit ist es, die Gestaltungsmöglichkeiten eines Systems zur ökologieorientierten Steuerung zu untersuchen. Aufgrund der Komplexität des Themas kann eine Analyse allerdings nicht auf das Controlling beschränkt bleiben, zumal dessen Ökologieorientierung von der Ausrichtung des Unternehmens als Ganzem abhängt. Die Ökologieorientierung steht wiederum in enger Beziehung zur umfeldbezogenen Betroffenheit.

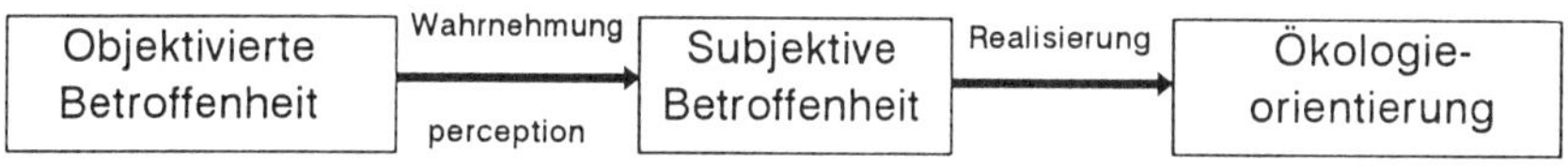

Abb. 1.3.: Vorstufen des ökologieorientierten Controlling

Der Zusammenhang zwischen Betroffenheit und Ökologieorientierung im allgemeinen sowie Ökologieorientierung des Controlling im speziellen ist nun in einen theoretischen Bezugsrahmen einzubetten. Dessen Gültigkeit wird dann mit Hilfe von Hypothesentests auf der Basis einer empirischen Untersuchung überprüft. Hierzu sind folgende Aspekte zu diskutieren:

- o Welche Ursachen führen zur **Betroffenheit** der Unternehmen durch ökologische Aspekte? (Kapitel 2.)
- o Wie kann der Begriff **Ökologieorientierung** operationalisiert werden? (Kapitel 3.)

Im zweiten Teil der Arbeit wird untersucht, welcher Zusammenhang zwischen der Ökologieorientierung des gesamten Unternehmens und der ökologieorientierten Gestaltung des Controlling besteht. Ökologieorientierte Unternehmensführung kann die oben dargestellte Problematik in vielfältiger Form in die Beschaffungs-, Produktions- und Absatzentscheidungen einbeziehen, um das bereits angesprochene Auseinanderfallen gesamtwirtschaftlicher Konsequenzen und einzelwirtschaftlicher Entscheidungen zu verhindern. Bei dieser Berücksichtigung können zwei Formen unterschieden werden[43]: Ein **ökonomisch orientierter Ansatz** bewertet ökologische Knappheiten in Geldeinheiten und transformiert sie so in Kosten[44], die in wirtschaftlichen Entscheidungen Berücksichtigung finden. Ein **öko**

43) Vgl. KANATSCHNIG, D. (1989), S. 267 und HÜBNER, H. / JAHNES, S. (1992), S. 564 f..

44) Bis zu einer späteren Detaillierung wird zunächst vereinfachend von Kosten und Erlösen gesprochen, unabhängig von der tatsächlichen Erfassung in den verschiedenen Systemen des Rechnungswesens.

logisch orientierter Ansatz versucht, Knappheiten zu verhindern, indem ökologiebezogene Prinzipien in Informations- und Entscheidungsmodelle integriert werden, die nicht zwingend eine Bewertung in Geldeinheiten vornehmen. Soll die Integration ökologischer Aspekte in das Controlling betrachtet werden, ist eine Durchdringung der Instrumente erforderlich. Dazu sind folgende Teilanalysen durchzuführen[45]:

- o Wie sind Fragen des **Ansatzes** ökologischer Aspekte, die aus der Betroffenheit und der Ökologieorientierung resultieren (Berücksichtigung dem Grunde nach) und wie Fragen der **Bewertung** der einzubeziehenden Aspekte (Berücksichtigung der Höhe nach) in einem System zur ökologieorientierten Information und Steuerung (Ökologieorientiertes Controlling) zu beantworten? (Kapitel 4.)
- o Welche Möglichkeiten bestehen bei der Anwendung **monetär ausgeprägter Instrumente** für ökologiebezogene Fragestellungen (Ökonomisch orientierter Ansatz)? (Kapitel 5.)
- o Welche **nicht-monetär ausgeprägten Instrumente** stehen zur Lösung ökologiebezogener Fragestellungen zur Verfügung (Ökologisch orientierter Ansatz)? (Kapitel 6.)
- o Wie können monetäre und nicht-monetäre Informationen mit Hilfe eines **Kennzahlensystems** verknüpft werden, um sinnvolle Aussagen über die Ökologieorientierung des Unternehmens innerhalb der einzelnen Wertschöpfungsstufen zu treffen? (Kapitel 7.)
- o Wie können die aus der Analyse gewonnenen Erkenntnisse mit Hilfe eines **ökologieorientierten Auditing** wiederum die Ökologieorientierung des Unternehmens beeinflussen? (Kapitel 8.)

Die dargestellten Komponenten ergänzen sich zu einem System zur ökologieorientierten Steuerung (SOS), dem der kybernetische Regelmechanismus des Controlling zugrunde liegt[46] und das entsprechend dem traditionellen Controlling[47] untergliedert werden kann.

---

45) Vgl. zur Integration ökologischer Aspekte DYCKHOFF, H. (1991), S. 277.
46) Vgl. z. B. GÜNTHER, T. (1991), S. 53. Erste Ansätze zur Übertragung auf Fragestellungen der Ökologieorientierung sind zu finden bei NÜßGENS, K.H. (1974), S. 124.
47) Vgl. z. B. SCHILDBACH, T. (1992), S. 23.

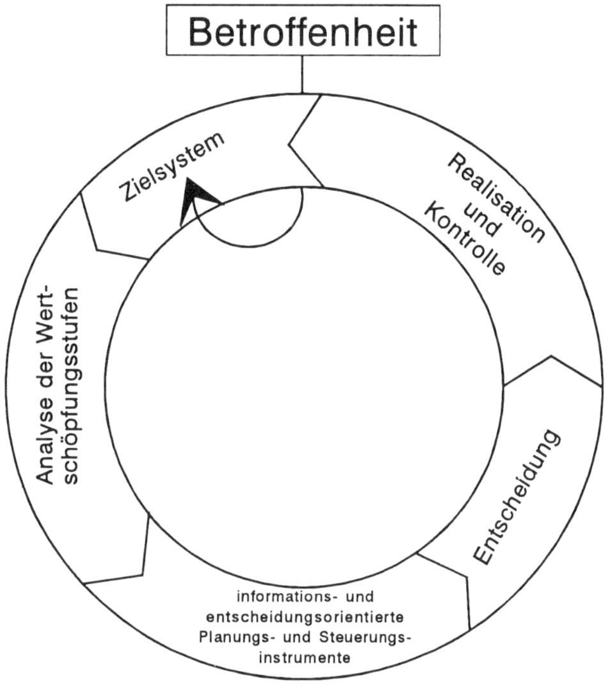

Abb. 1.4.: System zur ökologieorientierten Steuerung

Ziel dieses Controllingkonzeptes ist die Entwicklung eines "Rettungsringes", der es dem Unternehmen ermöglicht, selbst dem stärksten "Enterhaken" in Form der Störgröße "Betroffenheit" standzuhalten. Die Wahl eines Rettungsringes als Symbol soll verdeutlichen, daß die Geschlossenheit des Systems, innerhalb dessen die einzelnen Komponenten miteinander verbunden bleiben, von lebenswichtiger Bedeutung für die Unternehmen ist. So kann ein ökologieorientiertes Controlling definiert werden als "betriebliches Instrumentarium, das durch ökologieorientierte, funktionen- und unternehmensübergreifende Informationsgewinnung sowie durch quantitative und/oder qualitative Informationsauswertung eine Grundlage für zukunftsorientierte, operative und strategische Entscheidungen des Managements liefert"[48].

48) GÜNTHER, E. / WAGNER, B. (1993), S. 144. Vgl. auch die Definition des Öko-Controlling bei HALLAY / PFRIEM; vgl. HALLAY, H. / PFRIEM, R. (1992), S. 10.

1.4. Empirische Unterstützung der Analyse

Zwischen der theoretischen Konzeption eines ökologieorientierten Controllingsystems und der praktischen Umsetzung besteht ein wechselseitiger Zusammenhang:

- o Einerseits kann die Entwicklung und Implementierung eines ökologieorientierten Controlling dazu beitragen, aufgedeckte Defizite in der existierenden Unternehmenssteuerung zu beheben.
- o Andererseits beschneiden praktische Probleme die Umsetzbarkeit eines Systems zur ökologieorientierten Steuerung und stellen Anforderungen an die Ausgestaltung des zu entwerfenden Systems.

Dieser wechselseitige Zusammenhang erfordert sowohl eine theoretisch als auch eine empirisch fundierte Konzeption des Systems zur ökologieorientierten Steuerung. Aus diesem Grund wurde die theoretische Analyse um eine empirische Untersuchung ergänzt.

1.4.1. Theoretische Fundierung der empirischen Analyse

Wie oben dargestellt hat der Entwicklung eines ökologieorientierten Controllingsystems die Analyse der Betroffenheit sowie der Ökologieorientierung des Gesamtunternehmens vorauszugehen. Für die Bestimmung der ökologischen Betroffenheit von Unternehmen wird die **Theorie der Stakeholder** gewählt[49)]. Aus dieser werden Hypothesen zum Zusammenhang von Betroffenheit und Ökologieorientierung abgeleitet, die empirisch zu überprüfen sind. Die Ökologieorientierung des Gesamtunternehmens wird dabei auf der Ebene der einzelnen Wertschöpfungsstufen untersucht.

Darüber hinaus interessiert im Bereich der Instrumente der State of the Art in der Unternehmenspraxis, der die Umsetzung theoretisch entwickelter Konzepte verkörpert. Diese deskriptiv erfolgende Bestandsaufnahme ist zu vollziehen, um Ansatzpunkte für die Anpassung bzw. Entwicklung von Controllinginstrumenten aufzudecken.

Die empirische Fundierung der Arbeit erfolgt damit - wie die nachfolgende Abbildung veranschaulicht - auf zwei Wegen:

49) Vgl. die Ausführungen zur Theorie der Stakeholder in Kapitel 2.3.2..

1) Theorie der Stakeholder

↓ Ableiten von

Hypothesen zum Zusammenhang von Betroffenheit und Ökologieorientierung

2) State of the Art der Controllinginstrumente

Abb. 1.5.: Empirische Untersuchungsgebiete

1.4.2. Grundlagen der empirischen Untersuchung

In Zusammenarbeit mit dem Bayerischen Institut für Abfallforschung BIfA GmbH in Augsburg und dem Universitätsseminar der Wirtschaft in Schloß Gracht wurden im November 1991 1167 Unternehmen in den alten Bundesländern gebeten, an einer schriftlichen Befragung mittels standardisierter Fragebögen teilzunehmen. Von den 1167 angesprochenen Unternehmen antworteten 513 Unternehmen (Antwortquote: 44,0%), wobei 483 Unternehmen bearbeitete und auswertbare Fragebögen zurücksandten (Rücklaufquote: 41,4%). Die Unternehmen konnten den Fragebogen anonym zurücksenden, wovon jedoch nur ein kleiner Bruchteil Gebrauch machte. Den interessierten Unternehmen wurde im Juli 1992 ein erster Auswertungsbericht zugesandt[50)].

Der Fragebogen enthielt 31 Fragen zu Teilbereichen des Managementprozesses, wobei insbesondere für die beiden Bereiche Controlling und Recycling Daten zur Wechselwirkung von Unternehmenspolitik und Ökologieorientierung erhoben wurden. Aufgrund der Eigenart der befragten Untersuchungsbereiche sind die erhobenen Daten zum größten Teil von nominalem und ordinalem Skalenniveau, wodurch die Auswahl der möglichen Analysemethoden bestimmt wird.

---

50) Der Auswertungsbericht wurde als Working-Paper 4/1992 des Universitätsseminars der Wirtschaft veröffentlicht. Vgl. COENENBERG, A.G. / BAUM, H.-G. / GÜNTHER, E. / WITTMANN, R. (1992).

Die gewählte Grundgesamtheit von 1167 Unternehmen setzt sich aus drei Quellen zusammen:

1) Die 500 größten Unternehmen aus Industrie und Handel der alten Bundesländer[51],

2) Unternehmen aus dem Bereich der Industrie- und Handelskammer für Augsburg und Schwaben[52] sowie

3) Mitglieder des Fördervereins des Universitätsseminars der Wirtschaft, Schloß Gracht, Erftstadt/Liblar und Firmenmitglieder der Wissenschaftlichen Gesellschaft für Prüfung und Controlling an der Universität Augsburg, soweit sie die anderen Quellen ergänzen konnten.

Durch die Nutzung dieser drei Informationsquellen wurde versucht, einerseits eine repräsentative Abdeckung der größten deutschen Unternehmen zu erzielen und zum anderen für den bayerisch-schwäbischen Raum eine repräsentative Abdeckung der mittelständischen Wirtschaft zu erreichen, die auf bundesweitem Niveau aufwandsbedingt nicht möglich gewesen wäre. Bezüglich der verfolgten Fragestellungen kann davon ausgegangen werden, daß die Beschränkung der mittelständischen Wirtschaft auf die Region Bayerisch-Schwaben keine Beeinträchtigung der Repräsentativität nach sich zieht, da das wirtschaftliche Umfeld als stellvertretend für andere Regionen angesehen werden kann. Die Beschränkung auf die alten Bundesländer war zum Zeitpunkt der Vorbereitung der Erhebung durch die damaligen politischen und wirtschaftlichen Verhältnisse bedingt.

Die Struktur der in der Auswertung enthaltenen 483 Unternehmen soll anhand der Kriterien Branchenzugehörigkeit[53] und Größe charakterisiert werden.

Die Anzahl der Unternehmen beläuft sich bei der Brancheneinteilung aufgrund von Mehrfachnennungen auf 542. Von insgesamt 483 Unternehmen gaben 433 nur eine Branche an, 43 Unternehmen ordneten sich zwei Branchen zu, sechs Unternehmen drei und ein Unternehmen sogar fünf Branchen. Die Ursache für Mehrfachnennungen bei der Branchenzugehörigkeit liegt darin, daß Unternehmen Geschäftseinheiten umfassen, die verschiedenen Branchen zuzuordnen sind.

---

51) Vgl. SCHMACKE, E. (1991). Banken und Versicherungen sind in der Grundgesamtheit nicht enthalten, da die Wertschöpfungsstruktur im Vergleich zur Industrie und zum Handel abweichend ist.

52) Die Adressen wurden dankenswerterweise von der Industrie- und Handelskammer für Augsburg und Schwaben zur Verfügung gestellt.

53) Entsprechend der Gliederung des STATISTISCHEN BUNDESAMTES.

Branche	Anzahl der Unternehmen absolut	in %
Chemische Industrie	46	9,52%
Herstellung von Kunststoffwaren	27	4,97%
Gewinnung und Verarbeitung von Steinen und Erden	17	3,52%
Eisenschaffende Industrie	9	1,86%
NE-Metallerzeugung	11	2,28%
Stahl- und Leichtmetallbau	12	2,48%
Maschinenbau	78	16,15%
Straßenfahrzeugbau	13	2,69%
Elektrotechnik	53	10,97%
Herstellung von Eisen-, Blech- und Metallwaren	29	6,00%
Holzbe- oder -verarbeitung	9	1,86%
Papier- und Pappeverarbeitung	25	5,18%
Textilgewerbe	24	4,97%
Bekleidungsgewerbe	7	1,45%
Ernährungsgewerbe	51	10,56%
Baugewerbe	28	5,80%
Großhandel	32	6,63%
Einzelhandel	25	5,18%
Energieversorgung	24	4,97%
Mineralölverarbeitende Industrie	14	2,90%
Verkehr	4	0,83%
Verlage	4	0,83%

Abb. 1.6.: Branchenstruktur der Stichprobe

Die Unternehmensgröße kann zum einen durch die **Zahl der Mitarbeiter** und zum anderen durch die **Höhe des Umsatzes** repräsentiert werden.

Mitarbeiter	Anzahl der Unternehmen	
k. A.	6	1,24%
[0;50]	20	4,14%
[51;100]	54	11,18%
[101;200]	52	10,77%
[201;500]	63	13,04%
[501;1000]	48	9,94%
[1001;2000]	47	9,73%
[2001;5000]	85	17,60%
[5001;10000]	42	8,70%
[10001;20000]	24	4,97%
[20001;50000]	24	4,97%
[50001;100000]	8	1,66%
[100000;∞]	10	2,07%

Umsatz	Anzahl der Unternehmen	
k. A.	6	1,24%
[0 Mio; 5 Mio.[	5	1,04%
[5 Mio.; 10 Mio.[	28	5,80%
[10 Mio.; 25 Mio.[	54	11,18%
[25 Mio.; 100 Mio.[	84	17,39%
[100 Mio.; 1 Mrd.[	107	22,15%
[1 Mrd.; ∞[	199	41,20%

Abb. 1.7.: Unternehmensgröße innerhalb der Stichprobe, gegliedert nach Umsatz und Mitarbeiterzahl

Wie die Analyse der Branchen- und Größenstruktur zeigt, ist die Zusammensetzung der Stichprobe sehr heterogen, wodurch eine mögliche strukturbedingte Verzerrung ausgeschlossen werden kann. Die erhobenen Daten wurden einerseits **deskriptiv** ausgewertet, um den State of the Art der Einbindung ökologischer Aspekte in den Unternehmen der deutschen Wirtschaft zu untersuchen. Andererseits wurden Methoden der **induktiven Statistik** und der **Datenanalyse** angewandt, um Zusammenhänge zwischen der Unternehmenspolitik und der Ökologieorientierung zu untersuchen. Bezüglich der Anwendung von statistischen Verfahren ist zu berücksichtigen, daß die Mehrzahl der erhobenen Daten nominaler und ordinaler Natur ist, wodurch der Fundus an anwendbaren Methoden und Verfahren eingeschränkt wurde. Zur Untersuchung von Zusammenhängen wurden daher vor allem Kontingenztests durch Anwendung von Kreuztabellen verwendet, die nur nominale Daten voraussetzen. Zur Durchführung der Tests wurde ein Signifikanzniveau von $\alpha = 10\%$ gewählt.

Die Ergebnisse der deskriptiven und induktiven Auswertungen werden fortan zusammen mit der angewandten Methodik im thematisch zugehörigen Kapitel dargestellt.

2. Ursachen der ökologiebedingten Betroffenheit

Die zunehmende ökologische Knappheit verändert das Verhalten von Gruppen, die in materiellen oder immateriellen Austauschbeziehungen zum Unternehmen stehen. Dies führt dazu, daß Unternehmen aufgrund direkter oder indirekter Einflüsse nicht umhin können, ökologische Aspekte in ihre Entscheidungen einzubeziehen.

2.1. Betroffenheit als Auslöser für die Ökologieorientierung von Unternehmen

Die Ursachen für die Integration ökologischer Aspekte auf Unternehmensebene sind in den meisten Fällen nicht direkt auf die Wahrnehmung der ökologischen Knappheit durch das Unternehmen selbst zurückzuführen, vielmehr sind Auslöser und Verstärker der Sensibilisierung dazwischengeschaltet[1)]. Diese bestimmen die **objektivierte Betroffenheit** des Unternehmens, d. h. das Ausmaß ökologischer Ansprüche und die daraus zu erwartenden Anreize und Sanktionspotentiale[2)]. Gemessen wird sie indirekt über die Stärke der Einflußgrößen, die von den verschiedenen Anspruchsgruppen ausgehen[3)]. Davon abzuleiten ist die **subjektive Betroffenheit**, die durch das Management selbst festgestellt wird und die Wahrnehmung der objektivierten Betroffenheit ausdrückt[4)]. Generell kann für alle Unternehmen von einer zunehmenden Betroffenheit ausgegangen werden, d. h. sie müssen angesichts stark erhöhter Umweltgefährdung und gleichzeitig geschärfter Risikosensibilität die Konsequenzen ihrer wirtschaftlichen Tätigkeit rechtfertigen können.

---

1) KIRCHGEORG spricht in diesem Zusammenhang vom Übergang der ökologischen in eine gesellschaftliche Problemdimension; vgl. KIRCHGEORG, M. (1990), S. 6 ff.. In der Wahrnehmung der Betroffenheit wird eine notwendige Voraussetzung für die Sicherung der langfristigen Existenz eines Unternehmens gesehen; vgl. UTZ, H. W. (1978); BRENKEN, D. (1988) und DYLLICK, T. (1989a).

2) Vgl. zur Bestimmung der Betroffenheit KIRCHGEORG, M. (1990), S. 87, wobei die Betroffenheit auch von anderen Umfeldbedingungen, wie z. B. Branche oder Land abhängig ist, vgl. SPRENGER, R.-U. (1981), S. 3. Die Ergebnisse einer Untersuchung von DYLLICK zeigen, daß die Unternehmensgröße keinen signifikanten Einfluß auf die Betroffenheit hat; vgl. DYLLICK, T. (1989), S. 4. Für die Verfolgung einer ökologieorientierten Strategie muß zuerst die Betroffenheit der Branche bekannt sein, vgl. MENTH, G.K. (1989), S. 50.

3) Im Gegensatz zu isolierten Betrachtungen der Wirkung einer Anspruchsgruppe (LANGE diskutiert beispielsweise eine Anpassung an rechtliche Rahmenbedingungen; vgl. LANGE, C. (1978), S. 55 ff.) wird hier deren Gesamtheit betrachtet.

4) Vgl. STEGER, U. / ANTES, R. (1991), S. 14.

Darüber hinaus wird der Betroffenheitsgrad von demographischen Merkmalen wie der Unternehmensgröße und der Branchenzugehörigkeit beeinflußt[5].

2.2. Gründe für die Berücksichtigung der Betroffenheit

Der Einfluß der Anspruchsgruppen, die die Betroffenheit bestimmen, kann auf drei Wegen Eingang in das Management finden[6]:

1) durch gesetzliche Verpflichtungen
2) durch marktwirtschaftliche Überlegungen
3) durch moralisch-ethisches Gedankengut

Durch gesetzliche Verpflichtungen läßt sich aufgrund deren restriktiven Charakters nur ein Teil der marktwirtschaftlich möglichen Koordination erreichen. Darüber hinaus können moralisch-ethische Überlegungen als Basis wirtschaftlichen Handelns dienen, wenn Unternehmen über die Gewinnerzielung hinaus soziale Ziele verfolgen.

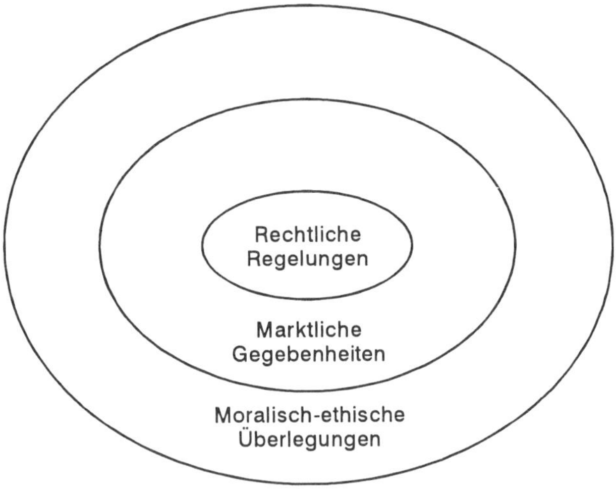

Abb. 2.1.: Gründe für die Berücksichtigung der Betroffenheit

ad 1)

Aufgrund der sich verschärfenden Umweltsituation legte die Bundesregierung in ihrem Umweltprogramm 1971[7] folgende **Ziele für das Umweltrecht** fest:

---

5) Vgl. MEFFERT, H. / KIRCHGEORG, M. / OSTMEIER, H. (1989), S. 7 ff..
6) Vgl. LUTZKY, N. (1987), S. 17 ff.; MEFFERT, H. / KIRCHGEORG, M. (1989a), S. 184; DYLLICK, T. (1991), S. 12 ff. und SIHLER, H. (1991), S. 39.
7) Vgl. BUNDESMINISTERIUM DES INNERN (Hrsg.) (1971), S. 6.

- o Sicherung einer Umwelt, die es dem Menschen ermöglicht, ein gesundes Leben und ein menschenwürdiges Dasein zu führen,
- o Schutz der Umweltgüter sowie der Pflanzen- und Tierwelt vor nachteiligen Eingriffen durch den Menschen,
- o Beseitigung bereits eingetretener Schäden oder Nachteile aus Umwelteingriffen.

Dieses Programm war der Startpunkt für eine Reihe von Gesetzen und Verordnungen im Bereich des Umweltschutzes. Dazu zählen das Abfallbeseitigungsgesetz (1972), das Bundes-Immissionsschutzgesetz (1974) sowie die zugehörigen Verordnungen, die Technische Anleitung Luft (1974), das Abwasserabgabengesetz (1976), das Gesetz über die Umweltverträglichkeitsprüfung (1990), die Verpackungsverordnung (1991) sowie das Umwelthaftungsgesetz (1991).

Die in die unternehmerischen Informations- und Entscheidungsprozesse hineinwirkenden rechtlichen Regelungen werden durch staatlich initiierte, jedoch marktwirtschaftlich orientierte Anreizmechanismen ergänzt[8]). Beide Komplexe sind im Hinblick auf die von ihnen ausgehenden Wirkungen zu analysieren.

ad 2)

Neben einer Ausrichtung der Aktivitäten eines Unternehmens an rechtlichen Normen veranlassen **marktwirtschaftliche Überlegungen** eine ökologieorientierte Unternehmensführung. Eigentliches Ziel jeder Unternehmung muß die Gewinnerzielung sein, wobei je nach der Führungsebene, auf der man sich gedanklich befindet, die Bezugsgröße anders zu definieren ist. Die **Erfolgsorientierung** kann nach den drei Planungsebenen Erfolgspotential, Erfolg und Liquidität differenziert werden[9]).

Abb. 2.2.: Planungsebenen

8) Vgl. den Überblick bei SEIDEL, E. (1991), S. 180.
9) Vgl. GÄLWEILER, A. (1976), S. 373; SCHWANINGER, M. (1990), S. 92 und COENENBERG, A.G. / GÜNTHER, E. (1992), Sp. 476 ff..

Die Ebene der **Liquidität** ist bei ökologiebezogenen Analysen direkt wohl weniger betroffen, da die meisten Aktivitäten zuerst den **Erfolg** des Unternehmens tangieren, der in seine Kosten- und Umsatzkomponenten zerlegt werden kann:

Kostenanalysen zeigen, daß der Bestandteil der nicht direkt mit der Produktion verbundenen Kosten zugenommen hat[10]. Es ist zu erkennen, daß die Kostenverursacher deutlich außerhalb der eigentlichen betrieblichen Leistungserstellung, nämlich im Bereich der Forschung und Entwicklung sowie im Verwaltungs-, Service- und Recyclingbereich liegen. Zudem ist zu berücksichtigen, daß ein großer Teil der Kosten bereits relativ früh in Entwicklung und Konstruktion festgelegt werden[11]. Dies macht eine Analyse **aller** Unternehmensbereiche im Hinblick auf mögliche Einsparungspotentiale notwendig[12]:

Ressourcenschonende Einsparungen im Material-, Wasser- und Energiebereich und eine bewußte Wahl der Rohstoffe führen gleichzeitig auch zu Kostensenkungen. Darüber hinaus können durch den Einsatz integrierter Technologien im Produktionsbereich Entsorgungsgebühren gespart werden[13]. Ökologieorientierung kann auch dann aus Kostengründen wichtig werden, wenn Kontraproduktivitäten direkt auf das Entscheidungsfeld des Verursachers selbst einwirken: Beispielsweise macht eine immer höhere Anreicherung des Grundwassers mit Schadstoffen über seine Regenerationsfähigkeit hinaus immer größere und kostenverursachende Anstrengungen zur Reinigung oder zur Gewinnung ausreichender Mengen in ausreichender Qualität (z. B. Filteranlagen) erforderlich. Bewirkt die ökologische Verknappung durch steigende Einkaufspreise oder Verarbeitungskosten zusätzlich ökonomische Knappheitssignale, so führt das Ausweichen auf regenerierbare Ressourcen oder die Umstellung auf geschlossene Kreisläufe unter Umständen sogar zu Kosteneinsparungen im Unternehmen.

Neben möglichen Einsparungen sind auch **Umsatz**einbrüche aufgrund nachweislich umweltschädlicher Produkte[14] zu vermeiden, zumal diese meist sehr nachhal

---

10) Vgl. die empirischen Ergebnisse bei MILLER, J.G. / VOLLMAN, T.E. (1985), S. 143.

11) GRÖNER beziffert die duch Konstruktion und Entwicklung determinierten Kosten auf 70%. Vgl. GRÖNER, L. (1990), S. 374.

12) Vgl. STEGER (1988a), S. 22.

13) So fielen z. B. bei der Herstellung von Titandioxid bisher große Mengen von Dünnsäure an, die auf hoher See "verklappt" wurden. Aufgrund gesetzlicher Restriktionen muß jetzt Dünnsäure zunächst mit hohem Aufwand aufbereitet werden, wodurch ein neues Verfahren, das keine Dünnsäure entstehen läßt, auch aus Kostenüberlegungen attraktiv wurde. Im Bereich der Entsorgung konnte die Robert Bosch GmbH durch die Reduktion der Lösungsmittel zur Entfettung von Metallteilen um 300 t pro Jahr jährliche Entsorgungskosten von rund 1 Mio. DM sparen. Vgl. ANNIGHÖFER, F. (1990), S. 111.

14) Vgl. z. B. den siebenjährigen Konsumboykott von Nestlé oder die Asbestproblematik von Eternit, durch die der Absatz innerhalb von zwei Jahren um 30% zurückging; vgl. DYLLICK, T. (1989a), S. 231 ff. und 331 ff. sowie die Beispiele bei STEGER, U. / ANTES, R. (1991), S. 16.

tig das Ergebnis beeinflussen und zum Teil Desinvestitionsstrategien erforderlich machen. Gerade in den letzten Jahren hat sich gezeigt, daß die Ökologieorientierung durchaus auch Marktchancen eröffnet und durch einen frühzeitigen Einsatz neuer Technologien neue Märkte erschließt. Hersteller von Umweltschutztechnologien konnten hohe Wachstumsraten verzeichnen, was auf einen Anstieg des Anteils dieser Investitionen in der gesamten Industrie zurückzuführen ist[15)]. Im Konsumgüterbereich ist zu erkennen, daß viele große Handelshäuser zur Zeit durch die Auslistung nachweislich umweltschädlicher Produkte Aufmerksamkeit erregen und diese Aktivität von der Bevölkerung sehr positiv aufgenommen wird[16)].

Langfristig kann ein Unternehmen seinen Erfolg nur sichern, wenn ausreichend **Erfolgspotentiale** generiert werden, die die Wettbewerbsfähigkeit aufrechterhalten. Dies erfordert eine Berücksichtigung der Anforderungen aller Anspruchsgruppen:

- o Konsumenten erwarten ein Angebot umweltverträglicherer Produkte[17)].
- o Neue bzw. veränderte Vorprodukte der Lieferanten erfordern Umstellungen im Produktionsprozeß[18)].
- o Konkurrenten machen aufgrund eigener ökologieorientierter Strategien ein Handeln erforderlich[19)].
- o Kreditgeber beziehen ökologische Aspekte in ihre Kreditwürdigkeitsprüfungen ein[20)].
- o Anteilseigner orientieren Anlageentscheidungen an der Ökologieorientierung eines Unternehmens[21)].
- o Erwartete rechtliche Regelungen erhöhen die Wettbewerbsfähigkeit bei deren Vorwegnahme[22)].

---

15) Vgl. STATISTISCHES BUNDESAMT (Hrsg.) (1990), S. 613: Die Investitionen in Umweltschutzmaßnahmen (Abfallbeseitigung, Gewässerschutz, Lärmbekämpfung und Luftreinhaltung) stiegen von 2.674 Mio. DM in 1980 (3,5% der Gesamtinvestionen) auf 7.746 Mio. DM in 1987 (7,6%). Vgl. auch GERPOTT, T.J. / SERVATIUS, H.G. (1989), S. 718.

16) So riskierte die Hertie AG durch die Auslistung der für die Wäsche nachweislich überflüssigen Weichspüler Umsatzeinbußen. Die größte Schweizer Handelskette, der Genossenschaftsbund MIGROS, verkauft aus Gesundheitsgründen weder Alkohol noch Tabak oder phosphathaltige Waschmittel; FCKW-haltige Spraydosen und PVC-Verpackungen wurden frühzeitig aus dem Angebotsprogramm verbannt; vgl. BROKATZKY, W. (1991), S. 71ff.; CAPUNE, T. (1991), S. 14 ff.; HOFMANN, M. (1991), S. 87 ff. und zu anderen Unternehmensbeispielen WICKE, L. (1989), S. 612.

17) Vgl. z. B. die Umsatzentwicklung von Recyclingpapier; vgl. auch WICKE, L. (1988a), S. 14.

18) Der Verzicht auf die Produktion von FCKW erfordert für die Abnehmer dieses Stoffes Innovationen in der eigenen Produktentwicklung.

19) Die Entwicklung in vielen Konsumgüterbereichen, so z. B. in Richtung phosphatfreie Waschmittel, Katalysatoren, Umweltschutzpapier und Mehrwegsysteme, macht dies deutlich.

20) Vgl. MANSKI, E.-E. (1990), S. 679 ff..

21) Vgl. DÜRR, W. (1991), S. 286-297.

22) Vgl. WICKE, L. (1988a), S. 18 f..

ad 3)

Ein dritter Grund für die Integration ökologischer Aspekte in unternehmerische Entscheidungen können **wertorientierte, normative Überlegungen** sein[23], die die Nutzung der Natur durch den Menschen auf ein zulässiges Maß einschränken und ihr so Grenzen setzen[24]. Dabei meint "Wert" eine explizite oder implizite Vorstellung dessen, was für ein Individuum oder eine Gruppe wünschenswert ist. Dadurch wird die Auswahl zwischen verfügbaren Handlungsalternativen und Mitteleinsätzen beeinflußt[25]. Da auch Manager als Privatpersonen die Situation ihrer ökologischen Umwelt wahrnehmen, stehen sie in einem Konflikt zwischen betriebswirtschaftlicher Sachlogik und persönlichen Wertvorstellungen und Sorgen[26]. So beziehen heute viele Unternehmen die Ökologieorientierung als Unternehmensziel in ihre Leitlinien ein und erkennen dort ihre Verantwortung für die Natur an[27]. Auch auf unternehmensübergreifender Ebene äußerten sich Unternehmen zur Notwendigkeit und Gestaltung einer umweltfreundlichen Unternehmenspolitik: Im "Davoser Manifest", das 1973 auf dem 3. Europäischen Management-Symposium erarbeitet wurde, wird unter Punkt 4. bereits festgehalten: "Die Unternehmung muß der Gesellschaft dienen. Die Unternehmensführung muß für die zukünftigen Generationen eine lebenswerte Umwelt sichern. Die Unternehmensführung muß das Wissen und die Mittel, die ihr anvertraut sind, zum besten der Gesellschaft nutzen." Die European Chemical Industry Federation (CEFIC) hat "Guidelines for the protection of the environment", der Verband der chemischen Industrie in Deutschland "Umweltleitlinien" herausgegeben[28]. Ebenso hat das US-amerikanische Institute of Management Accountants sogenannte "Standards of Ethical Conduct for Management Accountants" herausgegeben, die

23) Vgl. DÜRR, H. (1989), S. 7 ff.; PFRIEM, R. (1989), S. 111 ff; STEINMANN, H. / LÖHR, A. (1989); ARNI, J.-L. (1990), S. 291 ff. und BUCHHOLZ, R.A. (1991). MEFFERT / KIRCHGEORG geben einen Überblick der ethisch begründeten Ansätze; vgl. MEFFERT, H. / KIRCHGEORG, M. (1992), S. 37 ff..

24) Vgl. FREIMANN, J. (1990), S. 9.

25) Vgl. KLUCKHOHN, C. (1967), S. 395; WICKE, L. (1989), S. 622 ff.; SCHNEIDER, D. (1990), S. 871.

26) Vgl. zum Gegensatz von ökonomischer Logik und moralischen Wertvorstellungen ULRICH (1987), S. 409 ff.. Es zeigt sich auch, daß persönliche Wertvorstellungen stark durch betriebliche Ziele geprägt sind; vgl. PERRIDON, L. / WAGNER, B. (1988), S. 30 ff..

27) Vgl. eine Auswahl von Unternehmensleitlinien in HOPFENBECK, W. (1990), S. 131 ff.: Dort werden die Leitlinien der Unternehmen Ciba-Geigy, Hoechst, IBM, Elida-Gibbs Germany und BP vorgestellt; vgl. auch WINTER, G. (1987); MEFFERT / KIRCHGEORG stellen die Integration in die Unternehmensgrundsätze bei Henkel dar, vgl. MEFFERT, H. / KIRCHGEORG, M. (1992), S. 133 f.; SIEMENS (1992). Die Auswirkungen von Unternehmensleitlinien auf die Öffentlichkeit, Kunden, Mitarbeiter, Behörden, Versicherungen und den Kapitalmarkt stellt ANNIGHÖFER dar; vgl. ANNIGHÖFER, F. (1990), S. 108.

28) Vgl. VERBAND DER CHEMISCHEN INDUSTRIE (VCI) (Hrsg.) (1990).Weitere Erklärungen wurden vom BDI, in der Tutzinger Erklärung und in den "Valdez Principles" sowie vom BUNDESARBEITSKREIS FÜR UMWELTBEWUßTES MANAGEMENT (B.A.U.M.) abgegeben; vgl. z. B. HOPFENBECK, W. (1990), S. 127 ff..

auf den vier Säulen Competence, Confidentiality, Integrity und Objectivity beruhen und als Leitlinien für das Rechnungswesen dienen sollen[29]. Auf internationaler Ebene erarbeitete die Weltkommission für Umwelt und Entwicklung in ihrem Brundtland-Bericht 1987 eine Definition des Begriffs "sustainable development"[30], der jedes unternehmerische Wirtschaften prägen sollte. Der Ministerrat der OECD hat Verhaltensregeln für international tätige Unternehmen herausgegeben, der Verwaltungsrat der Internationalen Arbeitsorganisation hat eine Grundsatzerklärung im Bezug auf multinationale Unternehmen und Sozialpolitik erarbeitet und der Wirtschafts- und Sozialrat der UN (ECOSOC) entwickelt ebenfalls einen Verhaltenskodex für internationale Unternehmen[31]. Das Ziel eines "sustainable development" ist auch Grundlage der "Laxenburg Declaration on Eco-Restructuring", die von 45 Experten aus 14 Staaten verabschiedet wurde[32]. Letztlich sollen alle diese Bestrebungen zu einem verantwortungsbewußten Handeln führen, das darauf gerichtet ist, der etymologischen Bedeutung des Wortes "Wirtschaften", was nichts anderes bedeutet als "Werte schaffen", gerecht zu werden[33]. Es ist folglich durchaus denkbar, daß Unternehmer allein aus dem Wandel der Wertvorstellungen heraus ökologische Aspekte berücksichtigen[34] und somit den Kantschen kategorischen Imperativ[35] auf ihr ökologiebezogenes Handeln übertragen[36]. Dieses gesellschaftlich verantwortliche Handeln äußert sich sowohl in einer Schonung der natürlichen Ressourcen **(Inputseite)** wie auch in einer Vermeidung der Umweltbelastung **(Throughput- und Outputseite)**[37]. Zu berücksichtigen ist bei dieser Form der Integration ökologischer Aspekte in die Unternehmensführung, daß es sich um freiwillige Absichtserklärungen auf moralischer Basis handelt, die folglich auch nur in dieser Form verpflichtend wirken.

---

29) Vgl. O. V. (1991), S. 21.

30) **"Sustainable development"** wird dort definiert als eine Art des Fortschritts, die "die Bedürfnisse der Gegenwart deckt, ohne zukünftigen Generationen die Grundlage für deren Bedürfnisbefriedigung zu nehmen"; vgl. HAUFF, V. (Hrsg.) (1987) und PEARCE, D. / MARKANDYA, A. / BARBIER, E.B. (1990). Das Konzept geht auf HICKS zurück, der bereits 1946 das Prinzip der Nachhaltigkeit formuliert hat; vgl. HICKS, J.R. (1946), S. 172.

31) Vgl. STAEHLE, W.H. (1988), S. 15.

32) Vgl. O. V. (1991c), S. 4.

33) Vgl. VOSS, B.W. (1988), S. 24.

34) Vgl. verschiedene Studien zum gesellschaftlichen Wertewandel: BRUHN, M. (1978), S. 48 ff.; KESSEL, H. / TISCHLER, W. (1984), S. 37 ff.; RAFFÉE, H. / WIEDMANN, K.P. (1985), S. 579 ff. und WINDHORST, K.-G. (1985), S. 90 ff..

35) "Handle nur nach derjenigen Maxime, von der du zugleich wollen kannst, daß sie Allgemein-Gesetz werde", vgl. KANT, I. (1903), S. 385 ff..

36) Dies resultiert dann in einem ökologisch-ethischen kategorischen Imperativ: "Handle so, daß bei der Herstellung der von Dir produzierten Güter die Umwelt nicht leidet, daß diese von Dir verkauften Güter während ihrer Nutzung der Umwelt nicht schaden und daß sie in ihrer Beseitigungsphase die Umwelt nicht mehr als unvermeidbar belasten!"; vgl. WICKE, L. (1989), S. 623 f.; oder allgemeiner formuliert: "Handle so, daß die Wirkungen deiner Handlung nicht zerstörerisch sind für die künftige Möglichkeit solchen Lebens."; vgl. JONAS, H. (1979), S. 36.

37) Vgl. STAEHLE, W.H. (1988), S. 18.

2.3. Anspruchsgruppen (Stakeholder) als Auslöser und Verstärker der Betroffenheit

Um nun die Gründe für die Betroffenheit der Unternehmen durch ökologische Aspekte erforschen zu können, sind deren Auslöser und Verstärker zu bestimmen: Unternehmen können nicht isoliert handeln, vielmehr sind wirtschaftliche Prozesse in ein Wirkungsgefüge eingebunden, das sowohl technische, ökonomische und gesellschaftliche als auch ökologische und politische Aspekte vereint[38)]. Zwischen diesem System und den Unternehmen als Einzelwirtschaften bestehen vielfache Interdependenzen, die Anpassungsprozesse erforderlich machen. Langfristig können Unternehmen nur dann ihre Existenz sichern, wenn sie den Erwartungen des engeren und weiteren Unternehmensumfeldes gerecht werden[39)]. Dies bedeutet, daß Kenntnisse über die Elemente des Umfeldes sowie mögliche sich daraus ergebende Konsequenzen in einer durch Dynamik, Diskontinuitäten, Komplexität, Internationalisierung und Globalisierung gekennzeichneten Situation an Bedeutung gewinnen[40)].

Eine exakte Abgrenzung des Umsystems einer Unternehmung ist nicht möglich, selbst wenn man die Analyse im Blickwinkel nur eines Kriteriums durchführt. "Wenn man die Ziele der Unternehmung als Abgrenzungskriterium heranzieht und diejenigen Umweltbereiche als relevant ansieht, die in irgendeiner Art und Weise Einfluß auf die Zielbildung bzw. Zielerreichung haben, muß man sich darüber im klaren sein, daß nicht nur die unmittelbaren, sondern auch die generellen Rahmenbedingungen (Makro-Umwelt) einen Zielbezug aufweisen können"[41)]. Diesem Anspruch kann Rechnung getragen werden, indem zwischen einem **Makroumfeld** und einem **aufgabenspezifischen Umfeld** unterschieden wird[42)]. Das Aufgaben-Umfeld[43)] beinhaltet als branchenspezifische Komponenten Lieferanten, Kunden und Wettbewerber[44)]. Anteilseigner und Kreditgeber sowie Staat und Öffentlichkeit zählen als regulative Gruppen zum erweiterten Aufgabenumfeld[45)].

---

38) Vgl. STITZEL, M. (1976); POST, J. E. (1978); MILES, R. / SNOW, C. (1978); FREEMANN, R.E. (1984); KREILKAMP, E. (1987); SCHWADERLAPP, R. (1989), S. 12; DYLLICK , T. (1989a); SCHALTEGGER, S. / STURM, A. (1990), S. 274; HORST, P.M. (1991), S. 11; ROY, R. / WHELAN, R.C. (1992), S. 68; ZAHN, E. / SCHMID, U. (1992), S. 42 und 51.

39) Vgl. SCHMID, U. (1989), S. 33 und ZAHN, E. (1989), S. 1906.

40) Vgl. MARR, R. (1989), S. 70 und SCHMID, U. (1989), S. 34.

41) HOFFMANN, F. (1980), S. 97.

42) Andere Begriffe hierfür sind globales und aufgabenspezifisches Umsystem (vgl. KUBICEK, H. / THOM, N. (1976), Sp. 3988) oder Interaktionsumwelt und globale Umwelt (vgl. RAFFÉE, H. / WIEDMANN, K.-P. (1987), S. 186 ff.).

43) Hier wird der Begriff **"Umfeld"** gewählt, da mit Umwelt oft auch das ökologische Umfeld gemeint ist.

44) Neben diesen drei Komponenten zählt PORTER potentielle Konkurrenten und Ersatzprodukte zu den Determinanten des Wettbewerbs; vgl. PORTER, M.E. (1983), S. 26. Diese werden hier durch die Wettbewerbsanalyse abgedeckt.

45) Vgl. STEGER, U. (1992), S. 94.

Das Makro-Umfeld umfaßt dagegen "die generellen Bedingungen in einem geographischen Raum, die für eine größere Anzahl von Unternehmungen mit unterschiedlichen Sachzielen gelten und die Möglichkeiten der Bildung bestimmter Sachziele sowie Durchführung strategischer Verhaltensweisen im Einzelfall beeinflussen"[46]. Hierzu zählen technologische, ökonomische, gesellschaftliche, ökologische und rechtliche Merkmale[47].

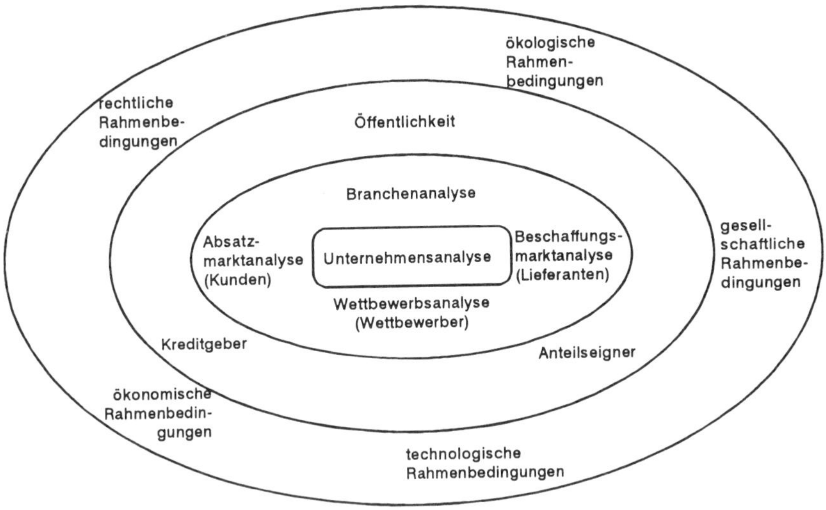

Abb. 2.3.: Komponenten der Umfeldanalyse

Da sowohl das spezifische Aufgaben-Umfeld als auch das Makro-Umfeld aus verschiedenen Komponenten bestehen, müssen diese hinsichtlich ihrer Wirkung auf unternehmerische Entscheidungen getrennt untersucht werden[48]. Die Analyse der Einflußparameter muß das Ziel haben, mögliche Chancen und Risiken zu identifizieren, um diese dann den unternehmerischen Stärken und Schwächen gegenüberstellen zu können.

2.3.1. Makro-Umfeld

In der folgenden, die ökologiebezogene Betroffenheit fokussierenden Analyse werden die Anforderungen herausgearbeitet, die von den einzelnen Umfeldkomponenten an die Unternehmenspolitik gestellt werden können. Dabei setzt das

46) Vgl. KUBICEK, H. / THOM, N. (1976), Sp. 3988.
47) Vgl. CORSTEN, H. / GÖTZELMANN, F. (1989), S. 352.
48) Vgl. WINTER, G. (1987), S. 90.

Makro-Umfeld Rahmenbedingungen, während vom aufgabenspezifischen Umfeld konkrete Anforderungen ausgehen können.

2.3.1.1. Technologische Rahmenbedingungen

Bestandteil des Makroumfeldes sind die technischen Entwicklungen, die für die Zukunft des Unternehmens Bedeutung erlangen können, indem sie neue Aktionsmöglichkeiten eröffnen oder auch Restriktionen für geplante Vorhaben setzen. "Die Dynamik der technischen Produkt- und Verfahrensinnovationen zwingt die Unternehmensführung, sich verstärkt mit den möglicherweise bedrohlichen, aber auch chancenreichen Auswirkungen auf das eigene Leistungsprogramm auseinanderzusetzen"[49]. Auf dem Markt für Technik und Umweltschutz steht der technologische Vorsprung im Vordergrund, der durch den qualitativen Wettbewerb im Bereich bedarfsgerechter technischer Verfahren ergänzt wird. Das IFO-INSTITUT sieht die Schwerpunkte der Entwicklung dieses Marktes in folgenden Bereichen[50]:

- In den Umweltschutzmarkt, der bisher für flexible kleinere und mittlere Unternehmen gute Marktchancen geboten hat, werden vermehrt große, kapitalkräftige und marktstarke Unternehmen einsteigen, sei es durch Diversifikation ihres bisherigen Leistungsangebotes, durch Gründung von Tochtergesellschaften oder durch Teilerwerb kleinerer innovativer Unternehmen, die sich Problemen bei der Markterschließung gegenüber sehen.
- Anlagenbauer werden verstärkt Dienstleistungen übernehmen, während Anbieter von Umweltdienstleistungen häufiger in das Anlagen- und Fahrzeuggeschäft einsteigen werden.
- Firmenneugründungen werden eine untergeordnete Rolle spielen.
- Das Marktpotential in Deutschland sowie das Technologie- und Know How-Potential deutscher Unternehmen wird vermehrt zu Joint Ventures mit ausländischen Anbietern führen.
- Das Volumen des Umweltschutzmarktes wird stark zunehmen[51].
- Exportaktivitäten werden trotz länderspezifischer Umweltgesetzgebungen zunehmen.
- Die Nachfrage nach integrierten Umweltschutztechnologien wird additive Lösungen vom Markt verdrängen.

Wie stark die Entwicklung der Technik die unternehmerische Ökologieorientierung beeinflußt, zeigen verschiedene Gesetze. Das den Unternehmen darin Vorgeschriebene bezieht sich auf drei **Stufen der Technologieentwicklung**, nämlich auf

49) DUNST, K.H. (1983), S. 27.
50) Vgl. SCHREYER, M. / SPRENGER, R.-U. (1989), S. 7 f..
51) Hervorzuheben ist hierbei der Markt für Entsorgungsdienstleistungen.

den Stand der Wissenschaft[52], den Stand der Technik[53] sowie die allgemein anerkannten Regeln der Technik[54]. Da die Interpretation der Vorschriften vom Stand der Entwicklung in den Unternehmen abhängt[55], können diese - insbesondere in Oligopolen - die Normen selbst festlegen und beeinflussen (sog. **Schweigekartell der Oberingenieure**). Die technische Machbarkeit an sich stellt wohl keine Restriktion dar, vielmehr aber die Umsetzbarkeit, die meistens vom Vorhandensein von Kapital abhängt[56].

2.3.1.2. Ökonomische Rahmenbedingungen

Die wirtschaftlichen Bedingungen, die sich in gesamtwirtschaftlichen Indikatoren wie dem Wirtschaftswachstum ausdrücken[57], stellen Basisinformationen dar, die für die Planung und Beurteilung der spezifischen Entwicklungstendenzen des eigenen Unternehmens herangezogen werden können. Die Erfahrung zeigt allerdings, daß die Entwicklung eines bestimmten Beschaffungs- oder Absatzmarktes unter Umständen völlig anders verlaufen kann als die der entsprechenden volkswirtschaftlichen Gesamtgrößen[58].

Innerhalb der wirtschaftlichen Rahmenbedingungen sind

a) allgemeine Wachstums- und Entwicklungsgrößen,
b) bestimmte Wettbewerbskonstellationen,
c) die Zugehörigkeit zu einer Branche sowie
d) internationale Entwicklungen

zu betrachten.

---

52) D. h. die fortschrittlichsten Umwelt- und Sicherheitstechniken; vgl. WICKE, L. (1991), S. 171; angewandt beispielsweise in § 3 Abs. 4 AbwAG für die Bestimmung der Schädlichkeit des Abwassers.

53) Dieser wird vom Gesetzgeber in § 3 Abs. 6 BImSchG definiert als "Entwicklungsstand fortschrittlicher Verfahren, Einrichtungen oder Betriebsweisen, der die praktische Eignung einer Maßnahme zur Begrenzung von Emissionen gesichert erscheinen läßt." So haben die Anforderungen an die Entsorgung von Abfällen (§ 4 Abs. 5 AbfG) sowie Maßnahmen zur Emissionsbegrenzung genehmigungsbedürtiger Anlagen (§ 5 Abs. 1 Nr. 4 BImSchG) dem Stand der Technik zu entsprechen. Die Festlegung eines Stands der Technik muß den Grundsatz der Verhältnismäßigkeit berücksichtigen und somit Aspekte der Wirtschaftlichkeit beinhalten; vgl. ENDRES, A. (1988), S. 84.

54) Von allgemein anerkannten Regeln spricht man, wenn die Mehrzahl der Betreiber bestimmter Anlagen ein Verfahren bereits benutzt; vgl. WICKE, L. (1991), S. 172.

55) So sind für die Bestimmung des Standes der Technik "insbesondere vergleichbare Verfahren, Einrichtungen oder Betriebsweisen heranzuziehen, die mit Erfolg im Betrieb erprobt worden sind"; § 3 Abs. 6 BImSchG.

56) Dies zeigt sich beispielsweise in der Diskussion um die staatliche Förderung von Kernkraft versus die Förderung von Solarenergie.

57) Vgl. HOFFMANN, F. (1980), S. 98.

58) Vgl. ULRICH, H. (1987), S. 80.

ad a)

Unternehmerisches Handeln richtet sich an den Chancenpotentialen für bestimmte Strategien aus. Werden diese durch einen stagnierenden Markt stark gemindert, so tendieren die Unternehmen dazu, andere, eher passive Alternativen zur Problembewältigung zu wählen. Andererseits neigen Unternehmen in wachsenden Märkten dazu, neue Wege zu wählen und eventuell höhere Risiken einzugehen. Die Positionierung des eigenen Unternehmens kann durch den Vergleich der unternehmensspezifischen **Wachstums- und Entwicklungsgrößen** mit den allgemeinen Daten erfolgen. In diesem Zusammenhang ist auch zu diskutieren, wie die Forderung des sustainable development auf Unternehmensebene umzusetzen ist und inwieweit das Bevölkerungswachstum Einfluß auf die Unternehmen hat[59)].

ad b)

Neben der allgemeinen Situation ist auch die jeweilige **Wettbewerbssituation** von Bedeutung, in der sich ein Unternehmen oder ein Geschäftsbereich befindet[60)]. Eine Betrachtung der Wettbewerbskonstellation innerhalb der ökonomischen Rahmenbedingungen ist geboten, da davon auszugehen ist, daß sie primär durch ökonomische Aspekte determiniert wird und ökologische Aspekte innerhalb einer bestehenden Wettbewerbssituation zu berücksichtigen sind. Nach PORTER können für die Bestimmung der Wettbewerbsposition in Abhängigkeit vom Zielobjekt und von den vorhandenen strategischen Vorteilen folgende Strategien unterschieden werden[61)]:

- o Für standardisierte Produkte in einem Niedrigpreissegment empfiehlt sich eine umfassende Kostenführerschaft.
- o Eine Differenzierungsstrategie ist dann zu bevorzugen, wenn aufgrund spezifischer Vorteile bei Qualität, Service oder Image ein höherer Preis erzielt werden kann.
- o Eine Spezialisierungsstrategie ist zu wählen, wenn eine Konzentration auf ein bestimmtes Marktsegment vorteilhaft erscheint.

Die **Kostenführerschaft** basiert auf dem Prinzip der Erfahrungskurve, das dadurch charakterisiert ist, daß durch erfahrungsbedingte Kostendegression ökonomische

---

59) Britische Wirtschaftswissenschaftler errechneten, daß bei einer Weltbevölkerung von 8 Mrd. Menschen und einer Gleichverteilung der Güter das Wohlstandsniveau von Großbritannien zu Beginn der 60er Jahre nur erreicht werden kann, wenn sich das Angebot an Gütern und Dienstleistungen um das fünf- bis zehnfache erhöht; vgl. ADAMS, R. (1990), S. 81.

60) Vgl. z. B. die empirische Untersuchung von MEFFERT / KIRCHGEORG / OSTMEIER zur Markt- und Wettbewerbssituation als Determinante des ökologieorientierten Unternehmensverhaltens; vgl. MEFFERT, H. / KIRCHGEORG, M. / OSTMEIER, H. (1989), S. 13 ff..

61) Vgl. PORTER, M.E. (1986), S. 31 ff..

Effekte erzielt werden können. Darüber hinaus können durch die Verringerung der Ausschußquoten und die daraus resultierenden Rohstoff- und Energieeinsparungen auch ökologische Effekte erreicht werden[62]. Die Erzielung von Erfahrungskurveneffekten verlangt den Aufbau großer und spezialisierter Produktionsanalysen. Die damit verbundene Inflexibilität läßt eher auf die Verfolgung defensiver, weniger ökologieorientierter, Strategien schließen[63]. Investitionen für freiwillige Umweltschutzmaßnahmen sind für ein nach Kostenführerschaft strebendes Unternehmen besonders negativ, da sie zunächst die Realisierung von Kostenvorteilen beeinträchtigen und damit die darauf aufbauende Wettbewerbssituation gefährden. Die Ausnutzung bestehender Kostenvorteile durch Beibehaltung herkömmlicher Verfahrenstechnologien oder Verwendung additiver Technologien zur Erfüllung von gesetzlich vorgeschriebenen Mindestanforderungen ist allerdings aufgrund der in der Umfeldanalyse dargestellten Rahmenbedingungen nur kurzfristig eine geeignete Reaktion[64]. Läßt sich Ökologieorientierung langfristig nicht durch integrierte Maßnahmen unter Berücksichtigung von Kosten- und Produktivitätsanforderungen verwirklichen, so ist bei einer Beibehaltung der Kostenführerschaft ein vollständiger Rückzug aus diesem Geschäftsfeld zu erwarten[65].

Die **Differenzierungsstrategie** versucht, mit einer auf Exklusivität zielenden Kombination von verschiedenen Leistungsmerkmalen bzw. Zusatznutzen gegenüber den übrigen Wettbewerbern einen monopolistischen Preisspielraum aufzubauen. Diese bewußt auf Exklusivität zielende Strategie ist mit hohen branchenbezogenen Marktanteilen kaum vereinbar[66]. Diese Voraussetzungen lassen eine hohe Flexibilität für die Berücksichtigung von Marktveränderungen und große Innovationskapazitäten erwarten, um auf ein zunehmendes Kundeninteresse an umweltverträglicheren Produktvarianten zu reagieren. Sie scheint damit prädestiniert zu sein, Chancen und Risiken der Ökologieorientierung zu begegnen.

Die **Spezialisierungsstrategie** zielt ausschließlich auf ein bestimmtes Marktsegment. Die Profilierung gegenüber der Konkurrenz erfolgt über das zu lösende Kundenproblem eines relativ homogenen Teilmarktes und es werden unternehmensspezifische Stärken wie Standort, Forschung und Entwicklung, Lieferfähigkeit oder Produktionstechnologie fokussiert. In diesem Zusammenhang sind zwei Ausrichtungen denkbar: eine auf das Marktsegment ausgerichtete Strategie, die Kostenvorteile gegenüber dem Branchenkostenführer anstrebt, oder eine Differenzierungsstrategie, die zu Wettbewerbsvorteilen führt, indem sie auf das Kunden-

---

62) Vgl. KIRCHGEORG, M. (1990), S. 111.
63) Vgl. KREIKEBAUM, H. (1989), S. 85.
64) Vgl. STEGER, U. (1988), S. 154.
65) Vgl. KIRCHGEORG, M. (1990), S. 112.
66) Vgl. COENENBERG, A.G. / BAUM, H.-G. (1987), S. 104.

problem bezogene, nutzengerechte Lösungstechnologien anbietet. Neben der grundsätzlichen Ausrichtung der Strategie hängt die Ökologieorientierung des Unternehmens somit von der Bestimmung des Marktsegments und der Zielgruppe ab.

Sollen ökologieorientierte Aktivitäten in die Unternehmensstrategie integriert werden, gilt es - wie Abbildung 2.4. veranschaulicht - folgende Auswirkungen auf die Wettbewerbsfähigkeit zu beachten[67]:

o Umweltschutzmaßnahmen können insbesondere durch die Verwendung additiver Maßnahmen zu **Kostenerhöhungen** führen. Werden sie freiwillig (antizipativ) durchgeführt, so entstehen zumindest kurzfristig kostenmäßige Wettbewerbsnachteile.

o Eventuell kann die **Gebrauchsfähigkeit** eines Produktes gemindert werden, wenn es noch nicht alle positiven Funktionsmerkmale des ersetzten umweltbelastenden Einsatzstoffes aufweist.

Auswirkungen der Ökologieorientierung / Wettbewerbsstrategien	Kostenerhöhung	Minderung der Gebrauchseigenschaften	Zusatznutzen	Innovation
Kostenführerschaft	–	o	o	+
Differenzierung	o	–	+	+
Nischenpolitik				
– kostenorientiert	–	o	o	+
– differenzierend	o	–	+	+

o	neutraler Zusammenhang
–	negativer Zusammenhang
+	positiver Zusammenhang

Abb. 2.4.: Ökologiebezogene Wettbewerbs-Matrix[68]

o Ökologieorientierte Maßnahmen können ein Produkt mit einem **Zusatznutzen** ausstatten, z. B. wenn eine geringere Reparaturanfälligkeit oder

67) Vgl. STEGER, U. (1988), S. 153.
68) Vgl. STEGER, U. (1988), S. 153.

ein längerer Produktlebenszyklus erreicht werden können und ein Imagegewinn zu erzielen ist.

o Innovationen im Produkt- und Verfahrensbereich aufgrund ökologieorientierter Maßnahmen können zu einem besseren **Preis-Leistungs-Verhältnis** und zu besseren Gebrauchseigenschaften führen.

ad c)

Die Analyse **branchenspezifischer Gegebenheiten** zeigt, daß zwischen der ökologischen Betroffenheit der Unternehmen und branchenspezifischen Parametern ein Zusammenhang besteht. So bestimmt beispielsweise die die Branche charakterisierende Art und Weise der Erstellung der Produkte und Leistungen die hierzu technisch erforderliche Belastung der ökologischen Umwelt, z. B. den Wasserbedarf bei der Papiererzeugung. Dies kann auch dazu führen, daß manche Branchen in der öffentlichen Diskussion stärker im Rampenlicht stehen[69)].

ad d)

Da die Betrachtung **internationaler Aspekte** gerade im Umweltschutzbereich eine Analyse der in den einzelnen Ländern sehr unterschiedlich ausgeprägten Gesetzgebung zur Folge hätte, soll dieser Aspekt hier ausgeklammert werden[70)].

2.3.1.3. Gesellschaftliche Rahmenbedingungen

An Unternehmen werden auch Ansprüche herangetragen, die in keinem direkten Zusammenhang mit dem eigentlichen Betriebszweck der Güter- oder Leistungserstellung stehen. DYLLICK spricht in diesem Zusammenhang von der "öffentlichen Exponiertheit"[71)] einer Unternehmung. Die Fähigkeit eines Unternehmens, mit ungewohnten Anspruchsgruppen[72)] im Rahmen einer öffentlichen Auseinandersetzung angemessen umzugehen, ist für viele Unternehmen von existentieller Bedeutung[73)]. Der zunehmende Einfluß externer Interessengruppen führte zu einer verstärkten Anerkennung gesellschaftlicher Ansprüche bei der Strategieformulierung[74)]. Dazu kommt die zunehmende ausführliche und meist sachbezogene Um-

---

69) Vgl. die Ergebnisse der Untersuchung von KIRCHGEORG, M. (1990), S. 185.

70) Vgl. z. B. PALME, C.E. (1991), S. 377 ff. und LANGE, C. / WITT, M. (1992), S. 66 ff.. Zur Harmonisierung auf EG-Ebene vgl. z. B. KLEMMER, P. (1991).

71) DYLLICK, T. (1989), S. 15.

72) Hierzu zählen die Gewerkschaften, Umweltorganisationen, Konsumentenorganisationen, internationale Organisationen, kirchliche Vereinigungen, Entwicklungsorganisationen und Bürgerinitiativen.

73) Vgl. DYLLICK, T. (1989a), S. 5.

74) Vgl. STAEHLE, W.H. (1988), S. 15.

weltberichterstattung in den Medien[75]. Die Analyse der gesellschaftlichen Sphäre soll es ermöglichen, einem potentiellen Druck zuvorzukommen, indem der sich abzeichnende Wertewandel[76] rechtzeitig erfaßt und analysiert wird, um konkrete Konsequenzen zu ziehen.

Bei einer Analyse des gesellschaftlichen Umfeldes sind vor allem folgende vier Gruppen zu betrachten:

a) Anwohner,
b) Bürgerinitiativen und Verbände,
c) die Medien und
d) die breite Bevölkerung,

wobei in allen Fällen der Übergang vom Makro- zum aufgabenspezifischen Umfeld fließend ist.

ad a)

Die Bedeutung der **Anwohner** für das Unternehmen und mögliche Auswirkungen und Konsequenzen im Fall eines Konfliktes zeigen Beispiele wie die Stahlwerksemission des Unternehmens von Roll[77] oder die Grundwasserbelastung durch den Kunststoffverpackungsproduzenten Bischof und Klein[78]. Durch Berücksichtigung der Interessen der Anwohner im Vorfeld unternehmerischer Entscheidungen sind diese Konflikte, die vor allem die Akzeptanz eines Unternehmens in seinem unmittelbaren Umfeld beeinflussen, vermeidbar. So müssen Strategien des Widerstands auf Basis von sachlichen Argumenten durch eine aktive Problemlösungsstrategie ersetzt werden. Statt eines Monologs seitens der Unternehmung muß ein Dialog mit den Anwohnern geführt werden, der Vertrauen schafft. Der Strategie der Beziehungsvermeidung, die sich auf gesetzlich legitimierte Verhandlungspartner konzentriert, sind direkte Gespräche mit den Betroffenen vorzuziehen. Unternehmen, die selbst die Initiative ergreifen, die den Forderungen der Anwohner zuvorkommen oder sie übertreffen, vermeiden die Risiken, die durch Hinhalte- und Verzögerungsstrategien entstehen können[79].

---

75) Eine Analyse der Umweltdatenbank UMEDIA des Instituts der deutschen Wirtschaft zeigte, daß 1992 die umweltpolitische Diskussion in den Printmedien spürbar zugenommen hat, vgl. O. V. (1993), S. 2.

76) Vgl. z. B. ALLENSBACHER BERICHTE (1987).

77) Vgl. DYLLICK, T. (1989a), S. 413 ff..

78) Vgl. GÜNTHER, K. (1989), S. 112 f..

79) Vgl. DYLLICK, T. (1989a), S. 413 ff..

ad b)

Bürgerinitiativen wollen Gefahren antizipieren und die in ökologischen Katastrophen liegenden Bedrohungen möglichst frühzeitig aufzeigen. Auf diesem Gebiet weisen sie zwischenzeitlich beachtliche Erfolge auf[80)]. Ein konstruktives Verhältnis von Bürgerinitiativen und Unternehmen birgt Synergieeffekte für beide Seiten. Das Unternehmen wird zum corporate citizen und verliert seine Anonymität[81)].

ad c)

Das Problembewußtsein der beiden oben genannten Interessengruppen führt dazu, daß die **Medien** relevante Themengebiete aufgreifen und in der Gesamtbevölkerung einen Bewußtwerdungs- und Meinungsbildungsprozeß in Gang setzen. Möglicherweise wird so ein nachhaltiger Druck auf die Unternehmen ausgeübt, der diese zu entsprechenden Umweltmaßnahmen zwingt, ohne daß direkte juristische Verpflichtungen vorliegen[82)]. Der Zwang ergibt sich vielmehr aus der Gefahr möglicher juristischer Schritte oder der eines Marktboykotts[83)].

ad d)

Studien bezüglich der Sensibilität der **Bevölkerung** gegenüber ökologischen Parametern zeigen ein gesteigertes Problembewußtsein im Umgang mit gefährlichen Stoffen und schwer zu beherrschenden Techniken[84)]. Daneben wandelte sich das Selbstverständnis der Bevölkerung, indem sie sich nicht mehr mit der Bittstellerposition zufrieden gibt. "Einweginformation allein reicht nicht mehr, der Schritt zum echten Dialog erweist sich als unumgänglich"[85)]. Für die zunehmende Bedeutung der Ökologie und das daraus resultierende Konfliktpotential zwischen Unternehmen und Öffentlichkeit können folgende Faktoren identifiziert werden[86)]:

- steigendes Bewußtsein für die Konsequenzen des Konsums
- bessere Meßbarkeit von Inhaltsstoffen
- zunehmende Transparenz und Erfahrungsbreite
- höheres Kritikniveau
- generell steigende Komplexität
- höheres Wohlstandsniveau

---

80) Vgl. SEIDEL, E. (1989), S. 79.

81) Vgl. WINTER, G. (1987), S. 34.

82) Aufgrund des Einflusses der Medien wird immer öfter der Appell an deren Verantwortung laut.

83) Vgl. LANGE, C. (1978), S. 83.

84) Vgl. BUNDESVERBAND JUNGER UNTERNEHMER (BJU) (Hrsg.) (1984); ADLWARTH, W. / WIMMER, F. (1986), S. 166 ff.; VARDAG, F. (1988), S. 33 ff. und ENVITEC (1989), S. 7.

85) Vgl. SCHULTHEISS, J. (1990), S. 45.

86) Vgl. STARA, F. (1988), S. 32.

Die besondere Ausprägung der Faktoren, die für die Aktualität dieses Themas ausschlaggebend sind, zeigt, daß hier keineswegs nur ein vorübergehender Trend, sondern ein auch weiterhin dynamischer Einflußfaktor vorliegt.

2.3.1.4. Ökologische Rahmenbedingungen

Aus der Beeinträchtigung der Produktions-, Regulierungs- und Trägerfunktion der Umwelt[87)] leitet sich eine grundsätzliche Berücksichtigung ökologischer Erfordernisse für die Strategieentwicklung ab. Die ökologische Umwelt muß folglich als Grundlage des Wirtschaftens in die Umfeldanalyse einbezogen werden[88)]. Zu analysieren sind hierfür die Beanspruchung von Ressourcen durch die Aktivitäten der Unternehmung sowie die Belastungssituation der Medien Boden, Wasser und Luft.

Die ökologischen Bedingungen sind in zweifacher Hinsicht von Bedeutung: Die Unternehmung muß sich an den durch die Umweltsituation notwendig gewordenen Regelungen orientieren (reaktive Flexibilität) und kann gleichzeitig das jeder Situation immanente Chancenpotential für eigene geschäftliche Tätigkeiten nutzen (proaktive Flexibilität), indem sie nur Produkte und Produktionsfaktoren entwickelt, die sich im Hinblick auf die ökologischen Umfeldbedingungen zukünftig als notwendig erweisen werden[89)].

Die Wahrnehmung des ökologischen Umfeldes ist dann unumgänglich, wenn ein Unternehmen die ökologische Knappheit, eine ökologische Krise oder im Extremfall eine ökologische Katastrophe überwinden muß. In dieser Arbeit wird die gesamte Analyse aus dem Blickwinkel des ökologischen Umfeldes durchgeführt.

2.3.1.5. Rechtliche Rahmenbedingungen

Die Notwendigkeit eines staatlichen Eingriffs resultiert aus dem Marktversagen bei der Allokation der ökologisch, aber nicht ökonomisch knappen Ressourcen. Im Rahmen des marktwirtschaftlichen Systems müssen Maßnahmen ergriffen werden, um einen Anreiz für den schonenden Umgang mit den Ressourcen zu schaffen. Staatliche Institutionen beeinflussen durch Umweltgesetze und -verordnungen sowie durch die Gewährung von Finanzierungshilfen die Entscheidungen des Unternehmens. Wie die Ergebnisse verschiedener empirischer Untersuchungen zeigen,

---

87) Vgl. Kapitel 1..
88) Vgl. BESCHORNER, D. (1991), S. 302.
89) Vgl. KREIKEBAUM, H. (1989), S. 38.

ist dieser Einfluß - verglichen mit anderen - von großer Bedeutung[90]. Bei der eigenen Studie zeigte sich, daß 48,5% der Unternehmen durch die aktuellen Umweltgesetze voll, 30,5% stark, 18,5% weniger und nur 2,7% nicht betroffen waren. Denkbar sind auch Situationen, in denen Maßnahmen im Lauf der Zeit durch marktliche Gegebenheiten überflüssig werden.

Die Entwicklung des Umweltrechts nahm ihren Anfang bei einer Grundgesetzänderung im Jahre 1972, durch die die konkurrierende Gesetzgebungszuständigkeit in den Bereichen Abfallbeseitigung, Luftreinhaltung und Lärmbekämpfung der Bundesregierung übertragen wurde[91]. Die seitdem erlassenen Vorschriften beziehen sich auf die einzelnen Umweltmedien (Wasser, Luft, Boden) und betreffen alle betrieblichen Funktionsbereiche. Die Umweltpolitik, die im Umweltprogramm von 1971 als eigenständige Aufgabe des Staates verankert und durch spätere Regierungserklärungen und Umweltberichte bekräftigt wurde, wird durch die Prinzipien des Umweltrechts, das Vorsorge-, das Verursacher- sowie das Kooperationsprinzip konkretisiert.

2.3.1.5.1. Prinzipien des Umweltrechts

Das **Vorsorgeprinzip** zielt darauf ab, durch vorausschauendes Handeln möglichen Gefahren und Belastungen vorzubeugen und durch einen schonenden Umgang mit den Ressourcen die ökologischen Grundlagen langfristig zu sichern[92]. Durch dieses Prinzip soll - über Schadensbeseitigung und Gefahrenabwehr hinaus - eine dauerhafte Risikominderung durch die Berücksichtigung ökologischer Aspekte auf verschiedensten Gebieten angestrebt werden. Ziel einer vorsorgeorientierten Umweltpolitik ist im Gegensatz zum Verursacher- und zum Gemeinlastprinzip die Bekämpfung der jeweiligen Umweltprobleme an ihrer potentiellen Quelle[93]. Poli

---

90) Vgl. z. B. HANSMEYER, K.-H. (1978) zu den Vorauswirkungen einer Abwasserabgabe. Eine Umweltumfrage bei Schweizer Unternehmen zeigte auf, daß 63,4% der Befragten der Meinung sind, daß marktwirtschaftliche Instrumente und Mechanismen nicht ausreichen, um die Umweltproblematik in ausreichend kurzer Zeit in den Griff zu bekommen; vgl. ZANDER, E. (1991), S. 380. Aus der Tatsache, daß rechtliche Anreize aufgrund ihrer gesetzlichen Verankerung einen höheren Wirkungsgrad ausweisen als andere Einflußparameter, resultiert die Ausführlichkeit dieses Abschnitts. Die Bedeutung der rechtlichen Rahmenbedingungen zeigen auch Untersuchungen zu Gesetzesfolgenabschätzungen; vgl. z. B. INSTITUT FÜR ANGEWANDTE INNOVATIONSFORSCHUNG e. V. (Hrsg.) (1989), S. 48.

91) Vgl. Grundgesetz, Art. 74, Nr. 24 und BUNDESREGIERUNG (Hrsg.) (1972).

92) Vgl. OSSENBÜHL, F. (1986), S. 163; SCHMIDT, R. (1989), S. 7 und WICKE, L. (1991), S. 139 ff..

93) Wirtschaftliches Handeln ist allerdings meistens nicht zu realisieren, ohne die Umwelt zumindest in einem gewissen Maße beanspruchen zu müssen. Dies bedeutet, daß eine Umsetzung des Vorsorgeprinzips stets auch ein Abwägen der verschiedenen politischen Zielsetzungen bedeutet. Darüberhinaus sind die Konsequenzen von Produktionsweisen und Erzeugnissen oft erst nach Jahren erkennbar, wie die Auswirkungen von FCKW oder Phosphatersatzstoffen zeigen.

tische Rahmenbedingungen, die auf diesem Prinzip beruhen, beeinflussen somit bereits die technologische Ausrichtung einer unternehmerischen Entscheidung. "Es handelt sich um eine Strategie, bei der Rohstoffkosten, Umweltschutzkosten und gegebenenfalls die Kosten von Umweltschäden minimiert, die wirtschaftliche Produktivität und technische Innovationsrate erhöht und mögliche Problemursachen beseitigt oder vermieden werden"[94]. Dies bedeutet auch, daß die möglichen Konsequenzen für verschiedene Umweltmedien gegeneinander abzuwägen sind, um ein optimales Gesamtergebnis zu erreichen. Schließlich ist das Vorsorgeprinzip geeignet, dem Gedanken des sustainable development durch langfristige Überlegungen Rechnung zu tragen. Verankert ist das Vorsorgeprinzip z. B. in den planerischen Instrumenten, die durch eine gezielte ökologisch ausgerichtete Planung mit Hilfe integrierter Konzepte ein großes Maß an Belastungen vermeiden[95], sowie in verschiedenen Umweltgesetzen[96].

Ziel des **Verursacherprinzips** ist es, "die Kosten zur Vermeidung, zur Beseitigung oder zum Ausgleich von Umweltbelastungen dem Verursacher"[97] zuzurechnen, der für ihre Entstehung verantwortlich ist[98]. Somit stellt das Verursacherprinzip die Leitlinie der Umweltpolitik dar, wonach Belastungen als externe Kosten von Produktion und Konsum in möglichst hohem Maße in die Wirtschaftlichkeitsüberlegungen der Verursacher einzubeziehen sind[99]. Dadurch wird eine einzelwirtschaftliche interne Erfassung der Kosten verwirklicht, die durch die Nutzung der externen Ressourcen entstehen[100]. Idee des Verursacherprinzips ist es, "in Faktoreinsatz-, Angebots- und Nachfrageentscheidungen alle mit den jeweiligen Gütern und Leistungen in Verbindung stehenden Kosten einzubeziehen, um eine möglichst vollständige unternehmerische Entscheidungsgrundlage zu erhalten"[101]. Dies sind nach einer Definition des Council of Environmental Quality (CEQ) der USA Ausweich-, Planungs-, Überwachungs-, Vermeidungs- und Beseitigungsko-

---

94) JÄNICKE, M. (1988), S. 13.

95) Hierunter fallen die übergreifende Gesamtplanung (Raumordnung, Landesplanung), die Fachplanung (Verkehrsplanung, Energie- und Ressourcenplanung, Wasser-, Abfall- und Luftreinhalteplanung) sowie die Umweltverträglichkeitsprüfung.

96) So ist z. B. in § 5 Abs. 1 Nr. 1 BImSchG geregelt, welche Anforderungen genehmigungsbedürftige Anlagen zu erfüllen haben, die Störfallverordnung tritt bei nicht ordnungsgemäßer Nutzung in Kraft. § 5 Abs. 1 Nr. 2 und § 50 BImSchG regeln, daß verbleibende Belastungen der ökologischen Umwelt durch Minimierung der Nutzungsintensität nach dem Stand der Technik zu vermindern sind.

97) BUNDESMINISTERIUM DES INNERN (1973), S. 2.

98) Es beinhaltet nicht gleichzeitig auch die Kompensation des Geschädigten (Verursachungsprinzip); vgl. BONUS, H. (1974), S. 156.

99) WICKE, L. (1991), S. 129 ff..

100) Vgl. CRONE-ERDMANN, R. (1974), S. 1877, der alternativ den Begriff "Nutzungsprinzip" vorschlägt.

101) HANSMEYER, K.-H. / SCHNEIDER, H.K. (1990), S. 36. Dabei sind als mögliche betriebswirtschaftliche Konsequenzen die Kompensation verursachter Schäden oder die Vermeidung potentieller Schäden zu unterscheiden; vgl. THOSS, R. (1972), S. 21.

sten[102]. Die Verantwortungszuweisung und die Internalisierung der verursachten Belastungen sollen einen Anreiz zum sparsameren Umgang mit den Ressourcen und zur Entwicklung und zum Einsatz von Vermeidungs- und Substitutionstechnologien schaffen. Eine Möglichkeit für die Umsetzung des Verursacherprinzips sind Gebühren und Beiträge, die direkt zur Finanzierung öffentlicher Umweltschutzmaßnahmen erhoben werden,[103] oder Abgaben, die indirekt einen Preis für die Verschmutzung festlegen[104].

In der Praxis stehen einer konsequenten Verwirklichung des Verursacherprinzips folgende Hindernisse im Wege:

- Die Verursacher von Schäden sind oft nicht feststellbar, da Verursachungs- und Wirkungsort auseinander fallen (z. B. bei CO_2).
- Der Verursacher ist nicht greifbar, da die Ursache in der Vergangenheit liegt und/oder die rechtlichen Grundlagen fehlen (z. B. bei Altlasten).
- Eine exakte Aufteilung der Kosten auf mehrere Verursacher ist nicht möglich, da sich die Schäden zum Teil kumulieren oder durch verbundene Effekte entstehen.
- Die exakte Höhe der anzulastenden Kosten ist nicht berechenbar[105].
- Es ergeben sich unerwünschte Verteilungs- bzw. Beschäftigungswirkungen.
- Die Beseitigung von akuten Situationen erfordert alternative Lösungen.
- Der administrative Aufwand ist sehr hoch.

Sieht man von diesen Nachteilen ab, so liegt in einer Verfolgung des Verursacherprinzips bei der Gesetzgebungs- und Vollzugstätigkeit des Bundes die Chance, die Verantwortung für die oben dargestellte Knappheit des Gutes ökologische Umwelt sinnvoll zu verteilen.

Das **Gemeinlastprinzip** als Pendant zum Verursacherprinzip greift in denjenigen Fällen, in denen das Verursacherprinzip aufgrund der oben erwähnten Probleme nicht oder nur unvollständig angewendet werden kann[106]. Es sollte also grundsätzlich nur subsidiär zum Verursacherprinzip gesehen werden und vollzugsunterstützend zum Verursacherprinzip zum Einsatz kommen.

---

102) Vgl. COUNCIL ON ENVIRONMENTAL QUALITY (CEQ) (Hrsg.) (1973), S. 83 ff..

103) Vgl. beispielsweise die Diskussion der Finanzierbarkeit von Klärwerkserneuerungen bei BAUM, H.-G. (1988), S. 789 ff..

104) Diskussionsbeiträge zu einer ökologischen Umgestaltung des Steuersystems liefern Vorschläge zur Einführung sogenannter Öko-Steuern, vgl. z. B. KUHN, K. (1990).

105) Für eine näherungsweise Lösung liegen Konzepte der Bewertung vor, die Gegenstand der Untersuchung in Kapitel 4.3. sein werden.

106) Vgl. TERHART, K. (1986), S. 26.

Das Gemeinlastprinzip besagt, daß die Kosten nicht von den Verursachern getragen werden, sondern anderen Gruppen (Gemeinlast) oder Individuen (Individuallast) auferlegt werden. Grundsätzlich lassen sich zwei Ausprägungen unterscheiden[107]: Das **Gemeinlastprinzip im herkömmlichen Sinne** äußert sich in einem Tätigwerden der öffentlichen Hand, um eventuelle Beeinträchtigungen zu vermindern. Demgegenüber werden beim sogenannten **Nutznießerprinzip** die Begünstigten einer politischen Maßnahme, die im eigentlichen Sinne Geschädigte sind, belangt[108]. Eine besondere Ausprägung stellt das **Individuallastprinzip** dar, das besagt, daß die entstehenden Schäden auch durch einzelne Individuen (Öko-Verlierer) getragen werden können[109].

Den Vorteilen einer verbesserten Praktikabilität sowie einer insbesondere kurzfristigen ökologischen Effizienz des Gemeinlastprinzips steht der Nachteil der ökonomischen Ineffizienz gegenüber. Diese ist darauf zurückzuführen, daß der Anreiz zur Schonung der ökologischen Umwelt für die eigentlichen Verursacher nicht groß genug ist[110].

Das **Kooperationsprinzip** leitet sich aus der Erkenntnis ab, daß "Umweltschutz leichter mit als gegen die gesellschaftlich relevanten Gruppen durchsetzbar ist"[111]. Dies bedeutet, daß durch ökologische Belastungen Betroffene sowie Unternehmen, Bürgerinitiativen und Wissenschaftler bei umweltpolitischen Entscheidungen einbezogen und somit in die Verantwortung genommen werden[112]. Mit dem Kooperationsprinzip wird vor allem zwei Zielen Rechnung getragen: Zum einen sollen die umweltpolitischen Entscheidungsträger bei der Festlegung ihrer Ziele sowie deren Operationalisierung unterstützt werden. Zum anderen kann durch die Integration verschiedener gesellschaftlicher Gruppierungen das Umweltbewußtsein in der Bevölkerung geschärft und ein Konsens über die Durchsetzung der Maßnahmen geschaffen werden. Umgesetzt wird dieses Prinzip z. B. durch Beratungsgremien wie die Reaktorsicherheitskommission und die Strahlenschutzkommission, durch den "Rat der Sachverständigen für Umweltfragen", die Enquête-Kommission des Deutschen Bundestag zum Schutz des Menschen und der Umwelt sowie durch zu bestellende Betriebsbeauftragte für Umweltfragen, wobei immer der Vorrang staatlicher Entscheidungsbefugnis gilt.

---

107) Vgl. WICKE, L. (1991), S. 135 ff..
108) So zahlen Wasserverbraucher in Baden-Württemberg einen Wasserpfennig, der für die Landwirte einen Anreiz zur Verringerung der Intensivdüngung darstellen soll.
109) Man denke hier an Umsatzeinbußen durch einen geringeren Freizeitwert eines Fremdenverkehrsortes.
110) Vgl. BENKERT, W. (1986), S. 215 ff..
111) Vgl. SCHMIDT, R. (1989), S. 10.
112) Vgl. CORSTEN, H. / GÖTZELMANN, F. (1991), S. 301 ff..

Die Anwendung dieses Prinzips ist somit insbesondere vor dem Hintergrund der übergreifenden Aufgabenstellung sowie der grundlegenden Bedeutung des Umweltschutzes in allen Gesellschaftsbereichen zu sehen. Eine breite Konsensbildung ist eine wichtige Voraussetzung für eine erfolgreiche Umweltpolitik.

2.3.1.5.2. Umweltpolitische Instrumente

Um die Wirkungen dieser Prinzipien auf die Unternehmenspolitik feststellen zu können, ist deren Verankerung in **umweltpolitischen Instrumenten** zu untersuchen. Darunter sollen alle von Seiten des Staates initiierten Maßnahmen verstanden werden, die zur Verwirklichung der umweltpolitischen Ziele eingesetzt werden. Diese Untersuchung bildet wiederum die Grundlage dafür, Konsequenzen staatlicher Regelungen für das betriebliche Rechnungswesen zu konkretisieren.

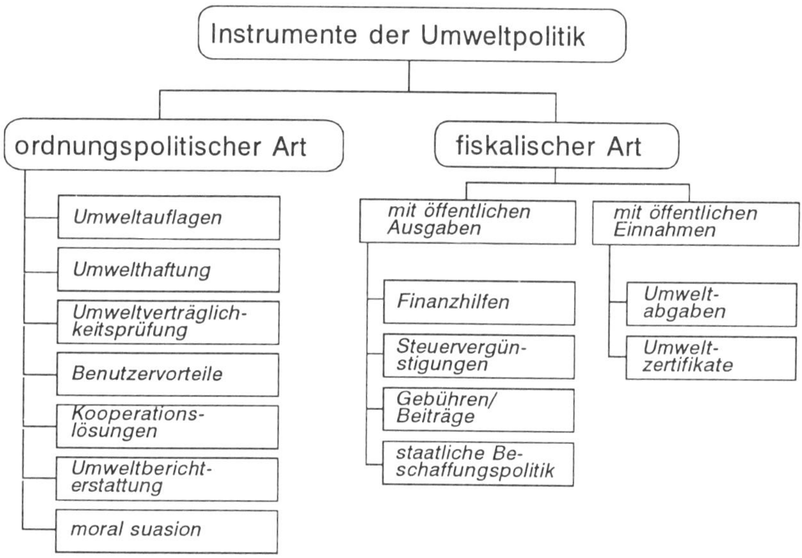

Abb. 2.5.: Instrumente der Umweltpolitik

2.3.1.5.2.1. Umweltauflagen

"**Umweltauflagen** in Form von Ge- und Verboten sind direkte umweltbezogene Verhaltensvorschriften für Produzenten und sonstige, die Umwelt beeinträchtigende Wirtschaftssubjekte, mit denen die umweltpolitischen Instanzen ihre Zielvorstellungen durchsetzen wollen"[113]. Durch **Gebote** soll ein schonender Umgang mit den knappen Ressourcen erreicht werden; **Verbote** hingegen zielen auf die Vermeidung ökologiegefährdenden Verhaltens[114]. Dadurch wird ein Rahmen für das Handeln der Unternehmen gesetzt[115].

Umweltauflagen können im Unternehmen sowohl am Produktionsprozeß als auch an den zu erstellenden Produkten ansetzen: **Produktorientierte Auflagen** können in Form von Auflagen für Einsatzfaktoren, Produktnormen[116], Mengenlimitierungen oder Produktionsverboten[117] auftreten. Bei den **Auflagen für Produktionsprozesse** können technologieorientierte Normen sowie Produktionseinstellungen und Ansiedlungsverbote unterschieden werden. Die Gestaltung der verschiedenen Auflagen zeigt, daß der Staat dadurch unmittelbaren Einfluß auf unternehmerisches Handeln ausüben kann. Nach STEGER liegt jedoch eine "black-box"-Betrachtung des Unternehmens vor[118], da innerhalb des Unternehmens Informations- und Entscheidungsprozesse stattfinden, die insbesondere bei komplexen ökologiebezogenen Fragestellungen durch Substitutionsmaßnahmen der Unternehmen unbeabsichtigte Nebenwirkungen hervorrufen können.

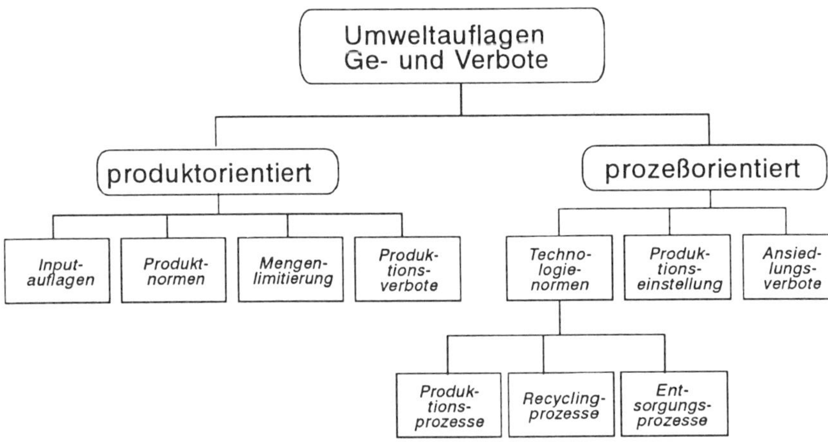

Abb. 2.6.: Umweltauflagen / Ge- und Verbote

113) Vgl. WICKE, L. (1991), S. 169.
114) So gebietet z. B. § 1a Abs. 2 WHG eine sparsame Verwendung des Wassers, durch § 17 ChemG wird die Bundesregierung dazu ermächtigt, bestimmte gefährliche Stoffe, Zubereitungen oder Erzeugnisse zu verbieten.
115) Vgl. HOFFMANN, V. (1989), S. 11; TÖPFER, K. (1991), S. 34.
116) Vgl. z. B. die Emissionsgrenzwerte der Technischen Anleitung Luft.
117) Man denke hier an das Verbot bestimmter Holzschutzmittel oder asbesthaltiger Produkte.
118) Vgl. STEGER, U. (1988), S. 60 f. bzw. STEGER, U. (1988b), S. 34.

Maßnahmen, die durch Auflagen durchgesetzt werden, werden oft lediglich als Restriktion der Unternehmenspolitik begriffen, die den Handlungsspielraum einengen und durch Kostenbelastungen die Wettbewerbsfähigkeit gefährden[119]. Der Grund ist darin zu sehen, daß der Staat mit diesem Instrumentarium das Eigeninteresse der Wirtschaftssubjekte an ökologieorientierten Maßnahmen nicht aktivieren kann. Die staatliche Auflagenpolitik fordert eine Einhaltung der vorgegebenen Grenzwerte, eine Unterschreitung wird nicht honoriert.

Technischer Fortschritt kann durch Auflagenpolitik nicht gefördert werden, vielmehr werden Innovationen eher behindert, da ordnungsrechtliche Vorgaben sich nur auf gesicherte Erkenntnisse über technisch Machbares stützen dürfen. Die Unternehmen sind unter diesen Umständen bestrebt, den **Stand der Technik** möglichst niedrig zu halten (sog. "Schweigekartell der Oberingenieure"). Die entsprechenden umweltpolitischen Instanzen verfolgen das entgegengesetzte Ziel. Somit ergeben sich erstens erhebliche Zeitverzögerungen, bis der Stand der Technik konkretisiert ist, und zweitens werden die technischen Möglichkeiten keineswegs voll ausgeschöpft[120]. Da die Inkaufnahme von Risiken bei Innovationen nicht honoriert wird, werden die Unternehmen sich darauf konzentrieren, die vorgegebenen Grenzwerte mit möglichst niedrigen Kosten einzuhalten. Durch die Festschreibung des Stands der Technik werden **"end-of-the-pipe"-Technologien** gegenüber integrierten Lösungen bevorzugt. Dies hat zur Folge, daß Umweltschutz aus betrieblicher Sicht meist ausschließlich zu Kostensteigerungen führt[121]. Ein Nachteil von Auflagen ist deren Ineffizienz sowohl auf der betriebswirtschaftlichen als auch auf der gesamtwirtschaftlichen Ebene, da die erwünschten ökologischen Ziele nicht mit minimalem Ressourceneinsatz und damit minimalen Kosten erreicht werden. Generell gültige Auflagen nehmen außerdem keine Rücksicht auf die individuellen Kosten der Schonung der ökologischen Umwelt und bedingen daher Wettbewerbsverzerrungen, da kleinere Unternehmen ungleich stärker belastet werden.

Das wirtschaftliche Eigeninteresse der betroffenen Unternehmen wirkt letztlich einem ordnungsmäßigen Vollzug entgegen. Dem einzelnen Unternehmen stehen grundsätzlich zwei Alternativen offen[122]:

a) Das Unternehmen erfüllt die Auflage mit dem Ziel minimaler Kosten.

b) Das Unternehmen verstößt gegen die Auflage und trägt das Risiko der Aufdeckung sowie damit verbundener Sanktionen.

---

119) Dabei ist allerdings zu berücksichtigen, daß Auflagen ihre restriktive Wirkung oft verlieren, wenn sie frühzeitig angekündigt werden.

120) Vgl. ENDRES, A. (1988), S. 83 f..

121) Vgl. VIEREGGE, R. (1990), S. 90 f..

122) Vgl. TERHART, K. (1986), S. 18.

Aus ökonomischer Sicht wählt das Unternehmen diejenige Alternative, die wirtschaftlich vorteilhaft ist. Eine empirische Untersuchung zeigte, daß die derzeitige Konstellation der Sanktionen und Sanktionswahrscheinlichkeiten eine Auflagenbefolgung aus wirtschaftlichen Gründen nicht erwarten läßt[123)].

Eine attraktive Gestaltung der Auflagen muß folglich die Nachteile des Auflagenverstoßes erhöhen oder die Nachteile der Befolgung senken. Hierzu müßten entsprechende Kontrollen durchgeführt und Sanktionsmaßnahmen angewendet werden. Dabei ist zuerst an eine Steigerung der Sanktionswahrscheinlichkeit und an eine Erhöhung des Sanktionsniveaus zu denken[124)]. In diesem Zusammenhang ist - einhergehend mit der Fülle von Vorschriften - auf das wachsende **Vollzugsdefizit** im Umweltbereich zu verweisen[125)]. Auch innerhalb der Unternehmen, insbesondere der kleineren, können in Entscheidungen nicht mehr alle Informationen einbezogen werden, da deren Konsequenzen nur unzureichend bekannt sind. Darüber hinaus gewähren Auflagen durch die Festlegung von Grenzwerten die Möglichkeit, die ökologische Umwelt bis zu einem bestimmten Niveau ohne zusätzliche Kosten zu belasten[126)].

Für eine vorzunehmende betriebswirtschaftliche Analyse sind neben den Konsequenzen, die aus der Befolgung von Auflagen resultieren, vor allem die im Umweltstrafrecht geregelten Konsequenzen der Nichtbefolgung zu betrachten.

2.3.1.5.2.2. Umwelthaftung

Das am 1.1.1991 in Kraft getretene **Umwelthaftungsgesetz** verpflichtet die Betreiber einer Anlage zum Ersatz des Schadens, der durch eine von der Anlage ausgehende Umwelteinwirkung entstandenen ist. "Ist eine Anlage nach den Gegebenheiten des Einzelfalles geeignet, den entstandenen Schaden zu verursachen, so

---

123) Vgl. RÜCKLE, D. / TERHART, K. (1986), S. 399 ff..

124) Vgl. ULLMANN, A. A. (1982), S. 49 ff..

125) Ein Modellversuch für den Zeitraum von Januar 1986 bis Oktober 1987 bei 660 Unternehmen in Unterfranken zeigte, daß 56% der Betriebe noch keinerlei behördliche Auflagen oder Aufforderungen erhalten hatten. Von den 44%, die bereits Auflagen zu befolgen hatten, kamen nur zwei Drittel ihrer Pflicht nach. Vgl. INDUSTRIE- UND HANDELSKAMMER IHK Nürnberg (Hrsg.) (1988), S. 1 ff..

126) Diesen Unzulänglichkeiten der Auflagen sind ihre positiven Wirkungen gegenüberzustellen: Darunter fällt vor allem die Praktikabilität sowie die schnelle und zuverlässige Wirksamkeit von Ge- und Verboten bei ausreichenden Kontrollen. Bei akutem Handlungsbedarf stellen sie ein angemessenes Instrument dar, wodurch relativ kurzfristig Erfolge zu erzielen sind. Schließlich sind Umweltauflagen in der politischen Praxis ohne große Schwierigkeiten durchsetzbar.

wird vermutet, daß der Schaden durch diese Anlage verursacht ist"[127]. Die Umwelthaftung basiert auf dem Verursachungsprinzip und dehnt die Gefährdungshaftung auf alle Umweltmedien (Boden, Wasser, Luft) aus[128]. Die Pflicht des Kausalitätsnachweises liegt beim beschuldigten Unternehmen, das zweifelsfrei nachweisen muß, die Anlage bestimmungsgemäß betrieben zu haben (Ursachenvermutung). Eine derartige Verschärfung der Haftung für potentielle Schäden ist für die betreffenden Unternehmen ein entscheidender ökonomischer Anreiz zur Risikovermeidung. Darüber hinaus werden die Unternehmen motiviert, den Produktionsprozeß lückenlos zu überwachen und zu dokumentieren, damit nachgewiesen werden kann, daß von ihren Anlagen keine Gefährdung für die ökologische Umwelt ausgeht[129]. Um eine entsprechende Haftung bis zur Haftungshöchstgrenze von 160 Millionen DM sicherzustellen, ist eine Deckungsvorsorge obligatorisch, die insbesondere durch eine Haftpflichtversicherung gewährleistet werden kann[130]. Für die Unternehmen sinkt im Falle einer Versicherung des Haftungsrisikos der Anreiz für Vorsorgemaßnahmen. Demgegenüber sind die Versicherer bestrebt, die Maßnahmen des versicherungspflichtigen Unternehmens zu überprüfen und ungenügende Sicherheitsstandards an hohe Prämien zu koppeln. Eine derartige Prämienstaffelung stellt für beide Seiten einen finanziellen Anreiz dar: Die Unternehmen versuchen, die zu bezahlenden Prämien durch entsprechende Sicherheitsvorkehrungen zu senken. Aus diesem Bestreben resultieren niedrigere Prämien der Versicherungen, was wiederum deren Wettbewerbsfähigkeit erhöht.

Neben der Umwelthaftung greift in den Fällen, in denen Sach- und Personenschäden von den Erzeugnissen eines Unternehmens ausgehen, die sogenannte **Produkthaftung**[131]. Diese verpflichtet die Unternehmen, den entstehenden Schaden zu ersetzen[132], ohne daß ein Verschulden für den Fehler vorliegen muß[133], der im Bereich der Konstruktion, der Produktion, der Instruktion oder der Produktbeobachtung unterlaufen sein kann[134].

§ 52 a BImSchG verpflichtet Unternehmen dazu, "anzuzeigen, wer von ihnen nach den Bestimmungen über die Geschäftsführungsbefugnis für die Gesellschaft die

127) § 6 Abs. 1 UmweltHG.
128) Vgl. MICHALSKI, L. (1991), S. 1371.
129) Vgl. LANDSBERG, G. / LÜLLING, W. (1990), S. 2205 ff.; MERKISCH, D. (1990), S. 223 ff.; AHRENS, M. (1991), S. 582 f.; HAGER, G. (1991), S. 134 ff.; LANDSBERG, G. / LÜLLING, W. (1991), S. 479 ff. und GASSER, V. (1992), S. 153 ff..
130) Vgl. §§ 16 und 20 UmweltHG.
131) Zu Fragen der Produkthaftung vgl. z. B. HELLMANN, H.H. (1989); ZINKANN, R.C. (1989); BERGER-DELHEY, U. (1990); SCHÜNEMANN, W.B. (1990); VON WERDER, A. / KLINKENBERG, U. / FRESE, E. (1990) und GRAF VON WESTPHALEN, F. (1992).
132) Zu den Kosten von Produktrückrufen vgl. STANDOP, D. (1992).
133) Vgl. § 1 Abs. 1 ProdHaftG.
134) Vgl. CROMME, I. (1990), S. 17.

Pflichten des Betreibers der genehmigungsbedürftigen Anlage wahrnimmt, die ihm nach diesem Gesetz und nach den auf Grund dieses Gesetzes erlassenen Rechtsverordnungen und allgemeinen Verwaltungsvorschriften obliegen." Dies bedeutet, daß die Haftung nicht auf die Gesellschaft als juristische Person beschränkt bleiben kann, sondern personenbezogen ist[135)].

2.3.1.5.2.3. Umweltverträglichkeitsprüfung

Ziel der **Umweltverträglichkeitsprüfung**, die durch das Gesetz über die Umweltverträglichkeitsprüfung vom 12.2.1990 verpflichtend wurde[136)], ist die Umsetzung des Vorsorgeprinzips. Mögliche Auswirkungen eines Vorhabens auf die ökologische Umwelt sollen frühzeitig und umfassend ermittelt, beschrieben und bewertet werden[137)]. Hierfür muß der Träger eines Vorhabens, das bestimmte Kriterien erfüllt[138)], Angaben über physikalische Merkmale des Vorhabens, die Nutzung der natürlichen Ressourcen, Merkmale des Standorts und der Produktionsprozesse sowie die Art und Qualität der erwarteten Rückstände und Emissionen liefern. Um die Auswahl des gewählten Verfahrens zu begründen, sind die geprüften Alternativen darzustellen. Weiterhin ist aufzuzeigen, auf welche Weise Beeinträchtigungen vermieden, vermindert oder ausgeglichen werden.

2.3.1.5.2.4. Benutzervorteile

Mit Hilfe von **Benutzervorteilen** kann der Staat Rahmenbedingungen schaffen, durch die Verwender umweltfreundlicherer Produkte oder Verfahren begünstigt werden. **Benutzervorteile materieller Art** räumen den Nutzern den Vorteil ein, umweltfreundliche Produkte und Verfahren zeitlich oder intensitätsmäßig stärker nutzen zu können[139)]. **Benutzervorteile im weiteren Sinne** gewähren hauptsächlich immaterielle Vorteile. Das geschärfte Umweltbewußtsein führte dazu, daß Produkte, die als besonders umweltverträglich[140)] ausgezeichnet sind, für den Verbraucher einen besonderen Nutzen haben. Dies bestätigt die Bedeutung, die der 1984 eingeführte sog. blaue **Umweltengel** erlangt hat. Mit ihm zeichnet das Um-

---

135) Vgl. HAKER, W. / KRIESHAMMER, G. (1991), S. 7.

136) Neben der gesetzlich vorgeschriebenen kann eine Umweltverträglichkeitsprüfung auch als Controllinginstrument eingesetzt werden; vgl. Kapitel 6.5..

137) Vgl. §§ 1 und 2 UVPG.

138) Die von diesem Gesetz betroffenen 40 Klassen von Vorhaben sind in der Anlage zu § 3 des UVPG aufgeführt.

139) Als Beispiel können hier die Benutzervorteile für schadstoffärmere Fahrzeuge genannt werden, die in Form von Steuervorteilen bei der Kfz-Steuer sowie die relative Begünstigung bleifreien Benzins bei der Mineralölsteuer materieller Natur sind.

140) Als umweltfreundlich oder umweltverträglich kann kein Produkt bezeichnet werden, da in allen Fällen die ökologische Umwelt belastet wird. Deshalb kann nur von relativer Umweltverträglichkeit bzw. -freundlichkeit gesprochen werden.

weltbundesamt Produkte aus, die innerhalb einer definierten Konsumgut-Kategorie besonders umweltfreundlich sind, ohne daß deren Gebrauchsfähigkeit und Sicherheit dadurch eingeschränkt ist[141)]. Durch den zusätzlichen immateriellen Vorteil für den Verbraucher entsteht für die Unternehmen ein Wettbewerbsvorteil oder ein Anreiz, die eigenen Erzeugnisse den Anforderungen des Umweltbundesamtes anzupassen.

Demgegenüber werden mit dem giftgrünen Feigenblatt Unternehmen ausgezeichnet, die besonders umweltschädliche Verfahren einsetzen oder Produkte herstellen[142)].

2.3.1.5.2.5. Kooperationslösungen

Kooperationslösungen zielen darauf, umweltpolitische Ziele mit Hilfe von zweiseitigen Verträgen bzw. Abkommen, rechtlich verbindlichen Absprachen bzw. durch die Gründung von ökologiebezogenen Zweckverbänden durchzusetzen[143)]. Als Branchenabkommen können sie rechtlich verbindlich oder unverbindlich sein. Verbandslösungen können in Form von branchenübergreifenden Absprachen und Zweckverbänden auftreten. Kooperationslösungen sind für die beteiligten Unternehmen von Vorteil, wenn andernfalls staatliche Maßnahmen zu erwarten wären. Den Unternehmen steht dadurch die Möglichkeit kostengünstigerer Lösungen offen, durch die auch Nachfragerückgängen entgegengetreten werden kann, die aus einem möglichen produkt- und unternehmensbezogener Imageverluste resultieren. Zudem sind Kooperationslösungen aufgrund der Freiwilligkeit ihrer Durchführung kurzfristig einsetzbar. Demgegenüber besteht die Gefahr wettbewerbshemmender Absprachen z. B. über die Einhaltung angestrebter Grenzwerte. Durch öffentlich bekanntgegebene, aber nicht eingehaltene Abkommen besteht schließlich die Gefahr der Verzögerung geplanter Gesetzesvorhaben[144)].

---

141) Vgl. SCHIFFER, H.-W. / DELBRÜCK, K. (1991), S. 1005. Diskutiert wird auch die Einführung eines EG-Umweltzeichens; vgl. EUROPÄISCHE WIRTSCHAFTSGEMEINSCHAFT (EWG) (Hrsg.) (1992).

142) So zeichnete der BUND FÜR UMWELT UND NATURSCHUTZ e. V. BUND z.B. im Jahre 1992 die VIAG AG mit dem "giftgrünen Feigenblatt" für ihre Aktivitäten in der Verpackungsindustrie aus.

143) Vgl. WICKE, L. (1980), S. 1 ff.. Kooperationslösungen werden den rechtlichen Rahmenbedingungen zugeordnet, die rechtlich bindend wirken können, auch wenn ihr Zustandekommen auf freiwilliger Basis geschieht.

144) Beispiele deutscher Absprachen sind der Ersatz von Asbestzement-Baumaterialien durch Nichtasbest-Faserzement sowie die Einschränkung der Herstellung von FCKW.

2.3.1.5.2.6. Umweltberichterstattung

Ergänzend zu allen staatlichen Instrumenten der Umweltpolitik ist eine permanente **Umweltkontrolle und -berichterstattung** einzuführen. Einen ersten Schritt in diese Richtung stellt das Umweltstatistikgesetz dar, das für eine sinnvolle staatliche Planung eine Datenerhebung für die Bereiche Abfallbeseitigung, Gewässerschutz, Lärmbekämpfung und Luftreinhaltung vorsieht[145)]. Eine Weiterentwicklung dieses ersten Ansatzes könnte zum einen das Vollzugsdefizit der Behörden in diesem Bereich verringern und als Frühwarnsystem ein Steuerungsinstrument für die Unternehmen darstellen. Ein solches System müßte Informationen über die aktuellen Belastungswerte der Umweltmedien durch einen Betrieb beinhalten und diese den Grenzwerten gegenüberstellen.

2.3.1.5.2.7. Moral Suasion

Ein über die Verbraucher und die Öffentlichkeit indirekt wirkendes Instrument ist die sog. **"Moral Suasion"**, durch die Unternehmen zu Verhaltensänderungen angeregt werden sollen[146)]. Mit Hilfe einer entsprechenden Informationspolitik sowie Appellen an die potentiellen Umweltverschmutzer, die zu einer ökologieorientierten Ethik anregen sollen, wird versucht, die Konsumenten und Produzenten zu freiwilligen Verhaltensänderungen zu bewegen, um staatliche Eingriffe unnötig zu machen. Die Informationen können sowohl Gefahren für die Allgemeinheit oder Individuen zum Inhalt haben oder positive Effekte ökologieorientierten Verhaltens darstellen.

2.3.1.5.2.8. Finanzhilfen und Steuervergünstigungen

Durch Finanzhilfen und Steuervergünstigungen werden finanzielle Anreize zur Förderung umweltverträglicherer Produkte und Produktionsprozesse geschaffen. Politisch werden diese Instrumente damit begründet, daß höhere Anforderungen nur dann durchzusetzen sind, wenn die dazu erforderlichen Investitionen finanziell unterstützt werden[147)].

Finanzhilfen können untergliedert werden in Zuschüsse, Zuwendungen sowie Darlehen bzw. verbilligte Kredite, die an den verschiedenen Wertschöpfungsstufen ansetzen können. So ist das Ziel der Forschungs- und Entwicklungsförderung ei-

---

145) Vgl. § 2 UStatG.

146) Vgl. STREBEL, H. (1980), S. 63 f..

147) Die Durchführung von Umweltschutzmaßnahmen soll so unterstützt werden, daß das jedem Unternehmen verfassungsmäßig zugestandene Recht, wirtschaftlich unverhältnismäßige staatliche Eingriffe abzulehnen, nicht eingefordert wird. Vgl. WICKE, L. / SCHAFHAUSEN, F. (1982), S. 462 f..

nerseits eine Beschleunigung des umwelttechnischen Fortschritts und andererseits die Realisierung des Vorsorgeprinzips durch Vermeidung von Belastungen bereits auf der erste Stufe der Wertschöpfung.

Die meisten Förderprogramme sind vorrangig auf kleine und mittelständische Unternehmen ausgerichtet, da hier die größten praktischen Durchsetzungsprobleme bei Umweltschutzanforderungen zu erwarten sind[148)].

Neben den Finanzhilfen existieren umweltpolitisch motivierte **Steuervergünstigungen**, wie z. B. im Einkommensteuer-, im Investitionszulagen- sowie im Kraftfahrzeugsteuergesetz. Die bedeutsamste Vergünstigung war bisher im § 7d EStG geregelt. Danach konnten für Investitionen, die zu mindestens 70% dem Umweltschutz dienten, Sonderabschreibungen in Höhe von 60% im Anschaffungs- oder Herstellungsjahr und von je 10% in den folgenden vier Jahren vorgenommen werden. Die Ausgestaltung dieses Instrumentes ist jedoch Gegenstand zahlreicher Kritik geworden, was schließlich auch zu dessen Aussetzung führte[149)].

Bei einer Beurteilung der Subventionen ist anzumerken, daß diese die Idee des Verursacherprinzips nicht umsetzen, da Umweltschutz zu Lasten des Staates und damit der Öffentlichkeit gefördert wird. Da die Inanspruchnahme freiwillig erfolgt, besteht die Gefahr, daß - unter Berücksichtigung der Subventionen - nur gewinnsteigernde Fördermaßnahmen umgesetzt werden. Schließlich sind auch Mitnahmeeffekte nicht auszuschließen, d. h. die Förderung von Maßnahmen, die ohnehin erforderlich oder geplant sind.

2.3.1.5.2.9. Staatliche Beschaffungspolitik

Ziel der **staatlichen Beschaffungspolitik** ist es, durch den zielgerichteten Einsatz des staatlichen Nachfragepotentials nach Produkten, Verfahren und Dienstleistungen, die Ökologieorientierung der Unternehmen zu fördern[150)]. Der Staat als Nachfrager hat dadurch entscheidenden Anteil am Aufbau eines Marktes für umweltverträglichere Produkte.

---

148) Vgl. hierzu die Darstellung von Finanzierungshilfen in Abbildung 4.17..

149) Vgl. BENKERT, W. (1987), S. 208 ff.; HEIGL, A. (1989), S. 69 ff. und WICKE, L. (1991), S. 334 f.; vgl. hierzu die Ausführungen in Kapitel 5.1.4.1.1..

150) So sieht die Verdingungsverordnung für (Nichtbau-)Leistungen in § 8 Nr. 3 Abs. 1 eine Berücksichtigung ökologischer Gesichtspunkte vor; vgl. WICKE, L. (1989), S. 610. Einen umfassenden Überblick über die angestrebte Beschaffungspolitik gibt das Handbuch zur Berücksichtigung des Umweltschutzes in der öffentlichen Verwaltung und im Einkauf des Umweltbundesamtes; vgl. UMWELTBUNDESAMT (Hrsg.) (1987).

2.3.1.5.2.10. Abgaben

Abgaben können als marktorientiertes Instrument zwei Funktionen erfüllen, nämlich eine Finanzierungsfunktion (Umweltabgaben im weiteren Sinne) und eine Lenkungsfunktion (Umweltabgaben im engeren Sinne).

Umweltabgaben i. w. S. umfassen Umweltsteuern, -gebühren und -beiträge. **Umweltsteuern** zielen als Umweltfinanzierungssteuern darauf ab, Umweltschutzmaßnahmen der öffentlichen Hand zu amortisieren. Aus Umweltsteuern sollen umweltverträglichere Produkte und Produktionsprozesse gefördert werden[151)].

Umweltgebühren und -beiträge werden zur Finanzierung der Ver- oder Entsorgung durch Umweltschutzeinrichtungen der öffentlichen Hand oder von Zweckverbänden erhoben[152)]. Im Vordergrund stehen hier hauptsächlich die Entwässerung oder Abwasserbehandlung, das Sammeln, Transportieren und Behandeln von Abfall sowie die Wasserversorgung. Die durch den Bau, die Installation oder den Betrieb solcher Einrichtungen entstehenden Aufwendungen werden in Form von Beiträgen an die potentiellen Benutzer weitergegeben, d. h. es werden Gebühren für die Betriebskosten und den Kapitaldienst erhoben. Auch wenn Beiträge und Gebühren auf dem Grundgedanken des Verursacherprinzips beruhen, sind sie häufig zu niedrig, um einen ausreichenden Anreiz zur Vermeidung oder Verminderung der Belastungen zu bieten. Ihre Höhe bemißt sich nach dem Äquivalenz- und dem Kostendeckungsprinzip, d. h. Leistung und Gegenleistung sollen einander entsprechen.

Das Umwelt- und Prognoseinstitut Heidelberg e. V. plädiert neben dem Verbot und dem freiwilligem Verzicht in erster Linie für die marktwirtschaftliche Steuerung über den Preis. Die Einführung zusätzlicher Rohstoff- und Energiesteuern, deren Einfluß auf die Produktionskosten der Unternehmungen von erheblicher Bedeutung ist, wird als marktkonforme Problemlösung favorisiert. Als Kriterien für die ökologische Besteuerung nennt das Institut die Erhebung der volkswirtschaftlichen und ökologischen Gesamtkosten eines Produkts nach dem Verursacherprinzip und die Verteuerung eines ökologisch belastenden Produkts, wenn umweltfreundlichere Alternativen vorhanden sind[153)].

---

151) So soll die Mineralölsteuer den Verbrauch reduzieren und Unternehmen einen indirekten Anreiz zum effizienteren Einsatz oder zur Entwicklung von Substituten bieten. Vgl. WILHELM, S. (1990), S. 90.

152) Zur Systematik vgl. z. B. SIEBERT, H. (1974), S. 13 ff..

153) Vgl. UMWELT- UND PROGNOSEINSTITUT (UPI) HEIDELBERG e. V. (1988), S. 4 ff.. Kritisch und erweiternd hierzu BONGAERTS, J.C. / MEYERHOFF, J. / THOMASBERGER, C. / WITTKE, A. (1989), S. 37 ff..

Umweltabgaben i. e. S. können in Emissionsabgaben, kombinierte Auflagen-/Abgabensysteme sowie Produktabgaben untergliedert werden. Bei Umweltabgaben i. e. S. steht die Lenkungsfunktion im Vordergrund, d. h. daß durch Abgaben das Verursacherprinzip umgesetzt und die Verursacher somit aus ökonomischen Gründen zu einem umweltverträglicherem Verhalten motiviert werden sollen. Dies birgt allerdings die Gefahr, daß eine rein an wirtschaftlichen Kriterien orientierte Entscheidung zu Ungunsten des Umweltschutzes ausfällt, da die Abgabenbelastung günstiger ist.

Durch **Emissionsabgaben** soll die Internalisierung sozialer Zusatzkosten erreicht werden. Diese können auch als Umweltqualitätsabgabe ein bestimmtes Ziel verfolgen. Voraussetzung ist allerdings eine monetäre Quantifizierbarkeit der externen Effekte.

Ein Beispiel für ein **kombiniertes Abgaben-/Auflagen-System** sind die Regelungen des Gewässerschutzes. Die normativen Vorgaben in Form von Grenzwerten sind im Wasserhaushaltsgesetz geregelt[154)]. Die Grenzwertvorgaben sollten die Abwasserabgabe[155)] ergänzen, nachdem erkennbar war, daß durch die Abgabenhöhe das umweltpolitische Ziel nicht erreicht werden konnte. Der bisherige Abgabensatz wurde auf die Hälfte reduziert; durch die Abgabe auf die durch das WHG nicht erfaßte Restverschmutzung bleibt jedoch ein ökonomischer Anreiz. Die Novellierung des AbwAG von 1987 bietet hier eine innovationsfördernde Variante. Danach kann die Restverschmutzungsabgabe durch Unterschreitung der zulässigen Grenzwerte reduziert werden, wobei allerdings gefährliche Stoffe ausgenommen sind. Die Abwasserabgabe wird in der Literatur überwiegend positiv beurteilt, da sie die Lenkungsfunktion relativ gut erfüllt[156)]. Allerdings sind kaum Impulse für technologische Erneuerungen zu erwarten[157)].

Durch **Produktabgaben** sollen der Ver- bzw. Gebrauch von Rohstoffen und Produkten belastet werden. Hohe Abgaben auf Produkte engen den Handlungsspielraum der Unternehmen erheblich ein und kommen oft einem Produktionsverbot gleich. Dies trifft um so mehr auf die Unternehmen zu, deren Wettbewerber im Ausland unter anderen Bedingungen produzieren. Darüber hinaus ist die Wirkung der Produktabgaben von den Überwälzungsstrategien der Unternehmen auf ihre Abnehmer sowie den auf den Märkten vorherrschenden Elastizitäten abhängig.

---

154) Vgl. § 7a WHG.
155) Vgl. AbwAG.
156) Vgl. ENDRES, A. / MATYSIK, S. (1990), S. 454 und HANSMEYER, K.-H. / SCHNEIDER, H.K. (1990), S. 658.
157) Vgl. die Untersuchung von MAAS, C. (1987).

Kritisch zu bewerten ist, daß die Abgabenhöhe nur bedingt die verursachten Effekte berücksichtigt (was im Sinne einer optimalen Lenkung erforderlich wäre) und zum anderen ihre Anpassung nicht kontinuierlich erfolgen kann[158)]. Da insbesondere der Lenkungscharakter von Abgaben einen Schwerpunkt der Diskussion darstellt, ist zu untersuchen, inwiefern Abgaben die Kostenstruktur der Unternehmen beeinflussen[159)].

2.3.1.5.2.11. Umweltlizenzen bzw. -zertifikate

Mit Hilfe von **Umweltlizenzen bzw. Umweltzertifikaten** soll durch die Ausgabe von Verschmutzungsrechten durch den Staat ein festgelegter Umweltqualitätsstandard mit minimalen Kosten erreicht werden[160)]. Der Grundgedanke besteht in der Definition einer maximal zulässigen Emissionsmenge und damit einer maximalen Anzahl von Lizenzen, die auf die betroffenen Emittenten verteilt werden. Diese können Schadstoffe nur in der Höhe der erworbenen Menge an Lizenzen emittieren. Daneben soll auch ein Handel dieser Verschmutzungsrechte möglich sein, bei dem diejenigen Unternehmen als Anbieter auftreten, für die Umweltschutzmaßnahmen kostengünstiger als der Erwerb der Rechte zu realisieren sind[161)]. Nachfrager sollen Wirtschaftssubjekte sein, für die der Erwerb von Verschmutzungsrechten kostengünstiger ist. Durch das Bestreben der Beteiligten, einzelwirtschaftlich ihre Kosten zu minimieren, werden auch die gesamtwirtschaftlichen Kosten minimiert. Darüberhinaus kann der Staat (und ebenso private Wirtschaftssubjekte) den Umweltqualitätsstandard durch den Aufkauf oder die Abwertung der Rechte erhöhen[162)].

Aus Sicht der Theorie sind Umweltlizenzen ein ideales umweltpolitisches Instrument. Kritisch ist jedoch anzumerken, daß dieses Instruments ein wettbewerbspolitisches Problem bergen könnte: Durch Ankauf und Horten von Lizenzen können Markteintrittsbarrieren errichtet oder Wettbewerber verdrängt werden[163)]. Darüber hinaus besteht die Gefahr, daß durch die Konzession von Verschmutzungen der Eindruck von Unschädlichkeit erweckt wird[164)]. Selbst wenn diese Unzuläng-

---

158) Zur juristischen Beurteilung von Abgaben vgl. GOSCH, D. (1990). Abgaben können dort sinnvoll eingesetzt werden, wo der Vollzug des Ordnungsrechts durch ein finanzielles Anreizsystem unterstützt werden soll, wo Lenkungs- und Finanzierungserfordernisse ineinandergreifen und wo Vollzugs- und Kontrollkosten auf die Verursacher übergewälzt werden sollen.

159) Zu einzelwirtschaftlichen Wirkungen von Abgaben vgl. z. B. BELLMANN, K. (1990) und die Ausführungen in Kapitel 5.1.4.1..

160) Vgl. WICKE, L. (1991), S. 210.

161) Vgl. OBERENDER, P. (1986), S. 372.

162) Vgl. BONUS, H. (1992), S. 22.

163) Vgl. SIEBERT, H. (1976), S. 119 und OBERENDER, P. (1986), S. 373.

164) Vgl. hierzu kritisch BONUS, H. (1992), S. 21.

lichkeit in Kauf genommen würde, steht die Etablierung dieses Instruments vor zahlreichen praktischen Problemen.

In den USA finden die Instrumente Offset Policy, Bubble Policy und Emission Banking bereits Anwendung. Ein **Offset**, wie er seit 1977 im Clear Air Act verankert ist, kommt dann zustande, wenn zusätzliche Emissionen, die durch eine Neugenehmigung entstehen, durch Emissionsminderung an anderer Stelle mehr als ausgeglichen werden[165]. Der Vergleich bezieht sich dabei immer auf dieselben Stoffe. Bei der **Bubble Policy** werden mehrere Emissionsquellen, die in unterschiedlichen Regionen angesiedelt sein können, zu einer Emissionsgemeinschaft zusammengeschlossen. Auflagen treffen so nicht eine bestimmte Anlage, sondern die "Verschmutzungsglocke", wodurch eine effizientere Gestaltung der umweltpolitischen Maßnahmen erreicht werden soll. Das 1979 durch die Environmental Protection Agency eingeführte **Emission Banking** ergänzt die beiden obigen Instrumente, indem es eine Übertragung der Emissionsminderungen auf andere Perioden und andere Unternehmen ermöglicht[166]. Durch sog. Emission Reduction Credits wird ein Handel der Verschmutzungsrechte erlaubt, die allerdings für eine fortschreitende Verbesserung abgewertet werden können.

In Deutschland werden zur Zeit Kompensationslösungen diskutiert, durch die eine festgelegte Luftqualität mit minimalem Aufwand erreicht werden soll. Tatsächlich enthalten auch die deutschen Umweltgesetze Gedanken der "bubble-policy". So sieht § 7 Abs. 3 BImSchG vor, daß von den Anforderungen zur Vorsorge gegen schädliche Umwelteinwirkungen abgewichen werden darf, wenn durch Anlagen des Betreibers oder Dritter insgesamt eine weitergehende Minderung von Emissionen erreicht wird. Auf dieser Regelung beruht Nr. 4.2.10. der TA Luft, wonach von den üblichen Anforderungen bei nachträglichen Anordnungen abgewichen werden darf, falls die Voraussetzungen für eine Kompensationslösung gegeben sind. Die Offset-policy wurde insofern verwirklicht, als die TA Luft (Nr. 2.2.1.1./2.2.1.2.) vorsieht, daß in Gebieten, in denen die Luftqualität die Grenzwerte auf der Beurteilungsfläche überschreitet, eine Anlage trotzdem genehmigt werden muß, wenn sie bestimmte Anforderungen erfüllt (sog. Sanierungsklausel).

In Deutschland ist die mangelnde praktische Bedeutung darauf zurückzuführen, daß die Ausgestaltung relativ kompliziert und die Regelung zeitlich befristet ist (bis 1.3.94). Darüber hinaus scheiden Neuemittenten als Kompensationsteilnehmer aus. Kritisch zu beurteilen ist außerdem, daß ein Unterschreiten der Grenzwerte nur so lange sinnvoll ist, wie andere Unternehmen die Zertifikate abnehmen.

---

165) Vgl. EICHLER, L. (1983), S. 54 f. und BODAMER, A. (1984), S. 528.
166) Vgl. SCHÄRER, B. (1982), S. 246.

2.3.1.6. Beeinflussung von Entscheidungen durch Komponenten des Makro-Umfeldes

Alle oben dargestellten Komponenten des Makroumfeldes sind hinsichtlich möglicher Auswirkungen auf die Ökologieorientierung des Unternehmens zu untersuchen[167)]. So können die technologischen Rahmenbedingungen die Berücksichtigung ökologischer Aspekte verhindern oder gar erst ermöglichen. Ökonomische Rahmenbedingungen wie das Wachstum oder die Wettbewerbssituation der Branche schaffen oder begrenzen Freiräume zur Umsetzung ökologiebezogener Maßnahmen. Neben dem gesellschaftlichen und dem ökologischen Umfeld haben sich insbesondere im Umweltrecht in den letzten Jahren nennenswerte Änderungen ergeben, die Unternehmen zu einer stärkeren Ökologieorientierung veranlassen sollen. Diese Interdependenzen ziehen Konsequenzen für den Aufbau und die Ausgestaltung eines ökologieorientierten Controlling nach sich.

2.3.2. Aufgabenumfeld

Das Makro-Umfeld beinhaltet die generellen Rahmenbedingungen, innerhalb derer wirtschaftliches Handeln erfolgt, das Aufgabenumfeld hingegen umfaßt Anspruchsgruppen (Stakeholder), die konkrete Anforderungen an das Unternehmen stellen können. Ausgangspunkt dieses Konzepts ist die **Koalitionstheorie**, die erstmals 1938 von BARNARD vertreten wurde[168)] und von CYERT / MARCH 1963 der Theorie der Unternehmung zugrunde gelegt wurde[169)]. Diese Überlegungen zu den Entscheidungsgrundlagen der Koalitionsteilnehmer[170)] bildeten den Grundstein für die **Anreiz-Beitrags-Theorie**, nach der sich die Beteiligten für oder gegen eine Organisation sowie für oder gegen das Leisten eines Beitrags entscheiden können. Die Koalitionsteilnehmer wirken dabei als einzelne Anreizspender auf das Unternehmen, indem bestimmte Verhaltensweisen des Unternehmens unterstützt (positive Anreize) und andere bestraft werden (negative Anreize)[171)]. Durch die Weiterentwicklung der an die Unternehmen gestellten Anforderungen wurde

167) Vgl. hierzu die Untersuchungen zum Einfluß von Größen des Makro-Umfeldes auf die Ökologieorientierung in Kapitel 3.2.3..

168) Vgl. BARNARD, C.I. (1938), zitiert nach STAEHLE, W. H. (1992), S. 72.

169) Vgl. CYERT, R.M. / MARCH, J.G. (1963), S. 26 ff..

170) Bei dieser Betrachtung erfolgte vor allem eine Einbeziehung interner Teilnehmer, wie Lieferanten und Konsumenten.

171) Vgl. SEIDEL, E. (1991), S. 176. Unter einem **Anreizsystem** versteht man allgemein "die Gesamtheit der von einem Individuum oder von einer Gruppe gewährten materiellen und immateriellen Zahlungen, die für den Empfänger einen subjektiven Wert besitzen"; ACKERMANN, K.-F. (1976), Sp. 156.

die Betrachtung auf externe Teilnehmer, d. h. auf alle Stakeholder[172)] erweitert. Unter **Stakeholder** versteht FREEMAN "any group or individual who can affect or is affected by the achievement of the firm's objectives"[173)]. Die beiden in der Definition enthaltenen Richtungen machen deutlich, daß sowohl Wirkungen von den Stakeholder-Gruppen als auch vom Unternehmen selbst ausgehen können. Können die Stakeholder das Unternehmen beeinflussen[174)], so wird auch die ökologische Betroffenheit des Unternehmens verändert[175)].

Das Aufgabenumfeld umfaßt die Faktoren (Stakeholder), die einen unmittelbaren Einfluß auf die Entscheidungsfindung des Unternehmens haben. Dazu zählen Kunden, Lieferanten, Wettbewerber sowie Anteilseigner und Kreditgeber[176)]. Öffentlichkeit und Staat greifen ebenfalls mehr oder weniger stark in das Aufgabenumfeld ein. Da ihr Ursprung jedoch nicht unternehmens- oder branchenbezogen ist, d. h. nicht durch die Unternehmensaufgabe bestimmt ist, wurden sie dem Makroumfeld zugerechnet. Um eine Totalanalyse zu ermöglichen, ist eine wirtschaftsstufenübergreifende Betrachtung erforderlich, die vertikale Kooperationen mit vorwärts- (Kunden) oder rückwärtsgerichtetem Charakter (Lieferanten) sowie horizontale Kooperationen (Wettbewerber) einbezieht[177)].

2.3.2.1. Kunden

Da sich das Leistungsprogramm eines Unternehmens der Lösung nachhaltiger Kundenprobleme widmet, muß das zu erstellende Produkt darauf ausgerichtet sein, dieser Problemlösung zu dienen[178)]. Bei den Konsumenten ist in den letzten Jahren eine zunehmende Betroffenheit von ökologischen Fragen zu beobachten, die einerseits neue Absatzchancen für umweltfreundlichere Produkte eröffnet, an-

---

172) Der Begriff des Stakeholders wurde in Anlehnung an den Begriff Stockholder entwickelt, um die Aufmerksamkeit des Managements auch auf andere, am Unternehmen beteiligte Gruppen zu lenken; vgl. STAEHLE, W.H. (1992), S. 73. Vgl. auch HEINEN, E. (1976), S. 182 ff.; ACKHOFF, R.L. (1984); ROBERTS, R.W. (1992) und SCHALTEGGER, S. / STURM, A. (1992), S. 8 ff..

173) FREEMAN, R.E. (1984), S. 25.

174) In diesem Fall wird auch von sog. Influencers gesprochen, vgl. MINTZBERG, H. (1983), S. 4.

175) Im Gegensatz zur Stakeholder-Theorie bezieht sich die Agency-Theorie nur auf das Verhältnis von Principal zu Agent, wobei der Principal die Aufgaben an den Agent überträgt. Der zweite Unterschied besteht darin, daß dem Stakeholder das Verhalten ex post bekannt ist, wohingegen der Principal nur das Ergebnis des Verhaltens des Agent feststellen kann; vgl. SPREMANN, K. (1989), S. 742 f.. Vgl. auch die Entwicklung einer Stakeholder-Agency-Theorie bei HILL, C.W. / JONES, T.M. (1992).

176) Eine Einbeziehung von Kreditgebern und Anteilseignern scheint aufgrund der zunehmenden Sensibilisierung dieser Anspruchsgruppen geboten, so daß das Konzept einer ökologieorientierten Wettbewerbsanalyse (vgl. STÄHLER, C. (1991), S. 166) zu erweitern ist.

177) Vgl. CORSTEN, H. / GÖTZELMANN, F. (1991), S. 377 ff..

178) Vgl. COENENBERG, A.G. / BAUM, H.-G. (1987), S. 30.

dererseits aber auch Handlungsbedarf bei den Unternehmen generell aufwirft[179)]. Das Aufgreifen eines Themas in der Öffentlichkeit vollzieht sich über einen typischen Bewußtwerdungsprozeß[180)]. Die Absatzmärkte können langfristig betrachtet zum Engpaß werden, da lediglich solche Produktquantitäten und -qualitäten produziert und entwickelt werden können, die sich auch verkaufen lassen[181)]. Um den zukünftigen Erfolg zu sichern, muß die strategische Unternehmensplanung die Frage beantworten, welche Produkte in welchen Märkten zu welchem Zeitpunkt vertrieben werden sollen[182)]. Ökologieorientierung im Absatzbereich zählt zu den schwierigen Bereichen der Planung, da das Unternehmen auf die Akzeptanz seiner ökologieorientierten Absatzaktivitäten beim Kunden angewiesen ist[183)]. Angesichts von Untersuchungen, die ein hohes Umweltbewußtsein der Öffentlichkeit feststellen, muß gefragt werden, ob und inwieweit sich das Interesse des Verbrauchers an der ökologischen Umwelt auch nachweislich auf das tatsächliche Kaufverhalten auswirkt[184)]. In Studien kommt zum Ausdruck, daß Verwendungsnutzen und Verwendungsqualität von Gütern und Dienstleistungen für eine zunehmende Zahl sog. "neuer Konsumenten"[185)] einen deutlich höheren Stellenwert einnimmt[186)]. Den Konsumenten stehen für die Umsetzung ihrer Wünsche die Strategien Abwanderung, Widerspruch und Verhandlungen zur Verfügung[187)]. Eine

---

179) Umweltzeichen wie der blaue Engel sind zu einem wichtigen Verkaufselement geworden. Daneben unterstützen Einkaufsberater die Wahl des umweltbewußten Verbrauchers; vgl. COUNCIL ON ECONOMIC PRIORITIES (Hrsg.) (1990); HESSISCHES MINISTERIUM FÜR UMWELT UND REAKTORSICHERHEIT (Hrsg.) (1989) und ELKINGTON, J. / HAILES, J. (1990).

180) Vgl. STEGER, U. (1992), S. 68.

181) Vgl. SENN, J.F. (1986), S. 119.

182) Vgl. MEFFERT, H. (1986), S. 661.

183) Vgl. TROGE, A. (1988), S. 117.

184) Vgl. ADLWARTH, W. / WIMMER, F. (1986), S. 166 ff., HELLER, K. (1989), S. 24; KIRSCH, G. (1991); STEGER, U. (1992), S. 54 und TIEBLER, P. (1992), S. 184 f.. Empirische Untersuchungen identifizieren exogene und endogene Faktoren für die Divergenzen zwischen Umweltbewußtsein und Kaufverhalten; vgl. MONHEMIUS, K.C. (1990).

185) Diese Kundengruppe zeichnet sich dadurch aus, daß sie ein höheres Politikverständnis als der Durchschnitt der Bevölkerung hat, ihre Meinung bezüglich Umweltschutz und Politik gefragt ist, vielfach zu den Technikern bzw. technischen Experten zählen, über eine höhere Schulbildung verfügen und überwiegend den sog. oberen sozialen Schichten zuzurechnen sind und Kaufentscheidungen erst nach Auswertung von Informationsquellen treffen; vgl. SCHAFHAUSEN, F. (1988), S. 277.

186) Nach einer Untersuchung aus dem Jahr 1983 stufen 94% der Bundesbürger den Schutz von Natur und Umwelt nach dem Ziel der Beseitigung der Arbeitslosigkeit auf den zweiten Rang ein; vgl. GRUNER + JAHR (Hrsg.) (1983), S. 7. Den Anstieg der Bedeutung des Themas Umweltschutz zeigen auch zwei Studien, die in den Jahren 1980 und 1987 von der Gesellschaft für Konsum-, Markt- und Absatzforschung (GfK) in Nürnberg durchgeführt wurden. 1980 nahm der Umweltschutz mit 9% Rang 9 ein, wohingegen er 1987 mit 53% bereits genauso häufig genannt wurde wie die Arbeitslosigkeit; vgl. VARDAG, F. (1988), S. 33. Im EG-Vergleich liegt Deutschland bei der Einstufung des Umweltschutzes als dringliches, nicht aufschiebbares Problem mit 80% hinter Italien, Griechenland und Luxemburg an vierter Stelle; vgl. ENVITEC (1989). Andere Studien kommen zu ähnlichen Ergebnissen, vgl. ADLWARTH, W. / WIMMER, F. (1986), S. 166 ff..

187) Vgl. CORSTEN, H. / GÖTZELMANN, F. (1991), S. 379 f..

Abwanderung in Form eines Ausweichens auf Substitute, eines partiellen oder totalen Marktaustritts kann zu Umsatzeinbußen der Unternehmen führen. Im Gegensatz dazu kann durch das Unternehmen auch eine offene Widerspruchsreaktion der Kunden provoziert werden, die zu einer zwangsweisen Verhaltensänderung im Leistungserstellungsprozeß der Unternehmen führt. Will ein Unternehmen solche Reaktionen vermeiden, kann durch eine unternehmensinterne Verbraucherabteilung ein Dialog institutionalisiert werden[188)].

Geht man davon aus, daß diese "neuen Konsumenten" eine Vorreiterrolle übernehmen, das Umweltbewußtsein der Öffentlichkeit weiter geschärft wird und sich in Konsumentscheidungen niederschlägt[189)], so ist die Umweltverträglichkeit von Produkten und Dienstleistungen, die gestern noch kaum honoriert wurde, heute ein wichtiges Verkaufsargument und wird morgen eine Voraussetzung für die Verkäuflichkeit eines Produktes überhaupt sein.

2.3.2.2. Lieferanten

Da naturgesetzliche Abläufe eine Produktion ohne ökologische Belastungen unmöglich machen[190)], ist für das Erkennen von Verminderungsmöglichkeiten eine Analyse der ökologisch relevanten Vorgänge vorzunehmen[191)]. Auf der Input-Seite sind somit Anforderungskriterien an die bezogenen Anlagen und Einsatzfaktoren zu stellen. Durch eine gezielte Nachfragestrategie können die Lieferanten dahingehend beeinflußt werden, daß sie ihr Angebot auf umweltverträglichere Produkte umstellen[192)].

a) Anlagen

Innerhalb der Anlagenwirtschaft kann ganz wesentlich über den Ressourcenverbrauch und die entstehenden Kondukte, aber auch über Produktqualitäten hinsichtlich ihrer Umweltverträglichkeit entschieden werden, da zwischen den Anlageneigenschaften und den einsetzbaren Materialien teilweise wechselseitig begrenzende Abhängigkeiten bestehen[193)]. Die die ökologische Umwelt schonenden Neuerungen in den Produktionsanlagen tragen nicht nur dazu bei, die von einem Unternehmen erzeugten Belastungen zu reduzieren, sondern sind häufig auch

---

188) Vgl. HANSEN, U. / SCHOENHEIT, I. (1991), S. 14. PAECH zeigt am Beispiel der Emissionspublizität, daß umfassende Informationen einen Anreiz für eine Senkung von Emissionen bieten; vgl. PAECH, N. (1989), S. 391 ff..

189) Vgl. HÖHFELD, T. (1990), S. 189.

190) Vgl. die Ausführungen in Kapitel 1..

191) Vgl. CORSTEN, H. / GÖTZELMANN, F. (1989), S. 411.

192) Vgl. WINTER, G. (1987), S. 30.

193) Vgl. SCHREINER, M. (1988), S. 132.

wirtschaftlich, indem sie den Material-, Wasser- und Energieeinsatz ebenso wie die Entsorgungskosten für Abfall und Abwasser vermindern. Unter Umständen kann durch neue Anlagen die Produktionsqualität erhöht und der Produktionsausschuß reduziert werden[194)].

Die Kosten der vorsorgenden Ökologieorientierung durch Beschaffung neuer Anlagen sind mit den Kosten der Nachsorge durch "end-of-the-pipe"-Technologien zu vergleichen. "End-of-the-pipe"-Technologien vermeiden zwar die Verfahrensänderungen mit entsprechenden Aufwendungen, erhöhen aber die Entsorgungskosten. Zudem gibt es noch die Möglichkeit, diese Entsorgungskosten auf andere überzuwälzen, was die Nachsorge nach wie vor attraktiv erscheinen läßt. "Zunehmende Knappheit des Deponievolumens, reduzierte Deponiemöglichkeiten - wie bei Klärschlamm - und verschärfte Emissionsvorschriften bei Abgasen und Abwässern mit wachsenden Entsorgungsgebühren sprechen dagegen auch ökonomisch für den Übergang auf vorsorgende Rückstandsvermeidung und -verminderung"[195)].

b) Material

Mit der Prüfung von Angeboten über Roh-, Hilfs- und Betriebsstoffe, unfertige und fertige Erzeugnisse und der Wahl der Lieferanten wird über die späteren Belastungen durch Produktionsverfahren und Produkte entschieden. Um die Umweltverträglichkeit eines Produktes zu gewährleisten, müssen Roh-, Hilfs- und Betriebsstoffe, die der Herstellung dienen und in das Produkt eingehen, auf ihre Umweltverträglichkeit überprüft werden[196)].

Bei einer entsprechenden Größe kann ein Unternehmen auf die Lieferanten dahingehend Einfluß nehmen, daß diese ihr Angebot auf umweltverträglichere Produkte umstellen. In diesem Zusammenhang ist auf den Handel hinzuweisen, der als "gate-keeper" die Macht hat, über die gegenwärtigen Interessen hinaus eigene oder gesamtwirtschaftliche Anliegen durchzusetzen. Aus dieser Position heraus kann er eine Führerschaft übernehmen und Entscheidungen über den Verzicht auf weniger umweltfreundliche Artikel oder die Förderung umweltverträglicherer Produkte treffen[197)].

194) Vgl. WINTER, G. (1987), S. 256.
195) STREBEL, H. (1990a), S. 9. Diesen Vorrang legt auch das Abfallgesetz in §§ 1 a und 3 fest.
196) Hierzu kann z. B. eine ABC-Analyse durchgeführt werden; vgl. Kapitel 4.3.2.1.4..
197) Vgl. BREMME, H.C. (1990). S. 33 und GÜNTHER, T. (1993), S. 71 f..

Auch durch den Einsatz von Sekundärroh- oder -werkstoffen können aufgrund niedrigerer Einstandspreise oder niedrigeren Energieeinsatzes Kosten gespart werden[198].

2.3.2.3. Wettbewerber

Da nur wenige Märkte monopolistisch ausgeprägt sind, ist es sowohl für die Industrie wie auch für den Handel unerläßlich, sich am strategischen Verhalten der Wettbewerber zu orientieren, zumal Bedrohungen und Gefährdungen der Unternehmensexistenz hauptsächlich aus Wettbewerbsverschiebungen resultieren[199]. Da die Unternehmung eigene strategische Wettbewerbsvorteile aufbauen und erhalten muß, ist eine sorgfältige Analyse der Strategien der aktuellen Wettbewerber von entscheidender Bedeutung. Daneben sind auch die potentiell neuen Konkurrenten in die Analyse einzubeziehen[200].

Eine ökologieorientierte Konkurrenzanalyse enthält folgende Bestandteile[201]:

- o Identifikation der relevanten und potentiellen Wettbewerber
- o Bestimmung der Stärken und Schwächen der Konkurrenten, d. h. deren objektivierte Betroffenheit
- o Analyse der gegenwärtigen und eventuellen zukünftigen ökologieorientierten Strategien der Wettbewerber
- o Ableitung eines Reaktionsprofils der Wettbewerber

Je stärker diversifiziert das einzelne Unternehmen ist, desto schwieriger wird es, alle Wettbewerber in die Konkurrenzanalyse einzubeziehen. Diese Tatsache erfordert eine Beschränkung auf die wichtigsten Konkurrenten in den relevanten Märkten, die mit Hilfe des Gesamtumsatzes, des Marktanteils, der Beschäftigtenzahl und der Kapitalausstattung bestimmt werden können[202]. Daneben sollte man auch kleineren Unternehmen Aufmerksamkeit schenken, sofern sie in Teilmärkten ein überdurchschnittliches Wachstum aufweisen[203].

Im Rahmen der Konkurrenzanalyse müssen auch die Faktoren identifiziert werden, von denen der Erfolg bzw. Mißerfolg der betrachteten Konkurrenten abhängig ist. Die Konkurrenzanalyse kann im wesentlichen auf die Faktoren Preisklas-

198) Vgl. STREBEL, H. (1987), S. 113.
199) Vgl. COENENBERG, A.G. / BAUM, H.-G. (1987), S. 29, 140.
200) Vgl. PORTER, M.E. (1983), S. 81.
201) Vgl. HINTERHUBER, H. (1982), S. 104 und PORTER, M.E. (1983), S. 80.
202) Vgl. AURICH, W. / SCHROEDER, H.U. (1977), S. 61 f..
203) Vgl. GÄLWEILER, A. (1986), S. 370.

senstruktur, Qualität, Image und Sortimentsbreite ausgerichtet werden[204]. Neben dem Auftreten nach außen sollten auch die einzelnen Wertschöpfungsstufen der relevanten Mitbewerber untersucht werden, um den Ursprung der von Außenstehenden identifizierten Stärken und Schwächen zu finden und einen Vergleichsmaßstab für die eigene Unternehmensanalyse zu erhalten.

Hinsichtlich der Ökologieorientierung ist zu fragen, ob eine Unternehmung ihre Wettbewerbsposition verbessert oder verschlechtert, wenn ökologische Belange einbezogen werden[205]. Daneben ist zu überlegen, ob Kooperationen möglich sind, die sich auf den Bereich der Öffentlichkeitsarbeit beschränken kann (wie z. B. innerhalb des Verbandes der Chemischen Industrie) oder die, wie im Bereich von Forschung und Entwicklung, offensiven Charakter hat.

2.3.2.4. Kreditgeber

Die Anforderungen von Seiten der Kreditgeber an die Unternehmen resultieren aus dem mit jedem unternehmerischen Handeln verbundenen Risiko. Für Kreditinstitute entsteht dann ein aktives Kreditrisiko, wenn gewährte Kredite nicht oder nicht fristgerecht getilgt werden können. Die Begrenzung dieses Risikos ist daher ein wichtiger Bestandteil des bankbetrieblichen Sicherheitsstrebens[206].

Für die Integration ökologischer Aspekte im Hinblick auf bankbetriebliche Fragestellungen ist zunächst die Bedeutung des Umweltschutzmarktes für Kreditinstitute zu erfassen: Allein in Deutschland wird bis zum Jahr 2005 mit Ausgaben für Umweltschutzinvestitionen in Höhe von 500 Milliarden DM gerechnet[207]. Darüber hinaus führen umweltgefährdende Produkte und Produktionsverfahren zunehmend zu Akzeptanz-, Umsatz- und Ertragsproblemem, die die Bonität der Kreditnehmer erheblich beeinträchtigen können[208]. Die Kreditwürdigkeitsprüfung muß daher heute neben der klassischen Unternehmensanalyse auch die Wirkungen ökologischer Aspekte auf die Positionierung der Kunden am Markt einbeziehen[209]. Eine aktive Risikopolitik, die die Erfassung und Bewertung ökologischer Risikopotentiale und ihre Auswirkungen auf die Kreditsicherheit einschließt,

---

204) Vgl. AURICH, W. / SCHROEDER, H.U. (1977), S. 61.

205) Hierfür sind potentielle Kostensteigerungen mit einer Verbesserung der Akzeptanz, Nutzenminderungen mit Nutzensteigerungen sowie Verkleinerungen des Alternativenraums mit der Chance zu innovativen Alternativen zu vergleichen; vgl. STITZEL, M. (1976).

206) Vgl. SCHMOLL, A. (1988), S. 47.

207) Vgl. BRUNS, V. (1992), S. 4.

208) Vgl. BRUNS, V. (1992), S. 5.

209) Vgl. JUNCKER, K. (1990), S. 19 und MANSKI, E.-E. (1992), S. 662 ff.. Eine Untersuchung der häufigsten Insolvenzursachen zeigte, daß vergangenheitsorientierte Bilanzkennzahlen oft für eine Kreditwürdigkeitsprüfung nicht ausreichen und um qualitative Aspekte zu ergänzen sind; vgl. ZELLWEGER, B. (1987), S. 23 f..

muß in die Kreditpolitik einbezogen werden, um die Möglichkeiten der Risikostreuung, der Risikoteilung, der Bildung von Risikoklassen und der Risikokalkulation positiv zu beeinflussen[210)].

Einen weiteren ökologischen Risikofaktor, der das aktive Kreditrisiko betrifft, stellen die steigenden Kosten der Risikoabsicherung dar[211)]. Im Mittelpunkt des neuen Umwelthaftungsgesetzes steht die Einführung einer anlagenbezogenen Gefährdungshaftung. Danach haftet der Inhaber auch dann, wenn die Anlage unter Einhaltung aller Vorschriften betrieben wurde[212)]. Die Bewertung eventueller Haftungsrisiken bzw. steigender Kosten der Risikoabsicherung wird bei der Kreditvergabeentscheidung erforderlich, da deren Höhe die Sicherheit des Kreditnehmers beeinflußt.

Für Kreditgeber sind besonders Altlasten[213)] von Bedeutung, durch die Grundstücke, die der Sicherung von Krediten dienen, wertlos werden können[214)]. Dies ist dann der Fall, wenn die Sanierungskosten den Wert der Immobilie übersteigen. So können die für die Kreditgeber entstehenden Risiken zweifacher Natur sein[215)]: Zum einen können gewährte Kredite durch die Wertlosigkeit der gegebenen Sicherheiten uneinbringlich werden und zum anderen kann eine Forderung der Bank zu einer Verbindlichkeit werden, wenn die Sanierungskosten zu tragen sind[216)].

Eine Möglichkeit des Risikomanagements auf diesem Gebiet ist die Erweiterung der bisherigen Kreditwürdigkeitsprüfung um einen Fragenteil, der den einzelnen Kreditnehmer zu detaillierten Angaben über die mögliche Existenz von Altlasten und andere Umweltbelastungen durch das Unternehmen zwingt. So beinhaltet ein von ZELLWEGER ausgearbeitetes Stärken-/Schwächenprofil zur Beurteilung von Produkten und Dienstleistungen eines Kunden die Komponente "Umweltbeeinflussung und -verträglichkeit"[217)], und die bonitätsanalytisch relevanten Informationsfelder von BÜHLER schließen die Frage nach Umweltschutztechnologien und -auflagen ein[218)]. Allerdings sind solche Angaben nicht über veröf-

---

210) Vgl. SELBACH, R. (1987). S. 44 ff.. Kontrovers diskutieren KOPITSKY / BETZENBURGER dieses Erfordernis; vgl. KOPITSKY, J.J. / BETZENBURGER, E.T. (1987).

211) Vgl. ERDEVIG, E.H. (1991), S. 1 ff..

212) Vgl. SCHILLING, H. (1991), S. 351.

213) Altlasten liegen dann vor, wenn von aufgegebenen Standorten, Altablagerungen oder von anderen gewerblich genutzten Grundstücken ernsthafte Gefahren für die Umwelt ausgehen; vgl. WEYERS, G. (1989), S. 96.

214) Vgl. das Konzept zur Analyse einer möglichen Belastung von Grundstücken bei SIEREK, H. / TAUSENDFREUND, H. (1991).

215) Vgl. HAGAMAN, T.C. (1990), S. 20.

216) So wurden in den USA Banken, die aus Konkursgründen Unternehmen übernommen hatten, finanziell für deren Umweltschäden haftbar gemacht; vgl. SCHMIDHEINY, S. (1992), S. 102.

217) ZELLWEGER, B. (1987), S. 37.

218) Vgl. BÜHLER, W. (1987), S. 92.

fentlichte Informationen zu prüfen, wie dies bei Jahresabschlüssen möglich ist. Die Forderung, ökologische Daten künftig zu einem festen Bestandteil der Kreditwürdigkeitsprüfung zu machen, wurde anläßlich des World Economic Forums in Davos von Bankenvertretern, Industriellen und Politikern formuliert[219)]. Dies bedeutet nicht, die bisherige Vorgehensweise zu ersetzen, sondern zu erweitern. In Zukunft könnten sogenannte Konzepte der ökologieorientierten Berichterstattung diese Lücke füllen[220)]. Da diesen Konzepten eine bindende Wirkung fehlt und aufgrund ihrer Unterschiede ein Vergleich nicht möglich ist, kann eine realistische Einschätzung des ökologisch bedingten Kreditrisikos nur durch individuelle Sachverständigengutachten erfolgen[221)].

Nach der Kreditwürdigkeitsprüfung im Vorfeld der Vergabe ist eine laufende Kreditüberwachung zur Vermeidung von Verlusten erforderlich[222)]. Die Berücksichtigung ökologischer Kriterien bei der Kreditwürdigkeitsprüfung ist aufgrund deren Komplexität noch nicht einheitlich geregelt[223)]. Vielmehr wird versucht, die Vergabe unsicherer Kredite von vornherein zu vermeiden. Will man zunächst eine Kreditüberwachung anhand der Jahresabschlußinformationen beibehalten, so sollten dennoch insbesondere die Positionen näher betrachtet werden, die ökologisch relevante Informationen beinhalten, wie z. B. die Rückstellungen.

Die Rolle der Banken bei der Berücksichtigung ökologischer Aspekte besteht zum einen in einer Vermittlerfunktion für staatlich gewährte Kredite. Zum anderen stellt sie selbst Sonderkredite für Umweltschutzzwecke zur Verfügung[224)]. Bei der Suche nach Finanzierungsmöglichkeiten sehen sich Unternehmen der Notwendigkeit gegenüber, ökologische Aspekte zu berücksichtigen. Dies führt allerdings nicht nur zur Beschränkung möglicher Alternativen, vielmehr kann die gezielte Inanspruchnahme von Krediten auch zu verbesserten Finanzierungsmöglichkeiten führen.

2.3.2.5. Anteilseigner

Unternehmen sehen sich immer mehr Anlegern gegenüber, die Investitionen bewußt so tätigen wollen, daß die ökologische Umwelt nicht belastet und wenn mög-

---

219) Vgl. MANSKI, E.-E. (1991), S. 369.
220) Vgl. die in Kapitel 6. dargestellten Instrumente.
221) Vgl. HORST, P.M. (1990), S. 22.
222) Vgl. ZELLWEGER, B. (1987), S. 66.
223) Vgl. MANSKI, E.-E. (1992), S. 662 ff..
224) Einen Überblick über Anbieter, Angebote und Anlagegrundsätze geben ökologieorientierte Börsenbriefe und Zeitschriften, wie z. B. FINANZTEST, Heft 3, 1991; vgl. O. V. (1991a), S. 22 f.. Der Börsenbrief Öko-Invest stellt ausschließlich Unternehmen dar, in die "mit Verantwortung und Erfolg" investiert werden kann; vgl. DEML, M. (Hrsg.) (1993).

lich deren Situation sogar verbessert wird[225]. Daß die Anteilseigner zunehmend Wert auf ökologieorientierte Investments legen, zeigt sich in den Zuwachsraten, die ethisch-ökologisch orientierte Geldanlagen verzeichnen können[226]. Auch die Erfolge der Ökobank[227] zeigen, daß die Anleger immer genauer wissen wollen, **wie** die Verzinsung ihres Kapitals erwirtschaftet wird, d. h. auf welchen Märkten und mit welchen Produkten die finanzierten Unternehmen tätig sind[228]. Grundidee ist die gezielte Geldanlage in Wertpapiere ökologisch oder sozial fortschrittlicher Wirtschaftsunternehmen mit dem Ziel, einen effizienteren Umgang mit den gegebenen Ressourcen zu erreichen[229].

Qualifizierende Merkmale:

- o umweltfreundliche Energiegewinnung
- o Technologien zur Verringerung bzw. Beseitigung von Schadstoffbelastungen in der Umwelt
- o Naturgemäße Verfahren und Erzeugnisse im Gesundheitswesen und bei der Ernährung
- o Umweltschonende Produktionsmethoden
- o besondere soziale Personalpolitik
- o Engagement in gemeinnützigen Projekten

K.O.-Kriterien:

- o Herstellung von Kriegswaffen und Militärgütern
- o Erzeugung von Atomenergie
- o Erzeugung oder Handel mit umweltschädigenden Technologien und Produkten
- o Erzeugung oder Handel mit Suchtmitteln (Tabak, Alkohol, Glücksspiel)
- o Diskrimierung von Rassen und politischen, sozialen oder sexuellen Minderheiten
- o Arbeit in Biotechnologie oder Gentechnologie
- o Tierversuche

Abb. 2.7.: Mögliche Kriterien für ethisch-ökologische Anlagen

---

225) Vgl. ENDERLE, G. (1987), S. 446; CRAWFORD, M. (1991), S. 38 ff. und SURMA, J.P. / VONDRA, A.A. (1992), S. 51.

226) In den U.S.A. und England trägt der Finanzsektor dem veränderten Umweltbewußtsein seit zwei Jahrzehnten durch ethisch-orientierte Geldanlagen Rechnung. Den Anstoß gab 1968 ein Anlegerboykott gegen den Napalmproduzenten Dow Chemical während des Vietnamkrieges. In Deutschland beträgt das Volumen der ethisch-orientierten Geldanlagen bisher 500 Mio. DM, dies entspricht 0,5% des in Fonds verwalteten Vermögens; Vgl. REHBERGER, R. (1990), S. 85 f.; O. V. (1991a), S. 12. Eine Übersicht gibt das JAMES CAPEL GREEN BOOK; vgl. STEER, T. / HARDMAN, R. (Hrsg.) (1990). Beispiele zu ökologieorientierten Ansätzen bei Banken finden sich bei SCHIERENBECK, H. / SEIDEL, E. (Hrsg.) (1992).

227) Vgl. O. V. (1991a), S. 12; O. V. (1991b), S. 23.

228) Vgl. DEML, M. / JUNGMEIER, M. (1990), S. 20; CAIRNCROSS, F. (1991) und INVESTOR RESPONSIBILITY RESEARCH CENTER (Hrsg.) (1991).

229) Vgl. ORGLAND, M.Y. (1990), S. 28.

Für Unternehmen bedeutet das gesteigerte Informationsbedürfnis potentieller Anleger zugleich die Chance, ein völlig neues Anlegerpotential durch gezielte Öffentlichkeitsarbeit zu erschließen, ohne ausschließlich renditeorientierte Anleger zu verlieren. Andererseits werden belastete Unternehmen Schwierigkeiten bei der Finanzierung weiteren Wachstums bekommen bzw. dies durch höhere Kapitalkosten erkaufen müssen.

Als Angebotsformen sind Projektfinanzierungen, grüne Optionsscheine, Umweltaktien oder die Beteiligung an ökologischen Investmentgesellschaften möglich. Für junge Unternehmer bietet sich die Chance, sich über einen Venture Capital Fonds zu finanzieren. Streben Unternehmen danach, sich für ethisch-ökologischen Anlagen zu qualifizieren, so müssen sie bestimmte positive Merkmale erfüllen[230]. Beim Auftreten negativer Kriterien werden sie ausgeschlossen[231].

Trotz ökologischer Ziele werden Unternehmen immer die ökologische Umwelt beeinflussen, vollkommen umweltverträglich ist nur die Non-Produktion. Darüber hinaus ist der Anteil der Umweltschutzaktivitäten am Gesamtumsatz für eine Einstufung als umweltfreundliches Unternehmen nicht verbindlich festgelegt. Als einzige deutsche Aktie wurde bisher die der B.U.S. (BERZELIUS UMWELT SERVICE) AG, eine Tochter der Metallgesellschaft AG, mit 100% Umweltrelevanz eingestuft[232]. Schließlich führt die Gegenüberstellung betriebswirtschaftlicher und volkswirtschaftlicher Interessen zu einem Konflikt: Isoliert betrachtet kann eine bestimmte Technik relativ umweltverträglicher sein, im Gesamtsystem behindert sie jedoch die Entwicklung von Alternativen und somit ökologische Fortschritte[233]. Aus Unternehmenssicht bedeutet ein Nichterreichen des Prädikats "ökologisch wertvoll" eine Diskriminierung gegenüber den Anlegern.

Für die Operationalisierung des Kriteriums "umweltverträglich" zeichnen sich erste Lösungsansätze in Richtung einer Standardisierung und Verbindlichkeit der Kriterien ab. Den ersten Schritt in diese Richtung stellen die **"Valdez-Prinzipien"** dar, die als Konsequenz des Tankerunglücks der Exxon Valdez vor Alaska ausgearbeitet wurden. Sie lauten im einzelnen:

---

230) Das Anlegerpotential für diese Investments setzt sich einer Untersuchung des englischen Investmenthauses BROMIGE zufolge aus Institutionen wie Kirchen, Gewerkschaften und Wohlfahrtsorganisationen zusammen; der Anteil der Frauen ist besonders hoch. Hinzu kommen Einzelanleger wie Ärzte, Apotheker, Wirtschaftsprüfer, Architekten und Rechtsanwälte, vorrangig zwischen 55 und 69 Jahren; vgl. HOMOLKA, W. (1990), S. 42.

231) Vgl. HOMOLKA, W. (1990), S. 40; ORGLAND, M.Y. (1990). S. 12 und DÜRR, W. (1991), S. 291.

232) Vgl. MANSKI, E.E. (1990), S. 681.

233) Dies gilt insbesondere für Abfallentsorgungstechnologien, die die Entwicklung von Abfallvermeidungstechnologien beeinträchtigen.

1. Schutz der Biosphäre
2. Maßvoller Umgang mit natürlichen Rohstoffen
3. Reduzierung und Entsorgung von Abfällen
4. Effizienter Einsatz von Energie
5. Gesundheitsschutz für Arbeitsplatz und Umgebung
6. Sichere Produkte und Konsumentenschutz
7. Haftung und Schadensersatz
8. Transparenz und Veröffentlichung
9. Mindestens ein Umweltexperte im Management
10. Jährlicher Rechenschaftsbericht

Diese Prinzipien wurden in Amerika bereits von einer Reihe von Aktiengesellschaften als Selbstverpflichtungserklärung unterzeichnet. Dies kann darauf zurückzuführen sein, daß sie durch die Förderung einer nachhaltigen Entwicklung mit einem höheren Marktwert rechnen[234]. SCHMIDHEINY schlägt vor, in Anlehnung an den Standard & Poors-Index einen Öko-Effizienz-Index EEE (environment, efficiency, enterprise) als Anreizinstrument zu schaffen[235].

2.3.2.6. Beeinflussung von Entscheidungen durch Komponenten des Aufgabenumfeldes

Das Unternehmen und sein Management ist nicht nicht nur seinen Eigentümern gegenüber verpflichtet, sondern muß auch zahlreiche Ansprüche verschiedener anderer Gruppen (Stakeholder), mit denen es zur Erfüllung seiner Aufgaben im Austausch steht, erfüllen. Die erwähnten Anspruchsgruppen bestimmen damit auch, inwieweit das Unternehmen von ökologische Fragestellungen betroffen ist, da diese einen Teil ihrer Ansprüche ausmachen.

2.3.3. Empirische Validierung der Betroffenheit

Für die Bestimmung der objektivierten Betroffenheit im Rahmen der empirischen Untersuchung wurden entsprechend der oben dargestellten Abgrenzung von Aufgaben- und Makroumfeld[236] alle von den Stakeholdern an das Unternehmen gestellten Anforderungen einbezogen. Im Unterschied zu der Unterteilung in Makroumfeld und aufgabenspezifisches Umfeld, wie sie auch in der einschlägigen Literatur vorgenommen wird, sind für die Bestimmung der ökologiebezogenen Betroffenheit zusätzlich zu den Stakeholdern die rechtlichen Rahmenbedingungen einzubeziehen, da sie in großem Umfang auf die Unternehmen einwirken. So gaben in der eigenen empirischen Untersuchung 48,3% der Unternehmen an, von aktuellen Gesetzen und Verordnungen voll betroffen zu sein.

---

234) Vgl. SCHMIDHEINY, S. (1992), S. 92.
235) Vgl. SCHMIDHEINY, S. (1992), S. 102.
236) Vgl. die Anmerkungen in Kapitel 2.3..

Die Komponenten des Makroumfeldes haben keinen direkten Einfluß auf die Betroffenheit, sondern allenfalls einen indirekten Einfluß über die Stakeholder. Die Struktur des Makroumfeldes beeinflußt jedoch die Umsetzung der Betroffenheit in ökologieorientiertes Verhalten.

Während die antwortenden Unternehmen die von ihnen **subjektiv wahrgenommene Betroffenheit** direkt im Fragebogen auf einer ordinalen Skala angaben, wurde die **objektivierte Betroffenheit** aus einem Kriterienbündel zum Einfluß der Stakeholder auf das Unternehmen gewonnen. Die einzelnen Kriterien ordinalen Datenniveaus, die jeweils einen Stakeholder-Anspruch repräsentieren, wurden in Analogie zur Laplace-Regel der Entscheidungstheorie[237] gleichgewichtet und zu einem arithmetischen Durchschnitt aggregiert.

Die eigene empirische Untersuchung auf der Basis von 483 Unternehmen ergab für die objektivierte und subjektive Betroffenheit die nachfolgend abgebildeten Verteilungen. Der Vergleich der beiden Verteilungen ermöglicht eine Aussage über die Wahrnehmung der ökologischen Betroffenheit durch die Unternehmen. Die subjektive Betroffenheit kann eventuell im Verhältnis zur objektivierten Betroffenheit unter- oder überschätzt werden.

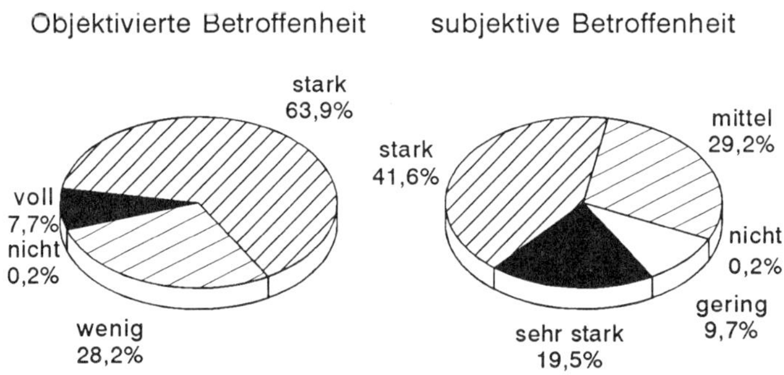

Abb. 2.8.: Objektivierte und subjektive Betroffenheit

Wie die obige Abbildung zeigt, stufen die Unternehmen der Stichprobe die ökologische Betroffenheit stärker ein, als es durch die objektivierte Messung zum Ausdruck kommt. Die Ursache kann in der zunehmenden Sensibilisierung des Managements bezüglich ökologischer Fragestellungen zu sehen sein. Es ist auch denkbar, daß Ansprüche einzelner Stakeholder von herausragender Bedeutung für das Management sind und deren Wahrnehmung dominieren, durch die Durchschnitts-

237) Die Laplace-Regel geht in Entscheidungssituationen bei fehlender Kenntnis über die Eintrittswahrscheinlichkeit von Umweltzuständen von einer gleichen Eintrittswahrscheinlichkeit aus und gewichtet Umweltzustände daher gleich. Vgl. BAMBERG, G. / COENENBERG, A.G. (1992), S. 109.

betrachtung aller Stakeholder-Ansprüche jedoch in der objektivierten Betroffenheit nicht in diesem Maß zum Tragen kommen.

Es stellt sich die Frage, welcher Zusammenhang zwischen der über die Stakeholder definierten objektivierten Betroffenheit und der von den Unternehmen direkt wahrgenommenen subjektiven Betroffenheit besteht. Aufgrund des ordinalen Datenniveaus der beiden Variablen wurde ein Kontingenztest mit folgendem Untersuchungsdesign durchgeführt:

Nullhypothese H_0: Unabhängigkeit von objektivierter und subjektiver Betroffenheit

Gegenhypothese H_1: Abhängigkeit

Grundlage des Kontingenztests ist nachfolgende Kontingenztabelle, deren Feldinhalte die absoluten und die prozentualen Häufigkeiten der Ausprägungskombinationen der beiden Variablen darstellen.

	Subjektive Betroffenheit			
Objektivierte Betroffenheit	nicht bzw. gering	mittel	stark bzw. sehr stark	Summe
nicht und wenig betroffen	35 7,7%	60 13,2%	34 7,5%	129 28,4%
stark betroffen	10 2,2%	71 15,6%	209 45,9%	290 63,7%
voll betroffen	0 0,0%	1 0,2%	35 7,7%	36 7,9%
Summe	45 9,9%	132 29,0%	278 61,1%	455 100,0%

Abb. 2.9.: Kontingenztabelle zum Zusammenhang von objektivierter und subjektiver Betroffenheit

Der Kontingenztest auf Basis obiger Kontingenztabelle führte zu folgendem Ergebnis:

Freiheitsgrad $(n-1)(m-1)$[238] = $(3-1)(3-1)$	4
Chi-Quadrat-Testwert $X^2[(n-1)(m-1)] = X^2[4]$	117,60
α-Fehler =	< 0,0001
Anzahl der Unternehmen N =	455

Da der α-Fehler kleiner als 0,00001 ist, kann die Nullhypothese verworfen werden. Die subjektiv wahrgenommene Betroffenheit und die objektiviert über die Stakeholder gemessene Betroffenheit sind daher **nicht unabhängig**. Die beiden Vari-

238) n,m stellen die Spalten- bzw. die Zeilenzahl dar.

ablen könnten theoretisch auch mit Hilfe einer Regressionsanalyse auf Unabhängigkeit untersucht werden. Dies setzt jedoch bei beiden Variablen ein kardinales Datenniveau voraus, das hier jedoch nicht gegeben ist. Daher ist der sich ergebende R^2-Wert nach Bravais-Pearson von 0,3587 nicht sinnvoll interpretierbar.

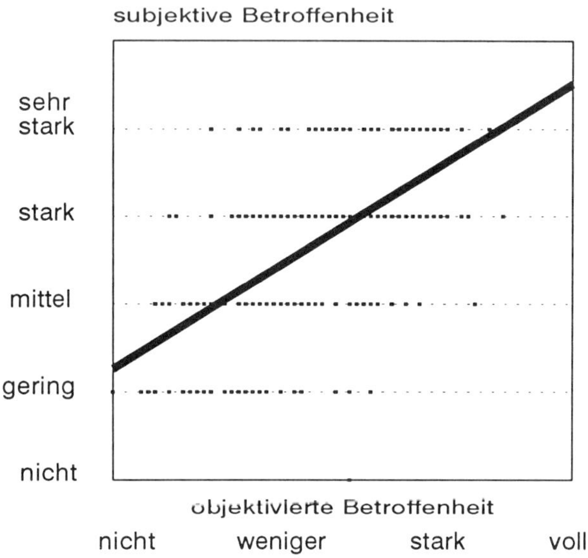

Abb. 2.10.: Zusammenhang von objektivierter und subjektiver Betroffenheit

Da der Kontingenztest lediglich auszusagen vermag, daß objektivierte Betroffenheit und subjektive Betroffenheit nicht unabhängig sind, ist die Richtung des Zusammenhangs von Interesse. Die Zellenhäufigkeiten der Kontingenztabelle und der graphische Zusammenhang in voranstehender Abbildung verdeutlichen, daß Unternehmen mit hoher objektivierter Betroffenheit sich auch subjektiv als stärker betroffen wahrnehmen.

Der Einfluß der Branchenzugehörigkeit auf objektivierte und subjektive Betroffenheit wird durch das Aufgabenumfeld entscheidend mitbestimmt. Die nachfolgende Abbildung soll diesen Zusammenhang graphisch darstellen.

Sowohl überdurchschnittliche subjektive als auch objektivierte Betroffenheit zeigen die chemische Industrie, die NE-Metallerzeugende Industrie, der Straßenfahrzeugbau, das Ernährungsgewerbe, die Energieversorger, die Mineralölindustrie und das Verlagsgewerbe. Das Bekleidungsgewerbe weist die weitaus niedrigste Wahrnehmung der ökologischen Betroffenheit auf. Dieses Ergebnis bestätigt, daß

Unternehmen produkt- oder produktionsverfahrensbedingt unterschiedlichen ökologischen Ansprüchen durch die Stakeholder ausgesetzt sind. Es überrascht nicht, daß die empirische Untersuchung gerade die Branchen als stark betroffen ausweist, die ohnehin schon im Rampenlicht der allgemeinen Diskussion sind.

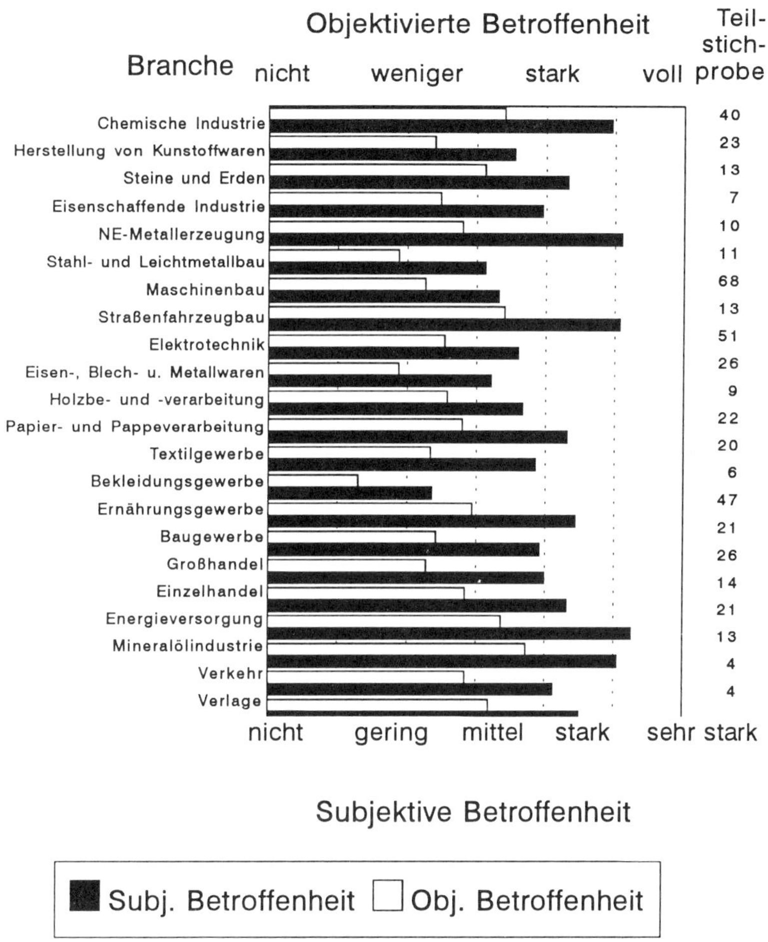

Abb. 2.11.: Branchenvergleich

Gliedert man die Ausprägungen der subjektiven und objektivierten Betroffenheit nach Größenkriterien, so kann Größe einerseits in Form von Umsatzgrößenklassen und andererseits durch die Anzahl der im Unternehmen beschäftigten Mitarbeiter definiert werden.

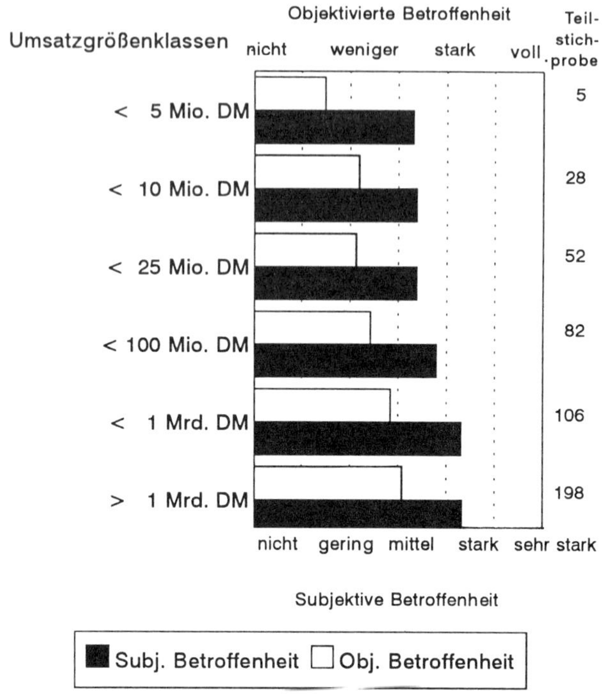

Abb. 2.12.: Größenvergleich nach Umsatzgrößenklassen

Wie die beiden Abbildungen 2.12. und 2.13. zeigen, steigen sowohl die subjektive als auch die objektivierte Betroffenheit mit zunehmender Unternehmensgröße unabhängig davon, welches der beiden Größenmaße verwandt wird. Dabei zeigt sich, daß Großunternehmen durch die Umweltproblematik stärker betroffen sind und gleichzeitig die Betroffenheit auch stärker wahrnehmen. Ursachen hierfür können der stärkere Einsatz kapitalintensiverer, ökologisch problematischer Technologien, wie z. B. in der Chemie und in der Automobilindustrie, und das stärkere öffentliche Interesse an Großunternehmen sein.

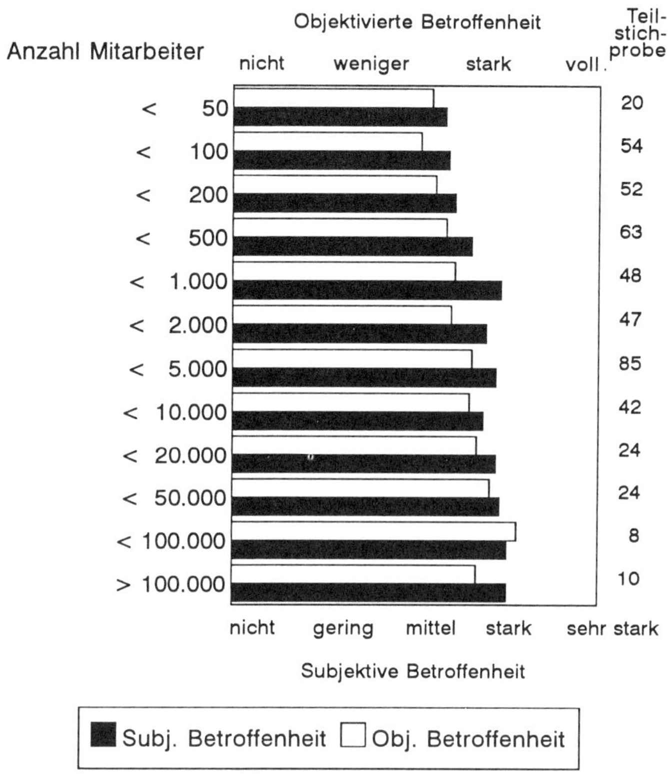

Abb. 2.13.: Größenvergleich nach Mitarbeiterzahl

Wie die empirischen Ergebnisse zeigen, besteht ein positiver Zusammenhang zwischen der über den Stakeholder-Ansatz gemessenen objektivierten und der subjektiv wahrgenommenen Betroffenheit. Letztere ist für die Handlungsauslösung, d. h. für die Ökologieorientierung des Unternehmens, verantwortlich. Ferner konnte gezeigt werden, daß bestimmte Branchen stärker betroffen sind als andere und daß Großunternehmen ebenfalls sowohl eine höhere objektivierte als auch eine höhere subjektive Betroffenheit aufweisen.

3. Ökologieorientierung des Unternehmens

Wie die Analyse des Makro- und des aufgabenspezifischen Umfeldes gezeigt hat, sind Unternehmen von ökologischen Fragestellungen betroffen und nehmen dies auch subjektiv wahr. Daraus können die Unternehmen nun Konsequenzen für die Ausrichtung ihres Managements ziehen.

Bevor die Ökologieorientierung analysiert werden kann, sind die Aufgaben des Unternehmens zu bestimmen, wobei zu berücksichtigen ist, daß diese einem laufenden Erweiterungs- und Differenzierungsbedarf unterliegen. In Abhängigkeit der Perspektive, aus der die Analyse erfolgen soll, können folgende drei **Definitionen des Unternehmens** voneinander abgegrenzt werden:

o eine volkswirtschaftliche,
o eine betriebswirtschaftliche sowie
o eine rechtliche.

In der **volkswirtschaftlichen** Literatur werden Unternehmen definiert als organisatorische Einheiten, die darauf ausgerichtet sind, durch den Einsatz von Arbeit und Kapital Gewinne zu erzielen[1)]. Zum Teil ist die Güter- und/oder Leistungserstellung als Unternehmenszweck dazwischengeschaltet; doch das Ziel, auf das diese ausgerichtet sein muß, ist wiederum die langfristige Gewinnerzielung. Das **betriebswirtschaftliche** Verständnis vom Begriff der Unternehmung ist ähnlich, d. h. die Leistungserstellung zum Zwecke der Befriedigung der Anspruchsgruppen wird als Unternehmenszweck genannt[2)]. Dieser zielt auf Wirtschaftlichkeit, d. h. das positive Verhältnis von Output und Input. ULRICH definiert die Unternehmung als System, das produktiv, offen, dynamisch, sozial, komplex und zweckorientiert ist[3)]. Im **Handelsgesetzbuch** wird dann von einem Gewerbe gesprochen (§1 HGB), wenn eine selbständige, nach außen erkennbare Tätigkeit auf einem wirtschaftlichen Gebiet ausgeübt wird und diese dauerhaft der Gewinnerzielung dient[4)].

Gemeinsames Merkmal der drei Betrachtungsweisen sowie der Definitionenvielfalt innerhalb der drei Perspektiven ist die Erklärung der organisatorischen Einheit "Unternehmung" gemäß ihren **Zielen**.

---

1) KAPP spricht von der Maximierung gesellschaftlicher Nettoerträge; vgl. KAPP, K. W. (1972), S. 160. Vgl. auch VON BÖVENTER, E. (1984) S. 137; WÖHE, G. (1984), S. 110 und WOLL, A. (1992), S. 698.
2) Vgl. FREEMAN, E.R. (1984), S. 25.
3) Vgl. ULRICH, H. (1970), S. 111 ff..
4) Vgl. HOFMANN, P. (1982), S. 25 ff..

3.1. Ökologieorientierung als Unternehmensziel

Vor allem allgemeine Definitionen lassen erkennen, daß der Gewinn als eigentliches Unternehmensziel gesehen wird, auf das die wirtschaftliche Tätigkeit ausgerichtet sein muß. Eine Analyse theoretischer Abhandlungen und empirischer Untersuchungen zeigt aber, daß der **Gewinn** nicht alleiniges Unternehmensziel ist. Vielmehr wird von einem **Zielbündel** ausgegangen, innerhalb dessen die Rolle des Unternehmensziels "Gewinnmaximierung" diskutiert bzw. untersucht wird[5)].

Betriebswirtschaftliches Handeln hat folglich nicht ein einziges Ziel, sondern unterliegt einem **Zielsystem**, d. h. einer durch Präferenzrelationen strukturierten Menge von Zielen[6)]. Ob in diesem Zusammenhang die Gewinnerzielung nun als Gewinnmaximierung oder - wegen auftretender Zielkonflikte - als Erwirtschaftung eines angemessenen Gewinns[7)] definiert wird, muß im Einzelfall, d. h. von jedem Unternehmer selbst für sein Unternehmen entschieden werden[8)]. Grundlage jedes unternehmerischen Handelns ist es dabei, langfristig die Restriktion Gewinn ≥ 0 zu gewährleisten.

Unternehmensziele sind keine vorgegebenen oder allgemeingültige zukünftige Zustände, sondern Ergebnisse eines Zielbildungsprozesses[9)], bei dem unternehmensinterne Gegebenheiten und unternehmensexterne Einflüsse Berücksichtigung finden. Dies gilt für übergeordnete Ziele wie auch für nachgeordnete Entscheidungsziele, die als Vorgabe für einzelne Entscheidungen dienen. Aus Beobachtungen über größere Zeiträume ist zu erkennen, daß zusätzlich neue, nicht direkt quantifizierbare Ziele in den Zielkatalog der Unternehmen aufgenommen werden und im allgemeinen der Erhalt der Unternehmung an sich in den Vordergrund rückt[10)]. Auch wenn die Studien zeigen, daß neben die Gewinnmaximierung, die in den De-

---

5) Vgl. die Ausführungen zu Zielen und Zielsystemen u. a. bei RIEGER, W (1928), S. 44; BIDLINGMAIER, J. (1964) und (1968); SCHMIDT, R. B. (1969), S. 3; HEINEN, E. (1971); BERTHEL, J. (1973); HAMEL, W. (1974); HAUSCHILDT, J. (1977); SCHNEIDER, D.J.G. (1978); KUPSCH, P. (1979); STREBEL, H. (1981); TERHART, K. (1986a), S. 402 f.; BRÄUER, K. (1992), S. 39 ff. und SCHREINER, M. (1992a), S. 470.

6) Vgl. BAMBERG, G. / COENENBERG, A.G. (1992), S. 26.

7) Vgl. HELMSTÄDTER, E. (1979), S. 162 und WINTER, G. (1987), S. 22.

8) Selbst in Zeiten des Kapitalismus war der Gewinn weit weniger als behauptet das zentrale Ziel der Unternehmen; vgl. BOHMERT, F. (1989), S. 367 ff..

9) KUPSCH, P. (1979), S. 15.

10) Vgl. BIDLINGMAIER, J. (1964) und (1968); HEINEN, E. (1971); BERTHEL, J. (1973); KUPSCH, P. (1979); SEIDEL, E. / MENN, H. (1988), S. 40 f. und DYLLICK, T. (1989), S. 13 f.; vgl. auch die Untersuchung von Geschäftsberichten deutscher Unternehmen im Hinblick auf Informationen zum Thema Umweltschutz: Hier ist eindeutig die Tendenz zu erkennen, daß Umweltschutz eine je nach Unternehmen mehr oder weniger bedeutendere Rolle im Zielsystem der Unternehmen eingenommen hat (Kapitel 4.4.1.).

finitionen oft ausschließlich genannt wird, andere, qualitative Ziele treten, ist doch die notwendige Erfolgsorientierung eines Unternehmens nicht zu leugnen[11].

Autoren	Stichprobe	Ergebnisse
KAPLAN, A.D.H. u.a. (1958):	Untersuchung von 42 der 100 größten amerikanischen Unternehmen	1. Sicherung einer angemessenen Rentabilität 2. Stabilisierung der Preise und Gewinnmargen 3. Stellung zum Wettbewerb 4. Marktanteil
RAIA, A.P. (1965):	Untersuchung eines englischen Großunternehmens, wobei verschiedene Entscheidungsträger befragt wurden	o Neue, attraktive Produkte o Angemessene Dividende o Gute Lieferantenbeziehungen o Marktwachstum o Qualität o Gewinn o Kooperation o Versorgung der Kunden o Mitarbeitermotivation o Gute Beziehungen zur Umwelt o Sicherheit der Arbeitsplätze o Wettbewerbsfähigkeit o Risikofreudige Mitarbeiter o Kostensenkung o Verbesserung der Marktposition
CZERANOWSKY, G./ STRUTZ, H. (1970):	Untersuchung von 105 Unternehmen im gesamten Bundesgebiet	1. Gewinn 2. Sicherheit 3. Marktanteil 4. Wachstum 5. Umsatz 6. Soziale Verantwortung 7. Ansehen in der Öffentlichkeit 8. Unabhängigkeit
HEINEN, E. (1971):	Untersuchung von 25 Unternehmen in Süddeutschland	1. Gewinn 2. Sicherheit 3. Soziale Verantwortung 4. Marktanteil 5. Unabhängigkeit 6. Kundenpflege 7. Wachstum 8. Prestige

11) So wird auch die Meinung vertreten, daß eine Orientierung an qualitativen Zielen in Form sog. ethischen Handelns die langfristige Gewinnerzielung sogar voraussetzt und zudem keinerlei empirische Belege für gewinnschmälernde Konsequenzen vorhanden sind; vgl. THOMMEN, J.-P. (1990) und SCHNEIDER, D. (1990).

Autoren	Stichprobe	Ergebnisse
EMNID-INSTITUT (1985):	Untersuchung von 286 Unternehmen im Hinblick auf die Zielbeziehung des Umweltschutzes zu klassischen Unternehmenszielen	1. Verbesserung des Unternehmensimages 2. Erringung eines Wettbewerbsvorsprungs gegenüber der Konkurrenz 3. Erschließung neuer Märkte 4. Gewinnung neuer und umsatzstarker Kundensegmente 5. Realisierung einer langfristig günstigeren Gewinnsituation 6. Kosteneinsparung durch Vorwegnahme von staatlichen Umweltauflagen 7. Verbesserung der Kooperation mit den Absatzvermittlern
FRITZ, W. u.a. (1985):	Untersuchung von 43 Unternehmen der Industrie	1. Sicherung des Unternehmensbestandes 2. Qualität des Angebots 3. Gewinn 4. Deckungsbeitrag 5. Soziale Verantwortung 6. Ansehen in der Öffentlichkeit 7. Umsatz 8. Wachstum des Unternehmens 9. Verbraucherversorgung 10. Marktanteil 11. Macht und Einfluß auf dem Markt 12. Umweltfreundlichkeit / Schonung natürlicher Ressourcen
KIRSCH, W. u.a. (1985):	Untersuchung von 214 Unternehmen mit mehr als 500 Mitarbeitern	1. Umsatz 2. Kapazitätsauslastung 3. Gewinn 4. Attraktive, neue Produkte 5. Versorgung des Kunden 6. Liquidität 7. Marktanteil 8. Soziale Verantwortung 9. Gutes Betriebsklima
TÖPFER, A. (1985):	Untersuchung von 196 Unternehmen des verarbeitenden Gewerbes mit mehr als 500 Mitarbeitern	1. Sicherung der Wettbewerbsfähigkeit 2. Erzielung eines angemessenen Gewinns 3. Verbesserung der Marktposition 4. Benutzerfreundlichkeit der Produkte 5. Erhaltung der Marktposition 6. Erhaltung der Arbeitsplätze 7. Umweltfreundlichkeit der Produkte

Autoren	Stichprobe	Ergebnisse
RAFFÉE, H. u.a.: (1988):	Untersuchung von 53 Unternehmen	1. Wettbewerbsfähigkeit 2. Qualität des Angebots 3. Sicherung des Unternehmensbestandes 4. Qualitatives Wachstum 5. Ansehen in der Öffentlichkeit 6. Verbraucherversorgung 7. Deckungsbeitrag 8. Gewinn 9. Soziale Verantwortung 10. Schonung natürlicher Ressourcen und umweltfreundliche Produktion 11. Verbraucherversorgung mit besonders umweltfreundlichen Produkten 12. Unabhängigkeit 13. Umsatz 14. Marktanteil 15. Quantitatives Wachstum 16. Macht und Einfluß auf dem Markt
MEFFERT, H. / KIRCHGEORG, M. (1989):	Branchenübergreifende Untersuchung von 286 Unternehmen	1. Sicherung der Wettbewerbsfähigkeit 2. Langfristige Gewinnerzielung 3. Produktivitätssteigerungen 4. Kosteneinsparungen 5. Mitarbeitermotivation 6. Unternehmens-/Produktimage 7. Erschließung neuer Märkte 8. Umwelt 9. Erhaltung von Arbeitsplätzen 10. Marktanteil 11. Kooperation mit dem Handel 12. Umsatz 13. Kurzfristige Gewinnerzielung
FUUF (1991):	Untersuchung von 592 Unternehmen im Hinblick auf die Zielbeziehung des Umweltschutzes zu klassischen Unternehmenszielen	1. Ansehen in der Öffentlichkeit 2. Wahrnehmung sozialer Verantwortung 3. Mitarbeitermotivation 4. Sicherung der Unternehmensexistenz 5. Kunden- und Marktorientierung 6. Angebotsqualität 7. Konkurrenzsituation 8. Wettbewerbsfähigkeit 9. Unternehmenswachstum 10. Marktanteil 11. Umsatz 12. Unabhängigkeit 13. Gewinn/Return on Investment 14. Liquidität

Abb. 3.1.: Empirische Untersuchungen zum Zielsystem der Unternehmen

Aufgrund der Fragestellung dieser Untersuchung soll im folgenden der Zusammenhang zwischen der Erfolgs- und der Ökologieorientierung eines Unternehmens untersucht werden. Hierzu wird in einem ersten Schritt die **Ökologieorientierung** als Unternehmensziel definiert, um anschließend die Rolle dieses Unternehmensziels im Zielsystem der Unternehmung untersuchen zu können[12)].

Ökologieorientierung kann definiert werden als die Ausrichtung unternehmerischer Entscheidungen auf die ökologische Knappheit, wobei diese - wie bereits ausgeführt - aufgrund rechtlicher Normen, marktwirtschaftlicher Überlegungen oder moralisch-ethischer Überzeugung vorgenommen worden sein kann. Sie zeichnet sich aus durch die Priorität ökologiebezogener Zielsetzungen und durch ein auf langfristiges Überleben ausgerichtetes Planungs-, Steuerungs- und Kontrollsystem. Das Ziel der Ökologieorientierung läßt sich durch die Vermeidung, Verminderung oder Beseitigung von Belastungen der ökologischen Umwelt auf allen Stufen der Wertschöpfung operationalisieren, um so langfristige Schäden nicht entstehen zu lassen[13)]. In der betriebswirtschaftlichen Literatur wird der Begriff - wie nachfolgende Abbildung veranschaulicht - anhand der Gründe, Aufgaben und Ziele von ökologieorientiertem Unternehmensverhalten definiert:

Autor	Gründe	Aufgaben	Ziele
BRENKEN, D. (1988)	o Diskontinuierliche Veränderungen o Zunehmende Komplexität und Dynamik o Wertewandel o Schneller technischer Fortschritt	o Erkennen der Anspruchsgruppen o Bestmöglicher Einsatz der knappen Ressourcen	o Langfristige Überlebenssicherung
HALLAY, H. / PFRIEM, R. (1992)	o Anforderungen der Verbraucher o Knappheit der Ressourcen	o Einsparungen o Wahl der Fertigungsverfahren o Produktentwicklungen o Ökologischer Industriebau	o Langfristige Unternehmensstabilisierung o Schaffen von Wettbewerbsvorteilen
HOPFENBECK, W. (1990)	o Bewußtseinswandel o Umweltansprüche der Bevölkerung o "Rentabilität" des Umweltgedankens	o Denken in Systemzusammenhängen o Früherkennungssystem	o Verwirklichung des Umweltschutzes als gesellschaftliches Ziel

12) Vgl. PICOT, A. (1977), S. 25 ff.; HILLEBRAND, R. (1981), S. 1941 f. und SEIDEL, E. (1989), S. 75 f..

13) Vgl. FREIMANN, J. (1988), S. 9 und REINHARD, H. (1990), S. 485.

Autor	Gründe	Aufgaben	Ziele
MEFFERT, H. / KIRCHGEORG, M. (1992)	o Wertewandel o Zunehmende Verschärfung der Umweltgesetzgebung o Wettbewerbs-strategische Notwendigkeit	o Frühzeitige Berücksichtigung umweltschutzbezogener Forderungen o Vermeidung und Verminderung von Umweltbelastungen	o Sicherung der Wettbewerbsfähigkeit o Langfristige Gewinnerzielung o Komplementarität zwischen langfristigen ökonomischen Zielen und Umweltschutz
SEIDEL, E./ MENN, H. (1988)	o Regelung des Verhaltens gegenüber Interessenten und Betroffenen	o Verkörperung der Gesamtheit übergeordneter Rahmenentscheide	o Verhaltensänderungen
SENN, J.F. (1986)	o Kollektivverantwortung aller Mitglieder der Industriegesellschaft	o Entwicklung innovativer Problemlösungen o Schriftliche Fixierung der Unternehmensgrundsätze o Schaffung eines Frühaufklärungssystems	o Langfristiger Gewinn als Oberziel und Umweltschutz als Sachziel
STEGER, U. (1988)	o Globalisierung der Märkte o Wertewandel o Unsicherheit durch politisches "muddling through" o Zunehmende Komplexität	o Integration des Umweltschutzes im Zielsystem o Aufbau eines Früherkennungssystems	o Existenzsicherung o Langfristige Sicherung der Wettbewerbsfähigkeit
STREBEL, H. (1990)	o Beeinträchtigung der Systemumgebung eines Unternehmens	o Produkte o Produktion o Lebensdauer o Verfahrenswahl o Einsatzstoffe o Recycling o Standortwahl	o Vereinbarung ökologischer und ökonomischer Ziele

Autor	Gründe	Aufgaben	Ziele
WICKE, L. (1988a)	o Verschärfte Umweltpolitik o Forderungen verschiedener Anspruchsgruppen	o Motivation des Managements o Übererfüllung von Umweltschutzanforderungen o Umweltschutzmarketing	o Erhaltung der langfristigen Gewinnmaximierung
WINTER, G. (1987)	o Abwehr von Umwelthaftung o Chancen zur Kostenminderung o Marktchancen o Sicherung von Arbeitsplätzen o Gesellschaftliche Verantwortung	o Umweltorientierte Produkt-/Verfahrensentwicklung o Umweltorientierte Standortwahl o Umweltorientierte Materialbeschaffung o Aufbau eines Frühwarnsystems o Motivation der Mitarbeiter	o Langfristige Existenzsicherung

Abb. 3.2.: Definitionen des Begriffs Ökologieorientierung

Auch wenn die Ökologieorientierung zu den Unternehmenszielen gezählt wird, sagt dies noch nichts über Form und Intensität ihrer Verwirklichung aus. Durch auftretende Zielkonflikte zwischen der Ökologieorientierung und anderen Zielen zeigt sich, daß unterschiedliche Wechselwirkungen zu den anderen Unternehmenszielen auftreten können.

Betrachtet man die Ziele des unternehmerischen Zielsystems unter dem Gesichtspunkt ihrer Verträglichkeit, so unterscheidet die Zielsystemtheorie fünf **Grundtypen von Zielbeziehungen**: Zielidentität, Zielkomplementarität, Zielindifferenz, Zielkonkurrenz und Zielantinomie[14)]. Dabei bezieht sich die Unterscheidung der Zielbeziehungen auf die Konsequenzen der zur Zielerfüllung bestimmten Handlungen, weshalb man auch von Zielwirksamkeitsbeziehungen spricht. Im Falle **konkurrierender** Ziele sind für konkrete Entscheidungssituationen Wertsetzungen über die Rangordnung bzw. die Gewichtung der Ziele notwendig. Zielbeziehungen können **indifferent** sein, d. h. die Erreichung eines Ziels beeinflußt die Erreichung eines anderen Ziels weder positiv noch negativ, was jedoch für die Beziehung zu

14) Vgl. BIDLINGMAIER, J. (1968), S. 43 ff.; HEINEN, E. (1971), S. 94 ff.; MAG, W. (1976), S. 50 ff. und KUPSCH, P. (1979), S. 26 ff..

ökologieorientierten Zielen in der Realität kaum zutreffen wird[15]. **Komplementär** sind zwei Ziele dann, wenn die Erreichung des einen Ziels das andere fördert oder bedingt[16].

Empirische Analysen, die insbesondere die Zielbeziehung zwischen der Ökologieorientierung und anderen Unternehmenszielen untersuchen, zeigen Konflikte zu den Zielen kurzfristiger Gewinnerzielung, Kostenreduzierung und Produktivitätssteigerung sowie Komplementaritäten zum Imageziel, zur Mitarbeitermotivation, zur langfristigen Gewinnerzielung und zur Sicherung der Wettbewerbsfähigkeit[17]. Andere empirische Zielforschungen, die nicht die direkten Einschätzungen der Zielwirkungsbeziehungen erfragten, sondern Interdependenzen anhand der Rangeinschätzung der Unternehmensziele durch faktorenanalytische Verdichtung ermitteln, liefern sowohl ähnliche, als auch differierende Ergebnisse. So stellt etwa TÖPFER[18] eine hohe Korrelation zwischen der Umwelt- und Benutzerfreundlichkeit von Produkten (instrumenteller Zusammenhang) sowie der Umweltfreundlichkeit und der Erhaltung von Arbeitsplätzen fest (gemeinsamer gesellschaftlicher Bezug), während zwischen Umweltfreundlichkeit und Sicherung der Wettbewerbsfähigkeit, Erhaltung der Marktposition und Gewinnziel nur geringe positive bis nicht signifikante Korrelationen bestehen. FRITZ U. A.[19] entwickeln, ebenfalls basierend auf empirischen Untersuchungen, durch faktorenanalytische Verdichtungen eine Zielhierarchie. Hierbei werden unternehmerische Ziele der Industrie zu einem dreifaktoriellen Zielsystem mit den Basiszielen Marktziel (Macht und Einfluß auf dem Markt, Ansehen in der Öffentlichkeit, Umsatz, Wachstum des Unternehmens, Marktanteil), gesellschafts- und produktbezogenes Leistungsziel (Qualität des Angebots, Soziale Verantwortung, Umweltfreundlichkeit, Verbraucherversorgung) und Ertragsziel (Gewinn, Deckungsbeitrag) verdichtet. Das Ziel der Umweltfreundlichkeit wird direkt dem Leistungsziel zugeordnet, trägt aber indirekt über die positiven Korrelationen auch zur Erfüllung anderer Basisziele bei.

In allen neueren Untersuchungen steht die Sicherung der Wettbewerbsfähigkeit, wohl als Folge der Herausforderungen stagnierender und schrumpfender Märkte sowie des internationalen Wettbewerbs, an vorderster Stelle der Rangordnung. Eine Analyse der Interdependenzen zu den Basiszielen legt es nahe, das **Wettbewerbsziel als übergeordnetes Ziel** zu betrachten. Ökologiebezogene Ziele werden in Form einer Mittel-Zweck-Beziehung dem Oberziel der Sicherung der Wettbe-

15) Vgl. REPENNING, K. (1983), S. 133 ff..
16) Dies ist vor allem bei ökologisch bedingten Innovationen der Fall, vgl. MEFFERT, H. / BRUHN, M. / SCHUBERT, F. / WALTHER, T. (1986), S. 147 f..
17) Vgl. MEFFERT, H. / KIRCHGEORG, M. (1989), S. 18 ff..
18) Vgl. TÖPFER, A. (1985), S. 245 ff..
19) Vgl. FRITZ, W. / FÖRSTER, F. / RAFFÉE, H. / SILBERER, G. (1985) und FRITZ, W. / FÖRSTER, F. / WIEDMANN, K.P. / RAFFÉE, H. (1988).

werbsfähigkeit untergeordnet, wobei der Zielkonflikt zwischen der Ökologieorientierung und der langfristigen Gewinnerzielung abnimmt[20].

Folgt man der Auffassung, daß Ökologieorientierung, die der gesellschaftlichen Verantwortung Rechnung trägt, aufgrund "der typischen Interessenlage erwerbswirtschaftlich handelnder Unternehmen"[21] nicht zu den Formalzielen, d. h. zu den unternehmensweit handlungsleitenden Maximen, zählen kann, so stellt sie im Zielsystem eine exogen gesetzte Restriktion (Erfüllung von Minimumanforderungen der sozialen Unternehmensumwelt, z. B. von Auflagen) dar. Ordnet man ihr eine **untergeordnete Rolle als Sachziel** zu, etwa als Qualitätsstandard "umweltfreundlich"[22], so werden ökologische Aspekte nur dann einbezogen, wenn es der Erfüllung der Formalziele dient. So leitet STREBEL beispielsweise aus der Zielkonzeption "Relative Umweltschonung"[23]die input- und outputorientierten Teilziele Ressourcenschonung, Abfallvermeidung und -verminderung, Abfallumwandlung, Abfallnutzung und Abfalldiffusion ab. Wird Ökologieorientierung demgegenüber als **Formalziel** in das Zielsystem einer Unternehmung integriert, so sind alle unternehmerischen Aktivitäten auf langfristige außerökonomische Konsequenzen zu überprüfen. Dabei spielt die gesellschaftliche Verantwortung eine wesentliche Rolle[24]. Die Ökologieorientierung tritt folglich neben die Erfolgsorientierung, d. h. im Falle einer noch zu diskutierenden Zielkonkurrenz können ökologische Aspekte auch unter freiwilliger Inkaufnahme von Umsatzeinbußen oder Kostensteigerungen Berücksichtigung finden[25].

Auf der Grundlage der Unterscheidung zwischen Ökologieorientierung als Sachziel und als Formalziel bei gleichzeitiger Unterteilung in eine eher aktive und eine eher passive Ökologieorientierung lassen sich vier **Idealtypen für die Integration des Unternehmensziels Ökologieorientierung in das Zielsystem** abgrenzen[26]:

---

20) Vgl. MEFFERT, H. / KIRCHGEORG, M. (1989), S. 27.

21) STREBEL, H. (1984), S. 342.

22) "Ein umweltfreundliches Produkt liegt dann vor, wenn es gegenüber einem herkömmlichen Produkt den gleichen Gebrauchsnutzen erfüllt, aber bei der Herstellung, Verwendung oder Vernichtung eine geringere Umweltbelastung hervorruft." TÖPFER, A. (1985), S. 242.

23) STREBEL, H. (1984), S. 345 ff..

24) Vgl. MEFFERT, H. / BRUHN, M. / SCHUBERT, F. / WALTHER, T. (1986), S. 146.

25) Deutlich werden mögliche Konsequenzen bei der Analyse des volks- und betriebswirtschaftlichen Wachstumsziels: Wurde das rein quantitative Wachstum in Größen wie Bruttosozialprodukt oder Umsatz gemessen, so wird nun auf eine Abschwächung der von den Unternehmen ausgehenden Einwirkungen auf die Umwelt abgezielt (qualitatives Wachstum).

26) Vgl. FRESE, E. / KLOOCK, J. (1989), S. 5 ff. und THOMMEN, J.-P. (1990), S. 307 f..

Charakter der betrieblichen Ökologieorientierung \ Formalziele betrieblicher Zielpolitik	Gewinnziele	Gewinn- und Ökologieziele
passiv	A. Ökologieorientierung gemäß externer Auflagen	B. Ökologieorientierung als Public Relations-Objekt
aktiv	C. Über externe Auflagen hinausgehende Ökologieorientierung	D. Ökologieorientierung als zusätzliches normatives Postulat

Abb. 3.3.: Typologie betrieblicher Ökologieorientierung[27)]

A. Ökologieorientierung als exogenes Sachziel:

Ökologische Aspekte stellen nur eine unfreiwillig gesetzte Restriktion des Entscheidungsraumes dar, z. B. als kostensteigernde Nebenbedingung zur Zielfunktion der Gewinnmaximierung[28)]. Die Passivität zeigt sich im bloßen Reagieren auf exogen vorgebrachte Anforderungen[29)] oder Wettbewerberverhalten. Ökologieorientierung wird eher als vorübergehende Modeströmung gesehen und mit Kosten- oder Wettbewerbsargumenten abgelehnt[30)]. Auch Beeinflussungs- und Widerstandsstrategien sind denkbar: Unter Ausnutzung der politischen Macht oder durch Einflußnahme auf die öffentliche Meinung versucht man, einer Normenverschärfung entgegenzuwirken. Im Extremfall kann auch die Möglichkeit eines Auflagenverstoßes erwogen werden[31)], wobei hier das Risiko von Zwangsregelungen oder Imageverlusten einzubeziehen ist.

B. Ökologieorientierung als vorgetäuschtes Formalziel:

Trotz einer passiv-reaktiven Integration wird hier Ökologieorientierung als Formalziel genannt. Entweder liegen die "in neuen allgemein-gesellschaftlichen Bezü-

---

27) Vgl. FRESE, E. / KLOOCK, J. (1989), S. 7.
28) Eine solche passive Haltung wird beispielsweise der Energiewirtschaft vorgeworfen. Vgl. KRÄMER, H. (1990), S. 141 und SCHMITT, D. (1990), S. 135.
29) LANGE entwickelte in diesem Zusammenhang ein System betrieblicher Anpassungsmöglichkeiten an durch die staatliche Umweltpolitik veränderte Datenkonstellationen, wobei ein rein adaptives Verhalten hinsichtlich gesellschaftlich gegebene Restriktionen angenommen wird. Vgl. LANGE, C. (1978), S. 99 ff..
30) So haben nach DEHMEL die Betriebskosten für Umweltschutzmaßnahmen in der Mineralölindustrie "eine Größenordnung erreicht, die nicht nur wettbewerbsverzerrend wirkt, sondern sich in zunehmendem Maße als existenzgefährdend erweist"; vgl. DEHMEL, H. (1990), S. 150.
31) Vgl. die empirische Untersuchung zu dieser Fragestellung von TERHART, K. (1986).

gen gewonnene Werthaltung und die im betrieblichen Alltag gewachsene, noch immer handlungsleitende Werthaltung ... weit auseinander"[32] - dann erzeugt ein dem neuen Formalziel widersprechendes Verhalten wenigstens ein schlechtes Gewissen - oder die Zielformulierung trägt beabsichtigt eine rein ideologische Funktion ohne handlungsleitende Wirkung, indem man zur Beruhigung der Öffentlichkeit eine Absichtserklärung abgibt.

In den Fällen A und B werden aufgrund der fehlenden Konzeption mögliche Kostenrisiken und Gewinnpotentiale nicht erkannt. Im Fall B erscheint jedoch die Entwicklung einer gewissen Eigendynamik oder ein Umdenken wahrscheinlicher als in Fall A.

C. Ökologieorientierung als endogenes Sachziel:

Aus den Formalzielen wird die Maxime der Herstellung umweltfreundlicherer Produkte und des Einsatzes umweltverträglicherer Verfahren abgeleitet. Dies bedeutet, daß auch Kondukte, die ursprünglich nicht Bestandteil des Sachziels eines Unternehmens waren, durch eine Art Umkehrschluß zum Sachziel werden[33]. Die Umweltschutzmaßnahmen gehen über das gesetzlich vorgeschriebene Maß hinaus bzw. antizipieren Gesetze, sofern sie den Erfüllungsgrad der Formalziele steigern. Man erkennt und nutzt also neben dem Einsatz der Ökologieorientierung als Marketingargument (Anbieten eines Zusatznutzens) sich bietende Chancen, "Produkte und Verfahren im Sinne der Umweltverträglichkeit zu innovieren, so daß eine Kopplung zwischen Kosten- und Ertragsverbesserungen und ökologischen Verbesserung möglich wird"[34]. Auch potentielle wettbewerbsstrategische Vorteile werden aufgrund der aktiven unternehmerischen Einstellung wahrgenommen.

D. Ökologieorientierung als endogenes Formalziel:

Wie in C werden freiwillig die gesetzlichen Normen übertroffen. Da aber die Ökologieorientierung zum Formalziel erhoben ist, muß zu seiner Verfolgung nicht prinzipiell die Komplementarität zu den übrigen Formalzielen gegeben sein. Im Falle der Zielkonkurrenz entscheidet die Rangordnung der einzelnen Formalziele. So lautet die diesbezügliche Entscheidung des BAYER-Konzerns:

"Umfassender Umweltschutz und größtmögliche Sicherheit, hohe Qualität der Produkte und optimale Wirtschaftlichkeit sind gleichrangige Ziele. Wenn es die Vorsorge für Gesundheit und Umwelt erfordert, wird - ungeachtet wirtschaftlicher

---

32) SEIDEL, E. (1989), S. 78, der in diesem Zusammenhang auch von kognitiven Dissonanzen spricht.

33) Vgl. STREBEL, H. (1990), S. 704.

34) MEFFERT, H. u. a. (1986), S. 147.

Interessen - die Vermarktung von Produkten eingeschränkt oder die Produktion eingestellt"[35].

Erst in den Fällen C und D gewinnt die Ökologieorientierung eine Bedeutung, die eine Anerkennung als eigenständiges Unternehmensziel rechtfertigt. Unabhängig von der Einordnung in das Zielsystem der Unternehmung sind ökologische und ökonomische Orientierungen einander gegenüberzustellen[36].

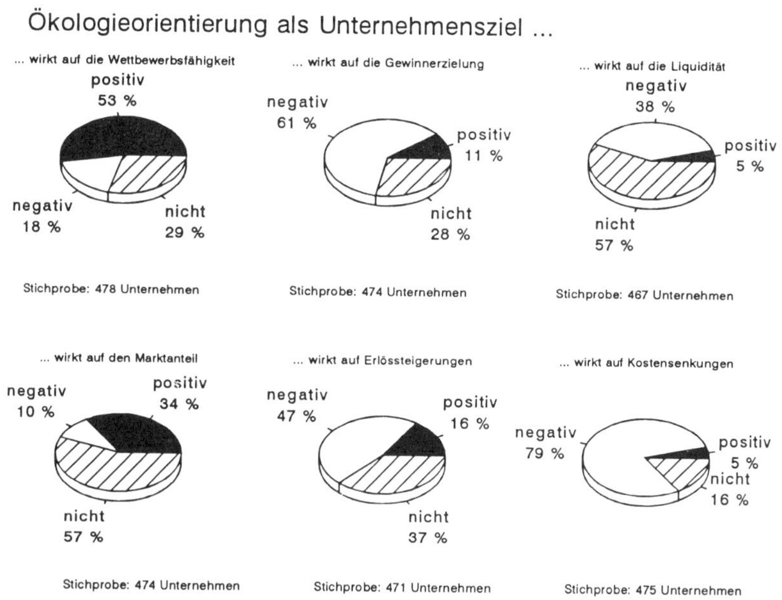

Abb. 3.4.: Zielbeziehungen zwischen der Ökologieorientierung und anderen Unternehmenszielen

Die Ergebnisse verdeutlichen, daß die meisten Unternehmen einen positiven Zusammenhang mit der Wettbewerbsfähigkeit sehen (53%), wohingegen 61% eine Zielkonkurrenz von Ökologieorientierung und Gewinnerzielung empfinden. Hier zeigt sich offensichtlich ein Unterschied in der Fristigkeit der Perspektive: Langfristig setzt man auf das gewinnsteigernde Potential, während kurzfristig die Kostenbelastungen durch die Ökologieorientierung im Vordergrund stehen. Extrem ist das Ergebnis im Hinblick auf angestrebte Kostensenkungen: 79% gehen davon aus, daß Maßnahmen des Umweltschutzes zu Kostensteigerungen führen.

35) BAYER AG (Hrsg.) (1989).
36) Vgl. FREIMANN, J. (1990), S. 8.

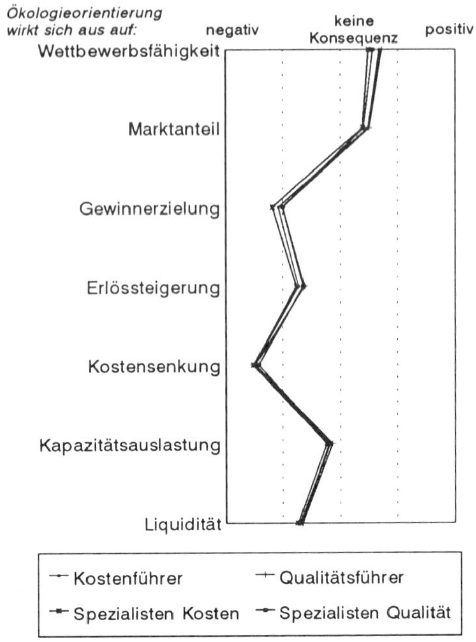

Abb. 3.5.: Zusammenhang zwischen der Wettbewerbsstrategie und Zielbeziehungen

Wie aus obiger Abbildung ersichtlich ist, hat die von den Unternehmen verfolgte Wettbewerbsstrategie keinen Einfluß auf die Einschätzung der Zielbeziehungen der Ökologieorientierung zu anderen Unternehmenszielen.

In Abhängigkeit von der ökologischen Betroffenheit und der Ökologieorientierung lassen sich verschiedene **Strategien eines ökologieorientierten Managements** ableiten[37]. Die Betroffenheit aggregiert dabei alle von den Stakeholdern ausgehenden Ansprüche (Chancen und Risiken) hinsichtlich ökologiebezogener Verhaltensweisen. Die Ökologieorientierung des gesamten Unternehmens (Stärken und Schwächen) wird über die Ökologieorientierung der einzelnen Bereiche erfaßt[38]. Daraus ergeben sich vier Strategie- und Verhaltensalternativen, die in nachfolgender Abbildung dargestellt sind.

---

37) Vgl. MEFFERT, H. / KIRCHGEORG, M. / OSTMEIER, H. (1988), S. 24.

38) Die Gegenüberstellung von Stärken und Schwächen des Unternehmens sowie Chancen und Risiken des Umfeldes wird auch als **SWOT** (Strenghts/Weaknesses/Opportunities/Threats)-**Analyse** bezeichnet; vgl. HUTCHINSON, C. (1992), S. 15.

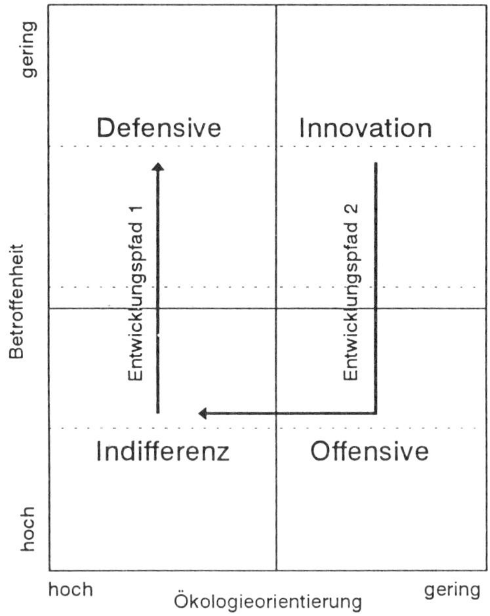

Abb. 3.6.: Ökologie-Portfolio

In einem Unternehmen, das nur in geringem Umfang betroffen ist und eine schwach ausgeprägte Ökologieorientierung aufweist, kann hinsichtlich der Strategieformulierung von **indifferentem Verhalten** gesprochen werden[39]. Allerdings ist zu beachten, daß durch die Weiterentwicklung des Stands der Technik und durch neue Untersuchungen über umweltbelastende Stoffe die Betroffenheit kontinuierlich neu bewertet werden muß. Unter Umständen muß daraufhin eine bereits abgesicherte Position nachträglich als relativ betroffen eingestuft werden **(Entwicklungspfad 1)**.

Unternehmen wählen teilweise unbewußt eine **defensive Strategie**, da die Berücksichtigung ökologischer Aspekte zwar als notwendig, jedoch nicht als chancenträchtig gesehen wird. Dem liegt möglicherweise die Auffassung zugrunde, daß Ökologieorientierung "für die allermeisten Betriebe zunächst und zuallererst ein betriebswirtschaftliches Ärgernis, das den normalen Produktionsprozeß nur stört"[40], darstellt. Diese Unternehmen orientieren sich an bestehenden Gesetzen und Auflagen und versuchen, durch Festhalten an defensiven Strategien die Anforderungen zu umgehen oder bei steigendem Druck durch Staat und Öffentlichkeit, diese nur bis zum erforderlichen Mindestmaß zu erfüllen. Einzelwirtschaftlich

39) Vgl. STEGER, U. (1988), S. 151 ff..
40) WICKE, L. (1988), S. 12.

kann dieses Verhalten kurzfristig durchaus vorteilhaft sein, wenn sich die Kosten für Abgaben und Sanktionen niedriger als die Kosten für vorausgreifende Maßnahmen erweisen[41].

Charakteristisch für eine defensive Strategie sind "end-of-the-pipe"-Technologien, die am eigentlichen Produktionsverfahren nichts ändern und die Umweltbelastung durch nachträgliche Maßnahmen verringern sollen. Sehr häufig anzutreffen ist auch der Widerspruch gegen angekündigte staatliche Vorschriften, die durch die gesellschaftliche Stellung - vor allem des Arbeitgebers mit Hinweis auf die Sicherung der Arbeitsplätze - torpediert oder zumindest verzögert werden. Die Position wird durch die Minimierung der Kosten für ökologische Belange gehalten. Im Falle deckungsschwacher Geschäftsfelder wäre ein Rückzug aus diesem Marktsegment denkbar[42].

Bei Verfolgung dieser Strategie[43] werden oft neue Marktpotentiale nicht rechtzeitig erkannt. Für die Unternehmen steigen die Eintrittsbarrieren in ökologieorientierte Märkte aufgrund umweltverträglicherer Substitute und der Vorsprung der Marktführer auf der "Ökologie-Erfahrungskurve" ist nur schwer aufzuholen sein.

Für Geschäftsfelder, die weder aufgrund der Produkte noch der Produktionsverfahren größeren Problemen ausgesetzt sind, bei denen aber Chancen bestehen, ein langfristiges Erfolgspotential zu aktivieren[44], eignet sich eine **offensive Strategie**. Voraussetzung für die Durchführung dieser Strategie ist die Überzeugung der einzelnen Sparten-, Bereichs- und Abteilungsleiter von der betriebswirtschaftlichen Notwendigkeit der zu treffenden Maßnahmen[45]. Im Vordergrund steht dabei das produktpolitische Instrumentarium, dem ein Zusatznutzen in Form von Umweltverträglichkeit hinzugefügt wird. Dieser kann in allen Bereichen der betrieblichen Leistungserstellung wie Beschaffung, Produktion, Produktgestaltung oder Absatz angesiedelt sein[46]. Um diese Tatsache jedoch auch dem Konsumenten nahezubringen, sind verstärkt ökologieorientierte Marketingmaßnahmen einzusetzen, die die Möglichkeiten einer wettbewerbsbezogenen Differenzierung und Profilierung des gesamten Unternehmens nutzen[47]. Ebenso werden alle anderen Managementfunktionen und Kernbereiche der Unternehmung wie Controlling, Organisation und Datenverarbeitung der Erfüllung einer offensiven Ökologieorientierung

41) Vgl. TERHART, K. (1986).
42) Vgl. MEFFERT, H. / KIRCHGEORG, M. / OSTMEIER, H. (1988), S. 24-25 und WICKE, L. (1988a), S. 15.
43) Vgl. zu den Risiken einer defensiven Strategie STEGER, U. (1988a), S. 20.
44) Vgl. STEGER, U. (1988), S. 162 ff..
45) Darüber hinaus kann ein Unternehmen sogar versuchen, am öffentlichen Meinungsbildungsprozeß mitzuwirken; vgl. ABELS, H. (1985), S. 98.
46) Vgl. WICKE, L. (1988a), S. 15 ff..
47) Vgl. KIRCHGEORG, M. (1990), S. 52 f..

angepaßt[48]. Eine offensive Strategie ist sicherlich kurzfristig nicht mit einer Strategie der Kostenführerschaft vereinbar, jedoch typisch für eine Nischenstrategie oder eine Differenzierungsstrategie.

Mit Hilfe einer **innovativen Strategie** sollen Erfolgspotentiale durch umweltverträglichere Produkt- und Prozeßsubstitutionen genutzt werden, um eine situationsadäquate Ökologiestrategie zur Positionsabsicherung aufzubauen. Obwohl oder gerade weil die Betroffenheit des Unternehmens sehr hoch war, wird diese Strategie gewählt.

Denkbar ist eine Spezialisierung auf lukrative Marktnischen oder eine Differenzierung durch den Aufbau einer spezifischen ökologischen Kompetenz, die in der Lage ist, die Gefahrenpotentiale zu minimieren und die Ausschöpfung der sich bietenden Chancen zu maximieren. Es ist jedoch zu erwarten, daß ökologieorientierte Me-too-Strategien in Märkten mit hoher Konkurrenzintensität nur für begrenzte Zeit aufrechtzuerhalten sind **(Entwicklungspfad 2)**[49].

Das innovative Vorgehen birgt zwei Risikofaktoren: Zum einen können staatliche Umweltauflagen, die bisher umweltgefährdende Produkte betreffen, deren Produktionskosten erhöhen und durch notwendige Verfahrensumstellungen die Unternehmung unter Zeitdruck setzen. Zum anderen besteht die Gefahr, daß der sensible Markt die umweltverträglicheren Produkte auf Grund eines Erscheinens von Substituten verweigert, da Nachfrageverschiebungen aufgetreten sind[50].

Als Charakteristika und Vorteile der innovativen Strategien können grundsätzlich die bei der offensiven Strategie aufgeführten gelten, wobei jedoch immer die besondere Situation zu beachten ist, daß aufgrund einer bestehenden Gefährdung Handlungsbedarf vorhanden ist.

In der Literatur gibt es verschiedene andere Ansatzpunkte für die Untergliederung der Unternehmensstrategien, die meist von gesellschaftsorientierten Strategien abgeleitet werden können. Die folgende Übersicht zeigt existierende **Konzepte von Strategietypen** auf[51], wobei auf das empirisch gestützte Konzept von KIRCHGEORG näher eingegangen werden soll:

---

48) Vgl. WICKE, L. (1988a), S. 18.
49) Vgl. MEFFERT, H. / KIRCHGEORG, M. / OSTMEIER, H. (1988), S. 25.
50) Vgl. STEGER, U. (1988), S. 168 ff..
51) in Anlehnung an KIRCHGEORG, M. (1990), S. 37 mit eigener Aktualisierung; "E" steht für eine empirische Fundierung, "U" für den besonderen Bezug zum Umweltschutz.

Autor	Strategietypen
FELDMANN (1971)	Ignoranz, Widerstand, Anpassung, Anerkennung öffentlicher Anliegen
KRÜGER (1974)	aktives Verhalten (Beeinflussung, Anpassung, Rückzug) passives Verhalten (Indifferenz, Ignoranz, Isolation)
KUBICEK/THOM (1976)	Beeinflussung, Anpassung
STITZEL (1976)	Antizipation, Anpassung, Widerstand (E,U)
RUPPEN (1978)	offensive, defensive Umweltschutzstrategie (U)
POST (1978)	adaptive, proaktive, interaktive Reaktion
MILES/SNOW (1978)	Defender, Prospector, Analyser, Researcher (E)
MILES/CAMERON (1982)	Wettbewerbsstrategien, politische Strategien (E)
ZEITHAML/ZEITHAML (1984)	Independent Strategies, Cooperative Strategies, Strategic Manoeuvring
SENN (1986)	Beeinflussung, Organisationsgestaltung, Informationsnutzung (U)
WICKE (1987)	offensive, defensive Umweltschutzstrategien (U)
MEFFERT u. a. (1986)	Unbetroffene, Aktive, Reaktive, Selektive (E, U)
FRANK u. a. (1987)	Unbetroffene, Optimistische, Selektive, Idealisten, Aktive (E, U)
KIRCHGEORG (1990)	Widerstand, Passivität, Rückzug, Anpassung, Innovation (E, U)
EULGEM (1993)	proaktives, reaktives Verhalten

Abb. 3.7.: Konzepte von Strategietypen

Den vorgenommenen Untersuchungen ist eine Ursachenanalyse für ein spezifisches Unternehmensverhalten und dessen dadurch bedingte Strategie gemeinsam. Die unterschiedlichen Strategiebegriffe resultieren aus einer unterschiedlichen Ausrichtung oder einem unterschiedlichen Detailliertheitsgrad der Studien. KIRCHGEORG leitet seine Strategietypologien beispielsweise von fünf verschiedenen Klassifikationsmerkmalen ab[52].

52) Vgl. KIRCHGEORG, M. (1990), S. 45.

Klassifikationsmerkmale ökologieorientierter Unternehmensstrategien	Ausprägungsformen
Verhaltensbezugsebene	intern (Unternehmen) ↔ extern (Markt/Gesellschaft)
Anpassungsintensität an Umweltschutz-erfordernisse	passiv ↔ aktiv (adaptiv, innovativ)
Zeitpunkt der Strategie-entwicklung / Maßnahmenrealisierung	reaktiv ↔ proaktiv
Art der Strategieentwicklung	isoliert ↔ integriert
Durchsetzung von Strategien	individuell ↔ kooperativ

Abb. 3.8.: Ableitung von Basisstrategien aus verschiedenen Strategiemerkmalen

Für die in dieser Arbeit zu untersuchende Ökologieorientierung des Controlling wurde die Ökologieorientierung innerhalb der einzelnen Stufen der Wertschöpfung untersucht. Deren Ausprägung an den einzelnen Stellen des Unternehmens ist bestimmend für eine umfassende Berücksichtigung ökologischer Aspekte, wie sie mit Hilfe eines Controllingsystems geleistet werden kann. Um die ökologieorientierte Strategie eines Unternehmens ableiten zu können, ist ein sehr umfassender Begriff der Betroffenheit zugrunde zu legen. Die bereits vorgestellte Konzeption der objektivierten und subjektiven Betroffenheit zur Ableitung der Ökologieorientierung, die sehr spezifisch im Hinblick auf den Einfluß aller Wettbewerbskräfte analysiert wird, ist umfassender als die bloße Reduzierung auf Umweltgefährdung und Marktchancen, wie sie in der Konzeption des in der Literatur verbreiteten Ökologie-Portfolios vorgenommen wird[53)].

3.2. Bestimmung der Ökologieorientierung mit Hilfe einer Unternehmensanalyse

Um die Konsequenzen ökologisch relevanter Vorgänge und Sachverhalte auf die Unternehmensführung und insbesondere das Controlling bestimmen zu können, ist die Ökologieorientierung nicht nur als Unternehmensziel, sondern konkret hinsichtlich der Umsetzung auf den einzelnen Stufen der Wertschöpfung zu analysie-

53) Vgl. STEGER, U. (1988), S. 151; HOPFENBECK, W. (1990), S. 148 und MEFFERT, H. / KIRCHGEORG, M. (1992), S. 109.

ren **(Unternehmensanalyse)**[54]. Lag der Schwerpunkt bei der Umfeldanalyse auf der Identifizierung der Chancen und Risiken, so stehen unternehmerische Stärken und Schwächen im Mittelpunkt der Unternehmensanalyse.

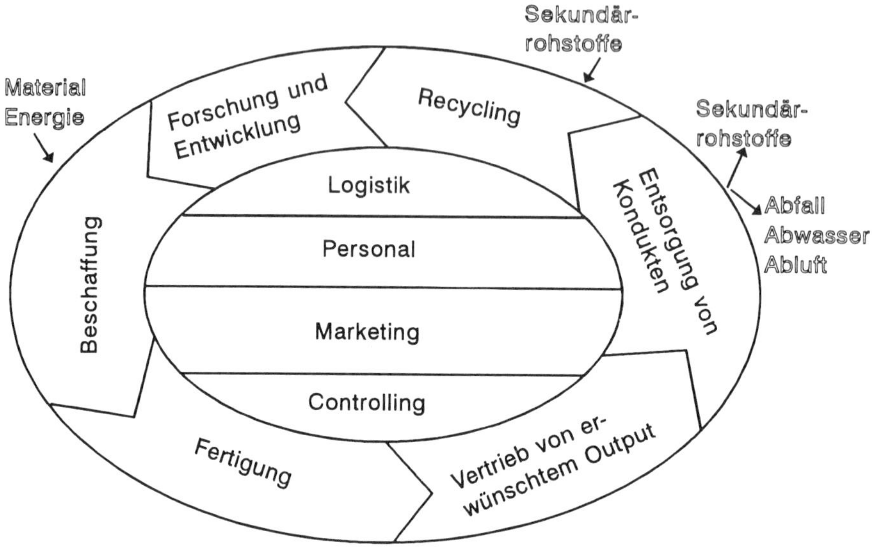

Abb. 3.9.: Wertschöpfungskreis

Ein Analyseinstrument für die einzelnen Wertschöpfungsstufen stellt die Wertkette von PORTER dar[55]. Um diese **Wertkette** den Erfordernissen für die Integration ökologischer Aspekte anpassen zu können, muß sie zu einem **Wertschöpfungskreis** erweitert werden[56].

Mit Hilfe dieses Instrumentariums werden Unternehmen in strategisch relevante Tätigkeitsbereiche untergliedert, um dadurch Stärken und Schwächen im Hinblick auf vorhandene und potentielle Chancen und Risiken bestimmen zu können[57]. Generell können zwei Kategorien von Wertaktivitäten unterschieden werden: **Primäre Aktivitäten** beziehen sich auf den eigentlichen Leistungserstellungsprozeß

---

54) Vgl. z. B. RÖMER, G. (1990), S. 7 ff. und POST, J.E. (1991), S. 36. WINTER entwickelt für jede einzelne Stufe der Wertschöpfung eine Checkliste für die Integration ökologischer Aspekte; vgl. WINTER,G. (1987), S. 79. STEGER stellt die Aktivitäten eines Handelsunternehmens mit Hilfe der Wertkette dar; vgl. STEGER, U. (1992), S. 110. Vgl. auch die Struktur eines ökologischen Unternehmungskonzeptes bei DYLLICK, T. (1990), S. 28.

55) Vgl. PORTER, M.E. (1986), S. 62.

56) Vgl. das Konzept des Wertschöpfungskreises von ZAHN, E. / SCHMID, U. (1992), S. 77, die Schadschöpfungskette von SCHALTEGGER, S. / STURM, A. (1990), S. 279 oder andere Konzepte erweiterter Wertschöpfungsketten, z. B. für Handelsunternehmen von STEGER, U. (1992), S. 110 oder SERVATIUS, H.G. (1992), S. 102. Vgl. auch HUTCHINSON, C. (1992), S. 16. ROY / WHELAN sprechen vom Erfordernis eines "product stewardship" über alle Phasen des Lebenszyklus, d. h. einschließlich Entsorgung und Recycling; vgl. ROY, R. / WHELAN, R.C. (1992), S. 64.

57) Vgl. PORTER, M.E. (1986), S. 65.

von der Beschaffung über Produktion und Absatz bis hin zur Entsorgung. **Sekundäre Aktivitäten** wie Marketing oder Controlling wirken übergreifend auf alle Bereiche. Die einzelnen Wertschöpfungsstufen sind nun hinsichtlich ihrer Bedeutung für die Integration ökologischer Aspekte zu untersuchen[58], und zwar zunächst konzeptionell, sodann empirisch.

3.2.1. Primäre Aktivitäten

Die primären Aktivitäten kennzeichnen die Stufen, die eine Leistung typischerweise während ihrer Erstellung im Unternehmen nacheinander durchläuft. Für eine zielorientierte Analyse der einzelnen Wertschöpfungssstufen muß zunächst deren Bedeutung im allgemeinen bestimmt werden. Anschließend ist zu untersuchen, welche Bedeutung den Aktivitäten für die Integration ökologischer Aspekte in die Unternehmensführung beizumessen ist.

3.2.1.1. Forschung und Entwicklung

Die Bedeutung von Forschung und Entwicklung (F&E) leitet sich aus deren Folgewirkungen in späteren Phasen ab, die im Hinblick auf Kostenfestlegung und Kostenanfall zu untersuchen sind. So werden 60% der Kosten bereits während der Konzeptions- und Konstruktionsphase festgelegt[59]. Dies bestätigen auch Untersuchungen bei japanischen Unternehmen, die zeigen, daß diese ihre Bemühungen um die Durchführung einer effektiven Kostenkontrolle während der Produktionsphase sehr stark eingeschränkt haben, da entsprechende Maßnahmen die Produktionskosten um maximal 5% senken können. Deshalb wurden Maßnahmen zur Kostenreduzierung vor allem auf Tätigkeiten verlagert, die vor der Produktion anfallen[60].

Soll verhindert werden, daß eine Schonung der ökologischen Umwelt nur durch ein geringeres Produktionsvolumen erreicht wird bzw. daß durch "end-of-the-pipe"-Technologien Schädigungen vermieden werden, müssen von den Forschungs- und Entwicklungsabteilungen umweltverträglichere Produkt- und/oder Verfahrensinnovationen technischer oder organisatorischer Art geschaffen werden, die von Anfang an Schädigungen unterbinden[61]. In diesem Kontext soll eine Innovation die

58) Vgl. die Ergebnisse der Untersuchung der "Forschungsgruppe Umweltorientierte Unternehmensführung" zu den einzelnen Wertschöpfungsstufen. Dabei zeigt sich, daß die Betroffenheit der Produktion am stärksten, die des Controlling und des Rechnungswesen am schwächsten wahrgenommen wird; vgl. ANTES, R. / STEGER, U. / TIEBLER, P. (1992), S. 381.

59) Vgl. BERLINER, C. / BRIMSON, J.A. (1988), S. 157.

60) Vgl. SHIELDS, M.D. / YOUNG, S.M. (1991), S. 39.

61) Vgl. WINTER, G. (1987), S. 28; ANTES, R. (1988), S. 44 ff.; SCHMID, U. (1989), S. 150 ff. und CAIRNCROSS, F. (1992), S. 41.

erste wirtschaftliche Nutzbarmachung meinen[62]. Innovationsanstöße können dabei von allen Wettbewerbskräften ausgehen. Hauptimpulsgeber sind sicherlich der Staat, der eine gezielte Innovationsförderung initiieren kann, und die Wettbewerber, die sowohl F&E-Wettbewerb als auch F&E-Kooperationen auslösen können[63].

Der Einfluß staatlicher Institutionen zeigt sich sehr deutlich an der geplanten Vereinheitlichung der Vorschriften auf europäischer Ebene: Wird hierfür der kleinste gemeinsame Nenner gewählt, so ist die Wettbewerbsfähigkeit von Unternehmen, die sich an strengeren Vorschriften orientieren, eventuell gefährdet. Im umgekehrten Fall ergeben sich gerade für deutsche Unternehmen große Chancen, da sie als Anbieter von Umweltschutztechnologien auf ein großes Nachfragepotential stoßen und innovative Unternehmen ihre Vorreiterrolle ausbauen können[64].

Unter ökologieorientierten **Produktinnovationen** versteht man Produkte, die den gleichen Grundnutzen wie herkömmliche Produkte erfüllen, die jedoch einen Zusatznutzen hinsichtlich der Verminderung von Umweltbelastungen bei der Herstellung, Verwendung und Beseitigung bieten[65]. Als Kriterien dienen dabei Rohstoff- und Energieeinsatz und -verbrauch sowie die Belastung der Umweltmedien Wasser, Boden und Luft während der einzelnen Lebensphasen[66].

Bei **Verfahrensinnovationen** lassen sich Innovationen in additive ("end-of-the-pipe") und integrierte Technologien unterscheiden, wobei der Übergang fließend sein kann. **Additive Technologien** sind dem eigentlichen Leistungserstellungsprozeß nachgeschaltet und werden bei der Luftreinhaltung, der Abwasserbehandlung, der Abfallbeseitigung und beim Lärmschutz eingesetzt. Die Technologie als solche kann durchaus eine Innovation darstellen, doch aufgrund ihrer nachgelagerten Funktion kann sie nicht als ökologieorientierte Innovation gelten[67]. **Integrierte**

62) Vgl. CORSTEN, H. (1989), S. 3 und BESCHORNER, D. (1991), S. 303 f.. Innovationen können nach den Kriterien Innovationsobjekt, Neuigkeitsgrad und Technologie-Aspekt differenziert werden. Bei einer Unterteilung nach dem Innovationsobjekt können Produkt-, Prozeß- und Anwendungsinnovationen unterschieden werden, nach dem Neuigkeitsgrad Basis- und Verbesserungsinnovationen und nach dem Technologieaspekt soziale und technische Innovationen; vgl. THOM, N. (1980), S. 38 ff. und TROMMSDORF, V. (1990), S. 4.

63) Vgl. KREIKEBAUM, H. (1988a), S. 155.

64) Vgl. STEVEN, M. (1991), S. 42.

65) Vgl. TÖPFER, A. (1985), S. 242.

66) Vgl. TÜRCK, R. (1990), S. 68 f., für den Verbraucher ist eine Prüfung von Produkten hinsichtlich dieser Kriterien z. B. durch den Blauen Engel in Deutschland, Environmental Choice in Kanada oder Eco-mark in Japan ersichtlich; vgl. SCHMIDHEINY, S. (1992), S. 161.

67) Das Statistische Bundesamt untergliedert Umweltschutzinvestitionen in die Bereiche Abfallbeseitigung, Gewässerschutz, Lärmbekämpfung und Luftreinhaltung, obwohl es sich dabei meist nur um nachgelagerte Maßnahmen handelt; vgl. § 11 UStatG. Zu kurz- und langfristigen Auswirkungen von "end-of-the-pipe"-Strategien vgl. FABER, M. / STEPHAN, G. / MICHAELIS, P. (1989), S. 116 ff. und HARTJE, V.J. / LURIE, R.L. (1984), S. 11 ff..

Lösungen reduzieren unter Berücksichtigung input-relevanter Vorstufen und output-relevanter Folgestufen bereits die Entstehung von Umweltbelastungen.

Da gerade bei der Diskussion über die Integration ökologischer Aspekte eine lebenszyklusübergreifende Betrachtung notwendig ist, sind Maßnahmen im Bereich von Forschung und Entwicklung bereits ökologie- und lebenszyklusorientiert zu gestalten[68].

3.2.1.2. Beschaffung

Mit der Bestimmung der Einsatzfaktoren für den Leistungserstellungsprozeß wird die Grundlage für die Entscheidungen der nachfolgenden Teilbereiche gelegt. Die Bedeutung des Einkaufs zeigt sich am hohen Anteil der Materialkosten am Umsatzerlös (ca. 50% der Herstellkosten im Durchschnitt der Industrie)[69].

Zur Realisierung einer ökologieorientierten Beschaffung gehört zum einen die Auswahl umweltverträglicherer Substitutionsprodukte, wenn dies bereits möglich ist. Zum anderen sind in Zusammenarbeit mit der Forschungs- und Entwicklungssowie der Produktionsabteilung die Möglichkeiten umweltverträglicher Roh-, Hilfs- und Betriebsstoffe sowie Produktionsverfahren zu eruieren[70], da wechselseitige Beziehungen zwischen den Produktionsverfahren und den benötigten Vorprodukten bestehen.

Für die **Auswahl von Einsatzfaktoren** sind dabei nach STAHLMANN folgende Beurteilungskriterien zu beachten[71]:

---

68) Vgl. GÖPFERT, I. (1992), S. 256 f..
69) Vgl. die Übersicht bei STAHLMANN, V. (1988), S. 15.
70) Vgl. BLOM, F. (1983), S. 17 ff. und STAHLMANN, V. (1988a), S. 30.
71) Vgl. STAHLMANN, V. (1988), S. 71.

- o Stellung in der ABC-Analyse (Verbrauchswert pro Jahr)[72]
- o Bestellmenge pro Jahr
- o Bedeutung für das Produktionsprogramm als Hauptumsatzträger oder Mehrfachverwendungsteil
- o Preiselastizität des Angebots (kritisch bei unelastischem Angebot, einzigartigen Verfahren mit geringer Kapazität und erweiterter Nachfragesteigerung)
- o Bestellzeiten (Langläufer beachten)
- o Rohstoffabhängigkeit, politische Versorgungssicherheit und Ressourcenerschöpfung
- o Umweltverträglichkeit von Stoffen und Teilen

Eine besondere Bedeutung für eine Unternehmensanalyse unter ökologischen Gesichtspunkten hat die Beschaffung bei Stoffumwandlungsprozessen, bei denen das Endprodukt an sich ökologisch unbedenklich ist, die Einsatzstoffe aber umweltschädlich sind[73]. Zur Beurteilung der Einsatzfaktoren kann für jedes Endprodukt ein Produktbewertungsverfahren durchgeführt werden, bei dem die eingehenden Rohstoffe, Energien sowie die Belastung der Medien untersucht werden[74].

3.2.1.3. Produktion

In der Produktion vollziehen sich die meisten stofflichen und energetischen Umwandlungsprozesse eines Unternehmens. Damit sind quantitativ und qualitativ problematische Beanspruchungen der ökologischen Umwelt durch Kondukte fester, flüssiger und gasförmiger Art verbunden[75].

Im Bereich der Produktion sind ökologische Aspekte in folgende Teilentscheidungen zu integrieren[76]:

---

72) Aufgabe einer ABC-Analyse ist in diesem Kontext die Festlegung des Wert-Mengen-Verhältnisses der Materialien. A-Teile haben dabei einen geringen Anteil bzgl. der Zahl zu beschaffender Produktionsfaktoren, machen jedoch einen hohen Werteanteil aus. Die Aktivitäten im Bereich der Beschaffung konzentrieren sich hauptsächlich auf diese A-Teile.

73) Vgl. STREBEL, H. (1980), S. 120.

74) Vgl. die Matrix zur ökologischen Produktbewertung von TÜRCK, R. (1990), S. 68 und die Ausführungen in Kapitel 6..

75) Vgl. STREBEL, H. (1981a), S. 508 f.; SCHREINER, M (1988), S. 132 und DYCKHOFF, H. (1991), S. 280.

76) Vgl. STREBEL, H. (1990), S. 712 ff. und STEVEN, M. (1992), S. 30 ff. und 105 ff..

- o Standortwahl
- o Produktionsprogrammplanung
- o Produktionsverfahren

Entsprechend der klassischen Standortfaktorlehre sind für die **Ansiedlung** eines Unternehmens Bodenbeschaffenheit, Verkehrsanbindung, Möglichkeiten der Beschaffung, Entsorgung und des Absatzes, Quantität und Qualität des Arbeitskräftepotentials, soziale Komponenten und staatliche Einflußgrößen zu berücksichtigen.

Bei der Planung des **Produktionsprogramms** sind gerade bei längerfristigen Entscheidungen Umstrukturierungen möglich, um Produkte, von denen eine besonders hohe Belastung ausgeht, durch umweltverträglichere zu ersetzen.

Die Minimalbedingungen für **technische Verfahren** werden durch rechtliche Regelungen vorgegeben. Stoffbezogene Regeln schreiben bestimmte Volumengrenzwerte vor, die am Arbeitsplatz oder bei der Emission eingehalten werden müssen[77)]. Neben diesen Grenzwertvorgaben existieren für Produktionsverfahren sicherheitstechnische Regeln, wie z. B. DIN-Normen, VDE-Bestimmungen und VDI-Richtlinien, die den allgemeinen Stand der Technik konkretisieren[78)].

Um die mit der Gesetzgebung und dem wachsenden Umweltbewußtsein einhergehende Beeinträchtigung des unternehmerischen Handlungsspielraums möglichst gering zu halten, ist eine Innovationsstrategie durch den Einsatz integrierter Technologien zu verfolgen, die z. B. Wiederverwendungskreisläufe beinhalten können. Dies ergibt sich aus der geringen ökologischen und ökonomischen Attraktivität von "end-of-the-pipe"-Technologien, die sehr häufig für die Vermeidung produktionsbedingter Emissionen eingesetzt werden[79)]. Integrierte Technologien können auch Wiederverwendungskreisläufe beinhalten, durch die die Emissionen reduziert werden können. Die ökologische Ausgestaltung der Produktion im Sinne einer ökologieorientierten Unternehmensführung wird stark durch technische Möglichkeiten und Grenzen bestimmt.

---

77) Dies gilt für die Arbeitsstoffverordnung, die Technischen Anleitungen (TA) Lärm und Luft, die Strahlenschutzverordnung und das Abwasserabgabengesetz.

78) Vgl. SENN, J.-F. (1986), S. 105.

79) Oft werden gerade in einer Situation unter Zugzwang umweltverträglichere Verfahren entwickelt, die den gleichen Output mit geringeren Emissionen herstellen, vgl. WINTER, G. (1987), S. 157 ff.. Zum Vergleich von "end-of-the-pipe"-Technologien und integrierten Verfahren vgl. z. B. STEGER (1990), S. 34 f..

3.2.1.4. Vertrieb

Der Stellenwert des Vertriebs wird künftig zunehmen, da die Kundennähe im Wettbewerb angesichts abnehmender Wachstumsraten in ihrer Bedeutung wachsen wird. Unternehmen, die es versäumen, die Absatzvorbereitung, -anbahnung und -realisierung auf ein branchenübliches Leistungsniveau zu bringen, gefährden dadurch ihre Marktstellung[80)]. Ein wichtiger Teilaspekt ist dabei der Aufbau einer ressourcenschonenden **Absatzorganisation**.

Für eine ökologieorientierte Distribution ist die bei den Absatzssystemen übliche Vorwärtsrichtung vom Produzenten zum Konsumenten zu beachten. Der Aufbau von Retrodistributionskanälen für die Wieder- und Weiterverwendung sowie Wieder- und Weiterverwertung von Produkten und Verpackungen, eröffnet neue Marktchancen und Differenzierungsmöglichkeiten[81)]. Ein nach ökologischen Gesichtspunkten ausgewähltes Absatzsystem umfaßt auch den Einsatz umweltverträglicherer Transportmittel, z. B. durch Verlagerung des Transports auf die Bahn und durch Reduzierung der Schadstoffe im eigenen Fuhrpark.

Wichtiger Bestandteil des Vertriebs ist der **Service**. Hier kann das Unternehmen Dienstleistungen anbieten, die eine umweltfreundlichere Produktnutzung ermöglichen. Die Information kann aber auch auf andere, den Konsumenten betreffende Lebensberciche übergreifen. Zu einer hohen Akzeptanz von Unternehmen führt die Freigabe betrieblicher Sammelstellen für die benachbarte Bevölkerung[82)].

3.2.1.5. Entsorgung

Aus den oben dargestellten naturwissenschaftlichen Gesetzmäßigkeiten kann abgeleitet werden, daß die in den Produktionsprozeß einfließenden Inputfaktoren nicht vollständig in die zu erstellenden Produkte einfließen können, sondern daneben stoffliche und energetische Kondukte entstehen. Die von RIEBEL vorgenommene Unterteilung von Kuppelprodukten[83)] in neun Stufen umfaßt sowohl wirtschaftlich angestrebte Güter als auch unerwünschten Output. Dieser kann je nach

---

80) Vgl. BURGHOLD, J.A. (1986), S. 172.

81) Vgl. MEFFERT, H. / BRUHN, M. / SCHUBERT, F. / WALTHER, T. (1986), S. 157. Ein Beispiel für ein bereits mit Erfolg eingeführtes Konzept stellt die Lösung des Toni-Milchverbandes in der Schweiz dar. Mit der Einführung eines Rücknahmegestells für das Zirkulationsglas wurde der Handel von dem Zusatzaufwand durch die Rücknahme entlastet, für die Kunden wurde die Rückgabe unkompliziert und ohne Wartezeiten gestaltet; vgl. DYLLICK, T. (1988), S. 51 ff..

82) Vgl. WINTER, G. (1987), S. 199 und GÜNTHER, K. (1989), S. 113.

83) Die neun Stufen umfassen sich selbst beseitigende, ungenützte Kuppelprodukte, unter Aufwand zu beseitigende, nicht verwertbare Abfälle, gelegentlich verwertbare Abfälle, regelmäßig verwertbare Abfälle, Neben-, Ko-, Leit-, Haupt- und Zweckprodukte; vgl. RIEBEL, P. (1955), S. 126 ff..

der Form seines Auftretens in feste, flüssige oder gasförmige Substanzen untergliedert werden.

Art des Mediums / Art des Konduktes	Boden	Wasser	Luft
Kondukt	Rückstand	flüssige Kondukte	gasförmige Kondukte
Sekundärrohstoff (unerwünschter Output)	feste Sekundärrohstoffe	flüssige Sekundärrohstoffe	gasförmige Sekundärrohstoffe
Abfall, Abwasser, Abluft (unerwünschter Output)	Abfall (bei Altanlagen/ Altstandorten Altlasten)	Abwasser	Abluft

Abb. 3.10.: Kondukte als unerwünschter Output

Im Bereich der Entsorgung werden **Kondukte** betrachtet, d. h. unerwünschte Kuppelprodukte, die nicht dem Sachziel der Unternehmung zuzuordnen sind. Die Kondukte können entweder als Sekundärrohstoffe einer weiteren Verwendung oder Verwertung zugeführt werden (Recycling) oder Abfall, Abwasser und Abluft darstellen. Die Abgrenzung von Sekundärrohstoffen und Abfall, Abwasser und Abluft beruht auf einer relativen Einschätzung in Abhängigkeit von Zielsystemen, technologischen Bedingungen, Mengenbegrenzungen, Qualitätsanforderungen, Informationsdefiziten und Zeitaspekten[84)].

Dieses gesamtwirtschaftliche Problem wirkt aufgrund der zunehmend strengeren Gesetzgebung[85)] in den betrieblichen Entscheidungsprozeß hinein, der um den Bereich der Entsorgung zu erweitern ist. Die Entsorgung kann als Gegenstück zu den Bereichen Beschaffung, Produktion und Absatz gesehen werden (Ver- versus Entsorgungswirtschaft)[86)]. Aufgabe der Entsorgung ist es, Maßnahmen für die Bewältigung der Kondukte zu ergreifen. Dazu stehen den Unternehmen die Möglichkeiten der Vermeidung, der Verminderung, der Verwertung sowie der Beseiti-

84) Vgl. die Ausführungen hierzu bei CORSTEN, H. / GÖTZELMANN, F. (1992), S. 104.

85) So fällt im Entwurf zur Novellierung des Abfallgesetzes der subjektive Abfallbegriff, d. h. die Frage nach dem Entledigungswillen weg, es wird eine Unterscheidung in besonders überwachungsbedürftige und "nur" überwachungsbedürftige Rückstände vorgenommen.

86) Vgl. CORSTEN, H. / GÖTZELMANN, F. (1992), S. 102 ff. und MATSCHKE, J. / LEMSER, B. (1992), S. 85 ff. DYCKHOFF spricht in Analogie zur Produktion von Reduktion; vgl. DYCKHOFF, H. (1992), S. 10.

gung zur Verfügung[87], wobei z. B. für den Bereich fester Kondukte § 1 a AbfG den Vorrang von Abfallvermeidung und -verwertung vor der -beseitigung festschreibt. Neben den eigentlichen Produkten ist folglich auch unerwünschter Output in die Überlegungen einzubeziehen.

Um nun ein gesamtbetrieblich optimales Konzept zu entwickeln, muß die Abhängigkeit der Entsorgungsaufgaben von den vorgelagerten Stufen des betrieblichen Leistungserstellungsprozesses bedacht werden. Dies bedeutet für die Bereiche Forschung und Entwicklung, Beschaffung, Produktion und Absatz, möglichst solchen Produkten und Verfahren den Vorrang zu geben, die eine Entsorgung erleichtern oder sogar entbehrlich machen. So wurden z. B. in der Waschmittelindustrie feste und flüssige Konzentrate entwickelt, die das Verpackungsvolumen und folglich das nach der Verpackungsverordnung zurückzunehmende Verpackungsmaterial erheblich reduzieren konnten. Die Volumenverkleinerung führte zudem zu Einsparungen bei den Distributions- und Lagerkosten[88].

Konnte die Entstehung von Abfällen, Abwasser und Abluft nicht verhindert werden, so sind geeignete Maßnahmen der Beseitigung zu ergreifen (Entsorgung im engeren Sinne). Als mögliche Alternativen stehen dem Unternehmen als Abfallbehandlungsmaßnahmen die Kompostierung und die Verbrennung sowie die anschließende Deponierung mit und ohne Vorbehandlung zur Auswahl.

3.2.1.6. Recycling

Der Weg des Recycling, d. h. des Wiedereinsatzes von Stoffen und Energien kommt nach der obigen Begriffsabgrenzung ausschließlich für Sekundärrohstoffe in Betracht[89]. Aufgrund der zunehmenden Bedeutung der Kondukte, sind Aspekte des Recycling zunehmend in unternehmerische Entscheidungen zu integrieren[90]. Je nach Erhaltung des ursprünglichen Konduktcharakters können in Abhängigkeit von ursprünglichem und zukünftigem Verwendungszweck und der Art der Transformation der Sekundärrohstoffe die Strategien Wieder- und Weiterverwendung (Produktrecycling) sowie Wieder- und Weiterverwertung (Materialrecycling) unterschieden werden[91]. **Wiederverwendung** liegt dann vor, wenn ein Produkt nach dem Gebrauch dem gleichen Verwendungszweck wie bei

87) Vgl. z. B. die Ansätze bei HAMMANN, P. (1988), S. 467 ff..
88) Vgl. FROITZHEIM, U.J. (1992), S. 196 ff..
89) Als konstitutive Elemente des Recycling werden die Wirkung auf Input und Output, der Kreislaufgedanke und die Aufbereitungsaktivität genannt; vgl. HÜPEN, R. (1983), S. 6.
90) Vgl. die Untersuchungen von GÖRG, M. (1981) und FRANK, W. (1990) sowie die Ausführungen bei STREBEL, H. (1990), S. 755 ff..
91) Vgl. BERG, C. (1979), S. 201 f.; HEEG, F.J. (1984), S. 507; STREBEL, H. (1990), S. 755 ff. und VEREIN DEUTSCHER INGENIEURE (VDI) (Hrsg.) (1991), S. 4 ff..

Erstnutzung dient (z. B. eine Pfandflasche). Im Gegensatz dazu unterscheidet sich bei einer **Weiterverwendung** der Erstzweck vom zukünftigen Verwendungszweck (z. B. Eisenbahnschwellen als Gartenzaunlatten). Bei der **Wiederverwertung** handelt es sich um den wiederholten Einsatz von Produkten in bereits vorher durchlaufenen Produktionsprozessen, wobei die Form des Produkts teilweise oder völlig aufgelöst oder verändert wird (z. B. Altglasrecycling). Unter **Weiterverwertung** versteht man dagegen den Einsatz von Produkten in anderen Produktionsprozessen zur Gewinnung neuer Werkstoffe oder Produkte (z. B. Herstellung von Schalenkoffern aus TetraPak-Getränkeverpackungen). Da die Entropie, d. h. das Ausmaß an Unordnung, hierbei zunimmt könnte auch von "Downcycling" gesprochen werden.

In Abhängigkeit von der Herkunft der Sekundärrohstoffe und dem Ort des Wiedereinsatzes kann in zu rezyklierende Produktions- und Konsumtionskondukte unterschieden werden, die jeweils einem inner- oder überbetrieblichen Recyclingprozeß zugeführt werden können[92)]. Recyclingmaßnahmen dienen dabei zwei Zielsetzungen: Einerseits können durch den Einsatz von Sekundärrohstoffen Inputfaktoren substituiert werden, andererseits kann eine Entlastung der ökologischen Umwelt durch eine Verminderung von Abfall, Abwasser und Abluft erreicht werden[93)].

3.2.2. Sekundäre Aktivitäten

Während die primären Aktivitäten darauf abzielen, die eigentliche betriebliche Leistung zu erstellen, besteht die Aufgabe der sekundären Aktivitäten darin, diese Vorgänge zu unterstützen. Im Rahmen einer ökologieorientierten Wertschöpfungsanalyse ist zu untersuchen, inwieweit sie hierzu geeignet sind.

3.2.2.1. Logistik

Zu den Aufgabengebieten der Logistik zählen neben der Beschaffung der Einsatzfaktoren auch die Planung, Steuerung und Kontrolle der Warenflüsse innerhalb des Unternehmens[94)]. Ziel ist dabei die Verfügbarkeit von Gütern, Ressourcen, Personen und Informationen zur richtigen Zeit in der richtigen Menge am richtigen Ort[95)]. Optimiert werden die unternehmensinternen Abläufe mit Hilfe der

---

92) Vgl. GÖRG, M. / STREBEL, H. (1980), S. 8 und CORSTEN, H. / REISS, M. (1991), S. 617.
93) Vgl. GÖRG, M. / STREBEL, H. (1980), S. 7.
94) Vgl. STAHLMANN, V. (1988), S. 35 und MÜLLER, A.P. (1991), S. 1.
95) Vgl. PFOHL, H.-C. / HOFFMANN, A. / STÖLZLE, W. (1992), S. 86.

Logistik als "Gesamtheit der Aktivitäten zum Herstellen, Sichern und Verbessern der Verfügbarkeit aller Personen und Mittel, die Voraussetzung, begleitende Unterstützung oder Sicherung für Abläufe innerhalb eines Systems sind"[96)]. Diese Aktivitäten sind bereichsübergreifend[97)] auszurichten, um alle primären Funktionen des Leistungserstellungsprozesses zu verknüpfen. Logistik stellt somit weniger einen exakt definierten Unternehmensbereich dar als vielmehr ein multivariates Netzwerk zur Realisierung der Unternehmensziele[98)]. Deren Umsetzung läßt sich mit Hilfe eines Logistikmanagements erreichen, das durch folgende **Zielsetzungen** gekennzeichnet ist[99)]:

- o Minimierung der Bestände
- o Minimierung der Durchlaufzeiten
- o Minimierung von Terminabweichungen
- o Minimierung von Fehlern und Störungen
- o Minimierung der Umrüstzeiten
- o Minimierung der Kosten
- o Optimierung des Handling
- o Optimierung des administrativen und operativen Handling

Nun stellt sich die Frage, inwiefern die Integration ökologischer Aspekte in das Zielsystem der Unternehmen die Aufgabenstellung der Logistik verändert[100)]. Dabei können die beiden Wirkungsrichtungen "Logistik im Umweltschutz" und "Umweltschutz in der Logistik" betrachtet werden[101)]:

Im ersteren Fall werden vor allem verpackungs- und entsorgungslogistische Anforderungen optimiert[102)]. Die Verpackungsverordnung verpflichtet in § 6 Satz 1 und 2 die Industrie und den Handel, Transport-, Um- und Verbrauchsverpackungen zurückzunehmen und einer erneuten Verwendung oder Verwertung zuzuführen, es sei denn Hersteller und Vertreiber beteiligen sich an einem System, das flächendeckend eine regelmäßige Abholung gewährleistet und bestimmte Erfassungsquoten je nach Material erreicht[103)]. Diese Pflicht führte zur Gründung der Duales System Deutschland GmbH, die diese gesetzlich vorgeschriebene Aufgabe für die Mitgliederunternehmen wahrnimmt. Deren Produkte werden mit Hilfe des

96) Vgl. DEUTSCHE INDUSTRIENORM (1986).

97) Vgl. MAGEE, J.F. u. a. (1985), S. 31 ff..

98) Dies bestätigen empirische Untersuchungen von KÜPPER, H.-U. / HOFFMANN, H. (1988), S. 588 ff. und LOCHTHOWE, R. (1991), S. 313 f..

99) Vgl. BÄCK, H. (1984), S. 102 ff.; MÄNNEL, W. (1992), S. 88.

100) Zur Rolle der Bahn bei der Bewältigung dieser Herausforderung vgl. JÜNEMANN, R. / MÜLLER, M. / HOLZHAUER, R. (1989), S. 765.

101) Vgl. PFOHL, H.-C. / HOFFMANN, A. / STÖLZLE, W. (1992), S. 91 ff..

102) So sieht die Verpackungsverordnung (§ 1 Abs. 2 Nr. 2 VerpackV) vor, gebrauchte Verpackungen wieder zu befüllen, falls dies innerhalb eines technisch zumutbaren Rahmens möglich ist, andernfalls soll eine stoffliche Wiederverwertung durch ein geeignetes Recyclingverfahren gewährleistet werden (§ 1 Abs. 2 Nr. 3 VerpackV). Vgl. PFOHL, H.-C. / HOFFMANN, A. / STÖLZLE, W. (1992), S. 92 ff..

103) Vgl. FLANDERKA, F, (1992), S. 1576 ff..

"Grünen Punktes" gekennzeichnet[104]. Die hierzu notwendigen logistischen Aktivitäten beziehen sich auf das Erfassen, Einsammeln, Sortieren, Transportieren und Lagern von Rückständen[105].

Daneben sind logistische Entscheidungen an der Ökologieorientierung des Unternehmen auszurichten. In diesem Zusammenhang ist das Just-in-Time-Konzept zu diskutieren, mit dessen Hilfe die operativen und administrativen Vorgänge in einem Unternehmen nach netzplanartigem Muster zum spätestmöglichen Zeitpunkt beginnen und zum frühestmöglichen Zeitpunkt enden sollen. Ein Vorteil dieses Konzeptes ist die Reduktion der Lagerkapazitäten, die aufgrund des geringeren Raumbedarfs eine geringere Versiegelung der Fläche und einen geringeren Energiebedarf nach sich ziehen. Andererseits besteht die Gefahr einer Verlagerung der Kapazitäten auf die Straße, die wiederum einen erhöhten Transportbedarf mit gebundenen Kapazitäten, benötigter Energie und Emissionen zur Folge hätte[106]. Ebenso von Bedeutung ist der innerbetriebliche Transport zwischen den Produktionsstätten bzw. innerhalb einer Produktionsstätte. Dort ergeben sich ähnliche Fragestellungen wie bei Lieferungen von und zu externen Wirtschaftssubjekten.

3.2.2.2. Personal

Die Personalpolitik eines Unternehmens beeinflußt maßgeblich die Motivation und die Qualifikation der Mitarbeiter und damit letztendlich auch die Wettbewerbsposition[107]. Für die Identifikation der Mitarbeiter mit dem Unternehmen ist eine konsequente Steuerung auf den einzelnen Stufen der Wertschöpfung erfor-

---

104) Zum Konzept des Dualen Systems vgl. GREIPL, E. (1992), S. 29 ff., zur Kennzeichnung LAPPE, T.M. (1992), S. 1662. Im Gegensatz zu diesem als Einwegkonzept aufgebauten Hol-System stellen die bestehenden Mehrwegkonzepte Bring-Systeme mit Verpfandung dar. Die Vorteile dieser bisher hauptsächlich bei Getränkeverpackungen eingesetzten Konzepte ergeben sich beispielsweise für Glasflaschen aus einer etwa bei 98% liegenden Rücklaufquote der wiederverwendbaren Behälter; der Volumenanteil rezyklierter Einwegverpackungen erreicht jedoch nur ca. die Hälfte der Ausgangsmenge; vgl. FRANKE, M. (1984), S. 113 ff.. Das relative Abfallaufkommen einer Mehrwegverpackung, das allerdings von der Anzahl der erreichten Umläufe abhängig ist, beträgt im Durchschnitt den dreißigsten Teil einer vergleichbaren Menge an Einwegverpackungen und etwa den zehnten Teil des Abfallgewichts; vgl. HOPFENBECK, W. (1990a), S. 244.

105) Vgl. PFOHL, H.-C. / HOFFMANN, A. / STÖLZLE, W. (1992), S. 92.

106) Vgl. PFOHL, H.-C. / HOFFMANN, A. / STÖLZLE, W. (1992), S. 95. Das japanische Wirtschaftsministerium MITI sprach sich 1991 gegen eine weitere rigorose Anwendung des Just-in-Time-Konzepts in der Beschaffung aus, da dies in Japan durch die exzessive Nutzung zu chaotischen Verkehrsverhältnissen, schlechter Auslastung der Transportmittel und zu einem Mangel an LKW-Fahrern führte. MITI befürwortete das Just-in-Time-Konzept nur beim Transport per Bahn oder kurzer Anbindung der Lieferanten an die Werke der Hersteller.

107) Vgl. PORTER, M.E. (1986), S. 70. Eine Befragung des INSTITUTS DER DEUTSCHEN WIRTSCHAFT bei 1505 Unternehmen ergab, daß der Umweltschutz als Thema bei Weiterbildungsveranstaltungen auf dem 14. Rang (von 17) lag; vgl. ANTES, R. (1991), S. 154.

derlich, die im Falle der Ökologieorientierung eine entsprechende Ausrichtung der Personalpolitik verlangt[108)].

Rechtlich sind die Unternehmen aufgrund bestehender Gesetze und Verordnungen dazu verpflichtet, **Betriebsbeauftragte** für Immissionsschutz (§ 53 BImSchG i.V.m. § 4 BImSchG), für Abfall (§ 11AbfG i.V.m. § 2 Abs. 2 AbfG) und für Gewässerschutz (§ 21 a Abs. 1 WHG) zu bestellen. Grundgedanke des Gesetzgebers ist die Förderung der Eigenüberwachung in den Unternehmen. Ein Vorherrschen dieses Gestaltungskonzeptes wird als additiv-funktionaler Organisationsansatz bezeichnet[109)]. Für die Betriebsbeauftragten bestehen folgende Aufgaben[110)]: Im Rahmen ihrer gesetzlich kodifizierten[111)] **Kontrollpflicht** obliegt ihnen die Einhaltung behördlicher Auflagen und betrieblicher Vorschriften. Die **Initiativpflicht** dient der Gefahrenvorsorge durch eine ständige Verbesserung der Verfahren[112)]. Darüber hinaus sollen Mängel beseitigt und vorbeugende Maßnahmen getroffen werden. Die **Informationsfunktion** besteht darin, die durch das Unternehmen entstehenden Umweltschäden aufzuzeigen und Informationen über den Stand der Technik und die bestehende und zu erwartende Rechtslage einzuholen. Die **Berichtspflicht** räumt dem Betriebsbeauftragten gegenüber der Unternehmensleitung ein Vortragsrecht über die aktuelle Berücksichtigung des Umweltschutzes im Unternehmen ein. Gesetzlich vorgeschrieben ist auch das Einholen einer Stellungnahme der Betriebsbeauftragten vor Investitionsentscheidungen (§ 11 d AbfG, § 21 d WHG und § 56 BImSchG). Neben diesen vorgeschriebenen Betriebsbeauftragten werden in der Praxis Umweltschutzbeauftragte eingesetzt, die mit Aufgaben und Kompetenzen ausgestattet werden[113)], die den gesetzlichen Umfang überschreiten. So gaben 17% der 483 Unternehmen in der eigenen Untersuchung an, freiwillig Umweltschutzbeauftragte bestimmt zu haben, mit deren Unterstützung ökologische Aspekte im Unternehmen integriert werden sollen. 63% übertrugen diese Aufgabe dem vorgeschriebenen Betriebsbeauftragten[114)].

Eine umfassendere Berücksichtigung ökologischer Aspekte in der Unternehmensführung (integrativer Ansatz) kann aus der aufgezeigten Betroffenheit aller Phasen des Entscheidungsprozesses abgeleitet werden. Daneben muß eine **ökologieorien-**

108) Vgl. WINTER, G. (1987), S. 25 f. und S. 123; KLEINE-WEISCHEDE, K. (1991), S. 145. Eine Befragung von über 500 Mitarbeitern in verschiedenen Positionen innerhalb von Unternehmen zeigte, daß auf der Ebene der Führungskräfte 90% meinen, ökologische Aspekte in Entscheidungen einzubeziehen, auf der zweiten Führungsebene wird dies nur von 73% bestätigt und im Angestelltenbereich sind nur 55% vom Engagement der Führungskräfte überzeugt; vgl. VOGEL, B. (1993), S. 72.

109) Vgl. ANTES, R. (1991), S. 148.

110) Vgl. STÖLZLE, W. / GRIMM, S. / ROLAND, N. (1990), S. 22 f..

111) Vgl. § 54 Abs. 1 Nr. 3 BImSchG; § 11 b Nr. 2 AbfG und § 21 b Nr. 1 WHG.

112) Vgl. § 22 b Abs. 1 Nr. 1,2 WHG.

113) Vgl. die Untersuchung von ULLMANN, A.A. (1981), S. 998.

114) Mehrfachnennungen waren zulässig.

tierte Organisation folgende Aspekte berücksichtigen[115)]: Komplexitätsreduktion, Entlastungsfunktion, Kontroll- und Steuerungsfunktion, Koordinationsfunktion, Innovationsfunktion. Diskutiert wird dabei, inwieweit ein integriertes Ökologiemanagement durch die Zentralisierung der Verantwortung realisiert werden kann[116)]. Da Verantwortung nicht geteilt werden kann, wird diese auf höheren Hierarchieebenen anzusiedeln sein[117)]. In der eigenen Studie wiesen 45% der Unternehmen ökologische Fragestellungen einem Zentralbereich zu.

Eine mögliche Organisationsform, die ökologische Aspekte bereits integriert, könnte aus einem fachbereichsübergreifenden Gremium sowie einer Stabsstelle (43% der Unternehmen) bestehen, die mit befristeten Projektaufgaben (40% sprechen sich für Projektteams aus) betraut ist. Daneben ist die Umsetzung der gewonnen Erkenntnisse durch fachspezifisches Know-how der Linien zu ergänzen[118)]. Quality Circles (15%) oder Wertanalyse-Teams (7%) als personale Träger der ökologischen Durchdringung wurden weniger häufig genannt.

Neben der internen Aufgabenverteilung ist auch die rechtliche Verantwortung zu beachten. Die in § 76 Abs. 1 AktG festgelegte Gesamtverantwortung aller Vorstandsmitglieder gilt auch für Straftaten gegen die ökologische Umwelt (§§ 324ff. StGB)[119)]. Regelungen bezüglich der Ordnungswidrigkeit treffen Vorstand oder Aufsichtsrat dann, wenn sie eine Zuwiderhandlung wesentlich hätten erschweren können (§ 130 OWiG). Die nachgeordneten Werks-, Betriebs- und Schichtleiter können nur Überwachungspflichten wahrnehmen, es sei denn, sie sind auch mit einer gleichwertigen innerbetrieblichen Entscheidungskompetenz ausgestattet. Soll demonstriert werden, daß der Ökologieorientierung der entsprechende Stellenwert beigemessen wird, "muß ein Vorstandsmitglied allein und ausschließlich mit dem Aufgabenbereich Umweltcontrolling betraut werden"[120)]. Da in diesem Fall eine objektive Sorgfaltspflichtverletzung ausscheidet, kann eine Strafbarkeit aufgrund Fahrlässigkeit ausgeschlossen werden[121)]. Die Offenlegung der Betriebsorganisation hat gemäß § 52a BImSchG insoweit zu erfolgen, als der Betreiber einer genehmigungsbedürftigen Anlage durch eine Person zu konkretisieren ist.

---

115) Vgl. SCHULZ, W. (1990), S. 457 ff. und ANTES, R. (1991), S. 152..
116) Vgl. SCHREINER, M. (1988), S. 298 f..
117) Vgl. FRESE, E. / KLOOCK, J. (1989), S. 23.
118) Vgl. BODENDIECK, J. (1990), S. 32 ff. und EIFF, W.V. (1991), S. 375 f.; einen Überblick über mögliche Formen des Einbezugs geben MEFFERT / KIRCHGEORG (1992), S. 277 ff..
119) Der polizeilichen Kriminalstatistik zufolge stieg die Zahl der ökologiebezogenen strafrechtlichen Ermittlungsverfahren von 2.800 in 1974 auf 12.875 in 1985; vgl. GRELL, D. (1987), S. 221.
120) EBENROTH, C.T. / WILLBURGER, A. (1991), S. 1943.
121) Vgl. EBENROTH, C.T. / WILLBURGER, A. (1991), S. 1944.

3.2.2.3. Marketing

"Der Anspruch des Marketing als ein universelles Konzept markt- und zukunftsorientierten Denkens ist angesichts der sich schneller wandelnden und zunehmend komplexeren Umwelt einer verstärkten Prüfung zu unterziehen"[122]. Dies führt dazu, daß der Umfang des klassischen Marketing-Mix[123], bestehend aus der Produkt-, der Distributions-, der Kommunikations- und der Konditionenpolitik erweitert wird. Zur Management-Kompetenz tritt die Ökologie-Kompetenz[124]. Einer Umsetzung eines effizienten Marketingkonzeptes in allen Bereichen des Marketing-Mixes muß die Integration des Umweltschutzes in das unternehmerische Zielsystem vorausgehen[125].

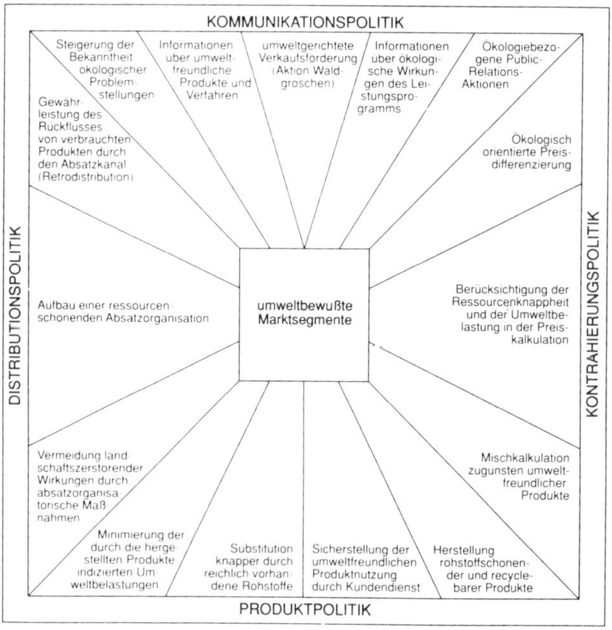

Abb. 3.11.: Ökologieorientierter Marketing-Mix

---

122) MEFFERT, H. (1988), S. 132.

123) Vgl. die Ansätze bei RUPPEN, L. (1978), S. 176 ff.; HASITSCHKA, W. (1984), S. 250 ff. und MEFFERT, H. / BRUHN, M. / SCHUBERT, F. / WALTHER, T. (1985), S. 58 ff.. Eine sehr ausführliche Darstellung des ökologieorientierten Marketing bieten die Ausführungen bei MEFFERT, H. / KIRCHGEORG, M. (1992), S. 196 ff..

124) Vgl. DEIMEL, K. (1991), S. 700. GERPOTT / SERVATIUS sprechen von Megamarketing; vgl. GERPOTT, T.J. / SERVATIUS, H.G. (1989), S. 721. Vgl. auch KIRCHGEORG, M. (1990a), S. 269.

125) Vgl. BELZ, C. (1988), S. 63 und WIEDMANN, K.-P. / FRITZ, W. / FÖRSTER, F. / RAFFÉE, H. (1988), S. 48 ff..

Im Rahmen der **Produktpolitik** können durch Produktinnovationen oder -variationen die verursachten Belastungen der ökologischen Umwelt reduziert werden, indem weniger oder weniger knappe Rohstoffe eingesetzt werden und Kondukte vermieden oder verwertet werden. Im Extremfall kann sogar eine Produktelimination erforderlich sein. Für eine umweltverträglichere Produktgestaltung sind die Wirkungen in der Produktions-, Verwendungs- und Vernichtungsphase zu untersuchen[126)].

Als Maßnahmen einer ökologieorientierten **Distributionspolitik** stehen folgende Möglichkeiten offen[127)]:

- o Beschränkung auf die notwendige Menge an Verpackung
- o Verbesserung der Recyclingfähigkeit
- o Verwendung von Mehrfachverpackungen

Im Rahmen der **Kommunikationspolitik** können Unternehmen in defensiver Form die Konsumenten über kritisierte Handlungen aufklären oder in offensiver Form umweltverträglichere Produkte und Verfahren darstellen. Hilfsmittel hierzu sind der blaue Engel oder der - allerdings umstrittene - grüne Punkt[128)].

Für die Abstimmung der **Kontrahierungspolitik** auf ökologische Belange ist zum einen zu fragen, inwieweit die getätigten Maßnahmen die Kostenstruktur beeinflussen[129)]. Dem ist gegenüber zu stellen, inwieweit die Kunden bereit sind, eventuelle Preiserhöhungen zu tragen[130)]. Schließlich muß im Bereich der Distribution der one way-Gedanke zu Gunsten von Retrodistributionskanälen aufgegeben werden, wodurch sich über zu etablierende Anreizsysteme Rückkopplungen für die Kontrahierungspolitik ergeben.

---

126) Vgl. THOMÉ, G. (1981) und DEIMEL, K. (1991), S. 697.

127) Vgl. hierzu auch die Ausführungen zur Realisierung der durch das Marketing bestimmten Distributionspolitik in Kapitel 3.2.1.4. und 3.2.2.1..

128) Neben Umweltzeichen kann dem Kunden auch durch die Vorlage von Checklisten die Umweltverträglichkeit transparent gemacht werden, vgl. hierzu die Checkliste der Volkswagen AG im Bereich des Kundendienstes bei MEFFERT, H. / KIRCHGEORG, M. (1992), S. 221.

129) Einer Befragung des BUNDESVERBANDES JUNGER UNTERNEHMER zufolge, an der sich 842 Unternehmen beteiligten, erhöhten sich bei 76% der befragten Unternehmen die Kosten durch Umweltschutzauflagen, allerdings konnten auch 28,5% dauerhafte Kosteneinsparungen durch Umweltschutzmaßnahmen erzielen; vgl. BUNDESVERBANDES JUNGER UNTERNEHMER (BJU) (Hrsg.) (1984), S. 16.

130) Studien hierzu zeigen, daß die Konsumenten zum Teil bereit sind, Kostenüberwälzungen zu tragen; vgl. z. B. MEFFERT, H. / BRUHN, M. / SCHUBERT, F. / WALTHER, T. (1985), S. 73.

3.2.2.4. Controlling

Aufgabe des Controllingsystems eines Unternehmens ist die Unterstützung betrieblicher Managemententscheidungen in den Bereichen der Planung, Realisation und Kontrolle[131]. Dabei kann das **Controlling als kybernetischer Prozeß** verstanden werden, bei dem die einzelnen Teilbereiche des Unternehmens in die Entscheidungsfindung einbezogen werden. Diese funktionenübergreifende Aufgabe rechtfertigt auch die Einordnung als sekundäre Aktivität. Wie oben bereits ausgeführt, stellt die Integration ökologischer Aspekte in die Unternehmensführung auch an das Controlling neue Herausforderungen. Ein ökologieorientiertes Controllingsystem soll Informations- und Entscheidungsvorgänge unterstützen und dazu Fragestellungen sowohl zur Auswahl als auch zur Bewertung relevanter Informationen beantworten.

In einem ersten Schritt ist zwischen internalisierten und externalisierten Effekten zu unterscheiden: **internalisierte Effekte** äußern sich in Rechengrößen[132], die konkret im Rechnungswesen relevant sind, wohingegen **externe Effekte** zwar auch durch das betriebliche Geschehen bedingt sind, aber ausschließlich Auswirkungen in Form von Rechengrößen auf außerhalb des Unternehmens stehende Wirtschaftssubjekte haben. Ist die Ökologieorientierung eines Unternehmens als niedrig einzustufen, so werden im Controlling nur die Effekte berücksichtigt, die bereits internalisiert sind. Zeichnen sich Unternehmen durch eine aktive Ökologieorientierung aus, so schlägt sich dies auch im Controlling nieder und legt eine Internalisierung externer Effekte nahe.

Die Beziehung zwischen einer alle Wertschöpfungsstufen umfassenden Ökologieorientierung und einer Ökologieorientierung des Controlling ist durch zwei **Wirkungsrichtungen** charakterisiert:

1) Das Rechnungswesen als Bestandteil des Informationssystems der Unternehmung liefert Planungs-, Entscheidungs- und Kontrollinstrumentarien, die auf Fragestellungen des Umweltschutzes übertragen werden können[133]. **(Ökologieorientierte Differenzierung des Controlling)**

2) Auf der anderen Seite muß das Rechnungswesen die Zielsetzungen der Unternehmung verkörpern, d. h. in diesem Zusammenhang, daß ökologische Aspekte im Rechnungswesen abzubilden sind und es unter Umstän-

---

131) Vgl. GÜNTHER, T. (1991), S. 51 ff..

132) Hier wird bewußt der Begriff "**Rechengröße**" gewählt, da der Zusammenhang für die verschiedenen Bereiche des Rechnungswesen gleichermaßen gilt, d. h. unter den Begriff sind Aus- und Einzahlungen, Ausgaben und Einnahmen, Aufwendungen und Erträge sowie Kosten und Leistungen zu fassen.

133) Vgl. GRAY, R.H. (1990), S. 39 f..

den diesbezüglich erweitert werden muß. **(Ökologieorientierte Erweiterung des Controlling)**

Werden bereits internalisierte Rechengrößen für ökologieorientierte Maßnahmen ausgewiesen, so spricht man von einer **ökologieorientierten Differenzierung** des Controlling, bei dem, je nachdem ob Maßnahmen aufgrund rechtlicher Regelungen oder darüber hinaus freiwillig vorgenommen werden, zwischen einer passiven und einer aktiven Ökologieorientierung unterschieden werden kann. Ein passive Berücksichtigung bedeutet lediglich einen Ausweis von Ökologiekomponenten aus PR-Gründen, wohingegen eine aktive Politik den Ausweis der Ökologiekomponenten zum Zwecke der Entscheidungsfindung, d. h. zum Abbau bzw. zur Vermeidung externer Effekte anstrebt. Ziel einer **ökologieorientierten Erweiterung** des Controlling ist zunächst die Monetarisierung der externen Effekte. Da in vielen Fällen eine Monetarisierung nicht möglich ist bzw. keine sinnvolle Aussage ergibt, wurden ergänzende Instrumentarien entwickelt, die vor allem quantitativ erfaßbare Größen und zum Teil auch qualitative Konsequenzen einbeziehen. Für die Vielfalt der vorgeschlagenen Instrumente hat sich noch kein einheitlicher Begriff herauskristallisiert, am aussagekräftigsten ist wohl der Begriff "**Öko-Controlling**".

Diese Aufgabenstellungen sollen im Rahmen der Untersuchung mit Hilfe folgender Vorgehensweise aufgezeigt werden:

1) Untersuchung der dargestellten Auswirkungen der Betroffenheit auf die Ökologieorientierung der einzelnen Wertschöpfungsstufen.

2) Untersuchung controllingrelevanter Konsequenzen, wobei eine Unterscheidung in eine reine Differenzierung schon vorhandener Instrumente und eine Erweiterung bisheriger Konzepte erfolgt.

3.2.3. Empirische Validierung der Ökologieorientierung

Die empirische Analyse zeigt (vgl. Abbildung 3.12.), daß mit deutlichem Abstand zu anderen Teilbereichen in der Entsorgung ökologische Aspekte heute schon berücksichtigt werden (40,0% der befragten Unternehmen integrieren die Problematik vollständig, 34,2% weitgehend). Dies ist auf eine Verschärfung der Entsorgungssituation zurückzuführen. Das Controlling beinhaltet zwar nur bei 11,0% der Unternehmen alle relevanten ökologischen Aspekte, doch sehen hierin insgesamt 89% einen notwendigen Schritt, der zumindest langfristig für die meisten Unternehmen zu vollziehen ist. Die Forschungs- und Entwicklungsabteilungen tragen zum Stand der Technik der kommenden Jahre bei. Vor diesem Hintergrund ist bemerkenswert, daß fast 25% der Unternehmen eine Orientierung dieses Teilbereichs an ökologischen Aspekten nicht für erforderlich halten.

Wertschöpfungsstufe	**vollständig**	**weitgehend**	**kurzfristig angestrebt**	**langfristig angestrebt**	**nicht erforderlich**
Forschung und Entwicklung	24,2 %	30,8 %	6,6 %	13,5 %	24,9 %
Beschaffung	25,3 %	39,1 %	11,4 %	9,7 %	14,5 %
Produktion	17,2 %	35,4 %	11,0 %	17,2 %	19,2 %
Vertrieb	17,6 %	32,9 %	22,2 %	7,9 %	19,4 %
Entsorgung	40,4 %	34,2 %	14,5 %	6,6 %	4,3 %
Recycling	23,2 %	33,1 %	13,0 %	15,8 %	14,9 %
Logistik	13,0 %	31,1 %	15,7 %	16,8 %	23,4 %
Personal	13,5 %	36,4 %	21,7 %	18,5 %	9,9 %
Marketing	18,4 %	35,4 %	15,1 %	15,8 %	15,3 %
Controlling	11,0 %	34,8 %	17,3 %	25,9 %	11,0 %

Abb. 3.12.: Ökologieorientierung

Die Ökologieorientierung eines Unternehmens wird entsprechend den obigen Ausführungen anhand der primären und sekundären Aktivitäten des Wertschöpfungskreises gemessen. Die befragten Unternehmen gaben an, inwieweit sie ökologische Aspekte in den primären und sekundären Aktivitäten berücksichtigen. Aus diesen Angaben wurde mit dem integrierten Ansatz über alle Wertschöpfungsaktivitäten hinweg ein Durchschnittswert für die Ökologieorientierung errechnet[134)]. Da die zugrundeliegenden Kriterien ordinal im Intervall [0 ; 4] ausgeprägt sind, liegt auch der Ökologieorientierung diese Skala zugrunde, wobei aufgrund der Durchschnittsbildung auch Kommawerte möglich sind. Nachfolgende Abbildung zeigt ein Histogramm der Ökologieorientierung.

134) Wie bei der Erhebung der objektivierten Betroffenheit wurden auch hier alle Kriterien gleichgewichtet.

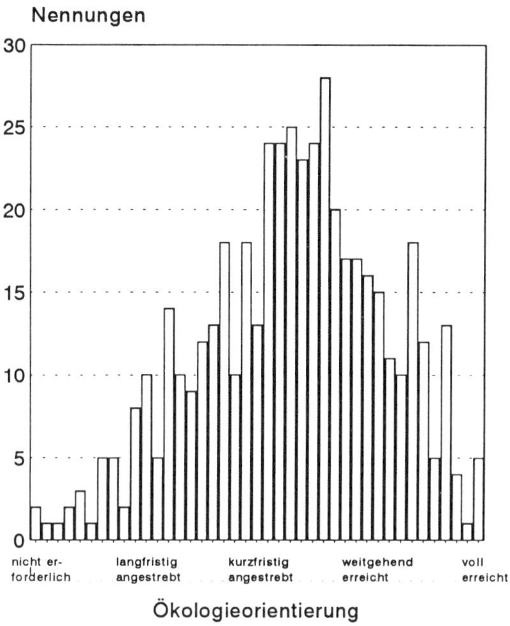

Abb. 3.13.: Histogramm der Ökologieorientierung

Wie die Abbildung veranschaulicht, sind in der Stichprobe Unternehmen aller Ausprägungen vertreten. Es gibt sowohl Unternehmen, die eine Ökologieorientierung für ihr Geschäft nicht erforderlich halten, als auch Unternehmen, die ökologische Aspekte in sämtlichen Wertschöpfungsstufen voll berücksichtigen. Eine große Zahl der Unternehmen gibt an, ökologische Aspekte kurzfristig berücksichtigen zu wollen bzw. sie schon weitgehend zu berücksichtigen.

Ursache und Triebfeder der Ökologieorientierung von Unternehmen - so die These - ist ihre Betroffenheit, die durch eine Analyse der Aufgabenumwelt (Stakeholder-Ansatz) objektiviert wurde. Da eine Unabhängigkeit von objektivierter Betroffenheit und subjektiv wahrgenommener Betroffenheit bereits empirisch verworfen werden konnte[135)], ist nun auch empirisch zu untersuchen, ob die subjektive Betroffenheit auch als Handlungsauslöser für die Berücksichtigung ökologischer Aspekte in Unternehmensentscheidungen aufgefaßt werden kann. Zudem ist auch von Interesse, ob die Realisisierung einer ökologieorientierten Unternehmensführung durch Komponenten des Makro-Umfeldes wie z. B. Wettbewerbsstruktur, Wachstum oder Technologie beeinflußt wird. Nachfolgende Abbildung gibt einen Überblick über die empirische Analyse, wobei die Pfeile für statistisch überprüfte Zusammenhänge stehen.

---

135) Vgl. Kapital 2.3.3..

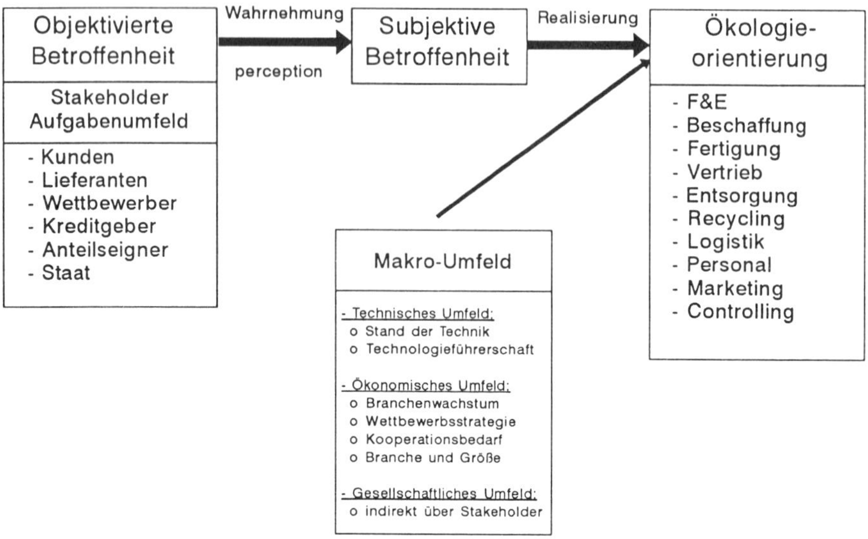

Abb. 3.14.: Empirisches Vorgehen

Mit Hilfe eines Kontingenztests sollen folgende Hypothesen validiert werden:

Nullhypothese H_0:	Unabhängigkeit von subjektiver Betroffenheit und Ökologieorientierung
Gegenhypothese H_1:	Abhängigkeit der beiden Variablen

Ökologieorientierung		**Subjektive Betroffenheit** nicht bzw. gering	mittel	stark bzw. sehr stark	Summe
0 bis 1	allenfalls langfristig angestrebt	16 3,4%	14 2,9%	8 1,7%	38 8,0%
1 bis 2	kurzfristig angestrebt	16 3,4%	49 10,3%	65 13,6%	130 27,3%
2 bis 3	weitgehend verwirklicht	14 2,9%	58 12,2%	143 30,0%	215 45,1%
3 bis 4	voll verwirklicht	1 0,2%	18 3,8%	75 15,7%	94 19,7%
	Summe	47 9,9%	139 29,1%	291 61,0%	477 100,0%

Abb. 3.15.: Zusammenhang von subjektiver Betroffenheit und Ökologieorientierung

Der Kontingenztest auf Basis obiger Kontingenztabelle führte zu folgendem Ergebnis:

Freiheitsgrade (n-1)(m-1) = (3-1)(4-1) =	6
Chi-Quadrat-Testwert $X^2[6]$ =	77,35
α-Fehler =	< 0,0001
Anzahl der Unternehmen N =	477

Die Unabhängigkeit der subjektiven Betroffenheit und der Ökologieorientierung kann statistisch signifikant verworfen werden. Die Kontingenztabelle und nachfolgende Abbildung deuten auf einen positiven Zusammenhang hin, d. h. Unternehmen, die ihre ökologische Betroffenheit auch subjektiv wahrnehmen, beziehen ökologische Aspekte in ihren primären und sekundären Wertschöpfungsaktivitäten stärker ein.

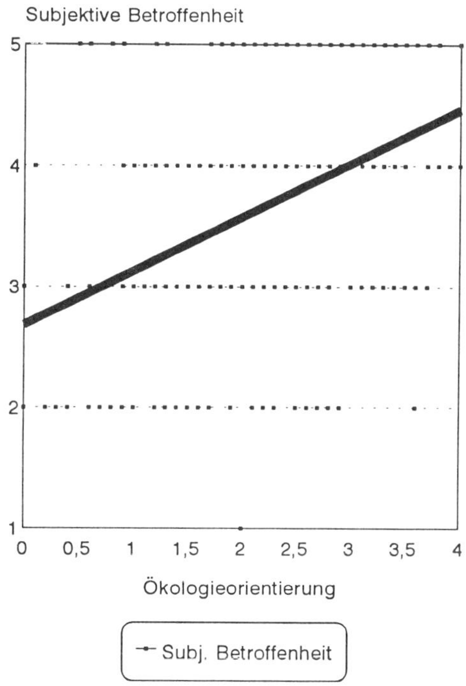

Abb. 3.16.: Subjektive Betroffenheit und Ökologieorientierung

Nachdem zwischen der objektivierten Betroffenheit und der subjektiv wahrgenommenen Betroffenheit aufgrund der empirischen Ergebnisse ein positiver Zusammenhang angenommen werden kann und auch die subjektive Betroffenheit positiv mit der Ökologieorientierung korreliert, liegt die Überlegung nahe, analog zum Transitivitätsgesetz der Mathematik auch eine positive Beziehung zwischen der objektivierten Betroffenheit und der Ökologieorientierung zu vermuten. Ein durchgeführter Kontingenztest bei einem empirischen Chi-Quadrat-Testwert $X^2[6]$ von 123,87 ergab einen α-Fehler von kleiner als 0,0001. Da auch hier die Nullhypothese, daß die objektivierte Betroffenheit und die Ökologieorientierung unabhängig sind, verworfen werden kann, gelten obige Überlegungen als bestätigt.

Da die ökologische Betroffenheit primär durch das Aufgabenumfeld (Kunden, Lieferanten, Wettbewerber etc.) bestimmt wird, jedoch auch das Makro-Umfeld zumindest indirekt auf das Unternehmen einwirkt, soll nun untersucht werden, ob Komponenten des Makro- und des Aufgabenumfeldes die Realisierung einer ökologieorientierten Unternehmensführung begünstigen, beeinträchtigen oder unberührt lassen. Als intervenierende Komponenten des Makro-Umfeldes sollen empirisch überprüft werden:

- Der Stand der Technik als ein die Ökologieorientierung möglicherweise limitierender Faktor,
- die Innovationsstrategie der Wettbewerber (Pionier oder Folger),
- das Branchenwachstum, das z. B. im Falle der Schrumpfung oder Stagnation eine stärkere Ökologieorientierung verhindert,
- die im Geschäftsfeld dominierende Wettbewerbsstrategie (z. B. Kosten- oder Differenzierungswettbewerb), die eventuell eine potentiell mögliche stärkere Berücksichtigung ökologischer Aspekte nicht zuläßt,
- die Notwendigkeit zu Kooperationen, um ökologische Probleme zu lösen,
- die Branche und
- die Unternehmensgröße.

Für alle intervenierenden Größen wurden Kontingenztests durchgeführt, denen folgende generelle Hypothese zugrunde lag:

Nullhypothese H_0:	Unabhängigkeit der Ökologieorientierung von der intervenierenden Variable
Gegenhypothese H_1:	Abhängigkeit der beiden Variablen

Die ermittelten Ergebnisse sind in nachfolgender Tabelle zusammengefaßt:

intervenierende Variable	**Freiheits-grade**	**X^2-Wert**	**α-Fehler**	**Unabhängigkeit ?**
Stand der Technik	9	15,36	0,0815	abgelehnt
Pionier vs. Folger	3	10,08	0,0179	abgelehnt
Branchenwachstum	9	14,2689	0,1131	nicht abgelehnt
Wettbewerbsstrategie:				
o Kostenführerschaft	3	6,83	0,0776	abgelehnt
o Qualitätsführerschaft	3	9,62	0,0221	abgelehnt
o Kostenführer in Nische	3	2,86	0,4143	nicht abgelehnt
o Qualitätsführer in Nische	3	0,20	0,9776	nicht abgelehnt
Notwendigkeit von Kooperationen	9	38,4492	< 0,0001	abgelehnt
Größe (Umsatzklassen)	15	44,5697	< 0,0001	abgelehnt

Abb. 3.17.: Einfluß verschiedener Größen auf die Ökologieorientierung

Die statistischen Tests führen zu folgenden **Ergebnissen**:

- o Je höher der Stand der Technik, desto stärker die Ökologieorientierung.
- o Technologische Pioniere verfügen im Vergleich zu Folgern eine ausgeprägtere Ökologieorientierung.
- o Für das Branchenwachstum konnte die Nullhypothese, daß die beiden Variablen von der unabhängig sind, nicht verworfen werden.
- o Kosten- und Qualitätsführer, die sich nicht auf eine Nische beschränken, haben eine stärkere Ökologieorientierung.
- o Sind in einer Branche Kooperationen notwendig, um Umweltaktivitäten durchzuführen, so sind die Unternehmen stärker ökologieorientiert.
- o Großunternehmen und mittelständische Unternehmen (> 100 Mio. Umsatz) sind stärker ökologieorientiert als kleinere Unternehmen.

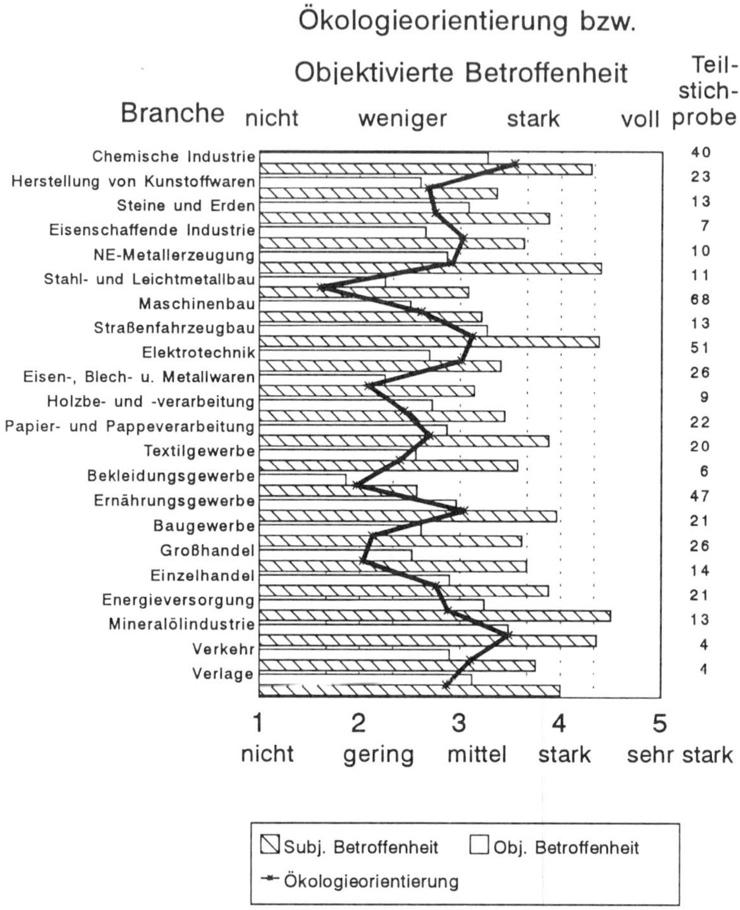

Abb. 3.18.: Ökologieorientierung und Branchenzugehörigkeit

Der Einfluß der Branche kann wegen der großen Zahl von Branchen aufgrund methodischer Restriktionen nicht sinnvoll getestet werden[136]. Daher soll voranstehende graphische Darstellung zumindest eine deskriptive Einsicht geben.

Die empirische Untersuchung verdeutlicht, daß die von den Unternehmen subjektiv wahrgenommene Betroffenheit auch zu einer stärkeren Ökologieorientierung, gemessen durch die Analyse des Wertschöpfungskreises, führt. Die Ergebnisse der Untersuchung zeigen, daß der Stand der Technik, die technologische Führerschaft und die Strategien der Kosten- und Qualitätsführerschaft in einem positiven Zu-

136) Der Kontingenztest erfordert eine absolute Häufigkeit pro Zelle von $h_{ij} \geq 5$. Vgl. BAMBERG, G. / BAUR, F. (1993), S. 203. MARINELL fordert nur 80% der $h_{ij} \geq 5$. Vgl. MARINELL, G. (1986), S. 61.

sammenhang mit der Ökologieorientierung stehen. Ebenso sind große Unternehmen und Branchen, die zur Lösung ökologischer Probleme auf Kooperationen angewiesen sind, stärker ökologieorientiert.

4. Erfassung und Bewertung ökologiebedingter Konsequenzen als Aufgabe des Controlling

Zielsetzung jedes ökologieorientierten Controlling ist "to use its expertise in the area of data accumulation and data presentation to aid society in its attempt to internalize economic externalities"[1]. Hierfür ist einerseits der Wandel der im Controlling betrachteten Objekte, der **internalisierten Effekte**, zu berücksichtigen[2]. Andererseits erfordert die Integration ökologischer Aspekte in das Zielsystem der Unternehmen zusätzliche Informationen über **externe Effekte**, die mit der Leistungserstellung verbunden sind, aber Wirkungen außerhalb des Unternehmens zeitigen[3]. Da man bei der Erhebung und Auswertung ökologiebezogener Informationen schnell an die Grenzen des traditionellen Controlling stößt, da es sich meist auf im Rechnungswesen abgebildete oder abbildbare Informationen beschränkt, ergibt sich die Notwendigkeit, die bestehenden Instrumente zu differenzieren und sie um ökologieorientierte Informations- und Entscheidungsinstrumente zu ergänzen[4].

4.1. Ökologiebezogene Fragestellungen als Basis des ökologieorientierten Controlling

Nach der Analyse der von den Stakeholdern gestellten Anforderungen, der Integration ökologischer Aspekte in das Zielsystem des Unternehmens und der Analyse der Wertschöpfungsstufen folgen die Entscheidungsfindung, die sich informations- und entscheidungsorientierter Planungs- und Steuerungsinstrumente bedient, sowie die an die Realisation anschließende Kontrolle mit Hilfe eines Kennzahlensystems.

Um diesen Entscheidungsfindungsprozeß in Gang zu setzen, sind ökologisch relevante Fragestellungen (**Konsequenzen**[5]) zu bestimmen, die sich aus der oben auf

---

1) WHITTINGTON, R. (1977), S. 34; vgl. auch PARKER, J.E. (1972), S. 43 f. und CAREY, A. (1992), S. 96.

2) So gewinnen ökologische Aspekte unabhängig von der Ausgestaltung des Zielsystems von Unternehmen aufgrund veränderter Rahmenbedingungen eine zunehmende Bedeutung für traditionelle Controllingaufgaben.

3) Vgl. KLOOCK, J. (1990), S. 139.

4) UNITED NATIONS ECONOMIC AND SOCIAL COUNCIL (Hrsg.) (1991), S. 21; RUBENSTEIN, D.B. (1992), S. 501 ff. und SEIDEL, E. / BEHRENS, S. (1992), S. 145.

5) **Konsequenzen** beinhalten dabei sowohl monetäre als auch nicht monetäre Bestandteile, die in positiver oder negativer Form auftreten können; vgl. RÜCKLE, D. (1989), S. 52.

gezeigten Betroffenheit der Unternehmen durch die Stakeholder-Gruppen und der damit verbundenen Ökologieorientierung der Unternehmen[6] ableiten lassen. Diese Konsequenzen sind dann einer Bewertung zu unterziehen, um schließlich in ziel-, d. h. in diesem Fall ökologieorientierte, Informations- und Entscheidungsregeln Eingang zu finden[7].

In Analogie zu der im Rechnungswesen allgemein üblichen Vorgehensweise kann dabei zwischen Ansatz- und Bewertungsfragen unterschieden werden. Bei der Frage nach dem **Ansatz** ökologisch relevanter Konsequenzen ist eine Unterteilung in bereits berücksichtigte, d. h. internalisierte Effekte, und in noch nicht einbezogene externe Effekte vorzunehmen[8]. Für die Transparenz und damit für die Steuerungsmöglichkeit internalisierter Effekte ist eine detailliertere Aufschlüsselung der berücksichtigten Konsequenzen erforderlich. Die Berücksichtigung externer Effekte nimmt die potentielle zukünftige Entwicklung vorweg und stellt eine Erweiterung des bisherigen Betrachtungshorizonts dar[9].

Bei einer klassischen betriebswirtschaftlichen Betrachtungsweise werden **Bewertungen** in monetärer Form vorgenommen[10]. Ist eine monetäre Bewertung nicht oder nicht direkt möglich, so sind quantitative, nicht-monetäre Kriterien, z. B. physikalisch-technische Größen heranzuziehen[11]. Eine rein qualitative Bewertung[12] wird nur als Vorstufe einer quantitativen Bewertung gesehen. Dabei sind unter den Begriff quantitativ alle Bewertungen zu subsumieren, die nicht ausschließlich nominal skaliert sind.

---

6) Vgl. KAPP, K.W. (1979), S. 16 ff..

7) Vgl. SCHULZ, W. / WICKE, L. (1987), S. 110; BETGE, P. (1988), S. 517 und GRAY, R.H. (1992), S. 65 f..

8) Vgl. DYLLICK, T. (1989), S. 17 ff.; KLOOCK, J. (1990), S. 151 und WAGNER, G.R. (1992), S. 918.

9) Vgl. FRESE, E. / KLOOCK, J. (1989), S. 8, die in externorientierte und ökologieorientierte Umweltrechnungen unterscheiden.

10) Dabei wird stellvertretend für alle Rechengrößen von **Kosten** und **Erlösen** gesprochen. Diese sprachliche Vereinfachung kann getroffen werden, da an dieser Stelle die Frage des Ansatzes ökologischer Effekte im Vordergrund steht. Die Berücksichtigung relevanter Größen in den unterschiedlichen Systemen des Rechnungswesens erfordert allerdings eine Unterscheidung (vgl. Kapitel 5..). Monetäre Konsequenzen von ökologisch relevanten Konsequenzen werden fortan als Ökologiekosten und Ökologieerlöse bezeichnet.

11) Vgl. VETSCHERA, R. (1991), S. 714 ff. und SCHALTEGGER, S. / STURM, A. (1992), S. 75.

12) Der Begriff qualitativ ist sehr eng auszulegen und auf Bewertungen zu beziehen, die nominal skaliert sind. Hier muß wohl eher von Beurteilung gesprochen werden, da eine Vergleichbarkeit ausscheidet. So sind verbale Aussagen über mögliche Gesundheitsgefährdungen oder die Einteilung in Umweltschutz- und Recyclingpapier qualitativer Art. Erst wenn eine Aufschlüsselung der diese Aussagen bestimmenden Belastungen in quantitativer Form erfolgt, kann von Bewertung gesprochen werden. EYLES stellt eine Konzeption für die empfangene Umweltqualtität vor, die sowohl tangible als auch intangible Komponenten beinhaltet; vgl. EYLES, J. (1990), S. 140 ff..

Schließlich ist noch eine Unterscheidung nach der **Funktion** vorzunehmen, nämlich in Konsequenzen, die nur zu Informationszwecken aufzuzeigen sind, und solche, die als Entscheidungsgrundlage dienen[13]. Ziel der **Informationsfunktion** ist dabei die Erfassung und ökonomische Bewertung der im Unternehmen und bei anderen entstehenden Beeinträchtigungen. Für **Entscheidungszwecke** sind die vorhandenen Informationen hinsichtlich ihrer unternehmenspolitischen Relevanz abzuwägen.

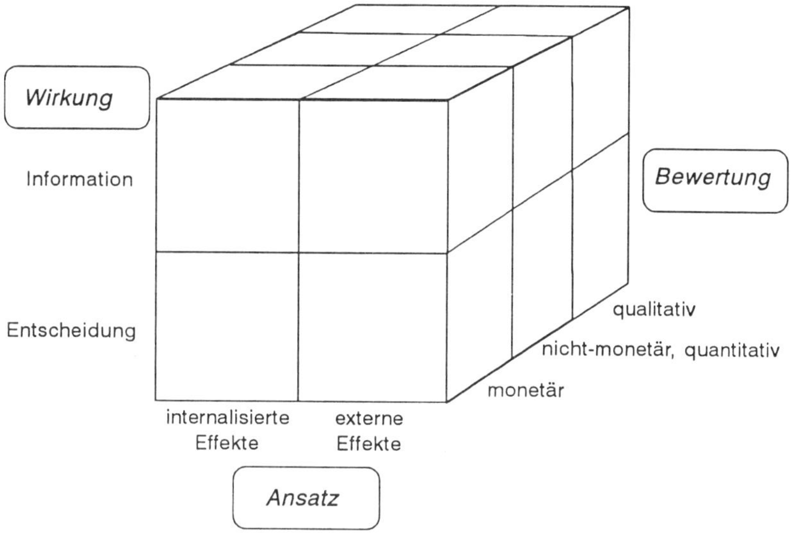

Abb. 4.1.: Ebenen der Analyse ökologischer Effekte (Konsequenzenwürfel)

4.2. Erfassung ökologiebedingter Konsequenzen (Ansatzproblematik)

Im folgenden werden mögliche, sowohl intern als auch extern wirkende Konsequenzen aufgezeigt. Eine **Ansatzpflicht** besteht dabei für internalisierte Effekte, ein **Ansatzwahlrecht** kann für externe Effekte je nach unternehmerischer Zielsetzung (z. B. bei angestrebter maximaler Schonung der ökologischen Umwelt) ausgeübt werden. Die Ansatzpflicht internalisierter Effekte (z. B. Energiekosten) wird in der Praxis allerdings vielfach noch nicht in der Form vorgenommen, daß eine verursachungsgerechte Zurechnung und somit eine Steuerung möglich wäre[14]. Hierzu ist zum einen ein separater Ausweis innerhalb vorhandener Ko-

13) Vgl. BECKENBACH, F. / HAMPICKE, U. / SCHULZ, W. (1989), S. 4. Controllinginstrumente können sowohl der Informationsversorgung als auch der Entscheidungsunterstützung dienen; vgl. REICHMANN, T. (1990), S. 5 ff..

14) Vgl. die Ergebnisse der eigenen Untersuchung zur Zurechnung der Ökologiekosten in Kapitel 5.2.3.2.2.1..

stenarten notwendig[15]; zum anderen ist es erforderlich, zusätzliche primäre Kostenarten einzuführen[16]. Außerdem ist die Zuordnung zu den verursachenden Kostenstellen bzw. Kostenträgern zu klären. Der getrennte Ausweis ist erforderlich, um Ökologiekosten erkennbar und somit auch steuerbar zu machen.

4.2.1. Grundsätze für die Bestimmung von Konsequenzen

Um die Zielsetzungen des ökologieorientierten Controlling optimal verwirklichen zu können, sind folgende **Grundsätze für die Bestimmung der Konsequenzen** zu beachten[17]:

1) Grundsatz der Vollständigkeit

Um eine Aussage über die durch ein Unternehmen verursachten ökologischen Effekte treffen zu können, sind <u>alle</u> monetären und nicht-monetären Konsequenzen interner und externer Art in die Überlegungen einzubeziehen.

2) Grundsatz der Willkürfreiheit

Die angesetzten Konsequenzen müssen auch von anderen Personen feststellbar sein. Dies bedeutet, daß der Schwerpunkt auf Primäreffekten liegt, die unmittelbar und eindeutig dem Unternehmen zuzurechnen sind.

3) Grundsatz der Klarheit

Ähnlich gelagerte Sachverhalte sind zusammenzufassen, um die Übersichtlichkeit der Vorgehensweise zu gewährleisten bzw. Sachverhalte sind von anderen abzuspalten, falls Vermischungen von Effekten die Informationsklarheit beeinträchtigen.

4) Grundsatz der Stetigkeit

Um eine möglichst umfassende Informationsgewinnung und eine ebensolche Informationsauswertung zu ermöglichen, ist eine periodenübergreifende Vergleichbarkeit anzustreben, die dadurch gewährleistet wird, daß bei gleichen, durch die Anspruchsgruppen vorgegebenen Rahmenbedingungen gleichartige Sachverhalte gleich behandelt werden.

---

15) Vgl. SCHREINER, M. (1990), S. 211.
16) Vgl. KLOOCK, J. (1990), S. 146.
17) Vgl. BUNDESVERBAND DER DEUTSCHEN INDUSTRIE e. V. (BDI) (Hrsg.) (1979), S. 1; SCHULZ, W. (1991), S. 227; STAATLICHER MINERALBRUNNEN BAD BRÜCKENAU (Hrsg.) (1992), S. 27; HALLAY, H. / PFRIEM, R. (1992), S. 14.; vgl. die Analogie zu den Grundsätzen ordnungsmäßiger Buchhaltung bei COENENBERG, A.G. (1992a), S. 29 ff..

5) Grundsatz der sachlichen Abgrenzung

Bei der Isolierung internalisierter Kosten treten Abgrenzungsprobleme immer dann auf, wenn Maßnahmen, Einrichtungen oder Anlagen sowohl dem Umweltschutz als auch der Leistungserstellung im engeren Sinne dienen[18)]. Als Abgrenzungskriterien kommen dabei das Hauptzweckprinzip und das Veranlassungsprinzip in Betracht[19)].

- o Nach dem **Hauptzweckprinzip** werden die Kosten vollständig dem Hauptzweck der Maßnahme, Einrichtung oder Anlage zugeordnet. Problematisch kann hierbei eventuell die Unterscheidung in Haupt- und Nebenzweck sein.
- o Das **Veranlassungsprinzip** führt zu einer Zuordnung der Kosten zu dem Zweck, der zur Durchführung der Maßnahme geführt hat. Eine Zuordnung zu der auslösenden Maßnahme ist oft nicht mehr möglich, da Umweltschutzmaßnahmen oft Folgeinvestitionen und/oder laufende Kosten mit sich bringen[20)].

Ziel der Ermittlung der Ökologiekosten ist die **Vermeidung von Doppelerfassungen**, die dann auftreten können, wenn die Kosten unter verschiedenen Kostenarten oder verschiedenen Wertschöpfungsstufen dargestellt werden[21)]. Zum einen können Überschneidungen zwischen den Bereichen auftreten. So zählen beispielsweise die durch staubabsondernde Luftfilter entstehenden Kosten zu den Deponiekosten. Die angefallenen Kosten werden aber eventuell nicht nur im Bereich der Abfallbeseitigung, sondern auch im Bereich der Luftreinhaltung erfaßt[22)]. Daneben können Doppelzählungen auch bei der innerbetrieblichen Leistungsverrechnung auftreten, wenn Ökologiekosten zuerst bei der abgebenden Kostenstelle als primäre und anschließend bei der empfangenden Kostenstelle als sekundäre Kosten ausgewiesen werden. Bei der Kostenerfassung ist zu gewährleisten, daß Primärkosten nicht mit Sekundärkosten vermischt werden, sondern nur primäre oder nur sekundäre Ökologiekosten erfaßt werden. Treten daneben wechselseitige Leistungsbeziehungen auf, so gestaltet sich das Problem komplexer. Um diese auf der innerbetrieblichen Leistungsverrechnung basierenden Doppelerfassungen zu

---

18) Vgl. RENTZ, O. (1979), S. 18; VEREIN DEUTSCHER INGENIEURE (VDI) (Hrsg.) (1979), S. 2 und VEREIN DEUTSCHER ELEKTRIZITÄTSWERKE (VDEW) (Hrsg.) (1986), S. 18.
19) Vgl. RENTZ, O. (1979), S. 26 ff..
20) Vgl. VEREIN DEUTSCHER INGENIEURE (VDI) (Hrsg.) (1979), S. 2 und SCHREINER, M. (1990), S. 206.
21) Vgl. BUNDESVERBAND DER DEUTSCHEN INDUSTRIE (BDI) (Hrsg.) (1979), S. 17.
22) Vgl. RENTZ, O. (1979), S. 89.

vermeiden, müssen sämtliche Schritte der Leistungsverrechnung und Kostenerstattung auch für Ökologiekosten nachvollzogen werden[23].

6) Grundsatz der zeitlichen Abgrenzung

Neben den sachlichen Abgrenzungsschwierigkeiten kann es zusätzlich zu zeitlichen Zurechnungsproblemen kommen. So ist festzulegen, wie lange bei aus ökologischen Gründen verringertem Output oder bei einer Stillegung die damit verbundenen Erlösausfälle sowie die Leerkosten als Ökologiekosten ausgewiesen werden[24] bzw. zu welchem Zeitpunkt externe Kosten erstmals zu erfassen sind.

7) Grundsatz der Wirtschaftlichkeit

Gerade im Bereich ökologiebezogener Informationen ist eine vollständige Datenerfassung nicht durchführbar. Hier gilt ebenso wie bei allen betriebswirtschaftlichen Entscheidungen das Prinzip der Wirtschaftlichkeit. Dies bedeutet, daß Informationen nur insoweit zu erheben sind, als der Grenznutzen der Informationen mindestens den Grenzkosten der Informationsgewinnung entspricht. Dieses theoretische Entscheidungskalkül ist für jedes einzelne Unternehmen bzw. jeden Informationsgewinnungsprozeß zu konkretisieren.

4.2.2. Ableitung ökologiebedingter Konsequenzen

Unter Beachtung dieser Grundsätze sind für jeden Stakeholder die Anforderungen an das Unternehmen den einzelnen Wertschöpfungsstufen zuzuordnen. Diese Anforderungen können reine Informationsansprüche sein und/oder Entscheidungen des Managements erfordern. Teilweise können die Konsequenzen direkt in den monetären Bewertungsprozeß eingehen, teilweise ist aber auch gerade im Bereich nicht-monetärer Bewertung noch eine Detaillierung bezüglich der Belastung einzelner Medien vorzunehmen.

Der Prozeß des **Ansatzes** relevanter Objekte läßt sich somit in folgende zwei Stufen zerlegen:

1) Bestimmung der von den Anspruchsgruppen auf das Unternehmen wirkenden Konsequenzen, die direkt in die monetäre Bewertung eingehen können (Stufe 1).

---

23) Zu Möglichkeiten der Verrechnung sekundärer Ökologiegemeinkosten vgl. ROTH, U. (1992), S. 126 ff..

24) Vgl. BUNDESVERBAND DER DEUTSCHEN INDUSTRIE (BDI) (Hrsg.) (1979), S. 22 und SCHREINER, M. (1990), S. 206.

2) Bestimmung von Be- und Entlastungen, deren Umfang vor einer Bewertung mit Hilfe einer **Belastungsmatrix** zu erfassen ist, falls die Konsequenzen nicht direkt monetär darstellbar sind (Stufe 2).

4.2.2.1. Ableitung ökologiebedingter, direkt monetär bewertbarer Konsequenzen

Die nachstehende Systematisierung zeigt auf, welche ökologiebedingten Konsequenzen, gegliedert nach Kosten- und Erlösarten, auf den einzelnen Wertschöpfungsstufen auf monetäre Größen wirken können (Stufe 1). Sofern den Kosten und Erlösen eindeutig eine Anspruchsgruppe zugeordnet werden konnte, ist dies geschehen. Dabei wurde versucht, die Kostenbezeichnungen so zu wählen, daß sie für alle Industriezweige herangezogen werden können[25)]. Die Zuordnung erfolgt dabei entsprechend der Systematik des Gesamtkostenverfahrens. Daneben sind noch zusätzliche Untergliederungen möglich, so nach den Umweltbereichen Boden, Wasser und Luft oder nach den Maßnahmen Vermeiden, Vermindern, Substituieren, Verwerten und Entsorgen[26)]. Die Vorzeichen "+" und "-" geben die Richtung der monetären Veränderung des Anspruches an; ein "+" steht für eine Erhöhung der Kosten bzw. Erlöse, ein "-" für deren Minderung. Die Systematisierung kann aufgrund der Vielfalt der Konsequenzen keinen Anspruch auf Vollständigkeit erheben; sie basiert auf einer Auswertung der aktuellen Umweltgesetze und des gegenwärtigen Standes der Literatur[27)].

---

25) Ein Beispiel für eine konkrete Ausgestaltung liefert der BETRIEBSWIRTSCHAFTLICHE AUSSCHUß DES VERBANDES DER CHEMISCHEN INDUSTRIE e. V. (1973).

26) vgl. z. B. die Systematisierung der Auswirkungen ökologiebezogener Unternehmensentscheidungen bei SPRENGER, R.-U. (1975), S. 19 ff. oder die Daten über Kosten des Umweltschutzes in Abhängigkeit der Umweltbereiche Luft, Wasser, Boden und Lärm bei SCHULZ, W. / WICKE, L. (1987).

27) Übersichten zu Ökologiekosten geben z. B. BETRIEBSWIRTSCHAFTLICHER AUSSCHUß DES VERBANDES DER CHEMISCHEN INDUSTRIE e. V. (1973); FLEISCHMANN, E. / PAUDTKE, H. (1977); der BUNDESVERBAND DER DEUTSCHEN INDUSTRIE e. V. (BDI) (Hrsg.) (1979); KEITER, H. (1980); FRONEK, R. / UECKER, P. (1987); STÖLZLE, W. (1990); HAASIS, D. (1992); KLOOCK, J. (1992a); SCHREINER, M. (1992) und WAGNER, G.R. (1992). Speziellere Übersichten geben WAGNER, G.R. / FICHTNER, S. (1989) für die Altlastensanierung, KLOOCK, J. (1990b) für die Abwasserwirtschaft und BAYOU, M.E. / NACHTMAN, J.B. (1992) sowie BAUM, H.-G. / CANTNER, J. / WITTMANN, R. (1993) für die Rückstandsbehandlung.

Forschung und Entwicklung

Kosten-/Erlösart	+/-	Ökologiebedingte Konsequenzen	Anspruchsgruppe
Gesamtleistung	+	Neu entwickelte, umweltverträglichere Produkte	Kunden
Sonstige Erlöse	+	Förderung von Innovationen (§ 2 Abs. 2 UStiftG)	Staat
	+	Finanzhilfen und Subventionen für F&E	Staat
	+	Lizenzvergabe für selbsterstellte Patente	Kunden
Personalkosten	+	Akquisition von Spezialisten	Allgemein
Abschreibungen	+	Erwerb von Forschungseinrichtungen	Allgemein
Steuern/ Abgaben	-	Steueranreize und Abgabenminderung für F&E	Staat
Sonstige Kosten	+	Aufträge an externe Forschungsinstitute	Allgemein
	+	Nutzung fremder Patente durch Lizenzen	Wettbewerb
Mehrere Kostenarten betreffend	+	Stand der Technik wird definiert (§ 3 Abs. 6 BImSchG)	Staat
	+	Stand der Wissenschaft und Technik als Mindeststandard (§ 3 Abs. 4 AbwAG)	Staat
	+	anerkannte Regeln der Technik als Mindeststandard (§ 7 a Abs. 1 WHG)	Staat
	+	Berücksichtigung von Auflagen	Staat
	+	Planung und Entwicklung umweltverträglicherer Verfahren	Allgemein
	-	Effektivitätssteigerungen durch F&E-Ergebnisse	Allgemein

Abb. 4.2.: Ökologiebedingte Konsequenzen im Bereich Forschung und Entwicklung

Beschaffung

Kosten-/Erlösart	+/-	Ökologiebedingte Konsequenzen	Anspruchsgruppe
Materialkosten	+	Anforderungen an die Beschaffenheit von Stoffen und Erzeugnissen (§§ 32 ff. BImSchG)	Staat
	+	Senkung der Wertschöpfungstiefe oder der Kapazität, um gesetzliche Vorschriften einzuhalten	Staat
	+	Substitution umweltschädlicher Einsatzstoffe	Allgemein
	-	Einsparung von Energie	Lieferanten
	-	Reduzierung des Wasserverbrauchs	Staat
	-	Einsparung und Substitution verbotener oder mit Abgaben belegter Roh-, Hilfs- und Betriebsstoffe	Staat
	-	Geringerer Bedarf an Primärrohstoffen	Allgemein
	-	Einsatz von Sekundärrohstoffen	Allgemein
Personalkosten	+	Beurteilung, Bewertung, Beratung von Lieferanten bzgl. der Umweltverträglichkeit von Vorprodukten	Lieferanten
Abschreibungen	+	Anforderungen an die Beschaffenheit von Anlagen (§§ 32 ff. BImSchG)	Staat
	+	Abschreibungen auf Vorräte, die sich als ökologisch bedenklich herausstellen	Kunden
Sonstige Kosten	+	Rückstellungen für auf Lager liegende Kondukte	Staat

Abb. 4.3.: Ökologiebedingte Konsequenzen im Bereich Beschaffung

Produktion

Kosten-/Erlösart	+/-	Ökologiebedingte Konsequenzen	Anspruchsgruppe
Gesamtleistung	+	Erhöhung des Outputs durch effizientere Anlagen	Allgemein
	-	Stillegung des Betriebs bei Nichterfüllung der Auflagen (§ 20 BImSchG)	Staat
	-	Aufgabe von Marktsegmenten, die abfallintensive Produktionsmethoden erfordern	Allgemein
	-	Ausfallzeiten aufgrund von Störfällen	Allgemein
	-	Qualitätseinbußen durch Substitutionsstoffe	Staat
Sonstige Erlöse	+	Verkauf von Altanlagen	Allgemein
Materialkosten	+	Erhöhung des Materialausschusses	Allgemein
	-	Sparsame Verwendung von Wasser (§ 1 a WHG)	Staat
	-	Geringerer Energieverbrauch	Allgemein
	-	Erhöhung der Ausbeute von Einsatzstoffen durch neue Anlagen	Allgemein
Personalkosten	+	Schulungen	Allgemein
	+	Betriebsbeauftragter für Abfall (§ 11 a AbfG), Gewässerschutz (§ 21 a WHG), Immissionsschutz (§ 53 BImSchG)	Staat
	+	Erhöhung des Nacharbeitungsbedarfs	Allgemein
	+	Erstellung von Emissionskatastern	Staat
	+	Produktions- und Emissionsprüfungen	Allgemein
	+	Durchführung von Umweltverträglichkeitsprüfungen	Staat
	-	Geringerer Arbeitseinsatz durch einfachere Verfahren	Allgemein
Abschreibungen	+	Anschaffung von Umweltschutzanlagen	Allgemein
	+	Anforderungen an die Produktion aufgrund der Beschaffenheit der Einsatzstoffe	Lieferanten
	+	Anschaffung von Kontroll- und Meßsystemen, Prüfmitteln und Laboreinrichtungen	Allgemein
	+	Standortverlegung (Grundstücks-, Baukosten)	Staat
	+	Um- und Nachrüstung von Altanlagen	Staat
	+	Anforderungen an die Art der getätigten Investition als Bestandteil von Kreditwürdigkeitsprüfungen	Kreditgeber
	+	Sonderabschreibungen	Staat

Steuern/ Abgaben	+	Strafen, Geldbußen bei Ordnungswidrigkeiten	Staat
	+	Auflagen können Beiträge für Unternehmen festlegen (§ 4 Abs. 2 Nr. 3 WHG).	Staat
	+	Gebühren für die Anlagenprüfung (§ 19 d WHG)	Staat
	-	Steuerstundung durch Sonderabschreibungen	Staat
Mehrere Kostenarten betreffend	+	Bedingungen und Auflagen bei Erteilung einer Genehmigung (§ 12 BImSchG)	Staat
	+	Nachträgliche Anordnungen (§ 17 BImSchG)	Staat
	+	Präventives Verbot (Erlaubnisvorbehalt) (§ 4 BImSchG)	Staat
	+	Repressives Verbot (§ 1 DDT-Gesetz)	Staat
	+	Substitutionsbedarf aufgrund umweltverträglicherer Produktionsprozesse	Allgemein
	+	Einhaltung von Grenzwerten	Staat
	+	Umstellung und Stillstand von Anlagen	Staat

Abb. 4.4.: Ökologiebedingte Konsequenzen im Bereich Produktion

Vertrieb

Kosten-/Erlösart	+/-	Ökologiebedingte Konsequenzen	Anspruchsgruppe
Gesamtleistung	+	Höhere Chancen für öffentliche Aufträge	Kunden
	+	Pioniergewinne	Kunden
	+	Serviceumsätze durch Wartung von Umweltschutzanlagen	Kunden
	+	Markterschließung für Produkte mit höherer Lebensdauer	Kunden
	+	Markterschließung für weniger ökologisch bedenkliche Produkte	Kunden
	-	Imageverluste	Kunden
	-	Absatzrückgang durch längerlebige Güter	Kunden
Materialkosten	+	Substitutionsbedarf aufgrund von Höchstabsatzgrenzen für umweltschädliche Produkte	Allgemein
	-	Geringerer Verpackungsbedarf	Allgemein
	-	Kleinere Verpackungs- und Produktvolumina	Kunden
Sonstige Kosten	+	Entsorgung aufgrund schlechter Absatzchancen für Sekundärrohstoffe	Kunden
	+	Beiträge zum Dualen System Deutschland	Staat
Mehrere Kostenarten betreffend	+	Höherer Serviceaufwand durch Umweltauflagen	Staat
	+	Produktprüfungen	Allgemein
	+	Reklamationen	Kunden
	+	Verordnung über Rücknahme und Pfanderhebung von Getränkeverpackungen aus Kunststoffen	Staat
	+	Rücknahmepflicht aufgrund der Verpackungsverordnung	Staat
	+	Umweltverträglichere Distribution	Kunden
	+	Kosten der Markterschließung für längerlebige, umweltverträglichere Produkte	Kunden

Abb. 4.5.: Ökologiebedingte Konsequenzen im Bereich Vertrieb

Entsorgung

Kosten-/Erlösart	+/-	Ökologiebedingte Konsequenzen	Anspruchsgruppe
Gesamtleistung	+	Wettbewerbsvorteile durch konsequente Abfallwirtschaft	Wettbewerb
	+	Übertragung der Entsorgungspflicht von einer Behörde auf Private im Falle der Wirtschaftlichkeit (§ 3 Abs. 6 AbfG)	Staat
Sonstige Erlöse	+	Verkauf von Emissionsrechten	Staat
	+	Pflicht des Inhabers einer Abfallentsorgungsanlage zur Gewährung der Mitbenutzung gegen angemessenes Entgelt, sofern der Andere Abfälle nur mit Mehrkosten entsorgen könnte (§ 3 Abs. 5 AbfG)	Staat
Personalkosten	+	Betriebsbeauftragter für Abfall (§ 11 a AbfG), Verordnung über Betriebsbeauftragte für Abfall	Staat
Abschreibungen	+	Aufstellung von Containern	Staat
	+	Bau einer Kläranlage	Staat
	+	Errichtung von Rauchfilteranlagen	Staat
	+	Wertminderungen bei Immobilien durch Schäden	Allgemein
Steuern/ Abgaben	+	Abfallabgabe (Einführung geplant)	Staat
	+	Entwässerungsgebühren	Staat
	+	Rücknahmeverpflichtungen gegenüber Abnehmern (Entsorgungsgebühren)	Kunden
	+	Kanalbenutzungsgebühren	Staat
	+	Müllabfuhrgebühren	Staat
	+	Strafen bei Ordnungswidrigkeiten	Staat
	+	Festlegung gebührenpflichtiger Tatbestände durch die Bundesregierung (§ 12 Abs. 3 AbfG)	Staat
	+	Gebühren für die Genehmigungserteilung (§ 7 AbfRestÜberwV, § 17 AbfVerbrV)	Staat
	-	Geringere Entsorgungsgebühren durch Rücknahmeverpflichtungen der Lieferanten	Lieferanten
	+/-	Abgabenhöhe in Abhängigkeit von der Schädlichkeit des Abwassers (§ 3 AbwAG)	Staat
	+/-	Abwasserabgabesatz in Abhängigkeit der Schadeinheiten (§ 9 AbwAG)	Staat

Sonstige Kosten	+	Unfälle und Schadensfälle (Sanierung und Haftung)	Allgemein
	+	Rücknahmeverpflichtungen gegenüber Abnehmern	Kunden
	-	Rücknahmeverpflichtungen für die Lieferanten	Lieferanten
Mehrere Kostenarten betreffend	+	Entsorgungspflicht für Autowracks und Altöle (§§ 5, 5a AbfG)	Staat
	+	Anpassung der Verfahren der Abfallentsorgung an den Stand der Technik anpassen (§ 4 Abs. 5 AbfG)	Staat
	+	Abbruch einer Altanlage	Allgemein
	+	Zugzwang durch das Angebot der Rücknahme	Wettbewerb
	+	Auflagen zur Risikobeschränkung bei der Kreditaufnahme	Kreditgeber
	+	Einhaltung der Altölverordnung	Staat
	+	Einhaltung der Klärschlammverordnung	Staat
	+	Reinigungen, Absaugvorgänge, Einbau von Filtern	Allgemein
	+	Verordnung über Rücknahme und Pfanderhebung von Getränkeverpackungen aus Kunststoffen	Staat
	+	Verpackungsverordnung	Staat
	+	Ermittlung von Emissionen und Immissionen genehmigungsbedürftiger Anlagen durch den Betreiber (§ 30 BImSchG)	Staat
	+	Erstellung von Emissionserklärungen	Staat
	-	Keine Notwendigkeit für Sanierung durch Vermeidung zukünftiger Altlasten	Staat
	-	Ablehnung von Ansprüchen zur Abwehr von Einwirkungen aufgrund wirtschaftlicher Unzumutbarkeit (§ 14 BImSchG)	Staat
	-	Nachträgliche Anordnungen dürfen nicht mit zu hohem Aufwand im Verhältnis zum Erfolg belastet sein (§ 17 Abs. 2 BImSchG)	Staat

Abb. 4.6.: Ökologiebedingte Konsequenzen im Bereich Entsorgung

Recycling

Kosten-/Erlösart	+/-	Ökologiebedingte Konsequenzen	Anspruchsgruppe
Gesamtleistung	-	Einbußen durch Verschmutzungsanteil	Allgemein
Sonstige Erlöse	+	Verkauf von Sekundärrohstoffen, die direkt vermarktbar sind	Allgemein
	+	Verkauf von Sekundärrohstoffen, die nach innerbetrieblicher Aufbereitung vermarktbar sind	Allgemein
Materialkosten	-	Innerbetriebliche Verwertung	Kunden
Abschreibungen	+	Unternehmenseigene Recyclinganlagen	Allgemein
Sonstige Kosten	+	Sammeln und Lagern der Kondukte	Allgemein
	+	Aufbereitung (Fracht, Ausschlachtung, Sortieren, Bearbeiten, Trennen)	Allgemein
	+	Innerbetriebliche Verwertung	Kunden
Mehrere Kostenarten betreffend	+	Annahme und Reinigung von Mehrweggütern	Kunden
	+	Verfahren der Wieder- und Weiterverwendung	
	+	Verfahren der Wieder- und Weiterverwertung	Allgemein
	+	Mechanische, biologische, chemische und thermische Verfahren	Allgemein
	-	Wirtschaftliche Unzumutbarkeit bei Mehrkosten der Abfallverwertung im Vergleich zu anderen Verfahren (§ 3 Abs. 2 AbfG)	Staat

Abb. 4.7.: Ökologiebedingte Konsequenzen im Bereich Recycling

Logistik

Kosten-/Erlösart	+/-	Ökologiebedingte Konsequenzen	Anspruchsgruppe
Abschreibungen	+	Beschaffenheit von Fahrzeugen, Bau, Änderungen von Straßen und Schienenwegen (§§ 38 ff. BImSchG)	Staat
Steuern/ Abgaben	+	Mineralöl- und Kraftfahrzeugsteuer	Staat
Sonstige Kosten	-	Reduzierung des Energieverbrauchs im Lager	Allgemein
	-	Geringerer Transportbedarf durch kleinere Transportvolumina	Allgemein
	-	Günstigere Versicherungsklasse (für Lager oder Transporte)	Allgemein
Mehrere Kostenarten betreffend	+	Betrieb von Fahrzeugen (§§ 38 ff. BImSchG)	Staat
	+	Pflicht zur Abwasserbeseitigung (§ 18 a WHG)	Staat
	+	Sammlung, Behandlung, Lagerung, Ablagerung von Abfällen (§ 4 AbfG)	Staat
	+	Lagerung von Abfällen	Allgemein
	+	Mehrwegtransportsysteme	Kunden
	+	Anpassung der Verpackungsgrößen an die Logistikkonzeption	Kunden
	+	Trennung und Transport von Abfällen	Allgemein
	-	Veränderung des Transport- und Lagervolumens durch Konzentrate	Kunden

Abb. 4.8.: Ökologiebedingte Konsequenzen im Bereich Logistik

Personal

Kosten-/Erlösart	+/-	Ökologiebedingte Konsequenzen	Anspruchsgruppe
Gesamtleistung	+	Produktivitätssteigerung durch motivierte Mitarbeiter	Allgemein
Personalkosten	+	Betriebsbeauftragter für Abfall (§ 11 a AbfG)	Staat
	+	Betriebsbeauftragter für Gewässerschutz (§ 21 a WHG)	Staat
	+	Mitteilungspflicht, wer Betreiber einer genehmigungsbedürftigen Anlage ist (§ 52a BImSchG)	Staat
	+	Betriebsbeauftragter für Immissionsschutz (§ 53 BImSchG)	Staat
	+	Störfallbeauftragter (§ 58 a BImSchG)	Staat
	+	Ausschußvermeidende Prämien	Allgemein
	+	Prüfung, Kontrolle und Leitung der Umweltschutzaktivitäten	Allgemein
	+	Schulung und Motivation der Mitarbeiter	Allgemein
	+	Sozialplan bei Stillegung	Staat
	+	Krankheitsfälle	Allgemein
	+	Betriebs- und Sicherheitsbeauftragte	Staat
	+	Ökologieorientiertes Vorschlagswesen	Allgemein
	+	Verordnung über das Einsammeln und Befördern sowie über die Überwachung von Abfällen und Reststoffen	Staat
	+	Verwaltungsbedarf	Allgemein
	-	Einsparungen von Lohnbestandteilen für besondere Arbeitsbelastungen	Staat
	-	Einsparungen durch leichtere Rekrutierung von Nachwuchskräften aufgrund eines besseren Umweltimages	Allgemein
	-	geringere Fehlzeiten des Personals (Ausfallkosten)	Allgemein

Abb. 4.9.: Ökologiebedingte Konsequenzen im Bereich Personal

Marketing

Kosten-/Erlösart	+/-	Ökologiebedingte Konsequenzen	Anspruchsgruppe
Gesamtleistung	+	Umsatzsteigerung durch Umweltzeichen wie den blauen Engel oder den Grünen Punkt	Staat
Sonstige Kosten	+	Abgaben an die Duales System Deutschland GmbH für den Grünen Punkt	Staat
	+	Pressearbeit	Kunden
	+	Zusätzlicher Werbebedarf durch verringerte Möglichkeiten mittels Verpackungsaufdruck	Kunden
	-	Geringerer Werbebedarf durch umweltverträglichere Produkte	Kunden

Abb. 4.10.: Ökologiebedingte Konsequenzen im Bereich Marketing

Controlling

Kosten-/Erlösart	+/-	Ökologiebedingte Konsequenzen	Anspruchsgruppe
Personalkosten	+	Statistik der Investitionen (§ 11 UStatG)	Staat
	+	Investitionsentscheidungen erfordern Stellungnahme des Betriebsbeauftragten (§§ 11 d AbfG, 21 d WHG, 56 BImSchG).	Staat
Kapitalkosten	+/-	Kreditkonditionen	Kreditgeber
Mehrere Kostenarten betreffend	+	Auskunftspflicht über Kontrollmechanismen (§ 52a BImSchG)	Staat
	+	Umweltschutzberichterstattung	Allgemein
	+	Durchführung von Expertenbefragungen	
	+	Erstellung von Umweltgutachten	Allgemein

Abb. 4.11.: Ökologiebedingte Konsequenzen im Bereich Controlling

4.2.2.2. Ableitung ökologiebedingter, nicht-monetär bewertbarer Konsequenzen mit Hilfe der Belastungsmatrix

Sind die von den Anspruchsgruppen an das Unternehmen herangetragenen Forderungen zwar bereits in Entscheidungsprozesse eingebunden, d. h. internalisiert, aber nicht monetär darstellbar oder als externe Effekte noch nicht hinreichend konkretisiert, muß eine **Belastungsmatrix** aufgestellt werden. Für jede Wertschöpfungsstufe werden die Belastungen der Medien Boden, Wasser und Luft durch die Inputfaktoren Material, Wasser und Energie sowie durch die Outputfaktoren Produkte und Kondukte erfaßt. Die Belastungen können in Form von Abfall, Abwasser und Abluft bestehen[28]. Die Erstellung der Belastungsmatrix stellt die zweite Stufe im Prozeß des Ansatzes ökologiebedingter Konsequenzen dar und ist die Grundlage für die Bewertung nicht-monetärer Konsequenzen für betriebliche Informations- und Entscheidungsprozesse.

Wertschöpfungsstufen / Art der Belastung	F&E	Beschaffung	Fertigung	Vertrieb	Entsorgung	Recycling	Logistik	Personal	Marketing	Controlling
INPUT:										
Material										
Energie										
OUTPUT:										
Abfall										
Altlasten										
Abwasser										
Abluft										

Abb. 4.12.: Belastungsmatrix

Die Abgrenzung der Inputfaktoren Material und Energie ist relativ leicht, da sie als ökologisch und ökonomisch knapp gelten. Der Umfang der neben dem erwünschten Output anfallenden **Kondukte** ist noch nicht genau abgegrenzt. Dies ist vor allem darauf zurückzuführen, daß sie in Informations- und Entscheidungsinstrumenten bisher noch nicht berücksichtigt sind. Deshalb sollen im folgenden Definitionen für vier Konduktypen erarbeitet werden, die keine Sekundärrohstoffe mehr darstellen, sondern entsorgt werden müssen. Die Abgrenzungen beziehen sich auf den aktuellen Stand der Diskussion, der wiederum im wesentlichen auf den Stand der rechtlichen Diskussion zurückgreift. Teilweise werden auch zusätzliche Konduktypen genannt, wie z.B. Lärm, Abluft oder Abstrahlung. Die vorgestellte Typologie bezieht sich jedoch auf die physikalisch festgelegten Erscheinungsformen von Materie und Energie (fest, flüssig, gasförmig)[29].

28) Vgl. die Ansätze von LEHBERT, B. (1972), S. 300; GUTH, T. (1989), S. 27; MANSKI, E.-E. (1992), S. 663; ROTH, U. (1992), S. 176 und SCHALTEGGER, S. / STURM, A. (1992), S. 64 f..

29) Vgl. z.B. die Typologie bei STREBEL, H. (1992), S. 10.

1) Abfall als Komponente der Belastungsmatrix

Rückstände sind, wie oben ausgeführt[30)], unerwünschte Kuppelprodukte, die entweder als Sekundärrohstoffe einer weiteren Verwendung oder Verwertung zugeführt werden (Recycling) oder **Abfall** darstellen[31)]. Im Unterschied hierzu ist die Abgrenzung des Abfalls nach dem geltenden Abfallrecht dadurch gekennzeichnet, daß es sich um bewegliche Sachen handelt, "deren sich der Besitzer entledigen will oder deren geordnete Entsorgung zur Wahrung des Wohls der Allgemeinheit, insbesondere des Schutzes der ökologischen Umwelt geboten ist."[32)]. Diese gesetzliche Definition unterscheidet den subjektiven und den objektiven Abfallbegriff[33)].

Als wichtigste Abfallarten im produzierenden Gewerbe können Abfälle aus der Produktion (52,0% des gesamten Abfallaufkommens des produzierenden Gewerbes, davon 8,9% Sonderabfälle), Bauschutt, Straßenaufbruch und Erdaushub (43,6%), feste Gewerbeabfälle (3,0%) und Abfälle aus der Abwasserreinigung (1,4%) unterschieden werden[34)].

2) Altlasten als Komponente der Belastungsmatrix

Für die Beseitigung von Altlasten liegt noch kein Bundesgesetz vor, das eine genaue Abgrenzung ermöglichen würde. Das "Sondergutachten Altlasten" des Sachverständigenrates für Umweltfragen nimmt allerdings eine Einteilung und Bewertung von altlastverdächtigen Flächen vor. Dabei wird zwischen **Altablagerungen**, d. h. verlassenen und stillgelegten Ablagerungsplätzen von Siedlungsabfall, ge-

30) Vgl. Kapitel 3.2.1.5..

31) Die Unterteilung der Rückstände in Sekundärrohstoffe und Abfall entspricht der Abgrenzung im Entwurf des Kreislaufwirtschafts-Abfallgesetzes.

32) § 1 Abs. 1 AbfG.

33) Kennzeichnend für den **subjektiven Abfall** ist der Entledigungswille des Besitzers, der Verkehrswert einer Sache ist dabei ohne Bedeutung für die Abfalleigenschaft. Die Verantwortlichkeit wird noch insofern eingegrenzt, als ein Besitzer im Sinne des AbfG derjenige ist, der die tatsächliche Gewalt über eine Sache hat. Subjektiver Abfall nach dem geltenden Recht kann wiederum als Sekundärrohstoff in die Produktion anderer Unternehmen eingehen. Ist eine geordnete Entsorgung zur Wahrung des Wohls der Allgemeinheit für eine Sache notwendig, so liegt **objektiver Abfall** vor. Allerdings ist die Voraussetzung für ein Vorliegen objektiven Abfalls, daß zum Wohl der Allgemeinheit eine geordnete Entsorgung notwendig ist. Dies bedeutet, daß die Gesundheit und das Wohlbefinden der Menschen und Tiere nicht durch die Entsorgung beeinträchtigt werden.Voraussetzung für das Ausscheiden aus dem Wirtschaftskreislauf ist aber die Abfalleigenschaft, so daß insofern ein Zirkelschluß vorliegt. Deshalb wird der objektive Abfallbegriff als Ermächtigung interpretiert, "mit den Mitteln des Abfallrechts dann einzugreifen, wenn eine sorgfältige Abwägung der öffentlichen und privaten Belange ergeben hat, daß das Wohl der Allgemeinheit vom derzeitigen Zustand einer Sache oder Menge von Sachen so bedroht ist, daß ihre Beseitigung erforderlich wird und eine Verwertung durch den Besitzer nicht in Aussicht steht oder keine Abhilfe schaffen würde"; BIRN, H. / JUNG, G. (1986), Kapitel 02/3, S. 11. Abfall im objektiven Sinne sowie subjektiver Abfall, der nicht als Sekundärrohstoff zu klassifizieren ist, leistet einen negativen Beitrag zum Formalziel der Gewinnmaximierung des Unternehmens.

34) Vgl. O.V. (1993a), S. 1.

werblichen Abfällen, Erdaushub, Bauschutt und Bergematerial und **Altstandorten** von Anlagen und Nebeneinrichtungen sowie Lager- und Transporteinrichtungen unterschieden. **Altlasten** liegen dann vor, wenn von den Altablagerungen oder Altstandorten eine akute oder latente Gefährdung ausgeht[35)]. Für die Erfassung und Gefährdungsabschätzung kann das vom Sachverständigenrat vorgeschlagene Ablaufschema angewendet werden.

Für die Bewertung von Altlasten[36)] ist zwischen Sanierungs- und Sicherungstechniken zu differenzieren. Während die in der Regel kostenintensiveren **Sanierungstechniken** darauf abzielen, die Schadstoffe dauerhaft aus dem Erdreich und/oder Grundwasser zu entfernen und einer Entsorgung zuzuführen, verbleiben die Schadstoffe bei der Anwendung von **Sicherungstechniken** in den dekontamierten Umweltmedien und werden lediglich an einer weiteren Ausbreitung gehindert[37)].

3) Abwasser als Komponente der Belastungsmatrix

Abwasser wird gesetzlich definiert als "das durch häuslichen, gewerblichen, landwirtschaftlichen oder sonstigen Gebrauch in seinen Eigenschaften veränderte und das bei Trockenwetter damit zusammen abfließende Wasser (Schmutzwasser) sowie das von Niederschlägen aus dem Bereich von bebauten oder befestigten Flächen abfließende und gesammelte Wasser (Niederschlagswasser). Als Schmutzwasser gelten auch die aus Anlagen zum Behandeln, Lagern und Ablagern von Abfällen austretenden und gesammelten Flüssigkeiten"[38)]. Dabei werden Schadstoffe und Schwellenwerte im Abwasserabgabengesetz festgelegt, um eine Bewertung in Schadeinheiten zu ermöglichen.

Die Schädlichkeit des Abwassers bestimmt sich nach der Menge der oxidierbaren Stoffe, des Phosphors, des Stickstoffs, der organischen Halogenverbindungen, der Metalle Quecksilber, Cadmium, Chrom, Nickel, Blei, Kupfer sowie der Giftigkeit des Abwassers gegenüber Fischen.

---

35) Vgl. DER RAT DER SACHVERSTÄNDIGEN FÜR UMWELTFRAGEN (1990), S. 19.

36) Vorschläge zur Altlastensanierung liefern HAJEN, L. (1986), S. 366 ff. und BENKERT, W. (1987a), S. 207 ff..

37) Vgl. NAUSCHÜTT, J. (1990), S. 55. Sowohl Sicherungs- als auch Sanierungsmaßnahmen können je nach Standortgegebenheiten vor Ort (on site), nach Abtransport (off site) oder direkt in natürlicher Lage der Altlast (in situ) durchgeführt werden.

38) § 2 Abs. 1 AbwAG.

4) Emissionen als Komponente der Belastungsmatrix

Der Begriff der **Emissionen** wird im Bundes-Immissionsschutzgesetz definiert als "von einer Anlage ausgehende Luftverunreinigungen[39], Geräusche, Erschütterungen, Licht, Wärme, Strahlen und ähnliche Erscheinungen"[40]. Da die Zielsetzung des Gesetzes der Schutz vor schädlichen Einwirkungen auf die ökologische Umwelt ist, Emissionen als solche aber vor allem aufgrund von Problemen der Messung sowie der Wirkungsbestimmung nicht als Regelungsgröße herangezogen werden können, werden im Bundes-Immissionsschutzgesetz **Immissionen** betrachtet, d. h. "auf Menschen, Tiere und Pflanzen, den Boden, das Wasser, die Atmosphäre sowie Kultur- und sonstige Sachgüter einwirkende Luftverunreinigungen, Geräusche, Erschütterungen, Licht, Wärme, Strahlen und ähnliche Umwelteinwirkungen". Betreiber genehmigungsbedürftiger Anlagen sind trotz der angesprochenen Probleme der Messung und Wirkungsbestimmung verpflichtet, in Form einer Emissionserklärung Angaben über Art, Menge, räumliche und zeitliche Verteilung der Luftverunreinigungen zu geben[41].

Die Erfassung ökologisch relevanter Sachverhalte über die Analyse der Wertschöpfungsstufen (Stufe 1) und über die Belastungsmatrix (Stufe 2) kann sowohl für bereits internalisierte als auch für externe Effekte vorgenommen werden. Sofern eine monetäre Bewertung möglich ist, können die Effekte sofort als Kosten- oder Erlösbestandteil erfaßt werden. Ist diese nicht direkt oder nicht möglich, sind die Effekte zunächst oder endgültig in der Belastungsmatrix zu erfassen.

4.2.3. Internalisierte und externe Effekte

Die ökologieorientierten Konsequenzen können bzgl. der Berücksichtigung im unternehmerischen Informations- und Entscheidungsprozeß in internalisierte und externe Effekte unterschieden werden.

4.2.3.1. Internalisierte Effekte

Die von Seiten der Stakeholder an das Unternehmen gestellten Anforderungen sind z. T. **internalisiert**, d. h. sie werden bei Informations- und Entscheidungsprozessen bereits berücksichtigt[42]. Dies ist sowohl für Umweltgüter, die auf dem Markt erworben werden, als auch für den Einsatz von Arbeitskräften der Fall

39) Diese werden durch § 3 Abs. 4 BImschG abgegrenzt als "Veränderungen der natürlichen Zusammensetzung der Luft, insbesondere durch Rauch, Ruß, Staub, Gase, Aerosole, Dämpfe oder Geruchsstoffe".

40) § 3 Abs. 3 BImschG.

41) Vgl. 11. BImSchV i. V. m. § 27 Abs. 4 BImschG.

42) Vgl. zur Definition des Begriffs Internalisierung z. B. KRÜGER, B. (1975), S. 25.

(**Grundeffekte**[43)]). Zudem sind alle Effekte internalisiert, denen eine Ansatzpflicht zugrunde liegt, wie sie beispielsweise für Umweltschutzmaßnahmen aufgrund öffentlich-rechtlicher Verpflichtungen gegeben ist.

Auch wenn internalisierte Effekte bereits Eingang in Informations- und Entscheidungsinstrumente gefunden haben, sind Konsequenzen von Umweltschutzmaßnahmen oft in anderen Positionen enthalten und damit nicht als solche erkennbar. Um Aussagen über die ökologischen Wirkungen einer Entscheidung treffen zu können, sind Umweltschutzmaßnahmen gesondert auszuweisen bzw. zu isolieren.

Daneben kann eine freiwillige Internalisierung externer Effekte in Form **kalkulatorischer Effekte** neue Informationen beinhalten oder Entscheidungsspielräume aufzeigen[44)], d. h. it "will make visible that which is currently invisible"[45)]. Dabei kann entsprechend der traditionellen Aufteilung der kalkulatorischen Kosten in Anders- und Zusatzkosten eine Unterscheidung in Anders- und Zusatzeffekte vorgenommen werden. **Anderseffekte** sind dann zu berücksichtigen, wenn bereits eine Internalisierung vorgenommen wurde, diese allerdings noch nicht im vollen Umfang externe Effekte einbezieht[46)]. **Zusatzeffekte** sind anzusetzen, wenn Konsequenzen noch keine Berücksichtigung gefunden haben.

---

43) Der Begriff Grundeffekte ist in Anlehnung an den Begriff der Grundkosten im System der Kostenrechnung gewählt. Sie repräsentieren in vollem Umfang die Nutzung der Umweltgüter.

44) Vgl. FRESE, E. / KLOOCK, J. (1989), S. 15. Diese Vorgehensweise kann in Anlehnung an das Konzept der kalkulatorischen Kosten vorgenommen werden. Inwieweit eine Internalisierung tatsächlich vorgenommen wird, ist von der jeweiligen Wettbewerbssituation abhängig; vgl. DÜRR, H. (1989), S. 8 und BEHRENS-EGGE, M. (1991), S. 91.

45) GRAY, R.H. (1992), S. 417.

46) Am Beispiel fossiler Energieträger kann gezeigt werden, daß diese Erweiterung bereits in die Ansatzproblematik einzubeziehen ist. Kohle, Öl oder Gas sind als Inputfaktoren in betrieblichen Informations- und Entscheidungsinstrumenten internalisiert. Der mit dem Einsatz verbundene CO_2-Ausstoß ist aufgrund fehlender rechtlicher Grundlagen noch nicht zu internalisieren, es besteht lediglich ein Ansatzwahlrecht für den externen Effekt; vgl. z. B. KLOOCK, J. (1990a), S. 23 f..

4.2.3.2. Externe Effekte

Externe Effekte[47)] entstehen durch die Nutzung von Ressourcen und stellen Beeinflussungen dar, die den direkten Nutzen anderer betreffen, durch den Preismechanismus nicht erfaßt werden und auf die das Wirtschaftssubjekt, das durch den externen Effekt betroffen ist, nicht steuernd eingreifen kann[48)]. Externe Effekte können dabei von Produktions- oder Konsumaktivitäten ausgehen und die Produktions- oder Nutzenfunktion anderer Wirtschaftssubjekte beeinflussen, wodurch die gesamtwirtschaftliche Effizienz geschädigt wird[49)]. Externe Effekte treten immer dann auf, wenn Güter knapp sind und eine Ressource nicht entsprechend ihres Wertes eingesetzt wird. Zum Teil kann bereits von einer Wertumkehr gesprochen werden, da Grundstücke bei Berücksichtigung der gebildeten Rückstellungen für Altlasten oder Gebrauchsgegenstände bei Berücksichtigung der Entsorgungskosten negative Werte haben.

Externe Effekte können dabei in positiver oder negativer Form auftreten, wobei die von den Stakeholder-Gruppen gestellten Anforderungen sich ausschließlich auf negative Effekte beziehen, die zu materiellen oder immateriellen Beeinträchtigungen führen (externe Kosten). Charakteristische **Merkmale** sind die Nichter-

---

47) In der Literatur existieren diverse Begriffe, die die Abwälzung von Kosten auf Dritte außerhalb des Marktmechanismus bezeichnen. Neben **externen Kosten** (NYDEGGER, A. (1972); KRÜGER, B. (1975); SCHMIDTCHEN, D. (1980); BONUS, H. (1988) und SCHMITT, D. (1992)) werden **soziale** (ZUR, E. (1961); TURVEY, R. (1963); MICHALSKI, W. (1965); HEINEN, E. / PICOT, A. (1974); HEIGL, A. (1974); KUMM, J. (1975); WEHNER, U. (1976); KAPP, K.W. (1979); BETGE, P. (1988) und SCHMIDBERGER, J. (1992)), **volkswirtschaftliche** (EICHHORN, P. (1972); LEHBERT, B. (1972); BEA, F.X. (1973); HANSMEYER, K.-H. (1974); ZIMMERMANN, K. (1974); BESCHORNER, D. (1976); PICOT, A. (1981); HEINZ, I. (1983); PFRIEM, R. (1987); STREBEL, H. (1990); BUNDESUMWELTMINISTERIUM (Hrsg.) (1991) und SCHMIDBERGER, J. (1992)), **gesellschaftliche** (VON WYSOCKI, K. (1976); FISCHER-WINKELMANN, W. (1980)), **defensive** (LEIPERT, C. (1985), (1987) und (1988)) und **indirekte Kosten** sowie **soziale Zusatzkosten** (THOSS, R. (1972); MARBURGER, E.-A. (1974) und GÖRG, M. (1981)) diskutiert. Statt Kosten wird teilweise auch von Verlusten gesprochen. Da die Abgrenzungen unterschiedlich sind, werden hier unter externen Effekten ausschließlich die subsumiert, die oben genannten Kriterien genügen.

48) Das Konzept der externen Effekte geht auf MARSHALL zurück (vgl. MARSHALL, A. (1925)) und wurde von PIGOU weiterentwickelt (vgl. PIGOU, A.C. (1932). Auf den Zusammenhang zwischen entwickelten Gesellschaften und externen Effekten gehen insbesondere KAPP und KNEESE u. a. ein; vgl. KAPP, K.W. (1979); AYRES, R.U. / KNEESE, A.V. (1969) und KNEESE, A.V. / AYRES, R.U. / D'ARGE, R.C. (1970). Eine Zusammenfassung der Literatur bis 1970 gibt MISHAN, E.J. (1971), S. 1 ff.. Neuere Beiträge diskutieren vor allem die Behandlung externer Effekte in der Betriebswirtschaftslehre; vgl. ALBACH, H. (1988).

49) Sind beispielsweise ein Papierproduzent und ein Fischzüchter an demselben Fluß angesiedelt, so versucht jeder seinen Ertrag zu maximieren. Je höher der angestrebte Gewinn des Produzenten, desto höher ist ceteris paribus die dadurch entstehende Abwasserbelastung. Die geringere Wasserqualität mindert wiederum die Ertragschancen des flußabwärts gelegenen Fischzüchters. Für die Gesamtwirtschaft - bestehend aus den beiden Betrieben - wird ein effizienter Produktionsplan erreicht, wenn alle Kosten, die mit der Papierproduktion verbunden sind, also auch der Minderertrag des Fischzüchters berücksichtigt werden. Vgl. WEIMANN, J. (1991), S. 18 ff..

füllung des Verursacherprinzips, die Überwälzung auf unbeteiligte Dritte sowie die Nichterfassung durch den Marktmechanismus[50)].

Eine betriebswirtschaftliche Lösung für die Behandlung externer Effekte kann sich - in den Extrema - einerseits auf das zwingend Vorgeschriebene reduzieren (bereits internalisierte Kosten) oder andererseits versuchen, alle resultierenden Einwirkungen einzubeziehen[51)]. Da die absolute Untergrenze aufgrund gesetzlicher Vorschriften (z. B. Abwasserabgabe) von allen Unternehmen einzuhalten ist und eine Internalisierung aller externen Effekte zur Aufgabe jeglicher Produktion führen müßte, ist nach einer optimalen Lösung zu fragen.

Ein Instrumentarium, das eine Berücksichtigung externer Effekte bereits vorsieht, ermöglicht ein schnelles Abschätzen von Konsequenzen zukünftiger Umfeldbedingungen (z. B. neuer Umweltauflagen). Bei dieser Vorgehensweise werden bereits heute sämtliche vom Unternehmen ausgehenden Effekte im Entscheidungsprozeß berücksichtigt. Ob vom Unternehmen ausgehende externe Effekte in die Entscheidung einfließen, hängt jedoch von der gewählten Zielsetzung des Unternehmens ab.

Bei der Betrachtung der verursachten Effekte treten folgende Erfassungsschwierigkeiten auf:

- Teilweise sind naturwissenschaftliche Zusammenhänge aufgrund ihrer Komplexität noch nicht ausreichend für eine Wirkungsanalyse zwischen Schadenquelle und Schaden bekannt (**Diffusionseffekte**)[52)].
- Werden von einem Unternehmen mehrere Schadstoffe emittiert, so können diese kumulativ zu einem höheren Schaden führen als die Summe der einzeln verursachten Schäden (**Synergieeffekte**)[53)].
- Die von einem Unternehmen verursachten Belastungen einer bestimmten Belastungsart können isoliert betrachtet nur geringfügige Konsequenzen haben, kumuliert man jedoch die Belastungen derselben Belastungsart

---

50) Vgl. zu Merkmalen externer Kosten z. B. PFAFFENBACH, B. (1974), S. 88 und ENDRES, A. (1983), S. 3.

51) Einen dogmengeschichtlichen Überblick über die Diskussion externer Effekte gibt ZUR, E. (1961), S. 10 ff.. Dort wird auch der Zusammenhang zwischen der Berücksichtigung externer Effekte bei betriebswirtschaftlichen und volkswirtschaftlichen Analysen betont.

52) Vgl. MÜLLENDORF, R. (1981), S. 11; EWERS, H.-J. (1986), S. 14 und SCHULZ, W. / WICKE, L. (1987), S. 111. Die öffentliche Diskussion zu Ursachen des Treibhauseffekts oder des Waldsterbens zeigt die selbst unter Wissenschaftler herrschende Unsicherheit.

53) Vgl. EWERS, H.-J. (1986), S. 14; BONUS, H. (1988), S. 222 ff.; HALLAY, H. (1990), S. 19 und VEIT, K.-R. (1990), S. 475.

mehrerer Unternehmen, kann der Schaden exponentiell zunehmen (**Kumulativeffekte**)[54].

- o Die Wirkung zwischen Schadenquelle und Schaden tritt oft erst nach mehreren Jahren auf, so daß die Verursacher nicht mehr eindeutig feststellbar bzw. die Effekte mehreren Perioden zuzuordnen sind (**Langzeiteffekte**)[55].

- o Insbesondere bei energetischen Emissionen können zwischen der Schadenquelle und den ausgelösten Belastungen große Entfernungen liegen (**Distanzeffekte**).

Es wäre eine verkürzende Betrachtung, aus der Komplexität der Wirkungen und der beschriebenen Problemfelder die Schlußfolgerung abzuleiten, daß eine Integration ökologischer Aspekte in das betriebliche Informations- und Entscheidungsinstrumente nicht zu bewerkstelligen ist. Ziel einer ökologieorientierten Unternehmensführung muß es sein, zu erfassen, wo und in welcher Form interne und externe Belastungen durch das Unternehmen anfallen.

4.3. Bewertung ökologiebedingter Konsequenzen (Bewertungsproblematik)

Die in Punkt 4.2. konkretisierten ökologisch relevanten Konsequenzen sind nun vor ihrer Integration in betriebliche Informations- und Entscheidungsprozesse zu bewerten. Ziel der **Bewertung** ist es, bestimmten Handlungsalternativen, Gütern oder Dienstleistungen Werte zuzuordnen[56]. Diese Bewertung ist nötig, um die bestmögliche Nutzung der durch Knappheit charakterisierten Güter und Dienstleistungen zu erreichen[57]. Da die Knappheit an sich durch Ökonomen nicht zu beeinflussen ist, muß es deren Aufgabe sein, den bestmöglichen Einsatz in Form einer Minimax- oder einer Maximin-Lösung zu garantieren. Sich das Ziel der Effizienz zu setzen, ist dann sinnvoll, wenn erstens eine Knappheitssituation vorliegt und zweitens diese knappen Ressourcen einen Wert besitzen. Das Spezifische an der Bewertung von **Umweltgütern** ist die Unstimmigkeit über das Vorhandensein der Kriterien Knappheit und Bewertbarkeit.

In Kapitel 1. wurde bereits der Unterschied zwischen ökonomischer und ökologischer Knappheit aufgezeigt. Für bereits zu internalisierende Effekte ist aufgrund vorliegender ökonomischer oder ökologischer Knappheit eine Bewertbarkeit ge-

54) Vgl. PICOT, A. (1977), S. 142 und HALLAY, H. (1990), S. 19.
55) Vgl. WIDENMAYER, M. (1981), S. 213; MÖLLER, H.-W. (1986), S. 572 und KNÜPPEL, H. (1989), S. 20.
56) Vgl. NIKOLAI, L.A. / BAZLEY, J.D. / BRUMMET, R.L. (1976), S. 38 ff.; PICOT, A. (1977), S. 178 und HALLAY, H. / PFRIEM, R. (1992), S. 38 ff..
57) Vgl. WEIMANN, J. (1991), S. 15 ff..

geben. Externen Effekten kann nicht direkt ein Wert zugerechnet werden, weshalb zunächst eine Belastungsmatrix aufzustellen ist, deren Ergebnisse anschließend in monetärer oder nicht-monetärer Form bewertet werden.

Die auf der ersten Stufe noch nominale Darstellung der erfaßten Objekte ist in einem zweiten Schritt hinsichtlich ihres Umfangs zu bestimmen, d. h. zu messen. **Messen** kann definiert werden als die Zuordnung von Zahlen oder Symbolen zu Objekten oder Ereignissen nach vorgegebenen Regeln, wobei Unterschiede zwischen den Meßergebnissen die Unterschiede zwischen den Objekten widerspiegeln[58)]. Gemessen werden charakteristische Ausprägungen mit Hilfe einer Nominal-, Ordinal- oder Kardinalskala[59)]. Nominal zu messen sind beispielsweise verschiedene Maßnahmen des Recycling; ordinal skaliert ist der Grad der Verschmutzung von Stoffen; kardinal sind schließlich alle monetären und physikalisch-technischen Größen zu messen.

Sollen die ermittelten Werte in das klassische Instrumentarium des Rechnungswesens einfließen, so ist eine **monetäre Bewertung** erforderlich[60)]. Ist dies nicht möglich, so muß in einem zweiten Schritt versucht werden, eine **quantitative, nicht-monetäre Bewertung** durchzuführen. Diese wird sich im Bereich ökologiebezogener Fragestellungen vor allem auf physikalische Größen beziehen. Daneben ermöglicht eine Bewertung mit Äquivalenzziffern oder Punkten eine Aggregier- und Vergleichbarkeit der zu bewertenden Komponenten[61)]. Scheidet auch dieser Weg aus, wie z. B. bei Beeinflussungen des Freizeitwertes einer Landschaft, so muß man sich auf eine rein qualitative Bewertung stützen, die allerdings sehr subjektiven Charakter hat, da unterschiedliche Betrachtungsweisen möglich sind[62)].

---

58) Vgl. zur Begriffsabgrenzung VON WYSOCKI, K. (1976), S. 171; PICOT, A. (1977), S. 165; UTZ, H.W. (1978), S. 219 f. und KUSCHLANSKI, G. (1986), S. 39.

59) Mit Hilfe einer Nominalskala wird die Identität bestimmt, eine Ordinalskala legt eine Rangordnung fest. Kardinalskalen legen als Intervallskalen die Gleichheit der Differenzen fest, bei Verhältnisskalen liegt zudem ein natürlicher Nullpunkt vor, bei Absolutskalen kommt noch eine natürliche Einheit hinzu; vgl. BAMBERG, G. / BAUR, F. (1993), S. 6 ff..

60) Die in der Literatur bereits vorhandenen Konzepte sind in vielen Fällen bei hinreichender Spezifizierung auf Fragestellungen des Umweltschutzes übertragbar; vgl. FRESE, E. / KLOOCK, J. (1989), S. 19. Aus der noch nicht üblichen Anwendung kann nicht geschlossen werden, daß dies nicht operabel ist, vielmehr müssen die notwendigen Eingangsparameter ermittelt werden.

61) Vgl. das Konzept der ökologischen Buchhaltung von MÜLLER-WENK, das bezüglich seiner Anwendbarkeit in Kapitel 6.2.2. diskutiert wird. Hierzu zählen auch Konzepte wie die Kosten-Nutzen- oder die Nutzwertanalyse.

62) Aufgrund dieser Schwachstelle muß der Versuch unternommen werden, für Entscheidungen und Informationen auf einzelwirtschaftlicher Ebene eine intersubjektive Überprüfbarkeit zu erreichen.

Aus diesen Zielsetzungen lassen sich die wichtigsten **Voraussetzungen**, die von einer Bewertung zu erfüllen sind, ableiten[63]:

1) **Zielorientierte Objektivität** der Bewertung, die eine intersubjektive Überprüfbarkeit mit Hilfe des Zielsystems ermöglicht.

2) **Validität** der Bewertung, durch die gewährleistet werden soll, daß die Ergebnisse des Bewertungsverfahrens den Anforderungen entsprechen.

3) **Reliabilität** der Bewertung, die dann gewährleistet ist, wenn ein Verfahren bei mehrmaliger Anwendung zum selben Ergebnis führt.

4) **Praktikabilität** der Bewertung, d. h. die Wertfindung muß ohne unverhältnismäßigen Aufwand durchführbar sein.

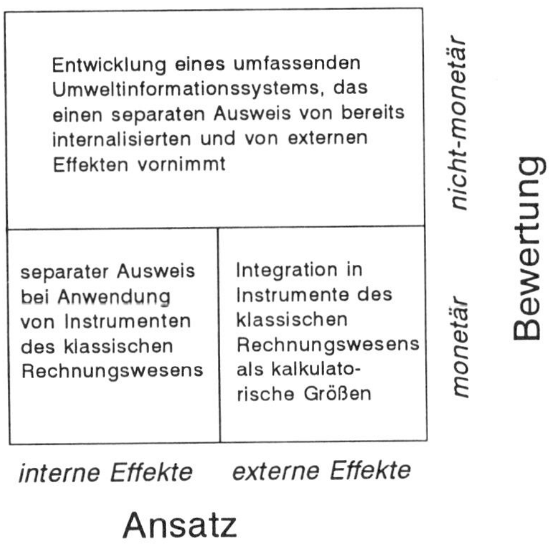

Abb. 4.13.: Zusammenhang von Ansatz und Bewertung

Entsprechend der gewählten Systematisierung ist zwischen einer monetären, einer quantitativen, nicht-monetären und einer qualitativen Bewertung zu unterscheiden, die - wie vorangehende Abbildung veranschaulicht - jeweils für internalisierte und externe Effekte im Rahmen von Informations- und Entscheidungsinstrumenten durchzuführen ist[64]. Wenn eine umfassende Bewertung das Ziel ist, treten keine Unterschiede bei der Betrachtung von Informations- oder Entscheidungszwecken auf. Für eine qualitative Bewertung sind völlig andere, nicht originär durch die Betriebswirtschaftslehre zu lösende Methoden anzuwenden, weshalb

63) Vgl. KUSCHLANSKI, G. (1986), S. 37 ff.; DOROW, F. (1991), S. 35 und ROTH, U. (1992), S. 196.

64) Vgl. HALLAY, H. / PFRIEM, R. (1992), S. 38.

diese Betrachtungsebene hier ausgespart werden soll. Folglich bleibt die Unterscheidung in eine monetäre und eine nicht-monetäre quantitative Bewertung.

4.3.1. Monetäre Bewertung

Unabhängig davon, ob die Ökologieorientierung als Sach- oder Formalziel in das Zielsystem der Unternehmen integriert wurde, muß bei der Bewertung internalisierter und externer Effekte der monetären Bewertung oberste Priorität eingeräumt werden, da diese eine Anwendung klassischer betriebswirtschaftlicher Entscheidungsinstrumente und eine Integration des Gewinnziels in dispositive Überlegungen erlaubt[65)]. Ist eine Bewertung in Geldeinheiten nicht möglich oder sollen für den Fall der Ökologieorientierung als Formalziel zusätzliche Daten erhoben werden, so sollte versucht werden, eine quantitative Bewertung vorzunehmen.

4.3.1.1. Monetäre Bewertung internalisierter Effekte

Bereits internalisierte Konsequenzen der Ökologieorientierung von Unternehmen werden innerhalb des klassischen Rechnungswesens als Aktionskosten für Vermeidung, Verminderung, Substitution, Verwertung und Beseitigung erfaßt und mit Marktpreisen bewertet (**Marktpreisansatz**)[66)]. Hierzu zählen z. B. die Personalkosten für die Betriebsbeauftragten für Umweltfragen oder Kosten für eine betriebseigene Kläranlage.

Auch wenn für die Kostenermittlung auf betriebsübliche Verfahren zurückgegriffen werden kann, sind bei der Durchführung von Bewertungen einige Besonderheiten hinsichtlich der Strukturierung von Ökologiekosten und -erlösen zu beachten[67)]:

- o Umweltschutzmaßnahmen sind häufig sehr **kapitalintensiv**.
- o Die Summe der Ökologiekosten ändert sich bei Beschäftigungsschwankungen nur unterproportional, da sie oft **Fixkosten** darstellen.
- o Ökologiekosten können meist nicht direkt den Kostenträgern zugerechnet werden, sondern nur über Umlagen. Sie stellen damit überwiegend **Gemeinkosten** dar.

---

65) Vgl. ENDRES, A. (1983), S. 4.

66) Zum Umfang marktlich bewerteter Effekte vgl. EWERS, H.-J. (1983), S. 18 ff.; SCHALTEGGER, S. / STURM, A. (1992), S. 73 f. und SEIDEL, E. (1992).

67) Vgl. FLEISCHMANN, E. / PAUDTKE, H. (1977), S. 20 f.; RENTZ, O. (1979), S. 113 f. und STÖLZLE, W. (1990), S. 403.

- o Bei gegebenen konstanten Erlösen nimmt die **Rentabilität** aufgrund der zusätzlichen Ökologiekosten und der Kapitalbindung ab.
- o Umweltschutzmaßnahmen sind in der Regel **irreversibel**.
- o Da Umweltschutzmaßnahmen und Produktionsprozesse gekoppelt sind, verringert sich die **Elastizität der Kosten**.
- o Umweltschutzmaßnahmen basieren auf direkten und/oder indirekten Effekten. **Direkte Effekte** beziehen sich auf die Kosten, die unmittelbar auf die Maßnahmen zurückzuführen sind. Erhöhen sich z. B. die Preise für fremdbezogene Teile oder für Rohstoffe, so liegen **indirekte Effekte** vor.
- o Sind die Ökologiekosten nicht eindeutig zu bestimmen, so können mit Hilfe einer **Differenz- oder Grenzbetrachtung** die durch die Maßnahme entstandenen Mehrkosten oder Einsparungen gemessen werden.
- o Bei der Anwendung von **nutzenorientierten Umlageschlüsseln** werden die Produkte betrachtet. Dabei werden ebenfalls in Form einer Grenzbetrachtung die durch Umweltschutzmaßnahmen verursachten Änderungen der Eigenschaften der Produkte erfaßt und bewertet[68]. Als Ökologiekosten werden die Differenzbeträge angesetzt.

Aufgrund der Komplexität der Effekte werden durch eine Internalisierung nicht immer alle Komponenten erfaßt. Über die intern erfaßten Bestandteile hinaus sind **Anderskosten** zu berücksichtigen, die zusammen mit den intern erfaßten und mit Marktpreisen bewerteten Effekten die gesamten monetären Konsequenzen darstellen[69]. Rechtliche Regelungen lassen externe Effekte zu internalisierten Kosten werden, doch aufgrund unzureichender Information oder mangelnder politischer Durchsetzbarkeit können Anderskosten bestehen bleiben[70].

4.3.1.2. Monetäre Bewertung externer Effekte

Die monetäre Bewertung der externen Effekte erfolgt durch die Multiplikation der aus der Belastungsmatrix ermittelten Mengenkomponente mit der Wertkompo-

---

68) Vgl. STÖLZLE, W. (1990), S. 387.

69) Für die Vorgehensweise zur Bestimmung der Höhe der Anderskosten sei auf die Bewertung externer Effekte verwiesen.

70) Ein Beispiel hierfür ist die **Abwasserabgabe**, die in Abhängigkeit von der Höhe der Schadeinheiten zu entrichten ist (ab 1. Januar 1993 60 DM je Einheit). Die Schadeinheiten ergeben sich aus der im Abwasser vorhandenen Menge von Schadstoffen, wie Phosphor, Stickstoff, Chlor, Quecksilber, Cadmium, Chrom, Nickel, Blei und Kupfer sowie der Giftigkeit gegenüber Fischen; vgl. Anlage zu § 3 AbwAG. Theoretisch besteht auch die Möglichkeit, daß mehr als die externen Kosten internalisiert werden, wenn entweder falsche Informationen vorliegen oder die politische Durchsetzbarkeit für eine Maßnahme besonders hoch ist.

nente[71]. Für die Bestimmung der Wertkomponente auf einzelwirtschaftlicher Ebene ist nach den für die Internalisierung aufzubringenden Kosten zu fragen. Die in der Literatur hierzu diskutierten Bewertungsansätze beschränken sich fast ausschließlich auf eine volkswirtschaftliche Betrachtungsweise[72]. Sofern die in diesem Rahmen bereits vorhandenen Ansätze für eine betriebswirtschaftliche Lösung hilfreich sein können, werden sie aufgegriffen und weiterentwickelt.

Ziel der Bewertung externer Effekte ist es, die Konsequenzen alternativer Ressourcenallokationen aufzuzeigen[73]. Die Kosten auf einzelwirtschaftlicher Ebene lassen sich von den alternativen Handlungsmöglichkeiten[74] ableiten, die das Unternehmen von sich aus treffen kann, um Schäden erst gar nicht entstehen zu lassen[75]. Diese lassen sich in Maßnahmen der Vermeidung, Verminderung, Substitution[76], Verwertung und Beseitigung[77] untergliedern[78]. Daneben sind die Kosten für Informations- und Entscheidungsvorgänge - wie bei betriebswirtschaftlichen Kalkülen üblich - zu bestimmen.

Für die **Bewertung** externer Effekte sind Zahlungsbereitschaften oder Umsatzeinbrüche noch nicht einzubeziehen[79]. Diese werden erst bei der Frage der Berücksichtigung externer Effekte in Entscheidungen relevant. Stehen mehrere Maßnahmen zur Disposition, so sollte im Sinne einer Optimierung die kostengünstigste Maßnahme als Maßstab für den Ansatz der Kosten herangezogen werden[80]. Die sich aus den genannten Maßnahmen ergebenden Kostenbestandteile sowie die Kosten für Informations- und Entscheidungsvorgänge sollen nachfolgend eingehend diskutiert werden.

---

71) Vgl. BETGE, P. (1988), S. 523.
72) Vgl. SCHMIDBERGER, J. (1992).
73) Vgl. BONUS, H. (1988), S. 212 ff. und FRESE, E. / KLOOCK, J. (1989), S. 3.
74) Vgl. HEINZ, I. (1983), S. 143 ff.; SCHULZ, W. / WICKE, L. (1987), S. 109 ff.; HEINZ, I. (1988), S. 61 ff. und BECKENBACH, F. / HAMPICKE, U. / SCHULZ, W. (1989), S. 15. Die z. T. verwendeten Bewertungsmaßstäbe der Ausweich- und Schadenskosten sind für betriebswirtschaftliche Fragestellungen unter der Voraussetzung der Ökologieorientierung als Unternehmensziel nicht anwendbar. Ausweichkosten bewerten beispielsweise die Kosten einer Umsiedlung von Anwohnern; Schadenskosten fragen nach Gesundheitskosten oder den Kosten des Waldsterbens.
75) Vgl. ENDRES, A. (1983), S. 3.
76) Maßnahmen der Vermeidung und Verminderung können von Substitutionen begleitet sein.
77) Ziel ist dabei die Wiederherstellung des ursprünglichen Gleichgewichtszustandes der Umwelt; vgl. BETGE, P. (1988), S. 519.
78) Vgl. den ähnlich gewählten Bewertungsansatz von ROTH, U. (1992), S. 216 f..
79) Vgl. RYLL, A. / SCHÄFER, D. (1986), S. 108.
80) Vgl. COUNCIL ON ENVIRONMENTAL QUALITY (CEQ) (Hrsg.) (1973), S. 74 ff.; BETGE, P. (1988), S. 532; FRESE, E. / KLOOCK, J. (1989), S. 15 und ROTH, U. (1992), S. 216. Vgl. z. B. die Darstellung der Entscheidungsalternativen des Recycling bei CORSTEN, H. / REISS, M. (1991), S. 620.

4.3.1.2.1. Vermeidungskosten

Treten signifikante Beeinträchtigungen der ökologischen Umwelt im Rahmen des betrieblichen Leistungserstellungsprozesses auf, so liegt die Präferenz in der Vermeidung der Ursachen. **Vermeidungskosten** können somit definiert werden als Kosten, die zu internalisieren sind, um Beeinflussungen nicht entstehen zu lassen[81]. Sie können auch als Kosten für Vorsorgemaßnahmen bezeichnet werden. Im strengsten Falle würde dies zu einer Aufgabe jeder wirtschaftlichen Tätigkeit führen (Non-Produktion), was allerdings aufgrund der Versorgungsfunktion der Wirtschaft ausscheidet. Die gesamte Belastung der ökologischen Umwelt durch ein Unternehmen ist also in kleinste Untereinheiten aufzuteilen, für die getrennt über die Möglichkeit der Vermeidung zu entscheiden ist[82].

Durch die Vermeidung von Belastungen können allerdings auch Kosteneinsparungspotentiale aufgedeckt werden, so daß dann eventuell nur Kosten für die Sammlung der notwendigen Informationen entstehen[83]. Diese Einsparungen können die negative Wirkung der Vermeidungskosten abfedern.

4.3.1.2.2. Verminderungskosten

Die bereits dargestellte Versorgungsfunktion der Wirtschaft erschwert in vielen Fällen ein völliges Vermeiden von Belastungen der ökologischen Umwelt. Dies äußert sich unter anderem in der Grenzwertdiskussion, die auch in die Gesetzgebung Eingang gefunden hat. Liegen die von der Unternehmung verursachten Belastungen über gesetzlichen oder unternehmensintern vereinbarten Grenzwerten[84], so fallen unternehmensintern Kosten[85] an, um eine entsprechende Verminderung der Belastung, z. B. durch Drosselung der Produktion, zu erreichen. Der Ansatz von **Verminderungskosten** zeigt auf, in welchem Umfang Maßnahmen ergriffen werden müssen, um gesetzliche oder vereinbarte Grenzwerte einhalten zu können.

---

81) Zwischen 1975 und 1983 wurden in der Bundesrepublik Deutschland ca. 160 Mrd. DM für die Vermeidung von Umweltschäden aufgewendet; vgl. RYLL, A. / SCHÄFER, D. (1986). Vgl. auch COUNCIL ON ENVIRONMENTAL QUALITY (CEQ) (Hrsg.) (1973), S. 74 ff.; ZWINTZ, R. (1975); GÖRG, M. (1981), S. 144 ff.; WICKE, L. (1986), S. 17; HARTJE, V.J. (1990), S. 513 ff. und DOROW, F. (1991), S. 38 ff..

82) Die These, daß Vermeidungskosten immer unterhalb den tatsächlichen Schäden liegen, findet in einer Untersuchung am Beispiel der Umweltbelastung durch Automobilabgase keine Bestätigung; vgl. MARBURGER, E.-A. (1974), S. 262.

83) Vgl. DYLLICK, T. (1989), S. 7.

84) Die Festlegung von Standards oder Grenzwerten in Kombination mit der Bepreisung von Umweltbelastungen stellen BAUMOL / OATES vor. Sie zeigen, daß ein festgesetztes Verschmutzungniveau mit minimalen Kosten erreicht werden kann; vgl. BAUMOL, W.J. / OATES, W.E. (1971).

85) Diese werden auch als zielbestimmte Prohibitivausgaben bezeichnet; vgl. z. B. MARBURGER, E.-A. (1974), S. 133 ff..

Der Ansatz von Verminderungskosten als kalkulatorische Kosten ist geeignet, den Einfluß zukünftiger gesetzlicher Rahmenbedingungen auf den Unternehmensgewinn zu ermitteln.

4.3.1.2.3. Substitutionskosten

Soll der Einsatz eines Produktionsfaktors aus ökologischen Gründen eingeschränkt werden (Substitutionsdruck), so sind mögliche technische Substitutionsalternativen zu identifizieren[86]. Die Kosten dieser Alternativen werden als **Substitutionskosten**[87] bezeichnet. Soll die Höhe dieser Kosten bestimmt werden, ist eine umfassende Berücksichtigung der ökologischen und ökonomischen Konsequenzen einer Substitution anzustreben. So wurde in der chemischen Industrie bei der Umstellung auf phosphatfreie Waschmittel nicht bedacht, daß Kläranlagen von der Ausfällung von Phosphat auf andere Verfahren umzurüsten sind (Entstehung externer Kosten), die wiederum ökologisch und ökonomisch effizient sein müssen. Eine Bereitschaft zur Umstellung wird immer dann vorhanden sein, wenn die Alternative zu einer ökologisch und/oder ökonomisch besseren Situation führt.

In den meisten Fällen sind die Ziele der Vermeidung bzw. Verminderung nur dann zu erreichen, wenn ausreichende Alternativen vorhanden sind, d. h. daß Substitutionskosten oft Bestandteil der Vermeidungs- oder Verminderungskosten sind.

4.3.1.2.4. Verwertungskosten

Da das Ziel von Aktionsmaßnahmen darin besteht, externe Effekte nicht entstehen zu lassen, andererseits aber oft Vermeidungs-, Verminderungs- oder Substitutionsmöglichkeiten fehlen, kann mit Hilfe von Recyclingmaßnahmen eine Internalisierung externer Effekte vorgenommen werden. Hierfür stehen den Unternehmen im allgemeinen mechanische, biologische, chemische und thermische Verfahren zur Auswahl, die mit dem Ziel einer Wieder- und Weiterverwendung bzw. einer Wieder- und Weiterverwertung eingesetzt werden können. Zum Teil sind Verwertungskosten aufgrund rechtlicher Regelungen bereits internalisiert, wie z. B. Kosten aufgrund von Mehrwegsystemen oder der Verpackungsverordnung.

Bei einer Entscheidung für Verwertungsmaßnahmen ist allerdings zu bedenken, daß eine vollständige Rückführung in den Ursprungszustand aufgrund des zweiten

---

86) Vgl. zum Zusammenhang von Substitutionsdruck und technischer Substitutionsmöglichkeit die Matrix von HEIZMANN; vgl. HEIZMANN, B. (1989), S. 162.

87) In der Literatur wird auch der Begriff der Umstellkosten gebraucht; vgl. HEIZMANN, B. (1989), S. 163.

Hauptsatzes der Thermodynamik nicht möglich ist. Die dadurch bedingten zusätzlichen Effekte, die als Folgekosten auftreten können, sind deshalb in die Bestimmung der Höhe der Verwertungskosten einzubeziehen[88)].

4.3.1.2.5. Beseitigungskosten

Können Schäden mit Hilfe von Vermeidungs-, Verminderungs-, Substitutions- oder Verwertungsmaßnahmen nicht verringert werden, fallen am Ende des Produktions- und/oder Konsumprozesses Kosten der Beseitigung, d. h. des Abbaus von Belastungen, an[89)]. Zur Ermittlung der Beseitigungskosten sind zunächst mit Hilfe der Belastungsmatrix alle vom Unternehmen ausgehenden Wirkungen zu erfassen. In einem zweiten Schritt ist nach den Kosten zu fragen, die dem Unternehmen entstehen, wenn alle diese Wirkungen in dem Sinne beseitigt werden, daß keine Schädigungen für die ökologische Umwelt entstehen können.

Kosten der Beseitigung umfassen folglich alle Maßnahmen, die zur Wiederherstellung des ursprünglichen Umweltzustandes notwendig wären[90)]. Probleme ergeben sich allerdings in den Fällen, in denen Schäden irreparabel oder nicht monetär zu bewerten sind[91)]. Dort müssen nicht-monetäre Aspekte in die Überlegungen einbezogen werden.

4.3.1.2.6. Kosten für Informations- und Entscheidungsvorgänge

Kosten für Informations- und Entscheidungsvorgänge werden bei der Bewertung externer Effekte oft vernachlässigt. Um dem Kriterium der Wirtschaftlichkeit zu genügen, sind aber auch Transaktionskosten in die Überlegungen einzubeziehen[92)]. Dazu zählen Kosten der Informationsbeschaffung über den Ausgangszustand, die Abschätzung der Wirkungen sowie die Entwicklung von Maßnahmen zur Erreichung der ökologischen Ziele und Grenzwerte[93)]. Ihnen ist vor allem un

---

88) Vgl. DIXON, L.J. / THORNTON, J.M. (1972), S. 16.

89) Vgl. ZUR, E. (1961), S. 31; COUNCIL ON ENVIRONMENTAL QUALITY (CEQ) (Hrsg.) (1973), S. 116 ff.; JORDAN, E. (1978), S. 27 f.; KAPP, K.W. (1979), S. 61 ff.; GÖRG, M. (1981), S. 144 ff.; SCHULZ, W. (1985), S. 79; SEIDEL, E. / MENN, H. (1988), S. 24 sowie LEIPERT, C. (1989), S. 194, die von defensiven Ausgaben sprechen und DOROW, F. (1991), S. 42.

90) Im Gegensatz zur Produktion kann hier von Reproduktion oder Reduktion gesprochen werden, vgl. BRÄUER, K. (1992), S. 42 und DYCKHOFF, H. (1992), S. 10. Der Konjunktiv wird gewählt, da im allgemeinen unter Beseitigungskosten auch Kosten für die Deponierung gefaßt werden, die die Wiederherstellung des ursprünglichen Umweltzustandes nicht ermöglicht, allerdings in der Form vorzunehmen ist, daß keine Auswirkungen von den Stoffen ausgehen.

91) Vgl. z. B. KAPP, K.W. (1979), S. 61 ff..

92) Vgl. COUNCIL ON ENVIRONMENTAL QUALITY (CEQ) (Hrsg.) (1973), S. 83 f..

93) Vgl. COUNCIL ON ENVIRONMENTAL QUALITY (CEQ) (Hrsg.) (1973), S. 83 und KRÜGER, B. (1975), S. 158.

ter dem Aspekt Bedeutung beizumessen, daß externe Effekte schwer zu messen und zu bewerten sind und so beispielsweise die Bestimmung der vom eigenen Unternehmen verursachten Konsequenzen erschwert werden.

Die gesamten volkswirtschaftlichen Kosten werden durch die fünf aufgezeigten Kostenkategorien (excl. Kosten für Informations- und Entscheidungsvorgänge) oft nicht erfaßt, zumal teilweise Schäden nicht abbaubar sind. Diesen können zwar Werte auf volkswirtschaftlicher Ebene zugeordnet werden (**Schadenskosten**), sie erfüllen allerdings nicht das Kriterium der Internalisierbarkeit[94]. Daneben können Kosten dadurch entstehen, daß Wirtschaftssubjekte den Belastungen ausweichen (**Ausweichkosten**)[95]. Im Hinblick auf die Praktikabilität stößt man hier an die Grenzen der Bewertbarkeit externer Effekte. Die Schwachstellen des Konzepts sollten jedoch nicht dazu führen, auf eine Bewertung gänzlich zu verzichten, zumal jeder Schritt, der die Schonung der ökologischen Umwelt zu fördern verspricht, besser ist als eine kategorische Ablehnung von Konzepten, die Grenzen der Anwendbarkeit aufzeigen.

4.3.1.2.7. Wahl des geeigneten Bewertungsansatzes

Die genannten Konzepte zur Bestimmung externer Effekte zeigen verschiedene Bewertungsansätze auf. Für die Auswahl der geeigneten Alternative kann das nachfolgende Schema herangezogen werden.

Für alle betrachteten Möglichkeiten zur Internalisierung externer Effekte gilt, daß den aufgezeigten Kosten Erlöse oder Einsparungen gegenüberstehen können, die ebenfalls in die Bestimmung der Optimalität einbezogen werden müssen[96]. Im Anschluß an die Bestimmung der Kosten (oder Erlöse) aufgrund der Internalisierung externer Effekte sind diese in betriebswirtschaftliche Entscheidungsinstrumente zu integrieren[97].

---

94) Schadenskosten treten bei Schäden der menschlichen Gesundheit oder der Vegetation auf; vgl. COUNCIL ON ENVIRONMENTAL QUALITY (CEQ) (Hrsg.) (1973), S. 74 f., MARBURGER, E.-A.(1974), S. 83 ff.; ALTWEGG-ARTZ, D. (1989), S. 213 und SCHÄRER, B. (1989), S. 242 ff..

95) Dazu zählt beispielsweise der Bau von Lärmschutzwällen oder die Reise in ein unbelastetes Erholungsgebiet; vgl. COUNCIL ON ENVIRONMENTAL QUALITY (CEQ) (Hrsg.) (1973), S. 76 f. und SCHULZ, W. (1985), S. 78 f..

96) Durch die Vermeidung von bestimmten Einsatzstoffen können Kosten eingespart werden, die Verwertung von Sekundärrohstoffen kann zu Erlösen aus deren Verkauf führen.

97) Vgl. Punkt 4.4.2. dieses Kapitels.

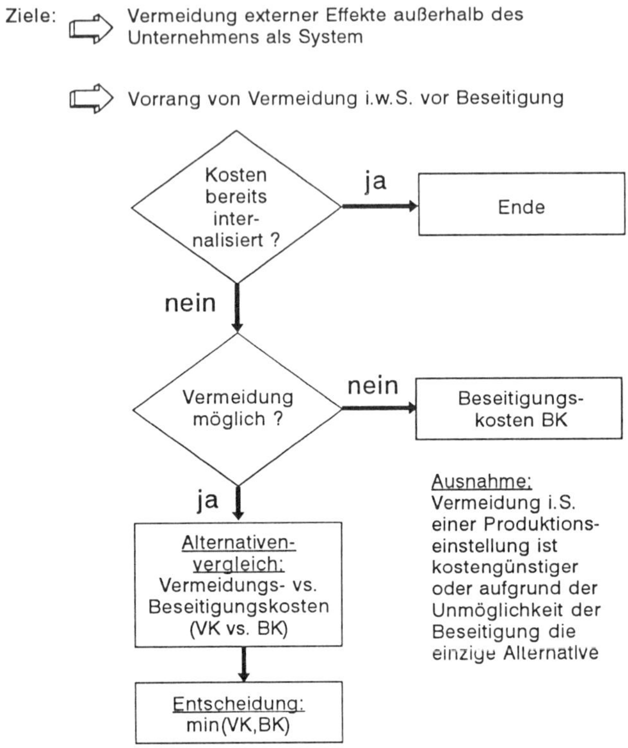

Abb. 4.14.: Bestimmung externer Effekte

4.3.2. Nicht-monetäre, quantitative Bewertung

Das systematische Aufzeigen von ökologiebedingten Konsequenzen (Ansatz) kann für die Unternehmensführung bereits umfangreiche Informationen und Entscheidungsgrundlagen liefern. So können Möglichkeiten zur Reduktion von Belastungen der ökologischen Umwelt, wie sie durch die Entnahme von Ressourcen bzw. durch die Entstehung von Kondukten auftreten, aufgezeigt werden. Wird jedoch ein Vergleich alternativer Stoffe, Energien oder Verfahren angestrebt, so ist eine Bewertung vorzunehmen. Diese kann zunächst mit Hilfe des oben dargestellten monetären Bewertungsansatzes erfolgen. Ist eine monetäre Bewertung nicht möglich oder nicht aussagefähig, so muß versucht werden, mit Hilfe nicht-monetärer Bewertungsraster eine Lösung zu finden.

Diese können nach dem Vorschlag des SACHVERSTÄNDIGENRATES FÜR UMWELTFRAGEN als Umweltindikatoren nach der Stellung in der Kausalkette (Emissions-, Umgebungs- und Wirkungsindizes), dem Zweck der Fragestellung (Beschreibungs- und

Entscheidungsindizes), dem Umfang und Inhalt der Aggregation (nach der räumlichen oder zeitlichen Ausdehnung, dem sachlichen Umfang oder nach Verursachergruppen), der Eigenart der Indexbasis (wirkungsbezogen, normativ, empirisch) und der Art der Auswertung (elementar, statistisch) unterschieden werden[98)].

Bezüglich der diskutierten und eingesetzten Methoden kann zwischen generell anwendbaren Verfahren und partiellen Ansätzen unterschieden werden.

4.3.2.1. Generelle Ansätze zur nicht-monetären, quantitativen Bewertung

Generelle Vorschläge liefern MÜLLER-WENK[99)], SCHALTEGGER / STURM[100)], die Verordnung der EWG zur Vergabe eines Umweltzeichens für Produkte[101)], das INSTITUT FÜR OKOLOGISCHE WIRTSCHAFTSFORSCHUNG[102)], WAGNER und RINGEISEN[103)]. Daneben ist zu untersuchen, inwieweit sich generelle, aber fallspezifische Bewertungsraster übertragen lassen[104)].

4.3.2.1.1. Das Bewertungskonzept von MÜLLER-WENK

Ziel des **Bewertungsansatzes von MÜLLER-WENK**[105)] ist es, die gemessenen Mengen an Material- und Energieverbrauch bzw. Boden-, Wasser- und Luftbelastung vergleichbar zu machen. Dazu wird die in physikalisch-technischen Einheiten gemessene Menge mit einem **Äquivalenzkoeffizienten (Aek)** multipliziert, der den Gradmesser der ökologischen Knappheit der betreffenden Einwirkungsart darstellt.

Grundlage für die Berechnung des Aek ist die relative Knappheit eines Rohstoffs (Material, Energie) oder Aufnahmemediums (Boden, Wasser, Luft) für Fremdstoffe. Der Aek ist "eine Funktion des gegenwärtigen Ausmaßes der Summe aller Einwirkungen dieser Art innerhalb eines relevanten räumlichen Bereichs (z. B. hydrographisches Einzugsgebiet eines Unternehmens) sowie des 'kritischen' Ausmaßes dieser Einwirkungen, welches zum Übergang des entsprechenden Umwelt-

---

98) Vgl. STATISTISCHES BUNDESAMT (Hrsg.) (1991a), S. 156 ff.. Vgl. auch die Diskussion von Umweltindikatoren bei GÖRG, M. (1981), S. 126 ff.; GEHRMANN, F. (1982); LEDERER, K. (1983), S. 136 ff. und STREBEL, H. (1990), S. 136 ff..

99) Vgl. MÜLLER-WENK, R. (1978), S. 36 ff.. und 106 ff..

100) Vgl. SCHALTEGGER, S. / STURM, A. (1992), S. 142 ff.

101) Vgl. EUROPÄISCHE WIRTSCHAFTSGEMEINSCHAFT (EWG) (Hrsg.) (1992).

102) Vgl. HALLAY, H. / PFRIEM, R. (1992), S. 94 ff..

103) Vgl. WAGNER, B. (1992), S. 18.

104) Vgl. z. B. die Vorgehensweise bei der Bewertung eines Großprojekts bei RUDOLPH, K.-U. (1983), S. 83 sowie die Ansätze zur Bewertung der Bereiche Luftverschmutzung, Gewässerverschmutzung und Bodenbelastung bei UMWELTBUNDESAMT (Hrsg.) (1986).

105) Vgl. MÜLLER-WENK, R. (1978), S. 17.

gutes von einem akzeptablen in einen inakzeptablen Zustand führt"[106]. Maßgeblich für die Bestimmung des Aek ist die Knappheitssituation gegenwärtiger Ressourcen oder absehbarer Verbrauchsraten[107].

Bei Vorliegen einer Ratenknappheit wird der Aek über die kritische Grenze sowie den jährlichen Verbrauch bzw. die jährliche Belastung definiert:

$$Aek = \frac{1}{F_k - F} * \frac{F}{F_k} * c \qquad [RE / kg]$$

mit: F_k = kritischer Fluß

F = jährlicher Verbrauch einer Ressource bzw. eines Aufnahmemediums

c = 10^{12} (dimensionsloser Faktor zur Vermeidung hoher negativer Zehnerpotenzen im Ergebnis)

"Ist der Aek groß, so liegt ausgeprägte ökologische Knappheit vor. Ist der Aek gleich Null, liegt der Grenzfall der Unknappheit vor"[108] ($F=0$). Da der Wert bei einer Annäherung von F an F_k gegen unendlich geht und bei einer Überschreitung von F_k negativ wird, definiert MÜLLER-WENK die obige Gleichung nur für $0 \leq F \leq 0{,}9 * F_k$.

Für $F \geq 0{,}9 * F_k$ gilt

$$Aek = \frac{1}{F_k - 0{,}9 * F_k} * \frac{0{,}9 * Fk}{F_k} * c = \frac{9}{F_k} * c \qquad [RE / kg]$$

Bei Vorliegen einer Kumulativknappheit wird der Aek in analoger Form bestimmt:

$$Aek = \frac{1}{R - nF} * \frac{nF}{R} * c \qquad [RE / kg]$$

mit n = 30 Jahre (entsprechend einer Menschengeneration)

R = Höhe der vorhandenen Ressourcen

Diese Definition gilt analog zum Fall der Ratenknappheit für $nF \leq 0{,}9 * R$. Für $nF \geq 0{,}9 * R$ gilt

$$Aek = \frac{9}{R} * c \qquad [RE / kg]$$

Das Produkt aus gemessener Menge und AeK ergibt eine allgemeine Meßzahl an Einwirkungen, ausgedrückt in Recheneinheiten. Den Gesamteinwirkungsindikator des Unternehmens (ausgedrückt in Recheneinheiten) auf die ökologische Umwelt in einer Periode erhält man als Summe aller Einwirkungen. Dieser Wert soll, ähn-

---

106) MÜLLER-WENK, R.(1978), S. 36. Vgl. auch die Ausführungen zum Begriff der ökologischen Knappheit in Kapitel 1..

107) Vgl. MÜLLER-WENK, R. (1978), S. 36 ff.. und 106 ff..

108) MÜLLER-WENK, R. (1978), S. 36.

lich den Geldeinheiten, Zeitvergleiche, Vergleiche zwischen zwei Unternehmen oder Vergleiche zwischen Soll- und Istgrößen ermöglichen.

Aufgrund der Problematik, die sich mit der Ermittlung der kritischen Mengen ergibt, wurde das Konzept, allerdings unter Beibehaltung des Knappheitsbezugs, weiterentwickelt:

- BRAUNSCHWEIG / BRITT / HERREN-SIEGENTHALER / SCHMID gewichten Belastungen unter einem Ausnützungsgrad von 70% kaum, zwischen 70% und 90% stark und über 90% linear. Dabei wird von der noch vorhandenen, nicht der ursprünglich vorrätigen Kapazität ausgegangen[109].

- In einem anderen Ansatz geht BRAUNSCHWEIG davon aus, daß mineralische Ressourcen hinsichtlich ökologischer Betrachtungen nicht schützenswert sind und bezieht diese deshalb nicht in die Überlegungen ein[110].

- Da die Festlegung von F_k mit großen Unsicherheiten verbunden ist, sollte das entwickelte Konzept möglichst unsensibel auf Fehlschätzungen dieses Faktors reagieren. Aus diesem Grund haben AHBE / BRAUNSCHWEIG / MÜLLER-WENK den Ansatz weiterentwickelt und die Aek-Funktion linearisiert[111]. Die lineare Funktion kann als Superposition verschiedener toxikologischer Verläufe interpretiert werden. Bei der Entwicklung des Konzepts haben die Autoren auf eine Unterscheidung in Kumulativ- und Ratenknappheit verzichtet, um mögliche Doppelzählungen zu vermeiden. Der Aek wird Öko-Faktor (OeF) genannt und in der Dimension Öko-Punkt pro Gramm des betreffenden Stoffes dargestellt.

$$OeF = \frac{1}{F_k} * \frac{F}{F_k} * c \qquad [\text{Öko-Punkte / g}]$$

4.3.2.1.2. Das Bewertungskonzept von SCHALTEGGER / STURM

In ihrem Ansatz eines "ökologischen Rechnungswesens"[112] setzen sich auch SCHALTEGGER / STURM mit dem Problem der Bewertung nicht-monetärer Konsequenzen auseinander. Im Rahmen ihrer Schadschöpfungsrechnung sind nach der Festlegung des Untersuchungszieles (Schritt 1) und der Feststellung und Beschreibung der Schadschöpfungsstellen (Schritt 2) Stoff- und Energieflüsse zu erfassen, zu aggregieren (Schritt 3) und die Emissionen in Luft, Wasser und Boden zu ge-

---

109) Vgl. BRAUNSCHWEIG, A, / BRITT, P. / HERREN-SIEGENTHALER, M. / SCHMID, R. (1984), S. 41.
110) Vgl. BRAUNSCHWEIG, A. (1988), S. 9 ff..
111) Vgl. AHBE, S. / BRAUNSCHWEIG, A. / MÜLLER-WENK, R. (1990), S. 23.
112) Vgl. SCHALTEGGER, S. / STURM, A. (1992).

wichten (Schritt 4), bevor schließlich eine Zurechnung auf Schadschöpfungsstellen, -träger und -arten erfolgt (Schritt 5)[113].

Zur Bewertung nicht-monetärer Konsequenzen dienen die Schritte 2 und 3. In Analogie zum Dopik-System der Finanzbuchhaltung werden "Outputs aus der Umwelt", "Inputs in Erstellungsprozesse", "Outputs aus Prozessen" und "Inputs in die Umwelt" in separaten Kontenklassen detailliert abgebildet, wobei Menge (kg für Materie, kWh für Energie), Datenqualität (z. B. gemessen, berechnet) und die Schadschöpfungstelle angegeben werden. Kontenklasse 5 dient der Gegenüberstellung des gesamten Ressourcenverbrauchs mit den an die Ökospäre abgegebenen Emissionen im Sinne eines Kontenabschlusses. Zur Ermittlung der Schadschöpfung müssen nun auf der Outputseite (Emissionen) Stoff- und Energieflüsse bewertet werden, wofür SCHALTEGGER / STURM das **"Konzept der Qualitätsziel-Relationen"** entwickelt haben[114].

Auf der Basis von Immissionsgrenzwerten werden Gewichtungsfaktoren für die verschiedenen Stoff- und Energieflüsse abgeleitet:

1) Qualitätsziele, d. h. Immissionsgrenzwerte (Jahresmittelwerte) verschiedener Stoffe werden in die gleiche Maßeinheit umgerechnet, wobei hierfür Milligramm des Stoffes pro mol Umweltmedium (z. B. mg SO_2 pro 1 mol Luft) verwendet wird.

2) Zur Herstellung der Vergleichbarkeit von Stoffen werden die in Schritt 1 standardisierten Immissionsgrenzwerte auf den CO_2-Grenzwert als Basis normiert. Als Gewichtungsfaktor für den Stoff x ergibt sich nun:

$$\text{Gewichtungsfaktor}_x = \frac{\text{Immissionsgrenzwert } CO_2}{\text{Immissionsgrenzwert}_x} \qquad \left[\frac{\text{mg } CO_2 \text{ / mol}}{\text{mg x / mol}}\right]$$

3) Da die Verweildauer in einem Umweltmedium nicht für alle Stoffe gleich lang ist, führt eine Emission zu unterschiedlichen Immissionen. Dies kann durch Anpassung des Gewichtungsfaktors an stoffspezifische Halbwertzeiten $(t/2)_x$ erreicht werden. Sofern die Daten hierzu verfügbar sind, ergibt sich nun für den Stoff x folgender angepaßte Gewichtungsfaktor:

$$\text{angepaßter Gewichtungsfaktor}_x = \frac{\text{Immissionsgrenzwert } CO_2 * (t/2)_{CO2}}{\text{Immissionsgrenzwert}_x * (t/2)_x} \qquad \left[\frac{\text{mg } CO_2 \text{ / mol} * \text{Tage}}{\text{mg x / mol} * \text{Tage}}\right]$$

113) Vgl. SCHALTEGGER, S. / STURM, A. (1992), S. 141 f..
114) Vgl. SCHALTEGGER, S. / STURM, A. (1992), S. 161 ff..

Die angepaßten Gewichtungsfaktoren für jeden einzelnen Stoff werden nun zur Gewichtung der aggregierten Emissionen verwendet. Als Ergebnis ergibt sich die sog. Schadschöpfung, die das Pendant zur Wertschöpfung der Unternehmung darstellt. Während die Wertschöpfung den Beitrag des Unternehmens zur gesamtwirtschaftlichen Wertgenerierung darstellt, versinnbildlicht die Schadschöpfung die hierdurch bewirkte Beeinträchtigung der ökologischen Umwelt.

Für die Anwendung des Konzeptes liegen bereits erste Erfahrungen bei der CIBA GEIGY AG in Basel vor. Der Ansatz basiert durch die Verwendung von Immissionsgrenzwerten auf naturwissenschaftlichen Untersuchungen, ist jedoch in seiner Aussagekraft und Anwendbarkeit auf den momentanen Stand der Wissenschaft angewiesen. Durch die Festlegung von Grenzwerten fließen sozioökonomische und gesellschaftliche Wertungen in die Gewichtung und damit in die nicht-monetäre Bewertung ein. Dennoch erlaubt es eine relative einfache Aggregation von Schadwirkungen für verschiedene Stoffe und Umweltmedien.

4.3.2.1.3. Der Vorschlag der EUROPÄISCHEN WIRTSCHAFTSGEMEINSCHAFT (EWG)

In der Verordnung Nr. 880/92 vom 23. März 1992 zur Festlegung eines gemeinschaftlichen Systems zur Vergabe eines Umweltzeichens schlägt die Europäische Wirtschaftsgemeinschaft ein Beurteilungsschema zur Bewertung von umweltfreundlichen Erzeugnissen vor[115]. Das als Matrix gestaltete Schema empfiehlt die Berücksichtigung folgender ökologischer Aspekte:

- Abfallaufkommen
- Bodenverschmutzung und -schädigung
- Wasserverschmutzung
- Luftverschmutzung
- Lärm
- Energieverbrauch
- Verbrauch von natürlichen Ressourcen
- Auswirkungen auf Ökosysteme

Jedes dieser Kriterien ist für fünf Lebenszyklusphasen eines Produktes (Produktionsvorstufe, Produktion, Vertrieb einschließlich Verpackung, Verwendung und Entsorgung) zu beurteilen. Der Vorschlag geht weder darauf ein, wie der Erfüllungsgrad zu quantifizieren ist, noch darauf, wie die Kriterien zu gewichten und zu aggregieren sind. Es wird jedoch darauf verwiesen, daß die Kriterien und deren Geltungsdauer spezifisch für einzelne Produktgruppen nach Anhörung eines

115) Vgl. EUROPÄISCHE WIRTSCHAFTSGEMEINSCHAFT (EWG) (Hrsg.) (1992).

Gremiums aus Industrie, Handel, Verbraucher- und Umweltorganisationen festgelegt werden sollen. Der Vorschlag kann als Analyseraster gewertet werden.

4.3.2.1.4. Das Bewertungskonzept des INSTITUTS FÜR ÖKOLOGISCHE WIRTSCHAFTSFORSCHUNG (IÖW)

Mit Hilfe des detaillierten **Bewertungskonzepts des INSTITUTS FÜR ÖKOLOGISCHE WIRTSCHAFTSFORSCHUNG** werden für die Analyse des gesamten Betriebs und einzelner Prozesse die Input- und Outputfaktoren in die Kategorien A (ökologisch hoch problematisch), B (ökologisch bedenklich) und C (ökologisch unbedenklich) eingestuft[116]. Untersucht werden hierfür

- o die Einhaltung umweltrechtlicher Rahmenbedingungen,
- o gesellschaftliche Anforderungen,
- o Beeinträchtigungen der ökologischen Umwelt ("ökologisches Normalfallrisiko") in den Bereichen Luft, Wasser und Boden sowie die Toxizität der Stoffe,
- o Beeinträchtigungen der ökologischen Umwelt durch potentielle Störfälle,
- o der Umfang der internalisierten Ökologiekosten,
- o Beeinträchtigungen durch vor- und nachgelagerte Stufen sowie
- o die Höhe der Materialverluste und des Wertschöpfungsanteils.

Für eine Bewertung auf Produktebene sind außerdem die Beeinträchtigungen der natürlichen Kreislaufwirtschaft durch die Entnahme von Ressourcen und die Rückführung von Output zu betrachten. Hierzu sind die Regenerierbarkeit der Rohstoffe, Standortveränderungen durch die Rohstoffgewinnung sowie die Rückführbarkeit der Entsorgungsrückstände zu betrachten.

Die vom IÖW angewandten ABC-Analysen basieren auf der Vorstellung, daß eine kleine Zahl von (A-)Problemkomponenten einen großen Problemlösungsbeitrag leisten kann und eine große Zahl von (C-)Problemkomponenten nur einen kleinen Problemfortschritt liefert. ABC-Analysen sind folglich zur Bewertung nicht-monetärer Konsequenzen z. B. durch Einteilung in Schadstoffklassen geeignet[117].

Da eine Einteilung in die drei Klassen oft nicht eindeutig vorgenommen werden kann und so die Ansprüche an eine Bewertung eventuell nicht erfüllt werden kön-

116) Vgl. LEHMANN, S. (1990), S. 101 ff. und HALLAY, H. / PFRIEM, R. (1992), S. 94 ff..

117) Vorschläge für ABC-Analysen existieren auch für einzelne Teilbereiche der Umweltproblematik, wie z. B. die Bewertung von Altlasten (vgl. SCHENKEL, W. / FRANZIUS, V. (1989)) oder die internationale Skala für bedeutsame Ereignisse in Kernkraftwerken (vgl. BUNDESUMWELTMINISTERIUM (Hrsg.) (1991b)).

nen, spezifiziert das INSTITUT FÜR ÖKOLOGISCHE WIRTSCHAFTSFORSCHUNG das Bewertungsraster für jede der oben aufgelisteten Komponenten[118].

4.3.2.1.5. Das Bewertungskonzept von WAGNER

Ein auf dem Vorschlag der EUROPÄISCHEN WIRTSCHAFTSGEMEINSCHAFT und dem Bewertungsraster des INSTITUTS FÜR ÖKOLOGISCHE WIRTSCHAFTSFORSCHUNG aufbauendes Konzept liefert WAGNER mit einem **ökologischen Bewertungsraster**, das über den Lebenszyklus eines Produktes oder Stoffes (unterteilt in Produktionsvorstufe, Produktion, Verpackung und Vertrieb, Verwendung und Entsorgung) die ökologischen Aspekte Gesundheitsschädigung (Toxizität), Abfallaufkommen, Bodenverschmutzung und -schädigung, Wasserverschmutzung, Luftverschmutzung, Lärm, Energieverbrauch, Verbrauch natürlicher Ressourcen und Auswirkungen auf Öko-Systeme analysiert[119]. Auf der ersten Stufe wird eine ABC-Bewertung vorgenommen, die den Grad der ökologischen Belastung ausdrückt. Aspekte, die nicht auf Umweltgüter bezogen sind, wie umweltrechtliche Vorgaben, ein erhöhtes Störfallrisiko, besondere öffentliche Aufmerksamkeit und Diskussion sowie besondere internalisierte und externe Ökologiekosten werden auf der zweiten Stufe betrachtet und in das Raster eingetragen.

4.3.2.1.6. Das Bewertungskonzept von RINGEISEN

RINGEISEN verwendet, ähnlich wie das INSTITUT FÜR ÖKOLOGISCHE WIRTSCHAFTSFORSCHUNG und WAGNER, eine dreifach gestaffelte ABC-Analyse, bei der zunächst die Produktlebensphasen bzgl. der "Umweltintensität", dann die erfaßten Einwirkungsarten bzgl. ihrer Bedeutung und schließlich deren ökologische Relevanz jeweils durch eine ABC-Analyse beurteilt wird[120].

4.3.2.2. Partielle Ansätze zur nicht-monetären, quantitativen Bewertung

Partielle Ansätze beschränken sich auf bestimmte Wirkungsorte (z. B. Emissionen oder Immissionen), bestimmte Kondukte (z. B. bestimmte freiwerdende Chemikalien) oder bestimmte Umweltmedien (z. B. Wasser, Luft oder Boden). Dabei werden nur einzelne Aspekte, wie der Energiefluß, die Schadensfunktion oder die Grenzwerteinhaltung beleuchtet.

---

118) Vgl. HALLAY, H. / PFRIEM, R. (1992), S. 122 ff..
119) Vgl. WAGNER, B. (1992), S. 18.
120) Vgl. RINGEISEN, P. (1988), S. 536 ff..

4.3.2.2.1. Energieflußorientierte Ansätze

Die energieflußorientierten Konzepte beschränken sich auf die Betrachtung des Verbrauchs der Ressource Energie, worunter der Fluß von allen mit Wertschöpfungsprozessen verbundenen Energieinhalten verstanden wird. Grundlage dieser Konzepte ist die klassische Thermodynamik, die in ihrem ersten Hauptsatz davon ausgeht, daß Energie in einem System weder erschaffen noch zerstört werden kann, sondern nur von einer Form in eine andere umgewandelt wird. Nach dem zweiten Hauptsatz der Thermodynamik nimmt jedoch die frei verfügbare, beliebig einsetzbare Energie im Zeitablauf ab und die gebundene Energie nimmt zu. So wird z. B. beim Pressen einer Autokarosserie die eingesetzte Energie im Endprodukt gebunden bzw. wird in Kondukten (Abwärme, Abfall) feinverteilt. Die energetische Unordnung des Systems (Energie-Entropie) nimmt zu. Wird die Erde als einzelner Planet im Sonnensystem betrachtet, so wirkt der Zufluß von Sonnenergie der durch die wirtschaftliche Tätigkeit bedingten Entropiezunahme entgegen und ermöglicht so erst jede wirtschaftliche Tätigkeit (= Energieumwandlung, d. h. Entropieerhöhung) auf der Erde. Damit das Teilsystem Erde im Gleichgewicht erhalten bleibt, müssen sich Entropiezunahme und -abnahme langfristig entsprechen[121)].

Diese grundlegenden physikalischen Zusammenhänge bedeuten für eine ökologieorientierte Unternehmensführung, daß - aus dem Blickwinkel der energetischen Flußbetrachtung - diejenige Handlungsalternative zu wählen ist, die den geringsten Entropiezuwachs hervorruft. In der Praxis untersuchen die energieflußorientierten Ansätze die Veränderung des energetischen Potentials von Einsatzstoffen und Produkten über verschiedene Prozeßschritte hinweg. Folgende physikalischen Größen werden hierzu herangezogen:

- o Die sog. **"Freie Enthalpie"** ist ein Maß für die energetische Qualität von Ressourcen, d. h. für ihr Potential an frei verwendbarer Energie[122)].
- o Der **Brutto-Energiebedarf** umfaßt den Energieinhalt von Einsatzstoffen, die in Wertschöpfungsprozesse eingehen, zuzüglich der zur Umwandlung nötigen Primärenergie.
- o Der **Netto-Energiebedarf** ergibt sich aus dem Brutto-Energiebedarf abzüglich dem Energieinhalt des geschaffenen Produktes und drückt somit die durch die Wertschöpfung umgewandelte Energie aus.

---

121) Vgl. GEORGESCU-ROEGEN, N. (1971), S. 141 ff.; GRITTNER, P. (1978), S. 128 ff. und STREBEL, H. (1990), S. 141 f..
122) Vgl. GRITTNER, P. (1978), S. 129.

- o Die Differenz von Brutto-Energiebedarf und Netto-Energiebedarf der materiellen Inputs wird als **Prozeß-Energiebedarf** bezeichnet.

Durch die Umrechnung in diese physikalischen Energiegrößen ist eine Gewichtung verschiedener Energieträger möglich[123)]. Problematisch ist jedoch in der Praxis die Bestimmung der freien Enthalpie. Da das Hauptaugenmerk auf physikalischen Größen liegt, wird die ökotoxikologische Wirkung auf Menschen, Tiere und Pflanzen nicht erfaßt; die Betrachtung ist insofern verkürzend. Die resultierenden Energiekennzahlen sind relativ leicht kommunikativ zu vermitteln[124)]. Die Kompliziertheit des Entropiebegriffes kann die Akzeptanz beschneiden.

4.3.2.2.2. Schadensfunktionsorientierte Ansätze

Schadensfunktionsorientierte Bewertungskonzepte basieren auf experimentellen Ergebnissen der bio-ökologischen Forschung, der Human- und Ökotoxikologie und der Klimaforschung. Einzelne Effekte von Umweltschädigungen werden kardinal oder ordinal anhand spezieller Kriterien gemessen. Die Schädlichkeit ergibt sich aus dem Produkt des Grades, mit dem die speziellen Kriterien erfüllt werden, und der Relevanz, die diesem Kriterium beigemessen wird[125)]. Dabei können ökologische Konsequenzen auf mehreren Ebenen bewertet werden:

- o Quantifizierung einzelner spezifischer Schadwirkungen auf einzelne Umweltmedien[126)]
- o Aggregation einzelner Schadwirkungen für einzelne Umweltmedien, z. B. Bewertung der Wassergefährdung einzelner Stoffe[127)]
- o Bewertung der Schadwirkung einzelner Stoffe für alle Umweltmedien[128)]

Im Rahmen einer Bewertung nicht-monetärer Konsequenzen sind nur die Analysen der zuletzt genannten Ebene einsetzbar. Die Analysen erfordern einen erheblichen Aufwand und sind nur für einzelne, bereits gut untersuchte Stoffe verfügbar

---

123) Vgl. z.B. den Ansatz von FECKER, I. (1990), S. 9.

124) Zu Kennzahlensystemen vgl. die Ausführungen in Kapitel 7..

125) Vgl. ZANGEMEISTER, C. (1976), S. 73.

126) So hat die Gesellschaft Deutscher Chemiker einzelne Stoffe nach Kriterien wie Vorkommen im Wasser und Boden (μg/kg), Ab aubarkeit im Wasser (OECD-Test) oder Abbaubarkeit in der Luft (Halbwertszeit) quantitativ bewertet. Vgl. GESELLSCHAFT DEUTSCHER CHEMIKER (GDCh) (Hrsg.) (1986), S. 7.

127) Vgl. UMWELTBUNDESAMT (Hrsg.) (1979) und VEREIN DEUTSCHER INGENIEURE (VDI) (Hrsg.) (1990).

128) Vgl. die Untersuchung des BATTELLE INSTITUT e. V., das im Auftrag des Bundesministeriums des Innern das Umweltverhalten organischer Stoffe durch gewichtete Aggregation von fünf Kriterien zu einem Gefährdungspotential-Wert ermitteln. Vgl. FRISCHE, R. / ESSER, G. / SCHÖNBORN, W. / KLÖPFFER, W. (1982), S. 283 ff. Ebenso die Ökotoxizitätsfaktoren bei GEBLER, W. (1990).

bzw. ausreichend genau. Schadensfunktionen sind auf den naturwissenschaftlichen Wirkungsbereich beschränkt und dadurch eingeschränkt kommunikativ vermittelbar. Die Gewichtung mehrerer Kriterien ist stets subjektiv und intersubjektiv schwer nachvollziehbar. Der Anwendungsbereich bleibt insofern stark eingeschränkt.

4.3.2.2.3. Grenzwertorientierte Ansätze

Grenzwertorientierte Konzepte versuchen, die ökologischen Konsequenzen aufgrund von i. d. R. gesetzlichen Grenzwerten zu bewerten[129]. Dabei kann - wie im Englischen üblich - zwischen Kriterien ("criteria") und Standards[130] ("standards") unterschieden werden. Während erstere aus naturwissenschaftlichen Wirkungsermittlungen abgeleitete Grenzkonzentrationen darstellen, stellen Standards politisch oder rechtlich festgelegte wünschenswerte Belastungsobergrenzen dar[131]. Als Standards dienen **m**aximale **I**mmissions**k**onzentrationen (**MIK**-Werte), **m**aximale **A**rbeitsplatz**k**onzentrationen (**MAK**-Werte) und Emissionsgrenzwerte. Die Festlegung von Grenzwerten orientiert sich einerseits an Hard Sciences (natur- und ingenieurwissenschaftliche Erkenntnisse) und andererseits an Soft Sciences (kognitive, wertende Überlegungen und Aushandlungen von Interessengruppen), wobei noch fehlende Ergebnisse bzw. Annahmen auf naturwissenschaftlicher Seite und subjektive Wertungen und Vermutungen auf sozioökonomischer Seite eine scharfe und ursächlich genaue Festlegung von Grenzwerten erschweren[132].

Bewertungskonzepte, die sich an festgelegten Grenzwerten orientieren, können auf Emissionsindizes fußen. Hierbei wird die Schädigung der ökologischen Umwelt in Bezug zum vorher festgelegten Grenzwert gesetzt[133]. Bei einer Orientierung an kritischen Volumina, wird das Gesamtvolumen eines bis zum Grenzwert belasteten Mediums angegeben[134]. In einem weiteren Verfahren beziehen SUTER / HOFSTETTER die Schädigungen verschiedener Medien auf einen Quadratmeter Boden, in dem kritische Volumina in Äquivalente umgerechnet werden und somit über verschiedene Medien hinweg aggregiert werden können[135].

---

129) Vgl. MARLIN, J.T. (1973), S. 42 ff. und GÖRG, M. (1981), S. 151.
130) Häufig wird auch von Richtwerten gesprochen. Vgl. WINTER, G. (Hrsg.) (1986), S. 2 ff. und GIEBELER, R. (1991), S. 11 ff..
131) Vgl. PROSI, G. (1989), S. 574.
132) Vgl. zur Festlegung von Grenzwerten WINTER, G. (Hrsg.) (1986), S. 9 ff..
133) Vgl. die Ansätze von BASLER & HOFMANN (1974); ELEKTROWATT AG (1978), S. 29; SCHALIT, L.M. / WOLFE, K.J. (1978), S. 24; FICHTNER AG & PROGNOS AG (1983), S. 21 ff.; METZGER, A.G. (1987), S. 164 ff.; WORLD ENERGY CONFERENCE (WEC) (Hrsg.) (1988), S. 226 f. und TÜRCK, R. (1990a), S. 221 ff..
134) Vgl. BUNDESAMT FÜR UMWELTSCHUTZ (BUS) (Hrsg.) (1984); AHBE, S. / BRAUNSCHWEIG, A. / MÜLLER-WENK, R. (1990) und FECKER, I. (1990), S. 6 f..
135) Vgl. SUTER, P. / HOFSTETTER, P. (1989), S. 1342 ff..

Die Güte der Grenzwertansätze zur Bewertung nicht-monetärer Konsequenzen wird durch die Güte der zugrundeliegenden Grenzwerte bestimmt. Teilweise liegen noch keine naturwissenschaftlichen Erkenntnisse zur Grenzwertbildung vor, teilweise erlauben die Ansätze keine Aggregation über mehrere Medien oder Umwelteinwirkungen hinweg. Dennoch sind sie relativ leicht anwendbar, kommunikativ gut zu vermitteln und - die Existenz von Grenzwert-Vorstellungen vorausgesetzt - für verschiedenste Problemstellungen anwendbar.

Die partiellen Ansätze der Energiefluß-Betrachtung, der Schadensfunktionen und der Grenzwert-Modelle können durch ihre natur- und ingenieurwissenschaftliche Ausprägung in generelle Bewertungsmodelle integriert werden. Sie bieten den Vorteil der Bewertung anhand quantitativer, naturwissenschaftlicher Meßgrößen, sind jedoch auch mit dem Nachteil eventueller naturwissenschaftlicher Erkenntnisdefizite und relativer Kompliziertheit verbunden.

4.3.2.3. Wahl des geeigneten nicht-monetären Bewertungsverfahrens

Welche der in den dargestellten Konzepten enthaltenen Komponenten das Bewertungskonzept eines Unternehmens im Detail enthält, ist unternehmens-, prozeß- und produktspezifisch festzulegen. Die oben dargestellte Konsequenzenmatrix umfaßt zusammen mit der Belastungsmatrix alle möglichen Aspekte, da alle Stufen der Wertschöpfung, alle Komponenten des Umfeldes und alle Umweltmedien betrachtet und hinsichtlich monetär und nicht-monetär bewertbarer Sachverhalte analysiert werden.

Die nicht-monetäre Bewertung kann einerseits als Vorstufe einer monetären Bewertung betrachtet werden, sofern sie Informationen liefert, die eine Monetarisierung ermöglichen. Andererseits können die bewerteten Effekte direkt in Informations- und Entscheidungsinstrumente, wie z. B. Öko-Bilanzen, eingehen.

4.4. Informations- und Entscheidungsfunktion

Nach der Bestimmung und Bewertung der ökologisch relevanten Konsequenzen können diese in Analogie zu den Instrumenten der Unternehmensrechnung[136)] sowohl in Informations- als auch in Entscheidungsinstrumente integriert werden. Reinen Informationscharakter haben die Aspekte, die an Personen oder Gruppen außerhalb des Unternehmens gerichtet sind. Hierzu zählen beispielsweise die Angaben, die aufgrund des Gesetzes über Umweltstatistiken zu machen sind oder Informationen, die in Geschäftsberichten an die Öffentlichkeit gerichtet sind. Unter-

---

136) Vgl. COENENBERG, A.G. (1992), S. 25 f..

nehmensintern können die erhobenen Daten für Informations- und Entscheidungszwecke verwendet werden[137].

4.4.1. Darstellung ökologiebedingter Konsequenzen zu Informationszwecken

Im Bereich ökologiebezogener Fragestellungen gewinnen Aspekte der Information zunehmend an Bedeutung. Einerseits sind externe Gruppen an Informationen über die Beeinflussung der ökologischen Umwelt durch ein Unternehmen interessiert[138], andererseits sind laufende Veränderungen der Rahmenbedingungen zu beobachten und das Wissen um die Entwicklung der Umweltsituation ist zu einem wesentlichen Wettbewerbsfaktor geworden. Dabei sind Informationen in monetärer und nicht-monetärer Form sowohl über internalisierte als auch über externe Effekte gefragt.

Ein Instrumentarium zur Information externer Interessenten stellt klassischerweise der **Jahresabschluß** dar. Die in Bilanz und Gewinn- und Verlustrechnung enthaltenen Daten verkörpern vergangenheitsorientierte, monetäre Informationen und beinhalten nur insofern ökologisch relevante Konsequenzen als diese bereits internalisiert sind (z. B. Investitionen für Umweltschutzmaßnahmen, Entsorgungsgebühren, Rückstellungen für verpflichtend zu beseitigende Altlasten). Als Zusatzinformationen sind Angaben über steuerrechtliche Vorschriften (evtl. Abschreibungen für Umweltschutzinvestitionen) und die Aufgliederung der Position "sonstige Rückstellungen" (z. B. Rückstellungen für Umweltschutzverpflichtungen) in den Anhang aufzunehmen[139]. Der Lagebericht hat die Aufgabe, auf die voraussichtliche Entwicklung der Kapitalgesellschaft einzugehen (§ 289 HGB).

Da aus diesen gesetzlichen Regelungen abgeleitet werden kann, daß Jahresabschlüsse und Lageberichte sowie darüber hinausgehend Geschäftsberichte einerseits verbale Informationen über die Ökologieorientierung des Unternehmens und andererseits monetäre Größen in Form von Aufwendungen, Erträgen und bilanziellen Werten enthalten[140], wurde von der Verfasserin eine **Analyse von 137**

---

137) HORVATH unterscheidet Planung und Kontrolle (hier Entscheidung) und Informationsversorgung als Aufgabenbereiche des Controlling, wobei das Ziel darin besteht, Teilaufgaben auf die Gesamtaufgabe abzustimmen; vgl. HORVATH, P. (1990), S. 110 und S. 115 sowie die Definition des Controlling auf S. 146.

138) Vgl. z. B. das Umweltstatistikgesetz und die Diskussion über Öko-Audits auf EG-Ebene.

139) Vgl. § 285 HGB.

140) Zum Bereich verbaler Erläuterungen sind Hinweise über die Schwerpunkte des Umweltengagements sowie über die Integration ökologischer Aspekte innerhalb der einzelnen Wertschöpfungsstufen zu zählen. Die Auswertung monetärer Daten muß auf die im Jahresabschluß bereits erfaßten Werte beschränkt bleiben; vgl. BEAMS, F.A. / FERTIG, P.E. (1971), S. 42.

Geschäftsberichten vorgenommen. Ziel der Untersuchung war es dabei, den Stand der externen Informationspolitik von Unternehmen aufzuzeigen und die Hauptinformationsbereiche herauszufiltern. Hierfür wurden bewußt nur Geschäftsberichte untersucht, da diese einerseits die wichtigste externe Informationsquelle darstellen und andererseits ein am Rechnungswesen, d. h. an monetären Daten, interessierter Adressat vorwiegend diese Informationsquelle zur Analyse heranzieht.

Für die einzelnen Wertschöpfungsstufen wurde jeweils untersucht, ob die Geschäftsberichte monetäre und nicht-monetäre Informationen beinhalten. Nachfolgende Übersicht zeigt die Ergebnisse der Analyse im Überblick.

Von den 137 betrachteten Unternehmen integrieren 53 keinerlei Informationen über ökologieorientierte Aktivitäten ihres Unternehmens in den Geschäftsbericht. Die anderen 84 informieren in unterschiedlicher Form (mit monetären Daten oder mit nicht-monetären Angaben) und in unterschiedlicher Intensität über das Ökologieengagement des Unternehmens innerhalb der einzelnen Wertschöpfungsstufen. Die vorgenommene Analyse wurde entlang des Wertschöpfungskreises vorgenommen[141)]. Als Ergebnis kann man festhalten, daß von den Unternehmen, die überhaupt Informationen über das Ökologieengagement ihres Hauses geben, die meisten Informationen in nicht-monetärer Form liefern[142)].

Im Bereich nicht-monetärer Informationen steht die Entsorgung mit 71,43% an erster Stelle, gefolgt von Recycling (59,52%) und Forschung und Entwicklung (59,52%). Monetäre Daten können den Geschäftsberichten vor allem über die Produktion (26,19%) und die Entsorgung (21,43%) entnommen werden. Diese beziehen sich meist auf die Höhe der getätigten Umweltschutzinvestionen. Im Bereich der Entsorgung wird teilweise noch eine Untergliederung in die Bereiche Gewässerschutz, Luftreinhaltung, Lärmbekämpfung und Abfallbeseitigung vorgenommen, wie sie auch durch das Umweltstatistikgesetz festgelegt ist.

141) Diese Vorgehensweise erwies sich als sehr geeignet, da die Unternehmen in den meisten Fällen konkrete Informationen über einzelne Wertschöpfungsstufen liefern. Dies bestätigt auch die Gliederung der theoretischen Untersuchung entlang des Wertschöpfungskreises.

142) Dabei werden bei einer Betrachtung der 84 informierenden Unternehmen im Durchschnitt 38,21% des Wertschöpfungskreises abgedeckt. Monetäre Daten sind jedoch nur für 5,71% der Informationsbereiche ersichtlich, wobei für vier Bereiche von keinem Unternehmen monetäre Angaben gemacht werden.

Unternehmen (in Klammern erfaßtes Geschäftsjahr)	Durch-dringung	Forschung	Beschaffung	Fertigung	Vertrieb	Entsorgung	Recycling	Logistik	Personal	Marketing	Controlling
ASEAG (1988)	0/1										n
AEG (1991)	0/1	n									
ALTANA AG (1991)	0/1	n									
AUDI AG (1991)	1/5	m/n	n	n		n	n				
BABCOCK AG (1991/92)	0/1			n							
BADENWERK AG (1991)	0/4	n		n		n				n	
BALCKE-DÜRR AG (1990/91)	0/3		n			n	n				
BASF AG (1992)	3/6	m/n	m/n	n		m/n	n				n
BAYER AG (1990)	2/7	m/n	n	m/n	n	n	n		n		
BEIERSDORF AG (1990)	0/5	n		n		n	n		n		
BILFINGER & BERGER AG (1991)	0/2	n				n					
BLOHM & VOSS AG (1992)	2/5	n		m/n		m/n	n		n		
BMW AG (1991)	0/6	n	n	n		n	n	n			
BUDERUS AG (1992)	0/1	n									
CASSELLA AG (1991)	1/4			m/n		n	n				n
DAIMLER BENZ AG (1991)	0/5	n		n		n	n	n			
DIDIER WERKE AG (1991)	1/2			n		n	m				
EHW AG (1991/92)	1/4	n		m/n		n	n				
ENKA (AKZO) AG (1990)	2/4			m/n		m/n			n		n
ESCHWEILER BERGWERKSVEREIN AG (1991)	0/2			n							n
FLACHGLAS AG (1991/92)	1/4			m/n		n	n		n		
FORDWERKE AG (1988)	0/8	n	n	n		n	n		n	n	n
FRÄNKISCHE ÜBERLANDWERKE AG (1991)	0/5	n	n	n		n	n				
GERRESHEIMER GLAS AG (1991)	1/4		n	n		m/n	n				
TH. GOLDSCHMIDT AG (1991)	1/8	n	n	m	n	n	n	n	n		n
GROSSKRAFTWERK FRANKEN AG (1990/91)	0/2					n			n		
GRÜNZWEIG & HARTMANN AG (1991)	0/4		n	n						n	n
HAMBURGER HOCHBAHN AG (1991)	0/1		n								
HEW AG (1991)	1/4	n				m/n	n			n	
HEIDELBERGER ZEMENT AG (1991)	0/5	n		n			n		n		n
HOECHST AG (1989)	2/5	m/n		n		m/n	n				n
HOESCH AG (1991)	0/2					n	n				
HOLSTEIN-BRAUEREI AG (1991)	0/6	n	n	n		n	n			n	
PHILIP HOLZMANN AG (1991)	0/2	n					n				
HORTEN AG (1991)	0/4		n		n				n	n	
HDW AG (1988/89)	0/1					n					

Unternehmen (in Klammern erfaßtes Geschäftsjahr)	Durch-dringung	Forschung	Beschaffung	Fertigung	Vertrieb	Entsorgung	Recycling	Logistik	Personal	Marketing	Controlling
HÜTTENWERKE KAYSER AG (1990)	0/3	n				n	n				
ISAR-AMPERWERKE AG (1991/92)	0/2					n	n				
JUNGHEINRICH AG (1991)	1/7	n	n	m/n		n	n		n		n
KALI-CHEMIE AG (1988)	0/3	n				n					n
KARSTADT AG (1991)	0/4		n		n	n				n	
KERAMAG AG (1991)	0/4		n	n			n				n
KLÖCKNER-HUMBOLDT-DEUTZ AG (1988)	0/2	n				n					
KRAFTWERK ALTWÜRTTEMBERG AG (1990/91)	0/2	n								n	
KRAUSS-MAFFEI AG (1991)	0/10	n	n	n	n	n	n	n	n	n	n
KSB AG (1991)	0/2			n		n					
LECH-ELEKTRIZITÄTSWERKE AG (1991/92)	0/2			n						n	
LINDE AG (1992)	0/2	n		n							
LÖWENBRÄU AG (1991/92)	0/5					n	n	n	n	n	
MAINKRAFTWERKE AG (1991/92)	0/4					n			n	n	n
MANNESMANN AG (1991)	0/2	n									n
MAN AG (1991/92)	0/3	n		n					n		
METALLGESELLSCHAFT AG (1990/91)	1/5	n	n	n		m/n	n				
OPEL AG (1990)	0/7	n	n	n		n	n	n			n
ORENSTEIN & KOPPEL AG (1991)	0/4	n	n	n			n				
PWA AG (1991)	2/6	n	n	m/n		m/n	n				n
PFAFF AG (1991)	0/1										n
PHOENIX AG (1991)	0/3	n		n		n					
PREUSSAG AG (1989)	1/5	n		n		m/n	n	n			
RASSELSTEIN AG (1991/92)	0/2	n					n				
RHEINISCH-WESTF. KALKWERKE (1990)	0/1					n					
RHENUS AG (1991)	0/3					n	n	n			
RIEDEL-DE-HAEN AG (1992)	2/6	n		m/n		m/n	n			n	n
ROSENTHAL AG (1991)	1/0					m					
RÜTGERSWERKE AG (1991)	2/3			m/n		m	n		n		
RWE-DEA AG (1991)	0/5	n	n	n	n					n	
RWE ENERGIE AG (1991/92)	1/6	n	n	n		m/n	n				n
SIEMENS AG (1991/92)	1/7	n	n	m/n		n	n	n	n		
SÜDCHEMIE AG (1991)	1/5			m/n	n	n	n		n		
SÜDZUCKER AG (1991/92)	0/6	n	n	n		n	n				n
SÜDWESTDEUTSCHE SALZWERKE AG (1991)	0/1					n					
SCHERING AG (1992)	4/5	n		m		m/n	m/n		m/n		n

Unternehmen (in Klammern erfaßtes Geschäftsjahr)	Durch-dringung	Forschung	Beschaffung	Fertigung	Vertrieb	Entsorgung	Recycling	Logistik	Personal	Marketing	Controlling
SCHWÄBISCHE ZELLSTOFF AG (1991)	1/2			m/n		n					
STAHLWERKE PEINE-SALZG. AG (1990/91)	1/4			m/n		n	n				n
THYSSEN EDELSTAHLWERKE AG (1992)	1/2					m/n	n				
THYSSEN INDUSTRIE AG (1990/91)	1/5	n				m/n	n	n			n
THYSSEN AG (1991/92)	2/7	n	n	m/n	n	m/n	n	n			
ÜBERLANDW. UNTERFRANKEN AG (1990/91)	1/3					m	n		n	n	
VARTA AG (1991)	1/2			m/n		n					
VEBA AG (1992)	1/6	n	n	m/n		n	n				n
VEW AG (1991)	0/4	n				n	n	n			
VOLKSWAGEN AG (1992)	1/7	n	n	m/n		n	n	n	n		
WESTAG & GETALIT AG (1991)	1/2			m/n		n					
WESTFÄLISCHE ZELLSTOFF AG (1989)	1/5		n	m/n		n	n				n
Summe der Nennungen (n=84)	**48/321**	**4/48**	**1/29**	**22/50**	**0/8**	**18/60**	**2/50**	**0/13**	**1/21**	**0/15**	**0/27**
monetäre Angaben bei x % der Unternehmen		**4,76 %**	**1,19 %**	**26,19 %**	**0 %**	**21,43 %**	**2,38 %**	**0 %**	**1,19 %**	**0 %**	**0 %**
nicht-monetäre Angaben bei x % der Unternehmen		**57,14 %**	**34,52 %**	**59,52 %**	**9,52 %**	**71,43 %**	**59,52 %**	**15,48 %**	**25,00 %**	**17,86 %**	**32,14 %**

Legende:

1/5 d.h. 1 monetäre Angabe und 5 nicht-monetäre Angaben

m: monetäre Angabe

n: nicht-monetäre Angabe

Jahresabschlüsse ohne Informationen über die Ökologieorientierung des Unternehmens:

Brau und Brunnen AG, 1990
Deutsche Lufthansa AG, 1988
Dierig Holding AG, 1988
Dinkelacker Brauerei AG, 1990/91
Dyckerhoff AG, 1990
Eisen- und Hüttenwerke AG, 1990
Eisenbahn-Verkehrsmittel-AG, 1991/92
Elektrische Licht- und Kraftanlagen AG, 1991
Erba AG, 1988
Gildemeister AG, 1991
Haake Beck Brauerei AG, 1990/91
Hamborner Bergbau AG, 1990
Hapag Lloyd, 1991
Harpener AG, 1990
Heinrich Industrie- und Handels-AG, 1991
Henninger-Bräu AG, 1988
Kabelmetall AG, 1991
Kali und Salz AG, 1991
Kaufhof AG, 1991
Kempinski AG, 1990
Krupp Stahl AG, 1991
KWS Kleinwanzlebener Saatzucht AG, 1990/91
Lahmeyer AG für Energiewirtschaft, 1991/92
Maingas AG, 1991
Markt- und Kühlhallen AG, 1989
Maschinenfabrik Müller-Weingarten AG, 1991
Neue Baumwoll-Spinnerei und Weberei Hof AG, 1991
Nordcement AG, 1991
OBAG, 1989/90
Pegulan AG, 1988
Pfersee-Kolbermoor AG, 1991
Pirelli Deutschland AG, 1990
Rheinelektra, 1991/92
Rheinmetall Berlin AG, 1990
RHENAG, 1988
Salamander, 1991
Schubert & Salzer AG, 1991
Stahlwerke Bochum AG, 1988
Standard Elektrik Lorenz AG, 1988
Stern-Brauerei Carl Funke AG, 1990
Stolberger Zink AG, 1990/91
Thüga AG (Versorger), 1991
Thyssen Edelstahl Witten AG, 1991
Triumph-Adler AG, 1989
ÜSTRA Hannoversche Verkehrsbetriebe AG, 1990
VDM Nickel-Technologie AG, 1988/89
VDN AG, 1991
Verseidag, 1991
Wasag-Chemie AG, 1991
Wedag, 1989
WMF AG, 1991
ZEAG, 1987
Zeiss Ikon, 1987/88

Abb. 4.15.: Ergebnisse der Untersuchung von 137 Geschäftsberichten

Eine vergleichbare Studie zur Umweltberichterstattung von Großunternehmen führte UKA für die Elektrizitätswirtschaft und die Chemische Industrie durch[143]. Hierfür analysierte der Autor je zehn Geschäftsberichte für den Zeitraum 1980 bis 1985. Die Untersuchung zeigte, daß seit 1982 die Umweltberichterstattung ausgeweitet wurde. Informationen über monetäre Konsequenzen der Ökologieorientierung beinhalteten insbesondere Geschäftsberichte von Unternehmen der Chemischen Industrie. Letzteres kann durch die eigene Untersuchung bestätigt werden.

4.4.2. Darstellung ökologiebedingter Konsequenzen zu Entscheidungszwecken

Neben der Information externer Adressaten können die aufgezeigten Konsequenzen unternehmensintern Überlegungen anregen und Entscheidungen auslösen. Unternehmensintern ergibt sich folglich eine große Überlappung mit der Darstellung ökologischer Konsequenzen zu Entscheidungszwecken. Hierbei kann wiederum zwischen Entscheidungen auf der Basis monetärer Informationen und Entscheidungen auf der Basis nicht-monetärer Informationen unterschieden werden.

4.4.2.1. Entscheidungen auf der Basis monetärer Informationen

Ökologische Aspekte fließen in Form von Abgaben, Gebühren und Beiträgen oder indirekt über Auflagen bereits heute in betriebliche Entscheidungen ein. Sollen jedoch Alternativen für eine Internalisierung externer Effekte erarbeitet werden, so ist eine Isolierung der ökologieinduzierten Konsequenzen notwendig, um für den gesamten Betrieb, eine Anlage oder ein Produkt folgende **Hypothese** zu überprüfen:

"Richtig ist, dass Umweltschutz Geld kostet. Richtig ist aber auch, dass der Verzicht auf Umweltschutz ebenfalls Geld kostet - häufig sogar noch mehr"[144].

Die oben dargestellten ökologieinduzierten Konsequenzen auf die einzelnen Wertschöpfungsstufen[145] können aufgrund der zunehmenden nicht nur ökologischen, sondern auch ökonomischen Knappheit zum Teil monetär bewertet werden. Dies führt dazu, daß die ökologische Umwelt nicht nur als Inputfaktor in Form einer Ressourcenquelle, z. B. bei der Rohstoff- oder Energiebeschaffung, bewertbar wird, sondern auch als Outputfaktor in Form eines Aufnahmemediums, z. B. für Abfälle oder Abwärme, an Bedeutung gewinnt. Unabhängig davon, ob die Konsequenzen bereits als internalisierte Effekte auftreten oder noch externalisiert wer-

---

143) Vgl. UKA, W. (1986).
144) DYLLICK, T. (1989), S. 6; vgl. auch THOSS, R. (1972), S. 25.
145) Vgl. Kapitel 4.2.1..

den, sind zur Vorbereitung von Entscheidungen die den Unternehmen offenstehenden Alternativen zu eruieren[146].

4.4.2.1.1. Ökologischer Nettoeffekt

Liegen bereits internalisierte Effekte vor, so informiert das Aufzeigen der Konsequenzen über deren Entscheidungswirkung. Wenn die Berücksichtigung externer Effekte zur Disposition steht, wird ein Unternehmen diese vom Ergebnis eines Abwägungsprozesses abhängig machen. Im Bereich des Ökologieengagements eines Unternehmens ist für die Ermittlung des **ökologischen Nettoeffekts** eine Aktion[147], deren Kosten eventuell übergewälzt werden können, mit den Konsequenzen einer Reaktion Dritter zu vergleichen[148]. Dabei können folgende drei Kosten- bzw. Erlösgruppen unterschieden werden[149]:

- o Aktionskosten k_a
- o überwälzbare Kosten $k_ü$
- o Sanktionskosten k_s

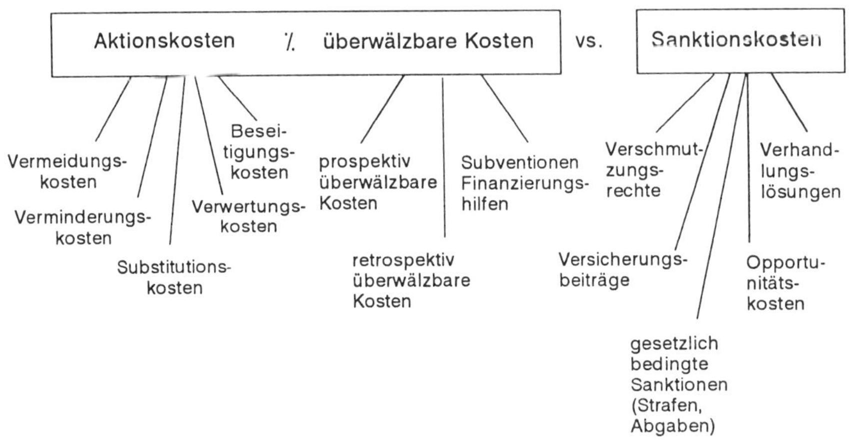

Abb. 4.16.: Bestimmung des ökologischen Nettoeffektes

146) Der Grad der Internalisierung ist unternehmensindividuell in Abhängigkeit von den jeweiligen Rahmenbedingungen und der angestrebten Zielerreichung festzulegen. Das hier vorgestellte Konzept kann beliebige Grade der Internalisierung externer Effekte erfassen. Diese Möglichkeit besteht auch für andere in der Literatur bereits diskutierte Konzepte.

147) Teilweise wird auch vom Netto-Nutzen gesprochen; vgl. BEHRENS-EGGE, M. (1991), S. 75. Die dargestellten Aktionen können dabei in kurz-, mittel- und langfristige unterteilt werden; vgl. LANGE, C. (1978), S. 126 ff..

148) Vgl. STREBEL, H. (1990), S. 130 ff..

149) Vereinfachend wird an dieser Stelle von Kosten und Erlösen gesprochen, obwohl die Aussagen auf alle Arten von Rechengrößen (Aus- und Einzahlungen, Ausgaben und Einnahmen, Aufwendungen und Erträge) übertragen werden können.

Für eine Systematisierung der Bewertungsansätze sind einerseits Wertermittlungen zu betrachten, die auf Konsequenzen innerhalb des Aktionsradius eines Unternehmens beruhen (**Aktionskosten k_a**). Sie lassen sich untergliedern in Kosten für Vermeidung, Verminderung, Substitution, Verwertung und Beseitigung sowie für Informations- bzw. Entscheidungsvorgänge. Diese Aktionskosten wurden bereits bei der Ermittlung des monetären Wertes externer Effekte diskutiert[150)].

Anschließend ist zu überprüfen, inwieweit Dritte die Aktionskosten, d. h. die Kosten für eine aktive Ökologieorientierung, tragen können. Die **Überwälzbarkeit** von Kosten $k_ü$ kann anhand des dargestellten Stakeholder-Konzeptes untersucht werden. Die Anspruchsgruppe der Kunden ist auf ihre Zahlungsbereitschaft zu überprüfen. Bei den Lieferanten ist nach deren Handlungsbereitschaft zu fragen. Bedenkt man, daß Subventionen und Finanzierungshilfen zweckbezogen vergeben werden, kann diesbezüglich von einer Überwälzung der Aktionskosten auf den Staat gesprochen werden. Folglich können drei Möglichkeiten der Überwälzbarkeit unterschieden werden ($k_ü = \Sigma\, k_{ü.}$):

a) prospektiv überwälzbare Kosten (auf Kunden) $k_{üp}$
b) retrospektiv überwälzbare Kosten (auf Lieferanten) $k_{ür}$
c) Subventionen und Finanzierungshilfen (von staatlichen Instanzen) $k_{üs}$

Die nach dem Abzug der überwälzbaren Kosten verbleibenden Nettoaktionskosten sind nun den Kosten gegenüberzustellen, die entstehen, wenn die aufgezeigten Maßnahmen nicht ergriffen werden. Wertermittlungen, die nicht im unmittelbaren Einflußbereich des Unternehmens entstehen, allerdings Konsequenzen eines passiven Ökologiemanagements darstellen, werden als **Sanktionskosten k_s** bezeichnet[151)]. Sie treten auf als ($k_s = \Sigma\, k_{s.}$)

a) Opportunitätskosten k_{so}, d. h. entgangene Gewinne aufgrund umweltfeindlichen Verhaltens,
b) gesetzlich bedingte Sanktionen k_{ss},
c) Versicherungsbeiträge k_{sv},
d) Verschmutzungsrechte k_{sr}, die ein umweltfeindliches Verhalten innerhalb vorgegebener Grenzwerte erlauben, und
e) Verhandlungslösungen k_{sl}, die eine Aufteilung der Konsequenzen zwischen den beteiligten Wirtschaftssubjekten vorschlagen.

---

150) Vgl. Kapitel 4.3.1.2.. Eine Beschränkung auf die Aktionskosten spiegelt die tatsächliche Entscheidungssituation nicht wider. Ansätze, die zu berücksichtigende Investitions- und Betriebskosten einbeziehen und die Betrachtung um eine Finanzplanung erweitern, können nicht für einen vollständigen betriebswirtschaftlichen Alternativenvergleich herangezogen werden; vgl. SCHMITT-TEGGE, J. / STRITZKE, J. / KOMARNICKI, J. (1983), S. 1 ff..

151) Vgl. GRAY, R.H. (1992), S. 89.

4.4.2.1.2. Bestimmung der überwälzbaren Kosten

Aufgrund der zwingend notwendigen Gewinnerzielung werden Unternehmen alle Möglichkeiten der Überwälzung auf Dritte eruieren. Entscheiden sie sich schließlich für ein aktives Ökologiemanagement, so kann dies auch damit zusammenhängen, daß sich durch die Überwälzbarkeit Ertragschancen eröffnen.

4.4.2.1.2.1. Prospektive Überwälzbarkeit

Maßnahmen der Vermeidung und Verminderung, Substitution, Verwertung und Beseitigung stellen eine Möglichkeiten eines aktiven Ökologiemanagements dar. Um die Wettbewerbsfähigkeit weiterhin zu gewährleisten, werden Unternehmen versuchen, die internalisierten Zusatzkosten an die Kunden überzuwälzen. Inwieweit die Betroffenen bereit sind, sich daran zu beteiligen, kann mit Hilfe des **Zahlungsbereitschaftskonzeptes** ermittelt werden. Dieses vor allem in der volkswirtschaftlichen Literatur diskutierte Konzept geht der Frage nach, wie hoch die Zahlungsbereitschaft der Konsumenten für die Inanspruchnahme eines öffentlichen Gutes ist[152]. Eine Übertragung in betriebswirtschaftliches Gedankengut zielt auf die Ermittlung der Konsumentenpräferenz, d. h. des Wertes, den die Kunden einer Schonung der ökologischen Umwelt beimessen und den sie bereit sind, selbst zu tragen **(willingness-to-pay)**[153]. Daneben kann auch nach der Entschädigungsforderung gefragt werden, die die Betroffenen für eine Nicht-Verbesserung oder für eine Verschlechterung der Umweltqualität verlangen **(willingness-to-sell)**[154]. Die Zahlungsbereitschaft kann entweder direkt durch Befragung oder in indirekter Form über die Aktions- oder Reaktionskosten ermittelt werden[155].

Die Bestimmung der Überwälzbarkeit mit Hilfe dieses Konzeptes ist allerdings mit mehreren **Unzulänglichkeiten** behaftet[156]:

Untersuchungen zur Verbreitung von **Informationen** zeigen, daß ein time lag von mehreren Jahren mit ca. 15 Zwischenstufen zwischen der ersten Diskussion eines Themas in Fachkreisen und der Existenz eines allgemeinen Problembewußtseins

152) Vgl. MARBURGER, E.-A. (1974), S. 121 ff.; KRÜGER, B. (1975), S. 138 ff. und JORDAN, E. (1978), S. 80 ff.; die Untersuchung von KESSEL, H. / ZIMMERMANN, K. (1985); ENDRES, A. / HOLM, K. (1988), S. 52 und HARTJE, V.J. (1990), S. 516.

153) Im Gegensatz hierzu geht der willingness-to-sell-Ansatz von einem Recht auf saubere Umwelt aus und fragt nach der Höhe des Schadensersatz, den der Betroffene erhalten müßte, um eine bestimmte Umweltbelastung in Anspruch zu nehmen.

154) Vgl. BECKENBACH, F. / HAMPICKE, U. / SCHULZ, W. (1989), S. 46 ff..

155) Eine Anwendung der indirekten Vorgehensweise scheidet im vorliegenden Konzept aus, da die Annahme zugrunde liegt, daß alle entstehenden Kosten tatsächlich überwälzbar sind.

156) Vgl. im folgenden BECKENBACH, F. / HAMPICKE, U. / SCHULZ, W. (1989), S. 49 ff..

liegt[157]. Die persönliche Betroffenheit beeinflußt darüber hinaus die Einstellung bezüglich der Schonung der ökologischen Umwelt[158]. Liegen Informationsverzerrungen vor und kann der bereinigte Informationsstand ermittelt werden, so ist die ermittelte Zahlungsbereitschaft um Informationsdefizite zu bereinigen[159].

Wenn Informationen über den Wert der Schonung der ökologischen Umwelt vorliegen, sind diese zu messen (**Meßproblem**). In diesem Zusammenhang stehen die Betroffenen vor der Frage, den Nutzen einer Verbesserung der ökologischen Situation in Geldeinheiten zu messen (**Abstraktionsproblem**). Sind die Verbraucher über vorhandene umweltpolitische Instrumente informiert, so kann ihre Zahlungsbereitschaft sinken, da sie wissen, daß die Kosten internalisiert werden müssen und kein Anreiz für die Unternehmen geschaffen werden muß (**free-rider-Problem**)[160]. Im Hinblick auf die Repräsentativität der Erhebung ist zu gewährleisten, daß genügend Zielpersonen, die an der Fragestellung tatsächlich interessiert sind (**Motivationsproblem**), aus allen Bevölkerungsschichten (**Repräsentativitätsproblem**) an der Befragung teilnehmen. Eine Einschränkung kann die Methode dadurch erfahren, daß die Zahlungsbereitschaft nicht nur von der persönlichen Wertschätzung, sondern auch vom **Einkommen** abhängig ist (**Verteilungsproblem**)[161]. Gänzlich vernachlässigt wird schließlich die eventuelle Wertschätzung zukünftiger Generationen (**Generationenproblem**), die im Sinne eines sustainable development einzubeziehen wäre[162]. Deren mangelnde Artikulationsfähigkeit müßte durch den politischen Allokationsmechanismus gelöst werden, dem allerdings der kurzfristige Planungshorizont der stimmenmaximierenden Parteien entgegensteht.

4.4.2.1.2.2. Retrospektive Überwälzbarkeit

Maßnahmen einer aktiven Schonung (Vermeiden, Vermindern, Substituieren) setzen am Beginn und nicht mittels "end-of-the-pipe"-Lösungen am Ende des Produktionsprozesses an. Bei ausreichender Marktmacht können für die Lieferanten Anreize (z. B. erhöhte Abnahmemengen, höhere Preise) geschaffen werden, die Inputfaktoren umweltverträglicher zu gestalten. Lieferanten, die sich veränderten Nachfragestrukturen ihrer Abnehmer nicht anpassen, unterliegen der Gefahr, vom Markt bestraft zu werden. Lieferanten können auch durch gesetzliche Regelungen

---

157) Vgl. STEGER, U. (1988), S. 189; KRYSTEK, U. / BEHRENDT, I. (1991a), S. 15 ff. und (1992), S. 12.
158) Vgl. BECKENBACH, F. / HAMPICKE, U. / SCHULZ, W. (1989), S. 50.
159) Vgl. den Vorschlag von SCHULZ / WICKE, dargestellt an der Bewertung der Luftqualität; vgl. SCHULZ, W. / WICKE, L. (1987), S. 126.
160) Vgl. SCHULZ, W. / WICKE, L. (1987), S. 127.
161) Vgl. EWERS, H.-J. (1983), S. 22.
162) Vgl. BEHRENS-EGGE, M. (1991), S. 80.

zur Übernahme von Kosten gezwungen werden, wie dies z. B. bei der Verpackungsverordnung durch die Rücknahmeverpflichtung der Fall ist. Retrospektive Überwälzbarkeit kann dazu führen, daß Kosten für ökologieorientierte Maßnahmen beim abnehmenden Unternehmen erst gar nicht entstehen.

Daß diese Vorgehensweise bereits praktiziert wird, beweist der von Handel und Konsumgüterindustrie gemeinsam entwickelte Ansatz der Direkten Produkt-Rentabilität. Das Konzept ist darauf ausgerichtet, durch eine entsprechende Produktgestaltung, z. B. in Form von Konzentraten oder Verpackungstypen, Kosteneinsparungspotentiale im Handel zu erzielen. Hinter dem Konzept steht das Ziel, Kosten und Erlöse über mehrere Wertschöpfungsstufen zu optimieren (**total system efficiency**). Darüber hinaus eröffnet die Umsetzung der ermittelten Potentiale die Möglichkeit, ökologische Vorteile in der Gestalt geringerer Transporttätigkeit, geringeren Flächen- und Raumbedarfs und geringerer Verpackungsvolumina zu realisieren[163].

4.4.2.1.2.3. Subventionen und Finanzhilfen

Finanzhilfen und Steuervergünstigungen werden vom Staat gewährt, um umweltpolitische Ziele durchzusetzen. Die Überwälzbarkeit ist ex ante (vor der unternehmerischen Entscheidung) vorgesehen, um dadurch einen Anreiz für die Unternehmen zu schaffen. Neben dieser geplanten Überwälzbarkeit können Maßnahmen gefördert werden, die unabhängig von Vergünstigungen durchgeführt würden (Überwälzung ex post). In verschiedenen rechtlichen Regelungen hat der Gesetzgeber eine Fülle von Regelungen verankert, die die aktive Ökologieorientierung der Unternehmen fördern sollen. Da staatliche Fördermaßnahmen ex ante bekannt und somit einen berechenbaren Teil der Überwälzbarkeit darstellen, werden die wichtigsten Investitionshilfen in nachfolgender Tabelle zusammengefaßt. Sie gibt einen Überblick über die zur Zeit bestehenden Investitionshilfen seitens der Europäischen Gemeinschaften und der Bundesrepublik Deutschland. Daneben existiert eine Reihe von länderspezifischen Fördermaßnahmen, die teilweise noch attraktiver ausgestaltet sind. Die Fördermaßnahmen, die für die Untersuchung der Auswirkungen auf die Investitionsrechnung gewählt wurden, sind ebenfalls in der nachstehenden Übersicht enthalten.

Der Umfang der dargestellten Programme zeigt die vielfältigen Möglichkeiten, die den Unternehmen zur Überwälzung von Ökologiekosten auf staatliche Instanzen zur Verfügung stehen.

---

163) Vgl. GÜNTHER, T. (1993), S. 69 f..

INVESTITIONSHILFEN	GEFÖRDERTES VORHABEN	ART D. UNTERSTÜTZUNG
Umweltschutzinvestitionen (allgemein)		
BUND		
Investitionsprogramm zur Verminderung von Umweltbelastungen	Demonstrationsprojekte in großtechnischem Maßstab	Investitionszuschüsse höchstens bis zu 50%
Fachprogramm Umweltforschung und -technologie des BMFT	Investitionen zur Entwicklung von Umwelttechnologien	Investitionszuschüsse bis zu 50%
KfW-Umweltprogramm	Investitionen zur wesentlichen Verbesserung der Umweltsituation	zinsgünstige Darlehen, i.d.R. bis zu 10 Mio. DM
Ergänzungsprogramm (ED) III der Deutschen Ausgleichsbank (Herstellerförderprogramm)	Investitionen zur Herstellung umweltfreundlicher Produktionsanlagen oder Produkte	zinsgünstige Darlehen i.d.R. bis zu 50% der Investitionsaufwendungen
Umweltschutzbürgschaftsprogramm: Haftungsfreistellung bei Ergänzungsdarlehen III zur Förderung von Herstellern präventiver Umweltschutztechnik	Investitionen zur Herstellung von innovativen umweltfreundlichen Produkten und Produktionsanlagen	Haftungsfreistellungen in Höhe bis zu 80% des Kreditbetrages bzw. max. 1 Mio. DM; die Höhe der Haftung ist auf 50% der Investitionssumme begrenzt
Gemeinschaftsaufgabe "Verbesserung der regionalen Wirtschaftsstruktur"	Verbesserung der regionalen Wirtschaftsstruktur, u.a. für Energieversorgungsanlagen, Abwasser- und Abfallbeseitigungsanlagen, Altlastensanierung	Investitionszuschüsse bis zu 18%
Finanzielle Förderung der wirtschaftsnahen Infrastruktur auf dem Gebiet der fünf neuen Bundesländer	Infrastrukturmaßnahmen auf dem Gebiet der fünf neuen Bundesländer zur Entwicklung der gewerblichen Wirtschaft	Investitionszuschüsse bis zu 23% der förderfähigen Kosten
Förderung von Unternehmensberatung für kleine und mittlere Unternehmen (alte Bundesländer)	Umweltschutz- und Energieeinsparberatung	Zuwendungen in Höhe von 50% der Beratungskosten, höchstens 3.000 DM
Förderung von Unternehmensberatungen für kleine und mittlere Betriebe (neue Bundesländer)	Umweltschutz- und Energieeinsparberatung für Unternehmen in den fünf neuen Bundesländern	Zuwendungen in Höhe von 80% der Beratungskosten, höchstens 3.000 DM

INVESTITIONSHILFEN	GEFÖRDERTES VORHABEN	ART D. UNTERSTÜTZUNG
Kommunalkreditprogramm - fünf neue Bundesländer	kommunale Sachinvestitionen	zinsgünstige Darlehen
Förderung von Forschung und Entwicklung bei kleinen und mittleren Unternehmen in Berlin	erfolgversprechende technische Entwicklungen	Zuschüsse bei zwei Drittel Eigenbeteiligung; bedingt rückzahlbare Zuwendungen bei 50%iger Eigenbeteiligung; rückzahlbare Zuwendungen bei ein Drittel Eigenbeteiligung
<u>EG</u>		
Gemeinsame Umweltaktion	Demonstrationsvorhaben und Vorhaben mit Anstoßcharakter	Zuschüsse von bis zu 30% und von bis zu 50% der Kosten je nach Vorhaben und in Ausnahmen von bis zu 75% der Kosten
<u>EIB</u>		
Darlehen für den Umweltschutz	Projekte zur Sicherung der Luft- und Wasserqualität, zum Schutz der Natur, in den Bereichen der Abfallwirtschaft sowie zur Verbesserung der städtischen Umwelt	Darlehen bis zu 50% der Anlageinvestition
Luftreinhaltung		
<u>BUND</u>		
ERP-Luftreinhaltungsprogramm	Investitionen für Anlagen zur Luftreinhaltung bzw. Minderung von Lärm, Geruch oder Erschütterung	zinsgünstige Darlehen bis zu 50% der Investitionsaufwendungen und bis zu 1 Mio. DM
ERP-Darlehen zur Förderung von Luftreinhaltungsanlagen in den fünf neuen Bundesländern	Investitionen in den fünf neuen Bundesländern, die der Luftreinhaltung und der Reduzierung von Lärm, Geruch und Erschütterungen dienen.	zinsgünstige Darlehen bis zu 50% der Investitionsaufwendungen und bis zu 1 Mio. DM
Lärmschutz		
<u>BUND</u>		
ERP-Luftreinhaltungsprogramm/Lärm (alte Bundesländer)	Investitionen für Anlagen zur Beseitigung oder Minderung von Lärm, Geruch und Erschütterung	zinsgünstige Darlehen bis zu 50% der Investitionsaufwendungen und bis zu 1 Mio. DM
ERP-Darlehen zur Förderung von Luftreinhaltungsanlagen/ Lärm in den fünf neuen Bundesländern	Investitionen in den fünf neuen Bundesländern zur Reduzierung von Lärm, Geruch und Erschütterungen	zinsgünstige Darlehen bis zu 50% der Investitionsaufwendungen und bis zu 1 Mio. DM

INVESTITIONSHILFEN	GEFÖRDERTES VORHABEN	ART D. UNTERSTÜTZUNG
Gewässerschutz		
BUND		
ERP-Abwasserreinigungsprogramm (alte Bundesländer)	Investitionen für umweltfreundliche Produktionsanlagen, durch die die Entstehung von Abwasser vermieden oder erheblich reduziert wird	zinsgünstige Darlehen bis zu 50% der Investitionsaufwendungen und bis zu 1 Mio. DM
ERP-Abwasserreinigungsprogramm; fünf neue Bundesländer	Investitionsmaßnahmen zur Abwasserreinigung und Abwasservermeidung	zinsgünstige Darlehen, i.d.R. bis zu 1 Mio. DM
Abfallbeseitigung/ Altlastensanierung		
BUND		
ERP-Abfallwirtschaftsprogramm (alte Bundesländer)	Investitionen für Anlagen zur Abfallverwertung und -beseitigung	zinsgünstige Darlehen bis zu 50% der Investitionsaufwendungen und bis zu 1 Mio. DM
ERP-Darlehen zur Förderung von abfallwirtschaftlichen Investitionen in den neuen fünf Bundesländern	Investitionen in den fünf neuen Bundesländern zur Abfallverwertung, -beseitigung und -vermeidung	zinsgünstige Darlehen für bis zu 50% der förderfähigen Kosten und bis zu 1 Mio. DM
Energie		
BUND		
ERP-Energiesparprogramm (alte Bundesländer)	Investitionen für Anlagen zur Energieeinsparung, rationellen Energieverwendung und Nutzung erneuerbarer Energie	zinsgünstige Darlehen i.d.R. bis zu 3 Mio. DM und bis zu 50% der förderfähigen Kosten
ERP-Darlehen zur Förderung von Energieeinsparung in den fünf neuen Bundesländern	Investitionen in den fünf neuen Bundesländern zur Energieeinsparung, rationellen Energieverwendung und Nutzung erneuerbarer Energien	zinsgünstige Darlehen für bis zu 50% der förderfähigen Kosten und bis zu 1 Mio. DM
Förderung von Unternehmensberatungen in kleinen und mittleren Unternehmen	Beratung über sparsame und rationelle Energieverwendung	Zuschüsse in Höhe von 40% der Beratungskosten, höchstens 3.000 DM; insgesamt könne Zuschüsse bis zu 6.000 DM beantragt werden
EG		
Programm "Thermie"	Investitionen im Bereich der rationellen Energienutzung, erneuerbaren Energieressourcen, festen Brennstoffe	Zuschüsse bis zu 40% der zuschußfähigen Kosten bei innovativen und bis zu 30% bei Vorhaben der Verbreitung

Abb. 4.17.: Finanzierungshilfen als Instrument zur Überwälzung

4.4.2.1.3. Bestimmung der Sanktionskosten

Nach der Ermittlung der Nettoaktionskosten mit Hilfe der dargestellten Bewertungsansätze sind diese den Kosten gegenüberzustellen, die anfallen, wenn die Aktionsmöglichkeiten nicht ergriffen werden. Darunter fallen Opportunitätskosten, gesetzlich bedingte Sanktionen, Versicherungsbeiträge, Verschmutzungsrechte und Verhandlungslösungen.

4.4.2.1.3.1. Opportunitätskosten

Für die Entwicklung einer Entscheidungsregel sind die Kosten von Vermeidung, Verminderung, Substitution, Verwertung und Beseitigung und die Möglichkeiten einer Überwälzbarkeit mit den entsprechenden Opportunitätskosten zu vergleichen. Eine Entscheidung von Unternehmen **gegen** offensive, aktive Maßnahmen des Umweltschutzes kann mengen- oder wertmäßige Nachfragereaktionen hervorrufen[164)].

Den Extremfall einer mengenmäßigen Nachfragereaktion stellt der Konsumboykott dar[165)], der auf ein Produkt beschränkt bleiben oder das gesamte Produktspektrum eines Unternehmens erfassen kann. Zu bewerten ist ein solches Nachfrageverhalten ex post mit den erlittenen Umsatzeinbußen zwischen dem die Konsumveränderung hervorrufenden Ereignis und dem Betrachtungszeitpunkt. Ex ante können nur Schätzungen für Nachfragereaktionen oder best case- / worst case-Betrachtungen vorgenommen werden.

Daneben lassen sich ökologiebedingte Opportunitätskosten durch Qualitäts- und somit Werteinbußen messen: Die Kontamination von Bodenflächen führt beispielsweise zu einem Verfall von Grundstückspreisen, die im Extremfall negativ werden können. Ebenso senken Qualitätsminderungen den Marktpreis.

4.4.2.1.3.2. Gesetzlich bedingte Sanktionen

Sofern Umweltschutzmaßnahmen in Form von Auflagen Eingang in die Gesetzgebung gefunden haben, sind sie rechtlich verpflichtend und stellen Handlungsbeschränkungen für betriebswirtschaftliche Entscheidungen dar. Eine Entscheidungsmöglichkeit ist folglich nicht gegeben. Wenn Unternehmen allerdings mit dem Ziel der Gewinnmaximierung handeln, ohne sich aus ethischen Gründen an die Gesetzgebung gebunden zu fühlen[166)], steht ihnen die Entscheidung zwischen

164) Vgl. GÖRG, M. (1981), S. 119 ff..
165) Vgl. DYLLICK, T. (1989a), S. 231 ff. und 331 ff. und STEGER, U. / ANTES, R. (1991), S. 16.
166) Ökonomische Gründe sind eine wichtige Ursache für Normverstösse; vgl. THELEN, P. (1981), S. 77 f..

dem Ergreifen einer Umweltschutzmaßnahme (Aktion) einschließlich einer möglichen Überwälzbarkeit und dem Risiko einer Strafe (Sanktion) offen[167]. Diese **Sanktionen** können in Form von Geldbußen, aber auch als nachträgliche Anordnung oder Widerruf einer Genehmigung auftreten. Das Strafrecht ahndet Straftaten gegen die ökologische Umwelt mit Freiheits- oder Geldstrafen[168].

Im Gegensatz zu Strafen für schon begangene Umweltdelikte stellt der Staat durch marktwirtschaftliche Anreize in Form von **Abgaben** das Unternehmen bewußt vor eine Entscheidungssituation. Fällt diese zugunsten der Alternative "Vermeiden und Überwälzen" aus, erfüllen Abgaben die oben angesprochene Lenkungsfunktion.

Für eine 1986 veröffentlichte empirische Untersuchung zur Effizienz von Auflagen im Umweltschutz[169] wurde analysiert, zu welchem Zeitpunkt mit welcher Wahrscheinlichkeit Verstöße gegen Auflagen aufgedeckt und angezeigt werden und mit welcher Wahrscheinlichkeit[170] angezeigte Verstöße zu Sanktionen führen. Dem Ergebnis wurden die Kosten der Auflagenbefolgung (hier Aktionskosten genannt) gegenübergestellt. Die Studie kam zu dem Ergebnis, daß bei der derzeitigen Ausgangssituation "die Strategie des bis zu einer Sanktion fortdauernden Auflagenverstoßes"[171] die ökonomisch optimale Alternative darstellt. Das Ergebnis ist im Sinne einer Ökologieorientierung sowie aus ethischen Gründen bedauerlich, es zeigt jedoch die Ineffizienz von Auflagen zur Steuerung im Umweltbereich auf.

4.4.2.1.3.3. Bestimmung von Versicherungsbeiträgen

Durch die Verschärfung staatlicher Vorschriften und den Ausbau der Kontrollen, aber auch durch die zunehmende Sensibilität der anderen Stakeholder, steigen die Ansprüche an die Unternehmen[172]. Durch das Umwelthaftungsgesetz sind die Unternehmen verpflichtet, für die von ihnen verursachten Umwelteinwirkungen zu haften[173]. Da der Umfang der Haftung bis zur Höchstgrenze von 160 Mio. DM reicht, haben die Unternehmen "dafür Sorge zu tragen, daß sie ihren gesetzlichen

---

167) Auch wenn eine Diskussion illegalen Verhaltens wissenschaftlich umstritten ist, soll dieser Aspekt hier nicht ausgeklammert werden. Er stellt aus strategischer Sicht insofern eine wirkliche Alternative als erwartete Strafen schon im voraus hinsichtlich ihrer Wirkungen diskutiert werden können.

168) Vgl. §§ 324 ff. StGB.

169) Vgl. TERHART, K. (1986). Eine Zusammenfassung bietet RÜCKLE, D. / TERHART, K. (1986), S. 393 ff..

170) Die Wahrscheinlichkeit für eine Sanktion ist abhängig von den vorliegenden Beweisen. Schäden im Umweltbereich liegen größtenteils als Kumulations- oder Diffusionsschäden vor, d. h. mehrere Verursacher kommen in Frage bzw. der Verursacher ist nicht eindeutig feststellbar.

171) Vgl. RÜCKLE, D. / TERHART, K. (1986), S. 413.

172) Vgl. DYLLICK, T. (1989), S. 8.

173) Vgl. § 1 UmweltHG.

Verpflichtungen zum Ersatz von Schäden nachkommen können"[174]. Die Höhe der zu leistenden Versicherungsbeiträge richtet sich nach der Höhe des potentiellen Schadens. Im Rahmen der Betriebshaftpflichtversicherung werden den Versicherungsbeträgen sogenannte Regeldeckungssummen zugrunde gelegt[175]. Im allgemeinen fließen in die Ermittlung der Versicherungsbeiträge die Parameter Versicherungsprämie, Deckungsumfang, Schadenseintrittswahrscheinlichkeit und Schadenshöhe ein[176].

4.4.2.1.3.4. Verschmutzungsrechte

Verschmutzungsrechte sind nicht direkt dem Begriff der Sanktionen zuzuordnen, aber dennoch mit oben aufgestellter Entscheidungsregel zu bewältigen. Sie ermöglichen eine legale, entgeltliche Inanspruchnahme von Ressourcen. Ist der Erwerb von Verschmutzungsrechten kostengünstiger als die Kosten für Maßnahmen der Schonung der ökologischen Umwelt, wird sich ein Unternehmen für den Erwerb der Rechte entscheiden. Andererseits stellt das Instrument bei Handelbarkeit auch einen Anreiz zur Vermeidung dar[177].

Eine Lösung im Sinne von BAUMOL / OATES (Preis-Standard-Ansatz) geht von einer Zielemission aus, die über einen durch ein trial-and-error-Verfahren ermittelten Preis erreicht wird. Da allerdings zwischen der Emission der Unternehmen und der gemessenen Immission ein Unterschied besteht, sind Diffusionskoeffizienten zu bestimmen und Nebenbedingungen einzuführen. Ein bestimmtes Ziel kann so kostenminimal erreicht werden. Ziel des Staates ist die Ermittlung der pareto-effizienten Emissionsmenge auf Basis von erfragten Grenznutzen- und Grenzkostenkurven, um davon ausgehend jedem einzelnen Verursacher die diesem Optimum entsprechende Emissionsmenge zuzuordnen. Werte oberhalb dieser Grenze führen zu Zahlungen an den Staat, Werte darunter zu Zahlungen durch den Staat.

Das Problem dieses Ansatzes liegt darin, daß Emissionen legalisiert werden, da von bestimmten Emissionshöchstwerten ausgegangen wird. Zudem erfordert die pareto-optimale Bestimmung der Emissionsmenge die Kenntnis von Grenznutzen- und Grenzkostenkurven, deren Bestimmung sich in der Praxis sehr schwierig ge-

---

174) § 20 UmweltHG.

175) Vgl. KLINKHAMMER, G. (1990), S. 9.. Die Regeldeckungssummen betragen entsprechend einer Empfehlung des HUK-Verbandes 2 Mio. DM für Personen- und 500 TDM für Sachschäden.

176) Vgl. die Ausführungen zur Bestimmung von Versicherungsbeiträgen bei EISEN, R. (1992), S. 69 ff..

177) Der Vorschlag der Einführung von Verschmutzungsrechten stammt von DALES, der den Ansatz aufgrund der unvollkommenen Organisation des Eigentums und der Probleminadäquanz vorhandener Instrumente entwickelt hat; vgl. DALES, J.H. (1968). Vgl. die Diskussion von Verschmutzungsrechten bei FROWEIN, S. (1976).

staltet. Dennoch könnten Käufe und Verkäufe von Verschmutzungsrechten als negative bzw. positive Sanktionskosten im Sinne eines ökologischen Nettoeffektes verstanden werden.

4.4.2.1.3.5. Verhandlungslösung

Der Vorschlag, über Verhandlungen eine Lösung herbeizuführen, geht auf den Nobelpreisträger COASE zurück[178)]. Er betrachtet den Fall, daß Handlungen und Entscheidungen eines Unternehmens negative Auswirkungen auf andere Wirtschaftssubjekte haben[179)]. Dafür werden die Grenzkosten bzw. -erträge der beteiligten Parteien verglichen. In welcher Höhe nun ein Ausgleich vereinbart wird, hängt vom Ergebnis der notwendigen Verhandlungen ab. Diese Betrachtungsweise geht von der Annahme eines vollkommenen Marktes aus. In einem zweiten Schritt wird der Fall betrachtet, in dem der Verursacher sein Handeln nicht zu verantworten hat. In diesem Fall wäre ein Kompromiß zu erzielen[180)]. Problematisch ist dabei aber, daß der Begünstigte die Höhe des verursachten Schadens beeinflussen kann, um immer höhere Ausgleichszahlungen zu fordern. In der Realität tritt jedoch i. d. R. der Fall ein, daß eine Handlung oder Entscheidung für sich betrachtet (oder auch ceteris paribus) vernachlässigbare Konsequenzen hat. Doch durch die Kumulation mehrerer Vorkommnisse dieser Art oder durch das Zusammenwirken verschiedener Handlungen wird das eigentliche Problem erst verursacht[181)]. Aufgabe der Wirtschaftswissenschaften in solchen Fällen ist es nicht, den Handlungs- und Entscheidungsspielraum zu diskutieren und zu verändern, sondern ausgehend von einer gegebenen oder auch möglichen Situation Konsequenzen aufzuzeigen, die zu einer pareto-optimalen Situation führen. Werden Transaktionskosten in die

---

178) Vgl. COASE, R.H. (1960), S. 1 ff..

179) So wird der Fall eines Viehzüchters V betrachtet, dessen Rind beim Weiden das auf dem benachbarten Grundstück angesäte Getreide eines Bauern B zerstört. Die naheliegende Lösungsmöglichkeit geht davon aus, daß V den durch das Rind entstandenen Minderertrag ersetzt. Doch COASE erweitert die Betrachtungsweise, indem er den Akzent darauf legt, daß es sich hier um ein reziprokes Problem handelt: Gesetzt den Fall, daß keine Gesetzesgrundlagen vorhanden sind, die eine solche Lösung des Problems rechtfertigen, müssen die Opportunitäten der beiden Subjekte betrachtet werden. V wird solange bereit sein, den verursachten Schaden zu tragen, solange der Mehrertrag, den er durch die Zucht erwirtschaftet, höher ist als der Verlust, der durch einen von B errichteten Zaun entstehen würde. Umgekehrt ist es für B lohnend, den teilweisen Ausfall seiner Getreideernte hinzunehmen und auf die Errichtung eines Zauns zu verzichten, wenn der Schadensersatz durch V diese Kosten mindestens kompensiert.

180) B könnte sich bereit erklären, V dafür zu bezahlen, daß er die Größe seiner Herde reduziert. Dies ist dann lohnend für B, wenn der verursachte Schaden durch V die Kosten für die Vermeidung durch B übersteigt. B würde also V z. B. dafür bezahlen, daß dieser ein Rind weniger hält.

181) So verursacht ein offenes Feuer bei ausreichender Zirkulation der Luft keine Gerüche, doch errichtet der Nachbar genau neben dieser Stelle eine Mauer, so entstehen Emissionen. Beide Handlungen isoliert betrachtet sind problemlos, doch durch ihr Zusammentreffen entsteht eine für beide Parteien und auch für Dritte unerträgliche Situation.

Betrachtung einbezogen, so sind diese für die Information, die Kontaktaufnahme, die Verhandlungen, den Vertrag und die Kontrolle einzukalkulieren. Wird der Staat als Institution zur Entscheidungsfindung vorgeschlagen, so ist zu bedenken, daß auch hier Kosten entstehen, die internalisiert werden müssen.

Die Verhandlungslösung stellt dann eine Alternative dar, wenn die eigenen Aktionskosten dadurch gesenkt werden können, daß dem Betroffenen eine angemessene Entschädigung gezahlt wird. Die Praxisrelevanz dieser Möglichkeit dürfte allerdings daran scheitern, daß mehr als zwei Gruppen involviert sind und eine Identifizierung des Verursachers aufgrund der bereits angesprochenen Diffusions- und Kumulationsproblematik kaum möglich ist. Zudem spielt die Verhandlungsmacht der beteiligten Parteien bei der Findung einer Verhandlungslösung eine nicht unerhebliche Rolle.

4.4.2.1.4. Strategiewahl in Abhängigkeit des ökologischen Nettoeffekts

Die Bewertung von Aktionsmöglichkeiten und Überwälzbarkeit sowie Sanktionsrisiken legt den Grundstein für die unternehmerische Entscheidung (**ökologischer Nettoeffekt**). Die Wahl einer geeigneten Strategie basiert auf dem Vergleich der per Saldo nicht-überwälzbaren Aktionskosten (k_a - $k_ü$) mit den Sanktionskosten (k_s). Existieren mehrere Möglichkeiten für Aktionen, Überwälzung und Sanktionen, so sind diese in den Entscheidungskalkül zu integrieren:

- o Bei den Aktionen ist aus ökonomischer Sicht die Alternative mit den **geringsten Kosten** zu wählen (Min ($k_{a.}$)).
- o Die Höhe der überwälzbaren Kosten bestimmt sich aus der **Summe** der zur Verfügung stehenden Überwälzungsmöglichkeiten.
- o Ist die Höhe der Sanktionen ex ante nicht bekannt, sind diese mit dem **Erwartungswert** anzusetzen. Unter Umständen ist die Risikopräferenz zu berücksichtigen.

Übersteigen die Sanktionskosten k_s die nicht überwälzbaren Aktionskosten k_a - $k_ü$, so ist eine aktive Ökologieorientierung für das Unternehmen vorteilhaft. Andernfalls werden Unternehmen eine passive Ökologieorientierung vorziehen, es sei denn strategische Gründe sprechen dagegen. Falls Interdependenzen zwischen den Strategien bestehen, sind diese bei der Bestimmung der Kostenbestandteile zu berücksichtigen.

$k_a - k_ü < k_s$	►►►	aktive Strategie
$k_a - k_ü > k_s$	►►►	passive Strategie oder Inkaufnahme der Kosten aus strategischen Überlegungen

4.4.2.2. Nicht-monetär basierte Entscheidungen

Für die Anwendung des Entscheidungsmodells auf nicht monetär bewertbare Konsequenzen ist eine Übertragung auf das Konzept der ökologischen Knappheit vorzunehmen. Die nicht-monetären Konsequenzen einer Aktion sind den Konsequenzen des Unterlassens der Aktion gegenüberzustellen. Zur Disposition stehende Alternativen sind ökologisch mit Hilfe der oben aufgezeigten Bewertungsansätze zu bewerten und miteinander zu vergleichen. Die Auswahl der Alternativen erfolgt gemäß der durch den gewählten Bewertungsansatz vorgegebenen Rangfolge. An die Stelle der Recheneinheit DM treten physikalische oder andere nicht-monetäre Größen. Um eine sinnvolle Anwendung des Konzepts zu gewährleisten, sollten die für die Alternativen vorgenommenen Bewertungen aggregierbar und somit vergleichbar sein.

4.4.2.3. Bestimmung eines Ökologieoptimums

Da der ökologische Nettoeffekt einen Trade-off mehrerer Kostengrößen darstellt, ist zu fragen, ob ein Ökologieoptimum existiert. Hierzu ist eine Grenzbetrachtung anzustellen. In der volkswirtschaftlichen Literatur wird für die Internalisierung externer Effekte die Einführung einer Steuer **(sog. PIGOU-Steuer)** diskutiert[182]. Für deren Erhebung schlägt PIGOU die Bestimmung des Grenzschadens vor, der durch den Verursacher entsteht[183]. In eben dieser Höhe sind Steuern für die Nutzung eines Umweltgutes zu erheben. Für das Unternehmen stellt sich eine Entscheidung zwischen Grenzvermeidungs- bzw. -verminderungskosten und dem Grenznutzen im Sinne unterbliebener Umsatzeinbußen.

Um eine Optimalitätssituation aus volkswirtschaftlicher Sicht zu erhalten, ist das Steueraufkommen so zu verwenden, daß die Pareto-Effizienz gesichert ist und keine neuen Anreize zu effizienzschädigendem Verhalten geschaffen werden. Darüber hinaus muß die Höhe des Schadens bekannt sein[184]. Wird nun die Situation auf mehr als zwei Beteiligte erweitert, so ist zuerst zu beachten, daß die Vermeidungskosten mit der Menge der vermiedenen Schadstoffe wachsen und der

182) Vgl. z. B. MISHAN, E.J. (1974), S. 1293 und SCHMIDTCHEN, D. (1980), S. 82.
183) Vgl. die Ausführungen bei PIGOU, A.C. (1932).
184) Die Schwierigkeit zeigt sich z. B. bei dem Versuch, den Wert eines Baumes zu bestimmen.

Grenznutzen aus der Vermeidung abnimmt. Die Grenzkostenkurven werden horizontal, die Grenzschadensfunktionen dagegen vertikal aggregiert. Dies resultiert daraus, daß die Gesamtverschmutzung ein öffentliches Gut ist, die emittierte Schadstoffmenge hingegen individuell bestimmt werden kann. Der Steuersatz wird bestimmt durch den Betrag, bei dem die Summe der individuellen Grenzschäden gleich den Grenzkosten der Vermeidung ist.

Für die Übertragung des Ansatzes auf **betriebswirtschaftliche Überlegungen** ist zu beachten, daß eventuell eine Zielkonkurrenz zwischen den Unternehmenszielen maximale Schonung der ökologischen Umwelt und Gewinnmaximierung vorliegt. Aus diesem Grund ist eine praktikable, betriebswirtschaftlich sinnvolle Lösung zu entwickeln, d. h. die Teilziele sind in das Ziel einer optimalen Ökologiequalität, das **Ökologieoptimum**, zu überführen[185]. Dieses ergibt sich durch den Schnittpunkt der Grenzbelastungs-(-schadens-)kurve, interpretierbar als Kurve des durch einen höheren Reinheitsgrad zusätzlich verminderten Schadens, und der Grenzvermeidungskostenkurve. Mit zunehmender Schadstoffbelastung nehmen die externen Effekte überproportional zu. Bei $t \to \infty$ signalisiert die Senkrechte einen unendlich hohen Schaden. Die Grenzvermeidungskosten beinhalten alle Kosten zur Vermeidung, Verminderung, Substitution, Verwertung und Beseitigung von Verschmutzungen der ökologischen Umwelt. Hinzu kommen alle Kosten für Informations- und Entscheidungsvorgänge auf den einzelnen Wertschöpfungsstufen.

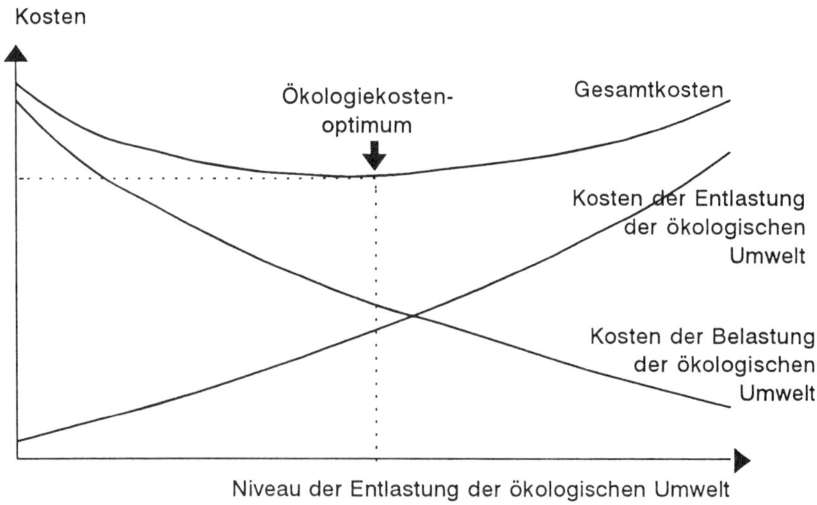

Abb. 4.18.: Ökologieoptimum

185) Vgl. PROSI, G. (1976), S. 33; BECKENBACH, F. / HAMPICKE, U. / SCHULZ, W. (1989), S. 56 und WICKE, L. (1991), S. 20. Ähnliche Überlegungen gibt es im Bereich des Qualitätsmanagements, vgl. z. B. WILDEMANN, H. (1992), S. 764.

In der volkswirtschaftlichen Literatur wurde kritisiert, daß die Kurvenverläufe nur unter Schwierigkeiten feststellbar sind, woraufhin die Forderung von Mindeststandards entstand[186]. Überträgt man dieses Konzept auf betriebswirtschaftliche Überlegungen, so bedeutet dies, sich bei betrieblichen Entscheidungen auf eine Berücksichtigung vorgegebener Grenzwerte zu beschränken[187].

4.5. Erfassung und Bewertung als Basis der Einsatzmöglichkeit ökologieorientierter Controllinginstrumente

Die ökologiebezogenen Ansprüche der einzelnen Stakeholder wirken direkt auf das Unternehmen und führen zu ökologischen Konsequenzen für die verschiedenen Bereiche des Wertschöpfungskreises. Nach der Erfassung dieser Konsequenzen sind sie anhand von monetär und nicht-monetär orientierten Verfahren zu bewerten. Die erfaßten und bewerteten Konsequenzen bilden die Basis für den Entscheidungskalkül zur Bestimmung des ökologischen Nettoeffektes. Ihre ganzheitliche Aussagefähigkeit gewinnen sie allerdings erst durch ihre Berücksichtigung in Instrumenten des klassischen Controlling wie der Investitions- und der Kostenrechnung. Die weiterführenden Überlegungen müssen folglich dieser Zielsetzung dienen.

---

186) Vgl. BAUMOL, W.J. / OATES, W.E. (1971), S. 44 ff. und KAPP, K.W. (1972), S. 160 ff..

187) Davon geht beispielsweise LANGE aus, der deshalb von betrieblicher Anpassung an umweltpolitische Instrumente spricht, vgl. LANGE, C. (1978), S. 99 ff..

5. Integration ökologischer Aspekte in das klassische Rechnungswesen

Nachdem im vorangehenden Kapitel Erfassung und Bewertung der ökologisch relevanten Konsequenzen erläutert wurden, können diese nun in Informations- und Entscheidungsinstrumente des Controlling eingehen. Der **ökologische Nettoeffekt** bildet dabei die allgemeine Grundlage für betriebswirtschaftliche Entscheidungen. Es gilt nun zu untersuchen, in welcher Form dieser ökologische Nettoeffekt in die Instrumente des klassischen Rechnungswesens[1)] integriert werden kann.

Das **betriebliche Rechnungswesen** dient in Form eines Management-Informations-Systems[2)] der Unternehmensleitung als Hilfsmittel bei der Steuerung der Leistungserstellung und -verwertung[3)]. Im Vordergrund stehen dabei die Ermittlung und Erfassung aller mengen- und wertmäßigen Informationen über das betriebliche Geschehen (Situationen und Leistungsprozesse wie Beschaffung, Produktion und Absatz) sowie die Aufbereitung und Interpretation dieser Sachverhalte[4)]. Aus den Ergebnissen der Analysen sollen zum einen Informationen über die Entwicklung des Unternehmens in der Vergangenheit gewonnen und zum anderen Entscheidungshilfen für die Zukunft[5)] erarbeitet werden. In Abhängigkeit von der Zielgruppe, für die die Informationen bestimmt sind, kann zwischen **externem und internem Rechnungswesen** unterschieden werden[6)].

Aufgrund der Restriktionen des externen Rechnungswesens, das in Form eines steuer- und handelsrechtlichen Jahresabschlusses Daten und Informationen für die Steuerbemessung durch den Fiskus, über den Dividendenanspruch der Aktionäre sowie für die Information von Gläubigern, Konkurrenten und intessierter Dritter liefert, und der Notwendigkeit einer flexiblen Steuerung zur Integration ökologischer Aspekte ist diese Analyse auf das interne Rechnungswesen

---

1) GRAY spricht hier vom conventional accounting oder vom traditional economic thinking; vgl. GRAY, R.H. (1992), S. 401.
2) Vgl. SZYPERSKI, N. (1970), S. 1510 ff.; KLOOCK, J. (1978), S. 493 f. und REICHMANN, T. / LACHNIT, L. (1978), S. 203 ff..
3) Vgl. u.a. HABERSTOCK, L. (1987), S. 7; KILGER, W. (1987), S. 1.
4) Vgl. WEBER, H.K. (1975), S. 122; HUMMEL, S. / MÄNNEL, W. (1986), S. 4; FRESE, E. / KLOOCK, J. (1989), S. 7; KÜPPER, H.-U. (1989), S. 224 ff.; LÜCKE, W. (1989), S. 219 ff.; BUSSE VON COLBE, W. (1990), S. 403 ff.; COENENBERG, A.G. (1992), S. 8.
5) Vgl. BLEICHER, K. (1987), S. 389.
6) Vgl. MÄNNEL, W. (1981), S. 456.

fokussiert[7]. Dieses soll den betrieblichen Entscheidungsträgern Instrumente an die Hand geben, aufgrund derer die künftige Unternehmenspolitik festgelegt werden kann. Während für das externe Rechnungswesen die Ziele indirekt in den Gesetzen verankert sind, wird das interne Rechnungswesen ausschließlich durch die Zielvorstellungen des Managements geprägt. Zu betonen ist, daß sich das Rechnungswesen am Erkenntnisfortschritt der Betriebswirtschaftslehre orientiert und deren Erkenntnisse immer wieder neu auf das Rechnungswesen zu beziehen sind[8].

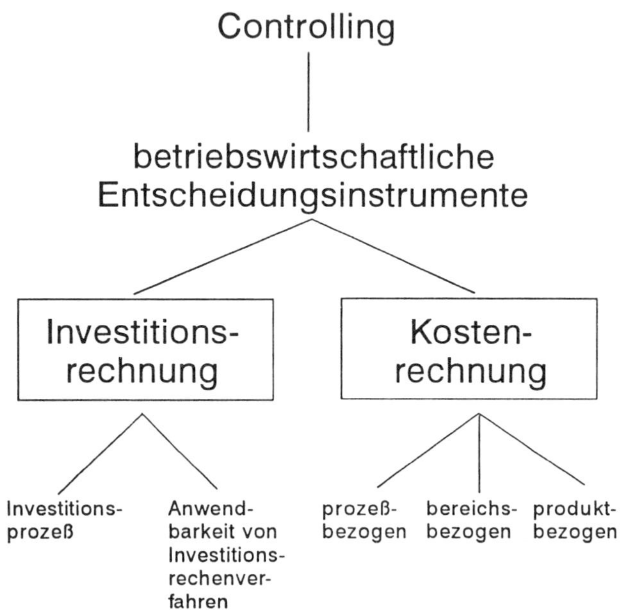

Abb. 5.1.: Integration ökologischer Aspekte in betriebswirtschaftliche Entscheidungsinstrumente

Da das interne Rechnungswesen individuell ausgestaltet werden kann, ist eine Anpassung an den Erkenntnisfortschritt der Betriebswirtschaftslehre möglich. Das externe Rechnungswesen ist dagegen auf die Kodifizierung durch den Gesetzgeber angewiesen. Die Berücksichtigung ökologischer Aspekte im internen Rechnungswesen kann (da keine rechtliche Regelung existiert) und muß sogar (aufgrund der

7) Aufgrund der (noch) sehr engen Auslegung des HGB im Hinblick auf die Berücksichtigung ökologischer Aspekte im externen Rechnungswesen ermöglicht eine Analyse von Jahresabschlüssen nur vereinzelt eine Aussage über den Grad der Ökologieorientierung und ist daher eher als restriktiv zu beurteilen; vgl. die Analyse der Geschäftsberichte unter Punkt 4.3.1..

8) Vgl. KÜPPER, H.-U. (1989), S. 231; vgl. zur Zukunftsorientierung des Rechnungswesens RIEBEL, P. (1989), S. 247. Auf die Unverzichtbarkeit von Belastungen der ökologischen Umwelt und Maßnahmen der Schonung derselben als Abbildungsobjekte im Rechnungswesen weisen FRESE / KLOOCK hin; vgl. FRESE, E. / KLOOCK, J. (1989), S. 7.

Aufgabe der Informationsbeschaffung und Entscheidungsunterstützung) der Ökologieorientierung des Unternehmens entsprechen. Dies bedeutet, daß die Instrumente keine Entscheidung zwischen aktiver und passiver Ökologieorientierung herbeiführen, sondern die Umsetzung der vorab getroffenen Zielsetzungen unterstützen. Daneben überprüfen sie, inwieweit veränderte Umfeldbedingungen die wirtschaftliche Situation des Unternehmens beeinflussen (Potentialanalyse)[9]. Die vorgestellte Vorgehensweise kann im Bereich der externen Rechnungslegung durchaus in die Diskussion de lege ferenda übertragen werden.

Ausgehend von den Konsequenzen[10] der Ökologieorientierung, die für Informationen und Entscheidungen relevant sind, werden nachfolgend Investitionsentscheidungen als Basis für Projektkalküle über mehrere Perioden und kostenorientierte Entscheidungen als Basis von periodenbezogenen Dispositionen diskutiert.

5.1. Integration ökologischer Aspekte in Investitionsentscheidungen

Entsprechend den Angaben des STATISTISCHEN BUNDESAMTES[11] hat der Anteil an Umweltschutzinvestitionen an den gesamten Investitionen im produzierenden Gewerbe seit 1980 beinahe kontinuierlich zugenommen[12]. 1988 betrug er 7,7%, wobei 9,5% aller untersuchten Unternehmen Umweltschutzinvestitionen tätigten. Gliedert man diese nun in Investitionen für Abfallbeseitigung, Gewässerschutz, Lärmbekämpfung und Luftreinhaltung, so zeigt sich, daß 1988 im produzierenden Gewerbe 70,1% der Umweltschutzinvestitionen in den Bereich der Luftreinhaltung, 19,9% in den Gewässerschutz, 6,6% in die Abfallbeseitigung und 3,4% in die Lärmbekämpfung geflossen sind.

Wertet man den Anteil an Umweltschutzinvestitionen branchenspezifisch[13] aus, so ergibt sich auf Basis der eigenen Erhebung das folgende Ergebnis:

---

9) Vgl. KLOOCK, J. (1990), S. 139 f..
10) Vgl. die Darstellung des Konsequenzenwürfels in Kapitel 4.1..
11) Vgl. STATISTISCHES BUNDESAMT (Hrsg.) (1988), S. 9.
12) Lediglich in 1984 fiel der Anteil um 0,2%.
13) Die Gliederung der Branchen ist mit der Vorgehensweise der empirischen Erhebung identisch.

Branche	Anteil der Umweltschutzinvestitionen in %
Chemische Industrie	12,9%
Herstellung von Kunststoffwaren	2,5%
Gewinnung und Verarbeitung von Steinen und Erden	7,5%
Eisenschaffende Industrie	13,7%
NE-Metallerzeugung	12,8%
Stahl- und Leichtmetallbau	2,5%
Maschinenbau	1,4%
Straßenfahrzeugbau	2,4%
Elektrotechnik	1,4%
Herstellung von Eisen-, Blech- und Metallwaren	3,3%
Holzbe- oder -verarbeitung	4,7%
Papier- und Pappeverarbeitung	7,2%
Textilgewerbe	2,4%
Bekleidungsgewerbe	0,6%
Ernährungsgewerbe	2,8%
Baugewerbe	1,4%
Großhandel	k. A.
Einzelhandel	k. A.
Energieversorgung	18,1%
Mineralölverarbeitende Industrie	15,0%
Verkehr	k. A.
Verlage	2,1%

Abb. 5.2.: Branchenspezifischer Anteil der Umweltschutzinvestitionen

Aus der zunehmenden Bedeutung ökologisch bedingter Investitionen läßt sich die Notwendigkeit ableiten, ökologische Aspekte in Investitionsentscheidungen einzubeziehen[14)].

5.1.1. Abgrenzung des Begriffs "Umweltschutzinvestition"

Die oben dargestellte Aufgliederung bezieht sich auf die Definition von Umweltschutzinvestitionen im Umweltstatistikgesetz als "Zugänge an Sachanlagen, die dem Umweltschutz dienen, und zwar jeweils für Abfallbeseitigung, Gewässer-

14) Vgl. RÜCKLE, D. (1992), S. 462 ff..

schutz, Lärmbekämpfung und Luftreinhaltung"[15]. In der gesetzlichen Definition zählen solche Maßnahmen zu den Umweltschutzinvestitionen, die eindeutig einem Medium zugeordnet werden können. Demgegenüber wird jedoch die Ansicht vertreten, daß alle Investitionen, die ökologisch relevant sind, als Umweltschutzinvestitionen bezeichnet werden können[16].

Aufgabe von **Investitionsrechnungen** ist es, Informationen über die vorliegenden Handlungsalternativen bereitzustellen. Diese dienen wiederum als Grundlage für Investitionsentscheidungen der Verantwortlichen. Unabhängig von der gesetzlichen Definition von Umweltschutzinvestitionen muß inhaltlich der zweiten, umfassenderen Begriffsabgrenzung gefolgt werden, da eine Berücksichtigung ökologiebedingter Konsequenzen bei allen Investitionsentscheidungen vorgenommen werden soll. Umweltschutzinvestitionen können dabei aufgrund behördlicher Auflagen oder darüber hinaus freiwillig durchgeführt werden[17]. Daneben können sie reine Umweltschutzmaßnahmen darstellen oder zugleich Erweiterungs-, Ersatz- oder Rationalisierungsinvestitionen sein[18].

Der in dieser Arbeit zugrunde gelegte Investitionsbegriff geht auf BOULDING zurück und kennzeichnet Investitionen durch Ein- und Auszahlungsströme[19]. Investitionen zeichnen sich im Gegensatz zu Finanzierungen dadurch aus, daß sie in der Regel mit Auszahlungen beginnen und in späteren Zeitpunkten zu Ein- und Auszahlungen führen[20]. Für eine Untergliederung der Investitionen eignet sich im Bereich von ökologiebezogenen Investitionen eine Gliederung entlang der Wertschöpfungskette[21], die eine Übereinstimmung mit der unternehmensübergreifenden Analyse herstellt.

5.1.2. Darstellung eines idealtypischen Investitionsentscheidungsprozesses

Die Integration ökologischer Aspekte verändert auch die Eingangsparameter für die Investitionsrechnung. Die dadurch erforderliche Analyse der Auswirkungen ist im Gesamtzusammenhang des **Investitionsentscheidungsprozesses** zu sehen[22]:

---

15) § 11 UStatG.
16) Vgl. RÜCKLE, D. (1989), S. 53.
17) Vgl. RÜCKLE, D. (1992), S. 464, der die Beachtung gesetzlich angeordneter Obergrenzen und die freiwillige Verfolgung ökologischer Ziele unterscheidet.
18) Vgl. WICKE, L. / HAASIS, H.-D. / SCHAFHAUSEN, F. / SCHULZ, W. (1992), S. 266 f.
19) Vgl. BOULDING, K.E. (1936), S. 196.
20) Vgl. z. B. SCHNEIDER, D. (1990a), S. 34 f. und SPREMANN, K. (1990), S. 73.
21) Vgl. DREES-BEHRENS, C. (1990), S. 12.
22) Vgl. ULRICH, H. (1970), S. 204 zu Prozessen der Willensbildung im allgemeinen, LANGE, C. (1978), S. 104, FRESE, E. / KLOOCK, J. (1989), S. 11 f.; SCHNEIDER, A. (1991), S. 3 sowie WICKE, L. / HAASIS, H.-D. / SCHAFHAUSEN, F. / SCHULZ, W. (1992), S. 259 f. zur Übertragung auf Fragestellungen der Ökologieorientierung.

Investitions-anregungsphase	Investitions-suchphase	Investitions-bewertungsphase	Investitions-auswahlphase
➧ Auswahl der Anforderungen der Stakeholder ➧ Analyse der bisherigen Investitionsstruktur	➧ Darstellung der unternehmerischen Alternativen - Vermeiden - Vermindern - Substituieren - Verwerten - Beseitigen ➧ Darstellung von Möglichkeiten der Überwälzbarkeit - auf Kunden - auf Lieferanten - auf Versicherungen - auf den Staat ➧ Darstellung möglicher Konsequenzen bei Nichtdurchführung - Opportunitätskosten - Sanktionen - Verschmutzungsrechte - Verhandlungslösungen	➧ Aussonderung von Alternativen, die Mindestanforderungen nicht genügen ➧ Durchführung einer Investitionsrechnung bei monetärer Bewertbarkeit - Bestimmung der mit den Alternativen verbundenen Einnahmen und Ausgaben - Festlegung von Kalkulationszinssatz und Planungshorizont - Durchführung des Investitionsrechenverfahrens ➧ Anwendung nichtmonetärer Entscheidungsinstrumente (auf jeden Fall)	➧ Vergleich der Ergebnisse ➧ Entscheidung, ob und inwieweit externe Effekte freiwillig internalisiert werden ➧ Auswahl der optimalen Investition

Abb. 5.3.: Investitionsentscheidungsprozeß

Während der **Investitionsanregungsphase** werden Problembereiche systematisch erfaßt, um zu gewährleisten, daß durch Anpassung, Ersatz oder Erweiterung die bisherige Investitionsstruktur verbessert werden kann. In diesen Prozeß sind alle relevanten Belastungen der ökologischen Umwelt einzubeziehen. Informationen über Problembereiche erhalten die Unternehmen mit Hilfe einer Analyse der objektivierten Betroffenheit. Durch die von den Stakeholder-Gruppen an die Unternehmung herangetragenen Forderungen wird der Bedarf für eine Anpassung, einen Ersatz oder eine Erweiterung der bisherigen Investitionsstruktur bestimmt. Die subjektive Betroffenheit, die für die Aktionen des Unternehmens bestimmend ist, kann diese Forderungen durch eigene Wahrnehmung verstärken (z. B. wenn die Ökologieorientierung ein eigenständiges Unternehmensziel darstellt) oder abschwächen.

Die **Investitionssuchphase** ist gekennzeichnet durch die Eruierung möglicher Alternativen, die die Investitionsstruktur verbessern können. Dafür sind Maßnahmen der Vermeidung, Verminderung, Substitution, Verwertung und Beseitigung aufzuzeigen. Diese können sich sowohl an verpflichtend zu internalisierenden Maßnahmen als auch darüber hinaus an externen Effekten orientieren. Für eine vollständige Datengrundlage sind aber auch Möglichkeiten der Überwälzbarkeit zu analysieren. Da einer Investitionsentscheidung das Ziel des Alternativenvergleichs zugrunde liegt, sind auch die Alternativen des Unterlassens ökologieorientierter Maßnahmen zu betrachten[23].

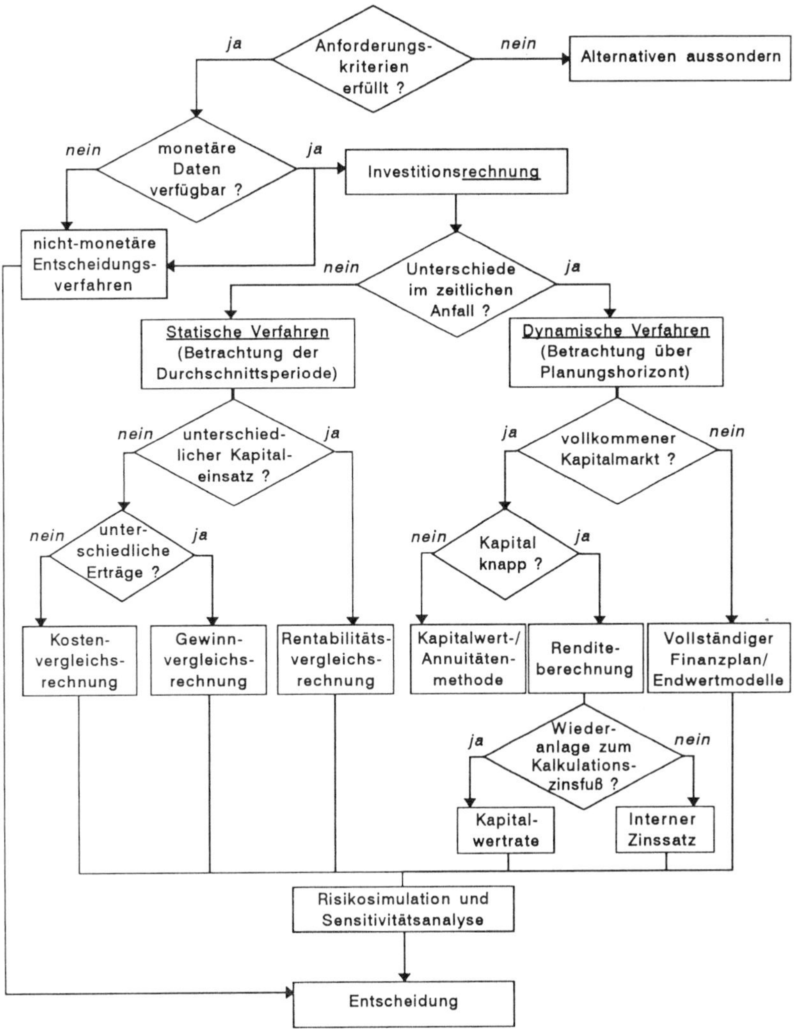

Abb. 5.4.: Bestimmung des geeigneten Investitionsverfahrens

In der **Investitionsbewertungsphase** sind zunächst Alternativen auszusondern, die den unternehmensintern oder -extern festgelegten Mindestanforderungen nicht

23) Vgl. die Ausführungen hierzu in Kapitel 4.4.2..

genügen[24]. Bei einer gegebenen monetären Bewertbarkeit sind die mit den Alternativen verbundenen Einzahlungen und Auszahlungen zu bestimmen[25]. Diese können sich sowohl auf zu internalisierende Größen als auch auf externe Effekte beziehen, wobei dem Entscheidungsträger der unterschiedliche Charakter der Zahlungsströme offenzulegen ist. Daneben ist ein geeigneter Kalkulationszinssatz zu bestimmen und der Planungshorizont ist festzulegen. Anschließend gehen die Daten in **geeignete Investitionsrechenverfahren** ein. Hierzu sind die vorhandenen Instrumente im Hinblick auf ihre Anwendbarkeit für ökologiebezogene Fragestellungen zu untersuchen. Diese Abwägung erfolgt entsprechend der Vorgehensweise bei jeder Investitionsentscheidung, wobei unternehmensspezifische Richtlinien zu beachten sind. Die Vorgehensweise bei der Auswahl eines geeigneten Investitionsrechenverfahrens zeigt Abbildung 5.4.

Die empirische Erhebung zeigt, daß die 483 befragten Unternehmen zur Bewertung von Investitionsalternativen die Amortisationsdauer (50,6%) bestimmen und Kostenvergleichsrechnungen (46,5%) durchführen. Um auch die unterschiedlichen Leistungsfähigkeiten der einzelnen Alternativen zu berücksichtigen, werden häufig Kosten-/Nutzenanalysen eingesetzt (50,6%). Überraschenderweise finden Gewinnvergleichsrechnungen (15,6%), die wie die Kostenvergleichsrechnungen statischer Natur sind, jedoch die Erlöse einbeziehen, ebenso wie die dynamischen Verfahren (Kapitalwertmethode bei 22,6% der Unternehmen und die interne Zinssatzmethode bei 23,4%) in geringerem Umfang Anwendung. Nutzwertanalysen, die nur nicht-monetäre Informationen verarbeiten können, werden in 11% der Unternehmen angewandt. Die Erhebung zeigt, daß die statischen Verfahren in der Unternehmenspraxis weitaus häufiger Anwendung finden, als dies die theoretische Beurteilung der Verfahren vermuten läßt. Da gerade bei den statischen Verfahren der Schwerpunkt auf Kostenvergleichen liegt, werden Rückflüsse überhaupt nicht berücksichtigt. Der Charakter von ökologischen Konsequenzen macht einerseits die Berücksichtigung der Rückflüsse erforderlich und gebietet andererseits aufgrund deren Langfristigkeit, daß der zeitliche Anfall monetärer Rechengrößen berücksichtigt wird.

Die **Investitionsauswahlphase** führt schließlich zur Entscheidung zwischen den Alternativen. Die Berücksichtigung ökologischer Aspekte kann sich ausschließlich auf internalisierte Effekte oder auch auf externe Effekte beziehen, wobei deren

---

24) Vgl. BEHRENS-EGGE, M. (1991), S. 86, der von Mindeststandards spricht oder BONUS, H. (1972), S. 344, der die Ökologieorientierung in Form von Nebenbedingungen diskutiert. GRAY nennt die Filter für Investitionsentscheidungen "**environmental hurdle rate**"; vgl. GRAY, R.H. (1992), S. 93.

25) Vereinfachend wird bei unterjährigen Zahlungszielen die Ebene der Ein- / und Auszahlungen durch die Ebene der Einnahmen und Ausgaben ersetzt.

Berücksichtigung stufenweise erfolgen kann[26]. Ermöglicht das Ergebnis der Bewertung keine eindeutige Entscheidung, so sind nicht-monetäre Aspekte in die Auswahl der optimalen Alternative einzubeziehen[27].

Da insbesondere die Berücksichtigung ökologischer Aspekte für die Anwendung von Investitionsverfahren einige Besonderheiten aufweist, sind diese nun näher zu untersuchen. Ziel der Analyse ist es, einerseits die Veränderung von Parametern zu betrachten und andererseits die Auswirkungen auf die Ergebnisse einer Investitionsrechnung aufzuzeigen.

5.1.3. Veränderung von Parametern der Investitionsrechnung durch die Integration ökologischer Aspekte

Entscheidungskriterium der Investitionsrechnung sollte eine dynamische Investitionskennzahl sein, die der zeitlichen Struktur der Einnahmen und Ausgaben gerecht wird[28]. Wird z. B. - stellvertretend für alle dynamischen Verfahren - der Kapitalwert C_0, definiert als

$$C_0 = \sum_{t=0}^{n-1} \frac{E_t - A_t}{(1 + i)^t},$$

gewählt, so ergeben sich drei Parameter, die durch die Integration ökologischer Aspekte verändert werden könnten:

1) die Einnahmen- / Ausgabenstruktur E_t - A_t

2) der Planungshorizont n und

3) der Diskontierungssatz i.

Anhand dieser drei Parameter soll diskutiert werden, welche Änderungen sich durch eine Berücksichtigung ökologischer Konsequenzen ergeben können.

5.1.3.1. Monetäre Bewertung von Einnahmen und Ausgaben

Die bereits identifizierten ökologisch relevanten Komponenten[29] können direkt in die Entscheidungsinstrumente der Investitionsrechnung eingehen. Die Bewer-

---

26) Vgl. RÜCKLE, D. (1992), S. 464 f. sowie die Ausführungen in Kapitel 4.4.2..

27) Vgl. die Ausführungen zu Verfahren auf Basis nicht-monetärer Bewertung in Kapitel 6..

28) Die folgende Betrachtung der in die Rechnung eingehenden Parameter kann allerdings auch auf statische Verfahren übertragen werden, die ausschließlich eine Analyse der Einnahmen- und Ausgabenströme vornehmen. Unterschiede in der Rückflußstruktur, im Kapitaleinsatz und im Planungshorizont erfordern die Berücksichtigung von Wiederanlagen und Differenzinvestitionen, wie sie bei dynamischen Verfahren, im Gegensatz zu statischen Verfahren, möglich ist.

29) Vgl. die wertschöpfungsorientierte Systematisierung in Kapitel 4.2..

tung der internalisierten Effekte orientiert sich dabei an den vorliegenden Marktpreisen; die Bewertung der externen Effekte kann mit Hilfe der oben angegebenen Bewertungsmethoden vorgenommen werden. Die einzige investitionsrechnerische Besonderheit liegt in der zusätzlichen Berücksichtigung des zeitlichen Anfalls der Einnahmen und Ausgaben. Die in der Kostenrechnung als Abschreibungen über die Nutzungsdauer verteilten Investitionsausgaben sind hierbei als einmalige Ausgabe zu berücksichtigen.

Von veränderten Parametern kann insofern gesprochen werden als ökologisch bedingte Einnahmen und Ausgaben, wie z. B. Energie- und Wasserverbrauch oder Entsorgungsgebühren und Investitionshilfen, direkt der Investitionsalternative zugerechnet werden. Die zweite Besonderheit liegt in der Berücksichtigung internalisierter und externer Effekte, die allerdings jeweils gesondert zu kennzeichnen sind. **Sunk costs** stellen Ausgaben dar, deren Ursache in der Vergangenheit liegt und die deshalb durch die Entscheidung nicht mehr revidiert werden können. Aus diesem Grund können sie der Alternativenbewertung nicht zugerechnet werden[30]. STEGER und KREIKEBAUM argumentieren, daß bei Investitionsentscheidungen im Falle eines früheren Ersatzzeitpunktes der bestehenden Anlage sunk costs für diese Anlage zu berücksichtigen sind, falls die Anlage das Ende der wirtschaftlichen Lebensdauer noch nicht erreicht hat[31]. Mit dieser Betrachtung begründen sie die relative Vorteilhaftigkeit von "end-of-the-pipe"-Technologien im Vergleich zur Einführung integrierter Lösungen. Sie gehen jedoch - ähnlich wie die Mehrheit der Unternehmen in der Befragung - von einem reinen Kostenvergleich, d. h. einer statischen Betrachtung aus. Dies widerspricht allerdings der oben dargestellten Auffassung zur Behandlung von sunk costs bei Investitionsentscheidungen.

5.1.3.2. Der Planungshorizont als Eingangsparameter

Neben der Bestimmung relevanter Rechengrößen ist die Langfristigkeit von Investitionen ein wesentliches Merkmal von Investitionsentscheidungen[32]. Als Langfristbetrachtungen leistungswirtschaftlicher Prozesse lassen sie sich damit durch ihre Projektbetrachtung von kostenorientierten Entscheidungen abgrenzen, die periodenbezogen sind.

---

30) Vgl. SPREMANN, K. (1990), S. 357.
31) Vgl. STEGER, U. (1990), S. 36; KREIKEBAUM, H. (1992), S. 261.
32) Vgl. RÜCKLE, D. (1983), S. 459.

Umweltschutzinvestitionen beinhalten teilweise Aspekte, die den Planungshorizont verändern können[33]. **Gründe** hierfür könnten sein:

a) Veränderte Rahmenbedingungen aufgrund veränderter Ansprüche der Stakeholder machen einen früheren Ersatzzeitpunkt erforderlich. Dies führt zu einer Verkürzung des Planungshorizontes.

b) Lange Genehmigungsfristen verkürzen bei konstanter wirtschaftlicher Nutzungsdauer den Planungshorizont.

c) Anpassungserfordernisse und folglich der Planungshorizont werden auch dadurch beeinflußt, daß das Unternehmen Einfluß auf den Stand der Technik nimmt.

d) Der Einbezug von Entsorgungszyklen kann den Planungshorizont verlängern.

e) Anlagenspezifische Gegebenheiten könnten die Wahl des Planungshorizonts beeinflussen.

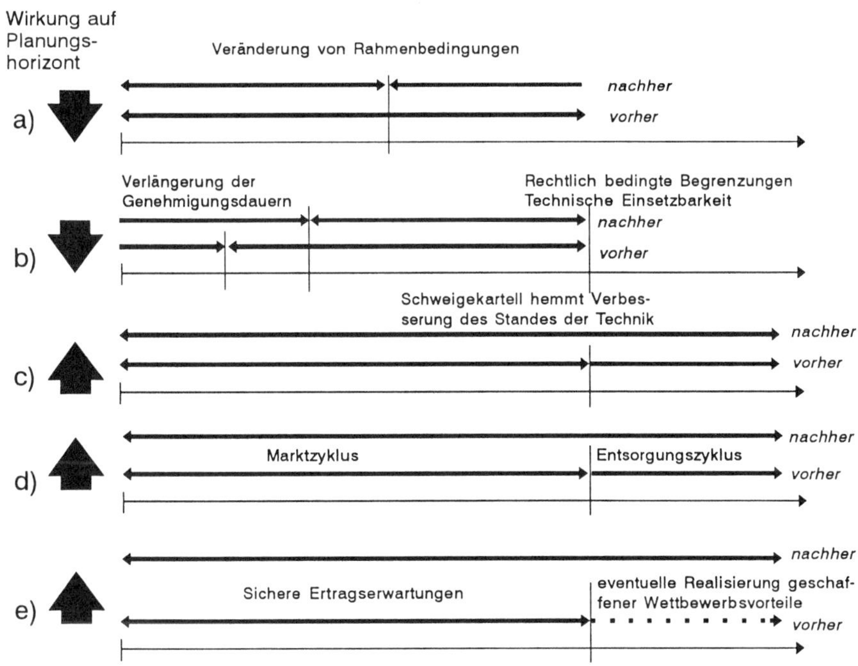

Abb. 5.5.: Ökologiebedingte Veränderungen des Planungshorizontes

33) Als Planungshorizont wird der Zeitraum betrachtet, der mit dem Zeitpunkt der Anfangsinvestition beginnt und mit den letzten aus dem Projekt resultierenden Zahlungsströmen endet. Diese hängen jedoch von der wirtschaftlichen und technischen Nutzbarkeit der Investition ab. Dabei können Entscheidungen über Ersatzinvestitionen das Ende des Planungshorizontes ebenso bestimmen, wie z. B. bei Umweltschutzinvestitionen übliche Entsorgungszyklen.

ad a)

Einflüsse auf die optimale Nutzungsdauer[34)] ergeben sich durch kurzfristig veränderte Rahmenbedingungen, die von allen oben dargestellten Stakeholder-Gruppen ausgehen können[35)]. Der Gesetzgeber kann durch schärfere Auflagen einen früheren Ersatzzeitpunkt erforderlich machen. So sieht z. B. die Zweite Verordnung zur Durchführung des Bundes-Immissionsschutzgesetzes zur Emissionsbegrenzung von leichtflüchtigen Halogenkohlenwasserstoffen bestimmte Anforderungen an Chemischreinigungs- und Textilausrüstungsanlagen vor. Erfüllen die Anlagen die geschaffenen Voraussetzungen nicht, so müssen sie entsprechend den gesetzlichen Vorgaben ersetzt werden. Die Konsumenten können durch ein verändertes Nachfrageverhalten ebenfalls andere Produktionsverfahren erforderlich machen. So kann ein früherer Ersatzzeitpunkt einer Anlage verursacht werden, der wiederum den zu betrachtenden Planungshorizont verkürzen kann.

ad b)

Bei Verlängerung der Genehmigungsfristen kann der Planungshorizont verkürzt werden. Da die technischen Parameter, die den Stand der Technik bestimmen, identisch bleiben, kann die Nutzung durch die verlängerte Genehmigungsdauer erst später einsetzen. So kann die Technologie bei Inbetriebnahme bereits technisch veraltet und wirtschaftlich suboptimal sein. Dies führt zu einer Verkürzung des zu wählenden Planungshorizontes. Durch eine offensive Anpassung an Entwicklungen der Gesetzgebung können Genehmigungsfristen allerdings verkürzt werden, wodurch der Planungshorizont verlängert und die mit einer Anlage verbundenen Erlöse frühzeitiger zu erzielen sind[36)].

ad c)

Unternehmen können versuchen, den Planungshorizont selbst zu beeinflussen. Da dieser prinzipiell an der wirtschaftlichen Nutzungsdauer einer Investition auszurichten ist, können sie unter Umständen durch bewußtes Zurückhalten von Innovationen den Stand der Technik auf niedrigerem Niveau als technisch möglich halten (Schweigekartell der Oberingenieure). Anpassungserfordernisse und somit der Ersatzzeitpunkt können hinausgezögert, die wirtschaftliche Nutzungsdauer folglich

---

34) Definiert als Zeitpunkt, an dem die Anlage aufgrund technischen Fortschritts, suboptimaler Leistungsfähigkeit oder verstärkter Reparaturanfälligkeit mehr Ausgaben als Einnahmen verursacht.

35) Z. B. durch Verschärfung von Auflagen durch den Staat oder ein gestiegenes Umweltbewußtsein beim Kunden.

36) Vgl. DYLLICK, T. (1989), S. 7 f..

verlängert werden. Eine vergleichbare Wirkung tritt ein, wenn aufgrund strengerer Auflagen der Ersatzzeitpunkt einer Anlage hinausgezögert wird[37].

ad d)

Durch die Berücksichtigung von Entsorgungszyklen[38] kann die Notwendigkeit entstehen, den Planungshorizont zu verlängern, da zusätzliche Einnahmen (z. B. durch den Verkauf von Sekundärrohstoffen) und vor allem Ausgaben (z. B. durch die Entsorgung) auftreten, die die Vorteilhaftigkeit des Projektes beeinflussen. So wird z. B. in der EG-Verordnung zur Vergabe eines Umweltzeichens gefordert, daß eine umfassende Betrachtung der von einem Produkt ausgehenden Wirkungen "von der Wiege bis zur Bahre" gewährleistet sein muß, um ein EG-Umweltzeichen zu erhalten[39]. Für den Hersteller bedeutet dies, daß neben dem Leistungserstellungsprozeß auch der Entsorgungszyklus in die Investitionsentscheidung einzubeziehen ist.

ad e)

Eine tendenziell längerfristige Betrachtung könnte vorgenommen werden, wenn sich erst nach einigen Jahren ökonomische Vorteile ergeben: Infolge des verminderten Schwefelausstosses durch den Einbau einer Entschwefelungsanlage ergeben sich erst bei einer eventuellen Kontingentierung, Lizenzierung oder bei anderen staatlichen Maßnahmen zur Beschränkung des SO_x-Ausstosses Ausgabenminderungen, die den anfänglichen Investitionskosten gegenüberzustellen sind. Der Einsatz von energiesparenden Anlagen hingegen führt zu einem sofortigen Einsparungseffekt durch geringere Ausgaben für Strom und Heizöl. Werden beide Maßnahmen verglichen, so kann ein kurzer Planungshorizont die zweite Alternative begünstigen.

5.1.3.3. Die Wahl des Diskontierungssatzes

Zeitpräferenzen der Entscheidungsträger[40] ermöglichen ein Abwägen von Ausgaben und Einnahmen, die zu unterschiedlichen Zeitpunkten anfallen. Die Bildung dieser Zeitpräferenzen wird als typische Aufgabe der Investitionstheorie gesehen[41]. Als Maßstab hierfür dient in der Investitionsrechnung der Diskontie

---

37) Vgl. RÜCKLE, D. (1989), S. 64.

38) Vgl. DYLLICK, T. (1989), S. 16 f.; STREBEL, H. / HILDEBRANDT, T. (1989), S. 101 ff. sowie die Idee eines integrierten Produktlebenszyklus von PFEIFFER / BISCHOF, die auch auf die Entsorgung übertragen werden kann; vgl. PFEIFFER, W. / BISCHOF, P. (1974).

39) Vgl. Europäische Wirtschaftsgemeinschaft (EWG) (Hrsg.) (1992), S. 2.

40) Die Relevanz der zeitlichen Struktur für die Analyse von Investitionen ist auf VON HAYEK zurückzuführen; vgl. VON HAYEK, F.A. (1936), S. 199 ff..

41) Vgl. BAMBERG, G. / COENENBERG, A.G. (1992), S. 27.

rungssatz, der eine Gleichnamigkeit von zu unterschiedlichen Zeitpunkten anfallenden Ausgaben und Einnahmen ermöglicht. Er spiegelt die Zeitpräferenz der Investition wider. Dies bedeutet, daß kostenverursachende Maßnahmen, die zu einem späteren Zeitpunkt getätigt werden, aufgrund der Diskontierung bevorzugt werden.

Bei der Betrachtung ökologischer Aspekte ergeben sich folgende - in der Literatur diskutierte - **Besonderheiten** für die Wahl des Diskontierungssatzes:

a) Bei Reversibilität der Schäden kann ein positiver Diskontierungssatz Anwendung finden.

b) Bei einer Irreversibilität ökologischer Schäden ist eine Diskontierung umstritten.

c) Mögliche technische Weiterentwicklungen führen zu einer Erhöhung des Diskontierungssatzes.

d) Zu erwartende Verschärfungen der Rahmenbedingungen stellen die Diskontierung in Frage.

e) Die Interessen nachfolgender Generationen werden bei einer Diskontierung nicht ausreichend berücksichtigt.

Fall	Ursache ➡	Wirkung auf Diskontierungszins
a)	reversible Schäden	$i > 0$
b)	Irreversibilität ökologischer Schäden	$i = 0$
c)	Technische Weiterentwicklungen	$i >> 0$
d)	Verschärfte Rahmenbedingungen	$i = 0$
e)	Interessen zukünftiger Generationen	$i < 0$

Abb. 5.6.: Ökologiebedingte Veränderungen des Diskontierungssatzes

ad a)

Bei Betrachtung reversibler Belastungen der ökologischen Umwelt, deren Eliminierung zum jetzigen oder einem späteren Zeitpunkt zur Disposition steht, werden die Betroffenen einer Eliminierung zu einem späteren Zeitpunkt den Vorzug geben, wenn unterstellt wird, daß die Ausgaben gleichbleiben[42)]. Sind die Ausgaben für die Eliminierung zeitpunktbedingt ungleich, so ist eine Diskontierung notwendig, um die Vergleichbarkeit zu gewährleisten.

ad b)

Demgegenüber ist eine Diskontierung dann nicht adäquat, wenn aufgrund von möglichen Kumulationsschäden das Kriterium der Reversibilität nicht mehr gegeben ist[43)], sondern sofortiger Handlungsbedarf besteht. Eine Zeitpräferenz der Investoren, die der Diskontierung zukünftiger Schäden zugrunde liegt, ist in diesem Fall nicht möglich.

ad c)

Durch technische Weiterentwicklungen besteht die Chance einer zukünftigen Ausgabensenkung durch neuere Verfahren. Sind die zukünftigen Einsparungseffekte heute jedoch noch nicht quantifizierbar, hinsichtlich ihres Eintritts aber wahrscheinlich, so kann dieser Effekt auch durch eine stärkere Diskontierung der bekannten Effekte berücksichtigt werden. Bezieht man solche Aspekte in die Abwägung ein, wird die Präferenz nochmals zugunsten einer späteren Berücksichtigung verschoben[44)].

ad d)

Eine Verschärfung der Rahmenbedingungen aufgrund veränderter Verhaltensweisen der Stakeholder kann sogar eine Aufzinsung erforderlich machen[45)], um der sofortigen Handlungsauslösung eine höhere Zeitpräferenz zuzuordnen. Der Diskontierungssatz ist nicht mehr als monetärer Gegenwert für den Konsumverzicht seitens des Investors (Prämie an den Investor) zu interpretieren. Vielmehr zahlt der Investor sogar eine Prämie für den Konsumverzicht, um spätere Nutzenminderungen durch sofortiges Handeln zu vermeiden.

42) Vgl. BECKENBACH, F. / HAMPICKE, U. / SCHULZ, W. (1989), S. 35 f..
43) Da eine Diskontierung zukünftiger Werte zu deren Minderschätzung führt, kann diese Vorgehensweise das Ziel des sustainable development nicht unterstützen; vgl. SCHALTEGGER, S. / STURM, A. (1992), S. 194.
44) Vgl. RÜCKLE, D. (1989), S. 57.
45) Vgl. RÜCKLE, D. (1989), S. 57.

ad e)

Eine Kalkulation auf Basis einer Diskontierung über einen sehr langen Planungshorizont kann kein ausschließliches Entscheidungskriterium sein, da die Interessen zukünftiger Generationen berührt werden. Diese sind im Sinne eines sustainable development zu wahren[46]. Eine Diskontierung würde auch die Interessen der nachfolgenden Generationen abdiskontieren und damit in ihrer Bedeutung mindern. Eine Aussetzung der Diskontierung bzw. eine Aufzinsung wäre die logische Konsequenz dieser Forderung.

5.1.4. Konsequenzen der durch die Ökologieorientierung veränderten Eingangsparameter für die Investitionsentscheidung

Da die Investitions**entscheidung** im Blickpunkt der Betrachtung steht, ist nun zu untersuchen, ob und in welchem Umfang die oben aufgezeigten Veränderungen der Einflußparameter eine Veränderung der Entscheidung herbeiführen können. Hierzu werden an einem Beispielfall, der stufenweise variiert wird, die Wirkungen veränderter Einflußparameter aufgezeigt. Sofern Untersuchungen in der Literatur bereits vorhanden sind, werden diese an den entsprechenden Stellen zusammengefaßt.

5.1.4.1. Wirkung veränderter Einnahmen und Ausgaben

Im Bereich der Einnahmen sind hierbei insbesondere die Wirkungen von steuerlichen Sonderabschreibungen sowie von Investitionsfördermaßnahmen zu untersuchen. Im Bereich der Ausgaben gewinnen Entsorgungsgebühren zunehmend an Bedeutung, eine Abfall- sowie eine CO_2-Abgabe stehen zur Diskussion.

Bei dem Beispiel wird folgende Ausgangsversion mit den angegebenen Einnahmen und Ausgaben zugrunde gelegt:

46) Vgl. BECKENBACH, F. / HAMPICKE, U. / SCHULZ, W. (1989), S. 36 und FREIMANN, J. (1990), S. 10.

Standardmodell:

Periode t	0	1	2	3	4
Einnahmenüberschüsse	-5.000,00	1.500,00	6.400,00	7.300,00	2.550,00

Kassenbestand t-1	0,00	-5.000,00	-3.900,00	2.188,00	9.663,04
+ Zinsen	0,00	-400,00	-312,00	175,04	773,04
+ Einnahmenüberschüsse	-5.000,00	1.500,00	6.400,00	7.300,00	2.550,00
= Kassenbestand t	-5.000,00	-3.900,00	2.188,00	9.663,04	12.986,08

Kapitalwert	9.545,16
Interner Zinssatz	68,30%
Kapitalwertrate	30,60%
Kalkulationszinssatz	8,00%

Abb. 5.7.: Ausgangsversion des Investitionsbeispiels

In Periode 0 sind 5.000 Geldeinheiten (GE) zu investieren, denen in den Perioden 1 bis 4 Einnahmenüberschüsse gegenüberstehen, die entsprechend dem Produktlebenszyklus zunächst steigen und in Periode 4 wieder fallen. Dem Finanzplan und den Renditemaßen liegt ein Diskontierungssatz von 8% zugrunde, wobei der Soll- dem Habenzins entspricht.

5.1.4.1.1. Wirkung steuerlicher Sonderabschreibungen

Indem die Möglichkeit einer Sonderabschreibung gewährt wird, sollte den Unternehmen ein Anreiz für Investitionen in den Umweltschutz gegeben werden. Die Regelung des § 7 d EStG sieht für Investitionen, die zu mindestens 70% dem Umweltschutz dienen, Sonderabschreibungen in Höhe von 60% im Anschaffungs- bzw. Herstellungsjahr und zu je 10% in den folgenden vier Wirtschaftsjahren anstelle der gewöhnlichen Abschreibung vor[47].

47) Andere Regelungen betreffen ökologiebezogene Maßnahmen oder Einrichtungen, wie den Lärmschutz oder Unternehmen der öffentlichen Wasserversorgung; vgl. HEIGL, A. (1989), S. 70.

Wirkung steuerlicher Sonderabschreibungen:

Abschreibung 1. Jahr:	60,00%
Abschreibung in Folgejahren	10,00%
Nutzungsdauer	5 Jahre
Ertragsteuersatz	60,00%

a) Lineare Abschreibung über Nutzungsdauer (als Vergleichsfall):

Periode t	0	1	2	3	4
Einnahmenüberschüsse	-5.000,00	1.500,00	6.400,00	7.300,00	2.550,00
Abschreibungen	-1.000,00	-1.000,00	-1.000,00	-1.000,00	-1.000,00
Steuerlicher Gewinn	-1.000,00	500,00	5.400,00	6.300,00	1.550,00

Einnahmenüberschüsse v.St.	-5.000,00	1.500,00	6.400,00	7.300,00	2.550,00
- Steuern	600,00	-300,00	-3.240,00	-3.780,00	-930,00
= Einnahmenüberschüsse n.St.	-4.400,00	1.200,00	3.160,00	3.520,00	1.620,00

Kassenbestand t-1	0,00	-4.400,00	-3.340,80	-287,71	3.223,09
+ Zinsen n. St.	0,00	-140,80	-106,91	-9,21	103,14
+ Einnahmenüberschüsse n. St.	-4.400,00	1.200,00	3.160,00	3.520,00	1.620,00
= Kassenbestand t	-4.400,00	-3.340,80	-287,71	3.223,09	4.946,23

b) Sonderabschreibung:

Periode t	0	1	2	3	4
Einnahmenüberschüsse	-5.000,00	1.500,00	6.400,00	7.300,00	2.550,00
Abschreibungen	-3.000,00	-500,00	-500,00	-500,00	-500,00
Steuerlicher Gewinn	-3.000,00	1.000,00	5.900,00	6.800,00	2.050,00

Einnahmenüberschüsse v.St.	-5.000,00	1.500,00	6.400,00	7.300,00	2.550,00
- Steuern	1.800,00	-600,00	-3.540,00	-4.080,00	-1.230,00
= Einnahmenüberschüsse n.St.	-3.200,00	900,00	2.860,00	3.220,00	1.320,00

Kassenbestand t-1	0,00	-3.200,00	-2.402,40	380,72	3.612,91
+ Zinsen n. St.	0,00	-102,40	-76,88	12,18	115,61
+ Einnahmenüberschüsse n. St.	-3.200,00	900,00	2.860,00	3.220,00	1.320,00
= Kassenbestand t	-3.200,00	-2.402,40	380,72	3.612,91	5.048,52

	Sonderabschreibung		lineare Abschreibung	
	n. St.	v. St.	n. St.	v. St.
Kapitalwert	4.450,87	11.127,18	4.360,69	10.901,73
Interner Zinssatz	47,64%	119,10%	36,84%	92,11%
Kapitalwertrate	17,25%	43,13%	16,97%	42,43%
Kalkulationszinssatz	3,20%	8,00%	3,20%	8,00%

Abb. 5.8.: Wirkung steuerlicher Sonderabschreibungen

Im oben dargestellten Beispielfall führt die Inanspruchnahme steuerlicher Sonderabschreibungen in Höhe von 60% im ersten Jahr und je 10% in den Jahren 2 bis 5 (§ 7 d EStG) im Vergleich zur linearen Abschreibung zu einer Erhöhung des Kapitalwerts (von 10.901,73 GE auf 11.127,18 GE), des Internen Zinssatzes (von 92,11% auf 119,10%) und der Kapitalwertrate (von 42,43% auf 43,13%). Wie der Finanzplan zeigt, ist der Effekt auf eine Steuerstundung durch die zeitliche Vorverlagerung der Einnahmenüberschüsse zurückzuführen.

Dies bestätigt die Untersuchungen von LANGE und HEIGL, die ebenfalls Renditesteigerungen durch die Inanspruchnahme von Sonderabschreibungen nachweisen konnten.

Die Wirkungen steuerlicher Sonderabschreibungen für Umweltschutzmaßnahmen wurden bereits Mitte der 70er Jahre von LANGE und HEIGL diskutiert[48]. LANGE untersuchte die entstehende Rentabilitätswirkung an einem sehr differenzierten, realistischen Modell mit folgenden Annahmen und Daten[49]:

o **Betriebsgewinn:**	Periodenüberschuß (abzüglich steuerlicher Abschreibungen)
o **Kalkulationszinssatz:**	Verzinsung langfristiger Kredite, korrigiert um Steuerwirkung (alternativ 8, 10, 12 und 14 Jahre)
o **Planungshorizont:**	alternativ 5, 10, 15 und 20 Jahre
o **Steuersatz:**	proportional[50] unter Berücksichtigung der Einkommen-, Körperschaft- und Gewerbeertragsteuer
o **Sonderabschreibung:**	50% im ersten Jahr, Restwert über Restnutzungsdauer verteilt und alternativ 60% im ersten Jahr, je 10% in den folgenden vier Jahren unabhängig von der Nutzungsdauer

Ergebnis der Untersuchung sind je nach Konstellation zwischen 1,5 und 18,4%ige Rentabilitätswirkungen, die ausschließlich auf positiven Zinseffekten beruhen. Die Sonderabschreibung führt nur zu einer zeitlichen Vorverlagerung der Abschreibung und damit zu einer Steuerminderung im ersten Jahr. Diese wird jedoch in den Folgejahren wieder ausgeglichen. Der Zinsgewinn erhöht sich bei steigendem Kalkulationszinssatz, bei längerer Nutzungsdauer, bei Steuerminderung zu einem früheren Zeitpunkt und bei höheren Abschreibungssätzen. LANGE kann nicht nachweisen, daß der Effekt um so größer ist, je höher der Steuersatz ist. Es zeigt sich, daß der Zinsgewinn nur bis zu einem Maximum steigt und für höhere Steuersätze wieder abnimmt.

---

48) Vgl. LANGE, C. (1974) und HEIGL, A. (1975) sowie die Darstellung begünstigter Investitionen bei BORDEWIN, A. (1975).

49) Vgl. LANGE, C. (1974), S. 574 ff..

50) Die Annahme eines proportionalen Steuersatzes wird als realistisch bezeichnet, da meist der höchste Steuersatz erreicht ist; vgl. LANGE, C. (1974), S. 577.

HEIGL kommt zu dem Ergebnis, daß die Vorteilswirkung um so größer ist,

- o je mehr Sonderabschreibungen am Beginn der Nutzungsdauer liegen,
- o je größer die zeitlichen Steuersatzunterschiede bei steigenden und je kleiner sie bei fallenden Sätzen sind,
- o je höher der Kalkulationszins angesetzt wird und
- o je länger die Nutzungsdauer ist.

Abweichend zu LANGE ist die Vorteilswirkung um so größer, je höher der Steuersatz ist.

Eine neuere Analyse der Abschreibung nach § 7d EStG wurde von DREES-BEHRENS mit Hilfe eines vollständigen Finanzplans durchgeführt, die Wirkungen auf die Eigenkapitalrentabilitätsdifferenz[51)] untersuchte. Bei einer Inanspruchnahme der 60% Sonderabschreibung im ersten Jahr ergab sich eine Veränderung der Differenz von 11,48%, bei einer Inanspruchnahme von 50% betrug die Differenz nur 7,8%[52)].

Neben den im Beispiel analysierten und den in den empirischen Studien aufgezeigten Wirkungen sind für die Inanspruchnahme steuerlicher Sonderabschreibungen weitere Faktoren zu berücksichtigen. Ihre Auswirkungen werden nachfolgend stellvertretend für den ab 1. Januar 1991 ausgesetzten § 7 d EStG betrachtet[53)]:

- o Durch § 7 d EStG werden nachgelagerte Technologien begünstigt, da für diese ein Nachweis ihres ökologieorientierten Einsatzes leichter zu erbringen ist als für integrierte Technologien. Dadurch können falsche Lenkungssignale für einen umweltverträglicheren technischen Fortschritt gesetzt werden.
- o Da sich der steuerliche Vorteil nach dem jeweiligen Grenzsteuersatz der Unternehmen bemißt, werden die Unternehmen durch einen progressiven Steuersatz unterschiedlich entlastet. Dies bedeutet einen Vorteil für die Unternehmen, die relativ verläßliche Gewinnerwartungen haben. Diese können die Möglichkeit der zeitlichen Verlagerung der hohen Anfangsabschreibungen auf den Zeitraum der höchsten Ertragserwartungen nutzen.
- o Die Inanspruchnahme der Sonderabschreibung führt lediglich zu einem Zinsvorteil aufgrund der Steuerstundung. Der erhöhten Abschreibung zu Beginn stehen entsprechend niedrigere Abschreibungsbeträge in den Folgejahren gegenüber. Diese Zinsvorteile kehren sich im Vergleich mit einer degressiven Abschreibung nach § 7 Abs. 2 EStG allerdings schon nach zwei Jahren um.

---

51) Die Eigenkapitalrentabilitätsdifferenz errechnet sich als $r_{EK} = (EW / EK)^{(1/n)} - 1$, wobei EW der Endwert aus dem vollständigen Finanzplan ist; vgl. DREES-BEHRENS, C. (1990), S. 78.

52) Vgl. DREES-BEHRENS, C. (1990), S. 129.

53) Vgl. BENKERT, W. (1987), S. 208 ff.; HEIGL, A. (1989), S. 69 ff.; WICKE, L. (1991), S. 335 f..

- o Kapitalintensive Umweltschutzinvestitionen werden gegenüber nichtkapitalintensiven bevorzugt, wobei jedoch zu beachten ist, daß ein höherer Kapitaleinsatz die Rentabilität und die Liquidität entsprechend mindert.
- o Kleinere Unternehmen sind schlechter über bestehende Regelungen informiert und nehmen deshalb mögliche Vergünstigungen weniger in Anspruch.
- o Da Sonderabschreibungen dem Gebot der umgekehrten Maßgeblichkeit unterliegen, ist eine Inanspruchnahme mit einem schlechteren Bild der Ertragslage im handelsrechtlichen Abschluß verbunden, was aus bilanzpolitischen Überlegungen entscheidungsrelevant sein kann.
- o Schließlich ist der Nachweis, daß Maßnahmen zu 70% dem Umweltschutz dienen, schwierig zu erbringen (Bescheinigungsverfahren).

Diese negativen Auswirkungen, die die Steuerung von betrieblichen Umweltschutzmaßnahmen beeinträchtigen, führten zur Aussetzung des § 7 d EStG. Bei der Einführung neuer Sonderabschreibungen sollten diese Wirkungszusammenhänge berücksichtigt werden.

5.1.4.1.2. Wirkung von Finanzhilfen

Finanzhilfen sind, wie bereits ausgeführt, eine Möglichkeit des Staates zur Steuerung der Investitionstätigkeit der Unternehmen. Forschungsvorhaben, Produktionsverfahren oder Entsorgungsmaßnahmen können gezielt durch die Gewährung von finanziellen Vergünstigungen gefördert werden.

Wirkung von finanziellen Zuwendungen:

Subvention im 1. Jahr: 1.000,00

Periode t	0	1	2	3	4
Cash Flow der Investition	-5.000,00	1.500,00	6.400,00	7.300,00	2.550,00
+ Subventionen	1.000,00				
= Einnahmenüberschüsse	-4.000,00	1.500,00	6.400,00	7.300,00	2.550,00

Kassenbestand t-1	0,00	-4.000,00	-2.820,00	3.354,40	10.922,75
+ Zinsen	0,00	-320,00	-225,60	268,35	873,82
+ Einnahmenüberschüsse	-4.000,00	1.500,00	6.400,00	7.300,00	2.550,00
= Kassenbestand t	-4.000,00	-2.820,00	3.354,40	10.922,75	14.346,57

Kapitalwert	10.545,16
Interner Zinssatz	86,08%
Kapitalwertrate	32,79%
Kalkulationszinssatz	8,00%

Abb. 5.9.: Wirkung von Finanzhilfen

Im oben dargestellten Beispielfall führte die Inanspruchnahme finanzieller Zuwendungen in Höhe von 1.000 Geldeinheiten im 1. Jahr (Investitionszulage in Höhe von 20%) zu dem in Abb. 5.9. dargestellten Ergebnis. Die Subvention führt direkt zu einem Anstieg aller Investitionskennzahlen, da die nicht notwendige Rückzahlung keine Verlagerung von Zahlungsströmen nach sich zieht.

Neben den bereits oben diskutierten Abschreibungsvergünstigungen betrachtete DREES-BEHRENS auch die Wirkung finanzieller Zuwendungen auf Investitionsentscheidungen[54]. Durchgeführt wurde die Analyse wieder anhand der - mit Hilfe eines vollständigen Finanzplans ermittelten - Eigenkapitalrentabilitätsdifferenz. Dabei kam es zu folgenden Ergebnissen: Bei einer Investitionszulage in Höhe von 20% der Anschaffungsauszahlung[55] ergab sich eine Steigerung der Eigenkapitalrentabilitätsdifferenz von 135,62%. Die Gewährung von Investitionszuschüssen von 10% der Anschaffungsauszahlung führte zu einer Steigerung der Eigenkapitalrentabilitätsdifferenz um 32,27%. Zinszuschüsse von 2% brachten nur eine Erhöhung von 13,05% und begünstigte Darlehen für 40% der Anschaffungsauszahlung mit einer 2%igen Zinsvergünstigung von nur 5,7%. Die verschiedenen Ansatzpunkte und die Messung der Auswirkungen auf das Unternehmen zeigen Möglichkeiten einer staatlichen Umweltpolitik. Sie zeigen jedoch auch, daß die Wirkung auf das Unternehmen durch die Berücksichtigung innerhalb klassischer Investitionsrechenverfahren ermittelt werden kann.

5.1.4.1.3. Wirkung steigender Entsorgungskosten

Die Bedeutung der Entsorgung innerhalb der gesamten Herstellkosten der Unternehmen nimmt stetig zu. Im Durchschnitt liegen sie inzwischen bei 2,9% der gesamten Herstellungskosten[56], wobei die Branchen Energieversorgung mit 7,85% und NE-Metallerzeugung mit 7,58% sowie die Chemische Industrie mit 5,51% und die Mineralölverarbeitende Industrie mit 4,87% deutlich über dem Durchschnitt liegen. Entsorgungskosten können für die Kondukte aus der laufenden Produktion, für die Beseitigung von Produktionsanlagen am Ende der Nutzungsdauer und für die Rücknahme und Entsorgung von Produkten am Ende ihres Lebenszyklus entstehen. Während aus dem ersten Fall höhere Auszahlungen resultieren, führen die letzten beiden Fälle zu einer Verlängerung des Planungshorizontes und werden wegen ihrer Überlappung mit der Wirkung eines veränderten Planungshorizontes an der entsprechenden Stelle dargestellt[57].

---

54) Vgl. DREES-BEHRENS, C. (1990), S. 193 ff..
55) Z. B. entsprechend § 4 Investitionszulagengesetz.
56) Vgl. COENENBERG, A.G./ BAUM, H.-G./ GÜNTHER, E. / WITTMANN, R. (1992), S. 9.
57) Vgl. Kapitel 5.1.4.2..

Wirkung steigender laufender Entsorgungskosten für Kondukte aus der Produktion:

Annahmen:		
laufende Entsorgungskosten	5,00%	der Herstellkosten
Einnahmenüberschüsse	20,00%	der Herstellkosten

Periode t	0	1	2	3	4
Cash Flow der Investition	-5.000,00	1.500,00	6.400,00	7.300,00	2.550,00
+ laufende Entsorgungskosten		-375,00	-1.600,00	-1.825,00	-637,50
= Einnahmenüberschüsse	-5.000,00	1.125,00	4.800,00	5.475,00	1.912,50

Kassenbestand t-1	0,00	-5.000,00	-4.275,00	183,00	5.672,64
+ Zinsen	0,00	-400,00	-342,00	14,64	453,81
+ Einnahmenüberschüsse	-5.000,00	1.125,00	4.800,00	5.475,00	1.912,50
= Kassenbestand t	-5.000,00	-4.275,00	183,00	5.672,64	8.038,95

Kapitalwert	5.908,87
Interner Zinssatz	48,49%
Kapitalwertrate	21,54%
Kalkulationszinssatz	8,00%

Abb. 5.10.: Wirkung von Entsorgungskosten

Der obige Ausgangsfall wird nun durch die Berücksichtigung laufender Entsorgungskosten in Höhe von 5% der Herstellungskosten modifiziert. Die Ergebnisse sind in Abb. 5.10. dargestellt.

Wie zu erwarten war, sinken die Investitionskennzahlen durch die zusätzliche Belastung der laufenden Entsorgungskosten.

Wie die Höhe der Entsorgungskosten in der empirischen Erhebung zeigt, wird die Wertschöpfungsstufe Entsorgung für viele Unternehmen zunehmend wichtiger. Dies wird auch in der Entsorgung von Verpackungsmaterial deutlich. Durch die Verpackungsverordnung wurde die Gründung des Dualen Systems Deutschland als Kooperationsinstrument für deren Umsetzung ausgelöst. Bedingt durch die Existenz unterschiedlicher Erfassungssysteme[58)] ist für jede, in der Verpackungsverordnung ausgewiesene Fraktion (Glas, Papier und Pappe, Weißblech, Aluminium und Getränkekartons sowie Kunststoffe) das optimale Erfassungssystem zu identifizieren.

58) Alternativen bestehen zwischen der Erfassung in vorhandenen Abfallbehältnissen, Iglus, Säcken, Leichtstofftonnen und Bündelsammlungen; vgl. BEYER, H.-J. / SCHÄFER, W. (1992), S. 40.

Bei einer Untersuchung der verschiedenen Alternativen[59] auf ihre Vorteilhaftigkeit wurde im Rahmen der statischen Investitionsrechenverfahren die Methode des Kostenvergleichs herangezogen. Höhere Erfassungsquoten wurden nicht als Erträge, sondern als geringere Kosten berücksichtigt. In die Vergleichsrechnung wurden für die Bestimmung der Erfassungskosten das maximal erfaßbare sowie das angenommene Erfassungsgewicht, die Behälter- und Standplatzkosten, die Sammelleistung und die Sammelkosten sowie die Transportkosten einbezogen. Zur Ermittlung der Gesamtkosten sind zu den Erfassungskosten noch Sortier- und Reststoffentsorgungskosten zu addieren.

Die Ergebnisse der Untersuchung zeigen, daß die Entsorgungskosten für Glas zwischen DM 236,90 und DM 404,90, für Papier zwischen DM 484,90 und DM 590,90 pro Tonne variieren. Die Entsorgungskosten für Weißblech liegen bei nur einer betrachteten Erfassungsart bei DM 1569,90, bei Kunststoffen bei DM 2258,90. Diese Werte zeigen einerseits, daß die Entsorgung als Kostenbestandteil in jeder betrieblichen Investitionsentscheidung ex ante aufzunehmen ist und auch gemessen und bewertet werden kann. Andererseits zeigen die teilweise großen Bandbreiten, daß Investitionsrechenverfahren zur Bewertung der optimalen Alternative herangezogen werden müssen. Das Verfahren der Kostenvergleichsrechnung kann allerdings nur dann zu sinnvollen Ergebnissen führen, wenn die Erlösseite nicht beeinflußt wird und keine Unterscheidung zwischen einmaligen und laufenden Kosten zu treffen ist. Dies ist nur dann der Fall, wenn Kosten für einmalige Anschaffungen z. B. über Leasingraten zu laufenden Kosten werden. Ist diese Voraussetzung nicht gegeben, so kann die Errechnung einer Annuität, d. h. der durchschnittlichen Entsorgungskosten pro Tonne, eine vergleichbare Entscheidungsunterstützung liefern.

Für eine umfassende Betrachtung der Entsorgungskosten, die durch eine Investitionsentscheidung bedingt werden, sind auch die Kosten für die Entsorgung von Anlagen zu berücksichtigen. Diese betrugen z. B. in Bayerisch-Schwaben im Jahr 1990 je nach Gebietskörperschaft bis zu 297 DM pro Tonne Haus- und Gewerbemüll[60]. Aus der Bedeutung der Kosten kann eine getrennte Erfassung der entsorgungsbedingten Kosten und deren verursachungsgerechte Zurechnung gefordert werden.

Daneben müssen Unternehmen auch überlegen, ob laufende Kosten für die Entsorgung durch unternehmensinterne Maßnahmen gesenkt werden können, d. h. auch hier ist ein Trade-off zwischen Aktionskosten und Sanktionskosten in die Investitionsentscheidung einzubeziehen.

59) Vgl. BEYER, H.-J. / SCHÄFER, W. (1992), S. 40 f..
60) Vgl. BAUM, H.-G. / BECKORD, E. (1990), S. 17.

5.1.4.1.4. Wirkung einer Abfallabgabe

Im Entwurf des Abfallabgabengesetzes vom 11. September 1991[61] sind in Abhängigkeit von der Abfallart Abgaben vorgesehen, die Anreize für eine Schonung der ökologischen Umwelt durch Vermeidung, Verwertung und Entsorgung schaffen sollen[62]. Auf Sonderabfall soll eine Vermeidungsabgabe von 100 DM/t erhoben werden, auf sonstigen Industrie- und Massenabfall von 25 DM/t. Darüber hinaus ist für diese Abfälle eine Deponieabgabe von 75 bis 100 DM/t für Sonderabfall (gestaffelt nach Schädlichkeitsklassen) und 50 DM/t für Industrie- und Massenabfall vorgesehen. Für Hausmüll und hausmüllartigen Gewerbeabfall beträgt die Deponieabgabe 25 DM/t, für Bauschutt, Erdaushub und Straßenaufbruch 15 DM/t. Diese Abgabensätze sollen im Rhythmus von zwei Jahren um je 20% auf den doppelten Betrag im Jahr 2002 erhöht werden[63].

Die Wirkung einer Abfallabgabe auf das gewählte Rechenbeispiel kann im speziellen nicht in sinnvoller Weise durchgerechnet werden, da hierfür Annahmen über die Höhe der Abgabe zu treffen wären. Der Effekt an sich ist allerdings bereits bei der Diskussion steigender Entsorgungsgebühren berücksichtigt. Wichtig bleibt die Feststellung, daß eine eventuelle Abfallabgabe bereits im Vorfeld einer Investitionsentscheidung in die Überlegungen Eingang finden muß.

Berechnungen der Konsequenzen zeigen, daß durch eine derart strukturierte Abgabe die Betreiber von Steinkohlekraftwerken bei Einführung mit ca. 45 Mio. DM, die Betreiber von Braunkohlekraftwerken mit ca. 488 Mio. DM belastet würden[64]. Auf die chemische Industrie kämen Belastungen von 1.048 Mio. DM zu[65]. Zu bedenken ist hierbei, daß diese Abgabe zwar in Investitionsentscheidungen Eingang finden und die Rentabilität von Investitionen senken wird, die Entscheidungen dürften allerdings zu keinem anderen Ergebnis führen, da eine Abfallvermeidung technisch teilweise nicht möglich ist[66].

---

61) Zur Diskussion des Entwurfs hinsichtlich seiner Verfassungsmäßigkeit vgl. ARNDT, H.-W. (1992).
62) Zur Diskussion des Entwurfs vgl. z. B. TRZASKALIK, C. (1992).
63) Vgl. POLL, H. (1992), S. 83 f..
64) Vgl. POLL, H. (1992), S. 87 f..
65) Vgl. PILZ, A. (1992), S. 132.
66) So fällt z. B. bei Rauchgasentschwefelungsanlagen Gips als Abfall an, der nicht vermieden werden kann.

5.1.4.1.5. Wirkung einer CO_2-Abgabe[67)]

Am 13. Juni 1990 beschloß das Parlament, die CO_2-Emissionen bis 2005 auf 75% des Niveaus im Jahr 1987 zu reduzieren[68)]. Diese Vorgabe wurde im November desselben Jahres unter dem Eindruck der deutlich höheren Minderungspotentiale in den neuen Bundesländeren auf 70% verändert. Erreicht werden soll dieses Ziel durch die Erhebung einer Abgabe auf kohlenstoffhaltige Energieträger[69)]. Die erstmals im September 1991 von der EG-Kommission vorgelegte Initiative sieht neben Maßnahmen zur Effizienzsteigerung auch die stufenweise Einführung einer kombinierten CO_2-/Energie-Steuer vor[70)].

Da derzeit noch keine praktikablen Technologien zur Rückhaltung von CO_2 aus Rauchgas vorliegen, kann eine Verminderung des CO_2-Ausstoßes nur durch eine geringere Verbrennung fossiler Energieträger erreicht werden[71)]. Stehen den Unternehmen hierfür keine Alternativen zur Verfügung, so werden sie die Abgabe entrichten. Um nun die Wirkung einer möglichen CO_2-Abgabe auf die Investitionsentscheidung zu untersuchen, ist zunächst zu fragen, wie sich die Zahlungsströme verändern. Da die Unternehmen versuchen werden, die Kosten überzuwälzen, ist anschließend zu betrachten, welche Nettokostenbelastungen sich für die Unternehmen ergeben werden.

Für die Berechnung der Wirkungen einer CO_2-Abgabe gilt dieselbe Überlegung wie im Fall der Abfallabgabe. Auch hier bleibt festzustellen, daß möglicherweise auf die Unternehmen zukommende Abgaben anlagen- bzw. projektspezifisch in die Entscheidungsfindung einzubeziehen sind.

Im Jahr 1989 erreichten die energiebedingten CO_2-Emissionen in den alten Bundesländern eine Höhe von 688 Mio. t. Dies entspricht einem Anteil von 97,6% der gesamten CO_2-Emissionen, so daß die Betrachtung auf den energiebezogenen Teil beschränkt werden kann[72)]. Die von der EG vorgeschlagene Steuer soll als Ener-

---

67) Derartige Berechnungen sind aufgrund der notwendiger Weise zu treffenden Annahmen über Konsumentenverhalten und Einkommensverteilung umstritten. Vgl. auch BARKER, T. (1991), S. 611 ff..

68) Vgl. BUNDESUMWELTMINISTERIUM (Hrsg.) (1991a) und BUNDESUMWELTMINISTERIUM (Hrsg.) (1992).

69) Danach sollen fossile Brennstoffe (Mineralöl, Kohle, Gas) bereits auf der ersten Handelsstufe, d. h. beim Importeur oder Förderer, mit einer Abgabe belegt werden, deren Höhe sich nach dem Kohlenstoffgehalt des Energieträgers bemißt.

70) Vgl. KOMMISSION DER EUROPÄISCHEN GEMEINSCHAFTEN (Hrsg.) (1992), S. 2 ff.; zur Diskussion PEARCE, D. / BARBIER, E. (1991), S. 154 ff..

71) Vgl. DEUTSCHES ATOMFORUM E.V. (Hrsg.) (1991), das in seiner Stellungnahme zu den CO_2-Emissionen der weltweiten Stromerzeugung auf deren Bedeutung hinweist und Möglichkeiten zu ihrer Reduzierung aufzeigt. Für die Reduzierung der CO_2-Emissionen auf EG-Ebene liefern RUSS, P. u.a. (1990), S. 836 ff. verschiedene Vorschläge.

72) Vgl. UMWELTBUNDESAMT (Hrsg.) (1992), S. 247. Vgl. auch die Ausführungen von MICHAELIS, H. (1991), S. 786.

giesteuer etwa 35 DM (auf Basis 1990) je Tonne Steinkohleneinheiten (SKE) und als CO_2-Steuer etwa 10 DM (auf Basis 1990) je Tonne CO_2 betragen. Die durchschnittliche Gesamtbelastung der Energiepreise beläuft sich für das Jahr 2000 auf etwa 85 DM je Tonne Steinkohleeinheiten. Analysiert man die Wirkungen des EG-Vorschlags, so ergibt sich dann folgende Belastung der unterschiedlichen Energieträger je Tonne SKE:

Steinkohle	89,00 DM
Braunkohle	97,90 DM
Erdgas	69,20 DM
Rohöl	81,85 DM
leichtes Heizöl	79,40 DM
schweres Heizol	80,80 DM
Motorbenzin	80,80 DM
Diesel	79,10 DM
Kernenergie	40,90 DM

Diese Emissionsbelastung würde im Jahr 2000 zu einem EG-weiten Gesamtsteueraufkommen von etwa 100 Mrd. DM führen[73)]. Für die Bundesrepublik beliefe es sich auf ca. 35 Mrd. DM.

Die Frage der Entscheidungsrelevanz soll nun auf den Strombereich eingeschränkt werden, da dort die Vorschläge überwiegend wirksam würden[74)]. Die Gesamtbelastung der deutschen Elekrizitätswirtschaft würde im Jahr 2000 bei 15,5 Mrd. DM liegen. Bezogen auf die Stromerzeuger würde dies bei einer Stromerzeugung von 500.000 GWh[75)] eine Preiserhöhung der KWh von 3,1 Pf und je nach Einkommen und Verbrauch[76)] eine Belastung des Haushaltseinkommens zwischen 0,17 und 0,31% bedeuten. Neben den Konsequenzen einer CO_2-Abgabe für die Haushalte können auch die für das verarbeitende Gewerbe untersucht werden. Für eine kombinierte Kohlendioxid- und Abfallabgabe errechnet sich für den Branchendurchschnitt eine Erhöhung der Stromkosten von 4,16%[77)]. Eine Überwälzung auf Haushalte und Industrie ist damit sehr wahrscheinlich, da die CO_2-Abgabe nur geringfügig zu Buche schlägt.

Ebenso wie die diskutierte CO_2-Abgabe führen auch andere ökologische Konsequenzen zu veränderten Entscheidungswerten. Dabei gilt es zu bedenken, daß die

---

73) Vgl. MICHAELIS, H. (1991), S. 785. Schätzungen des BUNDESVERBANDES DER DEUTSCHEN INDUSTRIE belaufen sich auf 106 Mrd. DM; vgl. O. V. (1993b), S. 16.

74) Unter Einbezug der Stromerzeugung in der Industrie wird die Stromerzeugung in der Bundesrepublik mit 60% Anteil am Steueraufkommen zum Hauptträger werden. Vgl. MICHAELIS, H. (1991), S. 786.

75) 1987 betrug sie 393.720 GWh, vgl. STATISTISCHES BUNDESAMT (Hrsg.) (1991), S. 233.

76) Für diese Untersuchung wurde die Einteilung der Haushalte gewählt, wie sie vom STATISTISCHEN BUNDESAMT in die Typen 1-3 vorgenommen wird; vgl. STATISTISCHES BUNDESAMT (Hrsg.) (1991), S. 532 ff..

77) Vgl. HAMM, R. / HILLEBRAND, B. (1992), S. 63.

Analysen ceteris paribus vorgenommen wurden, in der Realität jedoch eine Kumulation der Effekte eintritt.

5.1.4.2. Wirkung eines veränderten Planungshorizonts

Eine Verkürzung oder Verlängerung des Planungshorizonts führt auch zu Veränderungen der Entscheidungswerte. Wenn die Verlängerung des Planungshorizonts durch die Berücksichtigung des Entsorgungszykluses bedingt ist, kann unter Umständen auch das gewählte Beurteilungskriterium in Frage gestellt werden. Dies verdeutlicht nachfolgendes Beispiel.

Wirkung von Entsorgungskosten für Produktionsanlagen und der Rücknahmepflicht für Altprodukte, d.h. Verlängerung des Planungshorizontes durch Berücksichtigung von Entsorgungskosten

Periode t	0	1	2	3	4	5
Cash Flow der Investition	-5.000,00	1.500,00	6.400,00	7.300,00	2.550,00	
+ Entsorgungskosten					-10.000,00	-3.300,00
= Einnahmenüberschüsse	-5.000,00	1.500,00	6.400,00	7.300,00	-7.450,00	-3.300,00

Kassenbestand t-1	0,00	-5.000,00	-3.900,00	2.188,00	9.663,04	2.986,08
+ Zinsen	0,00	-400,00	-312,00	175,04	773,04	238,89
+ Einnahmenüberschüsse	-5.000,00	1.500,00	6.400,00	7.300,00	-7.450,00	-3.300,00
= Kassenbestand t	-5.000,00	-3.900,00	2.188,00	9.663,04	2.986,08	-75,03

Kapitalwert	-51,06	
Interner Zinssatz	10,00%	20,00%
Kapitalwertrate	-0,21%	
Kalkulationszinssatz	8,00%	

Zinssatz	0,00%	2,50%	5,00%	7,50%	10,00%	12,50%
Kapitalwert	-550,00	-332,25	-175,20	-67,52	0,00	34,88

Zinssatz	15,00%	17,50%	20,00%	25,00%	30,00%	40,00%
Kapitalwert	43,29	30,28	0,00	-99,26	-233,70	-555,80

Zinssatz	50,00%
Kapitalwert	-898,77

Abb. 5.11.: Wirkung eines verlängerten Planungshorizonts

Zur Konstellation des Ausgangsfalles kommen nun zusätzliche Entsorgungskosten für die Rücknahme und Entsorgung von Altprodukten bzw. die Entsorgung der Produktionsanlagen am Ende des Marktzykluses hinzu. In Periode 4 entstehen Auszahlungen in Höhe von 10.000 GE und in Periode 5 von 3.300 GE.

Im Beispiel ergeben sich für das Projekt zwei Interne Zinssätze (10% und 20%), da - wie nachfolgende Abbildung zeigt - die Kapitalwertfunktion zwei Nullstellen aufweist. Betriebswirtschaftlich ist in diesem Falle die Interne Zinssatz-Methode nicht mehr aussagefähig, da sich die Frage stellt, wie hoch nun die Rendite des Projektes ist.

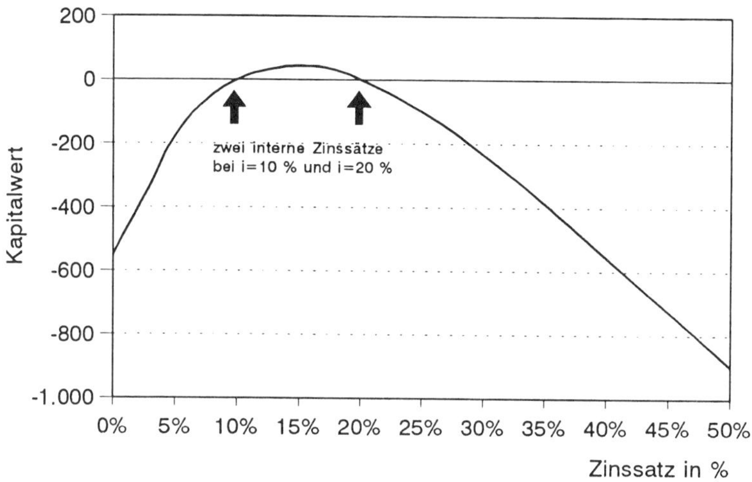

Abb. 5.12.: Mehrdeutigkeit der Internen Zinssatzmethode

Die Interne Zinssatz-Methode kann - aber muß nicht - zu Fehlsteuerungen und Interpretationsproblemen führen, wenn nach den Anfangsinvestitionen und einem Marktzyklus mit positiven Einnahmenüberschüssen wiederum ein Entsorgungszyklus mit negativen Cash Flows folgt. Aufgrund der Zunahme gesetzlicher Regelungen im Bereich der Entsorgung[78)] handelt es sich jedoch nicht um Einzelfälle, sondern nachgeschaltete Entsorgungszyklen werden zum Normalfall. Für den Anwender ist in diesen Fällen höchste Vorsicht bei der Auswahl und Interpretation der internen Zinssatz-Methode geboten. Die Kapitalwertrate ist von dem Problem der Mehrdeutigkeit jedoch nicht betroffen und bietet sich als renditebezogenes Entscheidungskriterium an.

5.1.4.3. Wirkung eines veränderten Diskontierungssatzes

Die zeitliche Präferenz der Einnahmenüberschüsse wird bei dynamischen Investitionsrechenverfahren durch die Diskontierung mit dem Kalkulationszinsfuß berücksichtigt. Eine Veränderung der Zeitpräferenz des Entscheidungsträgers beeinflußt folglich direkt den Entscheidungswert, wie nachfolgende Abbildung für die Datenkonstellation des Ausgangsbeispiels zeigt.

78) Vgl. Kapitel 2.3.1.5..

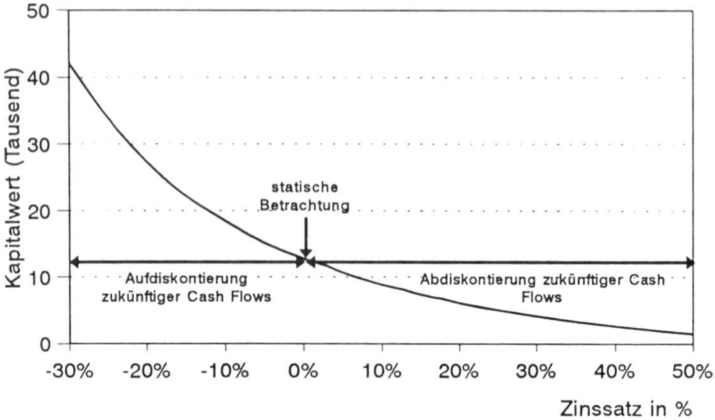

Abb. 5.13.: Wirkung eines veränderten Diskontierungssatzes

Variation des Diskontierungszinssätze für das Standardmodell:

	<--------- Aufzinsung		----------->	statisch	<---------	Abzinsung
Kalkulationszinssatz	-30,00%	-20,00%	-10,00%	0,00%	2,50%	5,00%
Kapitalwert	42.107,46	27.358,40	18.468,22	12.750,00	11.643,98	10.637,47
Interner Zinssatz	68,30%	68,30%	68,30%	68,30%	68,30%	68,30%
Kapitalwertrate	75,20%	59,50%	47,19%	37,26%	35,07%	32,98%

	<---------		Abzinsung			------------>
Kalkulationszinssatz	8,00%	10,00%	12,50%	15,00%	17,50%	20,00%
Kapitalwert	9.545,16	8.879,17	8.109,10	7.401,51	6.749,94	6.148,73
Interner Zinssatz	68,30%	68,30%	68,30%	68,30%	68,30%	68,30%
Kapitalwertrate	30,60%	29,08%	27,25%	25,49%	23,81%	22,20%

	<---------		Abzinsung	------------>
Kalkulationszinssatz	25,00%	30,00%	40,00%	50,00%
Kapitalwert	5.078,08	4.156,37	2.660,87	1.511,11
Interner Zinssatz	68,30%	68,30%	68,30%	68,30%
Kapitalwertrate	19,15%	16,33%	11,26%	6,82%

Abb. 5.14.: Kapitalwert in Abhängigkeit vom Diskontierungssatz

Das Beispiel macht deutlich, daß die Entscheidungswerte durch den Diskontierungssatz stark beeinflußt werden. Daß die Diskontierung sich zur Würdigung der Zeitpräferenz eignet, wurde bereits oben deutlich. Für den abgewandelten Fall mit Entsorgungszyklus konnte bereits gezeigt werden, daß sowohl eine starke Abdiskontierung (schwache Gewichtung von Entsorgungskosten und Rückflüssen) als auch eine Aufzinsung der Zahlungsströme (starke Gewichtung der Entsorgungskosten) zu negativen Kapitalwerten und folglich zur Ablehnung des Projektes führen können.

5.1.5. Schlußfolgerungen für die Berücksichtigung ökologiebedingter Konsequenzen bei Investitionsentscheidungen

Wie die Analyse der obigen Parameter zeigt, können monetäre Wirkungen von ökologischen Sachverhalten in die klassische Investitionsrechnung integriert werden. Wesentlich ist, daß sich hierdurch auch Veränderungen in Schlüsselgrößen wie den Einnahmenüberschüssen, dem Planungshorizont und dem Diskontierungssatz ergeben können. Die Ergebnisse der dargestellten Untersuchungen sowie die im Beispielfall aufgezeigten Wirkungszusammenhänge bestätigen die Notwendigkeit einer integrativen Vorgehensweise.

5.1.6. Empirische Validierung

Die empirische Befragung der 483 Unternehmen ergab, daß 8,9% der Unternehmen ökologische Aspekte bisher noch nicht in Investitionsentscheidungen einbeziehen (vgl. Abbildung 5.15.). 65,2% berücksichtigen sie in Form von zu erfüllenden Anforderungen, 30,4% quantifizieren qualitative Aspekte z. B. mit Hilfe von Kosten-/Nutzen-Analysen und bei 14,0% der Probanden fließen ökologische Aspekte als Einnahmen oder Ausgaben in die Investitionsbeurteilung ein.

Die Ergebnisse bestätigen die weitverbreitete These, daß Maßnahmen des betrieblichen Umweltschutzes in erster Linie als Restriktionen verstanden werden, die die Rahmenbedingungen für betriebswirtschaftliche Entscheidungen darstellen[79)]. Betrachtet man die Ergebnisse allerdings im Lichte der von Unternehmen eingesetzten Methoden[80)], ist es nicht überraschend, daß bei einer Dominanz von Kosten-/Nutzenüberlegungen und reinen Kostenvergleichen quantitative Berücksichtigungen von ökologischen Aspekten mittels dynamischer Verfahren unterdurchschnittlich verbreitet sind, da die Unternehmen diese auch für alle nichtökologiebezogenen Investitionsentscheidungen unterdurchschnittlich anwenden.

Ökologische Risiken, die sich durch Investitionen ergeben können, werden in 69,4% der Fälle qualitativ in Erwägung gezogen; 23,8% der Unternehmen stellen worst case-/best case-Betrachtungen an und 3,3% verwenden Simulationen zu deren Abbildung. Die Ergebnisse verdeutlichen, daß der Risikoaspekt in Investitionskalkülen methodisch nicht mit dem Gewicht versehen wird, der ihm zukommt.

---

79) Vgl. COENENBERG, A.G. / BAUM, H.-G. / GÜNTHER, E. / WITTMANN, R. (1992), S. 15.

80) Vgl. Kapitel 5.1.2..

Auf der anderen Seite können die Ergebnisse auch ein Indikator für praktische Probleme in der Erfassung und Verarbeitung von ökologischen Risiken sein.

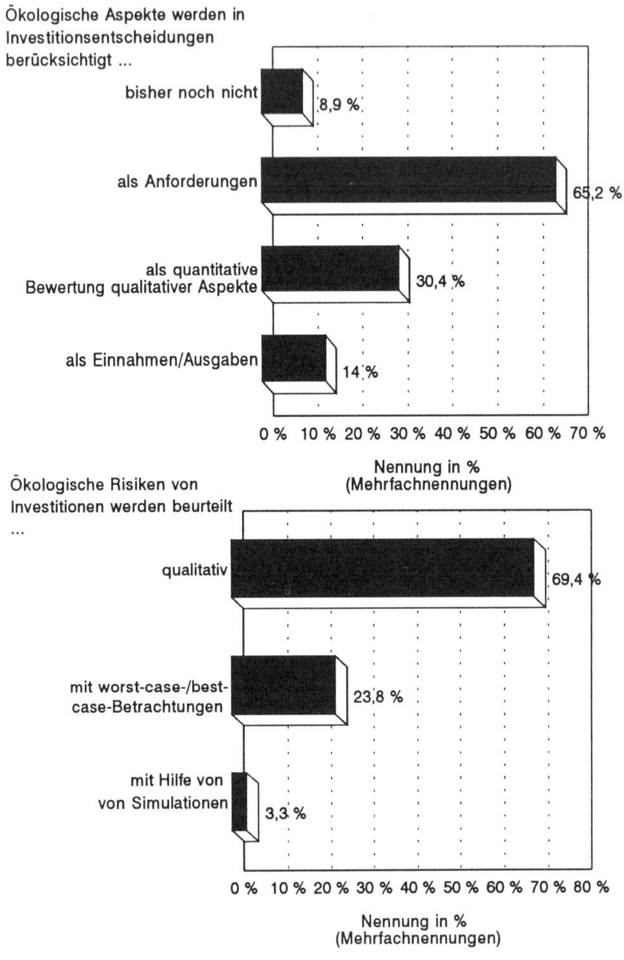

Abb. 5.15.: Berücksichtigung ökologischer Aspekte bei Investitionsentscheidungen

Ein Kontingenztest für den Zusammenhang zwischen der Ökologieorientierung der Unternehmen und der Art der Berücksichtigung von ökologischen Aspekten in Investitionsentscheidungen führte zu folgenden Ergebnissen:

Nullhypothese H_0: Unabhängigkeit von Ökologieorientierung und Art der Berücksichtigung ökologischer Aspekte bei Investitionsentscheidungen

Gegenhypothese H_1: Abhängigkeit der beiden Variablen

Ökologie-orientierung		Art der Berücksichtigung ökologischer Aspekte bei Investitionsentscheidungen: bisher noch nicht	als Anforderungen	qualitative Aspekte	quantitativ	Summe
0 bis 1	allenfalls langfristig angestrebt	10 2,1%	18 3,7%	9 1,9%	3 0,6%	40 8,3%
1 bis 2	kurzfristig angestrebt	22 4,6%	69 14,3%	29 6,0%	11 2,3%	131 27,1%
2 bis 3	weitgehend verwirklicht	12 2,5%	123 25,5%	48 9,9%	35 7,2%	218 45,1%
3 bis 4	voll verwirklicht	0 0,0%	39 8,1%	34 7,0%	21 4,3%	14 19,5%
	Summe	44 9,1%	249 51,6%	120 24,8%	70 100,0%	483 100,0%

Abb. 5.16.: Kontingenztabelle zum Zusammenhang von Ökologieorientierung und Art der Berücksichtigung ökologischer Aspekte bei Investitionsentscheidungen

Der Kontingenztest auf Basis obiger Kontingenztabelle führte zu folgendem Ergebnis:

Freiheitsgrade (n-1)(m-1) = (4-1)(4-1) = 9
Chi-Quadrat-Testwert $X^2[9]$ = 49,56
α-Fehler = < 0,0001
Anzahl der Unternehmen N = 483

Dies zeigt, daß die Nullhypothese verworfen werden kann. Wie die Kontingenztabelle veranschaulicht, berücksichtigen Unternehmen mit hoher Ökologieorientierung ökologische Aspekte auch bei Investitionsentscheidungen stärker als Unternehmen mit geringer ausgeprägter Ökologieorientierung.

5.2. Integration ökologischer Aspekte in kostenorientierte Entscheidungen

Im Unterschied zur Investitionsrechnung, die eine projektbezogene, periodenübergreifende Betrachtung vornimmt, bezieht sich die Kostenrechnung auf einzelne Zeitscheiben und ist stärker stellen- bzw. bereichsorientiert[81)]. **Gegenstand der Kostenrechnung** ist die Unterstützung operativer Managementaufgaben der Planung, der Steuerung und der Kontrolle[82)], die sich auf Prozesse, Bereiche und

81) Zur Abgrenzung von Investitions- und Kostenrechnung vgl. z. B. KÜPPER, H.-U. (1990), S. 254.

82) Vgl. KLOOCK, J. (1990), S. 129 und MÄNNEL, W. (1992), S. 89.

Produkte beziehen[83]. Da ökologiebezogene Aktivitäten nicht nur in abgegrenzten Projekten Niederschlag finden, sondern darüber hinaus auf alle Bezugsobjekte der Kostenrechnung - nämlich Prozesse, Bereiche und Produkte - wirken, ist ihre Abbildung in der Kostenrechnung zu analysieren[84]. Dabei ist zu berücksichtigen, daß sich Veränderungen der Urbilder, die den Kalkulationsobjekten zugrunde liegen, aufgrund der dargestellten Einflußgrößen im Makro- und Aufgabenumfeld auch auf die Kalkulationsobjekte selbst auswirken[85].

5.2.1. Ökologieorientierter Kostenbegriff

Kosten werden allgemein als bewerteter Verzehr von Gütern und Diensten zur Erstellung betrieblicher Leistungen definiert[86]. Damit müßte eigentlich jeder Verzehr von ökologisch bedeutenden Gütern eingeschlossen sein. Um dies zu untersuchen, sind die verschiedenen Kostenbegriffe zu betrachten[87]: Beim **pagatorischen Kostenbegriff**, der auf KOCH zurückzuführen ist, basiert der Wertansatz auf den "mit Herstellung und Absatz einer Erzeugniseinheit bzw. einer Periode verbundenen nicht-kompensierten Ausgaben"[88], d. h. auf ausgabengleichen Kosten[89]. Ökologiekosten sind also nur insoweit integriert als sie bereits internalisiert sind und zu Ausgaben des Unternehmes führen. Eine Überschneidung von pagatorischen und externen Kosten ist im allgemeinen nicht gegeben[90]. Wird der **wertmäßige Kostenbegriff** zugrunde gelegt, so bezieht sich die Abgrenzung auf "die Werte der für Leistungen verzehrten Güter"[91], d. h. auf den monetären Grenznutzen, den das Unternehmen aus dem Verbrauch der Güter ableiten kann.

Kosten bezeichnen damit sowohl einen Mengen- als auch einen Werteverzehr. Die Mengenkomponente wiederum setzt Güterverzehr und Leistungsbezogenheit voraus. Beim Kriterium des Güterverzehrs geht es zum einen um die Frage des Gutcharakters, zum anderen um die Verzehrseigenschaft dieses Gutes, denn "nur der Verzehr von wirtschaftlichen (knappen) Gütern kann nach dem wertmäßigen Ko-

---

83) Vgl. FRANZ, K.-P. (1992), S. 128.

84) Damit kann den Anforderungen KAPPS Genüge geleistet werden, der meinte, nichts sei irrationaler als eine unvollständige Kostenrechnung, KAPP, K.W. (1979), S. 13.

85) Vgl. KLOOCK, J. (1990), S. 130.

86) Vgl. z. B. KLOOCK, J. / SIEBEN, G. / SCHILDBACH, T. (1991), S. 26; COENENBERG, A.G. (1992), S. 38.

87) Vgl. EICHHORN, P. (1972), S. 635.

88) Vgl. KOCH, H. (1958), S. 361.

89) Vgl. GÖRG, M. (1981), S. 116.

90) HEINEN / PICOT kommen zu dem Fazit, "daß nur in bestimmten Prognosesituationen mit Hilfe zweckbedingter Hypothesen eine zukunftsbezogene und nur unter ganz spezifischen Produktionsbedingungen mit Hilfe prämissenbedingter Hypothesen eine gegenwarts- und vergangenheitsorientierte Einbeziehung von einzelnen sozialen Kostenarten in den pagatorischen Kostenbegriff möglich ist." HEINEN, E. / PICOT, A. (1974), S. 354.

91) Vgl. SCHMALENBACH, E. (1963), S. 6.

stenbegriff zu den Kosten gezählt werden"[92]. Die Leistungsbezogenheit von Gütern setzt voraus, daß ohne deren Nutzung keine Produktion möglich ist. Die Bewertung von Kosten erfolgt in Geldeinheiten, setzt also eine monetäre Bewertbarkeit voraus.

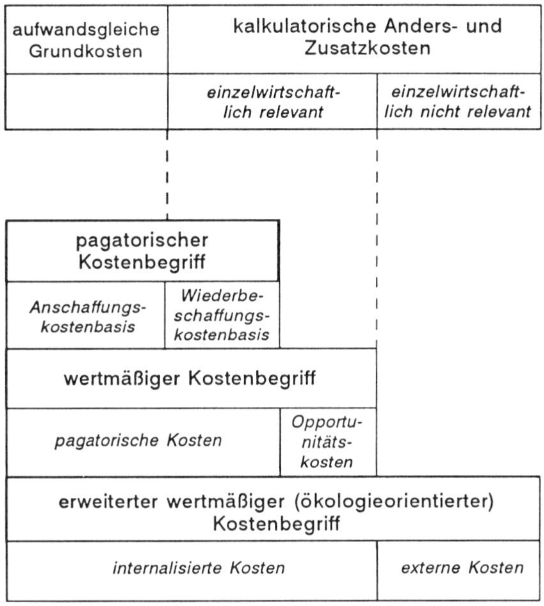

Abb. 5.17.: Ökologieorientierter Kostenbegriff

Ökologiekosten sind insoweit in diesen Kostenbegriff integriert als sie einzelwirtschaftliche Relevanz besitzen und monetär bewertbar sind. Darüber hinaus können auch externe Effekte in die Betrachtung einbezogen werden, wodurch die Erweiterung zum ökologieorientierten Kostenbegriffs vollzogen wird. SCHMALENBACH vertritt das Prinzip der gemeinwirtschaftlichen Wirtschaftlichkeit, beschränkt sich also nicht auf die Betrachtung einzelwirtschaftlicher Gesichtspunkte[93]. Der ökologieorientierte Kostenbegriff ist als erweiterter wertmäßiger Kostenbegriff zu verstehen[94].

92) HEINEN, E. / PICOT, A. (1974), S. 357. Vgl. auch ROTH, U. (1992), S. 115 ff..

93) Vgl. SCHMALENBACH, E. (1963), S. 3.

94) Vgl. zur Abgrenzung der einzelnen Kostenbegriffe auch SCHREINER, M. (1992), S. 944. Die Abgrenzung der Kosten wird den Begriffsbestimmungen dieser Arbeit zugrunde gelegt. Unter **Ökologiekosten** werden somit alle Kosten verstanden, die als internalisierte oder externe Ökologiekosten dem Unternehmen zuzurechnen sind.

Werden nun ökologische Aspekte in die Unternehmensführung integriert, so kann dies im Kostenrechnungssystem zu zwei Veränderungen führen[95]:

1) Ökologische Aspekte können in die **traditionelle Kostenrechnung** durch deren Differenzierung bzw. Erweiterung Eingang finden.

2) Eine Anwendung moderner Konzepte des **Kostenmanagements**[96] auf ökologische Fragestellungen kann für die ökologieorientierte Steuerung erforderlich werden.

Während die traditionellen Aufgaben der Kostenrechnung die Erfassung und Bewertung der Kosten innerhalb der Kostenarten-, -stellen- und -trägerrechnung umfassen, zielen neuere Ansätze des Kostenmanagements auf die Verknüpfung mit der strategischen Ausrichtung des Unternehmens[97]. Wichtig dabei ist, "daß wir es mit Kosten*management* und nicht alleine mit Kosten*rechnung* zu tun haben"[98].

5.2.2. Ökologiebedingte Veränderungen der Kostenrechnung

Nach der Erfassung und Bewertung der Ökologiekosten- und leistungsarten (Kostenartenrechnung)[99] sind diese für die Planung, Steuerung und Kontrolle einzelnen Bereichen (Kostenstellenrechnung) und Produkten (Kostenträgerrechnung) zuzurechnen[100].

Aufgabe der **Kostenartenrechnung** ist die umfassende Erfassung und Bewertung aller anfallenden Kosten. Dies erfordert - wie bereits ausgeführt - eine Analyse aller Wertschöpfungsstufen. Die Schwerpunkte liegen für eine Berücksichtigung kostenorientierter Entscheidungen in der sachlichen und zeitlichen Abgrenzung[101]. Bei der Erfassung ist zwischen primären und sekundären Ökologiekosten zu unterscheiden[102], wobei primäre Kosten direkt einer Kostenstelle zuordenbar sind, wohingegen sekundäre Kosten über die innerbetriebliche Leistungsverrechnung von Hilfskostenstellen auf Hauptkostenstellen verteilt werden. Darüber hin-

---

95) Vgl. SCHREINER, M. (1992a), S. 470 f..

96) Vgl. MÄNNEL, W. (1992a), S. 289 ff..

97) Vgl. HORVATH, P. (1990a), S. 178 f. und FISCHER, T.M. (1993), S. 3.

98) HORVATH, P. (1990), S. 179.

99) Vgl. die Ausführungen in Kapitel 4.2.2.1..

100) Vgl. die Ansätze von FLEISCHMANN, E. / PAUDTKE, H. (1977), S. 17 und SCHREINER, M. (1992), S. 950.

101) Vgl. RENTZ, O. (1979), S. 18; BUNDESVERBAND DER DEUTSCHEN INDUSTRIE e. V. (BDI) (Hrsg.) (1979), S. 22; VEREIN DEUTSCHER INGENIEURE (VDI) (Hrsg.) (1979), S. 2 und VEREINIGUNG DEUTSCHER ELEKTRIZITÄTSWERKE (VDEW) (Hrsg.) (1986), S. 18 und SCHREINER, M. (1990), S. 206.

102) Vgl. HAASIS, D. (1992), S. 119 f.. Vgl. die Ausführungen zur Behandlung und Aussagefähigkeit von primären und sekundären Kosten ROTH, U. (1992), S. 115 ff..

aus sind in der Kostenartenrechnung Einzel- und Gemeinkosten zu trennen[103], wobei Ökologiekosten in der Regel Gemeinkostencharakter haben.

Nachfolgende Abbildung gibt einen Überblick über die Erfassung der internalisierten Ökologiekosten in der betrieblichen Praxis.

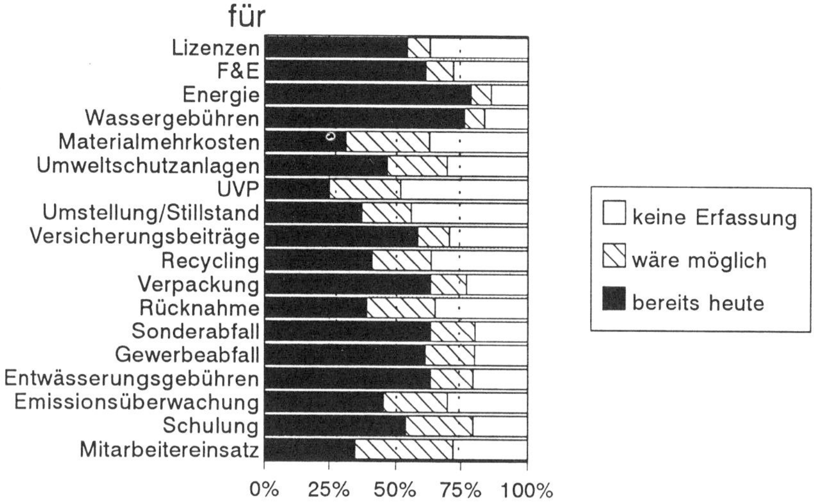

Abb. 5.18.: Erfassung der Ökologiekosten

Die getrennte Erfassung der Ökologiekosten ist eine wesentliche Voraussetzung für eine aussagekräftige Informationsbasis, um ökologiebezogene Entscheidungen unterstützen zu können. Auf Basis der empirischen Erhebung wird untersucht, welcher Zusammenhang zwischen der Ökologieorientierung einzelner Bereiche und der getrennten Erfassung von Ökologiekosten in diesen Bereichen besteht.

Nullhypothese H_0: Unabhängigkeit der Ökologieorientierung einzelner Wertschöpfungsstufen und der Erfassung wertschöpfungsspezifischer Ökologiekosten

Gegenhypothese H_1: Abhängigkeit der beiden Variablen

Mit Hilfe der Kontingenztests wird z. B. untersucht, ob zwischen der Ökologieorientierung des Produktionsbereichs und der getrennten Erfassung der Ökologiekosten dieses Bereiches, wie z. B. Kosten für Umweltschutzanlagen, Kosten für Umweltverträglichkeitsprüfung oder Umstellungs- und Stillstandskosten, ein Zusammenhang besteht.

103) Vgl. z. B. FLEISCHMANN, E. / PAUDTKE, H. (1977), S. 20 f.; HAASIS, D. (1992), S. 119 f.; ROTH, U. (1992), S. 117; SCHREINER, M. (1992), S. 950. Einzelkosten sind bereits im Rahmen der Kostenartenrechnung in ökologiebezogene und nicht-ökologiebezogene zu untergliedern; vgl. KLOOCK, J. (1992a), S. 936.

Untersuchte Wertschöpfungsstufe	Freiheitsgrade	χ^2-Wert	α-Fehler	Unabhängigkeit ?
Forschung & Entwicklung	4	72,51	< 0,0001	abgelehnt
Beschaffung	4	3,35	0,5011	nicht abgelehnt
Produktion	4	45,13	< 0,0001	abgelehnt
Vertrieb	4	47,94	< 0,0001	abgelehnt
Entsorgung	4	36,02	< 0,0001	abgelehnt
Recycling	4	19,04	0,0008	abgelehnt

Abb. 5.19.: Kontingenztests zum Zusammenhang von Ökologieorientierung und getrennter Erfassung der Kosten einzelner Wertschöpfungsstufen

Wie die Ergebnisse der Kontingenztests zeigen, kann die Nullhypothese von der Unabhängigkeit der Ökologieorientierung und der getrennten Kostenerfassung für alle Wertschöpfungsstufen mit Ausnahme der Beschaffung verworfen werden. Die absoluten Häufigkeiten der Kreuztabellen weisen darauf hin, daß Unternehmen mit stärkerer wertschöpfungsstufenspezifischer Ökologieorientierung auch häufiger Ökologiekosten in ihrer Kostenrechnung getrennt erfassen. Hierdurch wird die Basis für weitergehende Entscheidungsrechnungen geschaffen. Für die Beschaffung konnte die Unabhängigkeit nicht abgelehnt werden. Dies könnte darauf zurückzuführen sein, daß Kosten für Energie und Wasser in vielen Unternehmen ohnehin getrennt als Kostenarten in der traditionellen Kostenrechnung erfaßt werden. Eine stärkere Ökologieorientierung kann sich diesbezüglich nicht mehr bemerkbar machen[104)].

Im Rahmen der **Kostenstellenbetrachtung** können Kostenstellen vorliegen, die ausschließlich, teilweise oder nicht ökologiebedingt sind[105)]. Ausschließlich dem Umweltschutz dient beispielsweise eine unternehmenseigene Kläranlage. In vielen Fällen liegen allerdings Kostenstellen vor, die nur ökologiebedingte **Teilfunktionen** ausüben. Dies erfordert Techniken der Kostentrennung innerhalb der Kostenstellen. Die Abspaltung kann z. B. proportional zum Anteil der Umweltschutzinvestitionen an den gesamten Investitionen erfolgen[106)]. Treten im Bereich der Einzelkosten Ökologiekosten auf, können diese direkt den Kostenträgern zugerechnet und separat ausgewiesen werden. Um Gemeinkosten detailliert darzustellen, muß

104) Vgl. hierzu auch die Darstellung der empirischen Ergebnisse in Abbildung 5.18..
105) Vgl. FLEISCHMANN, E. / PAUDTKE, H. (1977), S. 16, BUNDESVERBAND DER DEUTSCHEN INDUSTRIE e. V. (BDI) (Hrsg.) (1979), S. 13 f.; RENTZ, O. (1979), S. 80 ff.; HAASIS, D. (1992), S. 121; ROTH, U. (1992), S. 119; SCHREINER, M. (1992), S. 949 und WAGNER, G.R. (1992), S. 921.
106) Vgl. FLEISCHMANN, E. / PAUDTKE, H. (1977), S. 19.

eine Aufschlüsselung nach Kostenstellen erfolgen[107)]. Gerade bei innerbetrieblichen Lieferungen und Leistungen kann dies sehr aufwendig sein[108)]. Schließlich ist je nach Kostenrechnungssystem eine Trennung in fixe und beschäftigungsproportionale Kosten vorzunehmen.

Im Rahmen der **Kostenträgerrechnung** werden die Ökologiekosten pro Kostenträger bestimmt. Einzelkosten können direkt dem Kostenträger zugerechnet werden. Eine ökologieorientierte Aufschlüsselung der Kosten verlangt eine Trennung der Gemeinkostensätze nach Kostenstellen[109)]. Für eine verursachungsgerechte Kalkulation (Kostenträgerstückrechnung) sind die Ökologiegemeinkosten auf die Kalkulationsobjekte zu verteilen[110)]. Aus der Kostenträgerzeitrechnung muß erkennbar sein, in welcher Höhe Ökologiekosten und -leistungen in der Abrechnungsperiode angefallen sind.

Ökologiekosten werden entsprechend der Logik der traditionellen Kostenrechnung verarbeitet und stellen keine besonderen Anforderungen an die Ausgestaltung des Systems, wenn in der Kostenartenrechnung die Ansatz- und Bewertungsproblematik gelöst wurde. Die Integration ökologischer Aspekte in die traditionelle Kostenrechnung eröffnet dann die Anwendung betriebswirtschaftlicher Steuerungs- und Optimierungsverfahren, wie sie z.B. die Verfahren der Produktionsprogrammplanung darstellen[111)].

---

107) Die Vorgehensweise der Aufschlüsselung entspricht allerdings der Vorgehensweise innerhalb der traditionellen Kostenrechnung.

108) Zu beachten ist hierbei insbesondere, daß eine Entlastung der liefernden Hilfskostenstelle erfolgt, um eine Doppelzählung zu vermeiden. Verfahren hierzu sind z. B. das Stufenleiter- oder das Anbauverfahren; vgl. zur Vorgehensweise COENENBERG, A.G. (1992), S. 82 f..

109) Vgl. SCHREINER, M. (1992), S. 949 f.

110) Vgl. HAASIS, D. (1992), S. 122. Verfahren, die hierfür angewendet werden können, sind z. B. die Divisions- oder die Zuschlagskalkulation, vgl. COENENBERG, A.G. (1992), S. 93 ff.. Auch hier unterscheidet sich die Vorgehensweise nicht von der üblichen.

111) FABER / NIEMES / STEPHAN, JAHNKE und DINKELBACH haben z. B. ökologische Fragestellungen in marginalanalytische Produktionsmodelle auf Basis der Modelle von LEONTIEF und GUTENBERG integriert. Vgl. hierzu FABER, M. / NIEMES, H. / STEPHAN, G. (1983), S. 66 ff.; JAHNKE, B. (1986), S. 120 ff.; DINKELBACH, W. (1987), S. 59 ff.; DINKELBACH, W. / PIRO, A. (1989), S. 399 ff. und S. 474 ff. sowie DINKELBACH, W. / PIRO, A. (1990), S. 640 ff. und S. 700 ff. Zu ökologiebezogenen Ansätzen der linearen Programmierung vgl. FANDEL, G. (1981), S. 193 ff.; FANDEL, G. (1987), S. 143 ff.; KISTNER, K.P. (1989), S. 42 ff. und KISTNER, K.P. / STEVEN, M. (1991), S. 1307 ff..

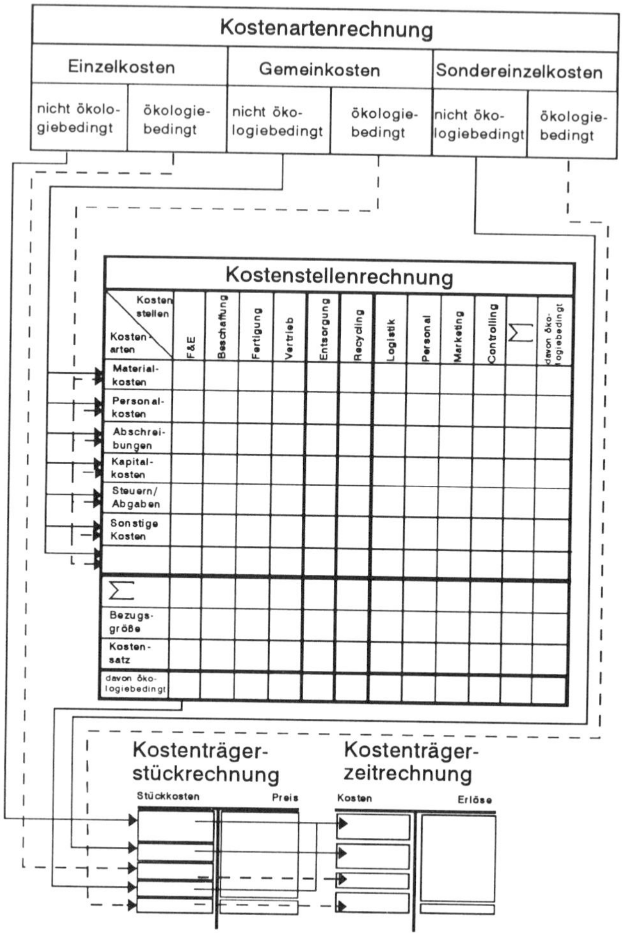

Abb. 5.20.: Kostendurchlaufschema[112)]

Diese traditionelle Struktur der Kostenrechnung kann nun unterschiedlich ausgestaltet werden: Zum einen stellt sich die Frage, ob das System auf eine **Istkostenbetrachtung** beschränkt bleiben soll oder ob es um eine **Plankostenrechnung** zu erweitern ist[113)], die zukünftige dispositive Entscheidungen unterstützt und eine aussagekräftige Kontrolle ermöglicht. Zum anderen können Kostenrechnungssysteme **auf der Basis von Grenz- oder Vollkosten** gestaltet werden, was davon ab-

112) Vgl. BESCHORNER, D. (1986), S. 34 ff. und SCHREINER, M. (1992), S. 950.

113) Zu den Einsatzmöglichkeiten der Plankostenrechnung vgl. COENENBERG, A.G. (1992), S. 343 ff..

hängig ist, ob die Kostenrechnung kurzfristige Entscheidungen unterstützt oder auf langfristig angelegte Ziele ausgerichtet ist[114].

KLOOCK vertritt die Meinung, daß eine Ökologiekostenrechnung auf der Basis von Grenzplankostenrechnungen durchzuführen ist[115]. Eine Kostenrechnung auf Plankostenbasis ist notwendig, um einen sinnvollen Plan-/Istvergleich durchführen zu können. Daneben dient sie der Kostenkontrolle. Da reine Istkostenrechnungen nur vergangenheitsorientiert sind, ökologieorientierte Entscheidungen aber zukunftsorientiert sein müssen, ist eine Rechnung auf Plankostenbasis notwendig. KLOOCK ist sicherlich darin Recht zu geben, daß die Unterstützung kurzfristiger Entscheidungen die Kenntnis der Grenzkosten und somit eine Grenzkostenrechnung notwendig macht. Dies reicht nur dann aus, wenn davon ausgegangen wird, daß langfristige Entscheidungen, die die Potentialfaktoren betreffen, Aufgabe der Investitionsrechnung sind. Dennoch liegt es auch im Interesse der Kostenrechnung, die Abbildung von Investitionsentscheidungen in den Periodenbetrachtungen der Kostenrechnung zu ermöglichen, d. h. auch den Fixkostenanteil bereichs- und produktspezifisch auszuweisen[116]. Da ökologieorientierte Entscheidungen sehr häufig langfristiger Natur sind, kommt auch dieser Fragestellung besondere Bedeutung zu.

5.2.3. Kostenmanagement ökologischer Erfolgsfaktoren

Aufgrund der Änderungen im Makro- und Aufgabenumfeld vieler Unternehmen wurde in den letzten Jahren die Forderung nach der Ergänzung der traditionellen Kostenrechnung im Sinne eines Kostenmanagements laut. Dieses soll die Verknüpfung strategischer Zielsetzungen des Unternehmens und kostenorientierter Betrachtungen zur Umsetzung in operative Entscheidungen ermöglichen[117]. Von den drei Aufgaben Planung, Steuerung und Kontrolle verdient der Steuerungsaspekt besondere Beachtung, da die restriktiveren Umfeldbedingungen die ge

---

114) Zur vergleichenden Beurteilung vgl. COENENBERG, A.G. (1992), S. 124 f.. Teilkosteninformationen beinhalten zusätzliche, entscheidungsrelevante Informationen, sie bergen jedoch auch die Gefahr, Deckungsbeiträge und Gewinne gleichzusetzen.

115) Vgl. KLOOCK, J. (1990), S. 131 ff.. KLOOCK bezieht seine Ausführungen auf die flexible Plankostenrechnung auf Teilkostenbasis (direct costing oder Grenzplankostenrechnung).

116) Vgl. BETRIEBSWIRTSCHAFTLICHE AUSSCHUß DES VERBANDES DER CHEMISCHEN INDUSTRIE e.V. (1973), S. 2055.

117) Vgl. z. B. MÄNNEL, W. (1992), S. 90. MÄNNEL differenziert moderne Unternehmensstrukturen über alle Wertschöpfungsstufen, um so Rahmenbedingungen für die Weiterentwicklung der Kosten- und Leistungsrechnung zu erhalten. Neben den ökologiespezifischen Einflüssen fanden auch andere Erfolgsfaktoren wie Qualität oder Logistik Eingang in die Diskussion um die Ausgestaltung von Kostenrechnungssystemen. FISCHER untersucht hierfür zunächst strategische Erfolgspotentiale und Erfolgsfaktoren mit der Zielsetzung, strategische Schlüsselfaktoren zu identifizieren. Darauf aufbauend werden Möglichkeiten des Kostenmanagements dieser Faktoren diskutiert; vgl. FISCHER, T.M. (1993) und die dort zitierte Literatur.

zielte Umsetzung von Erfolgspotentialen erfordern. Die Bedeutung, die der Ökologieorientierung als strategischem Erfolgsfaktor[118] zukommt, erfordert eine intensive Steuerung auf Prozeß-, Bereichs- und Produktebene. In dem Forschungsgebiet wurden in den letzten Jahren Ansätze diskutiert, die insbesondere für eine Berücksichtigung ökologischer Aspekte bei kostenorientierten Entscheidungen geeignet sind. Teilweise handelt es sich dabei um neue, teilweise aber auch um die Ergänzung bereits vorhandener Ansätze.

Eine Gliederung kann anhand der drei Bezugsobjekte Prozeß, Bereich und Produkt erfolgen:

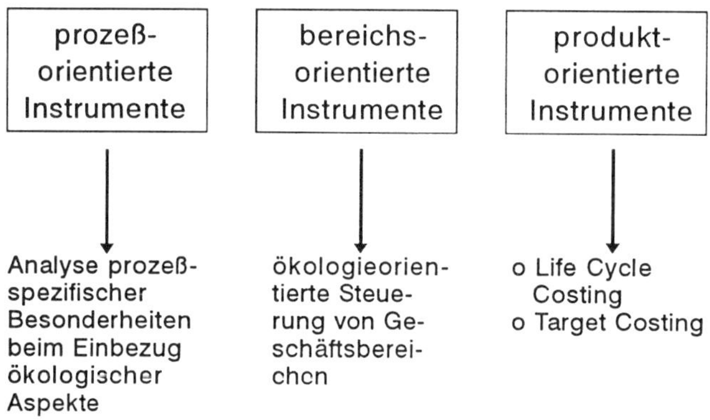

Abb. 5.21.: Integration ökologischer Aspekte in Instrumente der Kostenrechnung

Die Dreiteilung resultiert aus dem Bestreben, die kostenrechnerischen Aufgaben der Planung, Disposition und Kontrolle neben der klassischen Kategorisierung in Kostenstellen (Bereiche) und Kostenträger (Produkte) auch durch Berücksichtigung von Prozessen als Querschnittsfunktion erfüllen zu können. Die Einteilung wurde auch gewählt, da sie für nicht-monetäre Instrumente des erweiterten, ökologieorientierten Controlling sehr verbreitet ist[119].

5.2.3.1. Prozeßorientierte Kostenrechnung als Grundlage eines ökologieorientierten Kostenmanagements

Wie die Ausführungen in Kapitel 4 gezeigt haben, fallen in den Unternehmen Ökologiekosten an, die entweder den Stufen der klassischen Wertschöpfungskette zugeordnet werden können oder deren Umfang und Bedeutung durch die Erweiterung um die Bereiche Entsorgung und Recycling zu einem Wertschöpfungskreis

118) Vgl. COENENBERG, A.G. / WEISE, E. / ECKRICH, K. (Hrsg.) (1991), S. V.
119) Vgl. hierzu die Ausführungen in Kapitel 6..

führt[120]. Diese Entwicklung, die auf der zunehmenden Knappheit von Ressourcen und Aufnahmekapazitäten beruht, erweitert den Umfang der in der Kostenrechnung abgebildeten Größen. Da die Kosten oft bereichs- oder periodenübergreifend anfallen, ist eine Kostenrechnungskonzeption zu entwickeln, die diese Problematik geeignet zu lösen vermag[121]. Im folgenden wird untersucht, inwieweit die prozeßorientierte Kostenrechnung hierzu in der Lage ist.

5.2.3.1.1. Das System der prozeßorientierten Kostenrechnung

Ziel der prozeßorientierten Kostenrechnung, die insbesondere für die Verrechnung von Gemeinkosten indirekter Bereiche auf einzelne Aktivitäten entwickelt wurde, ist die Ermittlung von Kosten konkret abgegrenzter und erfaßter Prozesse[122] im Unternehmen (Prozeßkosten), um einerseits eine Basis für eine verursachungsgerechte Kalkulation zu erhalten und andererseits eine effektive Kostenkontrolle zu ermöglichen[123]. Bedeutung kommt der prozeßorientierten Kostenrechnung aufgrund der veränderten Kostenstrukturen zu, die sich durch eine Verlagerung der Kosten auf nur indirekt an der Leistungserstellung beteiligte Aktivitäten wie Logistik, Qualitätssicherung oder Umweltschutz auszeichnet[124]. Innerhalb dieser indirekten Bereiche werden die meisten Kosten als fix eingestuft, da sie keinen Beschäftigungsschwankungen unterliegen[125]. Allerdings sind sie von der Komplexität der Betriebsstruktur abhängig und werden bei einem langfristigen Zeithorizont als disponibel betrachtet[126]. Dies rechtfertigt eine Vollkostenorientierung, d. h. die Berücksichtigung variabler und fixer Kosten zur Entscheidungsfindung.

---

120) Vgl. die Ausführungen zu diesen Bereichen in Kapitel 3..

121) WAGNER / JANZEN schlagen vor, in einer Projektrechnung ökologieorientierte Planungsfelder als spezifische Kalkulationsobjekte darzustellen; vgl. WAGNER, G.R. / JANZEN, H. (1991) und WAGNER, G.R. (1992), S. 925.

122) Unter einem **Prozeß** wird im allgemeinen "eine Abfolge von funktionalen, räumlich und zeitlich zusammenhängenden Arbeitsschritten verstanden, durch die mittels Einsatz von Stoffen und Energien ein bestimmtes Leistungsergebnis erzielt wird". HALLAY, H. / PFRIEM, R. (1992), S. 80.

123) Vgl. COENENBERG, A.G. / FISCHER, T.M. (1991), S. 25.

124) Diese Tätigkeiten zeichnen sich durch ihren planenden, steuerenden und kontrollierenden Chararakter aus; vgl. HORVATH, P. / MAYER, R. (1989), S. 214.

125) Eine US-amerikanische Untersuchung der Entwicklung der Kostenstrukturen zeigte, daß der Anteil der Gemeinkosten stark zugenommen hat, wohingegen der Anteil der Lohneinzelkosten entsprechend zurückgegangen ist; vgl. MILLER, J.G. / VOLLMAN, T.E. (1985), S. 143.

126) Vgl. COOPER, R. / KAPLAN, R.S. (1988), S. 20 ff..

Um Aussagen über die Verantwortungszuweisung[127)] der Kosten machen zu können, ist eine Prozeßanalyse vorzunehmen, die alle ökologierelevanten Prozesse aufgliedert[128)]. Die prozeßorientierte Betrachtung der Kosten entspricht dem Modell des Wertschöpfungskreises, der ein Analysemodell für die verschiedenen Tätigkeitsfelder eines Unternehmens darstellt[129)]. Die Unterteilung der Wertschöpfung geht von den primären und sekundären Aktivitäten aus, die sie in einzelne Tätigkeiten gliedert. Diese einzelnen Tätigkeiten werden in der prozeßorientierten Kostenrechung kostenstellenübergreifend zu Teil- und Hauptprozessen zusammengefaßt, denen gemeinsame Kosteneinflußgrößen zugrunde liegen. Diese Vorgehensweise erlaubt eine Reduktion der Komplexität, ohne die verursachungsgerechte Zuordnung der Kosten zu beeinträchtigen.

Im Unterschied zu traditionellen Kostenrechnungssystemen verzichtet sie - soweit möglich - auf indirekte, d. h. wertmäßige Bezugsgrößen[130)]. Vielmehr werden Bezugsobjekte (Prozeßgrößen) identifiziert, die die Leistung der Bereiche oder Kostenstellen widerspiegeln. Die Prozeßgrößen gelten als Cost Driver für die ihnen zurechenbaren Prozeßkosten[131)]. COOPER / KAPLAN entwickeln ein hierarchisches Prozeßkostenmodell, in dem sie Prozesse und die zugehörigen Kostentreiber je nach Bezugsgröße stufenartig in stückzahlenabhängige, losabhängige, variantenabhängige und werksabhängige Aktivitäten gliedern[132)]. Diese Tiefengliederung läßt sich auch auf ökologische Prozesse übertragen. Abbildung 5.22. zeigt mögliche Prozesse innerhalb der einzelnen Wertschöpfungsstufen.

WERTSCHÖPFUNGSSTUFE	PROZESSE
Beschaffung	Material bestellen Material transportieren Material prüfen Material lagern Material verzinsen

127) Wenn das auf volkswirtschaftlicher Ebene diskutierte Verursacherprinzip in den Unternehmen umgesetzt werden soll, wird die Möglichkeit der Verantwortungszuweisung erforderlich. Sofern die Ökologiekosten nach der Zuordnung zu den Bereichen mit klassischen Kalkulationsverfahren, wie z. B. der Zuschlagskalkulation, nicht verursachungsgerecht auf die sie verursachenden Produkte verteilt werden können, kann die prozeßorientierte Kostenrechnung eingesetzt werden.

128) Prozesse stellen repetitive Tätigkeiten dar, die in den Kostenstellen oder Abteilungen eines Unternehmens anfallen; vgl. FISCHER, T.M. (1993), S. 194.

129) Vgl. FRÖHLING, O. (1989), S. 67.

130) Vgl. COENENBERG, A.G. / FISCHER, T.M. (1991), S. 28.

131) Cost Drivers, d. h. kostentreibende Größen, sollten einfach abzuleiten und proportional zu den beanspruchten Ressourcen sein; vgl. COOPER, R. (1989), S. 42.

132) Vgl. COOPER, R. / KAPLAN, R.S. (1991), S. 89 und die Ausführungen bei FISCHER, T.M. (1993), S. 208 ff..

WERTSCHÖPFUNGSSTUFE	PROZESSE
Produktion	Fertigung planen Fertigungsaufträge vorbereiten Fertigungsplätze rüsten Fertigung durchführen (z. B. Montage) Fertigungserzeugnisse prüfen Fertigungserzeugnisse lagern Fertigungserzeugnisse verzinsen
Vertrieb	Werbemaßnahmen durchführen Aufträge bearbeiten Aufträge bestätigen Fertigerzeugnisse transportieren Kundendienstleistungen erbringen
Recycling / Entsorgung	Kondukte trennen Kondukte sammeln Kondukte transportieren Kondukte lagern Sekundärrohstoffe verwerten Abfall, Abwasser und Abluft entsorgen

Abb. 5.22.: Mögliche Hauptprozesse einzelner Wertschöpfungsstufen

Im Bereich von Beschaffung, Produktion und Vertrieb sind die zu betrachtenden **Prozesse** primär auf die Vermeidung, Verminderung oder Substitution, d. h. im weitesten Sinne auf die Vermeidung auszurichten. Bezugsgrößen (**Prozeßgrößen**) für die Vermeidung können sehr vielfältig sein und unterscheiden sich wenig von üblichen Prozeßgrößen. Daneben stellt sich den Unternehmen die Möglichkeit, eine Integration ökologischer Aspekte auf den dem eigentlichen Leistungserstellungsprozeß nachgelagerten Stufen zu erreichen. Für Maßnahmen der Verwertung und der Entsorgung können spezielle Prozeßgrößen definiert werden.

WERTSCHÖPFUNGSSTUFE	PROZESSGRÖßEN
Entsorgung	Art des zu entsorgenden Kondukts (Abfall, Abwasser, Abluft) Qualität des Kondukts (Schadstoffgruppe des Abwassers, Abfallart) Menge des Kondukts
Recycling	Art des Recyclingverfahrens (mechanisch, biologisch, chemisch, thermisch) Ort des Recycling Qualität des Recycling (Wieder-, Weiterverwendung, Wieder-, Weiterverwertung) Menge der Sekundärrohstoffe

Abb. 5.23.: Mögliche Prozeßgrößen der Bereiche Entsorgung und Recycling

Da die zu erfassenden Kosten von mehreren Größen abhängen können, sind für die Gliederung diejenigen auszuwählen, zu denen sich die Höhe der Kosten proportional verhält. Um eine möglichst verursachungsgerechte Kalkulation der Produkte vornehmen zu können, muß der Bezug zwischen Kostentreibern und Kosten möglichst direkt sein[133]. Gerade im Bereich von Entsorgung und Recycling zeigt sich, daß die Auswahl nicht-wertorientierter Bezugsgrößen von großer Bedeutung ist, da z. B. der Wert eines Rückstands in keinem Verhältnis zu den für seine Entsorgung oder Aufbereitung entstehenden Kosten steht, sondern von der jeweiligen Schadensklasse abhängt[134]. Relevant für die Kostenbestimmung sind vielmehr die vorne aufgezeigten Kostentreiber[135].

Nachfolgende Ausführungen zeigen Möglichkeiten, Prozeßgrößen für die Entsorgung von Abfall, Abwasser und Abluft zu bestimmen:

Für die **Entsorgung fester Abfälle** fallen Kosten für die Eigen- oder Fremdentsorgung, Deponiegebühren und eine eventuelle Abfallabgabe an. Abhängig sind diese von der Art des Abfalls (hausmüllähnlicher Gewerbemüll oder Sonderabfall) und der Menge. Bezugsgröße sind somit die "Mengeneinheiten je Abfallart".

Analysiert man die **Entsorgung des Abwassers**, so können die hierfür anfallenden Kosten für die Reinigung in der Kläranlage, für die Einleitung in die Kanalisation und die Abwasserabgabe den Abwassermengen in Abhängigkeit vom Belastungsgrad (Schadeinheiten nach AbwAG) zugeordnet werden. Bezugsgrößen wären hier also der "Belastungsgrad pro Abwassermenge" und die Abwassermenge an sich.

Für die **Entsorgung der Abluft** entstehen Kosten für die Reinigung durch Filter (die bei nicht verursachungsgerechter Aufteilung eventuell dem Prozeß der Entsorgung fester Abfälle zugerechnet werden) und für die Emissionen an sich (z. B. durch die in der Diskussion befindliche CO_2-Abgabe). Da sich die Emissionen in verschiedene Abluftarten unterteilen lassen, sind als Bezugsgrößen der "Belastungsgrad je Abluftart" und der Umfang der Emissionen zu wählen.

---

133) Vgl. COOPER, R. (1989), S. 42. Dies bringt immer dann Vorteile, wenn die Kosten nicht direkt einer Kostenstelle zugeordnet werden können, da sie als fixe Gemeinkosten auftreten.

134) So änderte die DUALE SYSTEM DEUTSCHLAND GmbH, die als Kooperation von Industrie und Handel gegründet wurde, um die Entsorgung von Verpackungen aufgrund der Verpflichtung der Verpackungsverordnung zu regel, im März 1993 die Gebühren für verschiedene Verpackungen. Hintergrund war eine verursachungsgerechte Kostenrechnung für die Prozesse Erfassung, Sortierung und Aufbereitung. So ist die Lizenzgebühr z.B. pro kg Kunststoff mit 2,61 DM um das 16-fache höher als vergleichbare Glasverpackungen. Vgl. o. V. (1993c), S. 27.

135) Für die Untergliederung der Prozeßgrößen existieren mehrere Möglichkeiten: Prozeßgrößen für Kosten- oder für Differenzierungsvorteile, mengen- oder wertabhängige Größen, mengenabhängige und mengenneutrale Prozeßgrößen sowie volumen-, komplexitäts- oder effizienzabhängige Größen; vgl. die Ausführungen hierzu bei FISCHER, T.M. (1993), S. 200 f..

Nach der Untergliederung in Prozesse und der Festlegung von Prozeßgrößen sind die **Prozeßkosten** zu bestimmen[136]. Da die Intensität der Ökologieorientierung von der Planung in den anderen Bereichen abhängt[137], sollte das gesamte Produktionsprogramm als Grundlage der Ökologiekostenplanung dienen. Aus diesem Programm können einerseits die Vermeidungsmaßnahmen der vorgelagerten Bereiche spezifiziert werden; andererseits ist der Umfang von nachfolgenden Maßnahmen der Entsorgung und des Recycling abzuleiten. Ziel ist also eine Erfassung aller notwendigen ökologieorientierten Maßnahmen nach Art und Umfang. Eine Bewertung der einzelnen Prozesse ist erst nach der Kostenplanung möglich. Für die abschließende Kalkulation werden die Prozeßkosten den für die einzelnen Prozesse gemessenen Mengen zugeordnet. Die Höhe des **Prozeßkostensatzes** ergibt sich aus dem Quotient von Prozeßkosten und Prozeßmenge[138]. Kosten, die sich auf diesem Weg nicht zuordnen lassen, müssen pauschal auf die prozeßabhängigen Kosten zugeschlagen werden (leistungsmengenunabhängige Kosten)[139]. Der Prozeßkostensatz gibt beispielsweise an, wie hoch die Kosten der Entsorgung einer bestimmten Abfallart pro Tonne sind. Er kann auch als Produktivitätsmaß Verwendung finden. Um die Prozeßkosten einzelnen Produkten zuordnen zu können, muß produktspezifisch ermittelt werden, in welcher Höhe ein Produkt die Prozesse beansprucht. Danach kann eine **prozeßorientierte Kalkulation** auf den einzelnen Kostenträger und damit eine möglichst verursachungsgerechte Kalkulation erfolgen[140].

5.2.3.1.2. Prozeßorientierte Kostenrechnung zur Umsetzung der Ökologieorientierung

Die obigen Ausführungen haben aufgezeigt, inwieweit Unternehmen durch die Einführung einer prozeßorientierten Kostenrechnung Informationen über ökologisch relevante Vorgänge erhalten können. Es stellt sich die Frage, inwieweit diese Informationen auf eine ökologieorientierte Steuerung Anwendung finden können.

Die Ziele einer ökologieorientierten Strategie können den Ebenen Vermeiden, Vermindern, Substituieren, Verwerten und Entsorgen zugeordnet werden. Wenn die Einsatzmöglichkeiten der prozeßorientierten Kostenrechnung betrachtet wer-

136) Dies erfolgt mit Hilfe eines Betriebsabrechnungsbogens, der an die Anforderungen der prozeßorientierten Kostenrechnung angepaßt werden muß; vgl. die Darstellung der Vorgehensweise bei SIEMENS AG (Hrsg.) (1986), Anlage 4.

137) Sofern Umweltschutzleistungen nicht extern verkauft werden.

138) Vgl. z. B. COENENBERG, A.G. / FISCHER, T.M. (1991), S. 28 f..

139) Vgl. HORVATH, P. / MAYER, R. (1989), S. 216 f.. Die Verrechnung muß wie bisher über prozentuale Zuschlagssätze erfolgen.

140) Vgl. COENENBERG, A.G. / FISCHER, T.M. (1991), S. 31. Somit entsprechen sich das Ziel der Kostenrechnung und der Ökologieorientierung, Kosten und Erlöse verursachungsgerecht zu verteilen.

den, können in Analogie zu den Strategien folgende drei Effekte unterschieden werden[141]: Vermeidungseffekt[142], Substitutionseffekt und Kondukteffekt[143].

a) Vermeidungseffekt

Die Erfassung von Teil- und Hauptprozessen und deren Quantifizierung durch Festlegung von Prozeßgrößen und Erhebung von Prozeßmengen verfolgen das Ziel, Kostentreiber zu identifizieren. Die ökologieorientierte Steuerung kann hier ansetzen, indem sie versucht, Ressourcenverbräuche jeglicher Art zur vermindern oder im Extremfall ganz zu vermeiden, ohne jedoch den gewünschten Output zu beeinträchtigen. Kann z. B. durch organisatorische Ablaufgestaltung im Transportwesen die Zahl der Transporte bei gegebenen Produktionsoutput reduziert werden, dient dies neben der Kostenreduktion auch der effizienteren Ausnutzung beschränkter Ressourcen und vermindert die Belastung der ökologischen Umwelt. Es ist jedoch zu beachten, daß der Vermeidungseffekt nicht isoliert betrachtet werden kann, sondern mit entsprechenden Opportunitätskosten (z. B. entgangenen Gewinnen durch Bestandslücken bei größeren Lieferintervallen) und Kostensteigerungen in anderen Bereichen (z. B. höheren Lagerbeständen durch Bündelung von Transportmengen) abzuwägen ist.

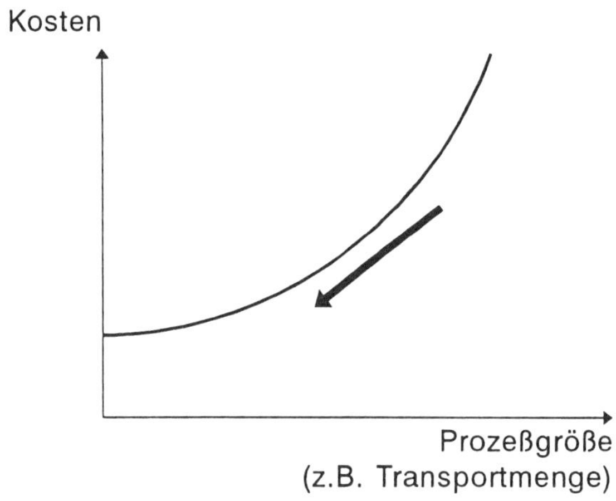

Abb. 5.24.: Vermeidungseffekt

141) Die Effekte können neben den drei kalkulationsbezogenen Effekten Allokations-, Degressions- und Komplexitätseffekt auftreten; zu letzteren vgl. COENENBERG, A.G. / FISCHER, T.M. (1991), S. 31 ff..

142) Die Verminderung wird nicht als eigenständige Strategie betrachtet, da sie auf eine Vermeidung von Belastungen der ökologischen Umwelt abzielt.

143) Wenn weder eine Vermeidung noch eine Substitution möglich ist, fallen Kondukte an, bezüglich derer unternehmerische Entscheidungen gefällt werden müssen. Hierfür stehen die Strategien der Verwertung und der Entsorgung zur Verfügung.

b) Substitutionseffekt

Eine Erweiterung des Vermeidungseffekts stellt der Substitutionseffekt dar. Bei vielen ökologischen Fragestellungen stehen verschiedene Alternativen zur Auswahl, zwischen denen auch aufgrund von Kostenüberlegungen zu entscheiden ist. Da es in diesen Fällen oft um die Gestaltung von Teilprozessen und nicht um die von Produkten geht, kann die **Prozeß**kostenrechnung zur Kostenbewertung hilfreich beitragen. In Ergänzung zu dem oben gewählten Beispiel aus dem Transportwesen kann z. B. die Art und Weise des Transportes zwischen zwei Werken zur Entscheidung anstehen (z. B. per Bahn oder per LKW). Zu Vergleichszwecken ist zu ermitteln, welche Kosten der Kilometer Transportstrecke oder der Kubikmeter Transportraum verursacht. Die mit der Prozeßkostenrechnung ermittelbaren Kostendaten können hier zum Alternativenvergleich herangezogen werden[144].

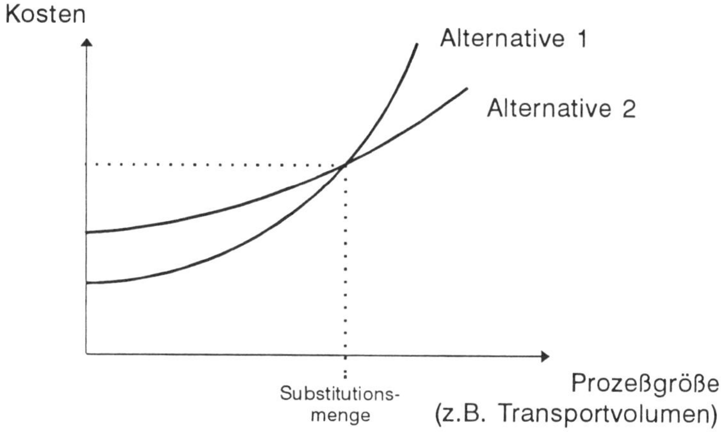

Abb. 5.25.: Substitutionseffekt

c) Kondukteffekt

Für den Fall, daß zur Umsetzung ökologischer Ziele eine Vermeidung oder Substitution nicht möglich ist, fallen Kondukte an, die entweder als Sekundärrohstoffe rezykliert werden können oder als Abfall, Abwasser und Abluft entsorgt werden müssen. Im Bereich des Recycling können über die Kosten für einen Wiedereinsatz hinaus auch Erlöse anfallen, die in den Entscheidungskalkül einbezogen werden müssen. Für die Ermittlung der relevanten Kosten kann wiederum die prozeßorientierte Kostenrechnung angewandt werden, die die relevanten Kosten zu ermitteln vermag. Wie nachfolgende Abbildung zeigt, sind die Entsor-

144) Betrachtet werden in diesem Falle nur von Investitionsentscheidungen in der periodenbezogenen Kostenrechnung; die Investitionsentscheidung selbst ist als langfristige Entscheidung ein Problem der Investitionsrechnung; vgl. Kapitel 5.1..

gungskosten mit dem Recyclingergebnis zu vergleichen, wobei unterstellt wurde, daß die Recyclingerlöse unter den Recyclingkosten liegen. Ähnlich wie beim Substitutionseffekt ergibt sich auch hier ein kritischer Punkt, der besagt, daß ein weiterer Wiedereinsatz aus ökonomischen Gründen nicht sinnvoll ist. Aus ökologischer Sicht tritt ein ähnlicher Effekt ein, der in dem Begriff "Downcycling" zum Ausdruck kommt[145].

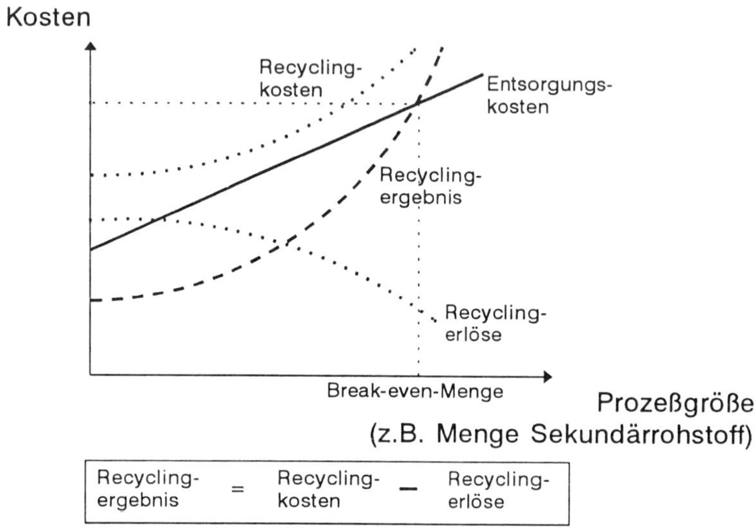

Abb. 5.26.: Kondukteffekt

Die aufgedeckten Effekte zeigen, daß die prozeßorientierte Kostenrechnung Entscheidungshilfen zu geben vermag, die aus der traditionellen Kostenrechnung nicht abgeleitet werden können. Gerade bei Ökologiekosten ist deren Zurechnung zu den sie verursachenden Kostentreibern wichtig, um diese im Wege einer ökologieorientierten Steuerung beeinflussen zu können.

5.2.3.1.3. Eignung der prozeßorientierten Kostenrechnung zur ökologieorientierten Steuerung

Schließlich ist zu beurteilen, inwieweit die prozeßorientierte Kostenrechnung die Zielsetzung der Ökologieorientierung umzusetzen vermag:

o Aufgrund der Notwendigkeit, ökologische Aspekte **in alle betrieblichen Entscheidungsstufen zu integrieren**, müssen betriebswirtschaftliche Ent-

145) Der Begriff "Downcycling" bringt zum Ausdruck, daß die ökologische Qualität mit jeder Stufe des Recycling abnimmt. Ab einem kritischen Punkt verursacht jede weitere Maßnahme des Recycling größere Belastungen der ökologischen Umwelt als die geordnete Entsorgung.

scheidungsinstrumente eingesetzt werden, die die bisherige Betrachtungsweise erweitern und auch Querschnittsfunktionen einbeziehen. Diese Voraussetzung erfüllt die prozeßorientierte Kostenrechnung.

- o Die zunehmende Bedeutung einer integrierten Ökologieorientierung erfordert Systeme, die eine **Transparenz** der Ökologiekosten ermöglichen. Hierzu ist die prozeßorientierte Kostenrechnung geeignet, da sie die Wertschöpfungsprozesse detailliert zerlegt, mißt und prozeßbezogen bewertet.

- o Für eine **verursachungsgerechte Produktkalkulation** sind alle durch das Produkt verursachten Kosten diesem zuzurechnen. Die prozeßorientierte Kostenrechnung ermöglicht neben einer möglichst verursachungsgerechten Kostenzuordnung auch die Berücksichtigung externer Effekte. Sie gehen als kalkulatorische Kosten allerdings nur dann in die Preisbildung ein, wenn dies aus Marktüberlegungen sinnvoll ist.

- o Da sich immer mehr Unternehmen auf das Angebot von Umweltschutzleistungen spezialisieren, muß überlegt werden, ob ein Unternehmen dieses von Dritten entgeltlich zur Verfügung gestellte Know-how in Anspruch nimmt oder selbständig Maßnahmen ergreift (**make or buy-Entscheidung**). Erst die prozeßorientierte Kostenrechnung liefert Informationen über die Kosten einzelner Prozesse und damit den Vergleichsmaßstab für den Fremdbezug.

- o Die umstrittene **langfristige Betrachtungsweise**, die aufgrund der Vollkostenorientierung vorliegt, ist gerade bei der Betrachtung ökologischer Probleme im Unternehmen von großem Vorteil, da die meisten ökologieorientierten Entscheidungen langfristige Wirkungen nach sich ziehen.

- o Die ermittelten Prozeßmengen können zugleich als **Kennzahlen (Benchmarks)** für eine ökologieorientierte Steuerung verwendet werden[146)].

Die aufgezeigten Informationen, die die prozeßorientierte Kostenrechnung liefert, können auch bei der Anwendung eines anderen Kostenrechnungssystems gewonnen werden. Dieses müßte dann allerdings um Sondermodule erweitert werden, die eine Analyse der jeweiligen Fragestellung ermöglichen.

---

146) Zur Vorgehensweise vgl. z. B. HORVATH, P. / HERTER, R.N. (1992), S. 4 ff..

5.2.3.2. Bereichsorientierte Steuerung als Bestandteil eines ökologieorientierten Kostenmanagements

Ökologiebedingte Sachverhalte sind in verschiedenen Bereichen der betrieblichen Wertschöpfung in unterschiedlichem Ausmaß zu berücksichtigen[147]. Für die Integration ökologischer Aspekte auf allen Stufen des betrieblichen Leistungserstellungsprozesses ist es daher notwendig, ein **unternehmensinternes ökologieorientiertes Steuerungssystem** zu schaffen[148]. Dieses System soll einerseits dazu beitragen, die gesamtunternehmerischen Ziele zu erreichen **(Lenkungsfunktion)** und andererseits den Unternehmenseinheiten den Teil der Belastungen zurechnen, der von ihnen beeinflußt werden kann **(Zuweisungsfunktion)**[149].

Zielobjekt der bereichsspezifischen Steuerung können Geschäftsbereiche (18,9% der befragten Unternehmen gaben dies an) oder Kostenstellen (15,0%) sein. Produktgruppen (11,6%) oder Produkte (14,3%) können Zielobjekte einer produktorientierten Steuerung sein[150].

Im Rahmen der empirischen Untersuchung wurde der Zusammenhang zwischen Ökologieorientierung und Detailliertheitsgrad der Steuerung (Gesamtunternehmen, Geschäftsbereich, Kostenstelle) untersucht.

Nullhypothese H_0: Unabhängigkeit der Ökologieorientierung des Unternehmens und dem Detailliertheitsgrad Steuerung

Gegenhypothese H_1: Abhängigkeit der beiden Variablen

---

147) Vgl. die Analyse der einzelnen Wertschöpfungsstufen in Kapitel 3. dieser Arbeit.

148) Vgl. z. B. KLOOCK, J. (1992), S. 5 ff.; MEFFERT, H. / KIRCHGEORG, M. (1992), S. 50 f. und SCHREINER, M. (1992), S. 951. Darüber hinaus kommt der Steuerungsaspekt in allen Darstellungen einer aktiven Ökologieorientierung zum Ausdruck.

149) Bei der Unternehmensführung im allgemeinen stehen diese beiden Hauptfunktionen ebenfalls im Vordergrund der Betrachtung. Ziel der Lenkungsfunktion ist dabei immer das Erreichen eines unternehmerischen Gesamtoptimums. Neben der Lenkungsfunktion soll ein Steuerungssystem die Zuweisungsfunktion erfüllen. Im Normalfall werden die bereichsspezifischen Ergebnisse, bei ökologieorientierter Steuerung die Be- bzw. Entlastungen der ökologischen Umwelt den Divisionen zugewiesen. Zu den Funktionen der Unternehmenssteuerung vgl. COENENBERG, A.G. (1992), S. 422 f..

150) Bei der Beantwortung dieser Frage, die von allen 483 Unternehmen beantwortet wurde, waren Mehrfachnennungen möglich. Daraus erklärt sich der Unterschied zu der entsprechenden Kontingenztabelle, für die nur der jeweils höchste Detaillierungsgrad gewählt wurde.

Ökologie-orientierung		Detailliertheitsgrad der Bereichssteuerung: Gesamtunternehmen	Geschäftsbereich	Kostenstelle	Summe
0 bis 1	allenfalls langfristig angestrebt	8 3,2%	0 0,0%	2 0,8%	10 4,0%
1 bis 2	kurzfristig angestrebt	33 13,3%	10 4,0%	16 6,4%	59 23,7%
2 bis 3	weitgehend verwirklicht	53 21,3%	34 13,7%	34 13,7%	121 48,6%
3 bis 4	voll verwirklicht	20 8,0%	19 7,6%	20 8,0%	59 23,7%
	Summe	114 45,8%	63 25,3%	72 28,9%	249 100,0%

Abb. 5.27.: Kontingenztabelle zum Zusammenhang von Ökologieorientierung und Detailliertheitsgrad der Bereichssteuerung

Freiheitsgrade (n-1)(m-1) = (4-1)(3-1) = 6
Chi-Quadrat-Testwert $X^2[6]$ = 12,33
α-Fehler = 0,0551
Anzahl der Unternehmen N = 249

Da die Nullhypothese zur Unabhängigkeit von Ökologieorientierung und Detailliertheitsgrad der Bereichssteuerung bei einem X^2-Wert von 12,33 und einem Signifikanzniveau α = 0,0551 verworfen werden kann, muß man von einem Zusammenhang der beiden Größen ausgehen.

Für eine ökologieorientierte Bereichssteuerung stehen dabei grundsätzlich drei **Alternativen** zur Verfügung:

- o Erfüllungskontrolle gesetzlicher Auflagen
- o Steuerung über die Kosten durch ein **Ökologie-Budget** (Cost Center-Konzept)
- o Steuerung über das **Ergebnis** (Profit Center-Konzept)

In der betrieblichen Praxis wird eine Erfüllungskontrolle in 86,5% der Fälle durchgeführt[151)]. 14,5% der Unternehmen steuern ihre Bereiche mit Hilfe eines spezifischen Cost Center-Konzeptes, 8,5% setzten das Ergebnis als Steuerungsgröße ein. Nun ist zu untersuchen, inwieweit ein Zusammenhang zwischen der

151) Hier müßte es aufgrund der jüngster Störfallserie des Chemieunternehmens HOECHST trotz des wissenschaftlichen Charakters der Arbeit erlaubt sein, ein "nur" einzufügen.

Ökologieorientierung des Unternehmens als Ganzem und der ökologieorientierten Bereichssteuerung besteht.

Nullhypothese H_0: Unabhängigkeit der Ökologieorientierung des Unternehmens und der Bereichssteuerung

Gegenhypothese H_1: Abhängigkeit der beiden Variablen

Ökologie-orientierung		**Art der Bereichssteuerung** Erfüllungs-kontrolle	Cost Center-Konzept	Profit Center-Konzept	Summe
0 bis 1	allenfalls langfristig angestrebt	32 7,0%	2 0,4%	0 0,0%	34 7,4%
1 bis 2	kurzfristig angestrebt	103 22,5%	11 2,4%	7 1,5%	121 26,4%
2 bis 3	weitgehend verwirklicht	155 33,8%	33 7,2%	22 4,8%	210 45,9%
3 bis 4	voll verwirklicht	66 14,4%	15 3,3%	12 2,6%	93 20,3%
	Summe	356 77,7%	61 13,3%	41 9,0%	458 100,0%

Abb. 5.28.: Kontingenztabelle zum Zusammenhang zwischen Ökologieorientierung und Art der Bereichssteuerung

Der Kontingenztest auf Basis obiger Kontingenztabelle führte zu folgendem Ergebnis:

Freiheitsgrade (n-1)(m-1) = (4-1)(3-1) = 6
Chi-Quadrat-Testwert $X^2[6]$ = 14,05
α-Fehler = 0,0291
Anzahl der Unternehmen N = 458

Da die Nullhypothese zur Unabhängigkeit von Ökologieorientierung und Bereichssteuerung bei einem X^2-Wert von 14,05 und einem Signifikanzniveau α = 0,0291 verworfen werden kann, muß man von einem Zusammenhang der beiden Größen ausgehen.

Nun ist zu untersuchen, welche Möglichkeiten den Unternehmen innerhalb eines Cost Center- oder Profit Center-Konzeptes zur Verfügung stehen[152]. Die Erfüllungskontrolle gesetzlicher Auflagen soll dabei außer Betracht bleiben, da sie ei-

152) Zur Abgrenzung der Begriffe Cost Center und Profit Center vgl. z. B. ANTHONY, R.N. / DEARDEN, J. / BEDFORD, N.M. (1984), S. 232 ff. und COENENBERG, A.G. (1992), S. 431 f..

nerseits kaum Gestaltungsmöglichkeiten erlaubt und andererseits bei reiner Kontrolle nicht von aktiver Steuerung gesprochen werden kann.

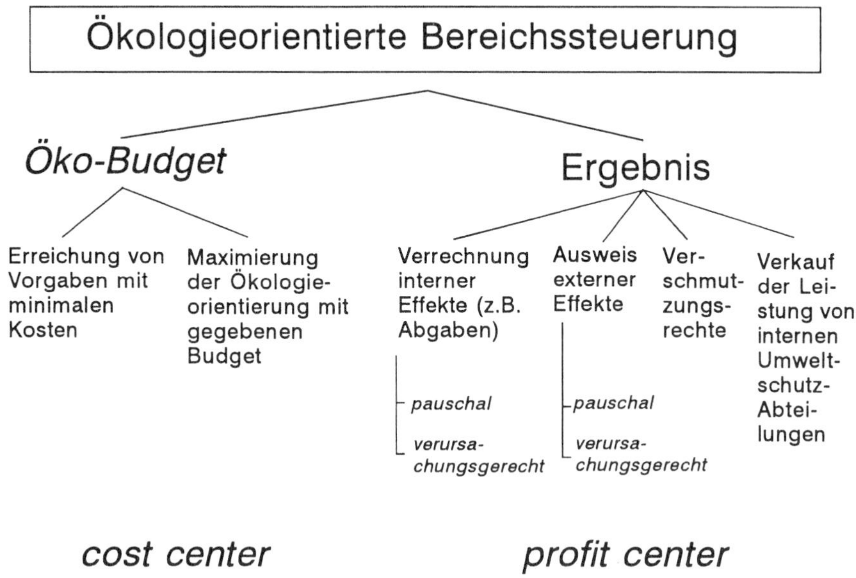

Abb. 5.29.: Ökologieorientierte Bereichssteuerung

5.2.3.2.1. Budgets als Instrumente einer ökologieorientierten Steuerung

Ökologische Ziele können über ein spezielles **Ökologie-Budget** gesteuert werden, das ausschließlich Ökologiekosten beinhaltet. Werden Ökologie-Budgets zugrunde gelegt, so ist das Ziel, bestimmte extern oder intern festgelegte Vorgaben mit minimalen Kosten zu erreichen oder die Ökologieorientierung mit einem gegebenen Budget zu maximieren[153].

5.2.3.2.1.1. Erreichung ökologischer Ziele mit minimalen Kosten

Als restriktivste Form der ökologieorientierten Bereichssteuerung können bereichsspezifische Auflagen gelten, die entweder Mindeststandards vorschreiben oder Belastungshöchstgrenzen festsetzen[154].

---

153) Abweichungen von einem vorgegebenen Budget können als Anreiz belohnt oder bestraft werden; vgl. GRAY, R.H. (1992), S. 92.

154) Diese Vorgaben können entweder auf den in Kapitel 2.3.1.5. dargestellten rechtlichen Restriktionen beruhen, Vorgaben von Seiten der Stakeholder repräsentieren oder unternehmensintern als Ziele festgelegt worden sein.

Aufgabe der Unternehmensleitung ist es, darüber zu entscheiden, welche Belastungen zuerst reduziert werden sollen bzw. welchen Belastungen eine höhere Priorität zu geben ist. Als Instrument hierzu kann die oben dargestellte Belastungsmatrix dienen, mit deren Hilfe zunächst die Belastungen erfaßt und anschließend bewertet werden[155)]. Die Bereiche können nur dann Einfluß auf die Prioritätenbildung ausüben, wenn ihre Interessen in den entsprechenden Gremien vertreten werden.

Entscheidungen der Bereiche sind hinsichtlich der Maßnahmen zu treffen, die ergriffen werden sollen, um die vorgegebenen Werte zu erreichen. Als Alternativen stehen den Bereichen Maßnahmen der Vermeidung, der Verminderung, der Substitution, der Verwertung sowie der Entsorgung zur Verfügung[156)]. Aufgrund der vorgegebenen Zielsetzung, die Auflagen kostenminimal zu erfüllen, erfolgt die Auswahl zwischen den Maßnahmen durch eine Abschätzung der Kosten.

5.2.3.2.1.2. Maximierung der Ökologieorientierung bei gegebenem Budget

Aufgrund der Marktsituation können Unternehmen dazu veranlaßt werden, ein festes Budget für Ökologiekosten einzuplanen[157)]. Im Rahmen der Bereichssteuerung erfolgt eine Allokation der Kosten durch die Aufstellung bereichsspezifischer Budgets. Ziel der Bereiche ist es, mit dem gegebenen Budget eine maximale Entlastung der ökologischen Umwelt zu erreichen. Hierzu sind folgende Schritte notwendig:

1) Zunächst sind bereits internalisierte Kosten zu subtrahieren, falls diese auch im vorgegebenen Budget enthalten sind, da sie aufgrund ihrer Determiniertheit nicht mehr zur Disposition stehen. Eine Bestimmung aller Ökologiekosten kann dabei mit Hilfe der oben dargestellten wertschöpfungsbezogenen Analyse erfolgen[158)].

2) Für den optimalen Einsatz des Residuums müssen die Bereiche selbst abwägen, welche Prioritäten den Belastungen zuzuordnen sind. Dabei kann

---

155) Vgl. die Darstellung der Belastungsmatrix sowie der Bewertungsmöglichkeiten in Kapitel 4.. Die so erfaßten und bewerteten Konsequenzen können mit Hilfe der im nachfolgenden Kapitel dargestellten nicht-monetären Informations- und Entscheidungsinstrumenten verarbeitet werden. Hier zeigt sich - wie an anderer Stelle auch - die Notwendigkeit, monetäre und nicht-monetäre Instrumente im Rahmen eines ökologieorientierten Steuerungssystems einzusetzen.

156) Vgl. die Darstellung der Aktionsmöglichkeiten in Kapitel 4.3.1.2..

157) Die Analyse der 137 Geschäftsberichte ergab, daß die meisten Unternehmen, die Angaben über monetär bewertbare Konsequenzen der Ökologieorientierung machen, die Höhe der Ökologiekosten nennen. Daß eine Budgetorientierung vorliegt, zeigt sich bei Informationen über die zukünftige Entwicklung des Unternehmens, wie sie der Lagebericht vorsieht. Dort werden oft die geplanten Ökologiekosten genannt.

158) Vgl. die wertschöpfungsbezogenen Analyse in Kapitel 3..

analog zu dem Abwägungsprozeß der Unternehmensleitung vorgegangen werden. Eventuell ist bei ähnlich gelagerten Entscheidungssituationen anderer Bereiche oder im Falle von Synergien eine Kooperation einzugehen.

3) Schließlich müssen die Bereiche darüber entscheiden, in welcher Form - d. h. durch Maßnahmen der Vermeidung, der Verminderung, der Substitution, der Verwertung oder der Entsorgung - die Belastungsreduktion durchzuführen ist[159]. Abweichungsanalysen[160] können hierbei eine wertvolle Hilfestellung leisten, da sie bei monatlicher Durchführung frühzeitig Informationen über eingetretene Ineffizienzen (Verbrauchsabweichungen) oder unterausgelastete Kapazitäten (Beschäftigungsabweichung) liefern. Durch die Abspaltung von Spezialabweichungen (Mixabweichungen) können zusätzlich Erfahrungen über günstigere Ressourcenverbräuche, die sich auch in entsprechenden Kostenreduktionen niederschlagen, gewonnen werden.

5.2.3.2.1.3. Beurteilung der Festlegung von Ökologie-Budgets

Die Festlegung von Ökologie-Budgets birgt für die ökologieorientierte Steuerung einige Vor- und Nachteile, deren Bedeutung unternehmensspezifisch festzulegen ist:

o Die Vorgabe von Zielen durch die Zentrale ist einerseits aufgrund der einheitlichen Durchsetzbarkeit effizienter und wirtschaftlicher. Andererseits verfügen die Bereiche aber über mehr Wissen über Beeinträchtigungen der ökologischen Umwelt und mögliche Strategien für deren Entlastung[161].

o Die zentrale Festlegung von Zielvorgaben macht eine Koordination der Bereiche und eine Instanz zur Überwachung der Vorgaben notwendig[162].

---

159) Vgl. die Analyse der Aktionsmöglichkeiten und der damit verbundenen Kosten in Kapitel 4.3.1.2..

160) Zur Systematik der Abweichungsanalyse und zu Einsatzmöglichkeiten vgl. COENENBERG, A.G. (1992), S. 351 ff.. Dort finden sich auch Ausführungen zu den einzelnen Teilabweichungen und deren Aussagefähigkeit. Daß die Abweichungsanalyse durchaus auch in der Unternehmenspraxis Anwendung findet, zeigt sich darin, daß 83,0% der befragten Unternehmen einen Soll-/Ist-Vergleich beim Einsatz von Controllinginstrumenten bevorzugen.

161) Bei der Verlagerung von Kompetenzen auf einzelne Geschäftsbereiche ist generell eine größere Anpassungsfähigkeit an Umfeldbedingungen gegeben; vgl. COENENBERG, A.G. (1992), S. 430.

162) Ziel der Koordination ist es, Handlungen von Menschen innerhalb einer Organisation aufeinander abzustimmen; vgl. z. B. POENSGEN, O.H. (1980), Sp. 1130. Die Koordination der Entscheidungen kann über explizite oder implizite Verhaltensnormen erfolgen; vgl. HAX, H. (1965), S. 73 ff..

- o Die einheitliche Vorgabe von Zielen ermöglicht einen Vergleich der Bereiche, der durch eine mehrperiodige Betrachtung noch an Aussagefähigkeit gewinnt[163].

- o Sind die Divisionen in der Lage, die an sie gestellten Anforderungen mit minimalen Kosten zu erfüllen und ist z. B. technologiebedingt keine weitere Verbesserung möglich, so besteht kein Anreiz zu neuen Maßnahmen.

5.2.3.2.2. Erreichung ökologischer Ziele durch eine ergebnisorientierte Steuerung

Bei Anwendung von Ökologie-Budgets wurden Ökologiekosten gesondert betrachtet und als Steuerungsgröße eingesetzt. Darüber hinaus kann eine Steuerung über Kosten und Erlöse im Rahmen eines Profit Center-Konzeptes erfolgen. Als Instrumente können hier **Verrechnungspreise** eingesetzt werden, die entweder nur intern zu berücksichtigende Effekte den Bereichen zurechnen, die sie verursachen, oder darüber hinaus auch Bestandteile externer Effekte berücksichtigen. Letztere können rein informativen Charakter haben oder tatsächlich die Kosten der Bereiche beeinflussen. Daneben können unternehmensinterne Vorgaben durch den **Verkauf interner Verschmutzungsrechten** umgesetzt werden, die so gestaltet sein müssen, daß ein Anreiz zur Verminderung der Belastungen der ökologischen Umwelt besteht. Unternehmensinterne **Umweltschutzabteilungen** können gesteuert werden, indem sie selbst die Höhe der Verrechnungspreise ihrer Leistungen bestimmen können.

5.2.3.2.2.1. Verrechnungspreise für internalisierte Ökologiekosten des Unternehmens

Durch den Verbrauch von Rohstoffen, Wasser und Energie sowie die Belastung der ökologischen Umwelt durch Abfall, Abwasser und Abluft entstehen den Unternehmen bereits heute Kosten auf den verschiedenen Stufen der Wertschöpfung. Um eine Transparenz dieser Ökologiekosten zu bekommen, sind diese zunächst getrennt zu erfassen. In einem zweiten Schritt sind die Kosten über Verrechnungs

163) Die eigene empirische Untersuchung zeigte, daß 39,6% der Unternehmen einen Zeitvergleich beim Einsatz von Controllinginstrumenten bevorzugen.

preise[164]) den sie verursachenden Bereichen zuzuordnen. Optimal wäre dabei eine verursachungsgerechte Verteilung, um das Kostenbewußtsein der Bereiche zu sensibilisieren.

Inwieweit eine getrennte Erfassung der Ökologiekosten bereits heute erfolgt, wurde oben aufgezeigt. Da für eine Steuerung der Divisionen eine verursachungsgerechte Zuordnung erforderlich ist, soll nun untersucht werden, wie die Zuordnung der Kosten in der Unternehmenspraxis gehandhabt wird.

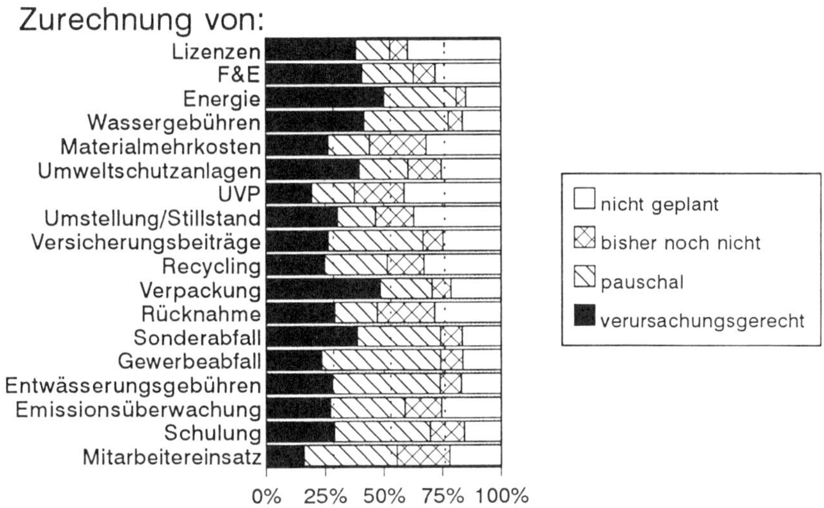

Abb. 5.30.: Zurechnung der Ökologiekosten

Entsprechend der bisher üblichen Vorgehensweise wird mit Hilfe eines Kontingenztests untersucht, ob ein Zusammenhang zwischen der Ökologieorientierung der Wertschöpfungsstufen eines Unternehmens und der verursachungsgerechten Zuordnung der Ökologiekosten besteht.

Nullhypothese H_0: Unabhängigkeit der Ökologieorientierung einzelner Wertschöpfungsstufen und der Zurechnung wertschöpfungsspezifischer Ökologiekosten

Gegenhypothese H_1: Abhängigkeit der beiden Variablen

164) Unter einem **Verrechnungspreis** wird ein Wert verstanden, "der bei der internen Erfassung für den Transfer von Gütern oder Dienstleistungen bzw. die Nutzung gemeinsamer Ressourcen und Märkte zwischen wirtschaftlich selbständigen Bereichen innerhalb eines Unternehmens angesetzt wird"; COENENBERG, A.G. (1992), S. 424. Verrechnungspreise können drei Funktionen erfüllen, nämlich die Abrechnungs- und Planungsfunktion, die Lenkungsfunktion und die Erfolgszuweisungsfunktion. Sie orientieren sich in den meisten Fällen an den Kosten oder an den Marktpreisen.

Mit Hilfe der Kontingenztests wird z. B. untersucht, ob zwischen der Ökologieorientierung eines Bereichs und der Zurechnung von Ökologiekosten zu diesem Bereich ein Zusammenhang besteht.

Untersuchte Wertschöpfungsstufe	Freiheitsgrade	X^2-Wert	α-Fehler	Unabhängigkeit ?
Forschung & Entwicklung	8	57,39	< 0,0001	abgelehnt
Beschaffung	8	4,79	0,7797	nicht abgelehnt
Produktion	8	62,60	< 0,0001	abgelehnt
Vertrieb	8	62,78	< 0,0001	abgelehnt
Entsorgung	8	23,54	0,0027	abgelehnt
Recycling	8	19,60	0,0119	abgelehnt

Abb. 5.31.: Kontingenztests zum Zusammenhang von Ökologieorientierung und verursachungsgerechter Zurechnung der Kosten einzelner Wertschöpfungsstufen

Wie die Ergebnisse der Kontingenztests zeigen, kann die Nullhypothese von der Unabhängigkeit der Ökologieorientierung und der getrennten Kostenerfassung für alle Wertschöpfungsstufen mit Ausnahme der Beschaffung verworfen werden. Wie die absoluten Häufigkeiten der Kreuztabellen zeigen, rechnen Unternehmen mit stärkerer wertschöpfungsstufenspezifischer Ökologieorientierung auch häufiger Ökologiekosten den sie verursachenden Teilbereichen verursachungsgerecht zu. Erfolgt keine verursachungsgerechte Verteilung, so wird zumindest versucht, das Kostenbewußtsein der Bereiche durch eine pauschale Verteilung zu schärfen. Hierdurch wird die Basis für ein zunehmendes Umweltbewußtsein der Bereiche geschaffen. Für den Teilbereich der Beschaffung konnte die Unabhängigkeit - ebenso wie bei der Untersuchung der getrennten Erfassung - nicht abgelehnt werden. Die Ursache hierfür könnte daran liegen, daß Kosten für Energie und Wasser in vielen Unternehmen ohnehin getrennt als Kostenarten in der traditionellen Kostenrechnung erfaßt sind und häufig auch den Bereichen, die sie verursachen zugerechnet werden. Eine stärkere Ökologieorientierung kann sich diesbezüglich nicht mehr bemerkbar machen.

5.2.3.2.2.2. Verrechnungspreise für externe Effekte der Bereiche

Neben der Verrechnung der tatsächlich anfallenden, pagatorischen Kosten können den Bereichen auch die Kosten der von ihnen verursachten externen Effekte zugeordnet werden[165]. Hierzu sind zunächst auf Gesamtunternehmensebene die externen Effekte zu bestimmen und zu bewerten. Anschließend werden die von den Teilbereichen verursachten Effekte bestimmt[166], denen die jeweiligen Kosten zugeordnet werden.

Diese Vorgehensweise kann zwei **Ziele** verfolgen:

1) Ein bloßer Ausweis der externen Effekte hat informativen Charakter und kann helfen, die Ökologieorientierung der Bereiche zu beurteilen. Darüber hinaus kann er Entscheidungsprozesse auslösen.

2) Durch die Verpflichtung der Bereiche, die kalkulatorischen Kosten externer Effekte zu tragen, können - sofern die Überwälzbarkeit der kalkulatorischen Kosten gewährleistet ist - Rücklagen gebildet werden, um die Maßnahmen tatsächlich in späteren Jahren durchzuführen.

5.2.3.2.2.3. Interne Verschmutzungsrechte

Ähnlich wie bei den Vorschlägen für eine marktorientierte Steuerung auf volkswirtschaftlicher Ebene, können unternehmensintern Verschmutzungshöchstgrenzen für die einzelnen Umweltmedien festgelegt werden. Die Unternehmensleitung verkauft anschließend die Verschmutzungsrechte an die einzelnen Bereiche[167].

Diese haben dann das Recht, in Höhe der erworbenen Zertifikate Belastungen der ökologischen Umwelt zu verursachen. Ein Anreiz zur Belastungsreduktion besteht einerseits dadurch, daß der Erwerb mit Kosten verbunden ist und andererseits nicht benötigte Rechte unternehmensintern verkauft werden können[168]. Um die Belastungssituation langfristig zu verbessern, können jährlich neue Grenzwerte eingeführt werden, um einerseits eine Anpassung an den Stand der Technik zu gewährleisten und andererseits neue Anreize zu schaffen. Ferner können durch laufende Anpassungen auch Beschäftigungsänderungen berücksichtigt werden.

---

165) Externe Effekte werden - wie bereits ausgeführt - als kalkulatorische Kosten erfaßt.

166) Da bereits bei der Zuordnung der externen Effekte zum Unternehmen als Ganzes aufgrund von Kumulations-, Distanz-, Synergie- oder Langzeiteffekten Probleme auftreten können, gestaltet sich die Zuordnung zu einzelnen Bereichen noch schwieriger. Um jedoch die Sensibilisierung zu erhöhen könnte ein reiner Ausweis der möglichen Effekte bereits hilfreich sein.

167) Die Unternehmensleitung entwickelt in diesem Fall Vorgaben über die Intensität der Ökologieorientierung und leitet daraus sog. "pollution licences" ab. Vgl. GRAY, R.H. (1992), S. 92.

168) Diesen Vorschlag diskutiert GRAY, R.H. (1992), S. 92. Die erzielten Preise werden als Verrechnungspreise durch Verhandlungen bestimmt; vgl. hierzu COENENBERG, A.G. (1992), S. 465 f..

5.2.3.2.2.4. Verrechnungspreise für Leistungen interner Umweltschutzbereiche

Für interne Umweltschutzbereiche, die organisatorisch selbständig sind, wie z. B. unternehmenseigene Klär- oder Recycling-Anlagen gelten dieselben Überlegungen wie für Verrechnungspreise im allgemeinen:

Müssen die Leistungen zu Voll- oder Grenzkosten intern verkauft werden und müssen die Leistungen auch intern bezogen werden, so besteht aufgrund des Kostenerstattungsdenkens für den Lieferanten kein Anreiz, die Leistungen möglichst kostengünstig herzustellen[169)].

Haben die Bereiche hingegen die Möglichkeit, ihre Leistungen zu Marktpreisen zu verkaufen, so besteht ein Anreiz, die Kosten zu minimieren und selbst Ergebnisbeiträge zu erwirtschaften. Der Abnehmer der ökologiebezogenen Leistung wird bei Existenz eines externen Marktes in die Lage versetzt, make or buy-Überlegungen anzustellen. Gibt es jedoch aufgrund technischer Restriktionen oder aufgrund der Aufnahmebeschränkung des Marktes keine funktionierenden Märkte, sind Kostenverrechnungspreise zu wählen, die jedoch bei verursachungsgerechter Zuordnung auf jeden Fall zu Kostentransparenz führen.

5.2.3.2.2.5. Beurteilung der ergebnisorientierten Steuerung

Die ergebnisorientierte Steuerung der Divisionen eines Unternehmens soll nun - wie dies auch für Ökologie-Budgets geschehen ist - hinsichtlich der entsprechenden Vor- und Nachteile beurteilt werden. Deren Bedeutung ist wiederum unternehmensspezifisch festzulegen.

- o Im Unterschied zu der Vorgabe von ökologiebezogenen Zielen durch die Unternehmensleitung können die Bereiche bei Ergebnisverantwortlichkeit sowohl Kosten als auch Erlöse selbst beeinflussen. Dies schafft zusätzliche Anreize für die Generierung neuer Alternativen zur Schonung der ökologischen Umwelt[170)].

- o Die Beurteilung nach den erzielten Erlösen gewährt den Bereichen eine größere Autonomie. Diese kann als immaterieller Anreiz für die Umsetzung ökologieorientierter Ziele wirken.

---

169) Dies bedeutet, daß Effizienzen nicht belohnt und Ineffizienzen nicht bestraft werden; vgl. COENENBERG, A.G. (1992), S. 450.

170) Vgl. LAUX, H. (1989), S. 201 ff.. Ein solches Anreizsystem gewährt Belohnungen der von den Entscheidungsträgern beeinflußbaren Größen, in diesem Fall des Gesamtergebnisses.

- o Durch die Gewährung der Autonomie kann innerhalb der Unternehmen eine Verknüpfung ökonomischer und ökologischer Ziele vorgenommen werden[171)].
- o Schließlich birgt die Dezentralisierung der Entscheidungskompetenz immer auch die Gefahr, daß die vorhandenen Potentiale nicht optimal genutzt werden.

5.2.3.3. Produktorientierte Kostenbetrachtungen zur Umsetzung eines ökologieorientierten Kostenmanagements

Ziel der produktorientierten Gestaltung der Kostenrechnung ist die Umsetzung produktbezogener Ziele eines Unternehmens. Hierzu sind alle Entscheidungen, die das Produkt zum Gegenstand haben, wie die Preispolitik oder die Produktgestaltung, zu untersuchen. Dies erfordert einerseits eine Betrachtung des Produktes über seinen gesamten Lebenszyklus, wie es das Konzept des Life Cycle Costing ermöglicht. Andererseits sind für das Produktmanagement die Auswirkungen der ökonomischen und ökologischen Zielsetzungen auf die Kostenposition des Produktes zu analysieren. Produktorientierte Betrachtungen werden bereits bei 14,3% der befragten Unternehmen vorgenommen; 11,6% wählen Produktgruppen als Bezugsobjekte.

5.2.3.3.1. Life Cycle Costing als Instrument einer produktorientierten Kostenbetrachtung

Für eine effiziente, ökologieorientierte Planung, Steuerung und Kontrolle der Kosten kann auf der Produktebene das Konzept des Life Cycle Costing Anwendung finden. Das Konzept der **Lebenszykluskosten** ist ein Verfahren zur Beurteilung von Investitionsalternativen, das alle Kosten erfaßt, die ein System oder ein Produkt während seines gesamten Lebens von der Entwicklung bis zur Entsorgung (Cradle-to-Grave-Prinzip[172)]) verursacht[173)]. Die Anwendung des Konzepts gewährleistet die Berücksichtigung aller Kosten bei der Kalkulation eines Systems

---

171) Der bereits in Kapitel 1. aufgezeigte Zusammenhang zwischen ökologischer und ökonomischer Knappheit wird hier bestätigt. Hier zeigt sich auch, daß teilweise eine Zielidentität zwischen der Ökonomie- und der Ökologieorientierung eines Unternehmens besteht.

172) Vgl. KLÖPFER, M. (1989), S. 82.

173) Vgl. KAUFMANN, R.J. (1970), S. 21; HUTTON, R.B. (1977), S. 62 und CZYZEWSKI, A.B. / HULL, R.P. (1991), S. 20 ff.. Dies beinhaltet auch eine Verrechnung der F&E-Kosten auf das verursachende Produkt und nicht auf die Vorgängervariante MÄNNEL, W. (1992), S. 92.

oder Produkts[174]. Diese Vorgehensweise gewinnt im Rahmen einer integrierten Ökologieorientierung sowie angesichts steigender Kosten der Ver- und Entsorgung im Unternehmen (z. B. Energiekosten und Deponiegebühren) an Bedeutung[175]. Durch die Berücksichtigung der Kosten für Belastungen der ökologischen Umwelt, die im Unternehmen selbst oder bei den Konsumenten anfallen, werden die Unternehmen zu einer Produktfolgeabschätzung[176] veranlaßt, die die Konsequenzen ihres Handelns aufzeigt. Die so stattfindende Sensibilisierung bezüglich der Folgekosten kann zu Produktsubstitutionen oder -modifikationen führen.

Das Life Cycle Costing-Konzept ist keine eigenständige, neue Methode, sondern sie faßt eine Vielzahl von Methoden, die vor allem im Rahmen der Investitionsrechnung angewendet werden, unter seiner spezifischen Betrachtungsweise zusammen[177]. Integriert sind dabei Methoden der Systembewertung, Verfahren zur Kostenprognose, Methoden zur Berücksichtigung des Risikos, der Inflation und der Diskontierung als Parameter der Zeitstruktur[178]. Der Unterschied zur Investitionsrechnung liegt darin, daß die Daten nicht gegeben sind, sondern eine Beeinflussung der Kosten- und Leistungsgrößen möglich ist[179]. Dies kann durch die Vorgabe von Kostenzielen während der Entwicklungsphase (Design to Cost) erreicht werden[180].

Anwendung findet das Life Cycle Costing - Konzept vor allem bei der Anschaffung von höherwertigen Maschinen und Anlagen sowie bei der Auftragsvergabe von Bauten und bei der Planung und Entwicklung von Systemen bzw. Projekten[181]. Es dient somit sowohl dem Kunden, der eine Produktentscheidung zu fällen hat, als auch dem Hersteller, der wettbewerbsfähige und profitable Produkte auf den Markt bringen will[182]. Eine Anwendung ist dann sinnvoll, wenn folgende Kriterien erfüllt sind:

---

174) Das Life Cycle Costing wurde zu Beginn der 60iger Jahre vom amerikanischen Verteidigungsministerium eingeführt; vgl. SELDON, M.R. (1979), S. 2; SHERIF, Y.S. / KOLARIK, W.J. (1981), S. 287; SHIELDS, M.D. / YOUNG, S.M. (1991), S. 39. Eine hohe Bedeutung haben Lebenszykluskostenbetrachtungen aber auch beim Bau oder Leasing von öffentlichen Gebäuden; vgl. SHERIF, Y.S. / KOLARIK, W.J. (1981), S. 291; PFOHL, H.C. / WÜBBENHORST, K.L. (1983), S. 143. In diesen Fällen sind die nach dem Kauf anfallenden Kosten oftmals deutlich höher als die ursprünglichen Herstellungs- bzw. Beschaffungskosten; vgl. HAWORTH, D.P. (1975), S. 14; BROWN, R.J. / YANUCK, P.E. (1985), S. 3.

175) Vgl. STREBEL, H. (1990a), S. 4; MÄNNEL,W. (1992), S. 87.

176) Vgl. PROJEKTGRUPPE ÖKOLOGISCHE WIRTSCHAFT (Hrsg.) (1987), S. 26.

177) Vgl. TAYLOR, W.B. (1981), S. 34; BACK-HOCK, A. (1988), S. 8.

178) Vgl. BACK-HOCK, A. (1988), S. 8 f..

179) Vgl. BLANCHARD, B.S. (1978), S. 12 f..

180) Vgl. SELDON, M.R. (1979), S. 267.

181) Vgl. BACK-HOCK, A. (1988), S. 6.

182) Vgl. DE NEUMANN, B. (1983), S. 527.

- o lange Lebensdauer des Investitionsgutes
- o hoher Kapitaleinsatz und lange Kapitalbindung
- o hohe Folgekosten im Verhältnis zu den Anfangskosten
- o spezifische Kosten von Spitzentechnologien

Da diese vier genannten Kriterien für eine Vielzahl ökologischer Aspekte zutreffen, bietet sich eine Anwendung des Life Cycle Costing-Konzeptes für die Entscheidungsunterstützung ökologiebezogener Fragestellungen an. Das Life Cycle Costing-Konzept beruht auf einer Strukturierung der Kosten, die sich generell an den Lebensphasen eines Produkts oder Systems orientieren. Dadurch soll die Berücksichtigung aller Kosten über die gesamte Lebensdauer gewährleistet werden.

Dafür werden fünf Teilphasen (Initiierung, Planung, Realisierung, Betrieb und Stillegung) unterschieden[183]:

- o Die **Initiierungsphase** widmet sich der Problemerkennung mit dem Ziel, eine Produktidee zu generieren. Dieser Phase kann die Wertschöpfungsstufe der Forschung zugerechnet werden[184].

- o Die **Planungsphase** läßt sich untergliedern in eine Konzeptions-, Design- und Konstruktionsphase. In der Konzeptionsphase wird die Aufgabenstellung spezifiziert und mögliche Lösungsansätze werden dargestellt. Sie werden anhand der ihnen inhärenten Kosten und potentiell erzielbarer Umsatzleistungen ausgewählt. Die Designphase beinhaltet die Realisierung des Produktes oder Systems von Seiten des Ingenieurs. In der Konstruktionsphase werden die Details der gewählten Alternative entwickelt und Konstruktionszeichnungen erstellt. In die Planungsphase fallen somit alle Aufgaben der Entwicklung als Wertschöpfungsstufe.

- o Die **Realisierungsphase** gliedert sich in die Herstellung des Produkts, die die Beschaffung der notwendigen Anlagen und Einsatzstoffe voraussetzt, und in eine Testphase.

- o Für den Übergang in die **Betriebsphase** muß der Produzent Vertriebsmaßnahmen ergreifen, die während des Betriebs durch Serviceleistungen zu ergänzen sind. Dem Benutzer entstehen Kosten für die Bedienung der Anlagen.

- o Die **Stillegungsphase** umfaßt die Beseitigung von Folgewirkungen, d. h. hierunter fallen alle Aufgaben der Entsorgung und eines eventuell möglichen Recyclingprozesses.

---

183) Vgl. WILDEMANN, H. (1982), S. 39 ff..
184) Vgl. PFEIFFER, W. / BISCHOF, P. (1974), S. 638; BISCHOF, P. (1976), S. 37.

Folgende drei Punkte sprechen für eine solche Analysemethode, wenn man allein die Kostenaspekte berücksichtigt[185]:

- o Bedeutung von Entscheidungen früherer Lebensphasen für Folgen in den späteren Phasen, um eine Minimierung der Gesamtlebenszykluskosten zu erzielen[186] (**Entscheidungsinterdependenzen**).
- o **Zeitliche Strukturierung** des Prozesses, d. h. unterschiedlicher Kostenanfall im zeitlichen Ablauf. Z. B. machen die Betriebskosten und die Entsorgungskosten bei einer zunehmenden Zahl von Produkten einen steigenden Prozentanteil der gesamten Lebenszykluskosten aus.
- o Vergabe **phasenspezifischer Arbeitspakete** an Zulieferer oder Entsorger.

Um Informationen über die Kosten der einzelnen Phasen zu erhalten, ist zum einen zwischen **Anfangs- und Folgekosten**, zum anderen zwischen **einmaligen und wiederkehrenden Kosten** zu unterscheiden. Ziel der Unterteilung in Anfangs- und Folgekosten ist die Transparenz von Entscheidungsinterdependenzen, die als Trade-off-Beziehungen auftreten[187]. Anfangskosten umfassen dabei die ersten Phasen Initiierung, Planung und Realisation, die Folgekosten sind der Betriebs- und Stillegungsphase zuzuordnen[188]. Die Bedeutung von Entscheidungen, die in den frühen Phasen des Lebenszyklus getroffen werden, zeigt sich auch darin, daß die Freiheitsgrade einer Entscheidung ebenso wie deren Wert im Zeitablauf immer mehr abnehmen[189]. Ein großer Teil der Einsatzstoffe und Verfahren - und somit auch die Belastungen der ökologischen Umwelt - werden in den Anfangsphasen festgelegt. Erfolgt also in diesem Bereich eine Primärmaßnahme, so können "end-of-the-pipe"-Lösungen oder Entsorgungsmaßnahmen entfallen[190]. Auch zwischen einmaligen und wiederkehrenden Kosten kann ein Trade-off auftreten, d. h. durch eine Erhöhung der einmaligen Kosten ist eine Senkung der wiederkehrenden Kosten möglich[191]. So können beispielsweise durch eine Verbesserung der Qualität, etwa durch eine neue Produktionsmethode, längere Wartungsintervalle festgelegt werden. Dies führt wiederum zu einer Senkung der Lebenszykluskosten[192]. Ziel der Untersuchungen ist folglich die Steuerung der wiederkehrenden

---

185) Vgl. WILDEMANN, H. (1982), S. 41.
186) Vgl. HAWORTH, D.P. (1975), S. 15; BLANCHARD, B.S. (1978), S. 15; DE NEUMANN, B. (1983), S. 516; BERLINER, C. / BRIMSON, J.A. (1988), S. 139. Vgl. auch die Ausführungen zum Zusammenhang von Kostenfestlegung und Kostenanfall in Kapitel 3.2.1.1.. Z. B. kann ein höherer Entwicklungsaufwand zu einer Senkung der laufenden Betriebskosten führen.
187) Vgl. WHITE, G. E. / OSTWALD, P.F. (1976), S. 39; TAYLOR, W.B. (1981), S. 33.
188) Vgl. WÜBBENHORST, K.L. (1984), S. 70.
189) Vgl. EHRLENSPIEL, K. (1985), S. 2.
190) Vgl. PEEMÖLLER, V.H. (1989), S. 6 f..
191) Vgl. WHITE, G.E. / OSTWALD, P.F. (1976), S. 39.
192) Vgl. BLANCHARD, B.S. (1978), S. 30.

Folgekosten durch die Variation einmaliger Anfangs- oder Folgekosten[193]. Eine gezielte Anhebung von Anfangskosten und einmaligen Kosten ermöglicht eine Reduzierung von ökologisch bedingten Folgekosten und wiederkehrenden Kosten.

	einmalig	wiederkehrend
Anfangs-kosten		
Folge-kosten	Trade off zwischen Anfangs- und Folgekosten	Trade off zwischen Anfangs- und Folgekosten und einmaligen und wiederkehrenden Kosten

Abb. 5.32.: Trade-off-Matrix

Ziel des Life Cycle Costing - Konzepts ist die Förderung des Gesamtkostendenkens, das durch folgende vier Unterziele spezifiziert werden kann[194]:

1) Abbildungsziel
2) Erklärungsziel
3) Prognoseziel
4) Gestaltungsziel

ad 1) Ziel der **Abbildung** ist die Darstellung und Ermittlung der Kosten. Dabei wird eine Kostenermittlung für die einzelnen Phasen des Lebenszyklus vorgenommen.

ad 2) Inhalt des **Erklärungsziels** ist das Erkennen von Zusammenhängen bei der Entstehung der Kosten[195]. Dazu wird eine Kostenstrukturanalyse vorgenommen (**Cost-Break-Down-Structures**). Mit Hilfe von Cost-Break-Down-Structures werden die kostenverursachenden Elemente kategorisiert. Auf einer ersten Stufe können diese entsprechend den Phasen des Lebenszyklus (Initiierung, Planung, Realisierung, Betrieb und Stillegung), d. h. den primären Aktivitäten des Wertschöpfungskreises gegliedert werden. Für die zweite Gliederungsebene scheint eine Aufschlüs-

193) Das Auftreten wiederkehrender Anfangskosten ist per definitionem nicht möglich.
194) Vgl. WÜBBENHORST, K.L. (1984), S. 85 ff..
195) Vgl. WÜBBENHORST, K.L. (1984), S. 87.

selung der Kosten sinnvoll, die für die sekundären Aktivitäten entstehen. Anschließend kann noch eine Aufgliederung nach Funktionen oder Objekten vorgenommen werden[196].

Unabhängig davon, daß die Cost-Break-Down-Structures auf individuelle Erfordernisse abgestimmt werden, sollten sie folgenden **Anforderungen** genügen:

- o Berücksichtigung aller Kosten über den gesamten Lebenszyklus.
- o Eindeutige Definition der Kostenkategorien, um Doppelzählungen oder Auslassungen zu vermeiden.
- o Aufschlüsselung der Kosten, um eine Identifizierung der Kostentreiber zu ermöglichen.

ad 3) Inhalt der **Kostenprognose** sind Aussagen über die Höhe der zu erwartenden Kosten während des gesamten Lebenszyklus oder einzelner Phasen. Dieser Prozeß wird auch als Lebenszykluskostenkalkulation bezeichnet[197]. Aufgrund des unterschiedlichen Informationsstandes während der einzelnen Phasen des Lebenszyklus muß die Auswahl des Prognoseverfahrens dem jeweiligen Informationsstand angepaßt werden[198]. Unabhängig von der Wahl des Verfahrens muß eine Berücksichtigung des Risikos vorgenommen werden, wozu eine Sensitivitäts- oder eine Risikoanalyse durchzuführen ist[199]. Eine Prognose ermöglicht die laufende Überwachung von Abweichungen durch einen Soll-Ist-Vergleich. Darüber hinaus werden Zusammenhänge von ökologischen und ökonomischen Parametern aufgedeckt.

---

196) Vgl. BLANCHARD, B.S. (1978), S. 32 und 191 ff..

197) Vgl. BROWN, R.J. / YANUCK, P.E. (1985), S. 1.

198) Die einfachste Methode ist die der Analogie, bei der versucht wird, einen Zusammenhang zwischen den Kosten des aktuellen und eines früher produzierten Produkts herzustellen; vgl. SHIELDS, M.D. / YOUNG, S.M. (1991), S. 39. Liegt ein höherer Informationsstand vor, können parametrische Methoden (Cost Estimating Relationships) angewandt werden, die davon ausgehen, daß ein oder mehrere Parameter in direktem Zusammenhang zu den anfallenden Kosten stehen; vgl. SELDON, M.R. (1979), S. 25 ff.. Sind mit zunehmender Projektdauer detaillierte Aufgaben zu lösen, für die eine genauere Schätzung erforderlich ist, sollte eine Expertenbefragung durchgeführt werden; vgl. SELDON, M.R. (1979), S. 32. Vor allem bei Aufgaben in der Realisierungsphase ist zu prüfen, inwieweit die Kosten dem Konzept der Erfahrungskurve unterliegen; vgl. COENENBERG, A.G. / BAUM, H.-G. (1987), S. 50.

199) Eine Risikosituation ist dadurch gekennzeichnet, daß dem Entscheidungsträger Wahrscheinlichkeiten für das Eintreten von möglichen Umweltzuständen vorliegen, währenddessen bei einer Ungewißheitssituation keine Eintrittswahrscheinlichkeiten der relevanten Zustände bekannt sind; vgl. BAMBERG, G. / COENENBERG, A.G. (1992), S. 17. Zur Berücksichtigung der Inflation vgl. SELDON, M.R. (1979), S. 117.

ad 4) Der Schwerpunkt des Konzepts liegt auf dem **Gestaltungsziel**, mit dessen Hilfe kostengünstigere Produkte bzw. Systeme angestrebt werden und das aktiver Natur ist[200]. Diese Lebenszykluskostenanalyse kann als systematischer und analytischer Prozeß definiert werden, bei dem alternative Vorgehensweisen mit dem Ziel entwickelt werden, knappe Ressourcen optimal einzusetzen[201]. Durch einen Ansatz an den Wurzeln der Belastung der ökologischen Umwelt und einen weitgehenden Verzicht auf nachgelagerte Technologien kann das Vorsorgeprinzip realisiert werden[202]. Dies ist um so besser möglich, je weiter die Kostenbestandteile aufgeschlüsselt sind und je umfangreicher externe Ökologiekosten in Form kalkulatorischer Kosten in die Überlegungen einbezogen sind. Die Lebenszyklusanalyse bildet die Grundlage für das Aufstellen von Kostenentwürfen (Design to Cost) und das Target Costing, d. h. die Aufstellung von phasenbezogenen Kostenobergrenzen. Diese dienen dem Entscheidungsträger als Entscheidungsschwelle und dem Techniker als Entwurfsbeschränkung[203]. Sie stecken den Bereich ab, innerhalb dessen die optimale Kombination aus technischen, betrieblichen, ökologischen und organisatorischen Parametern liegen soll[204]. Die Kosten stellen einen steuernden Faktor dar, da durch Soll-Ist-Vergleiche die Wirtschaftlichkeit von Projekten überwacht und Fehlentwicklungen korrigiert werden können[205]. Die Gesamtlebenszykluskosten werden entsprechend der oben beschriebenen Vorgehensweise nach der Bottom-up-Methode ermittelt, d. h. die Life Cycle Costs setzen sich aus den Vorgaben für die einzelnen Kostenbestandteile zusammen. Eine vor allem in Japan verbreitete Methode folgt dem Top-down-Ansatz und entwickelt Kostenziele für ein bestimmtes Produkt, aus denen anschließend die Kostenziele für die einzelnen Phasen des Lebenszyklus abgeleitet werden[206]. Zu berücksichtigen ist bei dieser Vorgehensweise durch die Wahl eines geeigneten Diskontierungssatzes, daß Anfangs- und Folgekosten zu unterschiedlichen Zeitpunkten anfallen[207].

---

200) Vgl. BLANCHARD, B.S. (1978), S. 12.
201) Vgl. PFOHL, H.C. / WÜBBENHORST, K.L. (1983), S. 145.
202) Vgl. STREBEL, H. (1990a), S. 5.
203) Vgl. McCARTHY, J.F. / NOVAK, S.J. (1975), S. 38.
204) Vgl. SCHUB, M.D. / STARK, K. (1985), S. 3.
205) Vgl. McCARTHY, J.F. / NOVAK, S.J. (1975), S. 38; BLANCHARD, B.S. (1978), S. 12.
206) Dieses vor allem unter der Bezeichnung **Target Costing** bekannte Instrument kann unabhängig vom Einsatz des Life Cycle Costing angewandt werden, weshalb ihm ein eigenes Kapitel gewidmet wird.
207) Vgl. hierzu die Ausführungen zur Bestimmung des Kalkulationszinssatzes im Rahmen der Investitionsrechnung. Die Übertragung der dortigen Ausführungen auf dieses Konzept ist möglich, da es sich um eine längerfristige Betrachtung handelt.

Da das Life Cycle Costing-Konzept auch die Senkung von Produktkosten als Ziel verfolgt, ist die Grenze zum Target Costing fließend. Die Intention der Kostensenkung über den Planungshorizont kann mit Hilfe des Target Costing erfüllt werden. Die Idee des Life Cycle Costing fordert jedoch, die Zielkosten nicht nur auf eine Periode zu beziehen, sondern den Zielkosten-Ansatz quasi dynamisiert auf den ganzen Lebenszyklus auszudehnen.

5.2.3.3.2. Target Costing als Instrument einer produktorientierten Kostenbetrachtung

Ausgangspunkt des Target Costing ist die Frage nach den Kosten, die ein Produkt verursachen darf, um den Anforderungen des Marktes bzw. der Kunden gerecht zu werden[208)] und um dennoch eine angemessene Rendite zu erwirtschaften[209)]. Entwickelt wurde das Target Costing für Unternehmen, deren Produkte einem kurzen Produktlebenszyklus unterliegen[210)], da dort die Kostenplanung und -abdeckung eine hohe Bedeutung hat. Ziel ist es, die Kosten bereits in der Entwicklungsphase zu minimieren, um größtmögliche Kostenreduktionspotentiale erschließen zu können[211)]. Das Target Costing stellt daher eine sinnvolle Ergänzung des Life Cycle Costing-Konzeptes einerseits für kürzerlebige Güter und andererseits für die Erstellung von Kostenentwürfen bei langfristigen Produkten dar.

Das Verfahren des Target Costing beinhaltet die Zielkostenfindung des neuen Produktes und die Zielkostenerreichung[212)]. Der erste Schritt bei der Ermittlung der Zielkosten besteht in der Festlegung des **erzielbaren Verkaufspreises** bei erwarteten Kundenanforderungen. Von diesem wird der geplante Unternehmensgewinn abgezogen (Subtraktionsmethode)[213)]. Die so ermittelten **Allowable Costs** werden dann zu den eigentlichen Zielkosten weiterentwickelt[214)]. Die Allowable Costs liegen meist weit unter den ursprünglich ohne Kostenmanagement geplanten Produktkosten (**Drifting Costs**), die bei einer status-quo-Vorgehensweise erreicht werden können[215)]. Aufgabe des Target Costing ist es, durch Anpassungsprozesse sowohl den geplanten Unternehmensgewinn als auch die Anforderungen der Kunden weitestgehend zu erfüllen[216)]. Inhalt des zweiten Schritts der Zielkostenbestimmung ist die Festsetzung der **Target Costs**. Hierzu werden den Allowable

208) Vgl. LAUK, K.J. (1990), S. 80; SEIDENSCHWARZ, W. (1991), S. 198 f..
209) Vgl. HORVATH, P. / SEIDENSCHWARZ, W. (1992), S. 143.
210) Vgl. SEIDENSCHWARZ, W. (1991), S. 199.
211) Vgl. SAKURAI, M. (1989), S. 40.
212) Vgl. HIROMOTO, T. (1989), S. 320.
213) Neben dieser Vorgehensweise kann auch eine indirekte Ableitung über Wettbewerbsprodukte erfolgen; vgl. HORVATH, P. / SEIDENSCHWARZ, W. (1992), S. 144.
214) Vgl. HIROMOTO, T. (1989), S. 320.
215) Vgl. HIROMOTO, T. (1988), S. 24.
216) Vgl. LAUK, K.J. (1990), S. 81.

Costs die Drifting Costs gegenübergestellt, die als prognostizierte Kosten bei gleichbleibender Technologie und gleichbleibenden Prozeßabläufen definiert sind[217)].

Die Target Costs werden nicht willkürlich in diesem Bereich festgesetzt, sondern sie werden unter Beachtung der Unternehmensstrategie und des Marktes entwickelt. Bei einer Unternehmensstrategie der Kostenführerschaft und einem wettbewerbsintensiven Markt wird das Management die Target Costs den Allowable Costs gleichsetzen[218)]. Bei Verfolgung einer Differenzierungsstrategie wird die Kostenfestsetzung nicht derart restriktiv sein.

Nach der Festsetzung der Target Costs sind die Drifting Costs durch Anpassungsprozesse zu reduzieren. Dies kann beispielsweise mit Hilfe der **prozeßorientierten Kostenrechnung**[219)] oder der **Wertanalyse**[220)] geschehen, die die Aktivitäten des Unternehmens über den gesamten Wertschöpfungskreis erfaßt[221)], auf die Kostenstellen verteilt und eine Zuordnung der Gemeinkosten zu den einzelnen Produkten vornimmt[222)]. Neben der detaillierten Aufschlüsselung bietet sich die prozeßorientierte Kostenrechnung auch aufgrund ihres Charakters als Vollkostenrechnung für die Ermittlung der Target Costs an[223)].

Im dritten Schritt ist schließlich während des Lebenszyklus eine permanente Kontrolle der Target Costs vorzunehmen, um einerseits notwendige Änderungen abzuleiten und um andererseits Spielräume für eventuelle Marktanpassungen aufzudecken.

Bei produktbezogenen Entscheidungen, die aus ökologischen Gründen im Unternehmen zu treffen sind, zeigt sich eine ähnliche Problematik wie sie beim Target Costing berücksichtigt wird. Viele Unternehmen sehen sich auf der Kostenseite unter Druck gesetzt[224)], so daß sie eine vollständige Integration der Ökologieorientierung in die Produktkosten nur beschränkt für möglich halten. Wie die eigene Untersuchung zeigt, werden die Kosten ökologieorientierter Aktivitäten eines Unternehmens nicht (38,5%) bzw. nur für das Gesamtunternehmen (34,3%) betrachtet und nur selten den Produkten als eigentlichen Verursachern zugeordnet

---

217) Vgl. SEIDENSCHWARZ, W. (1991), S. 200.

218) Vgl. SEIDENSCHWARZ, W. (1991a), S. 66. Dabei ist aber darauf zu achten, daß sie dennoch erreichbar sind; vgl. SAKURAI, M. (1989), S. 45.

219) Vgl. die Ausführungen hierzu in Kapitel 5.2.3.1.. Auf die Notwendigkeit einer Zielkostenbetrachtung zur Ermittlung von prozeß- und ökologieorientierten Zielkosten von Produkte weist KLOOCK hin; vgl. KLOOCK, J. (1992), S. 7.

220) Vgl. JEHLE, E. (1991), S. 287 ff..

221) Vgl. HORVATH, P. / SEIDENSCHWARZ, W. (1992), S. 143.

222) Vgl. FRANZ, K.-P. (1990), S. 198; COENENBERG, A.G. / FISCHER, T.M. (1991), S. 21 ff..

223) Vgl. HORVATH, P. / SEIDENSCHWARZ, W. (1992), S. 144.

224) 79% der Unternehmen geben an, daß sich die Ökologieorientierung als Unternehmensziel negativ auf das Ziel, Kostensenkungen zu erreichen, auswirkt.

(14,3%)[225]. Um nun ein ökologieorientiertes Target Costing einzuführen, sind die internalisierten Ökologiekosten den Produkten gesondert zuzurechnen. Externe Kosten sind zu erfassen, zu bewerten[226] und den Produkten verursachungsgerecht zuzuordnen, um Entscheidungen über Produkteinführungen und -variationen zu unterstützen. Schon im Bereich von Forschung und Entwicklung kann die Berücksichtigung produktbezogener Ökologiekosten zu einer Entscheidungsänderung führen, da z. B. Rücknahmeverpflichtungen eine entsorgungsfreundliche Konstruktion begünstigen.

Für den ökologieorientierten Target Costing-Ansatz bedeutet dies, daß die Berücksichtigung und verursachungsgerechte Zuordnung **unternehmensinterner Ökologiekosten** die Drifting Costs und somit auch die Differenz zu den Allowable Costs erhöht, innerhalb der die Target Costs liegen. Unter Umständen kann dies gegenüber der Nichtberücksichtigung internalisierter Ökologiekosten zu einer Erhöhung der Target Costs führen. Ziel bleibt aber dennoch die Minimierung der Kosten.

Werden nun **externe Effekte** bewertet und in die Betrachtung einbezogen, so erhöhen diese die Drifting Costs ebenfalls. Idealtypischerweise, d. h. wenn die Schonung der ökologischen Umwelt maximiert wird, sind die externen Effekte in vollem Umfang in die Kalkulation einzubeziehen. Da Unternehmen nur dann externe Kosten tatsächlich internalisieren werden, wenn dies auch aus Marktüberlegungen sinnvoll erscheint, stellen sie zunächst einen kalkulatorischen Bestandteil der Drifting Costs dar. Aufgabe des Managements ist es nun, die Möglichkeiten der Internalisierung zu eruieren. Dabei lassen sich - wie nachfolgende Abbildung veranschaulicht - drei Alternativen unterscheiden:

Fall 1: prospektive Überwälzbarkeit
Fall 2: Gewinnverzicht
Fall 3: Senkung der Allowable Costs

---

225) Die in Klammern angegebenen Prozentsätze unterstützen die Aussage auf empirischer Basis. Gefragt wurde, inwieweit Unternehmen die wirtschaftliche Vor- bzw. Nachteilhaftigkeit von Entscheidungen, die aus ökologischen Gründen getroffen wurden.

226) Vgl. die Ausführungen hierzu in Kapitel 4.2. und 4.3..

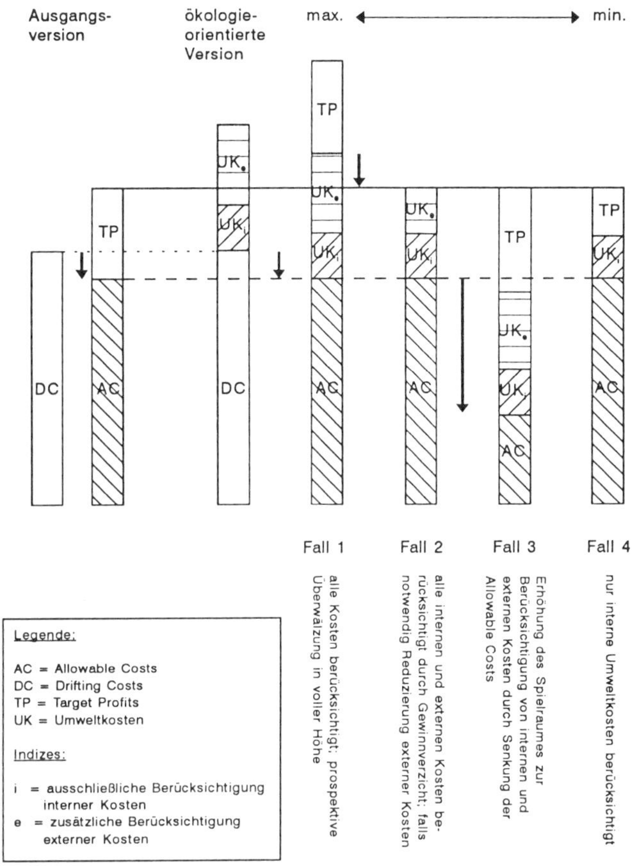

Abb. 5.33.: Ökologieorientiertes Target Costing

Zunächst ist die Zahlungsbereitschaft der Kunden (prospektive Überwälzbarkeit) und somit der Preisspielraum zu ermitteln. Maximal werden alle externen Effekte einbezogen und auf den Kunden übergewälzt, ohne eine Änderung des Zielgewinns vorzunehmen (**Fall 1**). Hat die Ökologieorientierung als Formalziel Eingang in das Zielsystem gefunden, so kann auch eine Variation des Zielgewinns stattfinden. Sollen weiterhin alle externen Kosten berücksichtigt werden, so ist der Gewinn soweit wie nötig zu reduzieren. Reicht selbst ein völliger Gewinnverzicht nicht aus, so können nicht alle externen Kosten internalisiert werden (**Fall 2**). Schließlich besteht die Möglichkeit, Kosteninternalisierungspotentiale durch die Reduzierung der Allowable Costs zu erschließen (**Fall 3**). Diese können nicht-ökologiebezogene sonstige Kostenarten innerhalb der ursprünglichen Drifting Costs betreffen oder im Bereich der Ökologiekosten auf eine Kostensenkung durch staatliche Fördermaßnahmen zurückzuführen sein. Schließlich ist eine retrospektive Überwälzung auf die Lieferanten zu untersuchen, um den Spielraum für die Umsetzung ökologiebezogener Aktivitäten durch das Unternehmen zu bestimmen.

Die drei Fälle können und werden in der Realität in Kombinationsform auftreten. Als Puffer bei vom Markt gegebenen Einschränkungen dienen die externen Kosten, deren Berücksichtigung von einer möglichen Tragbarkeit abhängt. Um die Schonung der ökologischen Umwelt bestmöglich zu erreichen, sind für die externen Kosten Standards (**Target Internalization**) zu setzen, die kostenoptimal zu erfüllen sind. Eine bloße Minimierung scheidet aus, da diese zur vollständigen Externalisierung, d. h. zu einer Überwälzung auf die Allgemeinheit führen würde (**Fall 4**).

5.3. Möglichkeiten und Grenzen der Integration ökologischer Aspekte in das klassische Rechnungswesen

Wie dargelegt wurde, können ökologische Aspekte an vielen Stellen in Informations- und Entscheidungsinstrumente des klassichen Rechnungswesen integriert werden. Neben den internalisierten Effekten, die ohnehin schon im Rechnungswesen erfaßt werden, können auch zusätzlich externe Effekte Eingang finden. Um eine aussagekräftige Informations- und Entscheidungsbasis zu gewährleisten, sollte der Anwender jedoch informiert sein, wie hoch der Einfluß der externen Kosten ist. Zudem hängt die Aussagefähigkeit des klassischen Rechnungswesen bezüglich ökologischer Fragestellungen entscheidend davon ob, ob Ökologiekosten und -erlöse separat erfaßt und verursachungsgerecht zugerechnet werden. Ebenso ist - wie in der Investitionsrechnung deutlich wurde - zu berücksichtigen, welche Instrumente aufgrund der Integration ökologiebedingter Konsequenzen verändert werden müssen bzw. welche nur eingeschränkte Aussagefähigkeit haben können.

Dennoch ist festzustellen, daß das klassische Rechnungswesen nur insofern einen nützlichen Beitrag leisten kann, als ökologiebedingte Konsequenzen monetarisiert werden können. Da dies für zahlreiche Fragestellungen jedoch nicht möglich ist, sind hierfür nicht-monetäre Instrumente heranzuziehen.

6. Ökologieorientierte Informations- und Entscheidungsinstrumente

Die bisherigen Ausführungen haben gezeigt, daß die erfaßten und bewerteten Konsequenzen zu einem Teil mit Hilfe der traditionellen Konzepte des Rechnungswesens berücksichtigt werden können. Will man jedoch **alle** relevanten ökologiebedingten Konsequenzen[1)] einbeziehen, so stößt man an Grenzen. Diese können sich einerseits aus der fehlenden Monetarisierbarkeit von Effekten ergeben. Andererseits kann die Notwendigkeit bestehen, die Effekte vor einer Monetarisierung nach nicht-monetären Kriterien zu systematisieren. Aus dieser Tatsache heraus schien es nötig, neben der Differenzierung und Anwendung traditioneller Verfahren Informations- und Entscheidungsinstrumente zu entwickeln, die an ökologischen Erfordernissen ausgerichtet sind und ökologiebezogene Informationen aufbereiten können[2)]. Sie müssen in der Lage sein, ökologische Schwachstellen und Risiken aufzuzeigen, aber auch Wettbewerbsvorsprünge gegenüber der Konkurrenz und Marktchancen zu erkennen[3)]. Ziel ihrer Konzeption ist die Bereitstellung von Informationen und von Entscheidungshilfen in quantitativer, d. h. in diesem Zusammenhang, in nicht-nominaler Form. Bevor diese Instrumente angewendet werden, sind die bereits dargestellten Schritte der Erfassung (z. B. mit Hilfe einer Belastungsmatrix) und der Bewertung (mit Hilfe nicht-monetärer Bewertungsverfahren) zu durchlaufen[4)].

Eine Reihe von Instrumenten steht bereits zur Verfügung, andere befinden sich in der Entwicklung. Aufgabe eines umfassenden Controllingsystems muß es sein, alle vom Unternehmen verfolgten Ziele unter Beachtung von Zielbeziehungen und Zielhierarchien zu integrieren. Deshalb dürfen ökologieorientierte Informations- und Entscheidungsinstrumente nicht als in sich abgeschlossener Bestandteil unter

---

1) D. h. sowohl Konsequenzen monetärer als auch nicht-monetärer Art.

2) Neben rein monetär ausgerichtete Instrumente treten sog. **Umwelt-Informations-Systeme**, die die Entscheidungsträger mit aktuellen nicht-monetären Daten quantitativer und auch qualitativer Art versorgen. Inhalt der Informationsgewinnung sind Daten über ökologisch relevante Sachverhalte und Vorgänge; vgl. STREBEL, H. (1992), S. 9. So kann von einem Hineinwachsen in die Realökonomie gesprochen werden, deren Hauptinhalte betriebliche Stoff- und Energieflüsse sind; vgl. auch die Diskussion bei FREIMANN, J. (1991), S. 28 und STREBEL, H. (1991), S. 15 ff. sowie SEIDEL. E. / BEHRENS, S. (1992), S. 145.

3) Vgl. z. B. STEGER, U. (1988), S. 204. FREIMANN spricht von sozial-ökologischer Folgenabschätzung; vgl. FREIMANN, J. (1989).

4) Vgl. die Ausführungen hierzu in Kapitel 4.3.2.. Die nun zu diskutierenden Informations- und Entscheidungsinstrumente basieren auf einer zielorientierten Auswahl der dargestellten Systematisierungs- und Bewertungskonzepte.

nehmerischer Entscheidungsgrundlagen isoliert neben den bereits existierenden Systemen **(additive Lösung)** eingesetzt werden. Ökologieorientierte und ökonomieorientierte Instrumente des Controlling gewinnen ihre eigentliche Aussagekraft durch die Zusammenschau der Effekte. Diese verdeutlicht die ökologische Relevanz ökonomischer Entscheidungen sowie die ökonomische Relevanz ökologiebezogener Entscheidungen. Langfristiges Ziel der Integration ökologischer Aspekte in das Controlling muß eine Weiterentwicklung des bestehenden Instrumentariums sein, das sowohl ökonomische als auch ökologische Ziele in ihrer Interdependenz verfolgt **(integrative Lösung)**[5].

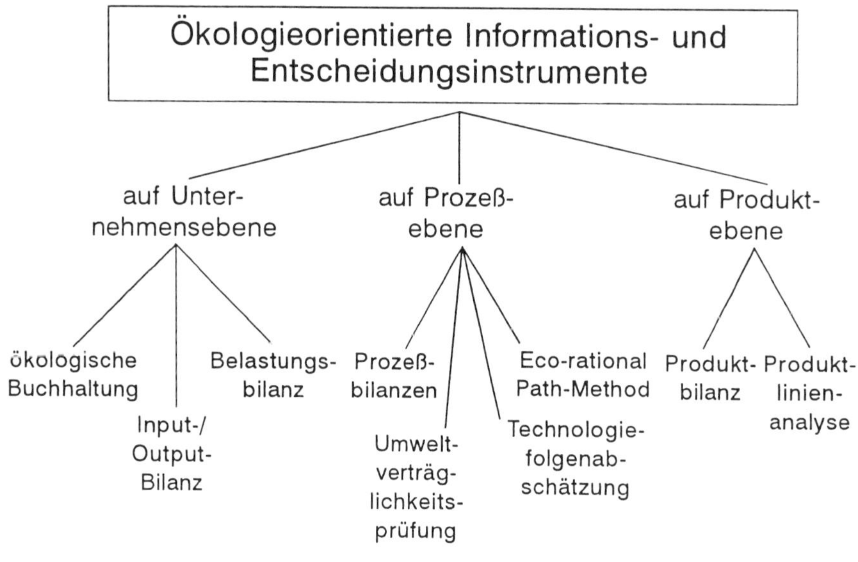

Abb. 6.1.: Instrumente des erweiterten, ökologieorientierten Controlling

Konzepte des erweiterten, ökologieorientierten Controlling im Sinne einer integrativen Lösung können an verschiedenen Bezugspunkten des Unternehmens ansetzen. Entweder berücksichtigen sie alle unternehmensrelevanten Aspekte, oder sie beziehen sich auf einzelne Prozesse oder einzelne Produkte[6]. Die vorhandenen Ansätze, die als Informations- und Entscheidungsinstrumente einge-

5) Zur Notwendigkeit einer integrierten Betrachtungsweise vgl. FREIMANN, J. (1991), S. 27 ff. und STREBEL, H. (1991), S. 17.

6) Bezugsobjekte legen Systemgrenzen der Betrachtung fest (z. B. Betrachtung einer Anlage, eines Unternehmens oder einer gesamten Volkswirtschaft); vgl. z. B. FECKER, I. (1990), S. 4. Die Festlegung der Systemgrenzen beinhaltet eine Entscheidung darüber, ob nur Primäreffekte, die durch das Unternehmen verursacht wurden oder auch Sekundäreffekte in die Analyse einbezogen werden. Sekundäreffekte sind in diesem Zusammenhang Beeinträchtigungen der ökologischen Umwelt, die nicht im unmittelbaren Einflußbereich des Unternehmens stehen. Die Aktivitäten des Unternehmens beeinflussen allerdings mittelbar die Effekte. Neben Sekundäreffekten können auch Tertiär- oder Quartäreffekte auftreten.

setzt werden können, sind in der voranstehenden Abbildung zusammengefaßt. Auch wenn aufgrund der Vielzahl bereits entwickelter Instrumente hier nicht der Anspruch einer vollständigen Bestandsaufnahme erhoben werden kann, wurden doch die in der Literatur vorwiegend diskutierten Vorschläge aufgenommen. Die Konzepte werden der Übersichtlichkeit halber einzeln dargestellt; für die Ausgestaltung eines unternehmensspezifischen Controllingsystems kann bzw. sollte allerdings eine Kombination der Konzepte gewählt werden, die den gestellten Anforderungen genügt und die in der Lage ist, die Umsetzung der Unternehmensziele zu unterstützen[7)].

6.1. Abgrenzungs- und Beurteilungskriterien ökologieorientierter Informations- und Entscheidungsinstrumente

Um eine Vergleichbarkeit der teilweise sehr unterschiedlich ausgeprägten Ansätze zu erreichen, werden nun **Abgrenzungskriterien** für die Darstellung der Konzepte festgelegt. Sie zielen darauf ab, die Instrumente möglichst vollständig zu erfassen und Anwendungsmöglichkeiten herauszuarbeiten[8)]. Die Abgrenzungskriterien lassen sich untergliedern in:

a) **Ziele**, die von dem jeweiligen Instrumentarium angestrebt werden;
b) **Bezugsobjekte**, z. B. Gesamtunternehmen, Prozesse und Produkte;
c) **Besonderheiten hinsichtlich des Ansatzes:**
   - o **Art der erfaßten Daten**, z. B. ökologische Belastungen und Entlastungen, Ressourcenverbrauch, relevante Gesetzesvorschriften und ihre Einhaltung;
   - o **Systematik** der erfaßten Daten
   - o **Voraussetzungen**, wie z. B. die Zugänglichkeit oder die Meßbarkeit;
d) **Bewertung der erfaßten Daten**, d. h. werden die Informationen überhaupt bewertet, und wenn ja, wie wird die Bewertung vorgenommen (z. B. nominal oder anhand physikalischer Größen)?
e) Basis für **Entscheidungen**, um die Ökologieorientierung als Unternehmensziel zu fördern.

Anschließend werden die Instrumente diskutiert, wobei zwei **Beurteilungskriterien** herangezogen werden. Einerseits ist zu prüfen, inwieweit die Instrumente den Funktionen eines ökologieorientierten Steuerungssystems gerecht werden

7) Um alle unternehmensrelevanten Sachverhalte berücksichtigen zu können, bietet sich eine Analyse des Unternehmens als Ganzem sowie der für die betriebliche Leistungserstellung notwendigen Prozesse und der durch sie entstehenden Produkte an.

8) Vgl. die Übersichten bei FREIMANN, J. (1989), S. 166 ff.; SCHULZ, W. (1991), S. 226 und GÜNTHER, E. / WAGNER, B. (1993), S. 143 ff..

(**Funktionserfüllung**). Andererseits müssen die Verfahren auch Beurteilungskriterien standhalten, die auf volkswirtschaftlicher Ebene für umweltpolitische Instrumente herangezogen werden. Um eine Durchdringung der Gesamtwirtschaft zu erreichen, muß die Umsetzung ökologischer Ziele auf Mikroebene denselben Standards genügen wie das umweltpolitische Instrumentarium auf Makroebene (**Effizienzkriterien**).

Die Einsatzmöglichkeiten für Informations- und Entscheidungsinstrumente zur Verfolgung ökologischer Ziele können dabei an folgenden Kriterien der Funktionserfüllung gemessen werden[9]:

- o Sensibilisierungsfunktion: Diese ist dann erfüllt, wenn die Daten eine Abweichung vom Soll-Zustand aufzeigen und wenn unerwünschte Entwicklungen frühzeitig angezeigt werden.
- o Analysefunktion: Aufgabe der Analyse ist die Abgrenzung, Erfassung und Strukturierung des Problems, d. h. die Identifizierung aller relevanten Informationen.
- o Innovationsfunktion: Instrumente können als innovativ gelten, wenn sie eine Generierung von Handlungsalternativen ermöglichen, die für eine Entscheidungsfindung herangezogen werden können.
- o Bewertungsfunktion: Um eine Entscheidung treffen zu können, sind die gewonnenen Daten hinsichtlich ökonomischer und ökologischer Kriterien zu bewerten.
- o Entscheidungsfunktion: Diese erfordert ein Bewertungsverfahren, das Alternativen vergleichbar macht und so eine Grundlage für die Entscheidungsfindung liefert.
- o Realisierungsfunktion: Eine Unterstützung der Realisierungsphase ist möglich, wenn die Instrumente notwendige Handlungen für die verschiedenen Wertschöpfungsstufen aufzeigen.
- o Kontrollfunktion: Nach der Realisierung sind die umgesetzten Entscheidungen hinsichtlich ihrer Zielrealisierung zu überprüfen und der Controllingprozeß beginnt von neuem.

Da der Einsatz der Instrumente nur dann sinnvoll ist, wenn sie entsprechende Voraussetzungen erfüllen und Wirkungen zeitigen, sind diese in einem nächsten Schritt zu untersuchen (**Effizienzkriterien**). Sie entsprechen den Kriterien, denen

---

9) Die Anforderungen an die Funktionserfüllung durch die Instrumente können von den Bestandteile des Controllingprozesses abgeleitet werden. Zu den Kriterien vgl. z. B. SENN, J.F. (1986), S. 170.

auf volkswirtschaftlicher Ebene umweltpolitische Instrumente standhalten müssen[10]:

- o Das Kriterium der ökologischen Wirksamkeit beurteilt die Instrumente hinsichtlich der ökologischen Wirkungen, die sich aufgrund der Einführung der Instrumente ergeben.
- o Da im Bereich ökologischer Informationen noch keine einheitliche Vorgehensweise hinsichtlich Ansatz und Bewertung gegeben ist, muß eine intersubjektive Überprüfbarkeit der Daten gegeben sein.
- o Das Kriterium der Praktikabilität beurteilt die Einführbarkeit in das bestehende Controllinginstrumentarium und den dafür notwendigen Aufwand.
- o Die Geschwindigkeit der ökologischen Zielerreichung mißt die Zeitdauer von der Umsetzung bis zur Erreichung des ökologiebezogenen Ziels.
- o Schließlich ist noch die ökonomisch-ökologische Effizienz zu überprüfen, die die für den Einsatz eines Instruments notwendigen Kosten beurteilt. Dies erfolgt unter Zugrundelegung des ökonomischen Rationalitätsprinzips, nach dem ökologische Ziele mit einem Minimum an Kosten bzw. bei gegebenen Kosten ökologische Ziele optimal erreicht werden sollen.

Anhand der vorgestellten Kriterien werden nun nachfolgend verschiedene Ansätze eines erweiterten, ökologieorientierten Controlling vorgestellt und analysiert.

6.2. Die ökologische Buchhaltung

Die ökologische Buchhaltung, die 1978 von MÜLLER-WENK entwickelt wurde[11], repräsentiert einen der ersten Ansätze, der versucht, neben ausschließlich ökonomisch orientierte Verfahren ökologisch orientierte Informations- und Entscheidungsinstrumente zu stellen.

6.2.1. Darstellung der ökologischen Buchhaltung

Ziel der ökologischen Buchhaltung ist die umfassende, kontinuierliche und nach verbindlichen Verfahrensvorschriften erfolgende Erfassung der vom einzelnen Unternehmen ausgehenden Einwirkungen auf die ökologische Umwelt. Diese sollen mit Hilfe einer Rechen- bzw. Werteinheit vergleichbar gemacht werden, um Inve-

10) Vgl. HEIGL, A. (1974), S. 2268 f. und WICKE, L. (1991), S. 398 ff..

11) Vgl. MÜLLER-WENK, R. (1978). Inzwischen wurde das Konzept weiterentwickelt und an den aktuellen Stand der Forschung angepaßt; vgl. AHBE, S. / BRAUNSCHWEIG, A. / MÜLLER-WENK, R. (1990).

stitions- und Sortimentsentscheidungen unterstützen zu können[12]. Für das gesamte Unternehmen als **Bezugsobjekt** werden in Analogie zum traditionellen Rechnungswesen einzelne, ökologisch relevante Belastungen und Entlastungen (**Art der erfaßten Daten**) der ökologischen Umwelt erfaßt, wobei eine Untergliederung (**Systematisierung**) in Energieverbrauch, Materialverbrauch[13], Bodenverbrauch, feste Abfälle, Abwasser, gasförmige Abfälle, Abwärme sowie Einwirkungen durch Haushalte erfolgt. **Voraussetzung** für die Erfassung ist das Vorliegen von Zusammensetzungszertifikaten[14], aus denen die Qualität und Quantität der eingesetzten Grundstoffe ersichtlich wird. Die gemessenen Mengen werden danach vergleichbar gemacht, um sie aggregieren zu können (**Bewertung der erfaßten Daten**). Dazu wird die jeweilige gemessene Menge mit dem Äquivalenzkoeffizienten (Aek) multipliziert, der die ökologische Knappheit repräsentiert. Die Aek werden als Relation der Belastbarkeit einer Ressource und der heute bereits bestehenden Belastung ermittelt[15]. Das Produkt aus gemessener Menge und Aek ergibt eine allgemeine Meßzahl für ökologische Einwirkungen, ausgedrückt in Recheneinheiten (RE) pro physikalischer Mengeneinheit[16]. Die Summe aller Konten der ökologischen Buchhaltung ergibt wiederum den Indikator für die Gesamtwirkung (in RE) des Unternehmens auf die ökologische Umwelt in einer Periode. Analog zum traditionellen Rechnungswesen ist eine jährliche Fortschreibung vorgesehen, wobei die RE die Vergleichbarkeit gewährleisten. **Entscheidungen** zwischen Handlungsalternativen werden schließlich anhand der Höhe der ermittelten Recheneinheiten getroffen, da diese einen Indikator für die ökologische Belastung durch das Unternehmen darstellen.

---

12) Vgl. MÜLLER-WENK, R. (1978), S. 17.

13) abzüglich Materialweiterlieferungen

14) Diese sollten vom Lieferanten bereits mitgeliefert werden, da für ihn der Aufwand einer Erstellung am niedrigsten ist. Auch wenn selbst dieser nicht in der Lage ist, alle Bestandteile zu nennen, sollte dies nicht zum Verzicht auf die Erstellung des Zusammensetzungszertifikats führen. Jede Teilinformation kann bereits für die Maximierung der Schonung der ökologischen Umwelt verwendet werden; vgl. MÜLLER-WENK, R. (1978), S. 28.

15) Vgl. die Formel für die Berechnung in Kapitel 4.3.2.1.1..

16) Der Äquivalenzkoeffizient wurde zum Öko-Faktor weiterentwickelt, auf dessen Basis Öko-Punkte entwickelt werden; vgl. AHBE, S. / BRAUNSCHWEIG, A. / MÜLLER-WENK, R. (1990) sowie die Darstellung der Bewertungskonzepte in Kapitel 4.3.2..

Konto	Menge	RE/Einheit	RE gesamt	Summe
1. Belastung im Unternehmen				
Energie				
Material				
Abfälle				
Abwärme				
Bodenverbrauch				
2. Belastung aus Lieferung an Nichtbuchführungspflichtige				
Produkt A				
Produkt B				
Produkt C				
...				
3. Entlastung aus Materialweiterlieferungen				
Produkt A gemäß Zusammensetzungszertifikat Nr.				
Material A1				
Material A2				
Material A3				
...				
4. Zusammenfassung				

Abb. 6.2.: Die Konzeption der ökologischen Buchhaltung

6.2.2. Beurteilung der ökologischen Buchhaltung

Für eine Diskussion des Konzeptes sind zum einen die Kriterien der Funktionserfüllung, zum anderen die Effizienzkriterien zur Beurteilung von Lenkungsinstrumenten zu untersuchen:

a) Funktionserfüllung

Die ökologische Buchhaltung ist besonders für die Analyse und Bewertung der bestehenden Unternehmenssituation geeignet, da alle Belastungen aufgezeigt und mit Hilfe der Äquivalenzkoeffizienten vergleichbar gemacht werden. Sofern das Zustandekommen der Koeffizienten den Entscheidungsträgern transparent gemacht wird, kann eine Entscheidungsunterstützung mit Hilfe dieses Konzepts stattfinden.

b) Effizienzkriterien

Hinsichtlich der **ökologischen Wirksamkeit** treten beim Konzept der ökologischen Buchhaltung Probleme bei der Bestimmung der Knappheit mit Hilfe der Äquivalenzkoeffizienten auf. Hier stellt sich die Frage, wie eine räumlichen Abgrenzung vorzunehmen ist, um die Höhe der Koeffizienten bestimmen zu können. So ist beispielsweise fraglich, ob die Berechnung der Aek mit globalen Bezugsgrößen bei einer regionalen Anwendung aussagekräftig ist[17]. Da die ökologische Buchhaltung nur Konten führt, bei denen die Aek wesentlich von Null verschieden sind[18], besteht die Gefahr der Unterschätzung ökologischer Risiken, die im Augenblick mit Null bewertet werden, jedoch positive Erwartungswerte aufweisen. Eine Ausrichtung am Vorsorgeprinzip ist deshalb nicht gewährleistet[19].

Aufgrund des Vorschlags, die Aek auf staatlicher Ebene festzulegen[20], ist eine **intersubjektive Überprüfbarkeit** gegeben. Optimal wäre sie dann, wenn auch die Festlegung des Kriteriums "wesentlich von Null verschieden" auf unternehmensübergreifender Ebene festgelegt würde.

Da die ökologische Buchhaltung auf der Bewertung mit Hilfe von Aek beruht, ist die **Praktikabilität** teilweise nicht gegeben. Hauptkritikpunkte sind die schwierige und zeitaufwendige Ermittlung der Aek und die damit verbundene Qualifizierung der Einwirkungen auf die ökologische Umwelt, sofern diese festgestellt werden können.

Die **Geschwindigkeit der ökologischen Zielerreichung** ist bei diesem Verfahren eher gering einzustufen, da die Implementierung sehr zeitintensiv ist. Die Reaktion auf gefährliche Belastungen kann jedoch bei einem bereits implementiertem Konzept relativ schnell erfolgen.

Die ökologische Buchhaltung ist in der Implementierungsphase sehr zeit- und damit kostenintensiv, da das geforderte Aufsplitten der Einsatzstoffe in seine Bestandteile sehr aufwendig ist[21]. Die Kosten können nur dann in einem vertretbaren Rahmen gehalten werden, wenn Zusammensetzungszertifikate bereits vorliegen und staatliche Stellen die Festlegung der Aek übernehmen. In Abhängigkeit von der Höhe dieser Kosten und den erzielbaren Erfolgen bestimmt sich die **ökonomisch-ökologische Effizienz** des Konzepts.

---

17) Vgl. die Diskussion des Konzepts bei SIMONIS, U.E. (1980), S. 31 ff.; STREBEL, H. (1980), S. 139 und MIERHEIM, H. (1986), S. 17 ff.. Darüber hinaus ist zu bedenken, daß bei der Bestimmung des Aek Synergie-, Kumulations-, Distanz- oder Langzeitschäden außer Betracht gelassen werden.

18) Vgl. MÜLLER-WENK, R. (1978), S. 19.

19) Vgl. MIERHEIM, H. (1986), S. 18.

20) Vgl. MÜLLER-WENK, R. (1978), S. 24 und STREBEL, H. (1980), S. 140.

21) Vgl. MIERHEIM, H. (1986), S. 18.

6.3. Die Öko-Bilanz

Das bisher am weitesten verbreitete ökologieorientierte Informations- und Entscheidungsinstrument ist die Öko-Bilanz. Aufgrund zahlreicher Anwendung[22)] in der betrieblichen Praxis wird das Konzept laufend an Erfahrungen angepaßt, um allen Anforderungen in ausreichendem Umfang gerecht zu werden.

6.3.1. Darstellung der Öko-Bilanz

Öko-Bilanzen stellen ein ökologieorientiertes Informations- und Entscheidungsinstrument dar, das alle Stoff- und Energieflüsse beinhaltet, die durch die Aktivitäten eines Unternehmens verursacht werden[23)]. **Ziel** ist es dabei, alle ökologisch relevanten Ressourcen und Outputs im Hinblick auf die Aufdeckung ökologischer Chancen und Risiken zu erfassen, darzustellen und zu bewerten.

Öko-Bilanzen können - je nach gewählter Systemabgrenzung - sowohl für Unternehmen als auch für Produktionsprozesse und Produkte erstellt werden (**Bezugsobjekt**)[24)]. Die **Art der erfaßten Daten** bezieht sich auf Stoff- und Energieflüsse der betrachteten Einheit. Auf der Inputseite erfolgt eine Unterscheidung in Material und Energie (**Systematisierung**), auf der Outputseite werden Produkte und Kondukte differenziert. **Voraussetzung** für die Erstellung einer aussagefähigen Öko-Bilanz ist das Vorliegen von Informationen über Stoffe und Energien sowie die Möglichkeiten, sie zu **bewerten**. Diese kann sich entweder auf die rein physikalische Bewertung beziehen oder mit Hilfe einer ABC-Analyse erfolgen[25)]. Die internen Funktionen der Öko-Bilanzen zielen auf die ökologieorientierte Steuerung ab (**Entscheidungsunterstützung**)[26)]. Aus externer Sicht steht die Kommunikation zwischen dem Unternehmen und den Stakeholder-Gruppen im Vordergrund.

---

22) Vgl. JETTER, U. (1982), S. 16 ff.; HELD, M. (Hrsg.) (1986), S. 43 ff.; BRAUNGART, M. / FUCHSLOCH, N. (1989), S. 13 ff.; GÜNTHER, K. (1989a), S. 49 ff.; KUNERT AG (Hrsg.) (1991) und (1992); JASCH, C. / HEGENBART, B. / HRAUDA, G. / REGATSCHNIG, H. (1991); MOSTHAF, H. (1991), S. 191 ff.; ROMINSKI, D. (1991), S. 35 ff.; SWISSAIR (Hrsg.) (1991); LANDESGIROKASSE (Hrsg.) (1992); NEUMARKTER LAMMSBRÄU (Hrsg.) (1992) und STAATLICHER MINERALBRUNNEN BAD BRÜCKENAU (Hrsg.) (1992).

23) Vgl. JETTER, U. (1982), S. 8 f.; FECKER, I. (1990), S. 3 ff.; STREBEL, H. (1990), S. 704; STRECKER, A. (1992), S. 398 ff. und WISSENSCHAFTLICHER BEIRAT DER STUDIENGESELLSCHAFT FÜR ÖKOLOGISCHE VERPACKUNG e. V. (Hrsg.) (1992). Vgl. zum Vorschlag des INSTITUTS FÜR ÖKOLOGISCHE WIRTSCHAFTSFORSCHUNG (IÖW) HALLAY, H. / PFRIEM, R. (1992), S. 57 ff. und LEHMANN, S. (1992), S. 1 ff. sowie zum Vorschlag des Umweltbundesamtes O. V. (1992), S. 4 f.. Erste Vorschläge finden sich bereits 1971 bei KNEESE, A.V. (1971), S. 19 ff..

24) STREBEL spricht bei Material- und Energiebilanzen vom Bilanzraum; vgl. STREBEL, H. (1992), S. 10.

25) Vgl. die Darstellung der Vorgehensweise in Kapitel 4.3.2.1.4. sowie die praktische Anwendung bei NEUMARKTER LAMMSBRÄU (Hrsg.) (1992).

26) Vgl. MOSTHAF, H. (1991), S. 191.

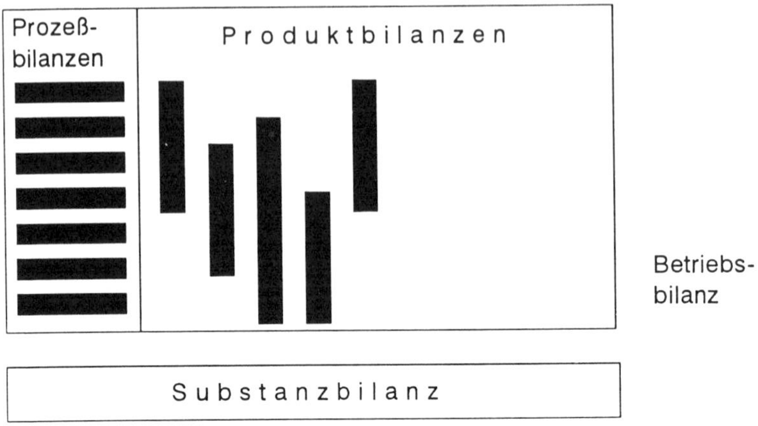

Abb. 6.3.: Zusammenhang von Betriebs-, Prozeß-, Produkt- und Substanzbilanzen

Die **Betriebs- bzw. Input-Output-Bilanz** stellt den Ausgangspunkt der Untersuchung dar. In diesem ersten Schritt wird der Betrieb als black-box gesehen, und es werden nur Stoffe und Energien aufgezeigt, die in den Betrieb als Ganzes eingehen (**Input**) sowie Produkte und Kondukte, die den Betrieb verlassen (**Output**)[27]. Folgt man dem Vorschlag des INSTITUTS FÜR ÖKOLOGISCHE WIRTSCHAFTSFORSCHUNG IÖW[28], so umfaßt die Erstellung einer Öko-Bilanz drei Ebenen. Auf der Ebene 1 erfolgt die Bestimmung der relevanten Mengen des Inputs und Outputs sowie die Zuordnung einer Bilanzierungsnummer, einer Bezeichnung und einer Materialklassennummer. Auf der zweiten und dritten Ebene werden alle Inputfaktoren soweit wie möglich und notwendig untergliedert und hinsichtlich ihrer Zusammensetzung untersucht[29]. Die Betriebsbilanz gewinnt ihre Aussagefähigkeit durch die Bewertung mit zunächst physikalisch erfaßten Größen. Hierfür stehen die in Kapitel 4.3.2. dargestellten Möglichkeiten einer nicht-monetären Bewertung zur Verfügung. Ziel ist es, Informationen über die ökologischen Wirkungen des gesamten Betriebs zu gewinnen.

Prozeßbilanzen hellen die black-box-Betrachtung insoweit auf, als die zwischen Input und Output stattfindenen Transformationsvorgänge untersucht werden. Genau abgegrenzte Produktionsprozesse werden hinsichtlich der in die Umwandlung eingehenden und diese wieder verlassenden Stoff- und Energiemengen analysiert. Voraussetzung für diese Konkretisierung ist die Zerlegung des gesamten betrieblichen Leistungserstellungsprozesses in abgegrenzte Teilprozesse. Diese detailliertere Betrachtung erfolgt ebenfalls nach dem Input-/Output-Schema.

27) Vgl. HALLAY, H. / PFRIEM, R. (1992), S. 58 f..
28) Vgl. HALLAY, H. / PFRIEM, R. (1992), S. 72 ff..
29) Vgl. die umfangreichen Ausführungen und Beispiele zu dieser Vorgehensweise bei HALLAY, H. / PFRIEM, R. (1992), S. 72 ff..

Die **Produktbilanz** betrachtet die ökologischen Wirkungen für jedes betriebsspezifische Produkt über den gesamten Lebenszyklus hinweg[30]. Alle eingesetzten Stoffe und Energien sowie alle mit dem Produkt zusammenhängenden Emissionen sollen umfassend erfaßt, systematisiert und bewertet werden. Die Betrachtung umfaßt im Idealfall alle Phasen des Lebenszyklus eines Produktes[31]. Dies macht die Mitwirkung vor- und nachgelagerter Stufen durch Erstellung von Zusammensetzungszertifikaten durch die Lieferanten sowie durch Information der Konsumenten erforderlich.

Der Bilanzbegriff kann in diesem Kontext verwendet werden, da der gesamte betriebliche Input dem gesamten Output gegenübergestellt wird. Dabei müssen sich die beiden Seiten entsprechen, d. h. die Waage halten[32]. Daß diese Tatsache naturwissenschaftlich begründet ist, beweist der bereits dargestellte 1. Hauptsatz der Thermodynamik[33], der besagt, daß Materie und Energie weder erzeugt noch vernichtet, sondern lediglich umgewandelt werden können. Alle in den Betrieb eingehenden Produktionsfaktoren verlassen diesen wieder als Produkte oder Kondukte.

Die zeitliche Abgrenzung zwischen Betrieben, Prozessen und Produkten wird dann wichtig, wenn die Vorgänge periodenübergreifend sind[34]. Zu betrachten sind dann Bestandsveränderungen[35], die sich unterscheiden lassen in

- o **Betriebsinputs**, die in dieser Periode noch nicht in Prozesse und Produkte eingegangen sind,
- o **Prozeßinputs**, die nicht in der betrachteten, sondern in einer vorgelagerten Periode zugegangen sind,
- o **Prozeßoutputs**, die den Betrieb noch nicht verlassen haben, und

---

30) Vgl. zur ganzheitlichen Bilanzierung von Produkten EYERER, P. / DEKORSY, T. / SCHUCKERT, M. (1991), S. 268 ff., die die Vorgehensweise für die Bilanzierung von PKW-Kotflügeln, Fenstern und Getränkeverpackungen darstellen. Eine Darstellung von 30 ausgewählten Produktbilanzen geben STÖLTING, P. / RUBIK, F. (1992), S. 13 ff..

31) Zum kostenrechnerischen Aspekt der Problematik vgl. die Ausführungen zum Life Cycle Costing in Kapitel 5.2.3.1..

32) Vgl. JETTER, U. (1982), S. 8; KÖLBEL / SCHULZE definieren Material- und Energiebilanzen als Gegenüberstellungen ein- und ausgebrachter Stoff- bzw. Energiemengen, zwischen denen ein formaler Ausgleich zu erzielen ist; vgl. KÖLBEL, H. / SCHULZE, J. (1982), S. 60 ff.. STREBEL betont, daß hier - im Gegensatz zum Jahresabschluß - keine Zeitpunkt-, sondern Zeitraumrechnungen vorliegen; vgl. STREBEL, H. (1992), S. 9.

33) Vgl. die Darstellung energieflußorientierter Bewertungskonzepte in Kapitel 4.3.2.2.1..

34) Vgl. WAGNER, B. (1992), S. 11.

35) In ihrer Eigenschaft als Bilanzposition werden Bilanzveränderungen "aus der Differenz der Bilanzansätze zu Beginn und am Ende der betrachteten Periode" ermittelt; vgl. COENENBERG, A.G. (1992), S. 296.

o **Betriebsoutputs**, die nicht aus Prozessen der betrachteten Periode, sondern aus Vorperioden resultieren[36].

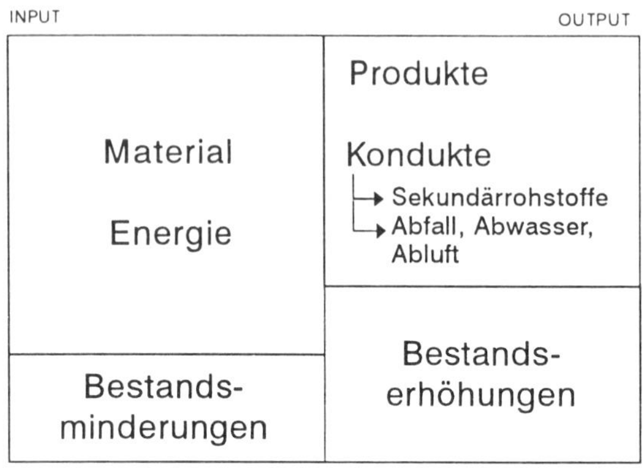

Abb. 6.4.: Systematik von Öko-Bilanzen[37]

Neben der Betriebs-, Prozeß- und Produktbetrachtung ist eine Substanzbetrachtung vorzunehmen (**Substanzbilanz**), die alle strukturellen Eingriffe des Unternehmens wie Flächennutzung, Bebauung, Landschaftseinschnitte, Boden- oder Grundwasserverunreinigungen erfaßt. Diese Eingriffe haben eine dauerhafte Beeinträchtigung der ökologischen Umwelt zur Folge[38].

Nach der Erfassung der Daten mit Hilfe der verschiedenen Bilanzen sind diese zu bewerten, wofür zunächst physikalische Einheiten herangezogen werden. In einem weiteren Schritt kann dann noch eine ABC-Analyse erfolgen, d. h. eine **Bewertung**, bei der die betrachteten Stoffe und Energien hinsichtlich der von ihnen ausgehenden Risikopotentiale eingestuft werden. Bei der Betriebsbilanz stehen diese in Zusammenhang mit der Einhaltung umweltrechtlicher Rahmenbedingungen, gesellschaftlicher Anforderungen, dem Normalfallrisiko, dem Störfallrisiko, internalisierten Kosten und Beeinträchtigungen durch die Vorproduktion[39]. Im Rahmen der Prozeßbilanz erfolgt die Bewertung für Hauptprozesse und - wenn möglich - für jeden einzelnen Teilprozeß. Die für das Gesamtunternehmen erfolgte Analyse

36) In der Praxis werden sowohl die Zugänge als auch die Abgänge Bestandteile enthalten, die z. B. aufgrund fehlender technischer Möglichkeiten bisher nicht erfaßt sind; vgl. WAGNER, B. (1992), S. 11.

37) Vgl. HALLAY, H. / PFRIEM, R. (1992), S. 72 ff.; WAGNER, B. (1992), S. 11 sowie die Praxisbeispiele bei KUNERT AG (Hrsg.) (1991) und (1992); JASCH, C. / HEGENBART, B. / HRAUDA, G. / REGATSCHNIG, H. (1991); MOSTHAF, H. (1991), S. 191 ff.; ROMINSKI, D. (1991), S. 35 ff.; LANDESGIROKASSE (Hrsg.) (1992); NEUMARKTER LAMMSBRÄU (Hrsg.) (1992) und STAATLICHER MINERALBRUNNEN BAD BRÜCKENAU (Hrsg.) (1992).

38) Vgl. HALLAY, H. / PFRIEM, R. (1992), S. 88 ff..

39) Vgl. die Ausführungen hierzu in Kapitel 4.3.2.1.4..

wird in Prozesse aufgeschlüsselt, um Extrempunkte zu identifizieren, die gesteuert werden können. Auf der Produktebene wird die ökologische Relevanz der einzelnen Stofflinien bewertet.

Im Anschluß an die Erstellung der Öko-Bilanzen müssen dann Maßnahmen abgeleitet werden. Stehen mehrere Alternativen zur Verfügung, so sind "Handlungsbedarf" und "ökologische Verbesserungschance" abzuwägen. Dies kann mit Hilfe eines Entscheidungsgrids erfolgen. Kriterien des Handlungsbedarfs sind das ökologische Gefährdungspotential sowie Auswirkungen auf das Unternehmensimage und die Mitarbeitermotivation. In die ökologische Verbesserungschance fließen Personalfaktoren, Prozeß- und Produktänderungen sowie die Existenz von Alternativen ein.

6.3.2. Beurteilung von Öko-Bilanzen

a) Funktionserfüllung

Öko-Bilanzen eignen sich im Rahmen der Funktionserfüllung insbesondere für die Analyse bestehender ökologischer Belastungen, die vom Unternehmen ausgehen[40]. Darüber hinaus erfüllen sie bei jährlicher Fortschreibung eine Kontrollfunktion. Öko-Bilanzen sind auch geeignet, die Bewertungs- und Entscheidungsfunktion zu erfüllen, wobei auch hier zu betonen ist, daß die Funktionen nur so gut erfüllt werden können, wie es die Ausgestaltung des Bewertungssystems zuläßt[41].

b) Effizienzkriterien

Die **ökologische Wirksamkeit** eines Instruments hängt davon ab, inwieweit von ihm Wirkungen ausgehen, die zu einer Verbesserung der ökologischen Situation führen. Bei der Erstellung einer Öko-Bilanz werden alle input- und outputrelevanten Vorgänge erfaßt. Werden daran anschließend Ziele abgeleitet, die bis zur Aufstellung der nächsten Öko-Bilanz erfüllt werden sollen, dann kann von ökologischer Wirksamkeit gesprochen werden.

Hinsichtlich der erfaßten Daten ist eine **intersubjektive Überprüfbarkeit** insoweit gewährleistet, als die Daten in physikalischen Einheiten angegeben werden. Erfolgt eine ABC-Analyse zur Beurteilung der ökologischen Belastung, so ist eine Nachprüfbarkeit nicht mehr eindeutig möglich. Da keine Gewichtung der ökologischen Konsequenzen wie bei der ökologischen Buchhaltung erfolgt, entfällt die Diskussion um die Zulässigkeit und die Intersubjektivität der Gewichtungsfaktoren.

---

40) Vgl. ROMINSKI, D. (1991), S. 35.
41) Vgl. ROMINSKI, D. (1991), S. 36 und STRECKER, A. (1992), S. 400.

Die inzwischen relativ breite Anwendung von Öko-Bilanzen in der Praxis zeigt, daß dieses Instruments durchaus **praktikabel** ist. Dafür sprechen auch die vielfältigen, branchenübergreifenden Einsatzmöglichkeiten[42]. Einen Überblick über Öko-Bilanzen, die in jüngster Zeit erstellt und veröffentlicht wurden, gibt nachfolgende Abbildung.

Unternehmen	Systemabgrenzung	Ansatz	Bewertung
Kunert	Unternehmen; geplant für Prozesse und Produkte	Input (z.B. Energie, Wasser) Output (z.B. Abfall, Abwasser)	Angaben in kg
Biopac	Prozeß; Produkt	Prozeß: Stoffe, Energie, Produkte, Emissionen Produkt: Vorproduktion, Betrieb, Prozeß, Nachnutzung	Grenzwerte; monetäre Daten; ordinale Bewertung gesellschaftlicher Anforderungen
Swissair	Unternehmen; Teilbereiche	umweltrelevante Bestände; umweltrelevante Aktivitäten	keine relative Bewertung
Staatlicher Mineralbrunnen Bad Brückenau	Unternehmen; Prozeß	Input (z.B. Energie, Wasser) Output (z.B. Abfall, Abwasser)	Angaben in kg, Stück, Prozent
Landesgirokasse	Unternehmen (Verwaltung)	Input (z.B. Energie, Fuhrpark) Output (z.B. Abfall)	Angaben in Stück
Neumarkter Lammbräu	Unternehmen; Prozeß; Produkte; Standort	Input (z.B. Rohstoffe) Output (z.B. Produkte, Kuppelprodukte)	ABC-Bewertung

Abb. 6.5.: Beispiele für Öko-Bilanzen

Da die Anwendung des Instruments als Prozeß zu verstehen ist, während dessen das Konzept um die Erfahrungen der Vorjahre ergänzt und erweitert wird, können schon in einem relativ frühen Stadium Teilerfolge erzielt werden. Die **Geschwindigkeit der Zielerreichung** ist also relativ hoch.

Die Aufstellung von Öko-Bilanzen führt teilweise zur Aussonderung von Einsatzstoffen. Hierdurch können neben ökologischen Verbesserungen auch Kostensenkungen erreicht werden, denen andererseits auch Kostenerhöhungen gegenüberstehen können. Langfristig liegt aufgrund der zunehmenden Bedeutung ökologischer Aspekte eine **ökonomisch-ökologische Effizienz** vor.

---

42) So werden Öko-Bilanzen im Bereich des produzierenden Gewerbes ebenso aufgestellt wie für Handelsunternehmen, Banken oder Versicherungen.

6.4. Die Belastungsbilanz

Das nachfolgend dargestellte Instrument wird in der Literatur ebenfalls als "Öko-Bilanz" bezeichnet[43], soll hier aber aufgrund des unterschiedlichen Ansatzes "Belastungsbilanz" genannt werden[44].

6.4.1. Darstellung der Belastungsbilanz

Ziel der Belastungsbilanz ist die Gegenüberstellung der durch das Unternehmen vermiedenen Belastungen der ökologischen Umwelt und der primären Belastungen, die vom Unternehmen ausgehen[45]. Dafür werden eine Bilanz der ökologischen Umwelt und eine Bilanz des Unternehmens erstellt[46].

Bezugsobjekt ist dabei das Gesamtunternehmen, für das alle Belastungen der ökologischen Umwelt erfaßt werden. Auf der Aktivseite der **Bilanz der Umwelt** werden durch Umweltschutzmaßnahmen vermiedene Belastungen der ökologischen Umwelt erfaßt. Diese lassen sich untergliedern in direkte Maßnahmen wie Klärung oder Filterung, in indirekte Maßnahmen wie Energieeinsparung oder umweltverträglichere Rohstoffe, sowie in andere, die ökologische Umwelt entlastende Maßnahmen, wie z. B. die Entsiegelung von Bodenflächen, und in den Wert einer Genehmigung. Demgegenüber beinhaltet die Passivseite die Summe aller primären Belastungen der ökologischen Umwelt auf Basis der Vorperiode, d. h. die Inanspruchnahme von Potentialfaktoren, Lärmemissionen, die Inanspruchnahme der Infrastruktur und die Erzeugung von Kondukten (**Art und Systematik der erfaßten Daten**). Der Saldo stellt die Summe aller vom Unternehmen verbrauchten Ressourcen (= unvermeidliche Belastung der ökologischen Umwelt) dar. **Voraussetzung** für die Erstellung einer Belastungsbilanz ist es, daß verläßliche Informationen über die teilweise sehr speziellen Bilanzgrößen vorliegen.

Für die **Bilanz des Unternehmens** werden auf der Aktivseite der Wert der Genehmigung des Anlagenbetriebs, die Partnerschaft zur Behörde, die Erfüllung aller Auflagen, die Vermeidung von Abgaben, freie Zertifikate sowie Imagevorteile erfaßt. Die Passivseite beinhaltet bestehende Altlasten, Probleme im Behördenverkehr, Rückstellungen für Folgeschäden, Strafen, Bußgelder, Gebühren und Abgaben (**Bewertung**).

---

43) Vgl. BLÖMER, G. / MAIER, B. (1991), S. 7.
44) Der Begriff wird zur Abgrenzung von Öko-Bilanzen, die mehrheitlich Input- und Outputbetrachtungen zum Gegenstand haben, gewählt.
45) Vgl. BLÖMER, G. / MAIER, B. (1991), S. 7.
46) Vgl. BLÖMER, G. / MAIER, B. (1991), S. 7.

Bilanz der Umwelt

Aktiva

Durch Umweltschutzmaßnahmen des Unternehmens vermiedene Umweltbelastungen

1. Direkte Maßnahmen
1.1. Klärung
1.2. Filterung
1.3. Reinigung
1.4. Lärmdämmung

2. Indirekte Maßnahmen (Vergleich zur Vorperiode)
2.1. Energieeinsparung
2.2. Umweltfreundliche Rohstoffe
2.3. Umweltfreundliche Verfahren
2.4. Umweltfreundliche Verkehrsmittel
2.5. Wiederverwendung von Reststoffen
2.6. Organisatorische Maßnahmen (z.B. Pfandsystem)

3. Andere umweltbelastende Maßnahmen (z.B. entsiegelter Boden)

4. Wert einer Genehmigung

Saldo:
Summe aller vom Unternehmen verbrauchten Ressourcen (= unvermeidliche Umweltbelastung)

Passiva

Summe aller primären Umweltbelastungen (Umweltbelastungen, die beim Betrieb der Anlage(n) entstehen) auf Basis der Vorperiode

1. Inanspruchnahme von Potentialfaktoren (Bodennutzung, -versiegelung)

2. Lärmemissionen

3. Inanspruchnahme der Infrastruktur
3.1. Straßenverkehr (z.B. LKW/Tag)
3.2. Bahnverkehr
3.3. Lufttransport
3.4. Binnenschiffahrt

4. Stoffliche Emissionen
4.1. Gasförmige Emissionen
4.2. Flüssige, an die Umwelt abgegebene Emissionen
4.3. Feste, an die Umwelt abgegebene Emissionen
4.4. Reststoffe (zu entsorgen)

Bilanz des Unternehmens

Aktiva

1. Wert der Genehmigung zum Anlagenbetrieb
2. Partnerschaft zur Behörde
3. Erfüllung aller Auflagen
4. Kostenvorteile durch Kenntnis umweltgerechter Verfahren (Vermeidung von Umweltabgaben)
5. Know How-Vorteile durch Kenntnis umweltgerechter Verfahren
6. Vermeidung von Bußgeldern/Strafen
7. Freie Zertifikate (im Rahmen einer Zertifikatelösung)
8. Freier Deponieraum
9. Imagevorteile durch umweltfreundlicheres Handeln (Mehrweg-Verpackungen, Verfahren)

Passiva

1. Bestehende Altlasten
2. Problem Behördenverkehr
3. Behinderung durch Nichterfüllung von Auflagen
4. Rückstellungen für Folgeschäden der Umwelt
5. Rückstellungen für Gesundheitsschäden der Arbeitnehmer aus belastenden Produktionsverfahren
6. Bußgelder/Strafen
7. Gebühren (für Umweltbenutzung)
8. Abgaben
9. Imagenachteile (durch belastende Anlagen, Verfahren, Verpackungen, Unfälle)

Abb. 6.6.: Systematik der Belastungsbilanz

Entscheidungen können insoweit aus Belastungsbilanzen abgeleitet werden, als diese aufzeigen, welche möglichen Entlastungen gefördert und welche vorhandenen Belastungen abgebaut werden können.

6.4.2. Beurteilung der Belastungsbilanz

a) Funktionserfüllung

Da die Belastungsbilanz alle vom Unternehmen ausgehenden Belastungen der ökologischen Umwelt vermiedenen Belastungen in quantitativer oder qualitativer Form gegenüberstellt, liegt die Hauptaufgabe dieses Instruments in der Sensibilisierung[47]. Daneben kann es auch zu Analyse- und Kontrollzwecken eingesetzt werden.

47) BLÖMER / MAIER sprechen von einer Aufforderung zum Denken und Handeln; vgl. BLÖMER, G. / MAIER, B. (1991), S. 7.

b) Effizienzkriterien

Allein durch die Aufstellung und Interpretation einer Belastungsbilanz kann noch keine **ökologische Wirksamkeit** ausgelöst werden. Erst wenn die Sensibilisierung zu einer detaillierten Analyse der zugrunde liegenden Situation erweitert wird, ist diese gegeben.

Sofern die zu erfassenden Daten keine Werturteile erfordern, wie dies z. B. bei der Beurteilung des Images oder der Probleme mit Behörden der Fall ist, kann eine **intersubjektive Nachprüfbarkeit** gegeben sein. Dies bedeutet, daß die jeweils korrespondierenden Positionen in quantitativer oder qualitativer Form vergleichbar sein müssen. Ob das Instrument dies erlaubt, bleibt aufgrund seiner Gestaltung fraglich.

Da eine Belastungsbilanz im Minimalfall lediglich eine Auflistung der relevanten Bereiche bedeutet, ist sie durchaus einsetzbar, d. h. **praktikabel.**

Als reine Bestandsaufnahme der entstehenden und vermiedenen ökologischen Belastungen ist die **Geschwindigkeit der ökologischen Zielerreichung** bei der Belastungsbilanz eher als hoch einzustufen.

Die Belastungsbilanz stellt ein Verfahren dar, bei dem **ökonomischer Einsatz und ökologische Wirkung** in einem ausgewogenen Verhältnis stehen. Je feiner die Aufschlüsselung des Instruments, desto größer ist dessen ökologische Wirksamkeit.

6.5. Die Umweltverträglichkeitsprüfung

Die Umweltverträglichkeitsprüfung als Instrument zur ökologieorientierten Unternehmensführung hat erst in jüngster Zeit durch das Gesetz über die Umweltverträglichkeitsprüfung an Aktualität gewonnen[48)]. Über den gesetzlichen Vorschlag hinaus kann die Umweltverträglichkeitsprüfung auch freiwillig angewandt und erweitert werden.

6.5.1. Darstellung der Umweltverträglichkeitsprüfung

Im Rahmen einer Umweltverträglichkeitsprüfung werden Großprojekte (**Bezugsobjekt**) in der Planungsphase bezüglich ihrer ökologischen Auswirkungen einschließlich der von ihnen verursachten Wechselwirkungen untersucht[49)]. **Ziel**

48) Vgl. das Gesetz über die Umweltverträglichkeitsprüfung (UVPG) vom 12.2.1990.
49) Vgl. z.B. HANKE, H. (1982), S. 67 ff.; KENNEDY, W.V. (1985), S. 75 ff.; STEGER, U. (1988), S. 206 ff. und KOTYCZKA, C. (1989), S. 59 ff.. VIZAYAKUMAR, K. / MOHAPATRA, P.K.J. (1991) zeigen die Vorgehensweise mit Hilfe von Flußdiagrammen.

der Untersuchung sind "die Ermittlung, Beschreibung und Bewertung der Auswirkungen eines Vorhabens auf

1. Menschen, Tiere und Pflanzen, Boden, Wasser, Luft, Klima und Landschaft, einschließlich der Wechselwirkungen,

2. Kultur- und sonstige Sachgüter."[50]

Untersucht werden dabei Anlagen, die bestimmte Kriterien[51] erfüllen. Um für die Anlagen ökologiebezogene Belastungsprofile aufstellen zu können, sind folgende Pflichtbestandteile (**Art und Systematik der erfaßten Daten**) zu erfüllen[52]:

1) **Beschreibungspflicht**
Im Rahmen der Beschreibungspflicht sind physikalische Merkmale des Vorhabens, die Nutzung der natürlichen Ressourcen, Merkmale der Produktionsprozesse sowie die Art und Qualität der erwarteten Rückstände und Emissionen aufzuführen.

2) **Begründungspflicht**
Um die Auswahl des gewählten Verfahrens zu begründen, sind die geprüften Alternativen aufzuzeigen.

3) **Lösungsvorschläge**
Gegenstand einer Umweltverträglichkeitsprüfung ist auch die Darstellung von Maßnahmen zur Vermeidung, Verminderung oder Verwertung von Beeinträchtigungen der ökologischen Umwelt.

4) **Nichttechnische Zusammenfassung**
Um den gesetzlichen Anforderungen zu genügen, muß eine allgemein verständliche Zusammenfassung beigefügt werden.

5) **Schwierigkeiten**
Schließlich ist auf Schwierigkeiten, wie z. B. technologische Lücken, hinzuweisen.

Um eine Umweltverträglichkeitsprüfung durchführen zu können, müssen Informationen über Ressourcennutzung, Emissionen und Umweltschutzmaßnahmen des Großprojekts konkret vorliegen (**Voraussetzung**). Die erfaßten Informationen werden in Form von Schadstoffeinheiten, Schadstoffeinträgen und qualitativen Informationen erhoben (**Bewertung**)[53].

---

50) § 2 Abs. 1 UVPG.
51) In der Anlage zu § 3 UVPG wird spezifiziert, für welche Vorhaben eine Umweltverträglichkeitsprüfung durchzuführen ist.
52) Vgl. § 6 UVPG.
53) Vgl. PIETSCH, J. (1982), S. 117 ff..

Entscheidungscharakter hat die Umweltverträglichkeitsprüfung in indirekter Form: Ist den Unternehmen bekannt, daß sie eine Umweltverträglichkeitsprüfung durchführen müssen, so werden sie versuchen, die in diesem Rahmen an sie gestellten Informationsanforderungen ex ante zu erfüllen.

6.5.2. Beurteilung der Umweltverträglichkeitsprüfung[54)]

a) Funktionserfüllung

Die gesetzlich verankerte Umweltverträglichkeitsprüfung dient vor allem der Analyse von Projekten, indem sie die Beeinträchtigungen der ökologischen Umwelt bewertet und Alternativen vergleicht. Auf der Basis der Ergebnisse dieser Untersuchungen können anschließend Entscheidungen getroffen werden. Da die Umweltverträglichkeitsprüfung von der Konzeption her auf die Planungsphase ausgerichtet ist, erfüllt sie keine Kontrollfunktion. Allerdings ist das Instrument bei entsprechender Modifikation auch für einen periodenübergreifenden Einsatz geeignet.

b) Effizienzkriterien[55)]

Der Durchführung einer Umweltverträglichkeitsprüfung kann insofern eine **ökologische Wirksamkeit** zugesprochen werden, als Vorhaben[56)] verglichen werden und das umweltverträglichere zum Einsatz kommt.

Da an eine Umweltverträglichkeitsprüfung aufgrund der gesetzlichen Regelung bestimmte Pflichtanforderungen gestellt werden, kann von einer **intersubjektiven Überprüfbarkeit** gesprochen werden.

Die Frage der **Praktikabilität** stellt sich bei diesem Verfahren nicht, da die gesetzliche Notwendigkeit die Umsetzung in die Praxis erzwingt bzw. freiwillige Umweltverträglichkeitsprüfungen angeregt hat.

Da hier nicht nur pflichtmäßig durchzuführende Umweltverträglichkeitsprüfung diskutiert werden, sondern auch freiwillige, sind beide Dimensionen zu betrachten: Sobald man Anlagen einer Umweltverträglichkeitsprüfung unterzieht und an diese bestimmte, ökologisch ausgerichtete Anforderungen stellt, können ökologische Ziele erreicht werden. Die **Geschwindigkeit der Zielerreichung** ist also eher als hoch einzustufen.

---

54) Bei der Diskussion der Umweltverträglichkeit ist zu beachten, daß bestimmte gesetzliche Mindestanforderungen und -voraussetzungen existieren, die allerdings bei einer individuellen Ausgestaltung des Instruments erweitert werden können.

55) Vgl. STEGER, U. (1988), S. 208.

56) "Vorhaben" ist der im Gesetz verwendete Begriff für das Bezugsobjekt des UVPG.

Da die Durchführung einer Umweltverträglichkeitsprüfung anlagenbezogen ist, hängt die **ökonomisch-ökologische Effizienz** bei diesem Instrument sehr stark von der Bekanntheit der anlagenspezifischen Parameter ab. Bei relativ homogenen Anlagen ist diese eher gegeben, d. h. die Umweltverträglichkeitsprüfung ist ökonomisch günstiger. Inwieweit die ökologische Effizienz dadurch auch relativ günstiger ist, ist fallspezifisch. Ein direkter Zusammenhang kann nicht gesehen werden.

6.6. Die Technologiefolgenabschätzung

Die Technologiefolgenabschätzung[57)] zeichnet sich dadurch aus, daß das Produktionsprogramm und die Produktionsverfahren im Hinblick auf gesellschaftliche Haupt- und Nebenwirkungen überprüft werden.

6.6.1. Darstellung der Technologiefolgenabschätzung

Ziel der Technologiefolgenabschätzung ist die Identifizierung, Quantifizierung und Bewertung von ökologischen, ökonomischen und gesellschaftlichen Folgen, die bei Einführung, Verbreitung oder Modifikation einer Technologie auftreten können[58)]. Betrachtet werden dabei Technologien, technische Neuentwicklungen und Großinvestitionen (**Bezugsobjekte**).

Um eine Technologiefolgenabschätzung erfolgreich durchführen zu können, müssen folgende **Phasen des Abschätzungsprozesses** durchlaufen werden (**Art und Systematik der erfaßten Daten**)[59)]:

---

57) Vgl. hierzu UTZ, H.W. (1978), S. 189 ff.; LOHMEYER, J. (1984); HUISINGA, R. (1985); STEGER, U. (1988), S. 208 ff.; STROTZKI, R. (1989); RAUTENBERG, T. (1991); VEREIN DEUTSCHER INGENIEURE (VDI) (Hrsg.) (1991a); WITTE, E. (1991) und HÜBNER, H. / JAHNES, S. (1992), S. 653 ff.. Technologien werden durch die praktische Anwendung bzw. konkrete Umsetzung zu Techniken; vgl. RAUTENBERG, R. (1991), S. 7.

58) Zur Begriffsabgrenzung vgl. VEREIN DEUTSCHER INGENIEURE (VDI) (Hrsg.) (1991a) und WITTE, E. (1991), S. 99 ff..

59) Vgl. STROTZKI, R. (1989), S. 68 ff.; KORNWACHS, K. (1991), S. 8; RAUTENBERG, T. (1991), S. 16 ff.; VEREIN DEUTSCHER INGENIEURE (VDI) (Hrsg.) (1991a) und WITTE, E. (1991), S. 98 ff..

1) **Situationsanalyse:**
Bestandteile der Situationsanalyse sind die Definition der Aufgabe, die Beschreibung relevanter Technologien sowie die Beschreibung möglicher gesellschaftlicher Einflußfaktoren auf die Technologie.

2) **Systemanalyse:**
Innerhalb der Systemanalyse sind die Wirkungsbereiche der jeweiligen Technologie zu identifizieren.

3) **Wirkungsanalyse**
Im Anschluß an die Abgrenzung relevanter Bereiche sind die Auswirkungen grob abzuschätzen.

4) **Wertanalyse**
Im Rahmen der Wertanalyse werden die Auswirkungen hinsichtlich ihres Umfangs und ihrer Bedeutung beurteilt und abgewogen (**Bewertung**). Dies kann mit Hilfe von quantitativen, qualitativen sowie multidimensionalen Methoden (Trendprojektionen, OR-Verfahren, Kreativitätstechniken etc.) geschehen.

5) **Entscheidungsanalyse**
Letzte Komponente der Technologiefolgenabschätzung ist die Ermittlung von Handlungsempfehlungen für den Einsatz der betrachteten Projekte (**Entscheidung**). Daran schließt sich noch die Abschätzung der Auswirkungen an.

Voraussetzung für die Durchführung einer Technologiefolgenabschätzung ist die genaue Kenntnis der betrachteten Technologie, die eine logische Ableitung und Prognose von Wirkungsketten ermöglicht.

6.6.2. Beurteilung der Technologiefolgenabschätzung

a) Funktionserfüllung

Das Instrument der Technologiefolgenabschätzung ist ein klassisches Verfahren der Analyse von technologieorientierter Projekten. Das Gesamtunternehmen und einzelne Produkte sind nur am Rande betroffen.

b) Effizienzkriterien

Für die Beurteilung der Technologiefolgenabschätzung mit Hilfe der Effizienzkriterien muß für alle Kriterien differenziert werden, welche Form der Technologiefolgenabschätzung zur Anwendung kommt[60)].

60) Vgl. RAUTENBERG, T. (1991), S. 19 ff..

Je ausgeklügelter das Verfahren der Technologiefolgenabschätzung ist, desto höher kann die **ökologische Wirksamkeit** eingestuft werden[61)].

Eine **intersubjektive Überprüfbarkeit** dürfte dann gegeben sein, wenn sich das Instrument auf quantitative Methoden beschränkt. Qualitative Methoden entbehren meist aufgrund individueller Aspekte bei der Kriterienauswahl, Gewichtung und Bewertung einer Überprüfbarkeit.

Ähnlich wie bei der Umweltverträglichkeitsprüfung werden Technologiefolgenabschätzungen für abgegrenzte Projekte durchgeführt, so daß ihre **Praktikabilität** durchaus gegeben ist[62)].

Die **Geschwindigkeit der ökologischen Zielerreichung** hängt davon ab, ob aus den Ergebnissen der Analyse Konsequenzen abgeleitet werden und - wenn dies der Fall ist - wie schnell diese umgesetzt werden.

Wie für die Umweltverträglichkeitsprüfung so gilt auch hier, daß kein direkter Zusammenhang zwischen ökonomischen und ökologischen Aspekten des Verfahrens vorliegt, da sowohl die Kosten als auch die ökologischen Wirkungen sehr stark projektabhängig sind (**ökonomisch-ökologische Effizienz**).

6.7. Die Eco-rational Path-Method

Da bisher nur Konzepte bekannt waren, die entweder auf einer monetären Datenbasis beruhen oder eine nicht-monetäre Ausrichtung haben, entwickelten SCHALTEGGER/STURM die "Methode des ökonomisch und ökologisch rationalen Pfades" als Verknüpfung beider Ansätze[63)].

6.7.1. Darstellung der Eco-rational Path-Method

Die von SCHALTEGGER/STURM entwickelte Methode ist auf die Bestimmung einer ökonomisch-ökologischen Effizienz ausgerichtet (**Ziel**)[64)]. Sie kann für die Beurteilung von Prozessen, Produkten und Investitionen angewendet werden (**Bezugsobjekte**). Betrachtet werden Stoff- und Energieflüsse, untergliedert in den Output aus der Umwelt, den Input in Prozesse, den Output aus Prozessen sowie den Input in die Umwelt (**Art und Systematik der erfaßten Daten**). Die erfaßten

---

61) Vgl. RAUTENBERG, T. (1991), S. 19.
62) STEGER verweist auf eine Studie, die zu dem Ergebnis kam, daß die Verbreitung größer ist, als bisher bekannt; vgl. STEGER, U. (1988), S. 209.
63) SCHALTEGGER, S. / STURM, A. (1992), S. 200.
64) Vgl. SCHALTEGGER, S. / STURM, A. (1992), S. 200.

Größen werden anschließend aggregiert und mit Gewichtungsfaktoren multipliziert. Ergebnis dieses **Bewertung**sprozesses ist die sog. **Schadschöpfung**[65].

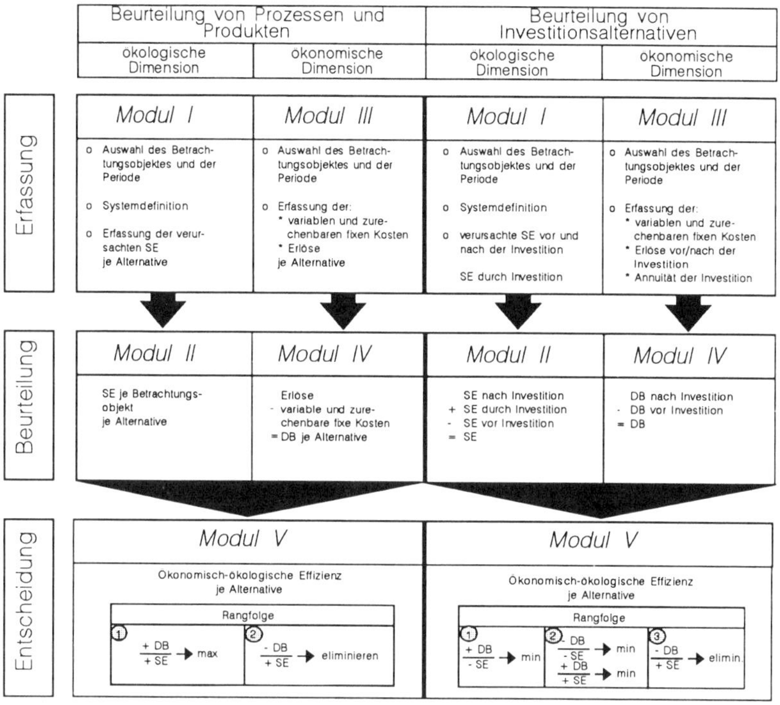

Abb. 6.7.: Gesamtdarstellung der Eco-rational Path-Method[66]

Wie auch die voranstehende Abbildung verdeutlicht, orientiert sich die Entscheidung zwischen verschiedenen Prozessen, Produkten oder Investitionen an der ökonomisch-ökologischen Effizienz jeder Alternative. Innerhalb dieses Konzeptes können auf Basis dieses Quotienten Entscheidungen abgeleitet werden.

6.7.2. Beurteilung der Eco-rational Path-Method

a) Funktionserfüllung

Die Eco-rational Path Method eignet sich im Rahmen der Funktionserfüllung insbesondere für die Analyse der Schadwirkungen, die vom Unternehmen ausgehen. Ebenso erfüllt sie die Bewertungs- und Entscheidungsfunktion, wobei auch hier zu betonen ist, daß die Funktionen nur so gut erfüllt werden können, wie es die ihnen

---

65) Vgl. die Darstellung des Bewertungsansatzes in Kapitel 4.3.2.1.2..
66) Vgl. SCHALTEGGER, S. / STURM, A. (1992), S. 202 und 206.

zugrunde liegenden Bewertungen zulassen. Da SCHALTEGGER / STURM den Deckungsbeitrag als ökonomische Bezugsgröße wählen, treffen hier alle Unzulänglichkeiten zu, die der Deckungsbeitrag als Steuerungsgröße beinhaltet[67]. Die Kontrollfunktion ist insofern eingeschränkt als ein Quotient ermittelt wird, dessen Zähler und Nenner nicht ursächlich miteinander verknüpft sind.

b) Effizienzkriterien

Die Eco-rational Path-Method genügt dem Kriterium der **ökologischen Wirksamkeit**, wenn Entscheidungen über Prozesse, Produkte oder Investitionen in Abhängigkeit von der jeweiligen Schadschöpfung getroffen werden. Um eine optimale Wirksamkeit zu erreichen, sind die Gewichtungsfaktoren dementsprechend zu gestalten. Allerdings ist zu beachten, daß die Verwendung von Immissionsgrenzwerten auf die Existenz naturwissenschaftlicher Erkenntnisse angewiesen ist. Die ökologische Wirksamkeit kann folglich nur so wirksam sein, wie es der momentane Stand der Wissenschaft erlaubt.

Da die Gestaltung der Gewichtungsfaktoren auf einer quantitativen Datenbasis erfolgt, kann diesbezüglich von **intersubjektiver Überprüfbarkeit** gesprochen werden. Die Bestimmung der für die Ermittlung des Deckungsbeitrages relevanten Kosten- und Erlösgrößen ist ebenfalls gut nachvollziehbar.

Für die Anwendbarkeit des Konzeptes (**Praktikabilität**) stehen die Erfahrungen, die bei der CIBA GEIGY AG in Basel gewonnen wurden.

Da das Konzept nur dann wirkungsvoll eingesetzt werden kann, wenn alle Teilschritte erfolgt und alle Bausteine erstellt sind, ist die **Geschwindigkeit der Zielerreichung** tendenziell als gering einzustufen.

Schließlich ist die Effizienz des Konzepts, das den Anspruch hat, für Prozesse, Produkte und Investitionen die ökonomisch-ökologische Effizienz zu bestimmen, selbst anhand dieser Größe zu beurteilen. Da bei der Einführung auf bereits vorhandene Instrumente und Daten zurückgegriffen werden kann und diese fortlaufend an die Entwicklung angepaßt werden, kann die **ökonomisch-ökologische Effizienz** als relativ gut eingestuft werden.

---

67) Vgl. z.B. COENENBERG, A.G. (1992), S. 124 f..

6.8. Die Produktlinienanalyse

Die Produktlinienanalyse[68)] stellt ein Instrument dar, das auf der Ebene der einzelnen Produkte oder Produktgruppen ansetzt und hierfür eine umfassende Analyse durchführt.

6.8.1. Darstellung der Produktlinienanalyse

Mit Hilfe des Konzepts der Produktlinienanalyse werden einzelne Produkte bzw. Dienstleistungen (**Bezugsobjekte**) in ihrem Lebenszyklus und der Gesamtheit ihrer Konsequenzen auf Natur, Gesellschaft und Wirtschaft untersucht (**Ziel**). Das Instrument soll dabei eine Untersuchungsanleitung liefern, die in vier Schritte untergliedert werden kann: Bedürfnisorientierung, Vertikalbetrachtung, Horizontalbetrachtung und Variantenvergleich[69)]. Zunächst werden die dem Produkt zugrunde liegenden Bedürfnisse und die einzelnen Produktvarianten bestimmt (**Art der erfaßten Daten**). Für die Produktlinienmatrix werden die einzelnen Stufen des Produktlebenszyklus (Rohstofferschließung, Transport, Vorleistungsproduktion, Transport, Produktion, Handel/Vertrieb, Ge- und Verbrauch, Transport sowie Beseitigung) sowie die Wirkungsebenen Natur (Rohstoffe, Umweltmedien, Mitwelt), Gesellschaft (Arbeitsqualität, individuelle Freiheiten, gesellschaftliche Aspekte) und Wirtschaft (Allokationsaspekte, Verteilungswirkungen) analysiert (**Systematisierung**). Aufgrund der Vielfalt der so festgelegten Felder sind die relevanten Bereiche zu selektieren, für die eine Untersuchung stattfinden soll. Falls entsprechende Daten vorliegen, können die Ergebnisse quantitativ oder andernfalls qualitativ analysiert werden. Diese Schritte sind für jede der zu untersuchenden Produktvarianten durchzuführen.

---

68) Vgl. zur Darstellung des Konzepts PROJEKTGRUPPE ÖKOLOGISCHE WIRTSCHAFT (Hrsg.)(1987); RUBIK, F. (1990), S. 698 ff.; TEICHERT, V. / BAUMGARTNER, T. (1990), S. 282 ff. und GRIEẞHAMMER, R. / SCHMINCKE, E. (1991), S. 8 ff..

69) Eine Vertikalbetrachtung beinhaltet eine Betrachtung über den gesamten Lebenszyklus, wohingegen horizontal Auswirkungen auf Natur, Gesellschaft und Wirtschaft analysiert werden. Ziel des Variantenvergleichs ist der Vergleich verschiedener Alternativen von Produkten oder Dienstleistungen zur Bedürfnisbefriedigung; vgl. PROJEKTGRUPPE ÖKOLOGISCHE WIRTSCHAFT (Hrsg.) (1987), S. 18.

Horizontale / Vertikale	Dimension Natur (1-3)														
	Rohstoffe (11-19)						Umwelt-medien (21-29)						Mitwelt (31-39)		
	111 Energetischer Aufwand	121 Rohstoffverbrauch	131 Bodenverbrauch	141 Wasserverbrauch	142 Wasserqualität	151 Abfallaufkommen	211 Immissionssituation	2111 – Emission von festen und gasförmigen Schadstoffen	2112 – Sonstige Beeinflussung der Immissionssituation	221 Schadstoffeintrag in den Boden	231 Emission flüssiger Schadstoffe	241 Wirkung auf Temperatur, Strahlung und Wind	311 Flora	321 Fauna	331 Beeinflussung zusammenhängender Lebensräume
1. Rohstofferschließung und -verarbeitung															
2. Transport															
3. Vorleistungsproduktion															
4. Transport															
5. Produktion															
6. Handel / Vertrieb															
7. Ge- und Verbrauch															
8. Transport															
9. Beseitigung															

Horizontale / Vertikale	Dimension Gesellschaft (4-6)											
	Arbeits-qualität (41-49)					Individuelle Freiheiten (51-59)				Gesell-schaftliche Aspekte (61-69)		
	411 Arbeitsqualität (i.e.S.)	421 Arbeitszufriedenheit	431 Arbeitsunfälle	441 Schadstoffbelastung am Arbeitsplatz	461 Zeitsouveränität	511 Individuelle Gestaltungsmöglichkeiten	521 Gesundheit/Wohlbefinden	531 Sicherheit	541 Förderung des Einzelnen in der Gemeinschaft	611 Flexibilität/Veränderbarkeit	651 Internationale Beziehungen	671 Kulturelle Pluralität
1. Rohstofferschließung und -verarbeitung												
2. Transport												
3. Vorleistungsproduktion												
4. Transport												
5. Produktion												
6. Handel / Vertrieb												
7. Ge- und Verbrauch												
8. Transport												
9. Beseitigung												

Horizontale / Vertikale	Dimension Wirtschaft (7-9)									
	Allokationsaspekte (71-89)								Ver. lung wirku (91-	
	711 Individuelle Kosten	721 Produktqualität	811 Arbeitsvolumen	8111 – formelles Arbeitsvolumen	8112 – informelles Arbeitsvolumen	821 Kapitalaufwand	823 Rendite	851 Internationale Arbeitsteilung	911 Einkommensverteilung	921 Vermögensbildung
1. Rohstofferschließung und -verarbeitung										
2. Transport										
3. Vorleistungsproduktion										
4. Transport										
5. Produktion										
6. Handel / Vertrieb										
7. Ge- und Verbrauch										
8. Transport										
9. Beseitigung										

Abb. 6.8.: Systematik der Produktlinienmatrix[70]

Um nun eine fundierte **Entscheidung** herbeiführen zu können, sind die Ergebnisse in einer Auswertungsmatrix darzustellen (**Voraussetzungen**). Diese Matrix ist analog zur Produktlinienmatrix aufgebaut[71]. Für die **Bewertung** werden Konflikt-, Differenz- und Fragefelder unterschieden. Auf eine einheitliche Bewertung wird bewußt verzichtet, um die Vielfalt der einzubeziehenden Aspekte transparent bleiben zu lassen.

---

70) Vgl. PROJEKTGRUPPE ÖKOLOGISCHE WIRTSCHAFT (Hrsg.) (1987), S. 35.

71) Zur Auswertung der Ergebnisse vgl. PROJEKTGRUPPE ÖKOLOGISCHE WIRTSCHAFT (Hrsg.) (1987), S. 37 ff..

6.8.2. Beurteilung der Produktlinienanalyse

a) Funktionserfüllung

Die Produktlinienanalyse eignet sich, wie ihr Name sagt, besonders zur Analyse von Produkten[72]. Eine Sensibilisierung kann in den Fällen stattfinden, in denen Produkte hohe Belastungen verursachen. Beim Vergleich mehrerer Produktalternativen wird eine Entscheidung dann ermöglicht, wenn eine Alternative eindeutig besser abschneidet als alle anderen. Durch detaillierte produktbezogene Informationen kann die Produktlinienanalyse auch eine Kontrollfunktion übernehmen[73].

b) Effizienzkriterien[74]

Die Produktlinienanalyse erfüllt das Kriterium der **ökologischen Wirksamkeit**, wenn Produktvarianten identifiziert werden können, die ökologisch besser verträglich sind. Eine absolute Betrachtung ist dann möglich, wenn die Ergebnisse der Produktbetrachtung eindeutig interpretiert werden können. Eingeschränkt wird die Wirksamkeit allerdings durch die Auswahl relevanter Felder, wodurch eventuell nicht alle Schwachstellen aufgedeckt werden und durch die das Verfahren im Extremfall bewußt manipuliert werden kann.

Die klare Gliederung der Produktlinienmatrix ermöglicht eine **intersubjektive Überprüfung** des Vorgehens und der erfaßten Größen. Auf der Ebene der Identifizierung von Konfliktfeldern kann die Analyse wohl meist nicht mehr nachvollzogen werden. Indem eine einheitliche Bewertung unterbleibt, werden subjektiv bedingte Verzerrungen, die durch eine Gewichtung der einzelnen analysierten Aspekte entstehen können, vermieden.

Praktikabel ist die Anwendung der Produktlinienanalyse, wenn die Informationen über die Felder tatsächlich vorhanden sind und die Effekte eindeutig zurechenbar sind. Relativ homogene Güter lassen sich leichter vergleichen als heterogen strukturierte. Da die Analyse der komplexen Untersuchungsgegenstände zu umfangreich ist, werden relevante Problemfelder ausgewählt. Dies erhöht die **Praktikabilität** des Modells.

Da die Produktlinienanalyse durch ihre Bewertungsoffenheit und die fehlende Einheitlichkeit der Bewertung den Bewußtseinsprozeß der Benutzer in Bezug auf

---

72) Vgl. PROJEKTGRUPPE ÖKOLOGISCHE WIRTSCHAFT (Hrsg.) (1987); RUBIK, F. (1990), S. 698 ff.; TEICHERT, V. / BAUMGARTNER, T. (1990), S. 282 ff..

73) Zur Funktionserfüllung der Produktlinienanalyse vgl. TEICHERT, V. / BAUMGARTNER, T. (1990), S. 283 f..

74) Die Projektgruppe diskutiert das von ihr entwickelte Konzept selbst sehr kritisch und weist auf Aggregations-, Bewertungs- und Anwendungsprobleme hin; vgl. PROJEKTGRUPPE ÖKOLOGISCHE WIRTSCHAFT (Hrsg.) (1987), S. 146 ff..

die Bewertung fördern will, wird die Zeit zwischen dem Aufzeigen von Varianten und der Reaktion verzögert (**Geschwindigkeit der Zielerreichung**). Der Anwender muß die Aspekte selbst abwägen. Das Aufzeigen der Varianten beschleunigt allerdings die Entscheidungsfindung, wenn ökologisch bedenkliche Felder festgestellt wurden.

Die **ökonomisch-ökologische Effizienz** wird gefördert, da eine Auswahl der zu untersuchenden Matrixfelder getroffen und so der Aufwand bei der eigentlichen Untersuchung gemindert wird. Fraglich bleibt allerdings, ob die ökologischen Ziele erreicht werden können.

6.9. Funktion der ökologieorientierten Informations- und Entscheidungsinstrumente

Die dargestellten und diskutierten Konzepte liefern Informationen über ökologische Zusammenhänge, die in entscheidungsorientierte Controllinginstrumente Eingang finden müssen[75]. Aus dieser Tatsache leitet sich für die Wirtschaftwissenschaften und insbesondere für die Betriebswirtschaftslehre die Notwendigkeit ab, neben monetären Instrumenten auch nicht-monetäre zu berücksichtigen. Erst die Kombination von monetären und nicht-monetären Konzepten kann die notwendige umfassende Basis für das Unternehmensziel der langfristigen Existenzsicherung liefern.

75) Vgl. STREBEL, H. (1992), S. 9.

7. Kennzahlensysteme als Verbindung des klassischen Rechnungswesens mit Konzepten des erweiterten, ökologieorientierten Controlling

Um der Unternehmensleitung die ökologisch relevanten Sachverhalte und Entwicklungen informations- und entscheidungsbezogen darstellen zu können, sind die vorhandenen Informationen in konzentrierter und prägnanter Form aufzubereiten. Hierfür eignen sich aussagefähige Kennzahlen[1]. Diese können die Entscheidungsebenen mit funktionsbezogenen Informationen versorgen, die sowohl einen ganzheitlichen Überblick über das Betriebsgeschehen geben als auch Detailinformationen zur Verfügung stellen[2].

Die aus dem klassischen Rechnungswesen oder aus dem erweiterten, ökologieorientierten Controlling abgeleiteten Informationen können zunächst isoliert betrachtet werden, um so die Grundlage für eine ökologieorientierte Steuerung des Unternehmens zu bilden (**absolute Zahlen oder Grundzahlen**). Die Informationen liegen als monetäre oder nicht-monetäre Daten jeweils quantifiziert, d. h. als Zahlen vor. Wird das Ziel einer ökologieorientierten Durchdringung des Unternehmens verfolgt, so kommt gerade der Verknüpfung von Informationen eine sehr große Bedeutung zu (**relative Zahlen oder Verhältniszahlen**)[3]. Die betrachteten Zahlen können als Gliederungs-, Beziehungs- oder Indexzahlen zueinander ins Verhältnis gesetzt werden[4].

Somit können **Kennzahlen** definiert werden als hochverdichtete Meßgrößen, die als absolute Zahlen oder als Verhältniszahlen betriebswirtschaftlich relevante Größen gezielt auswählen, betriebsindividuell abgrenzen und sachlogisch zusammenfassen[5]. Die Darstellung eines Sachverhaltes in einer einzelnen Kennzahl entspricht zwar dem Erfordernis gezielter, selten aber ausgewogener Information. Da

---

1) Vgl. WAGNER, G.R. / JANZEN, H. (1991), S. 128; HALLAY, H. / PFRIEM, R. (1992), S. 148 ff. und SEIDEL, E. / BEHRENS, S. (1992), S. 148.

2) Zu Zielen und Elementen von Kennzahlen vgl. REICHMANN, T. (1990), S. 15 ff..

3) Vgl. HALLAY, H. / PFRIEM, R. (1992), S. 149.

4) **Gliederungszahlen** zeichnen sich dadurch aus, daß Teilgrößen der entsprechenden Gesamtgröße gegenübergestellt werden (z. B. Anteil der Entsorgungskosten an den gesamten Kosten); **Beziehungszahlen** entstehen, wenn verschiedenartige Gesamtheiten betrachtet werden, die in einem sachlogischen Zusammenhang, z. B. in einer Zweck-Mittel-Relation, stehen (z. B. Abfallmenge im Verhältnis zum produzierten Output); **Indexzahlen** sind geeignet, zeitliche Veränderungen bzw. die Entwicklung einer Größe darzustellen (z. B. Erhöhung der Sekundärrohstoffeinsatzquote im Vergleich zum Vorjahr); vgl. die Ausführungen hierzu z. B. bei COENENBERG, A.G. (1992a), S. 564 f..

5) Vgl. z. B. REICHMANN, T. (1990), S. 15 und COENENBERG, A.G. (1992a), S. 564.

Zusammenhänge nicht direkt erkannt werden können, lassen sich auch die Möglichkeiten der Beeinflussung nicht unmittelbar ableiten. Die Forderung nach ausgewogener Information verlangt sowohl die Darstellung des einzelnen Sachverhalts als auch dessen Einbettung in den umfassenden Gesamtzusammenhang. Diesen Ansprüchen genügt ein Kennzahlensystem, das Interdependenzen zwischen den Elementen berücksichtigt und komplexere Sachverhalte veranschaulicht[6)].

Unter einem **Kennzahlensystem** versteht man im allgemeinen eine Zusammenstellung quantitativer Variablen, wobei die einzelnen Kennzahlen in einer sachlich logischen Beziehung zueinander stehen, einander ergänzen oder erklären und insgesamt auf ein gemeinsames übergeordnetes Ziel ausgerichtet sind[7)]. Kennzahlensysteme müssen von ihrer Konzeption her ein Abbild des Zielsystems des Unternehmens und von ihrer Aussagefähigkeit her eine verdichtete Darstellung der aktuellen Unternehmenssituation sein.

Kennzahlensystemen können auf zweierlei Weise strukturiert werden, nämlich als

1) Rechensysteme oder als
2) Ordnungssysteme[8)].

Rechentechnische Kennzahlensysteme stellen einzelne Kennzahlen als rechnerisches Ergebnis vorgelagerter oder als rechnerischen Einflußfaktor nachgelagerter Kennzahlen dar, so daß entweder die Wirkung vorgelagerter oder die Ursache nachgelagerter Größen erkennbar ist. Die Spitzenkennzahl eines Kennzahlensystems soll das wichtigste Unternehmensziel verkörpern und wird durch die Aufgliederung, Substitution und Erweiterung in Unterkennzahlen aufgeschlüsselt. Auf diese Weise entsteht eine hierarchische und pyramidenförmige Kennzahlenstruktur, die bottom-up oder top-down analysiert werden kann[9)].

Bei einem **Ordnungssystem** fehlt die rechentechnische Verknüpfung zwischen den Systemelementen; sie stehen allerdings in einem sachlogisch strukturierten Zusammenhang. Durch ihre nicht zwingend notwendige Verknüpfung können verschiedenartige Aspekte in ein solches Kennzahlensystem eingehen. Diese Vorgehensweise wird auch bei sog. **Benchmarks** verwendet, die zwar in keinem "gesetzlichen" oder definitorischen Zusammenhang mit der übergelagerten Ziel-

---

6) Vgl. HALLAY, H. / PFRIEM, R. (1992), S. 148 f..
7) Vgl. REICHMANN, T. (1990), S. 19.
8) Vgl. GROLL, K.-H. (1990), S. 21 ff..
9) Beide Vorgehensweisen ermöglicht das Schema zur Aufschlüsselung des Return on Investment: "from top to down" werden die verschiedenen Einflußfaktoren sowie deren Beeinflussungsmöglichkeiten untersucht (analytische Vorgehensweise); "bottom up" können mögliche Auswirkungen einer zu treffenden Entscheidungen auf die Gesamtkennzahl untersucht werden (synthetische Vorgehensweise); vgl. COENENBERG, A.G. (1992), S. 498.

größe stehen, von denen jedoch angenommen wird, daß sie positiv oder negativ mit ihr korrelieren[10].

Im Falle eines **ökologieorientierten Kennzahlensystems** handelt es sich aufgrund der Vielzahl der Aspekte i. d. R. um ein Ordnungssystem, innerhalb dessen allerdings teilweise rechentechnische Verknüpfungen vorliegen können.

Da Kennzahlensysteme darauf ausgerichtet sind, die Leistung des Unternehmens bzw. seiner Teilbereiche überblicksartig darzustellen[11], können sie für **Aufgaben der Planung, der Steuerung und der Kontrolle** herangezogen werden[12]:

a) Kennzahlensysteme zur Unterstützung von Planungsaufgaben

Kennzahlensysteme unterstützen **Planungsaufgaben**, indem sie den Problemsachverhalt in einen Gesamtzusammenhang stellen[13]. Dadurch können bestehende Handlungsmöglichkeiten leichter erkannt werden (z. B. durch die Erkenntnis von Ursache-Wirkungs-Zusammenhängen) bzw. Auswirkungen von Handlungsalternativen analysiert werden. Planung als gedankliche Vorwegnahme zukünftigen Handelns wird hierdurch möglich.

b) Kennzahlensysteme zur Unterstützung von Steuerungsaufgaben

Um festgelegte Unternehmensziele zu erreichen, sind diese durch geeignete **Steuerungsinstrumente** nach Tätigkeitsbereichen und Hierarchiestufen aufzulösen, um dem jeweiligen Bereich ein speziell auf ihn zugeschnittenes Steuerungsinstrument an die Hand zu geben. Kennzahlen eignen sich insbesondere deshalb für Koordinationsaufgaben, weil sie bei Unterschieden zwischen den Bereichen individuell, bei Gemeinsamkeiten hingegen bereichsübergreifend festgelegt werden können[14]. Zudem können mit Hilfe von Kennzahlensystemen auch Größen gesteuert werden, die nicht-monetärer Natur sind und daher nicht notwendigerweise dem Rechnungswesen entnommen werden müssen. Die Unternehmensführung kann auch Zielwerte für die ihr nachgeordneten Stellen vorgeben, die wiederum

---

10) Vgl. HORVATH, P. / HERTER, R. (1992), S. 4 ff.. HORVATH / HERTER definieren **Benchmarking** als kontinuierlichen Prozeß, bei dem Produkte, Dienstleistungen und insbesondere Prozesse und Methoden betrieblicher Funktionen über mehrere Unternehmen hinweg verglichen werden. Dies geschieht mit der Zielsetzung, zum "Besten der Besten" zu avancieren.

11) Vgl. HELD, M. (1986), S. 8.

12) Vgl. REICHMANN, T. (1990), S. 24 und HALLAY, H. / PFRIEM, R. (1992), S. 33 ff..

13) Vgl. GROLL, K.-H. (1990), S. 46 ff..

14) Vgl. GROLL, K.-H. (1990), S. 58 ff..

aus den Kennzahlensystemen Möglichkeiten ableiten können, diese Vorgaben zu erreichen[15)].

c) **Kennzahlensysteme zur Unterstützung von Kontrollaufgaben**

Eine ständige Überprüfung der realisierten Werte (**Kontrolle**) ist notwendige Voraussetzung für die Erreichung der gesetzten Ziele. Kontrollmaßnahmen vollziehen sich in drei Stufen[16)]:

a) Feststellung der realisierten Istwerte

b) Durchführung von Kennzahlenvergleichen

c) Analyse der Abweichungen

Kennzahlenvergleiche können dabei als **Zeit-, Betriebs- oder Soll-/Ist-Vergleiche** durchgeführt werden[17)]. Übertragen auf die ökologieorientierte Unternehmenssteuerung bedeutet dies, daß ökologisch relevante Konsequenzen von Periode zu Periode verglichen werden können (z. B. Energieverbrauch pro t Output), daß Vergleiche mit anderen Unternehmen und Betrieben möglich sind (z. B. Flächenbedarf der Produktion in m^2) oder daß Vergleiche mit meist gesetzlich vorgegebenen Grenzwerten (z. B. zur Emissionsbegrenzung) durchgeführt werden können.

7.1. Grundsätze für die Konzeption eines ökologieorientierten Kennzahlensystems

Um ein ökologieorientiertes Kennzahlensystem gleichermaßen für Zwecke der Planung, Steuerung und Kontrolle ökologischer Sachverhalte einsetzen zu können, sind folgende **Grundsätze** bei der Errichtung des Systems zu beachten[18)]:

1) Abbildung des Zielsystems
2) Vollständigkeit
3) Verdichtung der Realität
4) Quantifizierbarkeit
5) Dokumentation absoluter Werte
6) Wesentlichkeit

---

15) Vgl. HALLAY, H. / PFRIEM, R. (1992), S. 148.
16) Vgl. REICHMANN, T. (1990), S. 25.
17) In der betrieblichen Praxis dominieren, wie die eigene empirische Untersuchung ergab, Soll-/Ist-Vergleiche mit 83,0 % der Nennungen vor Branchenvergleichen mit 42,3 % und Zeitvergleichen mit 39,6 % (Mehrfachantworten waren zugelassen).
18) Vgl. z. B. SEIDEL, E. / BEHRENS, S. (1992), S. 147 f..

ad 1)

Das Kennzahlensystem muß so aufgebaut sein, daß die **unternehmerischen Ziele widergespiegelt** werden[19]. Im Falle der Ökologieorientierung eines Unternehmens bedeutet dies, daß sowohl die Gewinn- als auch die Ökologieorientierung in das Kennzahlensystem zu integrieren sind. Monetäre Daten können dabei in Kosten- und Erlösgrößen, nicht-monetäre Daten in input- und outputorientierte Informationen untergliedert werden[20].

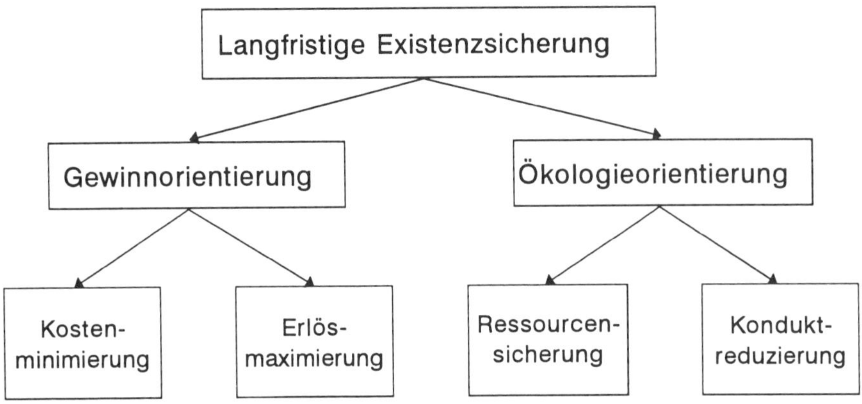

Abb. 7.1.: Grundgerüst eines ökologieorientierten Kennzahlensystems

ad 2)

Das Kennzahlensystem muß dem Kriterium der **Vollständigkeit** genügen, d. h. alle von der Unternehmung angestrebten Zielerreichungsgrade müssen auch durch die im Kennzahlensystem enthaltenen Größen abgebildet und kontrolliert werden können[21]. Dies macht eine tiefgehende Betrachtung erforderlich, die durch die Analyse der einzelnen Wertschöpfungsstufen mit Hilfe von Teilsystemen durchzuführen ist.

---

19) Vgl. REICHMANN, T. (1990), der allerdings eine Betrachtung unter monetären Gesichtspunkten vornimmt.

20) Im Bereich **monetärer Daten** bietet sich die Untergliederung in Kosten und Erlöse an, da dadurch alle erfolgswirksamen Vorgänge erfaßt werden. Erfolgsneutrale Sachverhalte beeinflussen das Ziel der Gewinnerzielung nicht direkt. Im Bereich **nicht-monetärer Informationen** sind auch andere Gliederungsmöglichkeiten (z. B. mittelbare versus unmittelbare Wirkung oder vermeidende versus vermindernde Wirkung) denkbar. Input- und Outputorientierung als Gliederungsmöglichkeiten werden gewählt, da sie eine umfassende Berücksichtigung der ökologisch relevanten Vorgänge und Sachverhalte gewährleisten.

21) Es umfaßt folglich die wesentlichen Entscheidungsbereiche; vgl. REICHMANN, T. (1990), S. 19. Um die Vollständigkeit gewährleisten zu können, wurde die Ansatzproblematik in Kapitel 4.2. entlang des Wertschöpfungskreises (monetäre Daten) bzw. anhand von medienbezogenen Input- und Outputbetrachtungen (nicht-monetäre Informationen) analysiert.

ad 3)

Um als Ausgangspunkt für Maßnahmen der Planung, Steuerung und Kontrolle dienen zu können und um von den betrieblichen Entscheidungsträgern hinreichend rasch und umfassend gestaltbar zu sein, müssen Kennzahlensysteme eine **Verdichtung der Realität** darstellen[22]. Dies gewährleistet eine möglichst realitätsnahe Entscheidungsbasis und fördert andererseits durch die Verdichtung der Datenbasis die Wirtschaftlichkeit der Entscheidungsunterstützung.

ad 4)

Kennzahlen können nur aus **quantitativ erfaßbaren Informationen** gebildet werden. Die Grundzahlen müssen somit als monetäre oder in Mengendimensionen meßbare Größen formuliert sein. Daneben müssen die Elemente im Zeitablauf einheitlich bezeichnet, bewertet und abgegrenzt werden[23]. Sachverhalte, die dieser Bedingung nicht entsprechen, die also nur qualitativ darstellbar sind, können in einem Kennzahlensystem nicht berücksichtigt werden.

ad 5)

Relative Kennzahlen, wie z. B. der Energieverbrauch in SKE pro Tonne Output, ermöglichen eine Beurteilung der ökologischen Situation eines Unternehmens insbesondere im Vergleich mit anderen Unternehmen. Die grundlegende Problematik dieser Vorgehensweise besteht darin, daß sie keine Aussage über die absolute Be- oder Entlastung der ökologischen Umwelt durch das Unternehmen ermöglicht. Um die tatsächliche Beeinträchtigung der ökologischen Umwelt durch ein Unternehmen dokumentieren zu können (d. h. im Beispiel den Energieverbrauch in SKE an sich), müssen auch die **absoluten Kennzahlen** der ökologisch relevanten Tätigkeiten des Unternehmens erfaßt werden[24].

ad 6)

Ein ökologieorientiertes Kennzahlensystem muß vom Umfang her überschaubar sein[25]. Dieser Gedanke trägt auch dem ökonomischen Prinzip Rechnung, nach dem zwischen dem Aufwand für die Erstellung eines Kennzahlensystems und dem Nutzen der vermittelten Informationen ein angemessenes Verhältnis bestehen soll. Die Grundsätze der **Wesentlichkeit** und der Wirtschaftlichkeit sind einzuhalten.

---

22) Vgl. REICHMANN, T. (1990), S. 20.

23) Vgl. die Ausführungen zu Ansatz und Bewertung in Kapitel 4.2. und 4.3..

24) Vgl. CLAUSEN, J. (1992), S. 10. Nur die Senkung des absoluten Ressourcenverbrauchs und des absoluten Abfall-, Abwasser oder Abluftaufkommens führen zu einer Entlastung der ökologischen Umwelt. Im Beispiel kann z. B. trotz Senkung des spezifischen Energieverbrauchs pro t Output bei wachstumsbedingter Steigerung des Outputs der absolute Energieverbrauch steigen.

25) Vgl. REICHMANN, T. (1990), S. 19.

7.2. Zusammenhang monetärer und nicht-monetärer Ziele

Die Ausführungen zum Zielsystem eines Unternehmens haben gezeigt, daß die Zielbeziehungen zwischen Gewinn- und Ökologieorientierung unterschiedlicher Natur sein können[26)]. Unabhängig davon, welchen Rang die Ziele einnehmen, sind sie beide dem Ziel der langfristigen Existenzsicherung des Unternehmens unterzuordnen[27)]. Da die Prioritäten unternehmensindividuell festzulegen sind, ein umfassendes Modell aber alle wesentlichen Möglichkeiten berücksichtigen sollte, werden im dargestellten Kennzahlensystem sowohl monetäre Größen (Kosten und Erlöse) als auch nicht-monetäre Größen (Input und Output) integriert.

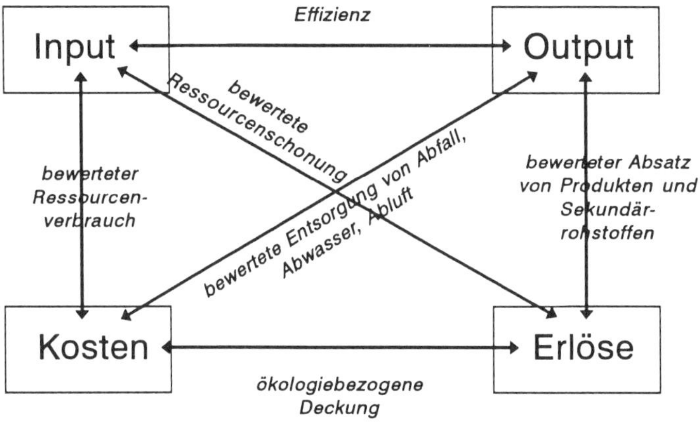

Abb. 7.2.: Zusammenhang zwischen monetären und nicht-monetären Zielen

7.3. Kennzahlensysteme für die einzelnen Stufen des Wertschöpfungskreises

Nachdem sowohl monetäre als auch nicht-monetäre Instrumente zur ökologieorientierten Informationsgewinnung und Entscheidungsunterstützung dargestellt wurden, bietet es sich an, diese Datenbasis in ein Kennzahlensystem zu integrieren. Entsprechend der Analyse des Unternehmens, die auf die einzelnen Wertschöpfungsstufen bezogen wurde, folgt auch die Bildung und Analyse von Kennzahlen dieser Vorgehensweise[28)].

Bei der monetär ausgerichteten Analyse werden Kosten und Erlöse untersucht. Im Bereich der **Kosten** sind zunächst die Kosten zu betrachten, die für die einzelnen

26) Vgl. die Ausführungen zu den Zielbeziehungen in Kapitel 3.1..
27) Vgl. die Ergebnisse der empirischen Untersuchung, dargestellt in Kapitel 3.2.3..
28) Diese Vorgehensweise entspricht auch der in der Literatur zu Kennzahlensystemen vorgenommenen Gliederung. So entwickelt REICHMANN z. B. Kennzahlensysteme für die Bereiche Beschaffung, Produktion, Logistik und Absatz; vgl. REICHMANN, T. (1990), S. 233 ff..

Teilbereiche insgesamt entstanden sind, z. B. Kosten für Forschung und Entwicklung, um die Bedeutung der Wertschöpfungsstufe für das Gesamtunternehmen aufzuzeigen. Von diesem Kostenblock sind die Ökologiekosten abzuspalten und zu analysieren. Im Bereich der **Erlöse** sind einerseits Einsparungen und andererseits Mehrerlöse aufgrund von ökologieorientierten Maßnahmen zu betrachten. Schließlich sind die auf einer Wertschöpfungsstufe entstandenen Ökologiekosten den Ökologieerlösen oder Einsparungen der Ökologieorientierung gegenüberzustellen. Dieses Verhältnis zeigt, inwieweit die Kosten der Ökologieorientierung durch die erzielten Erlöse gedeckt werden (**Ökologiebezogene Deckung**). So wird ersichtlich, wie hoch per Saldo die Kostenmehrbelastung auf dieser Wertschöpfungsstufe ist und ob diese über höhere Preise[29)] gedeckt ist. Unter Umständen übersteigen die Einsparungen und Mehrerlöse bereits die Ökologiekosten, so daß sich ceteris paribus Rentabilitätssteigerungen für das Unternehmen ergeben.

Im Bereich der nicht-monetären Kennzahlen werden inputbezogene und outputbezogene Sachverhalte oder Vorgänge einander gegenübergestellt[30)]. Die **inputorientierten Kennzahlen** spiegeln wieder, inwieweit die natürlichen Ressourcen in Anspruch genommen werden. **Outputorientierte Kennzahlen** beziehen sich auf die Beanspruchung der Trägerfunktion der ökologischen Umwelt. Aufbauend auf die ermittelten Input- und Outputgrößen kann der Wirkungsgrad ermittelt werden. Er drückt das Verhältnis einer Inputgröße zu einer Outputgröße aus (**Effizienz**)[31)].

7.3.1. Kennzahlen der Wertschöpfungsstufe "Forschung und Entwicklung"

Ökologieorientierte Forschungs- und Entwicklungsaktivitäten eines Unternehmens sind darauf ausgerichtet, umweltverträglichere Einsatzstoffe und Produktionsverfahren zu entwickeln (Inputseite) sowie Produkte umweltverträglicher zu gestalten (Outputseite)[32)]. Dazu muß im Unternehmen technisches Wissen über Einsatzstoffe, Verfahren und Produkte erlangt werden, das für eine umweltverträglichere Gestaltung eingesetzt werden kann.

---

29) Höhere Preise können erzielt werden, wenn der Kundennutzen entsprechend steigt.

30) Diese Untergliederung bietet sich aufgrund der Funktionen der ökologischen Umwelt an (Versorgungs-, Träger-, und Regulierungsfunktion); vgl. z. B. STREBEL, H. (1981a), S. 516.

31) Vgl. MIERHEIM, H. (1986), S. 19 f.. MIERHEIM ermittelt die durchschnittliche Umweltproduktivität als Maß für die Beziehung zwischen dem Ergebnis des Produktionsprozesses und den Mengen der eingesetzten Produktionsfaktoren. Darüber hinaus setzt er den Umweltverbrauch zum Arbeitseinsatz und zum Kapitaleinsatz ins Verhältnis.

32) Vgl. WINTER, G. (1987), S. 28; ANTES, R. (1988), S. 44 ff.; SCHMID, U. (1989), S. 150 ff. und CAIRNCROSS, F. (1992), S. 41.

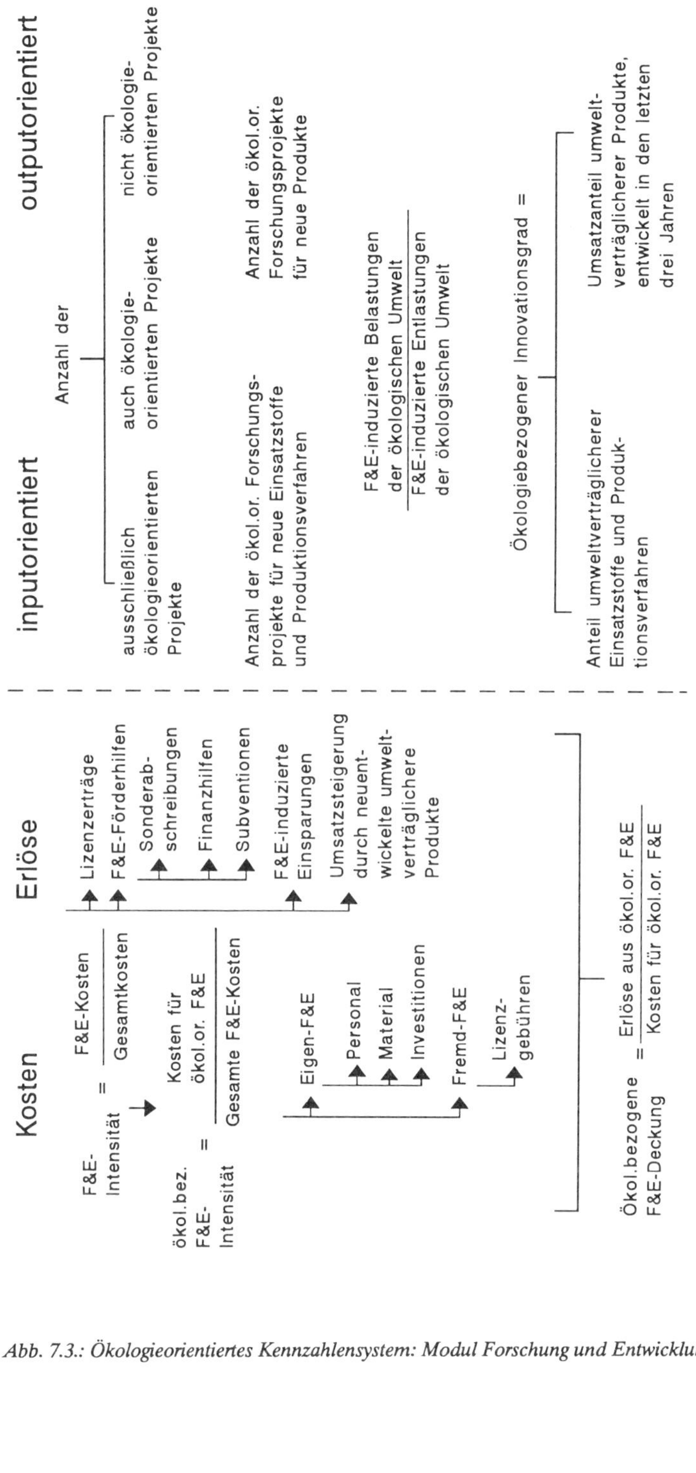

Abb. 7.3.: Ökologieorientiertes Kennzahlensystem: Modul Forschung und Entwicklung

7.3.1.1. Monetäre Komponenten

Ökonomischer Indikator für den Grad der **F&E-Intensität** eines Unternehmens sind die Forschungs- und Entwicklungskosten. Diese repräsentieren den Wert der für F&E eingesetzten Ressourcen. Aus dem Anteil der gesamten F&E-Kosten an den Gesamtkosten kann der Anteil der ökologiebezogenen F&E-Kosten abgespalten werden. Dessen Höhe ermöglicht eine Aussage über die **ökologiebezogene F&E-Intensität** des Unternehmens, wobei noch eine Aufteilung in Fremd- und Eigenengagement vorgenommen werden kann. Ein Unternehmen mit hohen Lizenzgebühren nimmt die F&E-Ergebnisse bzw. das Know-how eines anderen Unternehmens in Anspruch. Dieser Weg ist eher als passives Verhalten zu interpretieren, da er die Entwicklung des Stands der Technik nicht fördert. Sind die unternehmenseigenen F&E-Kosten hoch, so unternimmt das Unternehmen Anstrengungen, die Innovationstätigkeit der Wirtschaft voranzutreiben.

Im Bereich der Erlöse repräsentieren Lizenzerträge für ökologiebezogene Patente die **Innovationsposition** des Unternehmens. Ebenfalls als ökologiespezifische Erlöse können Investitionsförderungen in Form von Sonderabschreibungen, Finanzhilfen und Subventionen betrachtet werden, die eine Aussage über die Inanspruchnahme staatlicher Anreize ermöglichen.

Der Vergleich von Kosten- und Erlöskomponenten ermöglicht Aussagen über die ökologiebezogene **F&E-Deckung**; d. h. über die Selbstfinanzierung der ökologiebezogenen Aktivitäten des Bereichs.

7.3.1.2. Nicht-monetäre Komponenten

Unabhängig von einer Input- oder Outputorientierung können F&E-Projekte

- o ausschließlich ökologischen Zielen dienen,
- o auch ökologischen Zielen dienen und
- o nicht ökologischen Zielen dienen.

Dabei kann eine Unterteilung in Forschungsaktivitäten im Bereich der Einsatzstoffe und Produktionsverfahren auf der einen Seite sowie im Bereich der Produkte auf der anderen Seite vorgenommen werden. Erstere führen eher zu unternehmensintern erkennbaren Umstellungen, wohingegen produktorientierte Projekte auch die Entwicklung des Kundenverhaltens zu berücksichtigen haben.

Wie für Betriebe, Prozesse und Produkte kann auch für den Bereich Forschung und Entwicklung eine Öko-Bilanz erstellt werden, die Belastungen, die durch das

F&E-Engagement entstehen, den Entlastungen der ökologischen Umwelt, zu denen es aufgrund der Innovationen kommt, gegenüberstellt.

Der **ökologiebezogene Innovationsgrad** beschreibt die Veränderung der Unternehmenstätigkeit durch die Messung der Anzahl bzw. des Anteils umweltverträglicherer Einsatzstoffe, Produktionsverfahren oder Produkte.

7.3.2. Kennzahlen der Wertschöpfungsstufe "Beschaffung"

Die Entscheidungen des betrieblichen Beschaffungswesens wirken auf nahezu alle Funktionsbereiche und initiieren dort entsprechende Maßnahmen. Im Rahmen der Beschaffung zeigt sich die Abhängigkeit der wirtschaftlichen Tätigkeit von der Natur besonders deutlich, weil natürliche Rohstoffe und nicht-erneuerbare Energieträger, die das Unternehmen zur langfristigen Versorgungssicherung benötigt, knapp sind[33)]. Bei einer ökologieorientierten Beschaffung muß zu den üblichen Entscheidungskriterien wie Qualität, Preis und Lieferkonditionen das Kriterium der Umweltverträglichkeit treten[34)]. Ziele sind demzufolge sowohl die kostengünstige Bereitstellung betriebsnotwendiger Einsatzstoffe als auch die Minderung der aus ihrem Einsatz resultierenden ökologischen Risiken[35)].

7.3.2.1. Monetäre Komponenten

Für eine ökologiespezifische Analyse der Beschaffung ist zunächst die **Beschaffungsintensität** als Indikator für den Anteil der Vorprodukte bzw. bei umgekehrter Betrachtung die Höhe der Wertschöpfung[36)] zu bestimmen. Aus den gesamten Kosten der Einsatzstoffe sind in einem nächsten Schritt die Kosten für umweltverträglichere Einsatzstoffe abzuspalten (**ökologiebezogene Beschaffungsintensität**). Diese können aus Material- bzw. Materialmehrkosten aus Umweltschutzgründen, aus Wasser- oder Energiekosten bestehen.

---

33) Vgl. zum Problem der ökologischen Knappheit die Ausführungen in Kapitel 1.1..

34) Vgl. VIEREGGE, R. (1990), S. 89.

35) Vgl. WICKE, L. / HAASIS, H.-D. / SCHAFHAUSEN, F. / SCHULZ, W. (1992), S. 141.

36) Diese gibt Auskunft über die Möglichkeit des Unternehmens, selbst Kosten und Erlöse zu beeinflussen.

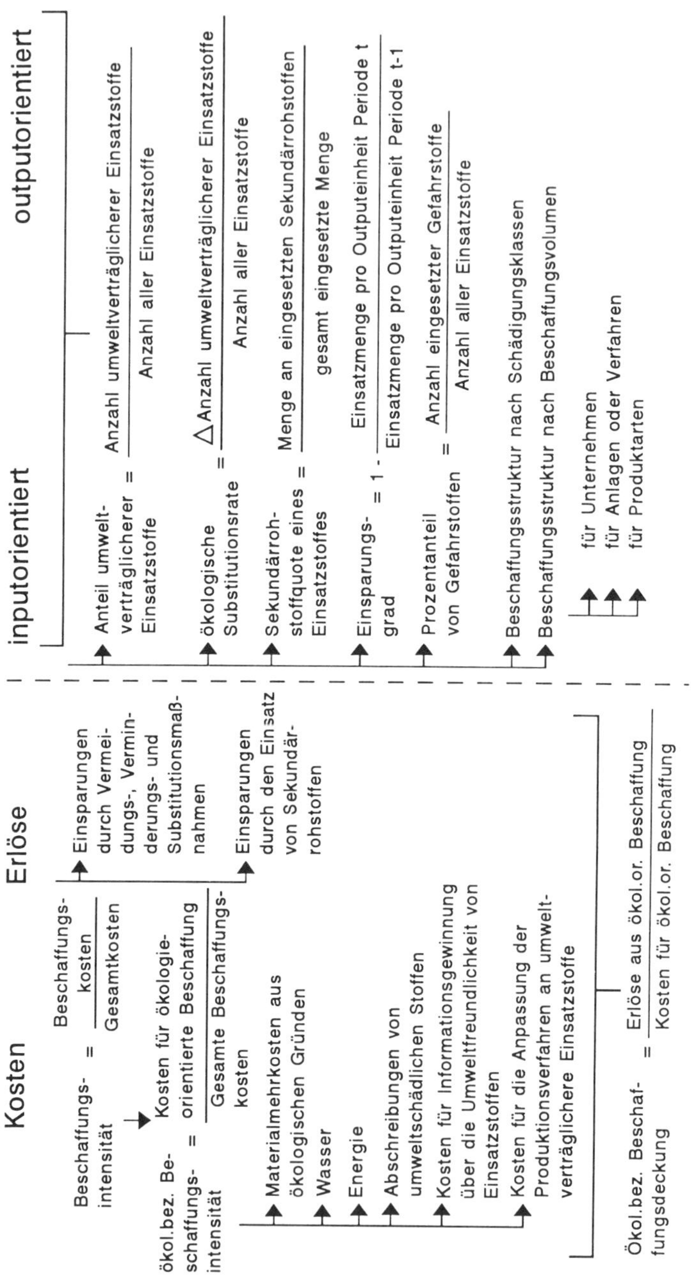

Abb. 7.4.: Ökologieorientiertes Kennzahlensystem: Modul Beschaffung

Den Kosten im Bereich der Beschaffung stehen **Einsparungen** durch Vermeidungs-, Verminderungs- oder Substitutionsmaßnahmen[37)] sowie durch den Einsatz von Sekundärrohstoffen gegenüber.

Das Verhältnis von Einsparungen durch Ökologieorientierung zu ökologieinduzierten Mehrkosten kann als **Beschaffungsdeckung** interpretiert werden. Diese zeigt für den Bereich der Beschaffung auf, in welchem Umfang die Ökologiekosten durch entsprechende Erlöse gedeckt sind.

7.3.2.2. Nicht-monetäre Komponenten

Durch den Bereich der Beschaffung kann lediglich die Inputseite beeinflußt werden, wobei diese jedoch indirekt auch Auswirkungen auf der Outputseite zeigt[38)]. Einen interessanten Parameter der Ökologieorientierung eines Unternehmens stellt der **Anteil umweltverträglicherer Einsatzfaktoren** dar. Die **ökologische Substitutionsrate** gibt die Veränderung dieses Anteils im Zeitablauf an. Im Idealfall sollten ökologisch schädliche Stoffe so lange substituiert werden bis der Anteil nahe bei 1 liegt. Einen Indikator für die Recyclingaktivitäten eines Unternehmens stellt die **Sekundärrohstoffquote** dar[39)]. Noch höher einzustufen als die Verwertung ist die Vermeidung von Stoffen, die mit Hilfe des **Einsparungsgrades** als prozentuale Veränderung im Vergleich zum Vorjahr gemessen werden kann. Die **Gefahrstoffquote** kann die Bewertung der Einsatzstoffe transparent zu machen. Die beschafften Einsatzstoffe können darüber hinaus nach Schädigungsklassen oder nach dem Beschaffungsvolumen strukturiert werden, um über ABC-Analysen Schwerpunkte für eine ökologieorientierte Beschaffungspolitik auszumachen[40)].

7.3.3. Kennzahlen der Wertschöpfungsstufe "Produktion"

Auch im Bereich der Produktion sind neben ökonomischen und technologischen Bedingungen, die lange Zeit im Zentrum des Interesses standen, ökologische Aspekte zu berücksichtigen[41)]. Neben den erwünschten Produkten entsteht auch unerwünschter Output, d. h. Kondukte, die den Charakter von Sekundärrohstoffen haben können oder als Abfälle, Abwasser oder Abluft entsorgt werden müssen[42)].

---

37) Vgl. BLOM, F. (1983), S. 17 ff. und STAHLMANN, V. (1988a), S. 30.

38) Z. B. durch umweltverträglichere Endprodukte.

39) Bei der Interpretation dieser Kennzahl ist allerdings zu beachten, daß es nicht unbedingt erstrebenswert sein muß, die Quote zu maximieren. Vielmehr sind für den Fall des Einsatzes ökologische Konsequenzen der Alternativen zu ermitteln.

40) Vgl. HALLAY, H. / PFRIEM, R. (1992), S. 92 ff. und WAGNER, B. (1992), S. 9.

41) Vgl. STREBEL, H. (1990), S. 712 ff. und STEVEN, M. (1992), S. 30 ff. und 105 ff..

42) Vgl. STREBEL, H. (1981a), S. 508 f.; SCHREINER, M (1988), S. 132 und DYCKHOFF, H. (1991), S. 280.

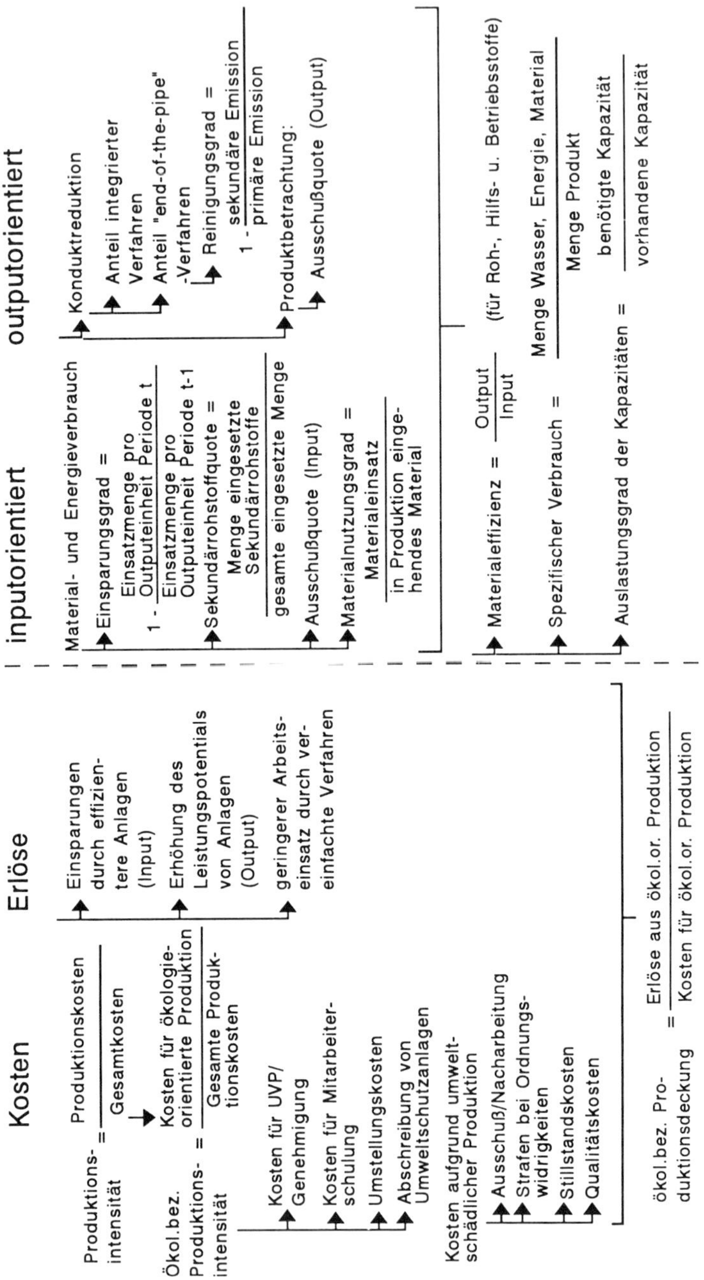

Abb. 7.5.: Ökologieorientiertes Kennzahlensystem: Modul Produktion

7.3.3.1. Monetäre Komponenten

Im Bereich der Produktion kann - wie bei den anderen Teilbereichen - aus der **Produktionsintensität** die **ökologiebezogene Produktionsintensität** abgeleitet werden. Sie stellt den Anteil der Kosten dar, die aufgebracht werden, um eine umweltverträglichere Produktion **aktiv** zu ermöglichen. Dazu zählen insbesondere Kosten für Umweltverträglichkeitsprüfungen, für Schulungen von Mitarbeitern und für getätigte Umweltschutzinvestitionen. Im Bereich der Produktion können auch Kosten entstehen, die nicht einer aktiven, sondern vielmehr einer **passiven** Ökologieorientierung zuzuordnen sind. Hierzu zählen Stillstandskosten, Strafen[43]) oder Nacharbeitungskosten.

Den Kosten stehen Einsparungen durch einen geringeren Verbrauch (Input) oder ein höheres Leistungspotential (Output) der Anlagen gegenüber. Vereinfachte Verfahren können darüber hinaus durch einen geringeren Arbeitseinsatz die Personalkosten senken.

Die Deckung der Kosten, die durch eine ökologieorientierte Produktion entstehen (**ökologiebezogene Produktionsdeckung**), kann durch den Quotienten aus den daraus resultierenden Einsparungen und Kosten ermittelt werden.

7.3.3.2. Nicht-monetäre Komponenten

Da im Bereich der Produktion der Fokus der Betrachtung auf den Produktionsverfahren liegt, ist auf der Inputseite deren Material- und Energieverbrauch zu betrachten. Der **Materialnutzungsgrad** gibt an, welcher Teil des beschafften Materials tatsächlich in die Produktion eingeht[44]). Die Menge der eingesetzten Einsatzstoffe pro Outputeinheit kann mit den Werten der Vorperioden verglichen werden, um den **Einsparungsgrad** zu bestimmen. Aufschluß über das Recyclingpotential einer Anlage oder eines Verfahren gibt die **Sekundärrohstoffeinsatzquote**. Die inputbezogene **Ausschußquote** zeigt Möglichkeiten zur Materialeinsparung und zur besseren Ressourcenverwendung auf[45]).

Auf der Outputseite sind zum einen die Produkte und hier insbesondere deren Qualität zu beurteilen. Zum anderen besteht das Ziel eines Unternehmens in der **Verringerung der Kondukte**. Diese kann mit Hilfe integrierter oder "end-of-the-pipe"-Technologien erfolgen[46]), wobei deren Anteil eine Aussage über die Aus

43) Vgl. die Ergebnisse der Studie von TERHART, K. (1986).
44) Vgl. hierzu SEIDEL, E. / BEHRENS, S. (1992), S. 148.
45) Vgl. KAINZ, R. (1984), S. 27 zum Ausschuß-Controlling und STAHLMANN, V. (1988), S. 143..
46) Vgl. z. B. STEGER, U. (1990), S. 34 f..

prägung der Ökologieorientierung liefert. Integrierte Produktionsverfahren, die oft in der eigenen F&E-Abteilung entwickelt werden, beziehen sich nicht isoliert auf einen Stoff, sondern berücksichtigen alle signifikanten Stoff- und Energieströme. Diese sind so zu verändern, daß die Durchlaufwirtschaft soweit wie möglich in eine Kreislaufwirtschaft überführt werden kann[47)]. Schließlich kann auch der erwünschte Output eines Unternehmens **Ausschußbestandteile** enthalten, die ebenfalls im Sinne einer Ökologieorientierung zu reduzieren sind und eine wesentliche Zielgröße im Qualitätsmanagement darstellen[48)].

Die **Effizienz** bringt zum Ausdruck, welcher Teil der eingebrachten Menge letztlich in das Produkt eingeht. Die Relation ist ein Maß für den Wirkungsgrad einer Anlage, eines Verfahrens oder des gesamten Unternehmens[49)]. Effizienzgrößen können sowohl für den Materialeinsatz (untergliedert in Roh-, Hilfs- und Betriebsstoffe) als auch für den Energieeinsatz berechnet werden.[50)] Neben der Ermittlung des **optimalen Materialeinsatzes** ist die Verlustenergie, die durch die Umwandlung von End- in Nutzenergie unvermeidlich entsteht, zu minimieren. Dieses umwandlungstechnische Rationalisierungspotential wird über den **energetischen Wirkungsgrad** operationalisiert, der als Verhältnis von genutzter zu zugeführter Leistung gemessen wird und die Höhe des Verlustes einer energetischen Umwandlung aufzeigt.

Der **spezifische Verbrauch** von Material oder Energie gibt an, wieviel Material oder Energie für die Erstellung einer produzierten Einheit aufgewendet werden muß und ist Ansatzpunkt für Wertanalysen[51)]. Der **Auslastungsgrad** als das Verhältnis von benötigter und verfügbarer Kapazität bezeichnet den Anteil der Kapazität, der tatsächlich notwendig ist, um den gewünschten Output zu erzielen. Er liefert außerdem Hinweise darüber, ob die Kapazität reduziert bzw. Kapazitäten zusammengelegt werden können und somit die ökologische Umwelt entlastet werden kann[52)].

---

47) Wie bereits aufgezeigt, ist das vollständige Schließen des Kreislaufes aufgrund naturgesetzlicher Abläufe nicht möglich.

48) Vgl. FISCHER, T.M. (1993), S. 286 f..

49) HALLAY / PFRIEM spalten noch **wasserspezifische Kennzahlen** ab: Sie ermitteln Wasserkategoriequoten (bei Wiedereinsatz des Wassers von Bedeutung) sowie eine Wassereinsatzeffizienz. Letztere soll das Verhältnis von Wasserinput zu den erzeugten Produkten darstellen; vgl. HALLAY, H. / PFRIEM, R. (1992), S. 153. WAGNER ermittelt darüber hinaus eine Wasserverlustquote als Verhältnis von Wasserinput zu Wasseroutput. Vgl. WAGNER, B. (1992), S. 7.

50) Vgl. WAGNER, B. (1992), S. 7.

51) Vgl. STAHLMANN, V. (1988), S. 144.

52) Vgl. STAHLMANN, V. (1988), S. 142.

7.3.4. Kennzahlen der Wertschöpfungsstufe "Vertrieb"

Die Integration ökologischer Aspekte in die Unternehmensführung erfordert auch eine Modifikation der Distributionspolitik des Unternehmens. Hier ist zu berücksichtigen, daß Maßnahmen, die im Absatzbereich erforderlich werden, von den Aktivitäten in den Bereichen Beschaffung und Produktion abhängen.

7.3.4.1. Monetäre Komponenten

Nach der Ermittlung des Vertriebskostenanteils, d. h. der **Vertriebsintensität**, sind die Kosten zu separieren, die einen umweltverträglicheren Vertrieb (**ökologiebezogene Vertriebsintensität**) ermöglichen. Diese können u. a. auf der Entscheidung für eine andere, umweltverträglichere Form der **Distribution** beruhen. **Gewährleistungs-, Reparatur- bzw. Reklamationskosten** während der Garantiezeit sind aus ökologischer Sicht eher negativ zu beurteilen, da diese auf eine kürzere Lebensdauer der Produkte hindeuten. Im Sinne einer Ökologieorientierung müßten die Produkte verantwortungsbewußter gestaltet werden[53)], um knappe natürliche Ressourcen zu schonen. Aufgrund der Entwicklung der gesetzgeberischen Tätigkeit[54)] dürfte vor allem der **Anteil der Verpackungskosten** von Interesse sein. Hier gilt es, die Ursachen für die Veränderungen des Verpackungskostenanteils im Zeitablauf zu analysieren. Eine Verringerung kann zum einen auf einen geringeren Einsatz von Verpackungsmaterial zurückgeführt werden, zum anderen aber auch auf externe Größen, wie z. B. veränderte Kalkulationssätze des Dualen Systems[55)], die bestimmte Verpackungsarten verteuern und folglich Anreize zu deren Reduktion schaffen.

Um die Position des eigenen Unternehmens beurteilen zu können, sind darüber hinaus die Einsparungen durch Verpackungsveränderungen zu betrachten[56)]. Dem Vertriebsbereich zuzuordnen sind auch Pioniergewinne, die durch den Verkauf veränderter oder neuer Produkte erzielt werden können, sowie öffentliche Aufträge, die dem Unternehmen aufgrund einer stärkeren Ökologieorientierung erteilt werden.

---

53) Hier ist auf den tendenziellen Charakter der Interpretation hinzuweisen. Sehr lange Gewährleistungsfristen schränken die Aussage ein, da sie eine Langlebigkeit der Produkte unterstellen.

54) Vgl. die bereits in Kraft getretene Verpackungsverordnung sowie die geplante Novellierung des Abfallrechts durch ein Kreislaufwirtschafts-Abfallgesetz.

55) Das Duale System paßte die Gebühren an die tatsächlichen Kosten der Prozesse Sammlung, Sortierung und Aufbereitung an; vgl. O. V. (1993c).

56) Vgl. STEGER, U. (1988), S. 227.

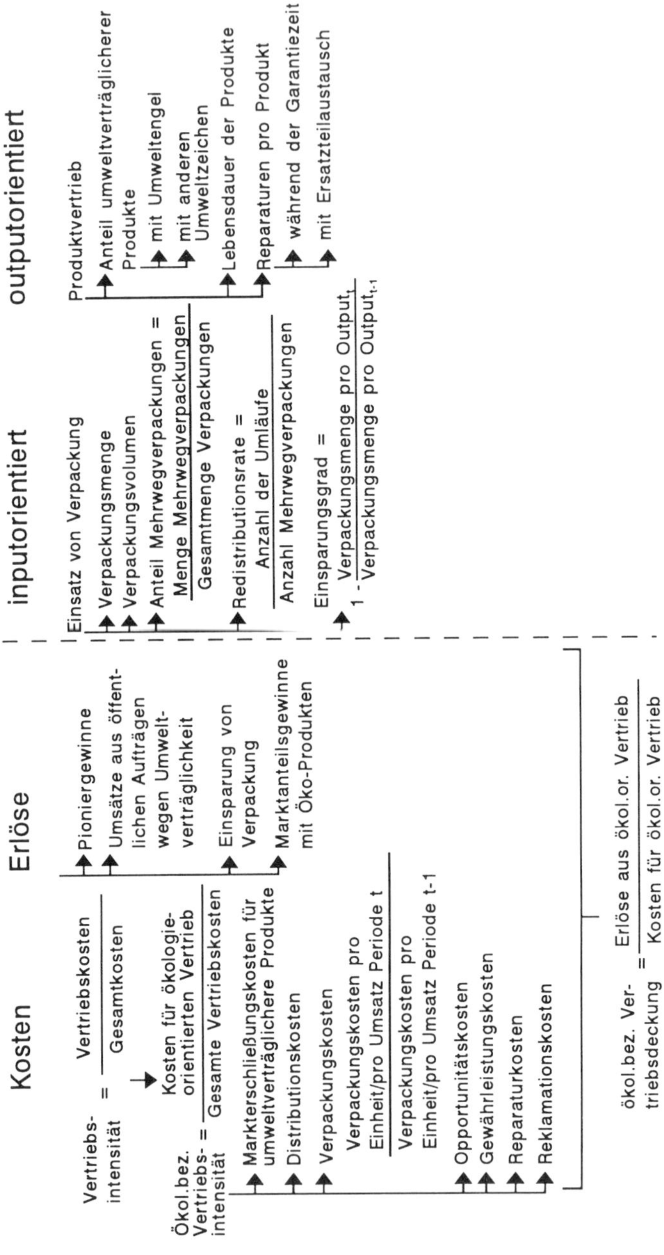

Abb. 7.6.: Ökologieorientiertes Kennzahlensystem: Modul Vertrieb

Analog zur Analyse der anderen Wertschöpfungsstufen kann auch für den Vertriebsbereich eine **ökologiebezogene Vertriebsdeckung** ermittelt werden, die Erlöse oder Einsparungen durch einen ökologieorientierten Vertrieb den entsprechenden Kosten gegenüberstellt.

7.3.4.2. Nicht-monetäre Komponenten

Im Bereich der Verpackungen, die als Einsatzstoffe Input darstellen, bestehen vielfältige Ansatzpunkte zu ökologieorientierten Optimierungen. Hier sind die **Verpackungsmenge** und das **Verpackungsvolumen** zu analysieren. Eine Verringerung des Verpackungsmaterials pro Outputeinheit[57)] kann durch die Vermeidung von Einweg- oder Mehrfachverpackungen, durch Materialsubstitution und durch den Aufbau von Recycling-Kreisläufen realisiert werden. Ein geringeres Verpackungsvolumen hat nicht nur positive Auswirkungen auf Transport und Lagerraum, sondern auch auf die Deponierung[58)]. Ein ökologieorientiertes Vertriebssystem sollte eine Rückführung ausgedienter Produkte und Verpackungen in den Produktions- bzw. Vertriebsprozeß ermöglichen. Die Zahl der Mehrfachnutzungen kann durch die **Retrodistributionsrate** gemessen werden[59)].

Als Output des Vertriebs können die Produkte als solche gelten. Der Anteil der Produkte eines Unternehmens, die ein Umweltzeichen tragen, gibt Auskunft über die Zusammensetzung des Sortiments, d. h. über den **Anteil umweltverträglicherer Produkte**. Neben der Produktgestalt bestimmt auch die Produktlebensdauer den Grad der Belastung der ökologischen Umwelt. Je langlebiger das Erzeugnis ist, desto stärker wird die mit Produktion und Konsum verbundene Belastung zeitlich verteilt. Jede **Verlängerung der Lebensdauer** hat eine Reduktion der erforderlichen Neuproduktion und der damit verbundenen Wirkungen zur Folge[60)]. Dies kann durch verlängerte Haltbarkeit und geringeren Verschleiß, unterstützt durch Kundendienst- und Serviceleistungen, erreicht werden. Bauteile eines Produktes müssen ohne großen Aufwand ausgetauscht werden können[61)]. Der **Anteil der Reparaturen**, bei denen Ersatzteile ausgetauscht werden, ist ein Maß für die Auswei

---

57) Vgl. WAGNER, B. (1992), S. 6.

58) Die Entwicklung der Verpackungspraxis im Konsumgüterbereich (Rückgang der Umverpackungen) zeigt, daß durchaus Einsparungspotentiale vorhanden waren und sind.

59) Bei der Interpretation dieser Kennzahl ist zu beachten, daß nicht von vornherein von einem Vorteil von Mehrwegverpackungen ausgegangen werden kann, da durch die Rückführung ebenfalls Beeinträchtigungen der ökologischen Umwelt entstehen können; vgl. FRANKE, M. (1984), S. 147. Ein Beispiel die Praktizierung der Retrodistribution ist das Konzept des Toni-Milchverbandes der Schweiz; vgl. DYLLICK, T. (1988), S. 51 ff..

60) Das Streben nach längerlebigen Produkten würde ein quantitatives Wachstum ablösen, in der ein Vorstand von General Motors sagen konnte: "Planned obsolescence in my opinion is another word for progress." und durch ein qualitatives ersetzen.

61) Vgl. KREIBICH, R. u. a. (Hrsg.) (1991), S. 107.

tung der Serviceleistungen. Der Anteil der Reparaturen, die während der Garantiezeit durchgeführt werden, ist hingegen ein Zeichen für Qualitätsschwächen bei den Produkten.

7.3.5. Kennzahlen der Wertschöpfungsstufe "Entsorgung"

Um das Ziel einer langfristigen Existenzsicherung zu erreichen, ist dem Bereich der Entsorgung derselbe Stellenwert einzuräumen wie dem Bereich der Versorgung; die Produktionswirtschaft ist um eine Reduktionswirtschaft zu ergänzen[62]. Produktion oder Konsum verursachen als unerwünschten Output Kondukte, die gezielt analysiert werden sollten. Die Analyse sollte dabei primär auf die Möglichkeit der Vermeidung und erst dann auf die Entsorgung gerichtet sein. Kennzahlen der Entsorgung i. e. S. analysieren Abfälle, Abwasser und Abluft, wohingegen der Bereich des Recycling mit Hilfe von Kennzahlen zu Sekundärrohstoffen analysiert wird.

7.3.5.1. Monetäre Komponenten

Der Entsorgungskostenanteil ermöglicht eine Aussage über die **Entsorgungsintensität** eines Unternehmens. Da die gesamten Entsorgungskosten als ökologiebezogen gelten können, entspricht diese der **ökologiebezogenen Entsorgungsintensität**. Der Anteil der Entsorgungskosten läßt sich entsprechend der betroffenen Medien weiter untergliedern in **Kosten für Bodenerhaltung, für Wasserreinhaltung, Luftreinhaltung und Lärmreduzierung**[63]. Der Anteil der Deponiekosten an den Gesamtkosten eines Unternehmens ermöglicht beispielsweise eine Aussage über die Sensibilität des Gewinns gegenüber veränderten Kosten der Abfallbeseitigung. Die der Kennzahl zugrunde liegenden Sachverhalte sind auf mögliche Einsparungspotentiale zu untersuchen.

Auf der Habenseite sind den Entsorgungskosten einerseits **Einsparungen von Entsorgungskosten** und andererseits **Erlöse durch Entsorgungsaktivitäten für Dritte**[64] und durch den **Verkauf etwaiger Emissionsrechte** gegenüberzustellen.

62) Vgl. STREBEL, H. (1981a), S. 508 f.; SCHREINER, M. (1988), S. 132 und DYCKHOFF, H. (1991), S. 280.

63) Entsprechend der medialen Ausrichtung der Gesetze in Abfallgesetz, Wasserhaushaltsgesetz und Bundesimmissionsschutzgesetz.

64) Durch die steigende Nachfrage nach Entsorgungsmöglichkeiten zählen private Entsorgungsunternehmen zu den sogenannten Öko-Gewinnern.

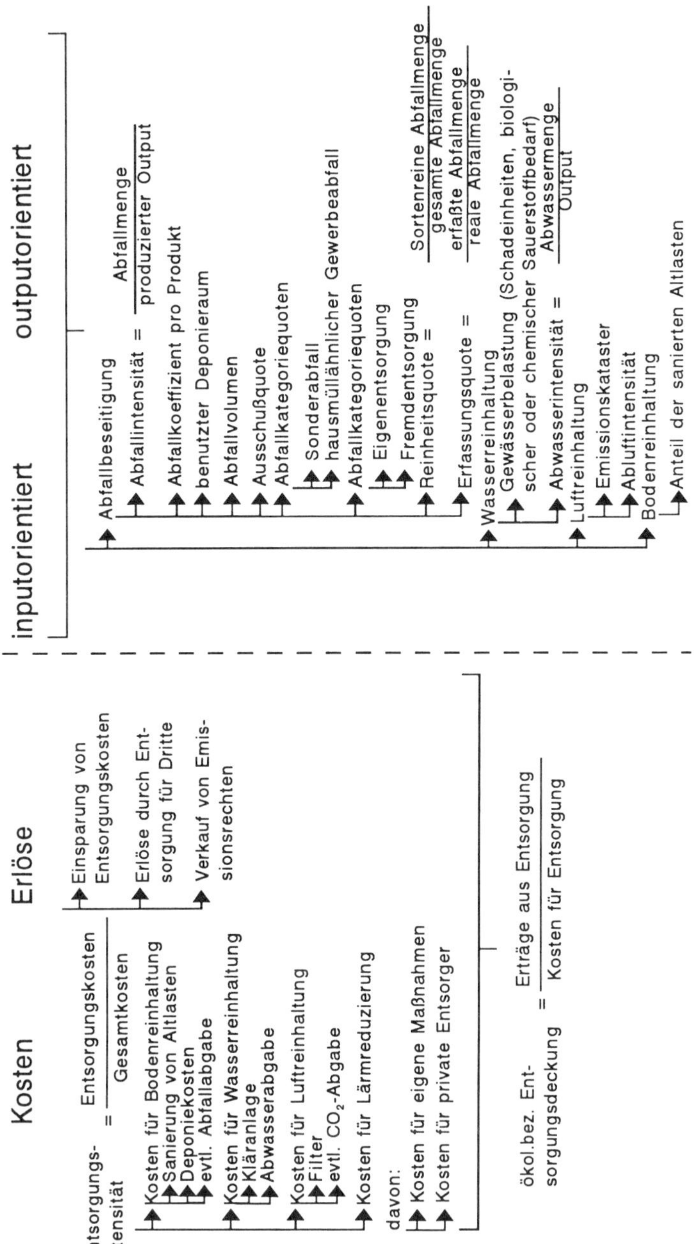

Abb. 7.7.: Ökologieorientiertes Kennzahlensystem: Modul Entsorgung

Als Quotient aus den Erträgen der Entsorgung und den Entsorgungskosten kann die **Entsorgungsdeckung** ermittelt werden. Gerade für Unternehmen, die Entsorgung auch als Wettbewerbschance verstehen, kann diese Größe als Vergleichs- und Beurteilungsmaßstab herangezogen werden.

7.3.5.2. Nicht-monetäre Komponenten

Sofern für die Durchführung von Entsorgungsmaßnahmen entsprechende **Anlagen, Verfahren und Einsatzstoffe** erforderlich sind, kann eine inputorientierte Betrachtung des Entsorgungsbereichs erforderlich werden.

Hauptproblem der Entsorgung ist die Höhe des Abfallaufkommens[65]. Dabei ist zunächst die absolute Höhe der Abfallmenge zu betrachten, mit Hilfe derer die **Abfallintensität**[66] des gesamten Unternehmens ermittelt werden kann. Um Einsparungspotentiale aufzudecken, können für jedes Produkt sogenannte **Abfallkoeffizienten** bestimmt werden, die die Abfallintensität jedes Produkts bzw. jeder Produktgruppe bestimmen. **Abfallkategoriequoten** schlüsseln den anfallenden Abfall in Sonderabfall, hausmüllähnlichen Gewerbeabfall etc. auf[67]. Zunächst kann die Sonderabfallquote abgespalten werden, die die Bedeutung der besonders problematischen und kostenintensiven Abfallkategorie hervorhebt. Der verbleibende Anteil kann im eigenen Unternehmen oder durch Dritte entsorgt werden (**Abfallbeseitigungsquoten**)[68]. Die **Reinheitsquote** stellt den Anteil sortenrein erfaßter Abfälle dar. Je höher die Quote ist, desto eher kann aus Unternehmenssicht eine geordnete Entsorgung gewährleistet werden. Mit Hilfe der **Erfassungsquote** kann gerade für Abfälle aus dem Konsumbereich festgestellt werden, ob Verbesserungen des Erfassungssystems vorzunehmen sind[69].

Für den Bereich der Altlasten können Sanierungsaktivitäten durch den **Anteil der sanierten Altlasten** an den geschätzten gesamten Altlasten ermittelt werden[70]. Neben Abfall und Altlasten sind auch Abwasser und Abluft zu betrachten. Die **Gewässerbelastung** kann durch die Schadeinheiten des Wasser oder den biologischen bzw. chemischen Sauerstoffbedarf (BSB, CSB) bestimmt werden[71]. Die

---

65) Das steigende Abfallvolumen resultierte jüngst in der Novellierung des Kreislaufwirtschafts-Abfallgesetzes, das am 31.3.93 im Kabinett beraten wurde. Ziel des Entwurfes ist, einen Übergang von einer Durchlauf- zu einer Kreislaufwirtschaft zu erreichen.

66) Vgl. SEIDEL, E. / BEHRENS, S. (1992), S. 148 und WAGNER, B. (1992), S. 7.

67) Vgl. HALLAY, H. / PFRIEM, R. (1992), S. 152 und WAGNER, B (1992), S. 7.

68) Vgl. STAHLMANN, V. (1988), S. 143.

69) Vgl. HALLAY, H. / PFRIEM, R. (1992), S. 152.

70) Darüber hinaus kann eine Untergliederung nach Altlastenkategorien (Altablagerungen und Altstandorte) vorgenommen werden; vgl. DER RAT DER SACHVERSTÄNDIGEN FÜR UMWELTFRAGEN (1990), S. 19.

71) Vgl. Anlage zu § 3 AbwAG und HALLAY, H. / PFRIEM, R. (1992), S. 155.

Abwasserintensität des Unternehmens kann durch den Quotienten aus Abwassermenge und erstellten Produkten ausgedrückt werden.

Einen Indikator für die Luftreinhaltung stellen **Emissionskoeffizienten** dar, die beispielsweise dem Emissionskataster entnommen werden können[72]. Aus der gesamten Abluftintensität können z. B. eine Ozonlochintensität oder eine Treibhausintensität abgespalten werden. Diese zeigen an, inwieweit durch das Unternehmen Schädigungen der Ozonschicht oder Verstärkungen des Treibhauseffektes entstehen können[73].

7.3.6. Kennzahlen der Wertschöpfungsstufe "Recycling"

Der Bereich des Recycling wird getrennt betrachtet, weil der Verwertung und Verwendung eine andere Interpretation zuteil werden sollte als der Entsorgung. Recyclingkennzahlen analysieren die Rückführung von Material und Energie aus bestimmten Produktions- oder Konsumprozessen in die Produktion[74]. Wie bereits angedeutet, beziehen sich die Kennzahlen des Recycling auf Sekundärrohstoffe.

7.3.6.1. Monetäre Komponenten

Wie im Bereich der Entsorgung entsprechen sich auch hier die **Recyclingintensität** und die **ökologiebezogene Recyclingintensität**, da davon ausgegangen werden kann, daß sämtliche Recyclingvorgänge ökologisch relevant sind. Die gesamten Recyclingkosten des Unternehmens können aufgespalten werden in Kosten für Wiederverwendung, Weiterverwendung, Wiederverwertung und Weiterverwertung. Zusätzlich kann noch eine Analyse der Herkunft (eigenes Unternehmen, fremdes Unternehmen oder Konsumbereich) und eine des Ziels (eigenes oder fremdes Unternehmen) der Sekundärrohstoffe vorgenommen werden. Den Kosten des Recycling stehen die **Erträge aus dem Verkauf von Sekundärrohstoffen** oder - bei Verbleib im eigenen Unternehmen - die **Einsparungen durch den Einsatz von Sekundärrohstoffen** gegenüber. Der **durchschnittliche Sekundärrohstoffwert** läßt sich ermitteln als Quotient der gesamten Erträge sowie Einsparungen und der gesamten Menge an Sekundärrohstoffen. Er kann bei gegebener Vergleichbarkeit der Sekundärrohstoffe als Maßstab für deren Rentabilität herangezogen werden.

---

72) Dieses enthält Angaben über Art, Menge, Verteilung und Austrittsbedingungen von Luftverunreinigungen; vgl. § 46 BImSchG.

73) Hierfür werden von den in die Atmosphäre entlassenen Abgasen insbesondere die ozonlochschädigenden und treibhauseffektverursachenden ausgewiesen. Auf die Verursachungsproblematik wurde bereits in Kapitel 4.2.3.2..

74) Vgl. BERG, C. (1979), S. 201 f.; HEEG, F.J. (1984), S. 507; STREBEL, H. (1990), S. 755 ff. und VEREIN DEUTSCHER INGENIEURE (VDI) (Hrsg.) (1991), S. 4 ff..

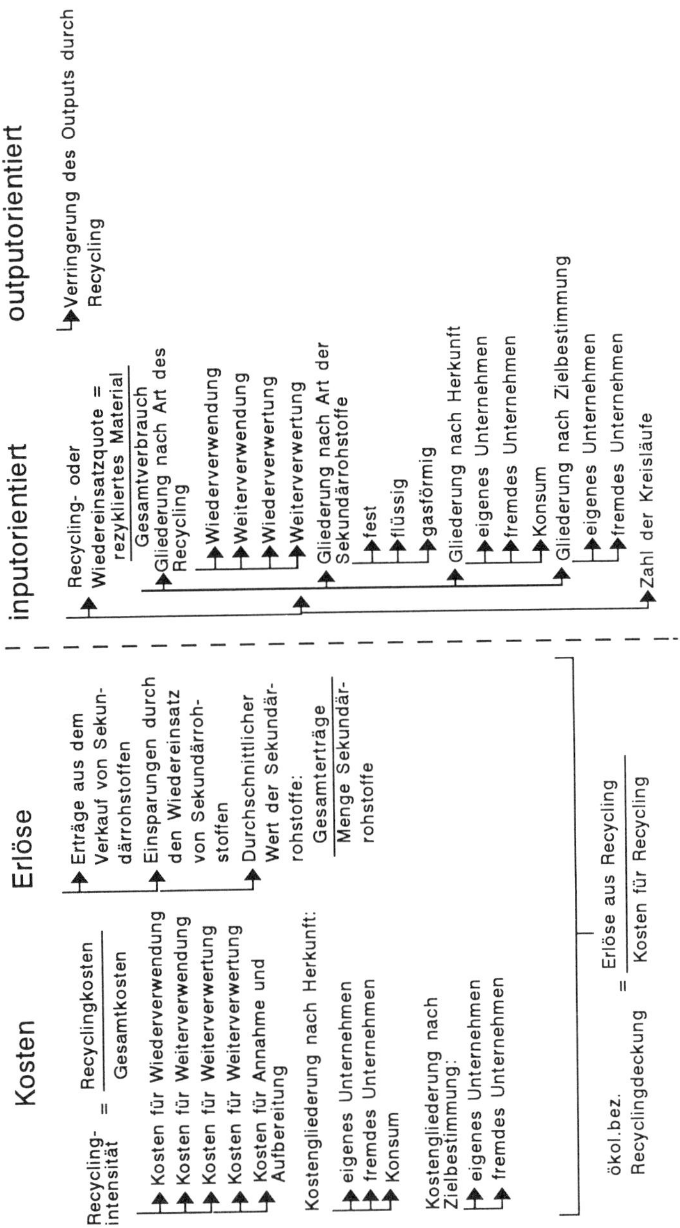

Abb. 7.8.: Ökologieorientiertes Kennzahlensystem: Modul Recycling

Das Verhältnis der Erträge aus Recyclingaktivitäten zu den korrespondierenden Kosten ergibt die **Recyclingdeckung.**

7.3.6.2. Nicht-monetäre Komponenten

Recycling ist immer dann inputorientiert, wenn der Bedarf an Primärrohstoffen durch den Einsatz von Sekundärrohstoffen reduziert werden kann. Die **Recycling- oder Wiedereinsatzquote**, die als Anteil der in den Kreislauf zurückgeführten Stoffe und Energien gemessen werden kann, gibt Auskunft über den relativen Umfang der Konduktnutzung[75)]. Sie läßt sich in die aus den vier möglichen **Arten des Recycling** abgeleiteten Quoten der Wiederverwendung, der Weiterverwendung, der Wiederverwertung und der Weiterverwertung unterteilen. Neben der Aufschlüsselung nach der **Art ihres Wiedereinsatzes** können Sekundärrohstoffe auch nach der **Art ihres Auftretens** (fest, flüssig, gasförmig)[76)], nach ihrer **Herkunft** (eigenes Unternehmen, fremdes Unternehmen, Konsumbereich) oder nach ihrer **Zielbestimmung** (eigenes oder fremdes Unternehmen) untergliedert werden. Durch den Vergleich mit anderen Unternehmen oder Betrieben können **unausgeschöpfte Recyclingpotentiale** aufgedeckt werden. Neben dem **Anteil an rezyklierten Kondukten** gibt auch die **Anzahl der Kreisläufe** Auskunft über das Recyclingengagement des Unternehmens.

Auf der Outputseite kann durch effizientes Recycling der Anteil des unerwünschten Outputs, d. h. der Kondukte verringert werden. Dies zeigt, daß durch Recycling sowohl Ressourcen eingespart als auch Kondukte reduziert werden können.

7.3.7. Kennzahlen der Wertschöpfungsstufe "Logistik"

Ziel der Logistik ist die Disposition von Ressourcen und Gütern zur richtigen Zeit in der richtigen Menge am richtigen Ort. Hierzu ist ein effizientes Lagersystem aufzubauen, das mit einem effizienten Transportsystem kombiniert werden muß. Ein entsprechendes Logistik-Kennzahlensystem kann hier die notwendige Unterstützung liefern. Für die ökologieorientierte Analyse des Logistikbereichs sind die in jüngster Zeit entwickelten Kennzahlensysteme zu verfeinern[77)].

---

75) Vgl. STAHLMANN, V. (1988), S. 143 und WAGNER, B. (1992), S. 7.
76) Vgl. die Abgrenzung des Konduktbegriffs in Kapitel 3.2.1.5..
77) Vgl. z. B. REICHMANN, T. (1990), S. 291 ff..

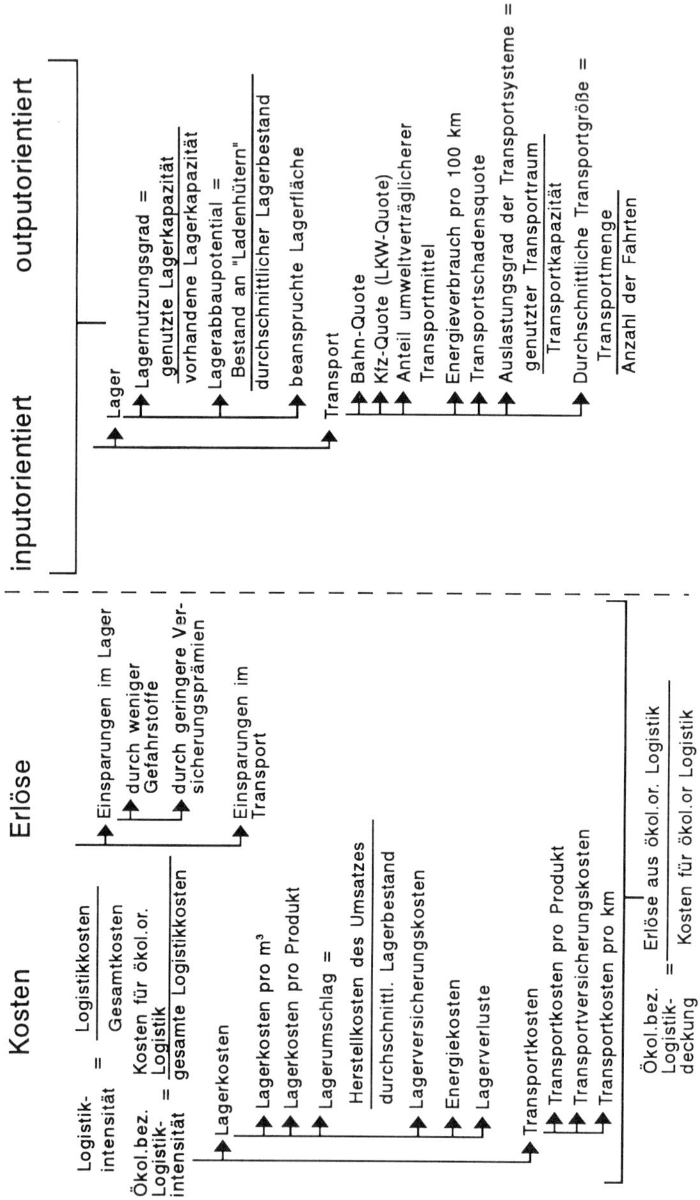

Abb. 7.9.: Ökologieorientiertes Kennzahlensystem: Modul Logistik

7.3.7.1. Monetäre Komponenten

Aus ökonomischer Sicht ist die **Logistikintensität** als Anteil der Logistikkosten an den gesamten Kosten zu betrachten, aus der wiederum die **ökologiebezogene Logistikintensität** abgeleitet werden kann.

Einen Teil der Logistikkosten stellen die **Lagerkosten** dar, die es zu minimieren gilt. Zu den Lagerkosten zählen die Energiekosten, die Lagerversicherungskosten sowie die Kosten für Lagerverluste und Kondukte[78)]. Die **Höhe der Lagerversicherungskosten** kann ein Anzeichen für Art und Menge der gelagerten Gefahrstoffe sein. Deren Veränderung kann ein Indiz für die Einstufung in eine andere Risikoklasse sein[79)]. Um die **Qualität des Lagers** beurteilen zu können, ist die Höhe der Kosten für Lagerverluste und Kondukte zu ermitteln. Neben der absoluten Höhe, können die Lagerkosten pro Stück oder pro Quadratmeter oder Kubikmeter ermittelt werden. Die **Lagerumschlagshäufigkeit** setzt die Herstellkosten des Umsatzes zum durchschnittlichen Lagerbestand ins Verhältnis[80)]. Je höher die Umschlagshäufigkeit, desto kürzer ist die durchschnittliche Lagerdauer bzw. die Durchlaufzeit der Güter und Stoffe. Ein Vergleich mit Branchendurchschnitten deckt Lagerabbaupotentiale auf, die sofort realisiert werden können, ohne daß Auswirkungen auf Produktion und Vertrieb entstehen.

Die zweite Komponente der Logistikkosten stellen die **Transportkosten** dar, die ebenfalls Versicherungsbestandteile beinhalten. Die Höhe der Transportversicherungskosten zeigt das **Ausmaß an Gefahrguttransporten** auf. Hierbei wird das Transportrisiko auf Dritte, d. h. eine Transportversicherung übertragen. Für ein Sinken dieser Kosten können sicherheitstechnische Verbesserungen im Transportwesen verantwortlich sein. Wie auch bei den Lagerkosten können die Kosten pro Produkt oder pro Kilometer die Analysegrundlage bilden.

Durch die Ökologieorientierung der Logistik können sowohl Kosten entstehen als auch Einsparungen erzielt werden, deren Verhältnis durch die **ökologiebezogene Logistikdeckung** gemessen werden kann. Diese sollte für eine aussagefähige Analyse in Lager- und Transportkomponenten aufgespaltet werden.

7.3.7.2. Nicht-monetäre Komponenten

Auch im Logistikbereich könnte eine Unterscheidung zwischen input- und outputorientierten Kennzahlen getroffen werden, da sowohl die Eingangs- als auch die Ausgangslogistik zu betrachten ist. Für die Bildung von Kennzahlen kann aller-

---

78) Vgl. STAHLMANN, V. (1988), S. 142 f..
79) Vgl. HALLAY, H. / PFRIEM, R. (1992), S. 151.
80) Vgl. STAHLMANN, V. (1988), S. 142.

dings auf eine Untergliederung verzichtet werden, da diese gleichermaßen für die Eingangs- und die Ausgangslogistik angewandt werden können.

Ziele eines ökologieorientierten Lagerwesens sind die Vermeidung und Verminderung von Kondukten, die durch die Lagerzeit und den Lagerort bestimmt werden, sowie die Begrenzung der Lagerfläche. Im Bereich des Lagers sind der **Lagernutzungsgrad** und das **Lagerabbaupotential** zu untersuchen[81]. Ersterer setzt die durchschnittlich belegte Lagerfläche in Quadratmeter zur gesamten Lagerkapazität ins Verhältnis. Die nicht genutzte Fläche könnte entweder abgebaut, vermietet oder für andere Zwecke genutzt werden. Das Lagerabbaupotential kann auch in nicht-monetärer Form durch die Zahl der Lagerhüter ermittelt werden.

Ein ökologieorientiertes Transportwesen berücksichtigt die Wirkungen des inner- und außerbetrieblichen Transports. Hierbei sollen vor allem durch die **Transportintensität** (Häufigkeit und Entfernung) verursachte Belastungen vermieden und unter ökologischen Gesichtspunkten angemessene Transportarten (Straßen-, Schienen- oder Luftverkehr) und -hilfsmittel (Container, Paletten) gewählt werden. Die Kennzahlen **LKW- oder Bahnquote** zeigen an, welcher Anteil der gesamten Kilometerleistung mit dem LKW bzw. mit der Bahn zurückgelegt wurde. Weiterhin muß ein Unternehmen auch bestrebt sein, daß die benutzten Hilfsmittel ökologisch optimiert werden[82]. Der **Auslastungsgrad der Transportsysteme** gibt Auskunft über den Nutzungsgrad der zur Verfügung stehenden Kapazitäten, der durch die Vermeidung von Mehrfachfahrten optimiert werden kann[83]. Die **Transportschadensquote** als Anteil der beschädigten Transportgüter drückt aus, inwieweit das Ziel der Reduzierung von transportbedingten Kondukten erreicht wurde.

7.3.8. Kennzahlen der Wertschöpfungsstufe "Personal"

Um die von der Unternehmensleitung festgesetzten Ziele auf allen Ebenen der Unternehmensorganisation realisieren zu können, sind Maßnahmen zu ergreifen, die eine Eigenverantwortlichkeit der Mitarbeiter hinsichtlich der Ökologieorientierung fördern[84]. Für eine gezielte Steuerung stellen beispielsweise mitarbeiterbezogene Kennzahlen eine aussagefähige Größe dar.

---

81) Ein eventueller Abbau muß allerdings unter Berücksichtigung der Lieferbereitschaft erfolgen; vgl. REICHMANN, T. (1990), S. 291 ff..
82) Vgl. CLAUSEN, J. (1992), S. 10.
83) Ergänzende Informationen liefert die durchschnittliche Transportgröße, d.h. die Transportmenge durch die Anzahl der Fahrten.
84) Vgl. WINTER, G. (1987), S. 25 f. und KLEINE-WEISCHEDE, K. (1991), S. 145.

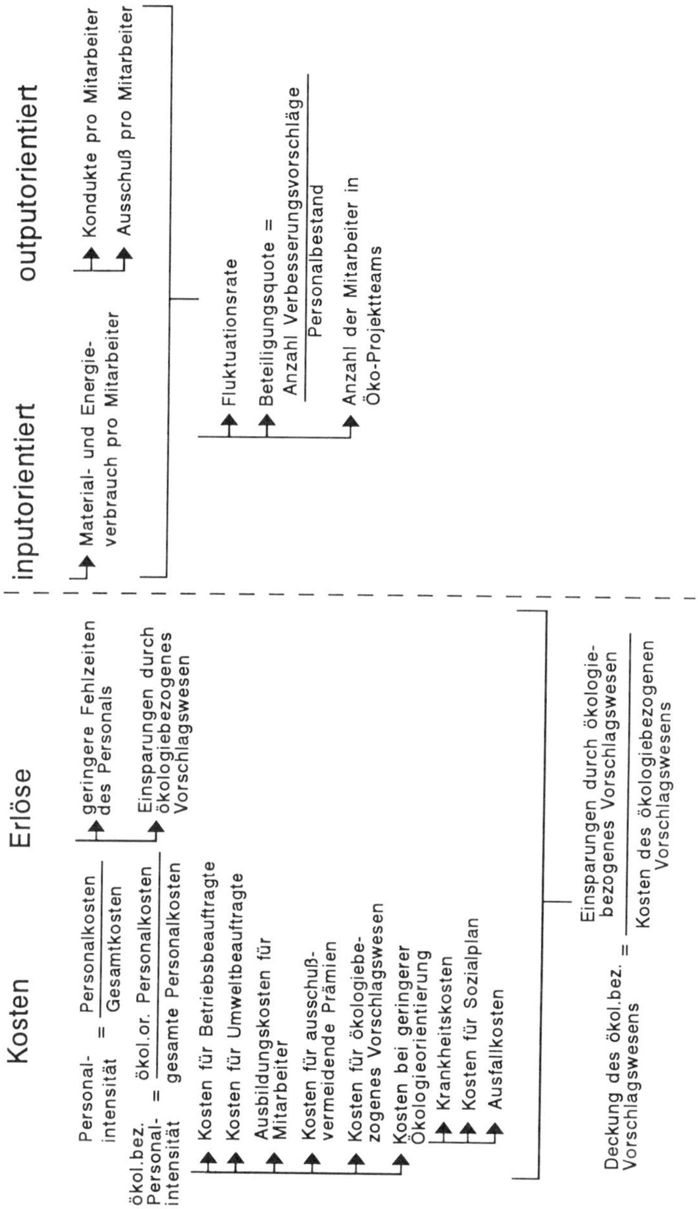

Abb. 7.10.: Ökologieorientiertes Kennzahlensystem: Modul Personal

7.3.8.1. Monetäre Komponenten

Um die **Personalintensität** monetär erfassen zu können, sind die Personalkosten den gesamten Kosten gegenüberzustellen. Davon können die ökologiebezogenen Personalkosten abgespaltet werden (**ökologiebezogene Personalintensität**). Hierunter fallen Kosten für gesetzlich vorgeschriebene Betriebsbeauftragte, für freiwillige Umweltschutzbeauftragte, für ein spezielles Vorschlagswesen[85] oder ausschußvermeidende Prämien[86]. Kosten, die auf ein mangelndes Engagement des Unternehmens in diesem Bereich schließen lassen, sind **Krankheits- und Ausfallkosten**. Sie können als Indikator für eine hohe Lärm- und Schadstoffbelastung am Arbeitsplatz interpretiert werden[87]. Werden Verbesserungen durchgeführt, so muß darauf geachtet werden, ob auch die Ausfalltage und somit die Kosten zurückgehen, denn nur so kann ein kausaler Zusammenhang aufgedeckt werden.

Durch umfangreichere Aktivitäten im Umweltschutz können **Fehlzeiten** und somit Kosten reduziert werden. Ein ökologieorientiertes Vorschlagswesen kann **Innovationsmöglichkeiten** hervorbringen, die auch Kosteneinsparungspotentiale bergen.

Auch im Personalbereich können Kosten und Erlöse anfallen, die auf die Ökologieorientierung des Unternehmens zurückzuführen sind und die **ökologiebezogene Personaldeckung** ergeben. Als Komponente davon kann beispielsweise die Effizienz eines Vorschlagswesens durch das Verhältnis der hierdurch bewirkten Einsparungen zu den zusätzlich entstehenden Kosten ermittelt werden.

7.3.8.2. Nicht-monetäre Komponenten

Gerade bei einer branchenüblichen Personalstruktur können Kennzahlen, die im Nenner die Mitarbeiterzahl beinhalten, aussagefähig sein. Dabei können **Material- und Energieverbrauch** sowie der **Ausschuß** ins Verhältnis zu den Mitarbeitern gesetzt werden.[88] Die Effizienz durchgeführter Schulungen kann z. B. am Rückgang der Ausschußquoten gemessen werden.

Auf der Outputseite kann die Höhe der **Kondukte pro Mitarbeiter** ermittelt werden.

Auch eine **Fluktuationsquote**, die gegenüber anderen Unternehmen derselben Branche relativ hoch ist, kann unter Umständen auf schlechte Arbeitsbedingun

---

85) Vgl. STOTTROP, J. (1992), S. 1 ff..

86) Vgl. GEGE, M. (1992), S. 124.

87) Als Grenzwerte können maximale Immissionskonzentrationen (MIK-Werte) oder maximale Arbeitsplatzkonzentrationen (MAK-Werte) festgelegt werden; vgl. die Ausführungen hierzu in Kapitel 4.3.2.2.3..

88) Vgl. WAGNER, B. (1992), S. 6.

gen, z. B. in Form hoher Arbeitsplatzkonzentrationen, hinweisen. Ein Indikator für das Engagement der Mitarbeiter für den Umweltschutz ist die **Beteiligungsquote**, d. h. die Anzahl der Verbesserungvorschläge für ökologiebezogene Maßnahmen pro Mitarbeiter. Schließlich kann noch die Anzahl der Mitarbeiter, die in Projektteams für ökologische Belange engagiert sind, ermittelt werden[89].

7.3.9. Kennzahlen der Wertschöpfungsstufe "Marketing"

Marketing als Querschnittsaufgabe im Unternehmen kann unterteilt werden in die Teilbereiche Kommunikationspolitik, Konditionenpolitik, Produktpolitik und Distributionspolitik[90]. Da die Distribution bereits bei der Wertschöpfungsstufe Vertrieb diskutiert wurde, sind an dieser Stelle Kennzahlen für die verbleibenden Aspekte zu untersuchen.

7.3.9.1. Monetäre Komponenten

Der Anteil der Marketingkosten eines Unternehmens (**Marketingintensität**) beinhaltet die Kosten für die Kommunikations-, die Konditionen- und die Produktpolitik. Ökologiebezogene Marketingkosten (**ökologiebezogene Marketingintensität**) können im Bereich der Kommunikation z. B. für die Information von Verbrauchern anfallen. Daneben können Kosten für die Konditionenpolitik durch das Angebot einer gesetzlich nicht vorgeschriebenen Rücknahme oder eines Pfandsystems dem Marketing zugeordnet werden. Sofern Marktforschungsaktivitäten bestehen, sind sie Teil der Produktpolitik des Unternehmens.

Durch ein relativ umweltverträgliches Produktsortiment können auch Marketingkosten gespart werden, wenn die Produkte nicht mehr intensiv beworben werden müssen, sondern das Unternehmen durch Umweltpreise etc. in der Öffentlichkeit seinen Bekanntheitsgrad steigern konnte.

7.3.9.2. Nicht-monetäre Komponenten

Marketingaktivitäten können eher **indirekt** auf die Input- oder die Outputseite eines Unternehmens einwirken. So kann z. B. durch die gezielte Information der Verbraucher die Sekundärrohstoffquote erhöht oder die Belastung der ökologischen Umwelt durch Gebrauchsfehler gesenkt werden.

---

89) Vgl. z. B. MEFFERT, H. / KIRCHGEORG, M. (1992), S. 277 ff..
90) Vgl. die Darstellung bei MEFFERT, H. / KIRCHGEORG, M. (1992), S. 196 ff..

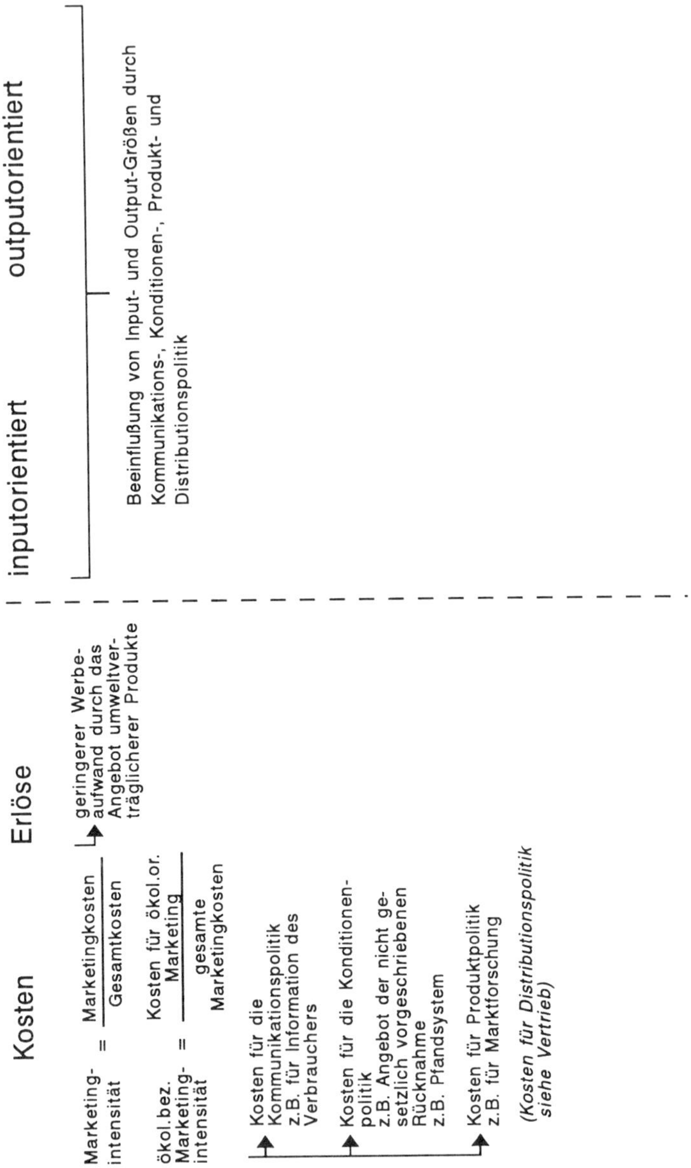

Abb. 7.11.: Ökologieorientiertes Kennzahlensystem: Modul Marketing

7.3.10. Kennzahlen der Wertschöpfungsstufe "Controlling"

Die Entwicklung obiger Kennzahlen kann je nach der Auslegung des Begriffs als Bestandteil des Controlling gesehen werden. Doch auch durch die Existenz eines Controllingsystems an sich können im Unternehmen ökologiebezogene Konsequenzen entstehen, die zu analysieren sind.

7.3.10.1. Monetäre Komponenten

Typischerweise dem Controlling zuzuordnende Kosten können für Maßnahmen der unternehmensinternen Planung, Steuerung und Kontrolle anfallen (**Controllingintensität**). Ökologiebezogene Controllingkosten fallen für die Implementierung des hier vorgeschlagenen Systems der ökologieorientierten Steuerung (SOS) sowie für dessen Module wie die Erstellung von Umweltgutachten, für Stellungnahmen des Betriebsbeauftragten, für die Erstellung einer Öko-Bilanz oder eines EG-Audit an[91]. Die Höhe der für diese Instrumente entstehenden Kosten gibt Auskunft über die **ökologiebezogene Controllingintensität**.

7.3.10.2. Nicht-monetäre Komponenten

Als nicht-monetäres Beurteilungskriterium der Ökologieorientierung des Controlling kann die Ausrichtung der eingesetzten Instrumente auf die ökologischen Ziele gelten. Indirekt stehen hier dem Controlling durch die Auswahl geeigneter Kennzahlen und die Beschaffung der zu deren Berechnung notwendigen Eingangsparameter vielfältige Möglichkeiten offen.

---

91) Vgl. EUROPÄISCHE WIRTSCHAFTSGEMEINSCHAFT (EWG) (Hrsg.) (1992a).

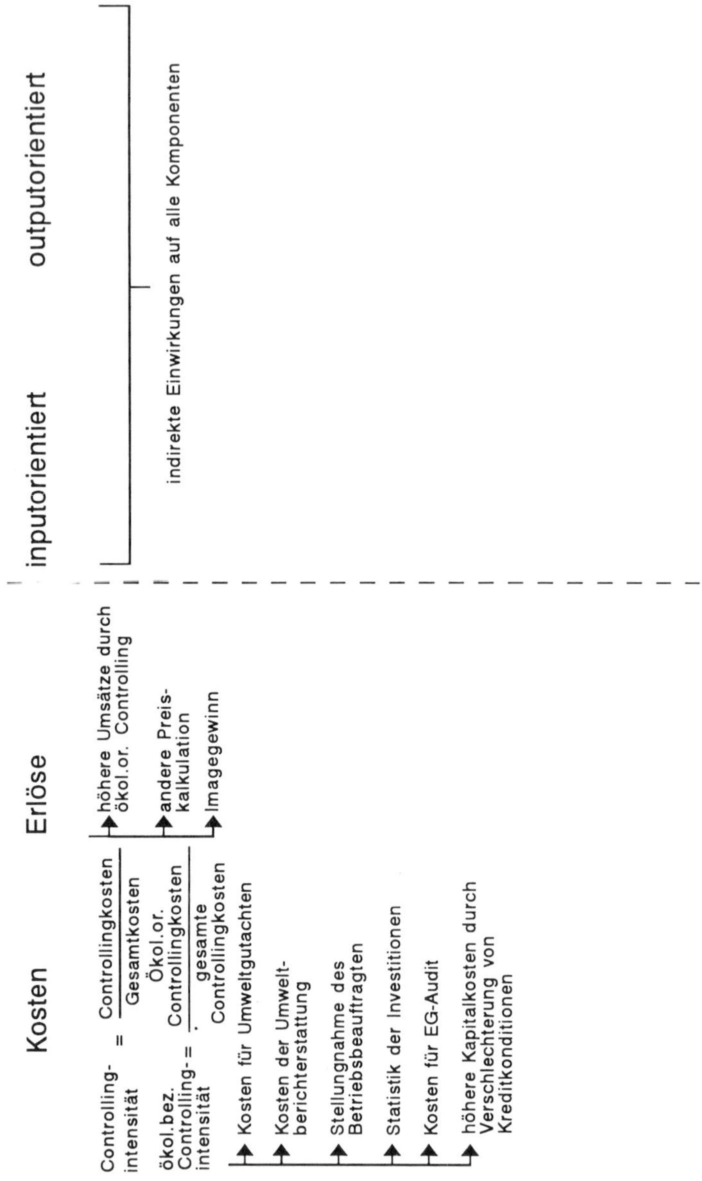

Abb. 7.12.: Ökologieorientiertes Kennzahlensystem: Modul Controlling

7.4. Möglichkeiten und Grenzen eines ökologieorientierten Kennzahlensystems

Mit Hilfe des dargestellten Kennzahlensystems können dem Management verdichtete Informationen monetärer (Kosten und Erlöse) und nicht-monetärer Art (input- bzw. outputbezogen) zur Verfügung gestellt werden. Dieses Instrument zur ökologieorientierten Information und Entscheidungsunterstützung verbindet klassische Controllinginstrumente mit den Instrumenten eines erweiterten ökologieorientierten Controlling.

Werden EDV-Systeme eingesetzt, um die Informationen zusammenzutragen, aufzubereiten und zu analysieren, können Aufwand und Nutzen der Kennzahlensysteme in ein sinnvolles Verhältnis treten. So kursieren bereits heute Schlagwörter wie Computer Aided Recycling (CAR)[92)] oder Computer Aided Environmental Controlling (CAEC)[93)]. Wenngleich Rechensysteme, die einzelne Kennzahlen ineinander überführen können, im ökologiebezogenen Bereich aufgrund der Multikausalität schwer anwendbar sind, können zumindest Ordnungsysteme im Sinne eines Benchmarking[94)] aufgebaut werden. Zur weiteren Detaillierung des Kennzahlensystems ist jedoch die Einbindung technischen Know Hows unabdingbar.

---

92) Die BMW AG setzt z.B. in ihrem Werk in Landshut ein CAR-System in ihrem Pilotprojekt zum Recycling von Automobilen ein.

93) Vgl. z.B. KUNERT AG (Hrsg.) (1992).

94) Vgl. HORVATH, P. / HERTER, R. (1992), S. 4 ff..

8. Ökologieorientiertes Auditing als Kontrollinstrument

Das System zur ökologieorientierten Steuerung bedarf als letzten Baustein eines Kontrollsystems **(ökologieorientiertes Auditing)**, das einen Soll-/Istvergleich des Zustandes ökologiebedingter Konsequenzen ermöglicht und das System schließt. Die Kontrolle als Bestandteil des kybernetischen Controllingprozesses[1] bestätigt zudem, daß die Einführung eines ökologieorientierten Controlling dazu verhilft, die gesetzten Unternehmensziele zu erreichen. Einzelfallbezogene Kontrollen reichen bei zunehmender Komplexität der Sachverhalte immer weniger aus, um ökologischen Ansprüchen Genüge zu leisten[2]. **Systemprüfungen**[3] beziehen sich deshalb übergreifend auf das Gesamtgeschehen, das einzelne Sachverhalte und Vorgänge umfaßt. Beurteilt werden dadurch unternehmensinterne Systeme, die die Ökologieorientierung gewährleisten sollen. Ziel ist die Verbesserung der ökologieorientierten Steuerung sowie ihrer Bestandteile. Systemprüfungen sind indirekte Prüfungen, d. h. die Ordnungsmäßigkeit der Sachverhalte ist dann anzunehmen, wenn die Verfahrensabläufe und Kontrollen eine ordnungsmäßige Bearbeitung erzwingen. Die Systemprüfung ist besonders bei einer aktiven Ökologieorientierung geeignet, da in diesem Fall entsprechende Steuerungssysteme vorhanden sein dürften. **Einzelfallprüfungen**[4] bleiben dann notwendig, wenn bestimmte Vorgänge durch die Systemprüfung nicht oder nicht befriedigend erfaßt werden und die Ordnungsmäßigkeit von Vorgängen oder Sachverhalten nur durch eine Betrachtung von Einzelfällen nachvollziehbar ist. Sie stellen damit eine notwendige Ergänzung der Systemprüfungen dar, insbesondere dann, wenn die Einhaltung bestimmter Auflagen anlagen- oder produktspezifisch nachzuweisen ist[5].

---

1) Vgl. COENENBERG, A.G. / BAUM, H.-G. (1987), S. 32 ff..

2) Vgl. BODENSTEIN, G. / SPILLER, A. (1992), S. 950.

3) Ziel der Systemprüfung ist es, Informationen über die zuverlässige und vollständige Erfassung und Verarbeitung der Elemente des Prüfungsobjekts zu gewinnen; vgl. LEFFSON, U. (1992), Sp. 1925. Zur Systemprüfung für ökologische Belange vgl. PEEMÖLLER, V.H. (1990), S. 241.

4) Die Durchführung von Einzelfallprüfungen ist vom Ergebnis der Systemprüfungen abhängig, Prüfungsobjekte sind dabei die Ergebnisse von Handlungen; vgl. LEFFSON, U. (1992), Sp. 1925 f.. Zur Notwendigkeit von Einzelfallprüfungen bei ökologischen Fragestellungen vgl. PEEMÖLLER, V.H. (1990), S. 241.

5) So gelten beispielsweise die Vorschriften des Bundesimmissionsschutzgesetzes auf die Errichtung und den Betrieb von Anlagen, das Wasch- und Reinigungsmittelgesetz bezieht sich konkret auf Produkte, die zur Reinigung bestimmt sind.

Das Kontrollsystem ist sowohl auf externe als auch auf interne Adressaten ausgerichtet[6]. So kann den interessierten Stakeholdern gezeigt werden, ob und inwieweit das Unternehmen die vorgegebenen Ziele erfüllt und ihren Anforderungen gerecht wird. Staatlichen Institutionen kann fundiert dargelegt werden, daß die Einhaltung vorgegebener Grenzwerte und Ziele durch das Kontrollsystem gewährleistet wird[7]. Nicht zuletzt profitiert die Unternehmensführung von den in der Kontrolle neu gewonnenen Erkenntnissen, da auf deren Basis wiederum eine Revision der festgelegten Ziele stattfinden kann. Dadurch kommt ein Prozeß in Gang, der die ökologiebezogene Controllingintensität[8] fortlaufend erhöht und in eine Controllingspirale mündet.

8.1. Definition und Aufgaben des ökologieorientierten Auditing

Ökologiebezogene Audits werden bereits seit geraumer Zeit in theoretischen Abhandlungen diskutiert[9] und in der betrieblichen Praxis umgesetzt[10]. International bekannt ist das Auditing - Konzept der Internationalen Handelskammer[11], das mit dem Ziel entwickelt wurde, Führungskräften die Notwendigkeit und Behörden die Vorteile eines unternehmensinternen Auditing zu verdeutlichen. Die Kammer strebte an, weltweit eine Standardvorgehensweise des ökologieorientierten Auditing vorzuschlagen, die dessen Umsetzung erleichtert und Vergleiche zwischen den Unternehmen ermöglicht[12]. **Ökologieorientiertes Auditing** wird in diesem Vorschlag als Management-Instrument definiert, "das einer systematischen, dokumentierten, periodischen und objektiven Beurteilung dient, wie gut Umweltschutzorganisation, -management und -einrichtungen funktionieren, um den

6) Vgl. SCAGNELLI, J.M. / MALLOY, B.C. (1987), S. 17 ff.; INTERNATIONALE HANDELSKAMMER (ICC) (Hrsg.) (1989), S. 7; CALLENBACH, E. / CAPRA, F. / MARBURG, S. (1990), S. 2 ff.; SIETZ, M. / SONDERMANN, W.D. (1990), S. 37; STEGER, U. / ANTES, R. (1991), S. 16 f..

7) Vgl. z. B. INTERNATIONALE HANDELSKAMMER (ICC) (Hrsg.) (1989). Die Notwendigkeit hierzu zeigte sich wieder bei der Serie von Störfällen beim Chemieunternehmen HOECHST.

8) Unter ökologieorientierter Controllingintensität wird neben der Installierung eines Systems zur ökologieorientierten Steuerung auch und insbesondere die Durchdringung der einzelnen Wertschöpfungsstufen verstanden.

9) Vgl. TRUITT, T.H. u. a. (1983); GREENO, J.L. u. a. (1985); SCAGNELLI, J.M. / MALLOY, B.C. (1987); CALLENBACH, E. / CAPRA, F. / MARBURG, S. (1990); PEEMÖLLER, V.H. (1990); SIETZ, M. / SONDERMANN, W.D. (1990); ADAMS, H.W. (1991); STEGER, U. / ANTES, R. (1991); BODENSTEIN, G. / SPILLER, A. (1992); KAMMEL, A. / GROTH, U. (1992); KNOPP, L. / STRIEGL, S. (1992) und NIEMEYER, A. / SARTORIUS, B. (1992).

10) Vgl. die Praxisbeispiele zu verschiedenen Branchenanwendungen bei STEGER, U. (Hrsg.) (1991), S. 97 ff.; CALLENBACH, E. / CAPRA, F. / MARBURG, S. (1990) und ZESCHMANN, E.-G. (1993).

11) Vgl. INTERNATIONALE HANDELSKAMMER (ICC) (Hrsg.) (1989).

12) Vgl. INTERNATIONALE HANDELSKAMMER (ICC) (Hrsg.) (1989), S. 7.

Schutz der Umwelt zu fördern durch:

(i) Erleichterung der Kontrolle von Umweltschutzmaßnahmen durch die Unternehmensführung

(ii) Feststellung der Erfüllung unternehmenspolitischer Vorgaben, was auch die Einhaltung behördlicher Auflagen umfaßt"[13].

Diese Definition wurde von der Europäischen Gemeinschaft bei der Konzeption eines "EG-Audit" übernommen[14].

Schwerpunktmäßig beziehen sich die Aufgaben des Auditing auf die Erfüllungskontrolle gesetzlicher Auflagen[15], d. h. auf die Überprüfung der Ordnungsmäßigkeit. Traditionell dient die **Ordnungsmäßigkeitsprüfung** dazu, die Daten des Rechnungswesens hinsichtlich Richtigkeit, Genauigkeit und Zuverlässigkeit zu bestätigen[16]. Im Rahmen des ökologieorientierten Auditing befaßt sich die Ordnungsmäßigkeitsprüfung mit der Einhaltung gesetzlicher Vorgaben, die ökologisch relevante Sachverhalte oder Vorgänge betreffen[17]. Die Ausprägung der Ökologieorientierung hat keinen Einfluß auf den Umfang dieser Prüfung. Zunehmende Bedeutung erlangt diese Form des Audits durch strengere Auflagen und verschärfte Haftungsregelungen[18].

Je aktiver die Ökologieorientierung eines Unternehmens ausgeprägt ist, desto stärker fließen auch nicht-gesetzlich vorgegebene Anforderungen, die von allen Stakeholder-Gruppen ausgehen können[19], in das Kontrollsystem ein. Von einer **erweiterten ökologieorientierten Prüfung** kann gesprochen werden, wenn die gesetzlichen Minimalanforderungen überschritten und die vom Unternehmen selbst festgelegten ökologiebezogenen Ziele kontrolliert werden[20]. Durch ein Auditing

13) INTERNATIONALE HANDELSKAMMER (ICC) (Hrsg.) (1989), S.9. Der Begriff des Audit bezieht sich folglich auf die Prüfung von Sachverhalten und Vorgängen. Auf technischer Ebene ähnelt das Audit sehr stark der Jahresabschlußprüfung, vgl. SIETZ, M. / SONDERMANN, W.D. (1990), S. 37.

14) EUROPÄISCHE WIRTSCHAFTSGEMEINSCHAFT (Hrsg.) (1992a), S. 4 und EUROPÄISCHE WIRTSCHAFTSGEMEINSCHAFT (Hrsg.) (1993), S. 2 f..

15) Vgl. SIETZ, M. / SONDERMANN, W.D. (1990), S. 37.

16) Vgl. HOFMANN, R. (1992), Sp. 859; zur Ausweitung des Auditing über das klassische Financial Auditing hinaus vgl. CALLENBACH, E. / CAPRA, F. / MARBURG, S. (1990), S. 7 ff. und PEEMÖLLER, V.H. (1990), S. 241.

17) Vgl. GRAY, R.H. (1990), S. 80 ff., der von Compliance Report im Gegensatz zum darüber hinaus gehenden Ethical Report spricht. In der englischsprachigen Literatur wird die Ordnungsmäßigkeitsprüfung z. T. auch als environmental auditing bezeichnet, im Gegensatz zum umfassenderen ecological auditing; vgl. CALLENBACH, E. / CAPRA, F. / MARBURG, S. (1990), S. 13 ff. und 21 ff..

18) Die obigen Ausführungen haben gezeigt, daß die Haftungsregelungen durch Einzelregelungen sowie die Schaffung des Umwelthaftungsgesetzes verschärft wurden; vgl. die Ausführungen in Kapitel 2.3.1.5.2.2..

19) Vgl. die Ausführungen hierzu in Kapitel 2.3.2..

20) Vgl. PEEMÖLLER, V.H. (1990), S. 241.

kann allerdings nur insoweit eine über die gesetzlichen Regelungen hinausgehende Kontrolle durchgeführt werden, wie Anforderungen der Stakeholder in die unternehmensspezifische Ökologieorientierung Eingang gefunden haben[21].

Neben der reinen Kontrollorientierung des Auditing wird der Begriff oft auch als Überbegriff für ein System zur übergreifenden ökologieorientierten Steuerung gewählt[22]. Ausgehend von der traditionell in der Betriebswirtschaft vorgenommen Abgrenzung des Begriffs "Audit" soll hier nur der Kontrollaspekt betrachtet werden[23]. Maßstab für jeden Teilschritt des Auditing, d. h. für jeden Kontrollvorgang sind somit die festgelegten Sollwerte.

8.2. Konzepte des ökologieorientierten Auditing

Die Diskussion des ökologieorientierten Auditing wurde Ende der 80er Jahre durch den Vorschlag der ICC entscheidend vorangetrieben. Das entsprechende Positionspapier war darauf ausgerichtet, unabhängig von nationalen oder branchenspezifischen Besonderheiten ein generelles Kontrollsystem zu entwickeln[24]. Im März 1992 verabschiedete die EG-Kommission einen Verordnungsvorschlag für die Einführung eines EG-weiten Öko-Audit mit dem Ziel, eine Vereinheitlichung der praktizierten Vorgehensweisen herbeizuführen, die von externen Prüfern validiert werden[25]. Die endgültige Verordnung über die freiwillige Beteiligung gewerblicher Unternehmen an einem Gemeinschaftssystem für das Umweltmanagement und die Umweltbetriebsprüfung wurde am 29. Juni 1993 vom Rat der Europäischen Gemeinschaften verabschiedet und gilt ab dem 21. Monat nach ihrer Veröffentlichung[26]. Um die betriebswirtschaftliche Funktionstüchtigkeit zu gewährleisten, ist das Konzept in ein umfassendes System zur ökologieorientierten Steuerung einzubinden, da es nur so betriebswirtschaftlich fundierte Entscheidungshilfen liefern kann.

---

21) Ökologieorientierung kann als Sach- oder als Formalziel Eingang in das Zielsystem gefunden haben; vgl. die Ausführungen hierzu in Kapitel 3.1..
22) Vgl. z. B. CALLENBACH, E. / CAPRA, F. / MARBURG, S. (1990), S. 23 f..
23) Vgl. KNOPP, L. / STRIEGL, S. (1992), S. 2014.
24) Vgl. INTERNATIONALE HANDELSKAMMER (ICC) (Hrsg.) (1989), S. 7.
25) Vgl. EUROPÄISCHE WIRTSCHAFTSGEMEINSCHAFT (Hrsg.) (1992a), S. 5.
26) Vgl. EUROPÄISCHE WIRTSCHAFTSGEMEINSCHAFT (Hrsg.) (1993), S. 7.

8.2.1. Der Vorschlag der Internationalen Handelskammer

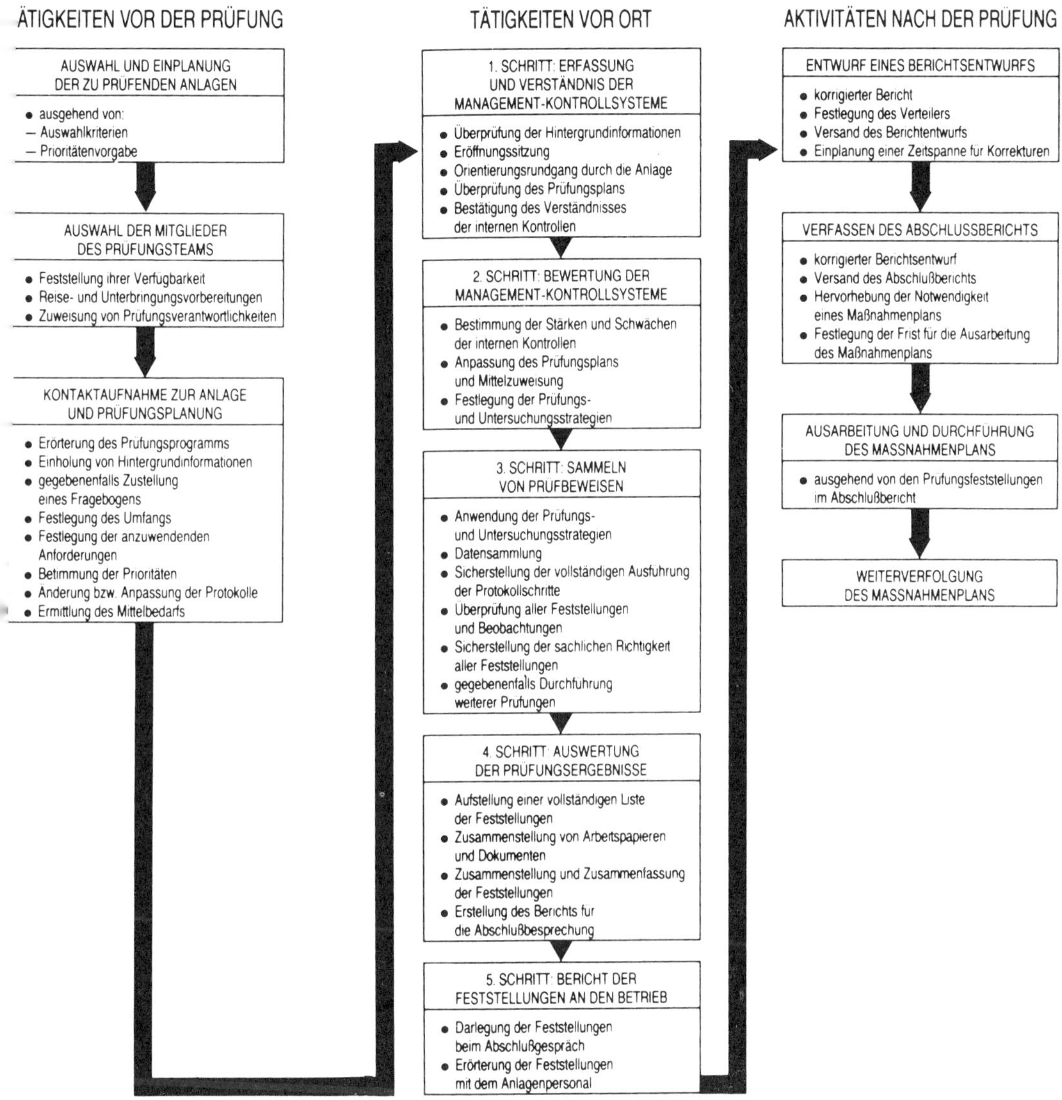

Abb. 8.1.: Vorschlag der Internationalen Handelskammer zur Durchführung eines Audits

Der Vorschlag der INTERNATIONALEN HANDELSKAMMER[27)] wurde als Standardmethodik für Unternehmensabteilungen entwickelt, die mit Kontrollaufgaben betraut sind. Durch die Einführung ökologieorientierter Audits kann der Nachweis der

27) Vgl. zu den nachfolgenden Ausführungen das Positionspapier der INTERNATIONALEN HANDELSKAMMER (ICC) (Hrsg.) (1989).

Einhaltung von externen und internen Vorschriften geführt werden, was auch die Gefahr von Rechtsstreitigkeiten zu mindern hilft. Die Umsetzung des Auditing in der Praxis zeigte, daß durch die Systematisierung Betriebs- und Anlagenvergleiche möglich und Kosteneinsparungspotentiale aufgedeckt werden. Neben Entscheidungswirkungen erhöhen Audits die Transparenz der betrieblichen Abläufe für interne und externe Informationsempfänger.

Die Audits umfassen die Sammlung von Informationen, deren Bewertung sowie die Ableitung von Schlußfolgerungen, die auch Verbesserungsvorschläge beinhalten können[28)]. Wie in nachfolgendem Ablaufschema verdeutlicht wird, gliedern sich die Schritte eines Audits gemäß dem ICC-Vorschlag in Aktivitäten vor der Prüfung, vor Ort und nach der Prüfung.

Ein Kritikpunkt an diesem Konzept ist, daß die dokumentierten Praxisbeispiele aufgrund der Unverbindlichkeit sehr heterogen ausgeprägt sind[29)].

8.2.2. Die EWG-Verordnung des Rates der Europäischen Gemeinschaften

Intentionen des EG-Audits, das auf dem Konzept der INTERNATIONALEN HANDELSKAMMER aufbaut, sind die Bewertung und Verbesserung der Ökologieorientierung der Unternehmen[30)]. Darüber hinaus soll es der interessierten Öffentlichkeit ermöglicht werden, Informationen über den Stand der Ökologieorientierung der Unternehmen einzuholen. Ein Testat durch staatlich zugelassene externe Umweltprüfer soll die Umwelterklärung validieren und den Unternehmen durch die Imagewirkung einen Anreiz bieten.

Bei der Einführung eines solchen Auditings wird zwischen einer **Konstituierungsphase** und einer **Kontrollphase** unterschieden: Nach der Installation des Systems in der Konstituierungsphase werden innerhalb der Kontrollphasen in regelmäßigen Abständen ökologieorientierte Audits durchgeführt.

Da das Auditingkonzept der EG eine reine Ordnungsmäßigkeitsprüfung darstellt, die die Einhaltung bestehender gesetzlicher Vorschriften kontrolliert, bestehen für die Unternehmen wenig Anreize, sich durch eine besonders aktive Ökologieorientierung hervorzutun[31)]. Standards zur Überprüfung der Umweltverträglichkeit fehlen, weshalb auch keine Aussage zur Umweltgüte eines Unternehmens gemacht

28) Vgl. HOFMANN, R. (1992), Sp. 861.
29) Vgl. BODENSTEIN, G. / SPILLER, A. (1992), S. 952.
30) Vgl. zu den nachfolgenden Ausführungen den Verordnungsvorschlag der EUROPÄISCHE WIRTSCHAFTSGEMEINSCHAFT (Hrsg.) (1992a) sowie die endgültige Verordnung der EUROPÄISCHE WIRTSCHAFTSGEMEINSCHAFT (Hrsg.) (1993).
31) Vgl. die Diskussion des EG-Vorschlags bei BODENSTEIN, G. / SPILLER, A. (1992), S. 952 ff..

werden kann. Zu kritisieren ist außerdem, daß das Konzept nur die Überprüfung des Produktionsbereichs der Unternehmen vorsieht, wohingegen eine umfassende Analyse aller Wertschöpfungsstufen zeigt, daß auch die anderen Bereiche sowie auch die hergestellten Produkte in die Betrachtung einzubeziehen sind. Durch den Standortbezug des gewährten Testats, das anschließend zu PR-Zwecken eingesetzt werden kann, besteht die Gefahr einer Irreführung der Verbraucher, die kaum unterscheiden werden, ob alle Standorte eines Unternehmens oder nur ein einziger mit dem Öko-Label ausgezeichnet wurden[32].

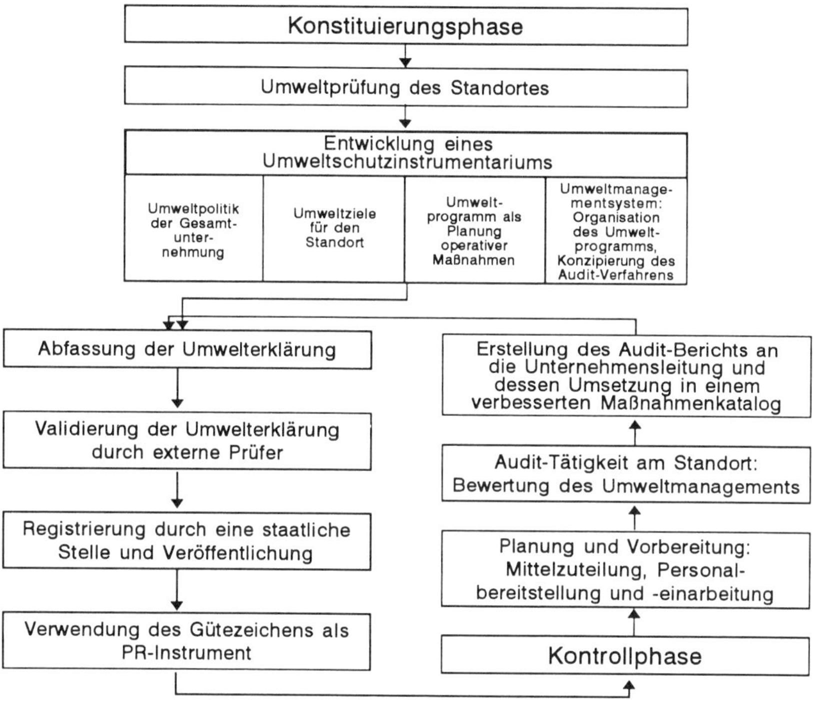

Abb. 8.2.: Verordnung der EG zur Durchführung von Audits

Seitens der Internationalen Handelskammer wird ebenfalls Kritik zu dem Verordnungsvorschlag angemerkt[33]:

o Audits können nur dann ihre volle Wirkung als Instrumente zur Schwachstellenanalyse entfalten, wenn ihre Durchführung freiwillig bleibt.

32) Vgl. LAUFF, R.J. (1993), S. 13. Die Kennzeichnung von Verpackungen mit dem Grünen Punkt hat gezeigt, daß die Information der Verbraucher nicht in ausreichendem Maße stattgefunden hat. So wurden Verpackungen mit dem Grünen Punkt als besonders umweltverträglich erachtet.

33) Vgl. LAUFF, R.J. (1993), S. 9 ff..

- o Die Beteiligung am EG-Audit wird zwar als freiwillig bezeichnet. Durch die Gewährung eines Logos dürfte allerdings ein moralischer Zwang entstehen.
- o Die Teilnahme kann teilweise mit erheblichem Aufwand verbunden sein, der folglich prohibitiv wirken dürfte.
- o Durch die Festsetzung zusätzlicher Normen besteht die Gefahr einer Überregulierung des Umweltbereichs.
- o Da neben ökologischen Aspekten auch die Arbeitssicherheit überprüft werden soll, besteht die Gefahr einer Vermischung, die zusätzliche Anforderungen an die Qualifikation der Umweltprüfer stellt.
- o Da der Vorschlag in Form einer Verordnung und nicht in Form einer Richtlinie umgesetzt werden soll, können länderspezifische Besonderheiten nicht berücksichtigt werden.

8.2.3. Betriebswirtschaftlich fundiertes Auditing als Bestandteil des ökologieorientierten Controlling

Um die Schwächen der vorliegenden Konzepte beheben zu können, muß ein ökologieorientiertes Auditing entwickelt werden, das speziell diese Kritikpunkte aufgreift. In Anlehnung an die vorliegenden Vorschläge[34)] wird der Auditingprozeß in eine Planungs-, eine Prüfungs- und eine Abschlußphase unterteilt.

Während der **Planungsphase** stehen organisatorische Schritte wie die Bildung eines Auditteams, die Bereitstellung der erforderlichen Sachmittel und der Aufbau EDV-technischer Unterstützung im Vordergrund[35)]. Darüber hinaus werden z. B. mit Hilfe von Einstiegschecklisten die zu prüfenden Bereiche, Prozesse und Produkte identifiziert. Beendet wird die Phase durch die Festlegung des zu erreichenden Soll-Zustandes.

Gegenstand der **Prüfungsphase** ist die Feststellung des ökologischen Ist-Zustands. Dabei werden die Vorgänge der einzelnen Unternehmensbereiche systematisch erfaßt, vorhandene Controllinginstrumente werden gesichtet und analysiert[36)].

---

34) Vgl. SCAGNELLI, J.M. / MALLOY, B.C. (1987), S. 17 ff..

35) Vgl. TRUITT, T.H. u. a. (1983), S. 94; SIETZ, M. / SONDERMANN, W.D. (1990), S. 41 und STEGER, U. / ANTES, R. (1991), S. 31.

36) Zur Systematisierung der Vorgehensweise können Checklisten eingesetzt werden. Vorschläge zu deren Ausgestaltung liefern z.B. SIETZ, M. / SONDERMANN, W.D. (1990) oder CALLENBACH, E. / CAPRA, F. / MARBURG, S. (1990). Zum Ablauf des Audits vgl. TRUITT, T.H. u. a. (1983), S. 108 ff.; BHAT, V.N. (1992), S. 54 ff. und KAMMEL, A. / GROTH, U. (1992), S. 42.

Ziel ist die Gewinnung detaillierterer Informationen über unternehmensinterne Abläufe. Darauf aufbauend findet ein Soll-/Istvergleich für die erfaßten ökologisch relevanten Sachverhalte und Vorgänge statt[37]. In diesem Rahmen wird für alle vorgegebenen Teilziele ein Zielerreichungsgrad bestimmt.

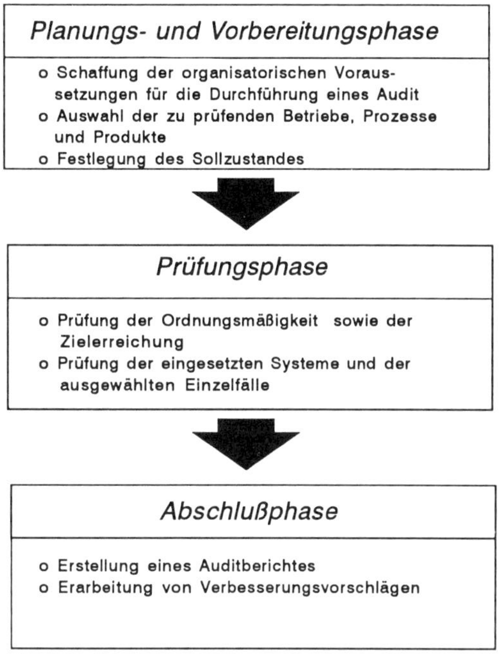

Abb. 8.3.: Ablauf eines betriebswirtschaftlich fundierten Auditing

Hinsichtlich des **Umfangs** der vorgenommenen Prüfung kann zwischen der Ordnungsmäßigkeitsprüfung und der erweiterten ökologieorientierten Prüfung unterschieden werden, hinsichtlich des **Inhalts** zwischen der System- und der Einzelfallprüfung. Gegenstand der Ordnungsmäßigkeitsprüfung ist die Kontrolle der ordnungsmäßigen Umsetzung gesetzlicher Vorschriften. Des weiteren soll im Rahmen der erweiterten ökologieorientierten Prüfung die Einhaltung der vom Unternehmen selbst gesetzten Ziele, die über die gesetzlichen Vorgaben hinausgehen, überprüft werden. Mit Hilfe der Systemprüfung wird untersucht, ob ökologiebedingte Konsequenzen systematisch in die betrieblichen Entscheidungsinstrumente integriert wurden. Dies setzt zum einen eine vollständige Erfassung aller ökologisch relevanten Sachverhalte voraus sowie zum anderen deren Bewertung mit

---

37) Audits können auch inputorientiert (Einsatzfaktoren), produktbezogen und konduktspezifisch gegliedert werden (Abfall, Abwasser, Abluft); vgl. GRAY, R.H. (1990), S. 83 ff. und BHAT, V.N. (1992), S. 56..

Hilfe monetär und nicht-monetär ausgerichteter Konzepte[38]. Von wirklichen Systemen kann nur dann gesprochen werden, wenn auf der Basis von Ansatz und Bewertung Entscheidungsinstrumente eingesetzt werden[39].

Beendet wird das Auditing durch die Erstellung eines Audit-Berichts[40] in der **Abschlußphase**. Neben der reinen Begutachtungsfunktion können die Mitglieder des Auditteams auch Beratungsfunktionen erfüllen[41]. Dies bedeutet, daß auf der Basis der gewonnenen Erkenntnisse ein Maßnahmenkatalog aufgestellt wird, der Verbesserungsvorschläge beinhaltet und auf den Abbau aufgedeckter Schwachstellen ausgerichtet ist.

Bei der Einführung des ökologieorientierten Auditing ist zu beachten, daß das Konzept nur so gut funktionieren kann, wie es in das System zur ökologieorientierten Steuerung eingebunden ist.

8.3. Ökologieorientierte Frühaufklärung als Bindeglied im System zur ökologieorientierten Steuerung

Wie oben dargestellt wurde, übernimmt das ökologieorientierte Auditing die Aufgabe der Kontrolle und ist deshalb vergangenheitsorientiert, weshalb auch von einer **Ex-Post-Prüfung** gesprochen werden kann. Falls Abweichungen zwischen den Ist-Werten und den vorgebenen oder geplanten Soll-Werten vorliegen, besteht das Ziel einer Ex-Post-Prüfung in der Ursachenforschung[42]. Ex post können beispielsweise Betriebsbeauftragte hinsichtlich ihres Verhaltens im Normalfall oder bei Störfällen betrachtet werden. Eine Ex-Post-Analyse eignet sich auch, wenn die Ursachen für eine - relativ zu den Zielvorgaben - höhere Abgaben- oder Gebührenbelastung aufgedeckt werden sollen.

Im Sinne einer ökologieorientierten Steuerung ist die rein vergangenheitsbezogene Kontrolle nicht ausreichend. Vielmehr muß die Prüfung bereits im Vorfeld einsetzen, d. h. ex ante[43]. Mit Hilfe einer Ex-Ante-Prüfung ist einerseits eine risiko- und zukunftsorientierte Erkennung von Fehlern sowie die Ermittlung ihrer Struktur und ihres Umfanges zu unterstützen. Andererseits werden Audit-Instanzen pro-

---

38) Zu Ansatz und Bewertung von ökologisch relevanten Konsequenzen vgl. die Ausführungen in Kapitel 4.2. und 4.3..

39) Im Bereich monetärer Verfahren sind die Vorgehensweise bei Investitionsentscheidungen und die Konzepte der entscheidungsorientierten Kostenrechnung zu überprüfen. Im Bereich nichtmonetärer Instrumente ist zu überprüfen, inwieweit die Erreichung vorgegebener Ziele, die meist technisch-physikalischer Natur sind, gewährleistet wird.

40) Vgl. TRUITT, T.H. u. a. (1983), S. 148 ff.; SIETZ, M. / SONDERMANN, W.H. (1990), S. 52 ff..

41) Vgl. HOFMANN, R. (1992), Sp. 861.

42) Vgl. PEEMÖLLER, V.H. (1990), S. 243; HOFMANN, R. (1992), Sp. 861.

43) Vgl. PEEMÖLLER, V.H. (1990), S. 243; STEGER, U. / ANTES, R. (1991), S. 21.

jektbegleitend tätig, was insbesondere aus wirtschaftlichen Gründen anzustreben ist. Organisatorisch ist die Ex-Ante-Prüfung bereits in den Planungsprozeß einzubeziehen, z. B. bei der Einführung neuer Verfahren, der Inbetriebnahme neuer Anlagen oder der Herstellung neuer Produkte. Zu prüfen ist, ob die Verfahren oder Anlagen dem geforderten Stand der Technik entsprechen und ob umweltverträglichere Alternativen bestehen. Für neue Produkte ist zu prüfen, inwieweit das Konzept der "cradle-to-grave"-Betrachtung berücksichtigt wird, d. h. inwieweit das Unternehmen die Verantwortung über den gesamten Lebenszyklus übernimmt.

Die Ex-Ante-Prüfung kann Teil eines vorbeugenden Konzepts sein, das alle ökologisch relevanten Risiken für den Eintritt und die Folgen von Störfällen erfaßt und bewertet[44]. Die daraus gewonnenen Erkenntnisse gewinnen den Charakter eines Frühaufklärungssystems[45].

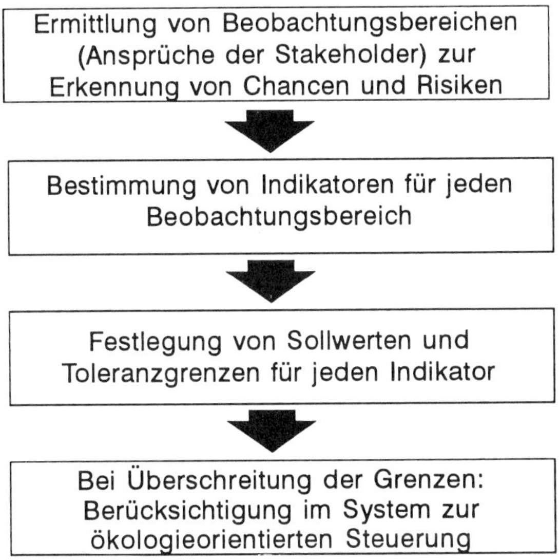

Abb. 8.4.: Aufbau eines indikatororientierten Frühaufklärungssystems

Ziel der Frühaufklärung ist es, latente Risiken bereits in einem Anfangsstadium wahrzunehmen, um frühzeitig Anpassungen und Korrekturen einleiten zu kön-

44) Vgl. SIETZ, D. / SONDERMANN, W.D. (1990), S. 37.

45) STEGER / ANTES weisen darauf hin, daß sich ökologieorientiertes Auditing und Frühaufklärung ergänzen; vgl. STEGER, U. / ANTES, R. (1991), S. 21 ff.. Zur Konzeption eines ökologieorientierten Frühaufklärungssystems vgl. KRYSTEK, U. / BEHRENDT, I. (1991), S. 16 ff. und KRYSTEK, U. / BEHRENDT, I. (1991a), S. 14 ff.; KAMMEL, A. / GROTH, U. (1992), S. 45 und KRYSTEK, U. / BEHRENDT, I. (1992), S. 10 ff..

nen[46]. Zur ökologieorientierten Frühaufklärung kann ein Indikatorensystem aufgebaut werden, das Beobachtungsbereiche untersucht, die als Vorboten nicht direkt erkennbarer Entwicklungen gelten können[47].

Indem neue Problem- und Chancenfelder erschlossen werden, definiert ein ökologieorientiertes Frühaufklärungssystem die Betroffenheit des Unternehmens stets neu. Da sich hieraus wieder Handlungsbedarf für das Unternehmen ergeben kann, ist die ökologieorientierte Frühaufklärung sowohl letztes als auch erstes Glied im System der ökologieorientierten Steuerung.

---

46) Ziel eines Frühaufklärungssystems ist es, Chancen und Risiken frühzeitig zu erkennen, um Strategien anpassen und Maßnahmen korrigieren zu können; vgl. KRYSTEK, U. / BEHRENDT, I. (1991), S. 16.

47) Frühaufklärungssysteme können entsprechend ihrem Entwicklungsstand in drei Generationen eingeteilt werden: Kennzahlensysteme als Vertreter der ersten Generation sollen auf Basis von vergangenheitsorientierten Daten Hochrechnungen ermöglichen. Indikatororientierte Systeme (zweite Generation) identifizieren Indikatoren, die der zu erwartenden Entwicklung vorauseilen. Strategische Frühaufklärungssysteme (Dritte Generation) beruhen auf der Diffusionstheorie und untersuchen typische Verbreitungsmuster ökologisch relevanter Ereignisse; vgl. KRYSTEK, U. / BEHRENDT, I. (1991a), S. 15 ff. und (1992), S. 12.

9. Schlußbetrachtung

Zielsetzung der Arbeit war es, die Gestaltungsmöglichkeiten zu untersuchen, die ein System zur ökologieorientierten Steuerung bietet. Die Analyse hat ergeben, daß die Frage nach der Ökologieorientierung des Controlling nur umfassend beantwortet werden kann, wenn geklärt ist, welche Sachverhalte (Ansatz) sich in welcher Höhe (Bewertung) auf das Unternehmen auswirken. Um die Frage nach dem Ansatz zu klären, wurde untersucht, welche Gruppen mit welcher Intensität ökologiebezogene Ansprüche an das Unternehmen erheben (Stakeholder-Ansatz) und welche Unternehmensfunktionen hiervon betroffen sind (Analyse des Wertschöpfungskreises).

Der umfassende Analyseansatz wurde durch eine empirische Befragung von 483 Unternehmen ergänzt. Es konnte gezeigt werden, daß die ökologieorientierte Betroffenheit der Unternehmen unterschiedlich ist. Die Differenzierung in eine objektivierte Betroffenheit und eine subjektiv wahrgenommene Betroffenheit zeigt, daß Unternehmen, die von ökologischen Fragestellungen stärker betroffen sind, diese auch subjektiv stärker wahrnehmen. Es zeigt sich ferner, daß diese Unternehmen in den einzelnen Wertschöpfungsstufen auch stärker ökologieorientiert sind.

Die ökologiebedingten Konsequenzen können teilweise monetär bewertet werden. Darüber hinaus stehen verschiedene nicht-monetäre Bewertungsansätze zur Verfügung. Die Datenbasis, die sich durch Ansatz und Bewertung der ökologiebedingten Konsequenzen ergibt, kann Eingang in traditionelle Instrumente des Rechnungswesens wie die Investitionsrechnung und die Kostenrechnung finden. Teilweise sind Modifikationen der Informations- und Entscheidungsinstrumente vorzunehmen bzw. neue Instrumente zur Beantwortung ökologischer Entscheidungsprobleme heranzuziehen.

Zusätzlich zu der Möglichkeit, ökologiebedingte Konsequenzen in traditionelle Controlling-Instrumente einzubeziehen, stehen verschiedene Ansätze zur Verfügung, die speziell nicht-monetäre Konsequenzen zu berücksichtigen vermögen. Es konnte gezeigt werden, daß beide Ansätze im Sinne eines Management-Informationssystems in ein Kennzahlensystem integriert werden können, das spezifisch für die verschiedenen Stufen des Wertschöpfungskreises ausgestaltet werden kann.

Zur Kontrolle kann ein ökologieorientiertes Auditing implementiert werden, das als Ex-Post-Prüfung die Zielerreichung gewährleisten soll und als Ex-Ante-Prüfung in ein ökologieorientiertes Frühaufklärungssystem mündet. Dieses kann wiederum neue Problem- und Chancenfelder aufzeigen und somit die Betroffenheit neu definieren, die wiederum neuen Handlungsbedarf für ein System zur ökologieorientierten Steuerung schafft.

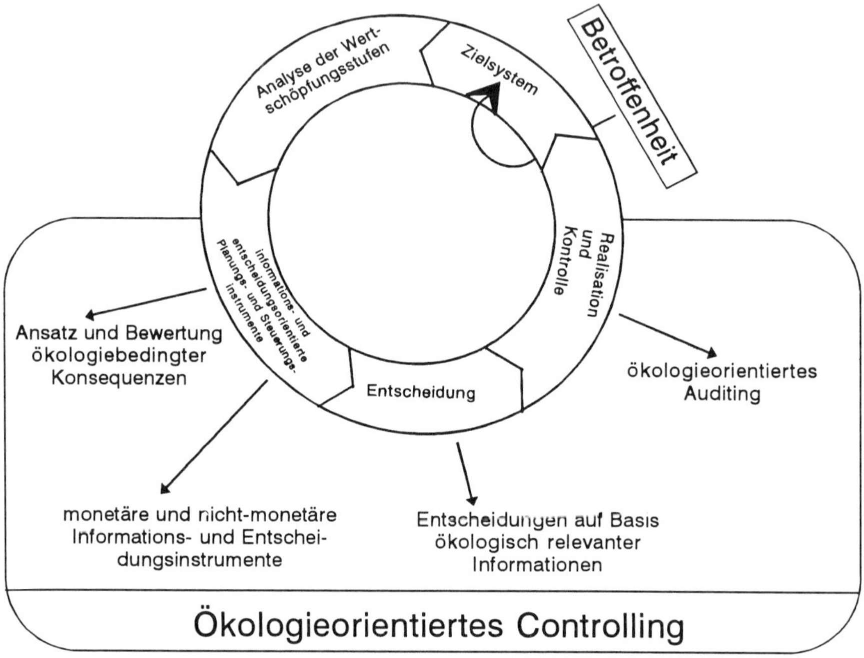

Abb. 9.1.: Ausgestaltung des Systems zur ökologieorientierten Steuerung

Ein System zur ökologieorientierten Steuerung als Bestandteil des Controlling kann den Beitrag der Unternehmen zum Schutz der ökologischen Umwelt dahingehend unterstützen, daß diese die ökologische Knappheit nicht zu einer ökologischen Krise oder gar Katastrophe werden lassen, sondern die Schöpfung im Sinne eines "sustainable development" bewahren.

Anhang

Unternehmensfragebogen

Welche **Rechtsform** hat Ihr Unternehmen?

- [ ] Einzelunternehmen
- [ ] Offene Handelsgesellschaft
- [ ] Kommanditgesellschaft
- [ ] GmbH & Co. KG
- [ ] Gesellschaft mit beschränkter Haftung
- [ ] Aktiengesellschaft

. In welcher **Branche** liegt der wirtschaftliche Schwerpunkt Ihres Unternehmens?

- [ ] Chemische Industrie
- [ ] Herstellung von Kunststoffwaren
- [ ] Gewinnung und Verarbeitung von Steinen und Erden
- [ ] Eisenschaffende Industrie
- [ ] NE-Metallerzeugung
- [ ] Stahl- und Leichtmetallbau
- [ ] Maschinenbau
- [ ] Straßenfahrzeugbau
- [ ] Elektrotechnik
- [ ] Herstellung von Eisen-, Blech- und Metallwaren
- [ ] Holzbe- oder -verarbeitung
- [ ] Papier- und Pappeverarbeitung
- [ ] Textilgewerbe
- [ ] Bekleidungsgewerbe
- [ ] Ernährungsgewerbe
- [ ] Baugewerbe
- [ ] Großhandel
- [ ] Einzelhandel

Sonstige ....

3. Unser Unternehmen ist

- [ ] Mutterunternehmen: a) eine Holding.
- [ ] b) ein Stammhauskonzern.
- [ ] Tochterunternehmen.
- [ ] Betriebsstätte.
- [ ] nicht in einem Unternehmensverbund.

4. Wie ist Ihr Unternehmen auf der obersten Ebene **gegliedert**?

- ☐ funktional (z.B. Beschaffung, Produktion, Absatz)
- ☐ als Stab-Linien-Organisation (funktional mit Stäben)
- ☐ divisional nach Produktbereichen
- ☐ divisional nach Regionen
- ☐ divisional nach Kundengruppen
- ☐ als Matrixorganisation
- Sonstiges....................................

5. Welcher Gruppe sind Ihre **Hauptabnehmer** in erster Linie zuzuordnen? (Mehrfachantworten möglich)

- ☐ Verarbeitendes Gewerbe (incl. Baugewerbe)
- ☐ Großhandel
- ☐ Einzelhandel
- ☐ Endverbraucher
- ☐ Dienstleistungsunternehmen
- ☐ Öffentliche Hand
- Sonstige ....

6. Während der letzten Jahre kam die Umweltproblematik zunehmend in die öffentliche Diskussion; dies führte zum Ausbau des Umweltrechts und zu einer stärkeren Sensibilisierung der Verbraucher.

Inwieweit sind die **Entscheidungen** Ihres Unternehmens von dieser Entwicklung der Gesetze, Märkte und öffentlichen Meinung **betroffen**? (Bitte spontane Einschätzung)

sehr stark	stark	mittel	gering	nicht
☐	☐	☐	☐	☐

Inwieweit treffen die folgenden Aussagen auf Ihr Unternehmen zu?

	trifft voll zu	trifft eher zu	trifft weniger zu	trifft nicht zu
Umweltgesetze bzw. -verordnungen beeinflussen den Entscheidungsspielraum unseres Unternehmens.	☐	☐	☐	☐
Wir erwarten eine Zunahme der für unsere Branche relevanten **Umweltaktivitäten des Staates** in Form von				
... Finanzierungshilfen	☐	☐	☐	☐
... Gesetze und Verordnungen	☐	☐	☐	☐
Unser **Standort** erfordert eine besondere Berücksichtigung ökologischer Sachverhalte.	☐	☐	☐	☐
Unsere **Produkte** ...	☐	☐	☐	☐
Unsere **Produktionsverfahren** ...	☐	☐	☐	☐
bedingen ökologischen Handlungsbedarf (z.B. Mehrwegverpackung, geringere Schadstoffbelastung).				
Für unsere Produkte werden am Markt umweltverträglichere **Substitute** angeboten.	☐	☐	☐	☐
Unsere **Kunden** berücksichtigen ökologische Aspekte bei ihren Kaufentscheidungen.	☐	☐	☐	☐
Kostenerhöhungen aus Umweltschutzgründen können wir in voller Höhe an unsere Abnehmer **weitergeben**.	☐	☐	☐	☐
Unternehmen unserer Branche stehen in der **öffentlichen Umweltdiskussion**.	☐	☐	☐	☐
Kreditgeber stellen Anforderungen bezüglich der Ökologieorientierung des Unternehmens.	☐	☐	☐	☐
Unsere **Anteilseigner** beziehen Umweltschutzaspekte in ihre Anlageentscheidungen ein.	☐	☐	☐	☐

8. Hat sich für Ihr Unternehmen die **Abfallentsorgung** in den letzten Jahren verschärft?

	trifft voll zu	trifft eher zu	trifft weniger zu	trifft nicht zu
☐ nein.				
☐ ja. Dabei spielten eine besondere Rolle:				
Engpässe bei Entsorgungsunternehmen und/oder Entsorgungsanlagen	☐	☐	☐	☐
Verschärfungen der kommunalen Entsorgungssatzungen	☐	☐	☐	☐
Verschärfung der Auflagen zum Nachweis einer geordneten Entsorgung	☐	☐	☐	☐
Schwierigkeiten mit Behörden	☐	☐	☐	☐
Steigendes Abfallvolumen	☐	☐	☐	☐
Rücknahmeforderungen seitens unserer Kunden	☐	☐	☐	☐

9. In welchem Umfang beschreiben die folgenden Aussagen die **Entsorgungskosten** Ihres Unternehmens?

	trifft voll zu	trifft eher zu	trifft weniger zu	völlig unzutreffend
Die Entsorgungskosten machen einen weitergehenden Einsatz von Recycling-Strategien wirtschaftlich interessant.	☐	☐	☐	☐
Bei einer weiteren Steigerung der Entsorgungskosten müssen wir eine Veränderung unseres Produktionsprogrammes in Erwägung ziehen.	☐	☐	☐	☐
Eine weitere Steigerung der Entsorgungskosten können wir nicht beim Kunden durchsetzen.	☐	☐	☐	☐

Der Anteil der Entsorgungskosten an den gesamten Herstellkosten unseres Unternehmens beträgt derzeit etwa ... ☐☐ %

). Wie beurteilen Sie die Situation Ihres Unternehmens bezüglich der **Wettbewerbskräfte** innerhalb Ihrer Branche?

	trifft voll zu	trifft eher zu	trifft weniger zu	trifft nicht zu
Innerhalb unserer Branche bestehen geringe **Eintrittsbarrieren** für neu hinzukommende Konkurrenten.	☐	☐	☐	☐
Unsere **Mitbewerber** verschärfen die Konkurrenz durch				
... scharfen Preiswettbewerb.	☐	☐	☐	☐
... verbesserte Serviceleistungen.	☐	☐	☐	☐
Das Gewinnpotential innerhalb unserer Branche wird in Zukunft durch **Substitutionsprodukte** geschmälert werden.	☐	☐	☐	☐
Unsere **Abnehmer** haben ein hohes Maß an Verhandlungsmacht ...				
... weil sie leicht andere Lieferanten finden können.	☐	☐	☐	☐
... weil sie in der Lage sind, das von uns gelieferte Produkt selbst herzustellen.	☐	☐	☐	☐
... weil die Abnehmerseite stark konzentriert ist.	☐	☐	☐	☐
Unsere **Lieferanten** haben uns gegenüber eine starke Verhandlungsposition ...				
... weil sie leicht andere Abnehmer finden können.	☐	☐	☐	☐
... weil die Lieferantenseite stark konzentriert ist.	☐	☐	☐	☐

11. Inwiefern treffen die folgenden Aussagen für **ihr Unternehmen** zu?

	trifft voll zu	trifft eher zu	trifft weniger zu	trifft nicht zu
Das **Wachstum unserer Branche** ist höher als das des Bruttosozialprodukts.	☐	☐	☐	☐
Der allgemeine **Stand der Technik** begrenzt die Realisierung externer und interner Umweltschutzziele.	☐	☐	☐	☐
Unsere **Lieferanten** erfüllen die von uns gestellten Anforderungen				
a) bezüglich der Umweltverträglichkeit der Einsatzfaktoren	☐	☐	☐	☐
b) bezüglich der Information über die Umweltverträglichkeit der Einsatzfaktoren.	☐	☐	☐	☐
In unserer Branche setzen die **Wettbewerber** gezielt auf Umweltschutzaspekte.	☐	☐	☐	☐
Umweltschutzaktivitäten in unserer Branche erfordern **Kooperationen**.	☐	☐	☐	☐

12. Welche **Wettbewerbsstrategien** verfolgen Sie in Ihrem Unternehmen für die Zukunft?

12.1 Ordnen Sie den nachfolgenden Grundstrategien für das Gesamtunternehmen einen Rang zu (1 = sehr hohe Bedeutung bis 4 = geringe Bedeutung). Falls die Strategie nicht verfolgt wird, tragen Sie bitte 0 ein.

	Rangziffer:
Unser Unternehmen strebt geringe Kosten als entscheidenden Wettbewerbsfaktor an.	☐ (1...4)
Unser Unternehmen legt großen Wert auf Qualität und strebt eine technologische Spitzenstellung an.	☐ (1...4)
Wir konzentrieren uns auf Marktnischen und -segmente,	
... in denen wir kostengünstiger sind.	☐ (1...4)
... in denen wir individuelle Problemlösungen anbieten.	☐ (1...4)

.2 Welche der beiden folgenden Strategien verfolgen Sie eher?

Wir wollen Neuerungen vor unseren Konkurrenten auf den Markt bringen. ☐

oder:

Für die Art unseres Geschäfts ist es günstiger, abzuwarten, wie Neuentwicklungen am Markt aufgenommen werden. ☐

3. Die folgende Aufstellung enthält mögliche **Ziele einer Unternehmung**. Inwieweit sind die Ziele mit dem Umweltschutz als Unternehmensziel vereinbar?

	Umweltschutz ... ... wirkt sich positiv aus	... hat keine Konsequenzen	... wirkt sich negativ aus
Wettbewerbsfähigkeit	☐	☐	☐
Marktanteil	☐	☐	☐
Gewinnerzielung	☐	☐	☐
Erlössteigerung	☐	☐	☐
Kostensenkung	☐	☐	☐
Kapazitätsauslastung	☐	☐	☐
Liquidität	☐	☐	☐

4. Während der letzten drei Jahre betrug der **Anteil der Investitionen**

für Umweltschutz am gesamten Investitionsvolumen durchschnittlich ☐☐ %

speziell für die Einführung von Recycling-Verfahren am gesamten Investitionsvolumen durchschnittlich ☐☐ %

15. Inwieweit fließen Umweltschutzaspekte in die **Entscheidungen folgender Teilbereiche** Ihres Unternehmens ein?

	in vollem Umfang	weit- gehend	kurz- fristig ange- strebt	lang- fristig ange- strebt	für unser Geschäft nicht er- forderlich
Forschung & Entwicklung (z.B. Grundlagenforschung, Rohstoffwahl)	☐	☐	☐	☐	☐
Beschaffung (z.B. Substitution gefährlicher Inputstoffe)	☐	☐	☐	☐	☐
Fertigung (z.B. Verfahrensänderung, Maschinenwahl)	☐	☐	☐	☐	☐
Vertrieb (z.B. Art und Menge der Verpackungen)	☐	☐	☐	☐	☐
Entsorgung (Abfallaufkommen, Entsorgungslogistik)	☐	☐	☐	☐	☐
Recycling (z.B. Einsatzstoffe, Verfahrenswahl)	☐	☐	☐	☐	☐
Materialwirtschaft (z.B. Programmplanung, Lagerung)	☐	☐	☐	☐	☐
Personal (z.B. Schulungen)	☐	☐	☐	☐	☐
Marketing (z.B. Kundenwünsche, Produktpalette)	☐	☐	☐	☐	☐
Controlling (z.B. Investitionsentscheidungen, Umweltinformationssysteme)	☐	☐	☐	☐	☐

6. Mit der Berücksichtigung ökologischer Aspekte in unserem Gesamtunternehmen sind folgende Institutionen betraut (Mehrfachantworten möglich)

- ☐ eine mit Entscheidungs- und Weisungsbefugnis ausgestattete Einheit (Zentralbereich, Hauptabteilung)
- ☐ eine mit Beratungsfunktion ausgestattete Einheit (Stabsstelle)
- ☐ Betriebsbeauftragte für Umweltschutz
- ☐ freiwillige Umweltschutzbeauftragte
- ☐ Projektteams mit Aufgaben im Bereich des Umweltschutzes
- ☐ Quality-Circles
- ☐ Wertanalyse-Teams
- ☐ Sonstige: ....

7. Nutzen Sie die folgenden Möglichkeiten der **Informationsgewinnung** im Hinblick auf Fragestellungen des Umweltschutzes?

- Datenbanken ☐
- Abfallbörsen ☐
- Berater ☐

Sonstige: ....

8. Errechnen Sie die **wirtschaftliche Vor- bzw. Nachteilhaftigkeit** von Entscheidungen, die aus Umweltschutzgründen getroffen wurden?

- ☐ für das Gesamtunternehmen
- ☐ je Geschäftsbereich
- ☐ je Kostenstelle
- ☐ je Produktgruppe
- ☐ je Produkt
- ☐ bisher noch nicht

19. Welche Instrumente setzen Sie generell bei der **Beurteilung von Investitionen** ein?

- ☐ Kostenvergleichsrechnung
- ☐ Gewinnvergleichsrechnung
- ☐ Amortisationsdauer
- ☐ Kapitalwertmethode
- ☐ Interne Zinsfußmethode
- ☐ Nutzwertanalyse
- ☐ Kosten-/Nutzenanalyse
- Sonstige: ....

20. **Wie** beziehen Sie Umweltschutzaspekte in Investitionsentscheidungen ein?

- ☐ bisher noch nicht
- ☐ als Anforderungen
- ☐ qualitative Aspekte werden quantifiziert (z.B. Kosten-/Nutzenanalyse)
- ☐ quantitativ (z.B. Ausgaben- und Einnahmenprognose)

21. Welche der folgenden **Einflußgrößen** berücksichtigen Sie bei Investitionsentscheidungen explizit?

- ☐ Subventionen
- ☐ Abgaben
- ☐ Recyclingausgaben und -einnahmen
- Sonstige: ....

22. Wie beurteilen Sie das **Umweltrisiko** einer Investition?

- ☐ qualitativ
- ☐ best-case - worst-case - Betrachtungen
- ☐ Simulation
- Sonstige: ....

23. **Wie steuern Sie** die Realisierung umweltbezogener Ziele?

- ☐ Erfüllungskontrolle gesetzlicher Auflagen
- ☐ Budget für Umweltaktivitäten (cost-center-Konzept)
- ☐ Rendite von Umweltschutzprojekten (profit-center-Konzept)
- Sonstige: ....

4. Welche allgemeinen **Instrumente der Entscheidungsfindung** setzen Sie ein?

- ☐ Lebenszyklusanalyse
- ☐ Erfahrungskurve
- ☐ Fixkostendegression
- ☐ Wertschöpfungsanalyse
- ☐ Branchenanalyse
- ☐ Stärken-/Schwächenanalyse
- ☐ Szenarioanalyse
- ☐ Risikoanalyse
- ☐ Strategische Frühaufklärung

5. Inwieweit setzen Sie zur Gewinnung ökologisch relevanter Informationen folgende **Instrumente** ein?

bereits heute	geplant	
☐	☐	Checklisten (z.B. Stofflisten)
☐	☐	Substitutionsanalysen
☐	☐	Input-/Outputbilanzen
☐	☐	Ökologieorientierte Kennzahlen
☐	☐	Umweltverträglichkeitsprüfung
☐	☐	Produktlinienanalyse
☐	☐	Stillstandsanalysen
☐	☐	Umweltkostenrechnung
☐	☐	Ökologieportfolios
☐	☐	Sonstige: ....

26. Welche **Auswertungsmöglichkeiten** bevorzugen Sie beim Einsatz von Controllinginstrumenten? (Mehrfachantworten möglich)

- ☐ Zeitvergleich
- ☐ Branchenvergleich
- ☐ Soll-/Istvergleich

27. Inwieweit werden folgende **Kostenarten** in Ihrem Unternehmen erfaßt und wie werden sie zugerechne

getrennte Erfassung erfolgt bereits heute	getrennte Erfassung wäre möglich		Zurechnung erfolgt zu verursachender Einheit	Zurechnung erfolgt pauschal	Zurechnu erfolgt bisher noch nich
		Bereich **Forschung & Entwicklung**:			
☐	☐	- Lizenzgebühren	☐	☐	☐
☐	☐	- F & E - Kosten	☐	☐	☐
		Bereich **Beschaffung**:			
☐	☐	- Energiekosten	☐	☐	☐
☐	☐	- Wassergebühren	☐	☐	☐
☐	☐	- Materialmehrkosten aus Umweltschutzgründen	☐	☐	☐
		Bereich **Fertigung**:			
☐	☐	- Kosten für Umweltschutzanlagen	☐	☐	☐
☐	☐	- für Umweltverträglichkeitsprüfung	☐	☐	☐
☐	☐	- Umstellungs- und Stillstandskosten	☐	☐	☐
☐	☐	- Versicherungsbeiträge	☐	☐	☐
☐	☐	- Kosten für Recycling	☐	☐	☐
		Bereich **Distribution**:			
☐	☐	- Verpackungskosten	☐	☐	☐
		Bereich **Service**:			
☐	☐	- Kosten für Rücknahme	☐	☐	☐
		Bereich **Entsorgung**:			
☐	☐	- Kosten für Sonderabfall	☐	☐	☐
☐	☐	- Kosten für hausmüllähnl. Gewerbemüll	☐	☐	☐
☐	☐	- Entwässerungsgebühren	☐	☐	☐
☐	☐	- Kosten der Emissionsüberwachung	☐	☐	☐
		Bereich **Personal**:			
☐	☐	- Kosten für Schulung	☐	☐	☐
☐	☐	- Kosten für Mitarbeitereinsatz im Umweltschutz	☐	☐	☐

28. Gegenstände von Recyclingprozessen können Stoffe, Aggregate oder Energie sein. Diese werden im Folgenden kurz unter dem Begriff "**Sekundärrohstoffe**" zusammengefaßt.

Sekundärrohstoffe, die innerhalb unseres Unternehmens eingesetzt werden, haben folgende **Herkunft**:

	bereits heute	kurzfristig geplant	langfristig geplant	nicht geplant
aus der eigenen Produktion	☐	☐	☐	☐
von anderen Unternehmen	☐	☐	☐	☐
aus dem Konsumbereich	☐	☐	☐	☐

Sekundärrohstoffe, die innerhalb unseres Unternehmens entstehen, **werden von uns weitergegeben** ...

	bereits heute	kurzfristig geplant	langfristig geplant	nicht geplant
... an spezialisierte Aufbereitungsunternehmen	☐	☐	☐	☐
... an Unternehmen, die diese Stoffe als Substitute in ihrer Produktion einsetzen	☐	☐	☐	☐
... an Endverbraucher	☐	☐	☐	☐

29. In welchem Umfang beschreiben die folgenden Aussagen die Situation Ihres Unternehmens im Hinblick auf einen weiteren **Ausbau des Recyclings**?

	bereits heute	kurzfristig	langfristig	nicht
In unserem Produktionsprozeß besteht technologisch die Möglichkeit, Sekundärrohstoffe einzusetzen.	☐	☐	☐	☐
Am Beschaffungsmarkt sind Sekundärrohstoffe jederzeit verfügbar.	☐	☐	☐	☐
Schwankungen der Qualität von Sekundärrohstoffen bewegen sich innerhalb eines fertigungstechnologisch vertretbaren Rahmens.	☐	☐	☐	☐
Recycling-Technologien sind wirtschaftlich interessant.	☐	☐	☐	☐

30. Damit Sekundärrohstoffe Recyclingprozessen zugeführt werden können, sind innerhalb unseres Unternehmens folgende Aktivitäten nötig:

	bereits heute	kurzfristig geplant	langfristig geplant	nicht erforderlich
logistische Aktivitäten: (trennen, sammeln, transportieren, lagern)	☐	☐	☐	☐
mechanische Verfahren kurze Beschreibung:	☐	☐	☐	☐
biologische Verfahren kurze Beschreibung:	☐	☐	☐	☐
chemische Verfahren kurze Beschreibung:	☐	☐	☐	☐
thermische Verfahren kurze Beschreibung:	☐	☐	☐	☐

31. Die Anzahl der **Mitarbeiter** in unserem **Gesamtunternehmen**

beträgt derzeit etwa: ....

Welcher **Umsatz-Größenklasse** kann Ihr **Gesamtunternehmen** zugeordnet werden?

☐ < 5 Mio pro Jahr

☐ 5 - 10 Mio pro Jahr

☐ 10 - 25 Mio pro Jahr

☐ 25 - 100 Mio pro Jahr

☐ 100 Mio - 1 Mrd pro Jahr

☐ > 1 Mrd pro Jahr

Der Fragebogen ist nun beendet.

Herzlichen Dank für Ihre Bemühungen und Ihre Unterstützung!

Literaturverzeichnis

ABELS, H. (1985): Gesellschaftsorientierte Unternehmensstrategien. In: Harvard Manager, 7. Jg., Heft 2, 1985, S. 96-101.

ACKERMANN, K.-F. (1976): Anreizsysteme. In: GROCHLA, E. (Hrsg.): Handwörterbuch der Betriebswirtschaft, 4. Auflage, Stuttgart 1976, Sp. 156-164.

ACKHOFF, R.L. (1984): A Guide to Controlling your Corporations Future, New York 1984.

ADAMS, H.W. (1991): Umweltschutz Audit. In: BJU-Umweltschutz-Berater, 8. Ergänzungslieferung, September 1991, S. 1-28.

ADAMS, R. (1990): The Greening of Consumerism. In: Accountancy, Vol. 107, June 1990, S. 81-83.

ADLWARTH, W. / WIMMER, F. (1986): Umweltbewußtsein und Kaufverhalten - Ergebnisse einer Verbraucherpanel-Studie. In: GESELLSCHAFT FÜR KONSUM-, MARKT- UND ABSATZFORSCHUNG (GfK) (Hrsg.): Jahrbuch der Absatz- und Verbrauchsforschung, 32. Jg., 1986, S. 166-192.

AHBE, S. / BRAUNSCHWEIG, A. / MÜLLER-WENK, R. (1990): Methodik für Ökobilanzen auf der Basis der ökologischen Optimierung. In: BUNDESAMT FÜR UMWELT, WALD UND LANDSCHAFT (BUWAL) (Hrsg.): Bericht der Arbeitsgruppe Öko-Bilanz, Schriftenreihe Umwelt Nr. 133/90, Bern 1990.

AHRENS, M. (1991): Das neue Umwelthaftungsgesetz. In: Das Wirtschaftsstudium, 20. Jg., Heft 8-9, 1991, S. 582-583.

ALBACH, H. (1988): Kosten, Transaktionen und externe Effekte im betrieblichen Rechnungswesen. In: Zeitschrift für Betriebswirtschaft, 58. Jg., Heft 11, 1988, S. 1143-1170.

ALLENSBACHER BERICHTE (1987): In welchem Zustand ist unsere Umwelt? In: Allensbacher Berichte, Nr. 25, 1987.

ALTWEGG-ARTZ, D. (1989): Die Bewertung der volkswirtschaftlichen Auswirkungen immissionsbedingter Waldschäden in den Alpen und deren Erfassung in der Sozialproduktrechnung; Möglichkeiten, Probleme, Grenzen. In: LEIPERT, C. / ZIESCHANK, R. (Hrsg.): Perspektiven der Wirtschafts- und Umweltberichterstattung, Berlin 1989, S. 205-218.

AMERY, C. (1972): Die gnadenlosen Folgen des Christentums, Reinbek bei Hamburg 1972.

ANGRIST, S.W. / HEPLER, L.G. (1967): Order and Chaos: Law of Energy and Entropy, Harmondsworth 1967.

ANNIGHÖFER, F. (1990): Umweltbewußtsein - nicht als Kostenfaktor, sondern als Zukunftsleistung. In: LITTLE, A.D. (Hrsg.): Management der Hochleistungsorganisation, Wiesbaden 1990, S. 105-115.

ANTES, R. (1988): Umweltschutzinnovationen als Chancen des aktiven Umweltschutzes für Unternehmen im sozialen Wandel. In: Schriftenreihe des Instituts für Ökologische Wirtschaftsforschung (IÖW) 16/88, Berlin 1988.

ANTES, R. (1991): Organisation des Umweltschutzes. In: Personalführung, o. Jg., Heft 3, 1991, S. 148-154.

ANTES, R. / STEGER, U. / TIEBLER, P. (1992): Umweltorientiertes Unternehmensverhalten - Ergebnisse aus einem Forschungsprojekt. In: STEGER, U. (Hrsg.): Handbuch des Umweltmanagements: Anforderungs- und Leistungsprofile von Unternehmen und Gesellschaft, München 1992, S. 375-393.

ANTHONY, R.N. / DEARDEN, J. / BEDFORD, N.M. (1984): Management Control Systems, 5. Auflage, Homewood Illinois 1984.

ARNDT, H.-W. (1992): Entwurf eines Bundesabfallgesetzes und das Grundgesetz. In: Betriebs-Berater, 47. Jg., Beilage zu Heft 13, 1992, S. 1-20.

ARNI, J.-L. (1990): Ethische Forderungen an Wirtschaft und Unternehmung. In: Die Unternehmung, 44. Jg., Nr. 4, 1990, S. 291-302.

AURICH, W. / SCHROEDER, H.U. (1977): Unternehmensplanung im Konjunkturverlauf, 2. Auflage von : System der Wachstumsplanung im Unternehmen, München 1977.

AYRES, R.U. / KNEESE, A.V. (1969): Production, Consumption, and Externalities. In: American Economic Review, Vol. 59, 1969, S. 282-297.

BÄCK, H. (1984): Erfolgsstrategie Logistik, München 1984.

BACK-HOCK, A. (1988): Lebenszyklusorientiertes Produktcontrolling. Ansätze zur computergestützten Realisierung mit einer Rechnungswesen-Daten- und Methodenbank. Berlin u. a. 1988.

BAMBERG, G. / BAUR, F. (1993): Statistik, 8., überarbeitete und erweiterte Auflage, München 1993.

BAMBERG, G. / COENENBERG, A.G. (1992): Betriebswirtschaftliche Entscheidungstheorie, 7., überarbeitete Auflage, München 1992.

BARKER, T. (1991): Measuring Economic Costs of CO_2 Emission Limits. In: Energy, Vol. 16., No. 3, 1991, S. 611-614.

BARNARD, C.I. (1938): The Functions of the Executive, Cambridge, Massachusetts 1938.

BASLER & HOFFMANN (1974): Studie Umwelt und Volkswirtschaft, Vergleich der Umweltbelastung von Behältern aus PVC, Glas, Blech und Karton, Eidgenössisches Amt für Umweltschutz, Bern 1974.

BAUM, H.-G. (1988): Die Finanzierbarkeit von Klärwerkserneuerungen über Beiträge. In: Die Betriebswirtschaft, 48. Jg, Heft 6, 1988, S. 787-794.

BAUM, H.-G. / BECKORD, E. (1990): Was kostet die Müllentsorgung in Schwaben?. In: INDUSTRIE- UND HANDELSKAMMER FÜR AUGSBURG UND SCHWABEN (Hrsg.): Müllentsorgung in Schwaben, Augsburg 1990, S. 17.

BAUM, H.-G. / CANTNER, J. / WITTMANN, R. (1993): Entwicklung der Kostenstrukturen bei der Rückstandsbehandlung, Augsburg 1993.

BAUMOL, W.J. / OATES, W.E. (1971): The Use of Standards and Prices for Protection of the Environment. In: Swedish Journal of Economics, Vol. 73, 1971, S. 42-54.

BAYER AG (Hrsg.) (1989): Leitlinien für Umweltschutz und Sicherheit bei Bayer, Leverkusen 1989.

BAYERISCHE MOTORENWERKE (BMW) (Hrsg.) (1991): Geschäftsbericht 1990, München 1991.

BAYOU, M.E. / NACHTMAN, J.B. (1992): Costing for Manufacturing Wastes. In: Journal of Cost Management, Vol. 5, Summer 1992, S. 53-62.

BEA, F.X. (1973): Die Umwandlung volkswirtschaftlicher Kosten in betriebswirtschaftliche Kosten. In: HAENDLER, H. (Hrsg.): Umweltforschung 3, Hohenheimer Arbeiten, Schriftenreihe der Universität Hohenheim, Heft 67, S. 15-23.

BEAMS, F.A. / FERTIG, P.E. (1971): Pollution Control Through Social Cost Conversion. In: The Journal of Accountancy, Vol. 145, November 1971, S. 37-42.

BECKENBACH, F. / HAMPICKE, U. / SCHULZ, W. (1989): Möglichkeiten und Grenzen der Monetarisierung von Natur und Umwelt. In: Schriftenreihe des Instituts für Ökologische Wirtschaftsforschung (IÖW) 20/88, Berlin 1989.

BEHRENS-EGGE, M. (1991): Möglichkeiten und Grenzen der monetären Bewertung in der Umweltpolitik. In: Zeitschrift für Umweltpolitik und Umweltrecht, 14. Jg, Heft 1, 1991, S. 71-94.

BELLMANN, K. (1990): Einzelwirtschaftliche Wirkungen umweltpolitischer Instrumente. In: Zeitschrift für Betriebswirtschaft, 60. Jg., Heft 12, 1990, S. 1261-1274.

BELZ, C. (1988): Stillstand eines ökologisch orientierten Marketing? In: Thexis, 5. Jg., Heft 3, 1988, S. 63-67.

BENKERT, W. (1986): Die Bedeutung des Gemeinlastprinzips in der Umweltpolitik. In: Zeitschrift für Umweltpolitik und Umweltrecht, 9. Jg., Heft 2, 1986, S. 213-229.

BENKERT, W. (1987): Die steuerliche Förderung privater Umweltschutzmaßnahmen. In: Wirtschaftsdienst IV/1987, S. 208-212.

BENKERT, W. (1987a): Organisation und Finanzierung der Altlastensanierung - Bemerkungen zum gleichnamigen Beitrag von L. Hajen -. In: Zeitschrift für Umweltpolitik und Umweltrecht, 10. Jg., Heft 2, 1987, S. 207-217.

BERG, C. (1979): Recycling in betriebswirtschaftlicher Sicht. In: Wirtschaftswissenschaftliches Studium, 8. Jg., Heft 5, 1979, S. 201-205.

BERGER-DELHEY, U. (1990): Presse und Produkthaftung. In: Betriebs-Berater, 45. Jg., Heft 22, 1990, S. 1501-1504.

BERLINER, C. / BRIMSON, J.A. (1988): Cost Management for Todays Advanced Manufacturing: The CAM-I Conceptual Design, Boston 1988.

BERTHEL, J. (1973): Zielorientierte Unternehmenssteuerung, Stuttgart 1973.

BESCHORNER, D. (1976): Die Ausgabenausweitung der unternehmerischen Rechenschaftslegung durch den Umweltschutzgedanken, Diss., München 1976.

BESCHORNER, D. (1986): Betriebswirtschaftliche Instrumente ökologischer Bilanzierung. In: HELD, M. (Hrsg.): Ökologisch Rechnen im Betrieb - Umweltbilanzierung als Grundlage umweltfreundlichen Wirtschaftens im Dienstleistungsbetrieb, Tutzinger Materialien, Nr. 33/1986, Tutzing 1986, S. 30-37.

BESCHORNER, D. (1991): Ökologische Umwelt: Herausforderung für innovatives Unternehmertum. In: LAUB, U.D. /SCHNEIDER, D. (Hrsg.): Innovation und Unternehmertum: Perspektiven, Erfahrungen, Ergebnisse, Wiesbaden 1991, S. 299-321.

BETGE, P. (1988): Bestimmung der sozialen Kosten des Einsatzes moderner Produktionstechnologie. In: Zeitschrift für betriebswirtschaftliche Forschung, 40. Jg., Heft 6, 1988, S. 517-541.

BETRIEBSWIRTSCHAFTLICHER AUSSCHUß DES VERBANDES DER CHEMISCHEN INDUSTRIE e. V. (1973): Erfassung und Verrechnung der Aufwendungen für den Umweltschutz in der chemischen Industrie. In: Der Betrieb, 26. Jg., Heft 42, 1973, S. 2053-2057.

BEYER, H.-J. / SCHÄFER, W. (1992): Kostenvergleichsrechnung "Umsetzen der Verpackungsverordnung im Dualen System". In: Müll und Abfall, 24. Jg., Heft 1, 1992, S. 40-41.

BHAT, V.N. (1992): Strategic Planning for Pollution Reduction. In: Long Range Planning, Vol. 25, No. 4, 1992, S. 54-61.

BICK, H. (1985): Veränderungen in Ökosystemen durch Umweltbelastungen. In: JÄNICKE, M. / SIMONIS, U.W. / WEIGMANN, G. (Hrsg.): Wissen für die Umwelt, 17 Wissenschaftler bilanzieren, Berlin, New York 1985.

BIDLINGMAIER, J. (1964): Unternehmerziele und Unternehmensstrategien, 2. Auflage, Wiesbaden 1964.

BIDLINGMAIER, J. (1968): Zielkonflikte und Zielkompromisse im unternehmerischen Entscheidungsprozeß, Wiesbaden 1968.

BIRN, H. / JUNG, G. (1986): Abfallbeseitigungsrecht für die betriebliche Praxis, Band 1, Loseblattsammlung, Stand November 1986.

BISCHOF, P. (1976): Produktlebenszyklen im Investitionsgüterbereich, Göttingen 1976.

BLANCHARD, B.S. (1978): Design and Manage to Life Cycle Cost, Portland 1978.

BLEICHER, K. (1987): Grenzen des Rechnungswesen für die Lenkung der Unternehmensentwicklung. In: Die Unternehmung, 41. Jg., Heft 5, 1987, S. 380-397.

BLÖCHIGER, H. / STAEHELIN-WITT, E. (1991): Öffentliche Güter, Externalitäten und Eigentumsrechte, In: FREY, R.L. / STAEHELIN-WITT, E. / BLÖCHIGER, H. (Hrsg.): Mit Ökonomie zur Ökologie - Analyse und Lösungen des Umweltproblems aus ökonomischer Sicht, Basel, Frankfurt 1991.

BLOM, F. (1983): Umweltschutz - Herausforderung auch an die Materialwirtschaft. In: Beschaffung aktuell, o. Jg., Heft 12, 1983, S. 17-19.

BLÖMER, G. / MAIER, B. (1991): Öko-Bilanz: Schlüssel zum betrieblichen Erfolg. In: Blick durch die Wirtschaft vom 19.3.1991, S. 7.

BODAMER, A. (1984): Das Emissions Trading Program. In: Wirtschaftswissenschaftliches Studium, 13. Jg., Heft 10, 1984, S. 527-531.

BODENDIECK, J. (1990): Organisation eines offensiven Umweltschutzmanagements: Routine darf nicht in Versandung enden. In: Gablers Magazin, 4. Jg., Heft 6, 1990, S. 32-35.

BODENSTEIN, G. / SPILLER, A. (1992): Umwelt-Auditing als Instrument unternehmerischer Umwelt- und Risikopolitik. In: Das Wirtschaftsstudium, 21. Jg., Heft 12, 1992, S. 949-954.

BOHMERT, F. (1989): Der Auftrag der Unternehmung zur Verbesserung der Lebensqualität. In: Betriebwirtschaftliche Forschung und Praxis, 41. Jg., Heft 1, 1989, S. 367-377.

BONGAERTS, J.C. / MEYERHOFF, J. / THOMASBERGER, C. / WITTKE, A. (1989): Öko-Abgaben - Lösungsansätze für ein ganzheitliches System von Umweltsteuern und -sonderabgaben in der BRD. In: Schriftenreihe des Instituts für Ökologische Wirtschaftsforschung (IÖW) 31/89, Berlin 1989.

BONUS, H. (1972): Über Schattenpreise von Umweltressourcen. In: Jahrbuch für Sozialwissenschaften, 23. Jg., 1972, S. 342-354.

BONUS, H. (1974): Sinn und Unsinn des Verursachungsprinzips - Zu einigen Bemerkungen von Richard Zwintz. In: Zeitschrift für die gesamte Staatswissenschaft, Band 130, 1974, S. 156-163.

BONUS, H. (1988): Möglichkeiten der Internalisierung externer Effekte als Instrument der Koordination von Unternehmenszielen und gesellschaftlichen Zielen. In: Schriften des Vereins für Socialpolitik 1988, S. 207-226.

BONUS, H. (1992): Plädoyer gegen Umweltabgaben. In: ZAHN, E. / GASSERT, H. (Hrsg.): Umweltschutzorientiertes Management - Die unternehmerische Herausforderung von morgen, Stuttgart 1991, S. 11-25.

BORDEWIN, A. (1975): Erhöhte Absetzungen bei Investitionen, die dem Umweltschutz dienen. In: Betriebs-Berater, 30. Jg., Heft 10, 1975, S. 458-463.

BOULDING, K.E. (1936): Time and Investment. In: Economica, Vol. 3, 1936, S. 196-220.

BRÄUER, K. (1992): Konzepte der ökologisch orientierten Betriebswirtschaftslehre. In: Wirtschaftswissenschaftliches Studium, 20. Jg., Heft 1, Januar 1991, S. 39-42.

BRAUNGART, M. / FUCHSLOCH, N. (1989): Studie zu Abfall- und Energiebilanzen einer Müllverbrennungsanlage am Beispiel der Müllverbrennungsanlage Weißenhorn, Hamburg 1989.

BRAUNSCHWEIG, A, / BRITT, P. / HERREN-SIEGENTHALER, M. / SCHMID, R. (1984): Ökologische Buchhaltung für eine Stadt, Pilotstudie Saarbrücken, St. Gallen 1984.

BRAUNSCHWEIG, A. (1988): Die ökologische Buchhaltung für die Stadt St. Gallen, St. Gallen 1988.

BREMME, H.C. (1990): Umweltverantwortung im Vertrieb: Beispiel Tengelmann-Gruppe. In: Wirtschaftsverwaltungs- und Umweltrecht, 1. Jg., Heft 1, 1990, S. 32-35.

BRENKEN, D. (1988): Strategische Unternehmensführung und Ökologie, Bergisch/Gladbach, Köln 1988.

BROKATZKY, W. (1991): Umweltmanagement in der Migros: Von konkreten Vorgaben und Zielen zu Resultaten. In: DYLLICK, T. (Hrsg.): Ökologische Lernprozesse in Unternehmungen, Bern, Stuttgart 1991, S. 71-93.

BROWN, R.J. / YANUCK, P.E. (1985): Introduction to Life Cycle Costing, Atlanta 1985.

BRUHN, M. (1978): Das soziale Bewußtsein von Konsumenten. Erklärungsansätze und Ergebnisse einer empirischen Untersuchung in der Bundesrepublik Deutschland, Wiesbaden 1978.

BRUNS, V. (1992): Finance and the Environment - Cooperation Between the Financial Sector and other Businesses to Adress Environmental Issues". Vortrag auf der EG-Konferenz "European Business And The Environment - The Future" am 19./20. November 1992, Brüssel 1992.

BUCHHOLZ, R.A. (1991): Corporate Responsibility and the Good Society: From Economics to Ecology. In: Business Horizons, Vol. 34, July/August 1991, S. 19-31.

BÜHLER, W. (1987): Bonitätsprüfung und ihre ungenutzten Informationsressourcen. In: BÜHLER, W. / SCHMOLL, A. (Hrsg.): Kreditmanagement, Wien 1987, S. 69-116.

BUNDESAMT FÜR UMWELTSCHUTZ (BUS) (Hrsg.) (1984): Ökobilanzen von Packstoffen, Schriftenreihe Umweltschutz, Nr. 224, Bern 1984.

BUNDESMINISTERIUM DES INNERN (Hrsg.) (1971): Umweltprogramm der Bundesregierung, Bonn 1971, BT-Dr. VI/2710 vom 14. 10.71.

BUNDESMINISTERIUM DES INNERN (Hrsg.) (1973): Das Verursacherprinzip - Möglichkeiten und Empfehlungen zur Durchsetzung, Umweltbrief Nr. 1, Bonn 1973.

BUNDESREGIERUNG (Hrsg.) (1972): Dreißigstes Gesetz zur Änderung des Grundgesetzes vom 12. April 1972. In: BGBl. I vom 15. April 1972, S. 593.

BUNDESUMWELTMINISTERIUM (Hrsg.) (1991): Kosten der Umweltverschmutzung - Nutzen des Umweltschutzes, Informationen des Bundesministers für Umwelt, Naturschutz und Reaktorsicherheit, Bonn 1991.

BUNDESUMWELTMINISTERIUM (Hrsg.) (1991a): Beschluß der Bundesregierung zur Reduzierung der CO_2-Emissionen in der Bundesrepublik Deutschland bis zum Jahr 2005, Erster Bericht der Interministeriellen Arbeitsgruppe "CO_2-Reduktion" auf der Grundlage des Beschlusses der Bundesregierung zu Zielvorstellungen für eine erreichbare Reduktion der CO_2-Emissionen vom 13. Juni 1990, 2. Auflage, Bonn 1991.

BUNDESUMWELTMINISTERIUM (Hrsg.) (1991b): Internationale Bewertungsskala für bedeutsame Ereignisse in Kernkraftwerken, Bonn 1991.

BUNDESUMWELTMINISTERIUM (Hrsg.) (1992): Beschluß der Bundesregierung zur Reduzierung der energiebedingten CO_2-Emissionen in der Bundesrepublik Deutschland auf der Grundlage des Zweiten Zwischenberichts der Interministeriellen Arbeitsgruppe "CO_2-Reduktion", BT-Dr. 12/2081 vom 12.2.1992.

BUNDESVERBAND DER DEUTSCHEN INDUSTRIE e. V. (BDI) (Hrsg.) (1979): Anleitung zur Bestimmung der Betriebskosten für den Umweltschutz in der Industrie, Köln 1979.

BUNDESVERBAND JUNGER UNTERNEHMER (BJU) (Hrsg.) (1984): Unternehmen und Umweltschutz, Ergebnisdokumentation, Sommer 1984, Köln 1984.

BURGHOLD, J.A. (1986): Absatz-Realisierung. In: MEYER, P.W. (Hrsg.): Integrierte Marketingfunktionen, Stuttgart u. a. 1986, S. 170-193.

BUSSE VON COLBE, W. (1990): Rechnungswesen. In: BUSSE VON COLBE, W. (Hrsg.): Lexikon des Rechnungswesens, München 1990, S. 403-406.

CAIRNCROSS, F. (1991): Costing the Earth, London 1991.

CAIRNCROSS, F. (1992): How Europe's Companies Reposition to Recycle. In: Harvard Business Review, 70. Jg., March-April 1992, S. 34-45.

CALLENBACH, E. / CAPRA, F. / MARBURG, S. (1990): The Elmwood Guide to Eco-Auditing and Ecologically Conscious Management, Report No. 5, Berkeley 1990.

CAPUNE, T. (1991): Feind macht mit. In: Manager Magazin Spezial, Umwelt-Management, o. Jg., Heft 2, 1991, S. 14-17.

CAREY, A. (1992): A Questioning Approach to the Environment. In: OWEN, D. (Hrsg.): Green Reporting, Accountancy and the Challenge of the Nineties, London u. a. 1992.

CLAUSEN, J. (1992): Ökologische Kennzahlen für Unternehmen. In: Informationsdienst des Instituts für Ökologische Wirtschaftsforschung (IÖW), 7. Jg., Heft 2, 1992, S. 10.

COASE, R.H. (1960): The Problem of Social Cost. In: Journal of Law and Economics, Vol. III, Oct. 1960, S. 1-44.

COBB, J.B. (1972): Der Preis des Fortschritts - Umweltschutz als Problem der Sozialethik, München 1972.

COENENBERG, A.G. (1992): Kostenrechnung und Kostenanalyse, Landsberg am Lech 1992.

COENENBERG, A.G. (1992a): Jahresabschluß und Jahresabschlußanalyse, 13. Auflage, Landsberg am Lech 1992.

COENENBERG, A.G. / BAUM, H.-G. (1987): Strategisches Controlling, Stuttgart 1987.

COENENBERG, A.G. / BAUM, H.-G. / GÜNTHER, E. / WITTMANN, R. (1992): Unternehmenspolitik und Umweltschutz - Auswertungsbericht, USW-Working Paper 4/1992, Erftstadt/Liblar 1992.

COENENBERG, A.G. / FISCHER, T.M. (1991): Prozeßkostenrechnung - Strategische Neuorientierung in der Kostenrechnung. In: Die Betriebswirtschaft, 51. Jg., Heft 1, 1991, S. 21-38.

COENENBERG, A.G. / GÜNTHER, E. (1992): Ertragslage, Prüfung der. In: COENENBERG, A.G. / VON WYSOCKI, K. (Hrsg.): Handwörterbuch der Revision, Stuttgart 1992, Sp. 476-488.

COENENBERG, A.G. / WEISE, E. / ECKRICH, K. (Hrsg.) (1991): Ökologie-Management als strategischer Wettbewerbsfaktor, Stuttgart 1991.

COOPER, R. (1989): The Rise of Activity-based Costing - Part Three: How Many Cost Drivers Do You Need, and How Do You Select Them? In: Journal of Cost Management, Vol. 3, Winter, 1989, S. 34-46.

COOPER, R. / KAPLAN, R.S. (1988): How Cost Accounting Distorts Product Costs. In: Management Accounting, Vol. 69, No. 4, 1988, S. 20-27.

COOPER, R. / KAPLAN, R.S. (1991): Activity-Based Costing - Ressourcenmanagement at its best, In: Harvard Manager, 13. Jg., Heft 4, 1991, S. 93-103.

CORSTEN, H. (1989): Überlegungen zu einem Innovationsmanagement - organisatorische und personale Aspekte. In: CORSTEN, H. (Hrsg.): Die Gestaltung von Innovationsprozessen, Berlin 1989, S. 1-56.

CORSTEN, H. / GÖTZELMANN, F. (1989): Ökologische Aspekte des betrieblichen Leistungsprozesses. In: Das Wirtschaftsstudium, 18. Jg., Heft 6 und 7, 1989, S. 350-355 und 409-414.

CORSTEN, H. / GÖTZELMANN, F. (1991): Das Kooperationsprinzip in umweltpolitischer und unternehmerischer Sicht. In: Das Wirtschaftsstudium, 20. Jg., Heft 5 und 6, 1991, S. 301-309 und 377-381.

CORSTEN, H. / GÖTZELMANN, F. (1992): Abfallvermeidung und Reststoffverwertung - Eine produkt- und verfahrensorientierte Analyse. In: Betriebswirtschaftliche Forschung und Praxis, 44. Jg., Heft 3, 1992, S. 102-119.

CORSTEN, H. / REISS, M. (1991): Recycling in PPS-Systemen. In: Die Betriebswirtschaft, 51. Jg., Heft 5, 1991, S. 615-627.

COUNCIL ON ECONOMIC PRIORITIES (Hrsg.) (1990): Shopping for a Better World. A Quick & Easy Guide to Socially Responsible Supermarket Shopping, Washington 1990.

COUNCIL ON ENVIRONMENTAL QUALITY (CEQ) (Hrsg.) (1973): Environmental Quality. The fourth annual Report of the Council on Environmental Quality, Washington 1973.

COUNCIL ON ENVIRONMENTAL QUALITY (CEQ) (Hrsg.) (1980): Global 2000 - Der Bericht an den Präsidenten, Frankfurt 1980.

CRAWFORD, M. (1991): Green Futures on Wall Street. In: New Scientist, 5 January 1991, S. 38-40.

CROMME, I. (1990): Produzentenhaftung. Die gegenwärtige Rechtslage. In: Fortschrittliche Betriebsführung und Industrial Engineering, 39. Jg., Heft 1, 1990, S. 16-20.

CRONE-ERDMANN, R. (1974): Verursacherprinzip und Abgabewesen. In: Der Betrieb, 27. Jg., Heft 40, 1974, S. 1877-1879.

CYERT, R.M. / MARCH, J.G. (1963): A Behaviorial Theory of the Firm, Englewood Cliffs, New Jersey 1963.

CZERANOWSKY, G. / STRUTZ, H. (1970): Ergebnisse einer empirischen Untersuchung über Unternehmensziele. In: JACOB, H. (Hrsg.): Zielprogramm und Entscheidungsprozeß in der Unternehmung, Band 11 der Schriften zur Unternehmensführung, S. 121-124.

CZYZEWSKI, A.B. / HULL, R.P. (1991): Improving Profitability With Life Cycle Costing. In: Cost Management, Vol. 5, Summer 1991, S. 20-27.

D'ARGE, R.C. (1971): Essay on Economic Growth and Environmental Quality. In: Swedish Journal of Economics, Vol. 73, 1971, S. 25-41.

DALES, J.H. (1968): Pollution, Property and Prices, Toronto 1968.

DE NEUMANN, B. (1983): Life Cycle Cost Models. In: SKWIRZYNISKI, J.K. (Hrsg.): Electronic Systems Effectiveness and Life Cycle Costing, Berlin u. a. 1983, S. 513-531.

DEHMEL, H. (1990): Der Einfluß ökologischer Vorhaben auf den Bestand und die internationale Wettbewerbsfähigkeit deutscher Raffinerien. In: WAGNER, G.R. (Hrsg.): Unternehmung und ökologische Umwelt, München 1990, S. 149-155.

DEIMEL, K. (1991): Marktchancen durch ökologieorientiertes Marketing. In: Das Wirtschaftsstudium, 20. Jg., Heft 10, 1991, S. 697-701.

DEML, M. (Hrsg.) (1993): Öko Invest - Investment mit Verantwortung und Erfolg, 3. Jg., Nr. 2, 1993.

DEML, M. / JUNGMEIER, M. (1990): Grünes Geld - Handbuch für umweltbewußte Anleger, Wien 1990.

DEMPFLE, U. / MÜGGENBORG, H.-J. (1987): Die "Umwelt", ein Rechtsbegriff?. In: Natur + Recht, 9. Jg., Heft 7, 1987, S. 301-308.

DER RAT DER SACHVERSTÄNDIGEN FÜR UMWELTFRAGEN (1987): Umweltgutachten 1987, Drucksache 11/1568 vom 21.12.1987.

DER RAT DER SACHVERSTÄNDIGEN FÜR UMWELTFRAGEN (1990): Altlasten - Sondergutachten Dezember 1989, Stuttgart 1990.

DEUTSCHE INDUSTRIENORM (1986): Entwurf einer Logistik-Definition, Nr. 69906, Berlin 1986.

DEUTSCHES ATOMFORUM e. V. (Hrsg.) (1991): CO_2-Emissionen der weltweiten Stromerzeugung, Stellungnahme des Arbeitskreises I "Technik und Industrie" des Deutschen Atomforums e. V., 1. Auflage, Bonn 1991.

DINKELBACH, W. (1987): Gutenberg-Technologien als Grundlagen einer betrieblichen Produktions- und Kostentheorie unter Berücksichtigung von Recycling und Entsorgung. In: Diskussionsbeiträge des Fachbereichs Wirtschaftswissenschaften der Universität Saarbrücken, Nr. 8705, Saarbrücken 1987.

DINKELBACH, W. / PIRO, A. (1989): Entsorgung und Recycling in der betriebswirtschaftlichen Produktions- und Kostentheorie: LEONTIEF-Technologien. In: Das Wirtschaftsstudium, 18. Jg., Heft 7 und 8, 1989, S. 399-405 und S. 474-480.

DINKELBACH, W. / PIRO, A. (1990): Entsorgung und Recycling in der betriebswirtschaftlichen Produktions- und Kostentheorie: Gutenberg-Technologien. In: Das Wirtschaftsstudium, 19. Jg., Heft 11 und 12, 1990, S. 640-645 und S. 700-705.

DIXON, L.J. / THORNTON, J.M. (1972): The Costs of Cleaning up Pollution. In: Management Accounting, Vol. 54, November 1972, S. 13-17.

DOROW, F. (1991): Probleme der monetären Bewertung in einer Umweltökonomischen Gesamtrechnung. In: STATISTISCHES BUNDESAMT (Hrsg.): Wege zu einer Umweltökonomischen Gesamtrechnung. Ein Diskussionsbeitrag des Statistischen Bundesamtes, Schriftenreihe Forum der Bundesstatistik, Band 16, Wiesbaden 1991, S. 34-45.

DREES-BEHRENS, C. (1990): Der Einfluß von Investitionsfördermaßnahmen auf betriebliche Investitionsentscheidungen - Eine Analyse aus betriebswirtschaftlicher Sicht, Diss., Bergisch Gladbach, Köln 1990.

DUNST, K.H. (1983): Portfolio Management: Konzeption für die strategische Unternehmensplanung, 2. verbesserte Auflage, Berlin, New York 1983.

DÜRR, H. (1989): Ökologie und Ökonomie als ethische Dimension. In: IBM-Nachrichten, 39. Jg., Heft 299, 1989, S. 7-13.

DÜRR, W. (1991): "Ethische Investmentfonds" in Deutschland. In: Zeitschrift für Wirtschaftsrecht und Insolvenzpraxis, 12. Jg., Mai 1991, S. 286-297.

DYCKHOFF, H. (1991): Berücksichtigung des Umweltschutzes in der betriebswirtschaftlichen Produktionstheorie. In: ORDELHEIDE, D. / RUDOLPH, B. / BÜSSELMANN, E. (Hrsg.): Betriebswirtschaftslehre und ökonomische Theorie, Stuttgart 1991.

DYCKHOFF, H. (1992): Betriebliche Produktion - Theoretische Grundlagen einer umweltorientierten Produktionswirtschaft, Berlin 1992.

DYLLICK, T. (1988): Erfolgreiche Positionierung mit ökologischer Verpackung: Toni-Joghurt im Zirkulationsglas. In: Thexis, 5. Jg., Heft 3, 1988, S. 51-55.

DYLLICK, T. (1989): Ökologisch bewußte Unternehmensführung: Der Beitrag der Managementlehre, In: Schriftenreihe Ö.B.U./A.S.I.E.G.E., St. Gallen 1989.

DYLLICK, T. (1989a): Management der Umweltbeziehungen: Öffentliche Auseinandersetzung als Herausforderung, Wiesbaden 1989.

DYLLICK, T. (1990): Ökologisch bewußtes Management, Die Orientierung, Heft 96, Bern 1990.

DYLLICK, T. (1991): Wettbewerbsvorteile mit ökologisch bewußten Strategien. In: Verkauf und Marketing, 17. Jg., Heft 10, 1991, S. 12-14.

EBENROTH, C.T. / WILLBURGER, A. (1991): Die strafrechtliche Verantwortung des Vorstandes für Umweltstraftaten und gesellschaftsrechtliche Vermeidungsstrategien. In: Betriebs-Berater, 46. Jg., Heft 28, 1991, S. 1941-1947.

EHRLENSPIEL, K. (1985): Kostengünstig konstruieren, Berlin u. a. 1985.

EICHHORN, P. (1972): Umweltschutz aus der Sicht der Unternehmenspolitik. In: Zeitschrift für betriebswirtschaftliche Forschung, 24. Jg., 1972, S. 633-649.

EICHLER, L. (1983): Die "Emission Trading"-Instrumente der Luftreinhaltepolitik in den Vereinigten Staaten. In: DER RAT DER SACHVERSTÄNDIGEN FÜR UMWELTFRAGEN (Hrsg.): Ökonomische Anreizinstrumente in einer auflagenorientierten Umweltpolitik, Materialien zur Umweltforschung, Stuttgart 1983, S. 52-58.

EIFF, W.V. (1991): Ökologie-Management. In: Personal, 43. Jg., Heft 11, 1991, S. 372-378.

EISEN, R. (1992): Versicherungs- und finanzwirtschaftliche Entscheidungsfelder. In: WAGNER, G.R. (Hrsg.): Ökonomische Risiken und Umweltschutz, München 1992, S. 67-84.

ELEKTROWATT AG (1978): Die Umweltbelastungen im Energiebereich, Eidgenössische Kommission für die Gesamtenergiekonzeption, Nr. 24, Bern 1978.

ELKINGTON, J. / BURKE, T. (1989): Umweltkrise als Chance - Ökologische Herausforderung für die Industrie, Zürich, Wiesbaden 1989.

ELKINGTON, J. / HAILES, J. (1990): Umweltfreundlich Einkaufen - Von Shampoo bis Champagner, 2. aktualisierte Auflage, München 1990.

ENDERLE, G. (1987): Ethik als unternehmerische Herausforderung. In: Die Unternehmung, 41. Jg., Nr. 6, 1987, S. 433-450.

ENDRES, A. (1983): Was leisten Bewertungsverfahren für die Umweltpolitik?. In: JARRE, J. (Hrsg.): Die wirtschaftliche Bedeutung des Umweltschutzes, Zur ökonomischen Bewertung von Umweltschäden und Umweltverbesserungen, Loccumer Protokolle 31/1981, Loccum 1983, S. 3-14.

ENDRES, A. (1988): Der "Stand der Technik" in der Umweltpolitik. In: Wirtschaftswissenschaftliches Studium, 17. Jg., 1988, S. 83-84.

ENDRES, A. / HOLM, K. (1988): Probleme der Erfassung und Messung von Folgekosten. In: BECKENBACH, F. / SCHREYER, M. (Hrsg.): Gesellschaftliche Folgekosten. Was kostet unser Wirtschaftssystem?, Frankfurt 1988, S. 50-59.

ENDRES, A. / MATYSIK, S. (1990): Ökosteuern. In: Wirtschaftswissenschaftliches Studium, 19. Jg., Heft 9, 1990, S. 453-455.

ENVITEC (1989): Umweltschutz 1988/1989, Einstellungen und Verhalten von Bürgern und Unternehmen, hrsg. v. SCHÖPPNER, K.-P., EMNID-Institut GmbH und Co., Bielefeld 1989.

ERDEVIG, E.H. (1991): Lender Liability under Environmental Law. In: Chicago Fed Letter, September 1991, S. 1-3.

EULGEM, S. (1993): Die Beziehungen zwischen Unternehmung und Umwelt: Theoretische Grundlagen und praktische Implikationen eines Umweltmanagementkonzepts, Diss., Stuttgart.

EUROPÄISCHE WIRTSCHAFTSGEMEINSCHAFT (EWG) (Hrsg.) (1992): Verordnung (EWG) Nr. 880/92 des Rates vom 23. März 1992 betreffend ein gemeinschaftliches System zur Vergabe eines Umweltzeichens. In: Amtsblatt der Europäischen Gemeinschaften, 35. Jg., Nr. L 99/7 vom 11.4.1992.

EUROPÄISCHE WIRTSCHAFTSGEMEINSCHAFT (EWG) (Hrsg.) (1992a): Vorschlag für eine Verordnung (EWG) des Rates, die die freiwillige Beteiligung gewerblicher Unternehmen an einem gemeinschaftlichen Öko-Audit-System ermöglicht. In: Amtsblatt der Europäischen Gemeinschaften, 35. Jg., Nr. C 76/2 vom 27.3.1992.

EUROPÄISCHE WIRTSCHAFTSGEMEINSCHAFT (EWG) (Hrsg.) (1993): Verordnung (EWG) Nr. 1836/93 des Rates vom 29. Juni 1993 über die freiwillige Beteiligung gewerblicher Unternehmen an einem Gemeinschaftssystem für das Umweltmanagement und die Umweltbetriebsprüfung. In: Amtsblatt der Europäischen Gemeinschaften, 36. Jg., Nr. L 168/1 vom 10.7.1993.

EWERS, H.-J. (1983): Zur Monetarisierung von Umweltnutzen - Dargestellt am Beispiel des Tegeler Sees in Berlin - In: JARRE, J. (Hrsg.): Die wirtschaftliche Bedeutung des Umweltschutzes, Zur ökonomischen Bewertung von Umweltschäden und Umweltverbesserungen, Loccumer Protokolle 31/1981, Loccum 1983, S. 15-39.

EWERS, H.-J. (1986): Kosten der Umweltverschmutzung - Probleme ihrer Erfassung, Quantifizierung und Bewertung. In: UMWELTBUNDESAMT (Hrsg.): Kosten der Umweltverschmutzung. Tagungsband zum Symposium im Bundesministerium des Innern am 12. und 13. September 1985, Berichte 7/86 des Umweltbundesamtes, Berlin 1986, S. 9-19.

EYERER, P. / DEKORSY, T. / SCHUCKERT, M. (1991): Ganzheitliche Bilanzierung von Produkten und Verfahren. In: Kunststoffe, 81 Jg., Heft 4, 1991, S. 268-273.

EYLES, J. (1990): Objectifying the Subjective: The Measurement of Environmental Quality. In: Social Indicators Research, Vol. 22, 1990, S. 139-153.

FABER, M. / NIEMES, H. / STEPHAN, G. (1983): Umweltschutz und Input-Output-Analyse. Mit zwei Fallstudien aus der Wassergüterwirtschaft, Tübingen 1983.

FABER, M. / STEPHAN, G. / MICHAELIS, P. (1989): Umdenken in der Abfallwirtschaft, 2., überarbeitete Auflage, Berlin u. a. 1989.

FANDEL, G. (1981): Zur Berücksichtigung von Überschuß- bzw. Vernichtungsmengen in der optimalen Programmplanung bei Kuppelproduktion. In: BROCKHOFF, H. / KRELLE, W. (Hrsg.): Unternehmensplanung, Referate eines Kolloquiums an der Fernuniversität Hagen, 11. und 12. Juli 1981, Berlin u. a., S. 193-212.

FECKER, I. (1990): Was ist eine Ökobilanz?, St. Gallen 1990.

FELDMANN, P.L. (1971): Societal Adaption: A New Challenge for Marketing. In: Journal of Marketing, Vol. 35, July 1971, S. 57-64.

FICHTNER AG & PROGNOS AG (Hrsg.) (1983): Parameterstudie örtliche und regionale Versorgungskonzepte für Niedertemperaturwärme, Band 3, Stuttgart, Basel 1983.

FISCHER, T.M. (1993): Kostenmanagement strategischer Erfolgsfaktoren, Diss., München 1993.

FISCHER-WINKELMANN, W. (1980): Gesellschaftsorientierte Unternehmensrechnung, München 1980.

FLANDERKA, F, (1992): Grundfragen zur Verpackungsverordnung: Anwendungsbereich und Gestaltungsmöglichkeiten. In: Betriebs-Berater, 47. Jg., Heft 23, 1992, S. 1574-1579.

FLEISCHMANN, E. / PAUDTKE, H. (1977): Rechnungswesen: Kosten des Umweltschutzes. In: VOGEL, J. / HEIGL, A. / SCHÄFER, K. (Hrsg.): Handbuch des Umweltschutzes, Band 3, Kapitel 7, München 1977, S. 1-23.

FOLLMANN, R. (1989): Ökologie und Ökonomie. In: Zeitschrift für Organisation, 58. Jg., Heft 2, 1989, S. 107-111.

FORSCHUNGSGRUPPE UMWELTORIENTIERTE UNTERNEHMENSFÜHRUNG (FUUF) (Hrsg.) (1991): Bericht zu den Befragungsergebnissen des Modellversuchs "Umweltorientierte Unternehmensführung", Forschungsvorhaben 109 01 041 des Umweltbundesamtes, Berlin 1991.

FÖRSTER, U. (1974): Was ist Recycling? In: Umwelt, o. Jg., Heft 6, 1974, S. 40-41.

FRANK, H. / PLASCHKA, G. / RÖßL, D. (1987): Umweltschutzeinstellungen und Wertewandel von Führungskräften. In: FRANK, H. / PLASCHKA, G. / RÖßL, D. (Hrsg.): Umweltdynamik, Wien, New York 1987.

FRANK, W. (1990): Die Abfallwirtschaft als Teil der Rohstoffwirtschaft - Eine Untersuchung über den ökonomischen und empirischen Einfluß auf die unternehmerischen Entscheidungen in der betrieblichen Rohstoffwirtschaft, im Recycling sowie in der Umwelterhaltung als Funktionen in der Materialwirtschaft, Stuttgart 1990.

FRANKE, M. (1984): Umweltauswirkungen durch Getränkeverpackungen: Systematik zur Ermittlung der Umweltauswirkungen von komplexen Prozessen am Beispiel von Einweg- und Mehrweg-Getränkebehältern, Berlin 1984.

FRANZ, K.-P. (1990): Die Prozeßkostenrechnung im Vergleich mit der Grenzplankosten- und Deckungsbeitragsrechnung. In: HORVATH, P. (Hrsg.): Strategieunterstützung durch das Controlling: Revolution im Rechnungswesen?, Stuttgart 1990, S. 195-210.

FRANZ, K.-P. (1992): Moderne Methoden der Kostenbeeinflussung. In: Kostenrechnungspraxis, 36. Jg., Heft 3, 1992, S. 127-134.

FREEMAN, R.E. (1984): Strategic Management: A Stakeholder Approach, Marsfield Massachusetts 1984.

FREIMANN, J. (1988): Zum Stand der Ausarbeitung einer sozial-ökologischen Betriebswirtschaftslehre. In: FREIMANN, J. / PFRIEM, R. (Hrsg.): Ökologische Betriebswirtschaftslehre und -praxis? In: Schriftenreihe des Instituts für Ökologische Wirtschaftsforschung (IÖW) 12/88, Berlin 1988, S. 5-20.

FREIMANN, J. (1989): Instrumente sozial-ökologischer Folgenabschätzung im Betrieb, Habil., Wiesbaden 1989.

FREIMANN, J. (1990): Ökologische Unternehmenspolitik - Orientierungen, Möglichkeiten, Instrumente - Diskussionspapier Nr. 38 der Gesamthochschule Kassel, Kassel 1990.

FREIMANN, J. (1991): Betriebliche Umweltökonomie oder ökologische Unternehmenspolitik? - Anmerkungen zu Heinz Strebels Kritik an "Alternativen Ansätzen betriebswirtschaftlicher Umweltökonomie". In: Forschungsinformationsdienst Ökologisch orientierte Betriebswirtschaftslehre (FÖB), 12. Ausgabe, November/Dezember 1991, S. 27-30.

FRESE, E. / KLOOCK, J. (1989): Internes Rechnungswesen und Organisation aus der Sicht des Umweltschutzes. In: Betriebswirtschaftliche Forschung und Praxis, 1989, S. 1-29.

FREY, B.S. (1985): Umweltökonomie, 2. Auflage, Göttingen 1985.

FRIEGE, H. (1991): Positionspapier zum Umweltzeichen. In: GRIEßHAMMER, R. (Hrsg.): Produktlinienanalyse und Ökobilanzen, Freiburg 1991, S. 54-55.

FRISCHE, R. / ESSER, G. / SCHÖNBORN, W. / KLÖPFFER, W. (1982): Criteria for Assessing the Environmental Behaviour of Chemicals: Selection and Preliminary Quantification. In: Ecotoxicology and Environmental Safety, Nr. 6, 1982, S. 283-293.

FRITZ, W. / FÖRSTER, F. / RAFFÉE, H. / SILBERER, G. (1985): Unternehmensziele in Industrie und Handel. In: Die Betriebswirtschaft, 45. Jg., Heft 45, 1985, S. 375-394.

FRITZ, W. / FÖRSTER, F. / WIEDMANN, K.P. / RAFFÉE, H. (1988): Unternehmensziele und strategische Unternehmensführung. In: Die Betriebswirtschaft, 48. Jg., 1988, S. 567-586.

FRÖHLING, O. (1989): Prozeßkostenrechnung - System mit Zukunft? In: IO Management Zeitschrift, 58. Jg., Heft 10, S. 67-69.

FROITZHEIM, U.J. (1992): Verpackungen: Ideen im 6er Pack. In: TopBusiness, o. Jg., September 1992, S. 196-200.

FRONEK, R. / UECKER, P. (1987): Umweltrechnungslegung - Jahresabschluß - Social Accounting. In: VOGEL, J. / HEIGL, A. / SCHÄFER, K. (Hrsg.): Handbuch des Umweltschutzes, 30. Ergänzungslieferung, Band 3, Kapitel 8, München 1987, S. 1-29.

FROWEIN, S. (1976): Emissionsabgaben und Verschmutzungsrechte als Instrumente der Umweltpolitik, Diss., Freiburg 1976.

GÄLWEILER, A. (1976): Unternehmenssicherung und strategische Planung. In: Zeitschrift für betriebswirtschaftliche Forschung, 28. Jg., Heft 28, 1976, S. 362-379.

GÄLWEILER, A. (1986): Unternehmensplanung, Grundlagen und Praxis, Frankfurt 1986.

GARBE, E. (1992): Aspekte einer Stoffkreislaufökonomie - aus industrieller Sicht. In: Umweltwirtschaftsforum, 1. Jg., Heft 1, 1992, S. 16-23.

GASSER, V. (1992): Umwelthaftungsrecht in seiner Konsequenz für die Unternehmensführung. In: Betriebswirtschaftliche Forschung und Praxis, 44. Jg., Heft 3, 1992, S. 153-165.

GEBLER, W. (1990): Ökobilanzen in der Abfallwirtschaft, Methodische Ansätze zur Durchführung einer Programm-Umweltverträglichkeitsprüfung, Stuttgarter Berichte zur Abfallwirtschaft, Band 41, Bielefeld 1990.

GEGE, M. (1992): Chancen und Voraussetzungen einer umweltbewußten Unternehmensführung. In: ZAHN, E. / GASSERT, H. (Hrsg.): Umweltschutzorientiertes Management, Stuttgart 1991, S. 121-156.

GEHRMANN, F. (1982): Sozialindikatoren - ein Lehrbeispiel für Umweltindikatoren?, Internationales Institut für Umwelt und Gesellschaft (IIUG), IIUG dp 82-10, Berlin 1982.

GEORGESCU-ROEGEN, N. (1971): The Entropy Law and The Economic Process, Cambridge/Massachusetts 1971.

GEORGESCU-ROEGEN, N. (1976): Energy and Economic Myth, New York 1976.

GERPOTT, T.J. / SERVATIUS, H.G. (1989): Megamarketing in der thermischen Abfallentsorgung. In: Die Betriebswirtschaft, 49. Jg., Heft 6, 1989, S. 717-725.

GESELLSCHAFT DEUTSCHER CHEMIKER (GdCH) (Hrsg.) (1986): Beratergremium für umweltrelevante alte Stoffe: Auswahlkriterien und Stoffliste, Weinheim 1986.

GIEBELER, R. (1991): Verfahren und Maßstäbe bei der Setzung von Umweltstandards in den USA, Berlin 1991.

GÖPFERT, I. (1992): Controlling von Forschungs- und Entwicklungsprozessen. In: Controlling, 4. Jg., Heft 5, September/Oktober 1992, S. 254-259.

GÖRG, M. (1981): Recycling als umweltpolitisches Instrument der Unternehmung: eine theoretische und empirische Analyse, Diss., Berlin 1981.

GÖRG, M. / STREBEL, H. (1980): Der Stand des Recycling in deutschen Industriebetrieben. Anliegen und Ergebnisse einer empirischen Untersuchung, Berlin 1980.

GOSCH, D. (1990): Juristische Beurteilung von Öko-Steuern. In: Steuer und Wirtschaft, 67. Jg., Nr. 3, 1990, S. 201-216.

GRAF VON WESTPHALEN, F. (1992): Das Milupa-Urteil - eine beträchtliche Verschärfung der Produkthaftung. In: Zeitschrift für Wirtschaftsrecht und Insolvenzpraxis, 13. Jg., 1992, S. 18-24.

GRAY, R. (1990): The Greening of Accountancy: The Profession after Pearce, Chartered Association of Certified Accountants, Research Report No. 17, London 1990.

GRAY, R. (1992): Accounting and Environmentalism: An Exploration of the Challenge of Gently Accounting for Accountability, Transparency and Sustainability. In: Accounting, Organizations and Society, Vol. 17, No. 5, 1992, S. 399-425.

GREENO, J.L. u. a. (1985): Environmental Auditing - Fundamentals and Techniques, New York 1985.

GREIPL, E. (1992): Duales System. In: Wirtschaftswissenschaftliches Studium, 21. Jg., Heft 1, 1992, S. 29-31.

GRELL, D. (1987): Rückzug aus dem Risiko. In: Industriemagazin, o. Jg., Mai 1987, S. 220-221.

GRIEßHAMMER, R. / SCHMINCKE, E. (1991): Produktbewertung und Produktlinienanalyse. In: GRIEßHAMMER, R. (Hrsg.): Produktlinienanalyse und Ökobilanzen, Freiburg 1991, S. 8-11.

GRITTNER, P. (1978): Versuch der Begründung einer thermodynamischen Theorie des Wertes und Energieanalyse der substituierbaren elektrischen Leitmaterialien Aluminium und Kupfer, Bamberg 1978.

GROLL, K.-H. (1990): Erfolgssicherung durch Kennzahlensysteme, 3., überarbeitete Auflage, Freiburg im Breisgau 1990.

GRÖNER, L. (1990): Entwicklungsbegleitende Vorkalkulation. In: Kostenrechnungspraxis, 34. Jg., Heft 6, 1990, S. 374-375.

GROTHE-SENF, A. (1989): Umweltverträglichkeitsprüfung im Warentest, Frankfurt am Main u. a. 1989.

GRUNER + JAHR (Hrsg.) (1983): Die Bedeutung der Umwelt im Bewußtsein der Bevölkerung. In: Dialoge. Der Bürger als Partner, Hamburg 1983.

GÜNTHER, E. / WAGNER, B. (1993): Ökologieorientierung des Controlling (Öko-Controlling) - Theoretische Ansätze und praktisches Vorgehen. In: Die Betriebswirtschaft, 53. Jg., Heft 2, 1993, S. 143-166.

GÜNTHER, K. (1989): Ein Ökologiekonzept wird praktiziert - Umweltaktivitäten als integrierter Bestandteil der Unternehmensphilosophie. In: Zeitschrift für Organisation, 58. Jg., Heft 2, 1989, S. 112-116.

GÜNTHER, K. (1989a): Die Ökobilanz - Aus Sicht der Praxis. In: FÖRDERKREIS UMWELT FUTURE e. V. (Hrsg.): Von der Öko-Bilanz zum Öko-Controlling, Chancen umweltorientierter Unternehmenspolitik, Lengerich 1989, S. 49-62.

GÜNTHER, T. (1991): Erfolg durch strategisches Controlling, Diss., München 1991.

GÜNTHER, T. (1993): Operative und strategische Entscheidungsunterstützung im Konsumgüterbereich durch "Direkte Produkt-Rentabilität". In: Controlling, 5. Jg., Heft 2, 1993, S. 64-72.

GUTENBERG, E. (1953): Zum "Methodenstreit". In: Zeitschrift für handelswissenschaftliche Forschung, 5. Jg., 1953, S. 327-355.

GUTENBERG, E. (1983): Grundlagen der Betriebswirtschaftslehre, Band 1: Die Produktion, 24. Auflage, Berlin u. a. 1983.

GUTH, T. (1989): Der Einfluß ökologischer Aspekte auf die Firmenkundenpolitik der Geschäftsbanken, Arbeitspapier Nr. 8 des Instituts für Ökologie und Unternehmensführung e. V., Oestrich-Winkel 1989.

HAASIS, D. (1992): Umweltschutzkosten in der betrieblichen Vollkostenrechnung. In: Wirtschaftswissenschaftliches Studium, 21. Jg., Heft 3, 1992, S. 118-122.

HABERSTOCK, L. (1987): Kostenrechnung I, 8. durchgesehene Auflage, Hamburg 1987.

HAGAMAN, T.C. (1990): Environmental Risks Worry Bankers. In: Management Accounting, Vol. 71, No. 11, 1990, S. 20-21.

HAGER, G. (1991): Das neue Umwelthaftungsgesetz. In: Neue Juristische Wochenzeitschrift, 4. Jg., 1991, S. 134 ff..

HAJEN, L. (1986): Organisation und Finanzierung der Altlastenanierung. In: Zeitschrift für Umweltpolitik und Umweltrecht, 9. Jg, Heft 4, 1986, S. 349-373.

HAKER, W. / KRIESHAMMER, G. (1991): Neue Gesetze verschärfen die Anforderungen an die Unternehmen. In: Blick durch die Wirtschaft, Nr. 25, 1991, S. 7.

HALLAY, H. (1990): Die Ökobilanz. Ein betriebliches Informationssystem. In: Schriftenreihe des Instituts für Ökologische Wirtschaftsforschung (IÖW) 27/89, Berlin 1990.

HALLAY, H. / PFRIEM, R. (1992): Öko-Controlling - Umweltschutz in mittelständischen Unternehmen, Frankfurt am Main, New York 1992.

HAMEL, W. (1974): Zieländerungen im Entscheidungsprozeß, Tübingen 1974.

HAMM, R. / HILLEBRAND, B. (1992): Elektrizitäts- und regionalwirtschaftliche Konsequenzen einer Kohlendioxid- und Abfallabgabe, Untersuchungen des Rheinisch-Westfälischen Instituts für Wirtschaftsforschung, Heft 5, Essen 1992.

HAMMANN, P. (1988): Betriebswirtschaftliche Aspekte des Abfallproblems. In: Die Betriebswirtschaft, 48. Jg., Heft 4, 1988, S. 465-467.

HANKE, H. (1982): Methodische Probleme der Umweltverträglichkeitsprüfung. In: BECHMANN, A. (Hrsg.): Die Umweltverträglichkeitsprüfung - ein Planungsinstrument ohne politische Relevanz? Konzepte und Fallstudien, Berlin 1982, S. 67-82.

HANSEN, U. / SCHOENHEIT, I. (1991): Die Verbraucherabteilung - eine Form des Dialogs zwischen Unternehmen und Verbrauchern. In: HANSEN, U. / SCHOENHEIT, I. (Hrsg.): Verbraucherabteilungen in privaten und öffentlichen Unternehmen. Frankfurt a. M. / New York 1985, S. 13-23.

HANSMEYER, K.-H. (1974): Volkswirtschaftliche Kosten des Umweltschutzes. In: GIERSCH, H. (Hrsg.): Das Umweltproblem in ökonomischer Sicht, Tübingen 1974, S. 99-124.

HANSMEYER, K.-H. (1978): Vorauswirkungen einer Abwasserabgabe. In: Umwelt, o. Jg., Heft 1, 1978, S. 15-19.

HANSMEYER, K.-H. / SCHNEIDER, H.K. (1990): Umweltpolitik - Ihre Fortentwicklung unter marktsteuernden Aspekten, Göttingen 1990.

HARTJE, V.J. (1990): Umweltpolitik: Ökonomische Ansätze bei der Zielformulierung. In: Das Wirtschaftsstudium, 19. Jg., Heft 8-9, 1990, S. 512-518.

HARTJE, V.J. / LURIE, R.L. (1984): Adopting Rules for Pollution Controll Innovations: End-of-Pipe versus Integrated Process Technology, Internationales Institut für Umwelt und Gesellschaft (IIUG), IIUG dp 84-6, Berlin 1984.

HASITSCHKA, W. (1984): Ökologisches Marketing. In: Marketing Zeitschrift für Planung, 6. Jg., Heft 4, 1984, S. 245-254.

HAUFF, V. (Hrsg.) (1987): Unsere gemeinsame Zukunft. Der Brundtland-Bericht der Weltkommission für Umwelt und Entwicklung, Greven 1987.

HAUSCHILDT, J. (1977): Entscheidungsziele. Zielbildung in innovativen Entscheidungsprozessen: theoretische Ansätze und empirische Prüfung, Tübingen 1977.

HAWORTH, D.P. (1975): The Principles of Life-Cycle Costing. In: Industrialization Forum, Vol. 6, No. 3-4, 1975, S. 13-20.

HAX, H. (1965): Koordination von Entscheidungen, Köln u. a. 1965.

HEEG, F.J. (1984): Recycling-Management. Eine Gesamtaufgabe von der Produktentwicklung bis zur Produktverwertung. In: IO Management-Zeitschrift, 53. Jg., Nr. 11, 1984, S. 506-510.

HEIGL, A. (1974): Konzepte betrieblicher Umweltrechnungslegung. In: Der Betrieb, 27. Jg., Heft 48, 1974, S. 2265-2270.

HEIGL, A. (1975): Abschreibungsvergünstigungen für Umweltschutzinvestitionen, München 1975.

HEIGL, A. (1989): Ertragsteuerliche Anreize für Investitionen in den Umweltschutz. In: Betriebswirtschaftliche Forschung und Praxis, 41. Jg., Heft 1, 1989, S. 66-81.

HEINEN, E. (1971): Das Zielsystem der Unternehmung - Grundlagen betriebswirtschaftlicher Entscheidungen, Wiesbaden 1971.

HEINEN, E. (1976): Grundfragen der entscheidungsorientierten Betriebswirtschaftslehre, München 1976.

HEINEN, E. / PICOT,. A. (1974): Können in betriebswirtschaftlichen Kostenauffassungen soziale Kosten berücksichtigt werden? In: Betriebswirtschaftliche Forschung und Praxis, 26. Jg., Heft 4, 1974, S. 345-366.

HEINZ, I. (1983): Volkswirtschaftliche Kosten der Luftverunreinigungen, Forschungsbericht 79-10404102 im Auftrag des Umweltbundesamtes, 2. Auflage, Dortmund 1983.

HEINZ, I. (1988): Folgekosten der Luftverschmutzung. In: BECKENBACH, F. / SCHREYER, M. (Hrsg.): Gesellschaftliche Folgekosten. Was kostet unser Wirtschaftssystem?, Frankfurt 1988, S. 60-69.

HEIZMANN, B. (1989): Analyse ökonomisch bzw. ökologisch motivierter Substitutionen. In: Zeitschrift für Betriebswirtschaft, 59. Jg., Heft 2, 1989, S. 155-173.

HELD, M. (1986): Einführung: Übersicht und Kriterien für die ökologische Bilanzierung. In: HELD, M. (Hrsg.) (1986): Ökologisch Rechnen im Betrieb - Umweltbilanzierung als Grundlage umweltfreundlichen Wirtschaftens im Dienstleistungsbetrieb, Tutzinger Materialien, Nr. 33/1986, Tutzing 1986, S. 5-12.

HELD, M. (Hrsg.) (1986): Ökologisch Rechnen im Betrieb - Umweltbilanzierung als Grundlage umweltfreundlichen Wirtschaftens im Dienstleistungsbetrieb, Tutzinger Materialien, Nr. 33/1986, Tutzing 1986.

HELLER, K. (1989): Auswirkungen des verstärkten Umweltbewußtseins auf das Verhalten von Konsumenten und Unternehmern. In: LENGWILER, D. (Hrsg.): Ökologie und Umweltschutzunternehmen vor neuen Marktchanchen, Gürsch 1989, S. 23-44.

HELLMANN, H.H. (1989): Konsequenzen der Produkthaftung. Haftungsrisiko und Qualitätssicherung. In: CIM-Management, 5. Jg., Heft 4, 1989, S. 20-23.

HELMSTÄDTER, E. (1979): Wirtschaftstheorie I, Mikroökonomische Theorie, 2., verbesserte Auflage, München 1979.

HERMANN, J. (1990): Vorbeugender Umweltschutz, Entwicklung von Sicherheitstechniken. In: Zeitschrift für das gesamte Versicherungswesen, 41. Jg., Heft 1/2, 1990, S. 95-110.

HESSISCHES MINISTERIUM FÜR UMWELT UND REAKTORSICHERHEIT (Hrsg.) (1989): Umweltfreundlich haushalten ..., Wiesbaden 1989.

HICKS, J.R. (1946): Value and Capital, 2. Auflage, Oxford 1946.

HILL, C.W. / JONES, T.M. (1992): Stakeholder-Agency Theory. In: Journal of Management Studies, Vol. 29, March 1992, S. 131-154.

HILLEBRAND, R. (1981): Umweltschutz als Restriktion der Unternehmenspolitik. In: Der Betrieb, 34. Jg., Heft 39, 1981, S. 1941-1946.

HINTERHUBER, H.H. (1982): Wettbewerbsstrategie, Berlin, New York 1982.

HIROMOTO, T. (1988): Another Hidden Edge - Japanese Management Accounting. In: Harvard Business Review, Vol. 66, No. 4, 1988, S. 22-26.

HIROMOTO, T. (1989): Management Accounting in Japan - Ein Vergleich zwischen japanischen und westlichen Systemen des Management Accounting. In: Controlling, 1. Jg., Heft 6, 1989, S. 316-322.

HOFFMANN, F. (1980): Führungsorganisation, Band 1, Stand der Forschung und Konzeption, Tübingen 1980.

HOFFMANN, V. (1989): Grundsätze der Umweltpolitik. In: BJU-Umweltschutz-Berater, Grundwerk 1989, Kapitel 5.1., S. 1-16.

HOFMANN, M. (1991): Offene Rechnung. In: Manager Magazin Spezial, Umwelt-Management, o. Jg., Heft 2, 1991, S. 87-90.

HOFMANN, P. (1982): Handelsrecht, 4., überarbeitete Auflage, Frankfurt 1982.

HOFMANN, R. (1992): Interne Revision, Aufgaben. In: COENENBERG, A.G. / VON WYSOCKI, K. (Hrsg.): Handwörterbuch der Revision, Stuttgart 1992, Sp. 855-864.

HÖH, H. (1991): Ansätze zur inhaltlichen Abgrenzung des Umweltbegriffs in einer Umweltökonomischen Gesamtrechnung. In: STATISTISCHES BUNDESAMT (Hrsg.): Wege zu einer Umweltökonomischen Gesamtrechnung. Ein Diskussionsbeitrag des Statistischen Bundesamtes, Schriftenreihe Forum der Bundesstatistik, Band 16, Wiesbaden 1991, S. 13-19.

HÖHFELD, T. (1990): Wirtschaft und Umwelt aus Verbrauchersicht. In: Markenartikel, 52. Jg., Heft 5, 1990, S. 188-195.

HOMOLKA, W. (1990): Umweltfonds - Investieren in die Zukunft, Bonn 1990.

HOPFENBECK, W. (1990): Umweltorientiertes Management und Marketing: Konzepte, Instrumente, Praxisbeispiele, Landsberg am Lech 1990.

HOPFENBECK, W. (1990a): Allgemeine Betriebswirtschafts- und Managementlehre: das Unternehmen im Spannungsfeld zwischen ökonomischen, sozialen und ökologischen Interessen, 2. durchgesehene Auflage, Landsberg am Lech 1990.

HORST, P.M. (1990): Umweltschutz - eine Herausforderung an die Geschäftspolitik der Banken. In: Bank und Markt, 19. Jg., Heft 7, 1990, S. 21-23.

HORST, P.M. (1991): Umweltorientierte Unternehmensführung: Öko-Check für die Unternehmensstrategie. In: Gablers Magazin, 5. Jg., Heft 6, 1991, S. 10-16.

HORVATH, P. (1990): Controlling, 3., neubearbeitete Auflage, München 1990.

HORVATH, P. (1990a): Revolution im Rechnungswesen: Strategisches Kostenmanagement. In: HORVATH, P. (Hrsg.): Strategieunterstützung durch das Controlling: Revolution im Rechnungswesen?, Stuttgart 1990, S. 175-193.

HORVATH, P. / HERTER, R.N. (1992): Benchmarking - Vergleich mit den Besten der Besten. In: Controlling, 4. Jg., Heft 1, 1992, S. 4-11.

HORVATH, P. / MAYER, R. (1989): Prozeßkostenrechnung - Der neue Weg zu mehr Kostentransparenz und wirkungsvolleren Unternehmensstrategien. In: Controlling, 1. Jg., 1989, Heft 4, S. 214-219.

HORVATH, P. / SEIDENSCHWARZ, W. (1992): Zielkostenmanagement. In: Controlling, 4. Jg., Heft 3, 1992, S. 142-150.

HÜBNER, H. / JAHNES, S. (1992): Perspektiven und Lösungsansätze für ein Ökologie-orientiertes Wirtschaften: In: Das Wirtschaftsstudium, 21. Jg., Heft 7 und 8-9, 1992, S. 564-567 und 653-657.

HUISINGA, R. (1985): Technikfolgenbewertung, Bestandsaufnahme, Kritik, Perspektiven, Frankfurt 1985.

HUMMEL, S. / MÄNNEL, W. (1986): Kostenrechnung 1. Grundlagen, Aufbau und Anwendung, 4. völlig neu bearbeitete und erweiterte Auflage, Wiesbaden 1986.

HÜPEN, R. (1983): Zur ökonomischen Theorie des Recycling, Diss., Frankfurt 1983.

HUTCHINSON, D. (1992): Corporate Strategy and the Environment. In: Long Range Planning, Vol. 25, No. 4, 1992, S. 9-21.

HUTTON, R.B. (1977): Life Cycle Cost: The Impact of the Processing of New Information for Durable Goods, Ann Arbor, 1977.

INDUSTRIE- UND HANDELSKAMMER IHK Nürnberg (Hrsg.) (1988): Bericht der Forschungsgruppe "Umweltschutz und Mittelstand" für den Zeitraum Januar 1986 bis Oktober 1987 über den Modellversuch "Verstärkte Berücksichtigung mittelstandspolitischer Gesichtspunkte im Rahmen der Umweltpolitik, Forschungsvorhaben 101 03 108, Nürnberg 1988.

INSTITUT FÜR ANGEWANDTE INNOVATIONSFORSCHUNG e. V. (Hrsg.) (1989): Innovationsforschung 1989, Schwerpunktthema Innovation und Umwelt, Jahresbericht, Bochum 1989.

INSTITUT FÜR ÖKOLOGIE UND UNTERNEHMENSFÜHRUNG e. V. AN DER EUROPEAN BUSINESS SCHOOL / INSTITUT FÜR WIRTSCHAFT UND GESELLSCHAFT BONN e. V. (Hrsg.) (1988): Verantwortung für die Zukunft - Konsequenzen begrenzter Ressourcen für Wissenschaft, Wirtschaft und Gesellschaft, Berichtsband über eine gemeinsame Konferenz am 15. September 1988 in Frankfurt am Main, Bonn 1988.

INTERNATIONALE HANDELSKAMMER (ICC) (Hrsg.) (1989): Umweltschutz Audits, Positionspapier des ICC-Executive Boards, Köln 1989.

INVESTOR RESPONSIBILITY RESEARCH CENTER (Hrsg.) (1991): Investor's Environmental Report, Washington D.C. 1991.

JAHNKE, B. (1986): Betriebliches Recycling. Produktionswirtschaftliche Probleme und betriebswirtschaftliche Konsequenzen, Wiesbaden 1986.

JÄNICKE, M. (1988): Ökologische Modernisierung. Optionen und Restriktionen präventiver Umweltpolitik. In: SIMONIS, U.-E. (Hrsg.): Präventive Umweltpolitik, Frankfurt/New York 1988.

JASCH, C. / HEGENBART, B. / HRAUDA, G. / REGATSCHNIG, H. (1991): BIOPAC Plan Ökobilanz, Wien 1991.

JEHLE, E. (1991): Wertanalyse - Ein System zum Lösen komplexer Probleme. In: Wirtschaftswissenschaftliches Studium, 20. Jg., Heft 6, 1991, S. 287-294.

JETTER, U. (1982): Material- und Energiebilanzen als Methode des Betriebsvergleichs am Beispiel einer Untersuchung mittelständischer Brauereien, Eschborn 1982.

JONAS, H. (1979): Das Prinzip Verantwortung, Frankfurt 1989.

JORDAN, E. (1978): Empirische Aspekte der Messung und Bewertung von Umweltschäden aus ökonomischer Sicht, Institut für Umweltschutz der Universität Dortmund, Werkstattreihe Heft 1, Dortmund 1978.

JUNCKER, K. (1990): Umweltschutz - Herausforderung und Verpflichtung. In: Bank und Markt, 19. Jg., Heft 7, 1990, S. 16-20.

JÜNEMANN, R. / MÜLLER, M. / HOLZHAUER, R. (1989): Die Rolle des Schienenverkehrs bei der Bewältigung der Entsorgungsaufgaben der Zukunft. In: Die Bundesbahn, o. Jg., Heft 9, 1989, S. 763-767.

KAINZ, R. (1984): Ausschuß-Controlling. In: Kostenrechungspraxis, 28. Jg., Heft 1, 1984, S. 27-33.

KAMMEL, A. / GROTH, U. (1992): Wettbewerbsvorteile durch ökologieorientiertes Management: Unternehmen mit Öko-Controlling steuern. In: Gablers Magazin, 6. Jg., Heft 5, 1992, S. 40-46.

KANATSCHNIG, D. (1989): Von der ökonomischen Umweltbewertung zur ökologischen Wirtschaftspolitik. In: LEIPERT, C. / ZIESCHANK, R. (Hrsg.): Perspektiven der Wirtschafts- und Umweltberichterstattung, Berlin 1989, S. 265-277.

KANT, I. (1903): Grundlegung zur Metaphysik der Sitten. In: WW (Akademie), Band 4, Berlin 1903, S. 385-464.

KAPLAN, A.D.H. / DIRLAM, J.B. / LANZILOTTI, R.F. (1958): Pricing in Big Business, Washington 1958.

KAPP, K.W. (1972): Zur Praxis der Umweltpolitik und der Umweltplanung. In: KAPP, K.W. / VILMAR, F. (Hrsg.): Sozialisierung der Verluste?, München 1972, S. 153-170.

KAPP, K.W. (1979): Soziale Kosten der Marktwirtschaft - Das klassische Werk der Umweltökonomie, Übersetzung der 2. Auflage der "Social Costs of Business Enterprise", Frankfurt 1979.

KAUFMANN, R.J. (1970): Life Cycle Costing: A Decision-Making Tool for Capital Equipment Acquisition. In: Cost and Management, o. Jg., March-April 1970, S. 21-28.

KEITER, H. (1980): Umweltschutzkosten. In: Umwelt und Energie, Handbuch für die betriebliche Praxis, Gruppe 3/96, Freiburg im Breisgau 1980, S. 1-8.

KENNEDY, W.V. (1985): Environmental Impact Assessment and Highway Planning, A Comparative Case Study of the United States and the Federal Republic, Berlin 1985.

KESSEL, H. / TISCHLER, W. (1984): Umweltbewußtsein, Berlin 1984.

KESSEL, H. / ZIMMERMANN, K. (1985): Budgetpräferenzen und Zeitpräferenzen für öffentliche Ausgaben, Internationales Institut für Umwelt und Gesellschaft (IIUG), IIUG dp 85-4, Berlin 1985.

KILGER, W. (1987): Einführung in die Kostenrechnung, 3. durchgesehene Auflage, Wiesbaden 1987.

KIRCHGEORG, M. (1990): Ökologieorientiertes Unternehmensverhalten: Typologien und Erklärungsansätze auf empirischer Grundlage, Diss., Wiesbaden 1990.

KIRCHGEORG, M. (1990a): Öko-Marketing. In: Die Betriebswirtschaft, 50. Jg., Heft 2, 1990, S. 269-270.

KIRSCH, G. (1991): Umweltbewußtsein und Umweltverhalten - Eine theoretische Skizze eines empirischen Problems. In: Zeitschrift für Umweltpolitik und Umweltrecht, 14. Jg., Heft 3, 1991, S. 249-261.

KIRSCH, W. / ESSER, W.-M. / HÖFNER, K. / WIESELHUBER, N. / FRIEDRICH, R. (1985): Der Stand der Strategischen Unternehmensführung in der Bundesrepublik Deutschland und West-Berlin. In: GRÜNEWALD, H.-G. / KILGER, W. / SEIFF, W. (Hrsg.): agplan-Handbuch zur Unternehmensplanung, Band 1, Nr. 113, S. 1-21.

KISTNER, K.P. (1989): Umweltschutz in der betrieblichen Produktionsplanung. In: Betriebswirtschaftliche Forschung und Praxis, 41. Jg., Heft 1, 1989, S. 30-50.

KISTNER, K.P. / STEVEN, M. (1991): Management ökologischer Risiken in der Produktionsplanung. In: Zeitschrift für Betriebswirtschaft, 61. Jg., Heft 11, S. 1307-1336.

KLEINE-WEISCHEDE, K. (1991): Umweltschutz - eine Aufgabe für alle Führungskräfte und Mitarbeiter. In: Personalführung, o. Jg., Heft 3, 1991, S. 145-146.

KLEMMER, P. (1990): Umweltschutz und Wirtschaftlichkeit, Berlin 1990.

KLEMMER, P. (1991): Harmonisierung der Umweltpolitik in der EG. In: Wirtschaftsdienst, 71. Jg., Nr. 5, 1991, S. 262-268.

KLINKHAMMER, G. (1990): Das neue Produkthaftungsgesetz. In: Die Versicherungspraxis, 80. Jg., Heft 1, 1990, S. 6-9.

KLOOCK, J. (1978): Aufgaben und Systeme der Unternehmensrechnung. In: Betriebswirtschaftliche Forschung und Praxis, 30. Jg., Heft 6, 1978, S. 493-510.

KLOOCK, J. (1990): Umweltkostenrechnung. In: SCHEER, A.-W. (Hrsg.): Rechnungswesen und EDV, 11. Saarbrücker Arbeitstagung 1990, S. 129-156.

KLOOCK, J. (1990a): Ökologieorientierte Kostenrechnung als Umweltkostenrechnung, Diskussionsbeiträge zum Rechnungswesen der Wirtschafts- und Sozialwissenschaftlichen Fakultät der Universität Köln, Beitrag Nr. 2, Köln 1990.

KLOOCK, J. (1990b): Umweltschutz in der betrieblichen Abwasserwirtschaft. In: Das Wirtschaftsstudium, 19. Jg., Heft 2, 1990, S. 107-113.

KLOOCK, J. (1992): Neuere Entwicklungen betrieblicher Umweltkostenrechnungen. In: WAGNER, G.R. (Hrsg.): Wissenschaftliche Tagung "Information und Umweltschutz", Kurzfassungen - Thesenpapiere - Abstracts, Düsseldorf 1992, S. 1-9.

KLOOCK, J. (1992a): Kostenrechnung mit integrierter Umweltschutzpolitik als Umweltkostenrechnung. In: MÄNNEL, W. (Hrsg.): Handbuch Kostenrechnung, Wiesbaden 1992, S. 929-940.

KLOOCK, J. / SIEBEN, G. / SCHILDBACH, T. (1991): Kosten- und Leistungsrechnung, 6., überarbeitete und erweiterte Auflage, Düsseldorf 1991.

KLÖPFER, M. (1989): Umweltrecht, München 1989.

KLUCKHOHN, C. (1967): Values and Value Orientations in the Theory of Action. In: PARSONS, T. / SHILS, E. A. (Hrsg.): Towards a General Theory of Action, Cambridge, Massachusetts, S. 388-433.

KNEESE, A.V. (1971): Background for the Economic Analysis of Environmental Pollution. In: Swedish Journal of Economics, Vol. 73, 1971, S. 1-24.

KNEESE, A.V. / AYRES, R.U. / D'ARGE, R.C. (1970): Economics and the Environment. A Materials Balance Approach, Baltimore, London 1970.

KNOPP, L. / STRIEGL, S. (1992): Umweltschutzorientierte Betriebsorganisation zur Risikominimierung. In: Betriebs-Berater, 47. Jg., Heft 29, 1992, S. 2009-2018.

KNÜPPEL, H. (1989): Umweltpolitische Instrumente: Analyse der Bewertungskriterien und Aspekte einer Bewertung, Baden-Baden 1989.

KOCH, H. (1958): Zur Diskussion über den Kostenbegriff. In: Zeitschrift für betriebswirtschaftliche Forschung, 10. Jg., 1958, S. 355-399.

KÖLBEL, H. / SCHULZE, J. (1982): Projektierung und Vorkalkulation in der chemischen Industrie, Berlin u. a. 1982.

KOMMISSION DER EUROPÄISCHEN GEMEINSCHAFTEN (Hrsg.) (1992): Vorschlag für eine Richtlinie des Rates zur Einführung einer Steuer auf Kohlendioxidemissionen und Energie, KOM (92) 226 vom 30. Juni 1992, Brüssel 1992.

KOPITSKY, J.J. / BETZENBURGER, E.T. (1987): Should the Banks Lend to Companies with Environmental Problems: For and Against. In: Journal of Commercial Bank Lending, July 1987, S. 4-13.

KORNWACHS, K. (1991): Glanz und Elend der Technikfolgenabschätzung. In: KORNWACHS, K. (Hrsg.): Reichweite und Potential der Technikfolgenabschätzung, Stuttgart 1991.

KOTYCZKA, C. (1989): Theoretische und praktische Grundfragen bei der Einbeziehung der Umweltverträglichkeitsprüfung in den Prozeß der Investitionsvorbereitung. In: DORN, S. (Hrsg.): Die Integration von Umwelterfordernissen in die Leitung, Planung und Stimulierung der Industriebetriebe, Dresden 1989, S. 59-64.

KRÄMER, H. (1990): Die Erschließung innovativer strategischer Geschäftsbereiche als Beitrag zum aktiven Umweltschutz. In: WAGNER, G.R. (Hrsg.): Unternehmung und ökologische Umwelt, München 1990, S. 138-148.

KREIBICH, R. u. a. (Hrsg.) (1991): Ökologisch produzieren: Zukunft der Wirtschaft durch umweltfreundliche Produkte und Produktionsverfahren, Basel 1991.

KREIKEBAUM, H. (1988): Kehrtwende zur Zukunft, Stuttgart 1988.

KREIKEBAUM, H. (1988a): Die Steuerung von Innovationsinitiativen am Beispiel des betrieblichen Umweltschutzes. In: LÜCKE, W. (Hrsg.): Betriebswirtschaftlihce Steuerungs- und Kontrollprobleme, Wiesbaden 1988, S. 153-162.

KREIKEBAUM, H. (1989): Strategische Unternehmensplanung, 3., erweiterte Auflage, Stuttgart u.a. 1989.

KREIKEBAUM, H. (1992): Integrierter Umweltschutz (IUS) durch strategische Planungs- und Controlling-Instrumente. In: STEGER, U. (Hrsg.): Handbuch des Umweltmanagements: Anforderungs- und Leistungsprofile von Unternehmen und Gesellschaft, München 1992, S. 257-270.

KREILKAMP, E. (1987): Strategisches Management und Marketing, Berlin 1987.

KRÜGER, B. (1975): Externe Effekte der Produktion als Problem der Wirtschaftspolitik - Theoretische Lösungskonzepte und praktische Anwendungsmöglichkeiten, Frankfurt am Main 1975.

KRÜGER, W. (1974): Umweltwandel und Unternehmungsverhalten. In: Zeitschrift für Organisation, 43. Jg., Nr. 2, 1974, S. 62-70.

KRYSTEK, U. / BEHRENDT, I. (1991): Ökologieorientierte Frühaufklärung: Damit der Öko-Crash ausbleibt. In: Gablers Magazin, 5. Jg., Heft 6, 1991, S. 16-20.

KRYSTEK, U. / BEHRENDT, I. (1991a): Früherkennung ökologisch orientierter Chancen und Risiken (Teil I). In: Forschungsinformationsdienst Ökologisch orientierte Betriebswirtschaftslehre (FÖB), 12. Ausgabe, November/Dezember 1991, S. 14-19.

KRYSTEK, U. / BEHRENDT, I. (1992): Früherkennung ökologisch orientierter Chancen und Risiken (Teil II). In: Forschungsinformationsdienst Ökologisch orientierte Betriebswirtschaftslehre (FÖB), 13. Ausgabe, September 1992, S. 10-113.

KUBICEK, H. /THOM, N. (1976): Umsystem, betriebliches. In: GROCHLA, E. / WITTMANN, W. (Hrsg.): Handwörterbuch der Betriebswirtschaft, 4. Auflage, Stuttgart 1976, S. 3977-4017.

KUHN, K. (1990): Ökologische Umgestaltung des Steuersystems in den neunziger Jahren. In: Zeitschrift für betriebswirtschaftliche Forschung, 42. Jg., Heft 9, 1990, S. 733-750.

KUMM, J. (1975): Wirtschaftswachstum, Umweltschutz, Lebensqualität, Eine systematische Analyse für die Bundesrepublik Deutschland bis zum Jahr 2000, Stuttgart 1975.

KUNERT AG (Hrsg.) (1991): Ökobericht 1991, Immenstadt 1991.

KUNERT AG (Hrsg.) (1992): Ökobericht 1992, Immenstadt 1992.

KÜPPER, H.-U. (1989): Rechnungswesen und Allgemeine Betriebswirtschaftslehre. In: KIRSCH, W. / PICOT, A. (Hrsg.): Die Betriebswirtschaftslehre im Spannungsfeld zwischen Generalisierung und Spezialisierung, Wiesbaden 1989, S. 215-233.

KÜPPER, H.-U. (1989a): Beschaffung. In: BITZ, M. / DELLMANN, K. / DOMSCH, M. / EGNER, H. (Hrsg.): Vahlens Kompendium der Betriebswirtschaftslehre, München 1989, S. 193-252.

KÜPPER, H.-U. (1990): Verknüpfung von Investitions- und Kostenrechnung als Kern einer umfassenden Planungs- und Kontrollrechnung. In: Betriebswirtschaftliche Forschung und Praxis, 42. Jg., Heft 4, 1990, S. 253-267.

KÜPPER, H.-U. / HOFFMANN, H. (1988): Ansätze und Entwicklungstendenzen des Logistik-Controlling in Unternehmen der BRD. In: Die Betriebswirtschaft, 48. Jg., Heft 5, 1988, S. 587-601.

KUPSCH, P. (1979): Unternehmungsziele, Stuttgart/New York 1979.

KUSCHLANSKI, G. (1986): Ökonomische Bewertung natürlicher Ressourcen. Eine theoretische und empirische Analyse unter Potentialaspekten, Diss., Giessen 1986.

LANDESGIROKASSE (Hrsg.) (1992): Öko-Bericht 1992, Stuttgart 1992.

LANDSBERG, G. / LÜLLING, W. (1990): Das neue Umwelthaftungsgesetz. In: Der Betrieb, 43. Jg., Heft 44, 1990, S. 2205-2211.

LANDSBERG, G. / LÜLLING, W. (1991): Die Ursachenverschmutzung und die Auskunftsansprüche nach dem neuen Umwelthaftungsgesetz. In: Der Betrieb, 44. Jg., Heft 9, 1991, S. 479-484.

LANGE, C. (1974): Die Rentabilitätswirkung steuerlicher Sonderabschreibungen auf Wirtschaftsgüter, die dem Umweltschutz dienen. In: Die Wirtschaftsprüfung, 27. Jg., Heft 21, 1974, S. 573-580.

LANGE, C. (1978): Umweltschutz und Unternehmensplanung - Die betriebswirtschaftliche Anpassung an den Einsatz umweltpolitischer Instrumente, Wiesbaden 1978.

LANGE, C. / WITT, M. (1992): Umweltschutz-Controlling und Europäischer Binnenmarkt. In: REICHMANN, T. / VOßSCHULTE, A. (Hrsg.): Europa ohne Grenzen, München 1992.

LAPPE, T.M. (1992): Lauterkeitsrechtliche Aspekte der Kennzeichnung von Produkten mit Hilfe des "Grünen Punktes". In: Betriebs-Berater, 47. Jg., Heft 24, 1992, S. 1661-1665.

LAUFF, R.J. (1993): Umweltschutz-Audit: Das Konzept der ICC, Seminarunterlagen der Europäischen Umweltakademie im Kreis Borken e. V. und der Fresenius Akademie, Dortmund in Borken am 17./18.02.1993.

LAUK, K.J. (1990): Strategisches Controlling und Organizational-Leverage. In: HORVATH, P. (Hrsg.): Strategieunterstützung durch das Controlling: Revolution im Rechnungswesen? Stuttgart 1990, S. 75-88.

LAUX, H. (1989): Grenzen integrativer Anreizsysteme. In: DELFMANN, W. (Hrsg.): Der Integrationsgedanke in der Betriebswirtschaftslehre, Wiesbaden 1989, S. 199-218.

LEDERER, K. (1983): Aufrechnung von Umweltqualität? Ansätze zur Erfassung von Umweltbelastungen. In: REICH, U.-P. / STAHMER, C. (Hrsg.): Gesamtwirtschaftliche Wohlfahrtsmessung und Umweltqualität, Frankfurt, New York 1983, S. 129-149.

LEFFSON, U. (1992): Systemprüfung. In: COENENBERG, A.G. / VON WYSOCKI, K. (Hrsg.): Handwörterbuch der Revision, Stuttgart 1992, Sp. 1925-1930.

LEHBERT, B. (1972): Die volkswirtschaftlichen Kosten des Umweltschutzes. In: Weltwirtschaftliches Archiv, Band 108, 1972, S. 298-318.

LEHMANN, S. (1990): Ökobilanzen und Ökocontrolling als Instrumente einer präventiven Umweltpolitik in Unternehmen. In: FLEISCHER, G. (Hrsg.): Vermeidung und Verwertung von Abfällen, Berlin 1990, S. 101-109.

LEHMANN, S. (1992): Öko-Controlling. In: BJU-Umweltschutz-Berater, 10. Ergänzungslieferung, März 1992, Kapitel 4.9.2., S. 1-20.

LEIPERT, C. (1985): Folgekosten des Wachstums als Wachstumsstimulans. Zur Notwendigkeit der Entwicklung eines bereinigten Nettokonsumindikators und eines Tableaus defensiver Ausgaben, Ein Orientierungspapaier, Internationales Institut für Umwelt und Gesellschaft (IIUG), IIUG dp 85-7, Berlin 1985.

LEIPERT, C. (1987): Folgekosten des Wirtschaftsprozesses und volkswirtschaftliche Gesamtrechnung. Zur Identifikation von steigenden kompensatorischen Ausgaben in der Sozialproduktrechnung, Projektbericht, Internationales Institut für Umwelt und Gesellschaft (IIUG), IIUG dp 87-22, Berlin 1987.

LEIPERT, C. (1988): Wachstum, Naturverlust, Folgekosten - Die brisanten Konsequenzen des ökonomischen Wachstumskonzepts. In: Universitas, 43. Jg., Heft 11, 1988, S. 1184-1201.

LEIPERT, C. (1989): Defensive Ausgaben und Sozialproduktrechnung - Zur Identifikation von versteckten Kosten der Wirtschaftsentwicklung. In: LEIPERT, C. / ZIESCHANK, R. (Hrsg.): Perspektiven der Wirtschafts- und Umweltberichterstattung, Berlin 1989, S. 177-203.

LEISINGER, K. (1993): Hoffnung als Prinzip, Basel 1993.

LEONTIEFF, W. u. a. (1977): The Future of the World Economy, New York 1977.

LOCHTHOWE, R. (1991): Strategisches Logistik-Controlling. In: Controlling, 3. Jg., Heft 6, November/Dezember 1991, S. 312-319.

LOHMEYER, J. (1984): Technology Assessment: Anspruch, Möglichkeiten und Grenzen, Diss., Bonn 1984.

LÜCKE, W. (1989): Das Rechnungswesen im Unternehmen und im Betrieb. In: DELFMANN, W. (Hrsg.): Der Integrationsgedanke in der Betriebswirtschaftslehre, Wiesbaden 1989, S. 219-253.

LUTZKY, N. (1987): Zukunftsaufgabe Ökologie - ein Verantwortungsbereich im strategischen Management. In: FÖRDERKREIS UMWELT FUTURE e. V. (Hrsg.): Umweltschutz - Gewinn für die Zukunft, Lengerich 1987, S. 13-23.

MAAS, C. (1987): Einfluß des Abwasserabgabengesetzes auf Emissionen und Innovationen. In: Zeitschrift für Umweltpolitik und Umweltrecht, 10. Jg., Heft 1, 1987, S. 65-85.

MAG, W. (1976): Mehrfachziele, Zielbeziehungen und Zielkonfliktlösungen. In: Wirtschaftswissenschaftliches Studium, 5. Jg., Heft 2, 1976, S. 49-55.

MAGEE, J.F. u. a. (1985): Modern Logistics Management, New York 1985.

MÄNNEL, W. (1981): Rechnungswesen. In: ALBERS, W. u. a. (Hrsg.): Handwörterbuch der Wirtschaftwissenschaften, Stuttgart 1981, S. 456-478.

MÄNNEL, W. (1992): Anpassung der Kostenrechnung an moderne Unternehmensstrukturen. In: Kostenrechnungspraxis, 36. Jg., Heft 2, 1992, S. 87-100.

MÄNNEL, W. (1992a): Kostenmanagement - Bedeutung und Aufgaben. In: Kostenrechnungspraxis, 36. Jg., Heft 5, 1992, S. 289-291.

MANSKI, E.-E. (1990): Umweltschutz schafft neue Bankprodukte. In: Die Bank, 30. Jg., Heft 12, 1990, S. 679-683.

MANSKI, E.-E. (1991): Ökologische Buchhaltung und Umweltbilanz. In: Die Bank, 31. Jg., Heft 7, 1991, S. 369-373.

MANSKI, E.-E. (1992): Ökologische Kriterien der Kreditvergabe. In: Die Bank, 32. Jg., Heft 11, 1992, S. 662-667.

MARBURGER, E.-A. (1974): Die Ökonomische Beurteilung der städtischen Umweltbelastung durch Automobilabgase - Methoden und Quantifizierungsversuche, Diss., Köln 1974.

MARINELL, G. (1986): Statistische Auswertung, 3. Auflage, München/Wien 1986.

MARLIN, J.T. (1973): Accounting for Pollution. In: The Journal of Accountancy, Vol. 148, February 1973, S. 41-46.

MARR, R. (1989): Betrieb und Umwelt. In: BITZ, M. / DELLMANN, K. / DOMSCH, M. / EGNER, H. (Hrsg.): Vahlens Kompendium der Betriebswirtschaftslehre, Band 1, 2., überarbeitete und erweiterte Auflage, München 1989, S. 47-114.

MARSHALL, A. (1925): Principles of Economics, 8. Auflage, London 1925.

MATSCHKE, J. / LEMSER, B. (1992): Entsorgung als betriebliche Grundfunktion. In: Betriebswirtschaftliche Forschung und Praxis, 44. Jg., Heft 3, 1992, S. 85-101.

McCARTHY, J.F. / NOVAK, S.J. (1975): Design-to-Cost and Life Cycle Costing in the Aerospace Industry. In: Industrialization Forum, Vol. 6, No. 3-4, 1975, S. 37-51.

McKELVEY, V.E. (1973): Mineral Resource Estimates and Public Policy. In: U.S. Geological Survey Professional Paper No. 820, S. 9-19.

MEADOWS, D. u. a. (1972): The Limits of Growth, Washington 1972.

MEADOWS, D. u. a. (1992): Die neuen Grenzen des Wachstums, 4. Auflage, Stuttgart 1992.

MEFFERT, H. (1986): Marketing und strategische Unternehmensplanung - ein wettbewerbsorientierter Kontingenzansatz. In: HAHN, D. / TAYLOR, B. (Hrsg.): Strategische Unternehmensplanung: Stand und Entwicklungstendenzen, 4., veränderte und erweiterte Auflage, Heidelberg, Wien 1986, S. 660-683.

MEFFERT, H. (1988): Ökologisches Marketing als Antwort der Unternehmen auf aktuelle Problemlagen der Umwelt. In: BRANDT, A. / HANSEN, U. / SCHOENHEIT, J. / WERNER, K. (Hrsg.): Ökologisches Marketing, New York 1988, S. 131-158.

MEFFERT, H. / BENKENSTEIN, M. / SCHUBERT, F. / WALTHER, T. (1986): Unternehmensverhalten und Umweltschutz - Ergebnisse einer empirischen Untersuchung in der Bundesrepublik Deutschland - Arbeitspapier Nr. 31 der Wissenschaftlichen Gesellschaft für Marketing und Unternehmensführung e. V., Münster 1986.

MEFFERT, H. / BRUHN, M. / SCHUBERT, F. / WALTHER, T. (1985): Marketing und Ökologie - eine Bestandsaufnahmen, Arbeitspapier Nr. 25 der Wissenschaftlichen Gesellschaft für Marketing und Unternehmensführung e. V., Münster 1985.

MEFFERT, H. / BRUHN, M. / SCHUBERT, F. / WALTHER, T. (1986): Marketing und Ökologie - Chancen und Risiken umweltorientierter Absatzstrategien der Unternehmungen. In: Die Betriebswirtschaft, 46. Jg., Heft 2, 1986, S. 140-159.

MEFFERT, H. / KIRCHGEORG, M. (1989): Umweltschutz als Unternehmensziel, Arbeitspapier Nr. 50 der Wissenschaftlichen Gesellschaft für Marketing und Unternehmensführung e. V., Münster 1989.

MEFFERT, H. / KIRCHGEORG, M. (1989a): Umweltschutz als Unternehmensziel. In: SPECHT, G. / SILBERER, G. / ENGELHARDT, W.H. (Hrsg.): Marketing-Schnittstellen - Herausforderungen für das Management, Stuttgart 1989, S. 179-199.

MEFFERT, H. / KIRCHGEORG, M. (1992): Marktorientiertes Umweltmanagement - Grundlagen und Fallstudien, Stuttgart 1992.

MEFFERT, H. / KIRCHGEORG, M. / OSTMEIER, H. (1988): Analysekonzepte und strategische Optionen des ökologieorientierten Marketing. In: Thexis, 5. Jg., Heft 3, 1988, S. 22-27.

MEFFERT, H. / KIRCHGEORG, M. / OSTMEIER, M. (1989): Strategisches Marketing und Umweltschutz - Empirische Analyse von Einflußfaktoren und Erfolgseinschätzungen des ökologieorientierten Unternehmensverhaltens - Arbeitspapier Nr. 53 der Wissenschaftlichen Gesellschaft für Marketing und Unternehmensführung e. V., Münster 1989.

MENTH, G.K. (1989): Prozeß der umweltorientierten Umstrukturierung: Auf die Herausforderung Umweltschutz reagieren. In: Gablers Magazin, 3. Jg., Heft 5, 1989, S. 50-52.

MERKISCH, D. (1990): Haftung für Umweltschäden. In: Betriebs-Berater, 45. Jg., Heft 4, 1990, S. 223-227.

MESAROWIC, M. / PESTEL, E. (1974): Menschheit am Wendepunkt. 2. Bericht an den Club of Rome zur Weltlage, Stuttgart 1974.

METZGER, A.G. (1987): Zur Problematik der Berücksichtigung ökologischer Aspekte bei der investitionsrechnerischen Beurteilung von Luftreinhaltemaßnahmen, Diss., Mannheim 1987.

MICHAEL, B.M. (1990): Wenn der Fortschritt plötzlich zum Rückschritt wird. In : Horizont, Nr. 46, 1990, S. 38.

MICHAELIS, H. (1991): Die CO_2-Initiative der EG. In: Energiewirtschaftliche Tagesfragen, 41. Jg., Heft 12, 1991, S. 778-787.

MICHALSKI, L. (1991): Zivilrechtlicher Nachbarschutz bei durch Schadstoffe in der Luft kontaminierten Boden. In: Der Betrieb, 44. Jg., Heft 26, 1991, S. 1365-1371.

MICHALSKI, W. (1965): Grundlegung eines operationalen Konzepts der Social Costs, Tübingen 1965.

MIERHEIM, H. (1986): Ökologische Buchhaltung und Umweltkennziffern. In: HELD, M. (Hrsg.): Ökologisch Rechnen im Betrieb - Umweltbilanzierung als Grundlage umweltfreundlichen Wirtschaftens im Dienstleistungsbetrieb, Tutzinger Materialien, Nr. 33/1986, Tutzing 1986, S. 13-23.

MILES, R. / CAMERON, K. (1982): Coffin Nails and Corporate Strategies, Englewood Cliffs 1982.

MILES, R. / SNOW, C. (1978): Organisational Strategy, Structure and Process, New York u. a. 1978.

MILL, J.S. (1979): Über den stationären Zustand. In: SIEBERT, H. (Hrsg.): Umwelt und wirtschaftliche Entwicklung, Darmstadt 1979, S. 15-22. Englische Fassung: Principles of Political Economy, London 1848.

MILLER, J.G. / VOLLMAN, T.E. (1985): The hidden factory. In: Harvard Business Review, Vol. 55, No. 5, 1985, S. 142-150.

MINTZBERG, H. (1983): Power in and around organizations, Englewood Cliffs 1983.

MISHAN, E.J. (1971): The Postwar Literature on Externalities: An Interpretative Essay. In: The Journal of Economic Literature, Vol. 9, No. 1, 1971, S. 1-28.

MISHAN, E.J. (1974): What is the Optimal Level of Pollution? In: Journal of Political Economy, Vol. 82, No. 6, 1974, S. 1287-1299.

MÖLLER, H.-W. (1986): Prinzipien der Umweltpolitik. In: Wirtschaftswissenschaftliches Studium, 15. Jg., Heft 11, 1986, S. 571-574.

MONHEMIUS, K.C. (1990). Divergenzen zwischen Umweltbewußtsein und Kaufverhalten - Ansätze zur Operationalisierung und empirische Ergebnisse, Arbeitspapier Nr. 38 des Instituts für Marketing, Münster 1990.

MOSTHAF, H. (1991): Aufgabe und Struktur einer Ökobilanz. In: Wirtschaftwissenschaftliches Studium, 20. Jg., Heft 4, 1991, S. 191- 193.

MÜLLENDORF, R. (1981): Umweltbezogene Unternehmensentscheidungen unter besonderer Berücksichtigung der Energiewirtschaft, Diss., Frankfurt am Main 1981.

MÜLLER, A.P. (1991): Entsorgung von Produktionsabfällen am Beispiel "BMW". In: REFA - ARBEITSKREIS INDUSTRIAL ENGINEERING (AKIE) (Hrsg.): Deutsches IE - Jahrbuch 1991, IE - Offensive "Logistik und Produktivität", Kapitel 8, Darmstadt 1991, S. 1-4.

MÜLLER-WENK, R. (1978): Die ökologische Buchhaltung. Ein Informations- und Steuerungsinstrument für umweltkonforme Unternehmenspolitik, Frankfurt, New York 1978.

NAUSCHÜTT, J. (1990): Recht und Technologie der Umweltsanierung, 1. Auflage, Baden-Baden 1990.

NEUMARKTER LAMMSBRÄU (Hrsg.) (1992): Öko-Bilanz und Öko-Controlling - Kurzfassung, Neumarkt 1992.

NIEMEYER, A. / SARTORIUS, B. (1992): Umwelt-Auditing. In: STEGER, U. (Hrsg.): Handbuch des Umweltmanagements: Anforderungs- und Leistungsprofile von Unternehmen und Gesellschaft, München 1992, S. 311-328.

NIKOLAI, L.A. / BAZLEY, J.D. / BRUMMET, R.L. (1976): The Measurement of Corporate Environmental Activity. In: Management Accounting, Vol. 58, June 1976, S. 38-40.

NÜßGENS, K.H. (1974): Umweltschutz als eine Führungsaufgabe im Unternehmen. In: Fortschrittliche Betriebsführung, 23. Jg., Heft 2, 1974, S. 111-125.

NYDEGGER, A. (1972): Die Social Costs des Umweltungleichgewichts. In: VON WALTERSKIRCHEN, M.P. (Hrsg.): Umweltschutz und Wirtschaftswachstum, München 1972, S. 143-154.

O. V. (1993c): Duales System: Für problematische Verpackungen wird Grüner Punkt teurer. In: Süddeutsche Zeitung, Nr. 68 vom 23. März 1993, S. 27.

O. V. (1991): Standards of Ethical Conduct for Management Accountants. In: Management Accounting, Vol. 73, August 1991, S. 21.

O. V. (1991a): Marsch in die Grünanlagen. In: Finanztest, o. Jg., Heft 3, 1991, S. 12-27.

O. V. (1991b): Trotz roter Zahlen wächst die Ökobank weiter. In: Süddeutsche Zeitung vom 4.6.1991, S. 23.

O. V. (1991c): "Laxenburg Declaration on Eco-Restructuring". In: options, o. Jg., 1991, S. 4.

O. V. (1992): Ökobilanzen, Standards noch gesucht. In: Informationsdienst des Instituts der deutschen Wirtschaft vom 26. November 1992, 20. Jg., Nr. 48, 1992, S. 4-5.

O. V. (1993): Umweltberichterstattung '92: Ausführliche und meist sachbezogen. In: Informationsdienst des Instituts der deutschen Wirtschaft vom 11. Februar 1993, 19. Jg., Nr. 6, 1993, S. 2.

O. V. (1993a): Müll in Zahlen. In: Informationsdienst des Instituts der deutschen Wirtschaft vom 4. März 1993, 19. Jg., Nr. 9, 1993, S. 1.

O. V. (1993b): Wirtschaft gegen EG-Energiesteuer. In: Süddeutsche Zeitung vom 13. 1. 1993, S. 16.

OBERENDER, P. (1986): Ökologische Marktwirtschaft - Gewässerschutz nicht gegen, sondern mit dem Markt durch Emissionszertifikate. In: Wirtschaftswissenschaftliches Studium, 15. Jg., Heft 7, 1986, S. 371-374.

ORGLAND, M.Y. (1990): Environmental Investment Funds. An Assessment of their Chances of Success in Different Industrial Countries, Beiträge zu Ökonomie und Ökologie Nr. 1/1990, Oikos-Stiftung für Ökonomie und Ökologie St. Gallen, St. Gallen 1990.

OSSENBÜHL, F. (1986): Vorsorge als Rechtsprinzip im Gesundheits-, Arbeits- und Umweltschutz. In: Neue Zeitschrift für Verwaltungsrecht, 5. Jg., Heft 3, S. 161-171.

PAECH, N. (1989): Umweltbewußtsein, Qualitätsunsicherheit und die Wirkung einer Emissionspublizität. In: Zeitschrift für Wirtschafts- und Sozialwissenschaften, 109. Jg., 1989, S. 385-398.

PALME, C.E. (1991): Das Unternehmen im Zugriff europäischer und nationaler Umweltgesetzgebung. In: Europäisches Wirtschafts- und Steuerrecht, 2. Jg., Heft 12, S. 377-387.

PARKER, J.E. (1972): Accounting and Ecology: A Perspective. In: The Journal of Accountancy, Vol. 147, October 1971, S. 41-46.

PEARCE, D. / BARBIER, E. (1991): The Greenhouse Effect: A View from Europe. In: Energy Journal, Vol. 12, No. 1, 1991, S. 147-160.

PEARCE, D. / MARKANDYA, A. / BARBIER, E.B. (1990): Blueprint for a green economy, 3. Auflage, London 1990.

PEEMÖLLER, V.H. (1989): Prüfung des Umweltschutzes durch die interne Revision. In: VOGL, J. / HEIGL, A. / SCHÄFER, K. (Hrsg.): Handbuch des Umweltschutzes, 43. Ergänzungslieferung, Band 3, Kapitel 17.1., München 1989, S. 1-20.

PEEMÖLLER, V.H. (1990): Umweltschutz als Aufgabe der internen Revision. In: Das Wirtschaftsstudium, 19. Jg., Heft 4, 1990, S. 239-244.

PERRIDON, L. / WAGNER, B. (1988): Ethische Verantwortung im Unternehmen. In: Gablers Magazin, 2. Jg., Heft 12, 1988, S. 30-34.

PFAFFENBACH, B. (1974): Theoretische Studien zur Umweltökonomik, Diss., Marburg 1974.

PFEIFFER, W. / BISCHOF, P. (1974): Produktlebenszyklen als Basis der Unternehmensplanung. In: Zeitschrift für Betriebswirtschaft, 44. Jg., Heft 10, 1974, S. 635-666.

PFOHL, H.-C. / HOFFMANN, A. / STÖLZLE, W. (1992): Umweltschutz und Logistik - Eine Analyse der Wechselbeziehungen aus betriebswirtschaftlicher Sicht. In: Journal für Betriebswirtschaft, 42. Jg., Heft 2, 1992, S. 86-103.

PFOHL, H.-C. / WÜBBENHORST, K.L. (1983): Lebenszykluskosten. Ursprung, Begriff und Gestaltungsvariablen. In: Journal für Betriebswirtschaft, 33. Jg., Heft 3, 1983, S. 142-155.

PFRIEM, R. (1987): Ansatzpunkte für ein ökologisches Rechnungswesen im Unternehmen. In: FÖRDERKREIS UMWELT FUTURE e. V. (Hrsg.): Umweltschutz - Gewinn für die Zukunft, Lengerich 1987, S. 61-72.

PFRIEM, R. (1989): Das Ökologieproblem als Gegenstand einer möglichen Unternehmensethik. In: SEIFERT, E.K. / PFRIEM, R. (Hrsg.): Wirtschaftsethik und ökologische Wirtschaftsforschung, Bern, Stuttgart 1989.

PFRIEM, R. (1989a): Ökologische Unternehmensführung. In: Schriftenreihe des Instituts für Ökologische Wirtschaftsforschung (IÖW) 13/88, Berlin 1989.

PICOT, A. (1977): Betriebswirtschaftliche Umweltbeziehungen und Umweltinformationen. Grundlagen einer erweiterten Erfolgsanalyse für Unternehmungen, Berlin 1977.

PICOT, A. (1981): Volkswirtschaftliche Kosten. In: KOSIOL, E. / CHMIELEWICZ, K. / SCHWEITZER, M. (Hrsg.): Handwörterbuch des Rechnungswesens, 2. Auflage, Stuttgart 1981.

PIETSCH, J. (1982): Das Bewertungssystem für Umwelteinflüsse ein Instrument zur Umweltverträglichkeitsprüfung. In: BECHMANN, A. (Hrsg.): Die Umweltverträglichkeitsprüfung - ein Planungsinstrument ohne politische Relevanz? Konzepte und Fallstudien, Berlin 1982, S. 117-126.

PIGOU, A.C. (1932): The Economics of Welfare, 4. Auflage, London 1932.

PILZ, A. (1992): Konsequenzen für die chemische Industrie. In: VEREIN DEUTSCHER INGENIEURE (VDI) (Hrsg.): Abfallabgabengesetz- ein Lenkungsinstrument im Meinungsstreit, VDI-Berichte Nr. 987, Düsseldorf 1992, S. 123-140.

POENSGEN, O.H. (1980): Koordination. In: GROCHLA, E. (Hrsg.): Handwörterbuch der Organisation, Stuttgart 1980, Sp. 1130-1141.

POLL, H. (1992): Konsequenzen des Abfallabgabengesetzes für die Elektrizitätswirtschaft. In: VEREIN DEUTSCHER INGENIEURE (VDI) (Hrsg.): Abfallabgabengesetz- ein Lenkungsinstrument im Meinungsstreit, VDI-Berichte Nr. 987, Düsseldorf 1992, S. 83-98.

PORTER, M.E. (1983): Wettbewerbsstrategie: Methoden zur Analyse von Branchen und Konkurrenten, Frankfurt am Main 1983.

PORTER, M.E. (1986): Wettbewerbsvorteile: Die Spitzenleistungen erreichen und behaupten, Frankfurt, New York, 1986.

POST, J.E. (1978): Corporate Behavior and Social Change, Reston 1978.

POST, J.E. (1991): Managing as if the Earth Mattered. In: Business Horizons, 34. Jg., July-August 1991, S. 32-38.

PROJEKTGRUPPE ÖKOLOGISCHE WIRTSCHAFT (Hrsg.) (1987): Produktlinienanalyse: Bedürfnisse, Produkte und ihre Folgen, Köln 1987.

PROSI, G. (1976): Umwelt und wirtschaftliche Entwicklung. In: Umweltprobleme - wirtschaftliche, politische und soziologische Aspekte - Schriftenreihe des agrarwissenschaftlichen Fachbereichs der Universität Kiel, Heft 55, Kiel 1976.

PROSI, G. (1989): Umweltressourcen und ihre Nutzungsgrenzen. In : Das Wirtschaftsstudium, 18. Jg., Heft 10, 1989, S. 572-577.

RAFFÉE, H. / FÖRSTER, F. / KRUPP, W. (1988): Marketing und unternehmerische Ökologieorientierung - Eine empirische Untersuchung unter besonderer Berücksichtigung der Lärmminderung, Arbeitspapier Nr. 63 des Instituts für Marketing, Universität Mannheim, Mannheim 1988.

RAFFÉE, H. / WIEDMANN, K.-P. (1985): Wertewandel und gesellschaftsorientiertes Marketing - Die Bewährungsprobe strategischer Unternehmensführung. In: RAFFÉE, H. / WIEDMANN, K.-P. (Hrsg.): Strategisches Marketing, Stuttgart 1985, S. 552-611.

RAFFÉE, H. / WIEDMANN, K.-P. (1986): Marketingperspektiven im Zeichen des Wertewandels. In: Die Bank, 26. Jg., Heft 12, 1986, S. 620-628.

RAFFÉE, H. / WIEDMANN, K.-P. (1987): Marketingumwelt 2000. Gesellschaftliche Mega-Trends als Basis einer Neuorientierung von Marketing-Praxis und Marketing-Wissenschaft. In: SCHWARZ, C. (Hrsg.): Marketing 2000: Perspektiven zwischen Theorie und Praxis, Wiesbaden 1987, S. 185-209.

RAIA, A.P. (1965): Goal-Setting and Self-Control. In: The Journal of Management Studies, Vol. 2, 1965, S. 34-53.

RAUTENBERG, T. (1991): Möglichkeiten einer arbeitnehmerorientierten Konzeption zur "Technologiefolgenabschätzung" (Technology Assessment), Diss., Frankfurt 1991.

REHBERGER, R. (1990): Weltweite Hausse für die grünen Aktien. In: Natur, o. Jg., Heft 1, 1990, S. 85-87.

REICHMANN, T. (1990): Controlling mit Kennzahlen. Grundlagen einer systemgestützten Controlling-Konzeption, 2. Auflage, München 1990.

REICHMANN, T. / LACHNIT, L. (1978): Das Rechnungswesen als Management-Informationssystem zur Krisenerkennung und Krisenüberwindung. In: Betriebswirtschaftliche Forschung und Praxis, 30. Jg., Heft 2, 1978, S. 203-219.

REINHARD, H. (1990): Umweltschutz. In: BUSSE VON COLBE, W. (Hrsg.): Lexikon des Rechnungswesen, München 1990, S. 485-488.

RENTZ, O. (1979): Techno-Ökonomie betrieblicher Emissionsminderungsmaßnahmen, Berlin 1979.

REPENNING, K. (1983): Umweltpolitik und betriebswirtschaftliche Praxis. In: HANNS MARTIN SCHLEYER-STIFTUNG (Hrsg.): Umweltprobleme als Herausforderung der Marktwirtschaft, Stuttgart 1983, S. 133 ff..

RIEBEL, P. (1955): Die Kuppelproduktion, Köln 1955.

RIEBEL, P. (1989): Wirtschaftsdynamik, Unternehmensführung und Unternehmensrechnung. In: Zeitschrift für Betriebswirtschaft, 59. Jg., Heft 3, 1989, S. 247-259.

RIEGER, W. (1928): Einführung in die Privatwirtschaftslehre, 1928, Neuauflage, Erlangen 1959.

RINGEISEN, P. (1988): Möglichkeiten und Grenzen der Berücksichtigung ökologischer Gesichtspunkte bei der Produktgestaltung - Theoretische Analyse und Darstellung anhand eines konkreten Beispiels aus der Lebensmittelindustrie, Diss., Bern 1988.

ROBERTS, R.W. (1992): Determinants of corporate Social Responsibility disclosure: an Application of Stakeholder Theory. In: Accounting, Organizations and Society, Vol. 17, No. 6, 1992, S. 595-612.

RÖMER, G. (1990): Umweltschutz und Controlling. In: controller magazin, o. Jg., Heft 1, 1990, S. 3-10.

ROMINSKI, D. (1991): Ökologischer Durchblick: Wie zuverlässig sind Analysen und Bilanzen. In: absatzwirtschaft, 34. Jg., Heft 8, 1991, S. 35-40.

ROTH, U. (1992): Umweltkostenrechnung, Diss., Wiesbaden 1992.

ROY, R. / WHELAN, R.C. (1992): Successful Recycling Through Value-Chain Collaboration. In: Long Range Planning, Vol. 25, No. 4, S. 62-71.

RUBENSTEIN, D.B. (1992): Bridging the Gap between Green Accounting and Black Ink. In: Accounting, Organizations and Society, Vol. 17, No. 5, 1992, S. 501-508.

RUBIK, F. (1990): Vom Grenzwert zur Produktlinie. In: Die Mitbestimmung, o. Jg., Heft 11/12, 1990, S. 698-700.

RÜCKLE, D. (1983): Betriebliche Investitionen. In: Die Betriebswirtschaft, 43. Jg., Heft 3, 1983, S. 457-476.

RÜCKLE, D. (1989): Investitionskalküle für Umweltschutzinvestitionen. In: Betriebswirtschaftliche Forschung und Praxis, 41. Jg., Heft 1, 1989, S. 51-65.

RÜCKLE, D. (1992): Investition und Finanzierung. In: STEGER, U. (Hrsg.): Handbuch des Umweltmanagements: Anforderungs- und Leistungsprofile von Unternehmen und Gesellschaft, München 1992, S. 451-467.

RÜCKLE, D. / TERHART, K. (1986): "Die Befolgung von Umweltschutzauflagen als betriebswirtschaftliches Entscheidungsproblem". In: Zeitschrift für betriebswirtschaftliche Forschung, Jg. 38, Heft 5, 1986, S. 393-424.

RUDOLPH, K.-U. (1983): Die mehrdimensionale Bilanzrechnung, Anwendungserfolge und -probleme eines zielkonformen Entscheidungsmodells: Beispiel Wiehltalsperre In: JARRE, J. (Hrsg.): Die wirtschaftliche Bedeutung des Umweltschutzes, Zur ökonomischen Bewertung von Umweltschäden und Umweltverbesserungen, Loccumer Protokolle 31/1981, Loccum 1983, S. 68-86.

RUPPEN, L. (1978): Marketing und Umweltschutz, Diss., Fribourg 1978.

RUSS, P. u. a. (1990): Development of Strategies for Reducing Air Pollutant Emissions in the European Community. In: International Journal of Energy Research, Vol. 14, 1990, S. 833-847.

RYLL, A. / SCHÄFER, D. (1986): "Bausteine für eine monetäre Umweltberichterstattung". In: Zeitschrift für Umweltpolitik und Umweltrecht, 9. Jg., Heft 2, 1986, S. 105-135.

SAKURAI, M. (1989): Target Costing and How to Use It. In: Journal of Cost Management, Vol. 3, Summer 1989, S. 39-50.

SCAGNELLI, J.M. / MALLOY, B.C. (1987): Should Lenders Require Environmental Audits? In: Journal of Commercial Bank Lending, o. Jg., July 1987, S. 15-19.

SCHAFHAUSEN, F. (1988): Chancen der Betriebe durch offensives Umweltmarketing. In: PIEROTH, E. / WICKE, L. (Hrsg.): Chancen der Betriebe durch Umweltschutz: Plädoyer für ein offensives Umweltmanagement, Freiburg im Breisgau 1988, S. 269-305.

SCHALIT, L.M. / WOLFE, K.J. (1978): SAM/IA: A Rapid Screening Method for Environmental Assessment for Fossil Energy Process Effluents, Environmental Protection Agency (EPA), EPA-600/7-78-015, Washingtion 1978.

SCHALTEGGER, S. / STURM, A. (1990): Ökologische Rationalität. In: Die Unternehmung, 44. Jg., Heft 4, 1990, S. 273-290.

SCHALTEGGER, S. / STURM, A. (1992): Ökologieorientierte Entscheidungen in Unternehmen, Ökologisches Rechnungswesen statt Ökobilanzierung: Notwendigkeit, Kriterien, Konzepte, Bern u. a. 1992.

SCHÄRER, B. (1982): Ökonomische Wege zur Bekämpfung der Luftverschmutzung in den Vereinigten Staaten - Offset Policy, Bubble Policy, Emission Banking. In: Zeitschrift für Umweltpolitik und Umweltrecht, 5. Jg., Heft 3, 1982, S. 237-250.

SCHÄRER, B. (1989): Monetarisierung von Umweltschäden - Wozu und Wie? Zur Analyse der Eignung von Schadenskosten für verschiedene Zwecke der Umweltpolitik. In: LEIPERT, C. / ZIESCHANK, R. (Hrsg.): Perspektiven der Wirtschafts- und Umweltberichterstattung, Berlin 1989, S. 239-263.

SCHENKEL, W. / FRANZIUS, V. (1989): Altlastenproblematik in der EG. In: Müll und Abfall, 21. Jg., Heft 1, 1989, S. 1-11.

SCHIERENBECK, H. / SEIDEL, E. (Hrsg.) (1992): Banken und Ökologie, Konzepte für die Umwelt, Wiesbaden 1992.

SCHIFFER, H.-W. / DELBRÜCK, K. (1991): Kennzeichnung als Instrument des produktbezogenen Umweltschutzes. In: Der Betrieb, 44. Jg., Heft 19, 1991, S. 1002-1006.

SCHILDBACH, T. (1992): Begriff und Grundprobleme des Controlling aus betriebswirtschaftlicher Sicht. In: SPREMANN, K. / ZUR, E. (Hrsg.): Controlling. Grundlagen - Informationssysteme - Anwendungen, Wiesbaden 1992, S. 21-36.

SCHILLING, H. (1991): Versicherungsmöglichkeiten in der Umwelthaftungsproblematik. In: ORGANISATIONSFORUM WIRTSCHAFTSKONGRESS e. V. (OFW) (Hrsg.): Umweltmanagement im Spannungsfeld zwischen Ökologie und Ökonomie, Wiesbaden 1991, S. 341-355.

SCHMACKE, E. (1991): Die grossen 500. Deutschlands führende Unternehmen und ihr Management, Band 1 und 2, Loseblattsammlung, Neuwied 1991.

SCHMALENBACH, E. (1963): Kostenrechnung und Preispolitik, 8., erweiterte und verbesserte Auflage, bearbeitet von R. BAUER, Köln, Opladen 1963.

SCHMID, U. (1989): Umweltschutz - eine strategische Herausforderung an das Management, Frankfurt am Main u. a. 1989.

SCHMIDBERGER, J. (1992): Soziale und volkswirtschaftliche Kosten. In: MÄNNEL, W. (Hrsg.): Handbuch Kostenrechnung, Wiesbaden 1992, S. 436-445.

SCHMIDHEINY, S. (1992): Kurswechsel: Globale unternehmerische Perspektiven für Entwicklung und Umwelt, 2. Auflage, München 1992.

SCHMIDT, R. (1989): Einführung in das Umweltrecht, 2., erweiterte Auflage, München 1989.

SCHMIDT, R.B. (1969): Wirtschaftslehre der Unternehmung, Grundlagen, Stuttgart 1989.

SCHMIDTCHEN, D. (1980): Theorie der Kuppelproduktion nebst einer Anwendung auf den Umweltschutz. In: Das Wirtschaftsstudium, 9. Jg., Heft 6, 1980, S. 287-290, 335-343.

SCHMITT, D. (1990): Energiewirtschaft und Umwelt - Von der Zwangsauflage zum Selbstläufer? In: WAGNER, G.R. (Hrsg.): Unternehmung und ökologische Umwelt, München 1990, S. 123-137.

SCHMITT, D. (1992): Internalisierung externer Effekte, Problem und Grenzen aus wirtschaftwissenschaftlicher Sicht. In: Energiewirtschaftliche Tagesfragen, 42. Jg., Heft 1/2, 1992, S. 16-22.

SCHMITT-TEGGE, J. / STRITZKE, J. / KOMARNICKI, J. (1983): Effizientes Investitionskostenmanagement für Abfallbeseitigungseinrichtungen durch das DV-Verfahren KPMA. In: Müll und Abfall, 15. Jg., Heft 1, 1983, S. 1-7.

SCHMOLL, A. (1988): Kreditkultur, Wiesbaden 1988.

SCHNEIDER, A. (1991): Investitionsrechnerische Beurteilung von Umweltschutzinvestitionen. In: VOGEL, J. / HEIGL, A. / SCHÄFER, K. (Hrsg.): Handbuch des Umweltschutzes, Band 3, Kapitel 4, München 1991, S. 1-28.

SCHNEIDER, D. (1990): Unternehmensethik und Gewinnprinzip in der Betriebswirtschaftslehre. In: Zeitschrift für betriebswirtschaftliche Forschung, Jg. 42, Heft 10, 1990, S. 869-891.

SCHNEIDER, D. (1990a): Investition und Finanzierung, 6., vollständige neu bearbeitete Auflage, Wiesbaden 1990.

SCHNEIDER, D.J.G. (1978): Ziele und Mittel in der Betriebswirtschaftslehre, Wiesbaden 1978.

SCHÖPS, J. (1993): Das vernichtende Wachstum der Weltbevölkerung. In: Der Spiegel, 47. Jg., Nr. 10, S. 144-154.

SCHREINER, M. (1988): Umweltmanagement in 22 Lektionen: Ein ökonomischer Weg in eine ökologische Wirtschaft, Wiesbaden 1988.

SCHREINER, M. (1990): Ökologische Herausforderungen an die Kosten- und Leistungsrechnung. In: FREIMANN, J. (Hrsg.): Ökologische Herausforderung der Betriebswirtschaftslehre, Wiesbaden 1990, S. 197-214.

SCHREINER, M. (1992): Auswirkungen einer umweltorientierten Unternehmensführung auf die Kosten- und Leistungsrechnung. In: MÄNNEL, W. (Hrsg.): Handbuch Kostenrechnung, Wiesbaden 1992, S. 941-952.

SCHREINER, M. (1992a): Betriebliches Rechnungswesen bei umweltorientierter Unternehmensführung. In: STEGER, U. (Hrsg.): Handbuch des Umweltmanagements: Anforderungs- und Leistungsprofile von Unternehmen und Gesellschaft, München 1992, S. 469-485.

SCHREYER, M. / SPRENGER, R.-U. (1989): Umwelttechnik: Marktchancen durch den ökologischen Umbau unserer Industriegesellschaft. In: ifo-Schnelldienst, 10/1989, S. 3-10.

SCHUB, M.D. / STARK, K. (1985): Life Cycle Cost von Bauobjekten: Methode zur Planung von Erst- und Folgekosten, Köln 1985.

SCHULTHEISS, J. (1990): Das Unternehmen muß den Umweltdialog besser pflegen. In: IO Management Zeitschrift, 59. Jg., Heft 2, S. 45-47.

SCHULZ, W. (1985): Der monetäre Wert besserer Luft. Eine Analyse individueller Zahlungsbereitschaften und ihrer Determinanten auf Basis von Repräsentativumfragen, Frankfurt am Main u. a. 1985.

SCHULZ, W. (1990): Zur Organisation des betrieblichen Umweltschutzes. In: Umwelt und Energie, Gruppe 12, Nr. 4, 1990, S. 457-492.

SCHULZ, W. (1991): Ökocontrolling. In: ORGANISATIONSFORUM WIRTSCHAFTSKONGRESS e. V. (OFW) (Hrsg.): Umweltmanagement im Spannungsfeld zwischen Ökologie und Ökonomie, Wiesbaden 1991, S. 221-242.

SCHULZ, W. / WICKE, L. (1987): Der ökonomische Wert der Umwelt. In: Zeitschrift für Umweltpolitik und Umweltrecht, 10. Jg., Heft 2, 1987, S. 109-155.

SCHUMANN, J. (1984): Grundzüge der mikroökonomischen Theorie, 4. Auflage, Berlin u. a. 1984.

SCHÜNEMANN, W.B. (1990): Produkthaftungsmanagement - Welche Änderungen bei der Produkthaftung sind eingetreten? In: Controlling, 2. Jg., Heft 1, 1990, S. 26-31.

SCHWADERLAPP, R. (1989): Ökologische Unternehmensberatung als Gestaltungshilfe betrieblicher Umweltpolitik. In: Schriftenreihe des Instituts für Ökologische Wirtschaftsforschung (IÖW) 30/89, Berlin 1989.

SCHWALBE, H.G. (1973): Wir und die Umwelt, Umwelt heute, Beiträge zur Diagnose, Zürich 1973, S. 190 ff.

SCHWANINGER, M. (1990): Umweltverantwortung: Manager sind herausgefordert. In: IO Management Zeitschrift, 59. Jg., Nr. 1, 1990, S. 89-94.

SEICHT, G. (1988): Ökologie und Ökonomie. In: STEHLE, H. u. a. (Hrsg.): Jahrbuch für Betriebswirte 1988, Stuttgart 1988, S. 45-52.

SEIDEL, E. (1989): "Wollen" und "Können" - Auf dem Wege zu einer ökologisch verpflichteten Unternehmensführung. In: Zeitschrift für Organisation, 58. Jg., Heft 2, 1989, S. 75-83.

SEIDEL, E. (1991): Anreize zu ökologisch verpflichtetem Wirtschaften. In: SCHANZ, G. / WOHLAND, H. (Hrsg.): Handbuch der Anreizsysteme in Wirtschaft und Verwaltung, Stuttgart 1991, S. 172-189.

SEIDEL, E. / BEHRENS, S. (1992): Umwelt-Controlling als Instrument moderner betrieblicher Abfallwirtschaft. In: Betriebswirtschaftliche Forschung und Praxis, 44. Jg., Heft 2, 1992, S. 136-152.

SEIDEL, E. / MENN, H. (1988): Ökologisch orientierte Betriebswirtschaft, Stuttgart u. a. 1988.

SEIDEL. E. (1992): Die Marktwirtschaft vor der ökologischen Bewährungsprobe. In: GAIA, 1. Jg., Heft 2., 1992, S. 95-104.

SEIDENSCHWARZ, W. (1991): Target Costing - Ein japanischer Ansatz für das Kostenmanagement. In: Controlling, 3. Jg., Heft 4, 1991, S. 198-203.

SEIDENSCHWARZ, W. (1991a): Target Costing und Prozeßkostenrechnung. In: IFUA HORVATH & PARTNER GMBH (Hrsg.): Prozeßkostenmanagement - Methodik, Implementierung, Erfahrungen, Stuttgart 1991, S. 47-70.

SELBACH, R. (1987): Risiko und Risikopolitik bei Kreditgenossenschaften, Berlin 1987.

SELDON, M.R. (1979): Life Cycle Costing: A Better Method of Government Procurement, Colorado 1979.

SENN, J.F. (1986): Ökologieorientierte Unternehmensführung: theoretische Grundlagen, empirische Fallanalysen und mögliche Basisstrategien, Diss., Frankfurt am Main u. a. 1986.

SERVATIUS, H.G. (1992): Umsetzung umweltbewußter Führung als Prozeß eines kulturellen Wandels. In: ZAHN, E. / GASSERT, H. (Hrsg.): Umweltschutzorientiertes Management - Die unternehmerische Herausforderung von morgen, Stuttgart 1991, S. 96-117.

SHERIF, Y.S. / KOLARIK, W.J. (1981): Life Cycle Costing: Concept and Practice. In: Omega, Vol. 9, No. 3, 1981, S. 287-296.

SHIELDS, M.D. / YOUNG, S.M. (1991): Managing Product Life Cycle Costs: An Organizational Model. In: Journal of Cost Management, Vol. 5, Fall 1991, S. 39-52.

SIEBERT, H. (1974): Gebühren als Instrument der Umweltpolitik. In: Das Wirtschaftsstudium, 3. Jg., Heft 1, 1974, S. 13-18.

SIEBERT, H. (1976): Analyse der Instrumente der Umweltpolitik, Göttingen 1976.

SIEBERT, H. (1978): Ökonomische Theorie der Umwelt, Tübingen 1978.

SIEBERT, H. (1979): Einleitung. In: SIEBERT, H. (Hrsg.): Umwelt und wirtschaftliche Entwicklung, Darmstadt 1979, S. 1-14.

SIEBERT, H. (1983): Ökonomische Theorie natürlicher Ressourcen, Tübingen 1983.

SIEMENS AG (Hrsg.) (1986): Kalkulationsleitfaden - Grundgedanken der prozeßorientierten Kostenrechnung, Kapitel II, Teil 1, München 1986.

SIEMENS AG (Hrsg.) (1992): Umweltschutz, ein Unternehmensziel, Paderborn 1992.

SIEREK, H. / TAUSENDFREUND, H. (1991): Ist Ihre Grundschuld noch etwas wert? In: Der langfristige Kredit, 42. Jg., Heft 21, 1991, S. 676-677.

SIETZ, M. / SONDERMANN, W.D. (1990): Umwelt-Auditing und Umwelthaftung, Anleitung zur Risikominderung, Vorsorge und Produktqualitätssicherung in der Betriebspraxis, Taunusstein 1990.

SIHLER, H. (1991): Ökologie-Management - Das Beispiel Henkel. In: COENENBERG, A.G. / WEISE, E. / ECKRICH, K. (Hrsg.): Ökologie-Management als strategischer Wettbewerbsfaktor, Stuttgart 1991, S. 33-48.

SIMONIS, U.E. (1980): Fünftes Kaiserslauterer Gespräch: Ökologische Bilanzierung ökonomischer Tätigkeit. In: SIMONIS, U.E. (Hrsg.): Ökonomie und Ökologie - Auswege aus dem Konflikt, Karlsruhe 1980, S. 31-102.

SPREMANN, K. (1989): Stakeholder-Ansatz versus Agency-Theorie. In: Zeitschrift für Betriebswirtschaft, 59. Jg., Heft 7, 1989, S. 742-746.

SPREMANN, K. (1990): Investition und Finanzierung, 3., vollständig überarbeitete und erweiterte Auflage, München 1990.

SPRENGER, R.-U. (1975): Struktur und Entwicklung von Umweltschutzaufwendungen in der Industrie, Berlin 1975.

SPRENGER, R.-U. (1981): Umweltschutz und unternehmerisches Wettbewerbsverhalten. In: ifo-schnelldienst 1-2/81, S. 3-19.

STAATLICHER MINERALBRUNNEN BAD BRÜCKENAU (Hrsg.) (1992): Ökobilanz für das Geschäftsjahr 1991/92, Bad Brückenau 1992.

STAEHLE, W.H. (1988): Neue Moral und Unternehmensstrategie. In: Gablers Magazin, 2. Jg., Heft 12, 1988, S. 13-18.

STAEHLE, W.H. (1992): Umweltschutz und Theorie der Unternehmung. In: STEGER, U. (Hrsg.): Handbuch des Umweltmanagements: Anforderungs- und Leistungsprofile von Unternehmen und Gesellschaft, München 1992, S. 67-82.

STÄHLER, C. (1991): Strategisches Ökologiemanagement, Diss., München 1991.

STAHLMANN, V. (1988): Umweltorientierte Materialwirtschaft: Das Optimierungskonzept für Ressourcen, Recycling, Rendite, Wiesbaden 1988.

STAHLMANN, V. (1988a): Umweltschutz, umweltorientierte Materialwirtschaft. In: Gablers Magazin, 2. Jg., Heft 5, 1988, S. 29-32.

STANDOP, D. (1992): Kosten von Produktrückrufen. In: MÄNNEL, W. (Hrsg.): Handbuch Kostenrechnung, Wiesbaden 1992, S. 907-916.

STARA, F. (1988): Konfliktpotential Ökologie/Ökonomie - neue Anforderungen an das Marketing. In: Thexis, 5. Jg., Heft 3, 1988, S. 32-34.

STATISTISCHES BUNDESAMT (Hrsg.) (1988): Umweltschutz, Investitionen für Umweltschutz im Produzierenden Gewerbe, Fachserie 19, Reihe 3, Stuttgart 1988.

STATISTISCHES BUNDESAMT (Hrsg.) (1990): Statistisches Jahrbuch 1990 für die Bundesrepublik Deutschland, Wiesbaden 1990.

STATISTISCHES BUNDESAMT (Hrsg.) (1991): Statistisches Jahrbuch 1991 für die Bundesrepublik Deutschland, Wiesbaden 1991.

STATISTISCHES BUNDESAMT (Hrsg.) (1991a): Wege zu einer Umweltökonomischen Gesamtrechnung. Ein Diskussionsbeitrag des Statistischen Bundesamtes, Schriftenreihe Forum der Bundesstatistik, Band 16, Wiesbaden 1991, S. 156-159.

STEER, T. / HARDMAN, R. (Hrsg.) (1990): The James Capel Green Book, London 1990.

STEGER, U. (1988): Umweltmanagement: Erfahrungen und Instrumente einer umweltorientierten Unternehmensstrategie, Wiesbaden 1988.

STEGER, U. (1988a): Umweltschutz, Umwelt und Betriebswirtschaftslehre: Von der passiven zur aktiven Behandlung. In: Gablers Magazin, 2. Jg., Heft 5, 1988, S. 20-24.

STEGER, U. (1988b): Betriebliche Umsetzung gesetzlicher Umweltnormen. In: VOGEL, J. / HEIGL, A. / SCHÄFER, K. (Hrsg.): Handbuch des Umweltschutzes, 39. Ergänzungslieferung, Band 3, Kapitel 19, München 1988, S. 31-47.

STEGER, U. (1990): Integrierter Umweltschutz als Gegenstand eines Umweltmanagements. In: KREIKEBAUM, H. (Hrsg.): Integrierter Umweltschutz, Wiesbaden 1990, S. 33-43.

STEGER, U. (1992): Future Management. Europäische Unternehmen im globalen Wettbewerb, Frankfurt 1992.

STEGER, U. / ANTES, R. (1991): Unternehmensstrategie und Risikomanagement. In: STEGER, U. (Hrsg.): Umwelt - Auditing, Ein neues Instrument der Risikovorsorge, Frankfurt 1991, S. 13-44.

STEINMANN, H. / LÖHR, A. (1989): Unternehmensethik, Stuttgart 1989.

STEVEN, M. (1991): Integration des Umweltschutzes in die Betriebswirtschaft. In: Das Wirtschaftsstudium, 20. Jg., Heft 1, 1991, S. 38-42.

STEVEN, M. (1991a): Umwelt als Produktionsfaktor? In: Zeitschrift für Betriebswirtschaft, 61. Jg., Heft 4, S. 509-523.

STEVEN, M. (1992): Umweltschutz im Produktionsbereich. In: Das Wirtschaftsstudium, Heft 1 und 2, 1992, S. 35-39 und 105-111.

STITZEL, M. (1976): Das Verhalten der Unternehmer gegenüber gesellschaftspolitischem Wandel, Diss., München 1976.

STÖLTING, P. / RUBIK, F. (1992): Übersicht über ökologische Produktbilanzen, Heidelberg 1992.

STÖLZLE, W. (1990): Ansätze zur Erfassung von Umweltschutzkosten in der betriebswirtschaftlichen Kostenrechnung. In: Zeitschrift für Umweltpolitik und Umweltrecht, 13. Jg., Heft 4, 1990, S. 379-412.

STÖLZLE, W. (1992): Beurteilung der innerbetrieblichen Entsorgungslogistik durch geeignete Wirtschaftlichkeitsrechnungen. In: Kostenrechnungspraxis, 36. Jg., Sonderheft 1, 1992, S. 76-84.

STÖLZLE, W. / GRIMM, S. / ROLAND, N. (1990): Organisation des Umweltschutzes in der Unternehmung. In: Unternehmen und Umwelt, 3. Jg., Nr 4, 1990, S. 21-23 und Nr. 5, 1990, S. 19-20, Nr.6, 1990, S. 8-9, Nr.1, 1991, S. 20-22.

STOTTROP, J. (1992): Betriebliches Vorschlagswesen und Umweltschutz. In: BJU-Umweltschutz-Berater, 12. Ergänzungslieferung, Juli 1992, Kapitel 4.3.2.6., S. 1-16.

STREBEL, H. (1980): Umwelt und Betriebswirtschaft: die natürliche Umwelt als Gegenstand der Unternehmenspolitik, Berlin 1980.

STREBEL, H. (1981): Zielsysteme und Zielforschung. In: Die Betriebswirtschaft, 41. Jg., Heft 3, 1981, S. 457-475.

STREBEL, H. (1981a): Umweltwirkungen der Produktion. In: Zeitschrift für betriebswirtschaftliche Forschung, 33. Jg., Heft 6, 1981, S. 508-521.

STREBEL, H. (1984): Gründe und Möglichkeiten betriebswirtschaftlicher Umweltpolitik. In: STAEHLE, W.H. / STOLL, E. (Hrsg.): Betriebswirtschaftslehre und ökonomische Krise. Kontroverse Beiträge zur betriebswirtschaftlichen Krisenbewältigung, Wiesbaden 1984, S. 338-352.

STREBEL, H. (1987): Kooperation und Innovation in Rückstandszyklen. In: WAGNER, G.R. (Hrsg.): Altlasten und Entsorgungsökonomie, Düsseldorf 1987, S. 102-116.

STREBEL, H. (1990): Industrie und Umwelt. In: SCHWEITZER, M. (Hrsg.): Industriebetriebslehre - Das Wirtschaften in Industrieunternehmungen, München 1990, S. 697-779.

STREBEL, H. (1990a): Integrierter Umweltschutz - Merkmale, Voraussetzungen, Chancen. In: KREIKEBAUM, H. (Hrsg.): Integrierter Umweltschutz - Eine Herausforderung für das Innovationsmanagement, Wiesbaden 1990, S. 18-20.

STREBEL, H. (1991): Konzepte betriebswirtschaftlicher Umweltökonomie vor dem Hintergrund des Rückstandsproblems. In: Forschungsinformationsdienst Ökologisch orientierte Betriebswirtschaftslehre (FÖB), 8. Ausgabe, März/April 1991, S.13-18.

STREBEL, H. (1992): Material- und Energiebilanzen. In: Umweltwirtschaftsforum, 1. Jg., Heft 1, 1992, S. 9-15.

STREBEL, H. / HILDEBRANDT, T. (1989): Produktlebenszyklus und Rückstandszyklen, Konzept eines erweiterten Lebenszyklusmodells. In: Zeitschrift für Organisation, 58. Jg., Heft 2, 1989, S. 101-106.

STRECKER, A. (1992): Ökobilanzen - Sinn und Unsinn. In: Betriebsberater, 47. Jg., Heft 6, 1992, S. 398-400.

STREIT, B. (1980): Ökologie, Stuttgart 1980.

STROTZKI, R. (1992): Arbeitswissenschaftliche Technikfolgenabschätzung und Technikbeeinflussung, Reihe 16, Technik und Wirtschaft, Nr. 50, Düsseldorf 1989.

STRUNZ, H. (1989): Umweltmanagement. In: Die Betriebswirtschaft, 49. Jg., Heft 5, 1989, S. 653-654.

SURMA, J.P. / VONDRA, A.A. (1992): Accounting for Environmental Costs: A Hazardous Subject. In: Journal of Accountancy, Vol. 167, March 1992, S. 51-55.

SUTER, P./HOFSTETTER, P. (1989): Die ökologische Rückzahldauer. In: Schweizer Ingenieur und Architekt, o. Jg., Nr. 49, 1989, S. 1342-1346.

SWISSAIR (Hrsg.) (1991): Ökobilanz Swissair, Zürich 1991.

SZYPERSKI, N. (1970): Rechnungswesen als Informationssystem. In: KOSIOL, E. (Hrsg.): Handwörterbuch des Rechnungswesens, Stuttgart 1970, Sp. 1510-1520.

TACKE, W. (1985): Unternehmer und Umweltschutz - Ergebnisse einer Befragung. In: MEFFERT, H. / WAGNER, H. (Hrsg.): Ökologie und Unternehmensführung, Dokumentation des 9. Münsteraner Führungsgesprächs, Arbeitspapier Nr. 26 der Wissenschaftlichen Gesellschaft für Marketing und Unternehmensführung e. V., Münster 1985.

TAYLOR, W.B. (1981): The Use of Life Cycle Costing in Acquiring Physical Assets. In: Long Range Planning, Vol. 14, No. 6, 1981, S. 32-43.

TEICHERT, V. / BAUMGARTNER, T. (1990): Die Produktlinienanalyse. Konzept und Ansätze zur politischen Implementation. In: Das Wirtschaftsstudium, 19. Jg., Heft 5, 1990, S. 282-284.

TERHART, K. (1986): Die Befolgung von Umweltschutzauflagen als betriebswirtschaftliches Entscheidungsproblem, Berlin 1986.

TERHART, K. (1986a): Betriebswirtschaftliche Fragen des Umweltschutzes. In: Wirtschaftswissenschaftliches Studium, 15. Jg., Heft 8, 1986, S. 401-405.

THELEN, P. (1981): Wirtschaftskriminalität und Wirtschaftsdelinquenz aus ökonomischer Sicht, Stuttgart 1981.

THOM, N. (1980): Grundlagen des betrieblichen Innovationsmanagements, 2., völlig neubearbeitete Auflage, Königstein/Taunus 1980.

THOMÉ, G. (1981): Produktgestaltung und Ökologie, Diss., München 1981.

THOMMEN, J.-P. (1990): Förderung des ethischen Verhaltens in Unternehmung und Wirtschaft, München 1990.

THOSS, R. (1972): Verursacherprinzip - Kompensation oder Verhinderung von Umweltschäden?. In: SCHULTE, H. (Hrsg.): Umweltreport. Unser verschmutzter Planet. Über 100 Experten berichten anhand konkreter Beispiel über Umweltschäden und zeigen Wege, was gegen die Umweltverschmutzung unternommen werden kann, Frankfurt am Main 1972, S. 21-28.

TIEBLER, P. (1992): Umwelttrends im Konsumentenverhalten. In: STEGER, U. (Hrsg.): Handbuch des Umweltmanagements: Anforderungs- und Leistungsprofile von Unternehmen und Gesellschaft, München 1992, S.183-206.

TITZE, W. (1991): Grünes Gold. In: Manager Magazin, o. Jg., Spezial 2/91, S. 8-13.

TÖPFER, A. (1985): Umwelt- und Benutzerfreundlichkeit von Produkten als strategische Unternehmensziele. In : Marketing Zeitschrift für Planung, 7. Jg., Heft 4, 1985, S. 241-251.

TÖPFER, K. (1991): Umweltpolitische Grundsätze. In: ORGANISATIONS-FORUM WIRTSCHAFT e. V. (OFW) (Hrsg.): Umweltmanagement im Spannungsfeld zwischen Ökologie und Ökonomie, Wiesbaden 1991, S. 29-38.

TROGE, A. (1988): Möglichkeiten zur Verbesserung der Gewinnsituation der Betriebe durch integrierten Umweltschutz. In: PIEROTH, E. / WICKE, L. (Hrsg.): Chancen der Betriebe durch Umweltschutz: Plädoyer für ein offensives Umweltschutzmanagement, Freiburg im Breisgau 1988, S. 95-120.

TROMMSDORF, V. (1990): Innovationsmanagement in kleinen und mittleren Unternehmen, München 1990.

TRUITT, T.H. u. a. (1983): Environmental Audit Handbook, Basic Principles of Environmental Compliance Auditing, 2. Auflage, New York 1983.

TRZASKALIK, C. (1992): Der instrumentelle Einsatz von Abgaben, Bemerkungen zum Entwurf eines Abfallabgabengesetzes. In: Steuer und Wirtschaft, 69. Jg., Heft 2, 1992, S. 135-150.

TÜRCK, R. (1990): Das ökologische Produkt - Ansatzpunkte seiner Beschreibung und Erfassung. In: KREIKEBAUM, H. (Hrsg.): Integrierter Umweltschutz, Wiesbaden 1990, S. 87-103.

TÜRCK, R. (1990a): Das ökologische Produkt, Eigenschaften, Erfassung und wettbewerbsstrategische Umsetzung ökologischer Produkte, Ludwigsburg 1990.

TURVEY, R. (1963): On Divergences between Social Cost and Private Cost. In: Economica, Vol. 30, No. 117-120, S. 309-313, 1963.

UKA, W. (1986): Umweltberichterstattung der Großunternehmen. An Beispielen der Geschäftsberichte der Elektrizitätswirtschaft und der Chemischen Industrie, Internationales Institut für Umwelt und Gesellschaft (IIUG), IIUG dp 86-13, Berlin 1986.

ULLMANN, A.A. (1981): Der Betriebsbeauftragte für Umweltschutz aus betriebswirtschaftlicher Perspektive: Umweltpolitische Notwendigkeit oder gesetzgeberischer Perfektionismus? In: Zeitschrift für betriebswirtschaftliche Forschung, 33. Jg., Heft 11, 1981, S. 992-1013.

ULLMANN, A.A. (1982): Industrie und Umweltschutz - Implementation von Umweltschutzgesetzen in deutschen Unternehmen, Frankfurt, New York 1982.

ULRICH, H. (1970): Die Unternehmung als produktives soziales System. Grundlagen der allgemeinen Unternehmungslehre, 2., überarbeitete Auflage, Bern, Stuttgart 1970.

ULRICH, H. (1984): Management, Schriftenreihe Unternehmen und Unternehmensführung der Hochschule St. Gallen, Band 13, Bern, Stuttgart 1984.

ULRICH, H. (1987): Unternehmenspolitik, 2., durchgesehene Auflage, Bern, Stuttgart 1987.

ULRICH, P. (1987): Die neue Sachlichkeit. In: Die Unternehmung, 41. Jg., 1987, Nr. 6, S. 409-424.

UMWELT- UND PROGNOSEINSTITUT HEIDELBERG e. V. (UPI), TEUFEL, D. u. a. (1988): Ökosteuern als marktwirtschaftliches Instrument im Umweltschutz, UPI-Bericht Nr. 9, Heidelberg 1988.

UMWELTBUNDESAMT (Hrsg.) (1979): Bewertung wassergefährdender Stoffe, Nr. 10/79, Berlin 1979.

UMWELTBUNDESAMT (Hrsg.) (1986): Kosten der Umweltverschmutzung. Tagungsband zum Symposium im Bundesministerium des Innern am 12. und 13. September 1985, Berichte 7/86 des Umweltbundesamtes, Berlin 1986.

UMWELTBUNDESAMT (Hrsg.) (1987): Handbuch zur Berücksichtigung des Umweltschutzes in der öffentlichen Verwaltung und im Einkauf, Wiesbaden, Berlin 1987.

UMWELTBUNDESAMT (Hrsg.) (1992): Daten zur Umwelt 1990/91, Berlin 1992.

UNITED NATIONS ECONOMIC AND SOCIAL COUNCIL (ECOSOC) (Hrsg.) (1991): Accounting for Environmental Protection Measures, Programme of Work of the Intergovernmental Working Group of Experts on International Standards of Accounting an Reporting: Discussion of Accounting and Reporting Issues Identified During the Eighth Session, E/C.10/AC.3/1991/5, New York 1991.

UTZ, H.W. (1978): Umweltwandel und Unternehmenspolitik, Diss., München 1978.

VARDAG, F. (1988): Konsumentenverhalten ändert sich. In: Gablers Magazin, 2. Jg., Heft 5, 1988, S. 33-37.

VEIT, K.-R. (1990): Konzepte einer gesellschaftsbezogenen Rechnungslegung - verdeutlicht am Umweltschutz. In: Das Wirtschaftsstudium, 19. Jg., Heft 9, 1990, S. 473-476.

VERBAND DER CHEMISCHEN INDUSTRIE (VCI) (Hrsg.) (1990): Umwelt-Leitlinien, 5. Auflage, Frankfurt 1990.

VEREIN DEUTSCHER INGENIEURE (VDI) (Hrsg.) (1979): Kostenermittlung für Anlagen und Maßnahmen zur Emissionsminderung, VDI-Handbuch Reinhaltung der Luft, Band 6, VDI-Richtlinie 3800, Düsseldorf 1979.

VEREIN DEUTSCHER INGENIEURE (VDI) (Hrsg.) (1990): VDI-Handbuch Reinhaltung der Luft, Band 1: Maximale Immissions-Werte, Wirkungskriterien, wirkungsbezogene Mess- und Erhebungsverfahren, Berlin 1990.

VEREIN DEUTSCHER INGENIEURE (VDI) (Hrsg.) (1991): Konstruieren recyclinggerechter technischer Produkte, VDI-Richtlinie 2243, Düsseldorf 1991.

VEREIN DEUTSCHER INGENIEURE (VDI) (Hrsg.) (1991a): Technikbewertung - Begriffe und Grundlagen, VDI-Richtlinie 3780, Düsseldorf 1991.

VEREINIGUNG DEUTSCHER ELEKTRIZITÄTSWERKE (VDEW) (Hrsg.) (1986): Umweltschutz. Erfassung und Auswertung im Rechnungswesen, Frankfurt/Main 1986.

VESTER, F. (1990): Ausfahrt Zukunft, Strategien für den Verkehr von morgen. Eine Systemuntersuchung, 4. Auflage, München 1990.

VETSCHERA, R. (1991): Investitionsplanung als Mehrziel-Mehrpersonen-Entscheidungsproblem. In: RÜCKLE, D. (Hrsg.): Aktuelle Fragen der Finanzwirtschaft und der Unternehmensbesteuerung: Festschrift für Erich Loitlsberger zum 70. Geburtstag, Wien 1991.

VIEREGGE, R. (1990): Integrierter Umweltschutz aus der Sicht der Umweltpolitik. In: KREIKEBAUM, H. (Hrsg.): Integrierter Umweltschutz, S. 87-103, Wiesbaden 1990.

VIZAYAKUMAR, K. / MOHAPATRA, P.K.J. (1991): Framework for Environmental Impact Analysis - with Special Reference to India. In: Environmental Management, Vol. 15, No. 3, S. 357-368.

VOGEL, B. (1993): Umweltschutz - Alles Bio oder was? In: TopBusiness, o. Jg., Februar 1993, S. 70-73.

VON BÖVENTER, E. (1984): Einführung in die Mikroökonomie, 3., überarbeitete Auflage, München 1984.

VON HAYEK, F.A. (1936): The Mythology of Capital. In: Quarterly Journal of Economics, Vol. 50, 1936, S. 199-228.

VON WERDER, A. / KLINKENBERG, U. / FRESE, E. (1990): Produkthaftungsmanagement - Empirische Untersuchungen und Handlungsempfehlungen zur Risikominderung für mittelständische Unternehmungen, Stuttgart 1990.

VON WYSOCKI, K. (1976): Meß- und Bewertungsprobleme in der sozialen Rechnungslegung. In: HAESELER, H.R. (Hrsg.): Gemeinwirtschaftliche Betriebe und öffentliche Verwaltungen, Zeitschrift für betriebswirtschaftliche Forschung, Sonderheft 5/1976, S. 171-180.

VOSS, B.W. (1988): Selbstverständnis und Selbst-Bewußtsein. In: Gablers Magazin, 2. Jg., Heft 12, 1988, S. 23-27.

WAGNER, B. (1992): Vom Öko-Audit zur betrieblichen Öko-Bilanz, Voraussetzungen und praktische Erfahrungen umweltbewußter Unternehmensführung. In: PRISMA INDUSTRIE-KOMMUNIKATION (Hrsg.): Neue Wege im Umweltmanagement, Umweltsymposium der Süddeutschen Zeitung, Tagungsbericht, München 1992.

WAGNER, G.R. (1992): Kosten der Umwelterhaltung in ihrer Bedeutung für die Unternehmenspolitik. In: MÄNNEL, W. (Hrsg.): Handbuch Kostenrechnung, Wiesbaden 1992, S. 917-928.

WAGNER, G.R. / FICHTNER, S. (1989): Kosten und Kostenrisiken der Altlastensanierung. In: Zeitschrift für angewandte Umweltforschung, 2. Jg., Heft 1, 1989, S. 35-44.

WAGNER, G.R. / JANZEN, H. (1991): Ökologisches Controlling - Mehr als ein Schlagwort?. In: Controlling, 3. Jg., Heft 3, 1991, S. 120-129.

WEBER, H.K. (1975): Die quantitative Abbildung der betrieblichen Funktionen durch das Betriebswirtschaftliche Rechnungswesen. In: Wirtschaftswissenschaftliches Studium, Heft 3, 1975, S. 122-127.

WEBER, M. (1934): Die protestanische Ethik und der Geist des Kapitalismus. In: WEBER, M. (Hrsg.): Gesammelte Werke zur Religionssoziologie, 3. Auflage, Tübingen 1934, S. 17-206.

WEHNER, U. (1976): Ökologische soziale Kosten und volkswirtschaftliche Gesamtrechnung, Diss., Köln 1976.

WEIGMANN, G. (1985): Ökologie und Umweltforschung. In: JÄNICKE, M. / SIMONIS, U.W. / WEIGMANN, G. (Hrsg.): Wissen für die Umwelt, 17 Wissenschaftler bilanzieren, Berlin, New York 1985. S. 1-18.

WEILAND, R. (1992): Gesetz der Entropie. In: Wirtschaftswissenschaftliches Studium, 21. Jg., Heft 9, 1992, S. 458-460.

WEIMANN, J. (1991): Umweltökonomik, 2. Auflage, Berlin, Heidelberg 1991.

WEYERS, G. (1989): Die Altlastenproblematik aus Sicht der Kreditwirtschaft. In: Kreditpraxis, o. Jg., Heft 1, 1989, S. 4-8.

WHITE, G.E. / OSTWALD, P.F. (1976): Life Cycle Costing. In: Management Accounting, Vol. 58, January 1976, S. 39-42.

WHITE, L. (1970): Die historischen Ursachen unserer ökologsichen Krise. In: LOHMANN, M. (Hrsg.): Gefährdete Zukunft - Prognosen angloamerikanischer Wissenschaftler, München 1970, S. 20-29.

WHITTINGTON, R. (1977): Social Accounting and the Tragedy of the Commons. In: Management Accounting, April 1977, S. 32-34.

WICKE, L. (1980): Branchenabkommen. In: Handbuch "Umwelt und Energie". Gruppe 3, Freiburg im Breisgau 1980, S. 1 ff.

WICKE, L. (1986): Die ökologischen Milliarden: Das kostet die zerstörte Umwelt - so können wir sie retten, München 1986.

WICKE, L. (1987): Offensiver betrieblicher Umweltschutz. In: Harvard Manager, 20. Jg., Nr. 3, 1987, S. 74-82.

WICKE, L. (1988): Plädoyer für ein offensives Umweltmanagement. In: PIEROTH, E. u. a. (Hrsg.): Chancen der Betriebe durch Umweltschutz -Plädoyer für ein offensives Umweltmanagement, Freiburg 1988.

WICKE, L. (1988a): Umweltschutz, gewinnorientiertes Management: Wer sich zuerst bewegt, gewinnt. In: Gablers Magazin, 2. Jg., Heft 5, 1988, S. 14-19.

WICKE, L. (1989): Chancen und Probleme der Betriebe durch umweltfreundlichere Produkte. In: Markenartikel, 51. Jg., Heft 12, 1989, S. 608-627.

WICKE, L. (1991): Umweltökonomie: eine praxisorientierte Einführung, München 1991.

WICKE, L. / HAASIS, H.-D. / SCHAFHAUSEN, F. / SCHULZ, W. (1992): Betriebliche Umweltökonomie: eine praxisorientierte Einführung, München 1992.

WICKE, L. / SCHAFHAUSEN, F. (1982): Instrumente zur Durchsetzung des Umweltschutzes. In: Das Wirtschaftsstudium, 11. Jg., Heft 8,9,10, 1982, S. 409-414, 459-465 und 515-520.

WIDENMAYER, M. (1981): Soziale Kosten als Bestandteil gesellschaftsbezogener Rechnungslegung. In: Zeitschrift für Betriebswirtschaft, 51. Jg., Heft 2, 1981, S. 202-217.

WIEDMANN, K.-P. / FRITZ, W. /FÖRSTER, F. / RAFFÉE, H. (1988): Die Überprüfung unternehmerischer Zielsysteme als voraussetzung eines effizienten Öko-Marketing. In: Thexis, 5. Jg., Heft 3, 1988, S. 44-50.

WILDEMANN, H. (1982): Kostenprognosen bei Großprojekten. Stuttgart 1982.

WILDEMANN, H. (1992): Kosten- und Leistungsbeurteilung von Qualitätssicherungssystem. In: Zeitschrift für Betriebswirtschaft, 62. Jg., Heft 7, 1992, S. 761-782.

WILHELM, S. (1990): Öko-Steuern, München 1990.

WINDHORST, K.-G. (1985): Werte und Konsumentenverhalten, Münster 1985.

WINTER, G. (1987): Das umweltbewußte Unternehmen: ein Handbuch der Betriebsökologie mit 22 Check-Listen für die Praxis, München 1987.

WINTER, G. (1991): Umweltschutz als Erfolgsfaktor. In: IO Management Zeitschrift, 60. Jg., Nr. 1, 1991, S. 37-40.

WINTER, G. (Hrsg.) (1986): Grenzwerte, Interdisziplinäre Untersuchungen zu einer Rechtsfigur des Umwelt-, Arbeits- und Lebensmittelschutzes, Düsseldorf 1986.

WISSENSCHAFTLICHER BEIRAT DER STUDIENGESELLSCHAFT FÜR ÖKOLOGISCHE VERPACKUNG e. V. (Hrsg.) (1992): In der Diskussion: Ökobilanzierungen, Informationsschrift, Heft 1, 1992.

WITTE, E. (1991): Technologiefolgenabschätzung (TA) - Eine organisations- und sozialpsychologische Perspektive und ein methodischer Vorschlag. In:

Zeitschrift für Arbeits- und Organisationspsychologie, 35. Jg., Heft 3, 1991, S. 98-104.

WÖHE, G. (1984): Einführung in die allgemeine Betriebswirtschaftslehre, 15., überarbeitete Auflage, München 1984.

WOLL, A. (1992): Wirtschaftslexikon, 6. überarbeitete und erweiterte Auflage, München 1992.

WORLD ENERGY CONFERENCE (WEC) (Hrsg.) (1988): Environmental Effects Araising from Electricity Supply and Utilisation and the Resulting Costs to the Utility, Report of the World Energy Conference, London 1988.

WÜBBENHORST, K.L. (1984): Konzept der Lebenszykluskosten. Darmstadt 1984.

ZAHN, E. (1989): Strategische Planung. In: VON SZYPERSKI, N. / WINAND, U. u. a. (Hrsg.): Handwörterbuch der Planung, Stuttgart 1989, S. 1903-1916.

ZAHN, E. / SCMID, U. (1992): Wettbewerbsvorteile durch umweltschutzorientiertes Management. In: ZAHN, E. / GASSERT, H. (Hrsg.): Umweltschutzorientiertes Management - Die unternehmerische Herausforderung von morgen, Stuttgart 1991, S. 39-93.

ZANDER, E. (1991): Ökologie und Führung. In: Personal, 43. Jg., Heft 11, 1991, S. 380-383.

ZANGEMEISTER, C. (1976): Nutzwertanalyse in der Systemtechnik: eine Methodik zur multidimensionalen Bewertung und Auswahl von Projektalternativen, München 1976.

ZEITHAML, C.P. / ZEITHAML, V.A. (1984): Environmental Management: Revising the Marketing Perspective. In: Journal of Marketing, Vol. 48, Spring 1984, S. 46-53.

ZELLWEGER, B. (1987): Kreditwürdigkeitsprüfung in Theorie und Praxis, Bern, Stuttgart 1987.

ZESCHMANN, E.-G. (1993): Umwelt-Audit als Instrument eines strategischen Umweltmanagements, Seminarunterlagen der Europäischen Umweltakademie im Kreis Borken e. V. und der Fresenius Akademie, Dortmund in Borken am 17./18.02.1993.

ZIMMERMANN, K. (1974): Die Last des Umweltschutzes: Überlegungen zum Konzept der "Volkswirtschaftlichen Kosten" des Sachverständigenrates für Umweltfragen. In: Kyklos, Vol. 27, 1974, S. 840-867.

ZINKANN, R.C. (1989): Die Reduzierung der Produkthaftungsrisiken - Eine technisch-betriebswirtschaftliche Gestaltungsaufgabe, Berlin 1989.

ZUR, E. (1961): Wesen und Arten der "Social Costs" unter besonderer Berücksichtigung der Verhältnisse in der Bundesrepublik Deutschland, Diss., Berlin 1961.

ZWINTZ, R. (1975): Die monetäre Bewertung materieller und immaterieller Umweltschäden. In: ENGELHARDT, H.D. (Hrsg.): Umweltstrategie, Materialien und Analysen zu einer Umweltethik der Industriegesellschaft, Gütersloh 1975, S. 192-220.